# Weder Sozialtechnologie noch Aufklärung?

## Analysen zur Verwendung sozialwissenschaftlichen Wissens

Herausgegeben von
Ulrich Beck und Wolfgang Bonß



Suhrkamp

CIP-Titelaufnahme der Deutschen Bibliothek
*Weder Sozialtechnologie noch Aufklärung?*
Analysen zur Verwendung
sozialwissenschaftlichen Wissens. /
hrsg. von Ulrich Beck u. Wolfgang Bonß. –
1. Aufl. – Frankfurt am Main :
Suhrkamp, 1989
(Suhrkamp-Taschenbuch Wissenschaft; 715)
ISBN 3-518-28315-4
NE: Beck, Ulrich [Hrsg.] ; GT

suhrkamp taschenbuch wissenschaft 715
Erste Auflage 1989

Satz und Druck: Wagner GmbH, Nördlingen
Printed in Germany
Umschlag nach Entwürfen von
Willy Fleckhaus und Rolf Staudt

1 2 3 4 5 6 – 94 93 92 91 90 89

# Inhalt

# Ulrich Beck/Wolfgang Bonß
# Verwissenschaftlichung ohne Aufklärung?
## *Zum Strukturwandel von Sozialwissenschaft und Praxis*

Für Heinz Hartmann, der am Zustandekommen des DFG-Schwerpunktprogramms wesentlich beteiligt war.

I

Zwischen der Praxis der Sozialwissenschaften und den Diskussionen über diese Praxis bestehen erhebliche Diskrepanzen. Diese Feststellung ist der Ausgangspunkt sowohl des vorliegenden Bandes als auch des ihm zugrundeliegenden Forschungsprogramms *»Verwendungszusammenhänge sozialwissenschaftlicher Ergebnisse«*, das 1982 von der Deutschen Forschungsgemeinschaft ins Leben gerufen wurde. Das Ziel dieses Programms bestand darin, anhand ausgewählter Fallstudien einiges über die praktische Bedeutung sozialwissenschaftlicher Analysen zu erfahren, von denen man zwar weiß, daß sie produziert werden, aber nicht weiß, was aus ihnen wird. Im Verlauf von fünf Jahren wurden deshalb knapp dreißig kleinere Projekte bewilligt, die sich an unterschiedlichen Beispielen – von Politik und Verwaltung über Gewerkschaften und Unternehmen bis hin zu Freizeitorganisationen, Beratungseinrichtungen und Massenmedien – mit Fragen wie den folgenden beschäftigten: Wann, zu welchem Zweck und in welchen Formen wird in den einzelnen Feldern auf sozialwissenschaftliche Argumentation zurückgegriffen? Was wird abgelehnt, was nicht und warum? Welche »Brüche« bestehen zwischen den Problemwahrnehmungen der Wissenschaftler und der Praktiker? Lassen sich diese Brüche »heilen«, ist dies überhaupt sinnvoll oder gehören sie zu einem produktiven Theorie-Praxis-Diskurs wesentlich dazu? Und schließlich: Führt die Verwendung sozialwissenschaftlicher Argumentationen zu »rationaleren« Problemlösungen, und wenn ja: in welche Richtung weist diese Rationalisierung?

Daß solche Fragen rund zwanzig Jahre nach Ausbruch des Positivismusstreits und ein Jahrzehnt nach der Habermas/Luhmann-Kontroverse über »Theorie der Gesellschaft oder Sozialtechnologie« akut wurden, ist kaum verwunderlich. Denn in diesem Zeitraum haben die Sozialwissenschaften einen Aufschwung erlebt, der die früheren Kontroversen zum Verhältnis von Theorie und Praxis in einem gewandelten Licht erscheinen läßt. Waren sie zu Beginn der sechziger Jahre noch eher Orchideenfächer, so sicherten sich die Sozialwissenschaften bis Mitte der siebziger Jahre einen wichtigen Platz insbesondere im Hochschulbereich.[1] Parallel dazu sind sozialwissenschaftliche Wissensbestände in andere Studiengänge von der Philologie über die Jurisprudenz bis hin zur Medizin integriert worden. Auch wenn dies in der Regel mehr schlecht als recht geschah, ist so die Zahl der direkt oder indirekt mit sozialwissenschaftlichem Wissen ausgestatteten Professionellen schon fast exponentiell gestiegen. Über diese Gruppe sowie über explizit anwendungsbezogene Forschungsprojekte sind die Sozialwissenschaften mit weit mehr Praxisansprüchen konfrontiert worden. Verglichen mit der Situation zuvor läßt sich sogar sagen, daß sie erst seit den siebziger Jahren tatsächlich praktisch geworden sind – ein Schritt, der die Grenzziehungen zwischen Wissenschaft und Praxis verändert und auch Rückwirkungen auf die Wissenschaft selber hat.

Bis weit in den Positivismusstreit hinein waren die periodisch ausbrechenden Praxiskontroversen *Debatten über Praxis ohne Praxiserfahrungen*. Es handelte sich um wichtige Selbstverständigungen über die Grundsätze einer werdenden Profession, die sich mit dem Anspruch auf prinzipielle Nützlichkeit im akademischen Kontext durchzusetzen versuchte und darüber stritt, wie dieser Anspruch, für dessen Einlösung noch kaum Erfahrungen vorlagen, theoretisch auszubuchstabieren sei. Von Praxis als konkretem Handlungsfeld wurde dabei meist ähnlich geredet, wie Kolumbus von Indien schwärmte, bevor er dorthin aufbrach; und ähnlich wie Kolumbus haben die Sozialwissenschaften in der Umsetzung der jeweiligen Praxisvorstellungen nicht Indien, sondern einen ganz anderen Kontinent angesegelt (was sie aber erst allmählich bemerken). Wie dieser neue Kontinent aussieht, ob die neue Welt der alten ähnelt oder nicht, ist noch längst nicht klar. Fest steht jedoch, daß die unterschiedlichen Erwartungen, wie sie unter dem Stichwort »Aufklärung oder Sozialtechnologie« formuliert worden sind, sich weder in der einen noch in der anderen Form verwirklicht haben. Und fest steht auch, daß durch die Reise in die Praxis neue Erfahrungen im Umgang mit Wissenschaft entstanden sind, die quer zu den früheren Diskursen stehen und zu Überlegungen jenseits der Konfrontationslinien um »Aufklärung oder Sozialtechnologie« zwingen.

Der Buchtitel *Weder Sozialtechnologie noch Aufklärung?* spielt eben hierauf an. Daß wir ihn mit einem Fragezeichen versehen haben, entspricht dem Stand der Diskussion. Denn am Ende einer fünfjährigen Forschungsphase zu höchst unterschiedlichen Beispielsfällen stellt sich die Situation durchaus nicht eindeutig, sondern eher unübersichtlich dar, leichter negativ zu bestimmen gegen den falschen Konsens der bisherigen Kontroversen als positiv in den aufgedeckten Wirklichkeiten und Perspektiven. Aber auch wenn es falsch wäre, den Umgang mit sozialwissenschaftlichem Wissen im politisch-administrativen Raum, im Industriebetrieb, in Beratungseinrichtungen oder im Alltag über einen Kamm zu scheren, so läßt sich als Ergebnis der Forschungsarbeiten entgegen den tief eingeschliffenen wechselseitigen Wahrnehmungen von Wissenschaft und Praxis doch zweierlei festhalten:

(a) Während in den Diskursen über die Praxis wie selbstverständlich von einer »Überlegenheit« des wissenschaftlichen Wissens ausgegangen wird, zeigen die konkreten Analysen, daß die Differenz zwischen beiden Seiten nicht *hierarchisch*, sondern *qualitativ* zu denken ist. Wissenschaft liefert nicht notwendig ein besseres, sondern zunächst einmal ein anderes Wissen. Anders insofern, als wissenschaftliche Analysen die je konkreten Handlungszwänge der Praxis eher zum Gegenstand als zur Grundlage haben. Gerade deshalb können sie »ungewohnte« Zusammenhänge herstellen und die Wirklichkeit als »auch anders möglich« beschreiben – eine Sichtweise, die von der Praxis *so* gar nicht übernommen werden kann. Notwendig sind vielmehr Reinterpretationen, die darauf abzielen, die aus wissenschaftlicher Perspektive erarbeiteten Informationen so kleinzuarbeiten, daß sie für die Praxis »anschlußfähig« werden, wobei es auch immer darum geht, die »Grenze« zwischen wissenschaftlicher und praktischer Wahrnehmung neu zu ziehen. Die Differenz der Perspektiven zwischen Wissenschaft und Praxis wird hierdurch nicht aufgehoben, und es wäre auch falsch, ihre Einebnung zum Zielpunkt gelungener Verwendungsprozesse zu machen. Was die Sozialwissenschaften für die Praxis leisten können, läßt sich vielmehr nur vor dem Hintergrund einer noch zu klärenden Unterschiedlichkeit der Blickrichtungen, Zugangsweisen, Stärken und Schwächen praktischen und wissenschaftlichen Wissens bestimmen – eine Aufgabe, die in den Analysen des vorliegenden Bandes zwar angerissen, aber keineswegs abschließend geklärt, geschweige denn gelöst worden ist.

(b) Umgekehrt sind aber auch die Wissenschaftsansprüche und -wahrnehmungen der Praxis unzureichend. So werden oft nur jene Erkenntnisse als verwendungsrelevant bezeichnet, die streng objektiv, sprich: unerschütterlich seien. Hätten sozialwissenschaftliche Befunde wirklich diesen Status, so könnten die Professionellen die hieraus resultierenden Empfehlungen nur vollziehen – eine Vorstellung, die weder der Praxis entspricht noch von den Praktikern/-innen ernsthaft vertreten wird. Was statt dessen auffällt, sind große, oft sogar zu große Autonomiespielräume aller Instanzen der praktischen Verwendung gegenüber den jeweiligen Wissensangeboten. Dies reicht vom »Ergebnispflücken und -pikken« bis zur Umkehrung und Unkenntlichmachung soziologischer Ergebnisse im Zuge ihrer Nutzung, schließt vergessene Reformulierungen ein und macht auch nicht halt vor doppelten Umgangsformen, in denen nach außen die »Unverständlichkeit« der Analysen beklagt wird, während man nach innen die »eckigen« Ergebnisse sehr wohl auszuwerten und umzusetzen weiß. Dies ist nicht unbedingt nur Ausdruck eines »strategischen« Lernens, sondern läßt sich auch als eine *Gleichzeitigkeit von »strategischen« und »diskursiven« Lerneffekten* begreifen. Unter dieser Perspektive wird die klar geschnittene Alternative »Aufklärung oder Sozialtechnologie« freilich unscharf. So können über strategisches Lernen neue Argumentationsniveaus und diskursive »Sperrklinkeneffekte« eintreten, die nicht mehr ohne weiteres aufgehoben werden können. Diesen Gedanken systematisch auszuarbeiten, ging über die Möglichkeiten des DFG-Schwerpunktprogramms sicherlich hinaus. Was die verschiedenen Arbeiten jedoch zeigen, sind die Formen, in denen die Praxis gelernt hat, wie man mit den »anderen«, stets herausfordenden Wissensbeständen der Sozialwissenschaften umgehen kann – nämlich nach dem Motto: »Wie streichle ich mein Stachelschwein«.

Wenn diese beiden Punkte – die qualitative Differenz zwischen Wissenschaft und Praxis einerseits und die Gleichzeitigkeit von diskursivem und strategischem Lernen andererseits – bislang kaum systematisch analysiert worden sind, so liegt dies nicht zuletzt an einer Blickverengung, die nur schwer zu überwinden ist. In den traditionellen Debatten zum Verhältnis von Wissenschaft und Praxis wird Praxis vorrangig aus der Perspektive der Wissenschaft betrachtet. Die Verwendung wissenschaftlichen Wissens erscheint dementsprechend als ein Problem des »richtigen« Verhaltens von Wissenschaftlern, die der Praxis ihre eigene Rationalität nahebringen wollen. Diese *»wissenschaftszentrierte«* Wahrnehmung ist freilich gerade bei den Sozialwissenschaften unangemessen. Denn nicht Sozialwissenschaftler bringen die Sozialwissenschaften in die Praxis (dies ist die Ausnahme), sondern Nichtwissenschaftler, die gesellschaftlichen Akteure selbst. Die Art der Verwendung wiederum vollzieht sich nicht maschinell-technisch, sondern immer und notwendig in Form von langen, meist örtlich, zeitlich und sozial versetzten Interpretationsprozessen, im Wechsel zwischen Sprachformen, in einer aktiven, die Ergebnisse im Horizont praktischer Erwartungen und Erfahrungen über viele Instanzen und längere Zeiträume neu deutenden und nach eigenen Regeln herstellenden »Umgangsform«. Verwendung ist also nicht »Anwendung«, sondern ein aktives *Mit-* und *Neu*produzieren der Ergebnisse, die gerade dadurch den Charakter von »Ergebnissen« verlieren und im Handlungs-, Sprach-, Erwartungs- und Wertkontext des jeweiligen Praxiszusammenhangs nach immanenten Regeln in ihrer praktischen Relevanz überhaupt erst geschaffen werden.

So gesehen erklären sich die oft beobachtbaren Mißverständnisse und wechselseitigen Irrelevanzklagen zwischen Theorie und Praxis auch aus der *Unerkanntheit der Differenz der Regeln, die die Produktion und den Gebrauch des Wissens bestimmen.* Was nicht gesehen (obwohl bei genauerem Nachfragen durchaus zugegeben) wird, ist die Tatsache, daß wissenschaftliches Wissen, um als *wissenschaftliches* Geltung finden zu können, nur in Abgrenzung vom praktischen Wissen Bestand haben kann. Umgekehrt kann sich die Praxis Wissenschaft nur dann zu eigen machen, wenn die jeweiligen »Ergebnisse« bzw. Interpretationsangebote ihrer wissenschaftlichen Identität entkleidet werden. Im praktischen »Gestalten«, das »Verwenden« bedeutet, muß der Identitätsfaden notwendigerweise reißen, und eine »erfolgreiche« Verwendung bemißt sich von daher auch nur in Ausnahmefällen an einer direkten Übernahme der wissenschaftlichen Perspektive. Im Gegenteil: »Erfolgreich« praktisch werden sozialwissenschaftliche Interpretationsangebote in der Regel dann, wenn sie im Bewußtsein von Alltag und Politik scheinbar »spurenlos« *verschwinden*, das heißt nicht mehr als wissenschaftliche, sondern allein aus den praktischen Handlungsregeln heraus dechiffrierbar sind. Diesen »Rationalitätsbruch«, der zwischen Wissenschaft und Praxis liegt, aufzudecken und für beide Seiten durchsichtiger, verständlicher in seinen Irritationen werden zu lassen ist ein zentrales Anliegen des vorliegenden Buches; ihn in seiner Bedeutung für einen Praxisbegriff jenseits der Konfrontationslinie »Aufklärung oder Sozialtechnologie« anzudiskutieren ein anderes.

## II

Daß die Praxis in den letzten zwanzig Jahren weit mehr, aber auch ambivalenter gelernt hat als oft gesehen und die Sozialwissenschaften keineswegs so »irrelevant« sind, wie die landläufigen Klagelieder vermuten lassen, ist ein entscheidendes Ergebnis der Analysen des DFG-Schwerpunktprogramms. Dieser Satz darf freilich nicht im Sinne der tradierten Formeln verstanden werden. Denn die Lerneffekte der Praxis und die praktische Wirksamkeit sozialwissenschaftlicher Interpretationsangebote verweisen weder auf eine bruchlose Einlösung alter Aufklärungshoffnungen noch auf die Durchsetzung einer perfekten Sozialtechnologie. Was sich statt dessen andeutet, ist eine »Dialektik von Verwissenschaftlichung«, in deren Folge manche der Problemdefinitionen der siebziger Jahre zu Bruch gegangen sind. Um diesen Prozeß des »Enttäuschungslernens« zu verdeutlichen, sei noch einmal an jene Grundüberzeugungen erinnert, die für den Ausbau der Sozialwissenschaften in jener Zeit leitend waren, und zwar, cum grano salis, quer durch alle wissenschaftspolitischen Lager.

1. Die erste wichtige Überzeugung läßt sich in dem Satz zusammenfassen: *Wissenschaft ist allen anderen Wissensformen überlegen*. Diese Annahme galt und gilt nicht nur für die Natur-, sondern auch für die Sozialwissenschaften. Für diese sogar um so mehr, weil auch die wissenschaftlichen wie alle Konvertiten besonders strenggläubig sind. Gewährleisten die Naturwissenschaften die Herrschaft über die äußere Natur, so gilt die Förderung

der Sozialwissenschaften einer vernünftigen Gesellschaftsgestaltung, die durch sie möglich werden soll. Zwar stritt man sich darum, was unter »vernünftiger Gesellschaftsgestaltung« zu verstehen sei. Aber »Positivisten« wie Anhänger der »Kritischen Theorie« trafen sich in der Maxime, daß jedes gesellschaftliche Problem durch bessere, genauere Untersuchungen einer langfristig »rationaleren«, weil wissenschaftlich angeleiteten Lösung zugeführt werden könne. Nicht selten wurde dabei eine Politik vom »sozialwissenschaftlichen Reißbrett« gefordert – und auch angeboten. Dieser »Napoleonersatz«, dieser »Feldherrncharakter« sozialwissenschaftlicher Erkenntnisvermessung läßt sich insbesondere im Lager der empirisch-analytischen Soziologie mit ihrem Bemühen nachweisen, zu jenem »unendlichen Fortschritt« beizutragen, den schon Max Weber als Charakteristikum der »Entzauberung« der Welt beschrieben hatte. Jenseits aller normativen Differenzen war die Überlegenheitsannahme aber auch für die Gegner der empirisch-analytischen Variante leitend. Am deutlichsten wird dies bei jenen Kritikmissionaren der Soziologie, die im Brustton autoritären Besserwissens den Nachweis der Falschheit des herrschenden Bewußtseins als Ritual zelebrierten. Seine Wirkung zeigte dies beispielsweise in den heftigen Diskussionen um die (inzwischen sanft entschlafene) politische Planung Ende der sechziger Jahre sowie in sozialwissenschaftlichen Impulsen der frühen, expansiven Bildungspolitik, die unter der Flagge der »Bildungskatastrophe« vorgetragen wurde.

2. Vor dem Hintergrund der Überlegenheitsunterstellung ergab sich für die Sozialwissenschaften eine spezielle Defizitannahme: Gerade im Vergleich zu den Naturwissenschaften waren sie eindeutig unterentwickelt, so daß ihre Förderung schon dann zureichend erschien, wenn sie nach dem *Prinzip des »Mehr = besser«* betrieben wurde. Je mehr sozialwissenschaftliches Wissen vorliegt, desto mehr Rationalisierungspotentiale können genutzt werden – eine Gleichung, durch welche die Soziologie praktisch als Reformwissenschaft betrieben und in Anspruch genommen werden konnte. Mit dem Aufschwung des Wohlfahrtsstaats wird sie sozusagen als wissenschaftlicher Dritt- oder Viertflügel des Reformkapitalismus eingeplant. Die Suche nach dem *Know how* für eine Verbesserung der Lebens- und Arbeitsbedingungen sowie die Rationalisierung politischer Entscheidungsprozesse – dies sind die Brückenkonstruktionen, auf denen sich Wissenschaft

und Praxis in der sozial-liberalen Reformära begegnen. Entsprechend der Maxime des »Mehr = besser« werden dabei komplexe Förderungsprogramme auf allen Ebenen initiiert. So kommt es zur Einrichtung sozialwissenschaftlicher »Frühwarnsysteme« – etwa mit dem Institut für Arbeitsmarkt- und Berufsforschung, aber auch im Bereich der Bildungsforschung und der Sozialstrukturbeobachtung. Gleichzeitig beginnen die Sozialwissenschaften ihre eigene Anwendung zu begleiten, um diese zu »rationalisieren« und zu »effektivieren«, etwa durch Evaluations-, Begleit- und Projektforschung, wie sie im Rahmen der Bildungsreform exemplarisch durch Curriculumforschung betrieben wurde.

3. Der nach der Maxime des »Mehr = besser« erfolgende Ausbau der Sozialwissenschaften sollte allerdings nicht nur ein auf Veränderung bezogenes Reformwissen bereitstellen, sondern zugleich feste Orientierungspunkte und *»neue Sicherheiten«* schaffen. Mit der Autorität der Wissenschaft hoffte man, jenen Unsicherheitserfahrungen begegnen zu können, die unter Rekurs auf traditionelle Deutungsmuster und Erfahrungsweisen nicht mehr angemessen bewältigt werden können. Denn die Beschleunigung des sozialen Wandels durch die kapitalistische Entwicklungsdynamik führt sowohl für die Individuen als auch für die Gesellschaft insgesamt andauernd zu neuen Problemsituationen und damit zu einer systematisch unsicheren Gesellschaft. Oder wie bereits Marx feststellte: »Alle festen eingerosteten Verhältnisse mit ihrem Gefolge von altehrwürdigen Vorstellungen und Anschauungen werden gelöst, alle neugebildeten veralten, ehe sie verknöchern können« (MEW, Bd. 4, S. 565). Das zentrale Mittel gegen die »natürliche« Unsicherheit der Wandelgesellschaft ist die wissenschaftliche Zweitsicherheit der Sozialwissenschaften. Allein das den Alltagszwängen überlegene, weil handlungsentlastet produzierte wissenschaftliche Expertenwissen vermag jene Sicherheit zu produzieren, die sachlich wie sozial notwendig ist, um die vielfältigen Entwicklungsmöglichkeiten und -defizite zu handhaben. Gefordert werden daher der Experte als Sicherheitsproduzent und die »systematische Sozialbeobachtung«, mit deren Hilfe zu jedem Zeitpunkt und zu jedem Problem klare Zahlen und eindeutige Trendaussagen geliefert werden können – ein Programm, dessen Einlösung vor allem in dem Problembereichen Arbeitsmarkt, Bildung und Beschäftigung vorangetrieben wurde.

4. Die anvisierte Umstellung auf ein sicheres Expertenwissen wurde schließlich noch, und zwar wiederum quer durch alle Parteien, mit einer gesellschaftspolitischen Zielsetzung verbunden. Mit den Sozialwissenschaften und ihren Wissensgrundlagen, so die Annahme, könne es auch gelingen, eine Basis für *Versachlichung und Konsens* gesellschaftlicher Interessenkämpfe und damit für neue Formen politischer Konfliktlösungen zu finden. Ähnlich wie ineinander verbissene Hunde durch einen Eimer Wasser auseinandergebracht werden können, sollten gesellschaftliche Konflikte durch Kübel sozialwissenschaftlichen Wissens wenn schon nicht beseitigt, so doch ausgenüchtert werden. Denn als handlungsentlastete Deutungen auf der Grundlage von »harten« Fakten sind sozialwissenschaftliche Aussagesysteme im Prinzip unabhängig von partikularen Interessen. Sie zeichnen sich, so die gängige Überzeugung, durch auf Verallgemeinerbarkeit gerichtete Definitionen aus, lassen sich leidenschaftslos nachprüfen und können gerade deshalb eine erhebliche Autorität entwickeln. Die Interessenunabhängigkeit der Wissenschaft, die – wie Weber fordert – ihre Wahrheiten so finden soll, daß sie auch einem Chinesen unwiderruflich einleuchten, verleiht den Sozialwissenschaften in der Praxis zwar keine Richter-, wohl aber eine *indirekte Schlichterfunktion* in gesellschaftlichen Auseinandersetzungen. Ihre Aussagen werden zu einem Bezugspunkt, auf den sich die unterschiedlichen Gruppen unterschiedslos beziehen können und sogar müssen, wenn sie an »rationalen« und kompromißzugänglichen Konfliktlösungen interessiert sind.

Die skizzierten Elemente – die Überlegenheitsannahme, das Prinzip »Mehr = besser«, die Sicherheitserwartung und die Gleichsetzung von Verwissenschaftlichung mit Versachlichung – bilden gleichsam das Brettergerüst, mit dem die Sozialwissenschaften die Expedition in das unbekannte Reich der Praxis angetreten haben. Sie sind im wesentlichen abgeschrieben vom Modell der Naturwissenschaft und stellen die ungeschriebene Magna Charta der »einfachen Verwissenschaftlichung« dar. Für eine Wissenschaft im Aufbruch waren diese Glaubensbekenntnisse zwingend. Heute hingegen würde sie so wahrscheinlich kaum noch jemand unterschreiben. Im Gegenteil – nach zwanzig Jahren in den Dornen der Praxis sind die einstigen Aufbruchshoffnungen ziemlich zerrissen und zerfetzt. Man muß auf dem Hintergrund unserer Forschungen wohl sogar einen Schritt weitergehen und sagen, daß die Erfahrungen der Tendenz nach zu einer Umkehrung der Grundannahmen geführt haben:

(a) Durch die Erfahrungen im praktischen Umgang mit Wissenschaft ist zunächst die Überlegenheitsannahme wissenschaftlichen Wissens brüchig geworden. Diese macht nur solange Sinn, wie erstens die Experten sich gegenüber den Laien eindeutig darstellen und nicht systematisch widersprechen, zweitens die Laien Laien bleiben und nicht zu Experten eigenen Typs werden, und drittens der Wissensvorsprung der Experten trotz erfolgreicher Verwissenschaftlichung erhalten bleibt. Alle drei Bedingungen sind zunehmend unterlaufen worden, und es stellt sich daher die Frage, ob das Modell der »einfachen Verwissenschaftlichung« empirisch überhaupt noch trägt. Durch den geballten Einsatz von Wissenschaft sind die theoretischen Entwürfe und empirischen Befunde nicht konsistenter, sondern vielfältiger und geradezu unkontrollierbar geworden. Die Verzweigungs- und Entscheidungsmöglichkeiten innerhalb des wissenschaftlichen Fabrikationsprozesses haben sich geradezu explosionsartig vermehrt. Zwar werden durch Forschung Wissenslücken geschlossen, aber zugleich brechen hierdurch neue auf. Dies gilt nicht nur für die Sozialwissenschaften, aber für sie in besonderem Maße. Je nach der Definition der Randbedingungen fallen Ergebnisse unterschiedlich aus, und es werden Widersprüche sichtbar, die früher, wenn überhaupt, allenfalls wissenschaftsintern diskutiert worden wären. Für die an Wissenschaft gewöhnten »Laien«, die in verwissenschaftlichten Formen argumentieren, ist dies nicht folgenlos geblieben; angesichts der systematischen Unsicherheiten und Fehlerquellen der Expertenrationalität haben sie gelernt, wie man diese relativieren, im unfreiwilligen Gegeneinander der bornierten Einzelperspektive aufheben kann. Zwar ist es kaum noch möglich, sich in öffentlichen Diskussionen ohne Rückgriff auf wissenschaftliche Befunde zu behaupten. Aber je mehr der Streit der Experten zu einem öffentlichen wird und für jede Position eine entgegengesetzte wissenschaftliche Begründung mobilisiert werden kann, desto stärker wird die Überlegenheitsannahme als Reflex eines vergangenen Zeitalters offenbar. Es mag sein, daß der Wissensvorsprung durch neue Kompetenzkonstruktionen insbesondere technisch aufgerüsteter Wissenschaftlichkeit wieder gefestigt werden kann. Möglich ist allerdings auch, daß die prinzipiellen Grenzen und Schwächen wissenschaftlicher Rationalität –

zum Beispiel die Unmöglichkeit, durch Wahrscheinlichkeitssicherheiten noch so hoher und exakter Art irgendein Ereignis auszuschließen – dem verwissenschaftlichten Alltagswissen neue, demokratische Mitsprachemöglichkeiten einräumen.

(b) Daß die Planungs- und Reformeuphorie der sechziger und siebziger Jahre, zu der sich Politiker und Sozialwissenschaftler zusammenfanden, gründlich Schiffbruch erlitten hat, ist im allgemeinen eingestanden, auch wenn über die hieraus resultierenden Konsequenzen in der Bundesrepublik jenseits eines allgemeinen (und in dieser Form eher prekären) Mißtrauens gegenüber den Sozialwissenschaften noch kaum debattiert wird. In den USA erlebte die naive Sozialtechnologie ihr Waterloo bereits im Rahmen des noch unter Kennedy mit Unterstützung der Sozialwissenschaften ausgerufenen »Feldzugs gegen die Armut«. An diesem Beispiel läßt sich im Großen und im Kleinen die ganze Hybris einer noch so engagierten und mit den besten pragmatischen oder humanistischen Ansprüchen der Welt ausgestatteten Sozialtechnologie studieren: die politische Unbeeinflußbarkeit von zentralen Erklärungsvariablen, was zu »diplomatischen« Ausklammerungen führt, die sich in einer Verkettung von Fehlern rächen; die Vielfalt von Interessenpositionen und ihrer Geschichte, die sozialwissenschaftlich nicht abbildbar, schon gar nicht kontrollierbar sind; die Widerstände und Widerstandsmöglichkeiten in der hochdifferenzierten Gesellschaft, die aus der Umsetzung resultieren und durch diese geweckt werden usw. Entsprechend zerbrach das Bündnis aus reformorientierter Politik, Sozialwissenschaft, Bürgerrechtsbewegung und föderalistischer Sozialpolitik an seinen immanenten Widersprüchen. Es endete in wechselseitigen Schuldzuweisungen und einem großen Wundenlecken, von dem sich der sozialtechnische Anspruch der Sozialwissenschaften bis heute nicht erholt hat. In der Bundesrepublik bleibt dies verdeckt durch die noch verdrängte Lerngeschichte der oftmals stillschweigend abgebrochenen Reformen wie Bildungsreform oder Psychiatriereform. Doch die Tatsache, daß die Sozialwissenschaften nicht in der Lage waren, die in sie gesetzten Reform- und Verbesserungshoffnungen auch nur annähernd zu erfüllen, hat auf jeden Fall deutlich gemacht, daß die Gleichung »je mehr Verwendung, desto besser« falsch ist. *Das sozialtechnologische Fiasko ist durch besseres und mehr Wissen nicht auszubügeln.* Ganz abgesehen davon, daß die auch im Bereich der Sozialwissenschaften steigende Flut wissenschaftlicher Informationen und Publikationen kaum noch verarbeitet werden kann, hat die blinde Steigerung des wissenschaftlichen Outputs eher zu neuen Unschärfen und Unübersichtlichkeiten geführt. Was »soziale Probleme« sind oder sein sollen, verschwimmt in der Vielfalt wissenschaftlicher Deutungsmöglichkeiten. Auf der anderen Seite kommt es zu Routine- und Wiederholungsforschungen, so daß die Sozialwissenschaften zwar gängige, durchgesetzte Probleme gut »beharken« und nicht unwesentlich zur sozialen Stereotypenbildung beitragen, gegen neue Entwicklungen und sich verschiebende Wahrnehmungsmöglichkeiten aber geradezu immun sind (wie die soziologische Abstinenz um ökologische Herausforderungen wie überhaupt bei der Kontroverse um die »Krise der Industriegesellschaft« zeigt).

(c) Angesichts dieser neuen Diffusität sind auch die ursprünglichen Sicherheitserwartungen in Frage gestellt worden. Die Hoffnung, daß mehr Forschung mehr Sicherheit erzeugt, muß wohl zum Berufsoptimismus einer an die Ausrechenbarkeit der Welt glaubenden Wissenschaftlergeneration gezählt werden, die sich über die Grundlagen und den prekären Status ihrer eigenen Argumentationen nicht recht im klaren war. Daß ausgerechnet ein aus der Methodik des systematischen Zweifelns gewonnenes Wissen, das die Sicherheiten von Traditionen und allem Vorgefundenen zersetzt, aus sich heraus die allgemein werdende Unsicherheit überwinden soll, ist eine in der Wissenschaftstheorie bis heute nicht aufgelöste Aporie. Allerdings muß man kein Wissenschaftstheoretiker sein, um mit dieser Aporie konfrontiert zu werden. Gerade in den Sozialwissenschaften tritt sie in der materialen Forschung ebenso zu Tage wie in der praktischen Politik. Die unvorhersehbare Veränderbarkeit fast aller Zentralvariablen – von Scheidungsziffern, Geburtenentwicklungen über Arbeitsmarktbeteiligung, -flexibilisierungen, Bildungsverhalten, Konsequenzen neuer Technologien, gesetzgeberische Reaktionen, Altersaufbau usw. und deren Interdependenz – hat zu Verstopfungen durch eine real denkmögliche Entwicklungsvielfalt geführt, deren Komplexität sozialwissenschaftlich kaum adäquat »abbildbar« ist und auch durch mathematische Perfektion nicht aus der Welt gerechnet werden kann. *Die Unsicherheit der Sozialwissenschaften steigt mit ihrem Entwicklungsgrad*, und dies ist kein Manko, sondern auch Ausdruck einer in Fluß geratenen sozialen

Wirklichkeit, deren innerster Kern im Hochindustrialismus immer schon Wandel bedeutet. Auf dem Hintergrund dieser Erfahrung wäre Wissenschaftlichkeit wohl neu zu steigern: Wahrheit, Zweifel, Selbstbegrenzung – und dies nicht nur in den Sozialwissenschaften.

(d) Daß dies alles auch die ursprüngliche Gleichsetzung von Verwissenschaftlichung mit Versachlichung deutlich relativiert, wenn nicht aufgehoben hat, bedarf kaum noch ausführlicher Argumente. Jeder muß zwar in den Zahlentopf greifen, kommt aber gerade in heiklen Interessenfeldern mit anderen Kombinationen und Schlußfolgerungen heraus. Die Wissenschaft hat die Wissenschaft selbst durch und durch entscheidungsfähig geforscht und damit eine *neue, indirekte Instrumentalisierungsmöglichkeit* ausgelöst, die der Versachlichung im Namen der Versachlichung zuwiderläuft. Andere Definitionen, Indikatoren, methodische Weichenstellungen, andere institutionelle Kontexte, Auftraggeber, andere Computerprogramme, andere Datensätze usw., und es entstehen völlig andere »Wirklichkeiten«. Diese Entscheidungsvielfalt ist durch immanent methodisch-theoretische Normen und Kontrollen nicht zu bewältigen, was in der Kooperation mit Praktikern nicht selten dazu führt, daß diese konkrete Mitsprachen in den verschiedenen Stationen des wissenschaftlichen Entscheidungsprozesses beanspruchen, um sicherzustellen, daß die Ergebnisse auch »passen«. Ganz sachlich, versteht sich. Die Versachlichungshoffnung hat nicht unwesentlich dazu beigetragen, daß das Problem überschießender, politisch verschiedenwertiger Entscheidungen im Normalablauf der Forschung bei Produzenten und Abnehmern sozialwissenschaftlicher Ergebnisse ebenso verdrängt wie genutzt wird – zu Lasten des sowieso wackligen Wissenschaftsanspruchs der Soziologie. Wenn in den USA ganz offen von Politikern gefragt wird, warum man für die mit den Zahlen herausgeputzte Meinung von Sozialwissenschaftlern, genannt »Meinungsforschung«, Millionen ausgeben soll, dann mag dies borniert bis ignorant klingen. Aber daß diese Frage trotz oder gerade wegen aller Verwissenschaftlichungserfahrungen gestellt werden kann, macht deutlich, daß der Objektivitätsanspruch der Sozialwissenschaften und mit ihm ihre praktische Wirksamkeit nicht mehr allein durch noch so geschliffene Techniken und Methoden gewährleistet werden kann.

Die skizzierten Argumentationen mögen überspitzt und stilisiert erscheinen. Sie sind auch bewußt vereinfachend, verdeutlichen aber gerade in der Typisierung ein entscheidendes Problem: daß sich nämlich *die Verwendung und die Praxisbedingungen von Sozialwissenschaft im Zuge ihrer Verwendung wesentlich verändert* haben. Diese »Dialektik der Verwissenschaftlichung« zu konstatieren und zu Bewußtsein zu bringen scheint uns wichtiger, als vorschnelle Vorschläge für eine »richtige« Praxis zu geben. Denn einmal abgesehen davon, daß es hierfür keine eindeutigen Rezepte gibt, stehen die Sozialwissenschaften derzeit vor einem anderen Problem: Sie müssen erst einmal wie Kolumbus herausfinden, auf welchem Kontinent sie auf ihrer Reise in die Praxis eigentlich gelandet sind. Und auch die Praktiker/-innen wären schlecht beraten, wenn sie allein auf eine didaktisch geschicktere Aufbereitung angeblich unumstößlicher wissenschaftlicher Wahrheiten drängen würden. Zwar gibt es in den Analysen des vorliegenden Bandes genügend Verweise darauf, daß mit Wissenschaft »ungeschickt« umgegangen wird (und zwar von praxisorientierten Wissenschaftlern weit häufiger als von wissenschaftsorientierten Praktikern). Aber selbst die geschickteste Verpackung ändert nichts daran, daß Wissenschaft nicht so verwendet wird wie in den klassischen Modellen unterstellt. Diese mögen ihre Berechtigung gehabt haben in einer Zeit, in der die wissenschaftlichen Missionare den wissenschaftslosen Eingeborenen gegenüberstanden. In einer verwissenschaftlichten Gesellschaft hingegen, die zugleich wissenschaftshörig *und* wissenschaftskritisch geworden ist, gehen die Missionarskonzepte an der Wirklichkeit vorbei. Denn die Kernprobleme der Praxis beziehen sich nicht mehr auf die Durchsetzung der »einfachen Verwissenschaftlichung«, sondern auf die Bewältigung ihrer »Erfolge« und Krisen – eine Problemverschiebung, die weit mehr erfordert als eine bessere Didaktik.

## III

Als unerwarteter Spätfall einer »Dialektik der Verwissenschaftlichung« ist die Verschiebung der Koordinaten im Verhältnis von Wissenschaft und Praxis bislang kaum beschrieben worden. Daß die Sozialwissenschaften genau dadurch beunruhigt sind, zeigen beispielsweise die Soziologentage der letzten Jahre, die stets aufs neue und mit steigender Tendenz Veranstaltungen zur Praxis- bzw. Verwendungsproblematik anbieten. Hierbei wird auf ein breites Feld von Ansätzen zurückgegriffen, die in unterschiedlicher Form auch für die Arbeiten innerhalb des Schwerpunktprogrammes wichtig waren. Versucht man, die in ihren Verästelungen kaum noch zu überblickenden soziologischen Reaktionsformen zu systematisieren, so können grob schematisierend drei Varianten unterschieden werden, nämlich *differenzierende, negierende* und *korrigierende* Argumentationen:

(a) Zu den *differenzierenden* Argumenten sind jene Analysen zu rechnen, die trotz aller Schwierigkeiten am tradierten Verständnis von Verwendung festhalten und vor diesem Hintergrund nach »verfeinerten« Strategien einer Umsetzung wissenschaftlicher Ergebnisse suchen. Charakteristisch ist diese Orientierung vor allem für die *Evaluations-* und die *Implementationsforschung* – zwei Ansätze, die in den sechziger Jahren entstanden sind, sich vor allem in den USA zu regelrechten Wissenschaftsbranchen entwickelt haben und darauf abzielen, die Widerstände und Verwandlungen sozialwissenschaftlich mitformulierter (Politik-)Programme in den dunklen Tunneln der Durchsetzung nachzuzeichnen.[2] Stärker noch als die sich oftmals als eine reine Technik verstehende Evaluationsforschung bringt die Implementationsforschung das Erstaunen zum Ausdruck, daß die Brüche und Widersprüche im Verhältnis sozialwissenschaftlich angeleiteter Politik unvordenklich groß sind. Gleichzeitig bleiben die differenzierenden Ansätze den ursprünglichen Hoffnungen aber insofern verhaftet, als deren Lösbarkeit in die Zukunft verlagert und mit dem (nie falschen) Zuspruch versehen wird: *further research is needed.* Wenn man über die Umsetzung der Forschung noch eine Forschung stülpt, von einer längeren »Implementationsstrecke« ausgeht, mehr Dimensionen und Variablen berücksichtigt – dann, nur dann, dann aber auch nur vielleicht, können und werden die Probleme klein beigeben. Zwar läßt sich dafür nicht garantieren, aber zumindest lassen sich Rationalitätsbrüche und Mängel auf diese Weise in Goldesel der Forschungsförderung verwandeln.

(b) Während Evaluations- und Implementationsforschung ihre Aufschwungphase hinter sich zu haben scheinen, gilt für die *negierenden* Reaktionsformen das Gegenteil. Zu dieser Variante zählen jene Thematisierungsformen, die zwar die Krise des wissenschaftlichen Produktions- und Verwendungsprozesses betonen, und zwar in einer oftmals prinzipiellen Weise, sie aber kaum aus einer Analyse seiner immanenten Entwicklungsdynamik begründen. Ein zentrales Beispiel hierfür ist die (philosophische) *Ethikdiskussion*, die derzeit Hochkonjunktur hat. In bezug auf die Sozialwissenschaften spielt die Ethik (noch) eine relativ geringe Rolle, ganz im Unterschied zu den Naturwissenschaften.[3] So verdienstvoll die wissenschaftskritische Orientierung der einschlägigen Argumentationen auch sein mag – prekär werden sie dann, wenn die Produktion und Umsetzung von Technologie selbst als ein dem Handeln unzugänglicher, verselbständigter Prozeß konstant gesetzt wird und nur die Folgen zur Debatte stehen, nicht aber die Logik, die Entscheidungsstrukturen und Beurteilungsformen im Forschungsprozeß selbst. Basiert die Kritik auf »metaphysischen« Prinzipien jenseits des Forschungsprozesses, die unvermittelt neben der selbst nicht in Frage stehenden positiven Wissenschaft stehen[4], liefert sie nur die Begleitmusik zu einem Begräbnis erster Klasse. In den golden verzierten, akademischen Leichenhallen ethischer Debatten läßt sich ebenso ausführlich wie unverbindlich räsonnieren. Wer also will, daß nichts geschieht und sich die Rede von Folgen der Verwissenschaftlichung im Schöngeistigen verliert, muß als Pendant zur Technik eine isolierte Ethik fördern. Sie ist das Wort zum Sonntag eines in Routine erstarrten, verselbständigten Prozesses der Verwissenschaftlichung.

(c) Zu den *korrigierenden* Ansätzen schließlich gehören jene Argumentationen, die den »Rationalitätsbruch« zwischen Theorie und Praxis in offener oder verdeckter Form zum Thema machen. Beispiele hierfür finden sich vor allem im Rahmen der soziologischen *Verwendungsforschung*, wie sie seit Beginn der sechziger Jahre entstanden ist.[5] Im Unterschied zu den negierenden Reaktionsformen stellen die korrigierenden Ansätze die Grundannahmen der einfachen Verwissenschaftlichung nur in Ausnahmefällen in Frage. Aber Praxis – und hier liegt der entscheidende Gegensatz zu den differenzierenden Konzepten – tritt nicht länger unter der Perspektive einer vielleicht gestörten, aber letztlich unaufhaltsamen Durchsetzung wissenschaftlicher Rationalitätsstandards in den Blick. Statt nach »verfeinerten« Implementationsstrategien zu suchen, wird vielmehr die Unmöglichkeit einer deduktiven »Anwendung« wissenschaftlicher Ergebnisse heraus-

gearbeitet (was mit der Zeit auch auf eine unfreiwillige Aushöhlung der Ideen der »einfachen Verwissenschaftlichung« hinausläuft). Ein ebenso frühes Beispiel für die Verschiebung des Aufmerksamkeitsspektrums sind die Arbeiten von Charles Lindblom (1959), der die Kleinarbeitung wissenschaftlich angeleiteter Reformen als »Muddling-through-Prozesse« beschrieb, nämlich als ein scheinbar planloses »Durchwursteln«, in dessen Verlauf die »überlegenen« Argumentationen der Wissenschaftler oft schon deshalb untergehen, weil sie nicht auf den ganz anders gearteten Rezeptionshorizont der Praktiker bezogen werden. Ohne sich ganz der Verlegenheit bewußt zu sein, dies als Praxis der Rationalisierung ausgeben zu müssen, wurde mit dieser These zwar nicht die »Überlegenheit« des wissenschaftlichen Wissens bezweifelt, wohl aber die Unterstellung, daß Wissenschaft *als* Wissenschaft praktisch werden könne – eine Einsicht, die durch unsere Verwendungsforschungen vielfach bestätigt wurde und zum Teil zu einer Umkehrung der Fragestellung führte. Denn je mehr mit dem »traditional wisdom« (C. Weiss 1977) der angewandten Sozialwissenschaften aufgeräumt wurde, desto hilfloser wurde die Devise: »Putting sociology to work« (Shostak 1974) und desto drängender die Frage: »Why sociology does not apply?« (Scott/Shore 1979).
Die Suchrichtung der Arbeiten innerhalb des Schwerpunktprogramms wurde von Anfang an durch die *korrigierenden* Argumentationen bestimmt – eine Festlegung, die angesichts der eingangs skizzierten Ausgangsfragen nicht verwunderlich, aber in sich keineswegs eindeutig war. Zwar ist es leicht, das fast schon zur Witzfigur gewordene Bild vom angewandten Sozialwissenschaftler zu verwerfen, der sein Wissen mit Vorliebe in die Spitzen der administrativen Hierarchien einfüttert, in der Erwartung, daß seine Empfehlungen von oben nach unten durchsickern, und der bei Widerständen zur Annahme von Böswilligkeit oder Intelligenzmängeln auf der Seite der Klienten neigt (vgl. Archibald 1970, S. 189). Aber hieraus ergibt sich weder ein adäquates Beschreibungsmodell, noch stehen hiermit die Grundannahmen der »einfachen Verwissenschaftlichung« zur Disposition. Die »Lerngeschichte« des Forschungsprogramms war letztlich auch eine Auseinandersetzung um diese beiden Punkte, wobei kein Mißverständnis ausgelassen wurde, von dem wir nicht mit guten Gründen behaupten können, daß es heute noch (mindestens in der Zunft) vorherrscht.

Ein wichtiges und in der Folgewirkung sehr produktives »Mißverständnis« bestand zunächst darin, daß die allgemeine Frage: »Was ist aus den sozialwissenschaftlichen Analysen geworden?« so operationalisiert wurde, als ob die Verwendung sozialwissenschaftlicher Ergebnisse am Faden dieser Ergebnisse selbst verfolgt werden könnte. So wurde danach gesucht, welche »Sätze« bzw. Empfehlungen aus wissenschaftlichen Gutachten beispielsweise zur Bildungsreform, zur Sozialpolitik oder zur Drogenpolitik in parlamentarischen Debatten, Referentenvorschlägen, Gesetzestexten, administrativen Maßnahmen usw. wieder auftauchen. Wie der Aufsatz von Weymann/Wingens zeigt, war diese Suche zwar nicht in jedem Fall ergebnislos. Aber was entdeckt wurde, ließ sich kaum als Resultat deduktiver Anwendung beschreiben, sondern bestätigte eher die Autonomiespielräume der Experten, die selber definieren, was sozialwissenschaftliches Wissen sein soll. Insbesondere jenseits politisch-administrativer Verwendungskontexte fand sich überdies in direkter Form oft gar nichts wieder, und manchmal fehlten auch konkret anwendungsfähige »Ergebnisse«, obwohl von einer »Versozialwissenschaftlichung« insofern gesprochen werden konnte, als die befragten Professionellen durchaus auf entsprechende Argumentationen zurückgriffen.[6]

Aus dieser Erfahrung ergab sich als Regel Nummer eins: *Die Verwendung der Ergebnisse hat nichts mit den Ergebnissen zu tun, die verwendet werden.* Alle gegenteiligen Vermutungen sind das Erbe einer inzwischen mehr als dreihundert Jahre alten wissenschaftszentristischen Vorstellung von Praxis. Zwar wird diese längst nicht mehr so emphatisch vertreten wie in ihren bis auf Bacon zurückgehenden Anfängen. Daß sie trotz aller Enttäuschungen und Brüche in Schwundformen nach wie vor lebendig ist, erscheint gleichwohl verständlich. Wer lange über ein Thema forscht, denkt wie ein Vater von seinem Kind in Kategorien einer gewünschten politischen Karriere seiner Ergebnisse. Verschimmelt dann sein Drei-Jahres-Produkt (das so viel Kämpfe und Krämpfe gekostet hat) ungelesen in den Schreibtischschubladen oder bewirkt völlig anderes, dann stimmt er schnell ein in das alte Wehklagen über die »Irrationalität« gesellschaftlicher Akteure und die »Irrelevanz« der Sozialwissenschaften.[7] Was aber nicht notwendig besagt, daß Verwendung »irrational« erfolgt und seine Arbeit »irrelevant« war. Denn die »direkte Anwendung« – und

dies zeigen nicht nur die hier abgedruckten Aufsätze, sondern alle im Schwerpunktprogramm geförderten Arbeiten – ist ein absoluter Ausnahme- bzw. Grenzfall.
Selbst klar geschnittene Auftragsforschungen mit eindeutigen Problemstellungen und Ergebnissen, wie sie etwa für die politische Meinungsforschung typisch sind, werden nicht »direkt« und »eindeutig« verwandt. Um so weniger ist dies bei komplexeren Analysen zu erwarten, deren Rezeption im allgemeinen zeitlich, räumlich und sozial versetzt erfolgt. Das Wissen muß nicht den Dienstweg und auch nicht den Dienstnebenweg gehen. Es kann Zwecken dienen, die von außen gar nicht überschaubar sind und die Kleingruselphantasie der Sozialwissenschaftler – Vorlagen für Entscheidungen zu erarbeiten, die längst getroffen sind – bei weitem in den Schatten stellen (zum Beispiel Munition im dreißigjährigen Referentenkrieg zwischen Abteilungen zu liefern). Die Wirkungswege werden um so verschlungener, je mehr sie den »Umweg« über die Öffentlichkeit nehmen und je mehr Öffentlichkeit hineinregiert. Wenn die Ergebnisse gar im SPIEGEL stehen, tun sich die Gräber der Schreibtischschubladen auf, und die Leichen sozialwissenschaftlicher Untersuchungsberichte feiern in den Amtsstuben ihre unverhoffte Wiederauferstehung. Die Perspektive der Wissenschaftler selbst ist deshalb denkbar ungeeignet, die Wirkungen – und das manchmal phantastische Eigenleben sozialwissenschaftlicher Nichtergebnisse! – nachzuvollziehen. Dazu ist es erforderlich, nicht nur lange Zeiträume und größere institutionelle Zusammenhänge ins Blickfeld zu rücken, sondern auch alle soziologische Phantasie zu mobilisieren und die Erwartung auf das Eintreten des Unerwarteten einzustimmen.
Dies ist um so wichtiger, als Sozialwissenschaftler, allem Gerede von den »harten Fakten« zum Trotz, in der Regel keine Maschinen, keine handfesten Daten, keine technischen Ratschläge anzubieten haben, sondern einzig und allein das vergängliche Gut »Interpretationen«. Eine Ware, die im Unterschied zu vielen anderen, das ist entscheidend, wiederum nur im Durchgang durch Interpretationen aktiv konsumiert werden kann. Der Verwendungsprozeß vollzieht sich ganz und gar im Medium von Sprache und Interpretation, genauer, im Bruch zwischen Sprachen: Wissenschafts- und Alltagssprache, aber auch den Sprachen der beteiligten und interessierten sozialen Kontrahenten, Kulturen, Professionen. Verwenden im Fall der Sozialwissenschaft heißt: lesen,

miteinander sprechen, aufschreiben, publizieren, unterschlagen, argumentieren, erklären, zurückweisen, zur Kenntnis nehmen, vergessen, sich zu eigen machen. Nicht selten verläuft dieser Prozeß als eine Art Mund-zu-Mund- oder Ohr-zu-Ohr-Propaganda, nach dem Modell des bekannten Gesellschaftsspiels, bei dem am Anfang etwas aufgeschrieben und gesagt und dann immer weiter- und weitergesagt wird, bis am Ende zum Gelächter aller etwas völlig anderes herauskommt. Was dabei am wenigsten interessiert, ist die Frage, ob dem, was hier verwandelt und im Zuge seiner Verwandlung ausgefiltert oder selbstverständlich wird, noch Spurenelemente von »Sozialwissenschaftlichkeit« anhaften.
Gewiß, es gibt Regeln, die diese Interpretationsfreiheit im Kampf aller gegen alle um das beste, passendste Argument einschränken; insbesondere in institutionellen Verwendungskontexten sind die Grenzen über Rechtsverordnungen und Aktenförmigkeit oft durchaus eng gezogen. Aber selbst in diesen Fällen wird das Ergebnis durch die Mühlen anderer Professionen gedreht und nur so wahrgenommen, wie es juristische oder Verwaltungskategorien zulassen, sozusagen einbalsamiert in der Amts-, Politik- oder Alltagssprache der anderen. Dies und genau dies ist der flüchtige, seine Spuren selbst verwischende Weg der »Verwendung« sozialwissenschaftlicher Ergebnisse: Wenn sie Glück haben, gehen sie in Gesetzestexte ein oder führen zu Organisationsstrukturen, denen niemand ihre sozialwissenschaftliche Mitentstehung ansieht. Oft genug wird aber die Legende »sozialwissenschaftlicher Ergebnisse« und deren »Verwendung« im Praxisfeld selbst erzeugt und führt ein Eigenleben, dem deswegen nicht beizukommen ist, weil es sich um Sozialwissenschaft ohne jede Beimengung von Sozialwissenschaft handelt. Solche Prozesse aus der Perspektive des konventionellen Verständnisses sozialwissenschaftlicher Praxis heraus zu analysieren ist zweifellos unangemessen; statt dessen wäre ihre Systematik eher als eine Form sozialer Rationalisierung mit Lerneffekten zu beschreiben. Über diese Lerneffekte, die gleichermaßen argumentativ wie strategisch sein können, läßt sich freilich nur dann diskutieren, wenn Verwendung als ein Prozeß der handlungspraktischen Neugestaltung wissenschaftlicher Deutungsmuster in den Blick tritt, das heißt, wenn Verwendung als *Verwandlung* gedacht und auf eine Theorie der *Verwissenschaftlichung* gesellschaftlicher Problemverarbeitung bezogen wird.

## IV

Wie die Diskussionen im Forschungsschwerpunkt gezeigt haben, gehen diese Argumentationen über die *korrigierenden* Ansätze der soziologischen Verwendungsforschung hinaus. Statt den impliziten Verfall der Grundannahmen der »einfachen Verwissenschaftlichung« zu überspielen, wird dieser angesichts der vorliegenden Beschreibungen des »Rationalitätsbruchs« zwischen Theorie und Praxis ernst genommen und danach gefragt, wie Verwendung jenseits der unscharf gewordenen Alternative »Aufklärung oder Sozialtechnologie« gedacht werden kann. Daß hierauf allenfalls tastende Antworten gegeben werden können, ist verständlich. Denn eine solche Umakzentuierung bedeutet nicht das Ende, sondern den Anfang von Verwendungsforschung – zumindest einer solchen, welche die immanenten Widersprüche und Verstiegenheiten der alten Debatten überwindet. Die bislang skizzierten Ausgangspunkte einer derart »revidierten« Verwendungsforschung lassen sich wie folgt zusammenfassen:

– Zum einen wird Verwendung nicht als deduktive »Anwendung wahrer Ergebnisse« begriffen, sondern als ein Prozeß des induktiven *Umgangs mit handlungsentlastet produzierten Deutungsangeboten*. Die Rede von den »handlungsentlastet produzierten Deutungsangeboten« bezieht sich in diesem Zusammenhang auf die spezifischen Produktions- und Geltungsbedingungen wissenschaftlicher Aussagen: Im Gegensatz zu den Deutungen der Praxis entstehen wissenschaftliche Argumentationen stets unter den spezifischen Bedingungen der »Handlungsentlastetheit« (vgl. Habermas 1973, S. 214), und es ist eben dieses Moment, das ihre unmittelbare Übertragung in die Praxis unmöglich macht. Das Stichwort des »Umgangs« wiederum soll bedeuten, daß sozialwissenschaftliches Wissen nicht *als* sozialwissenschaftliches Wissen praktisch wird. Um praktisch zu werden, müssen die Argumentationen vielmehr »verwandelt«, das heißt ihrer sozialwissenschaftlichen Identität entkleidet und nach Maßgabe der Bedingungen der Handlungspraxis »neu« konstituiert werden (vgl. Beck/Bonß 1984, S. 395 ff.).

– Zum anderen geht eine »revidierte« Verwendungsforschung davon aus, daß der »Umgang« mit handlungsentlasteten Deutungsangeboten für die Selbst- und Fremdwahrnehmung der Wissenschaft Folgen hat. Die Übernahme sozialwissenschaftlicher

Deutungsmuster führt zu *Lerneffekten*, die sowohl die jeweiligen Praxiszusammenhänge als auch die wissenschaftliche Erkenntnisproduktion selbst verändern. So können Praxisfelder, die ihre Entscheidungsbegründungen auf Standards argumentativer Rationalität umgestellt haben, letztere nicht einfach wieder aufgeben (vgl. Lau/Beck 1989, S. 79 ff.). Dies um so weniger, als der Übergang zu sozialwissenschaftlichen Interpretationen in der Regel nur in dem Maße erfolgt, wie traditionale Muster nicht mehr greifen und unzureichend werden. So gesehen erzeugt die »Gewöhnung« an sozialwissenschaftliche Deutungsmuster irreversible Folgen, die allerdings nicht als »heimliche« Anpassung an wissenschaftliche Wahrheitsansprüche mißverstanden werden dürfen. Im Gegenteil: Wer gelernt hat, mit sozialwissenschaftlichen Ergebnissen umzugehen, kann die Deutungsangebote kritisieren, strategisch handhaben und sogar ihre Produktion beeinflussen – sei es über die Finanzierung eigener Wissenschaftler oder über die öffentliche Initiierung neuer Fragestellungen der Forschung.

Begreift man die Praxis der Sozialwissenschaften als einen folgenreichen Prozeß des handlungs*praktischen* Umgangs mit handlungs*entlastet* produzierten Deutungsangeboten, so erscheint auch die Frage nach den »Defiziten« der bisherigen Verwendung in einem neuen Licht. Diese erklären sich nun weniger aus Blokkierungen im Transfer »wahrer Ergebnisse«, sondern mindestens ebensosehr aus den »Lerneffekten« der Praktiker, die ihrerseits eingebunden sind in einen gesellschaftlichen Lernprozeß. Der an der Wende zum 19. Jahrhundert mit dem Übergang zur kapitalistischen Industriegesellschaft einsetzende Modernisierungsschub erfordert die Umstellung von traditionalen Wertbindungen auf eine Wirklichkeit, die *hergestellt* und durch Maximen der Zweckrationalität bestimmt wird – ein Entwicklungspfad, dessen einzelne Stufen, Probleme und Kosten seit Weber ebenso oft wie kontrovers beschrieben worden sind (vgl. u. a. Bock 1980, Habermas 1981, Tenbruck 1983, Luhmann 1984, Beck 1986). Betrachtet man die in diesem Zusammenhang zwar unterschiedlich bewerteten, aber parallel beschriebenen Lernprozesse, so lassen sich zwei Stufen von »Verwissenschaftlichung« gesellschaftlicher Handlungszusammenhänge unterscheiden, die man als *einfache* und *reflexive* Verwissenschaftlichung kennzeichnen kann.

Das bereits mehrfach angesprochene Stichwort der *einfachen Verwissenschaftlichung* läßt sich am klarsten mit Max Weber er-

läutern: Weber stellt die Umstellung von traditionalen auf moderne Deutungsmuster in den Kontext der »okzidentalen Rationalisierung« und beschreibt sie als eine zweckrationale »Entzauberung« der Welt, die prinzipiell ins Unendliche geht. Durch die okzidentale Rationalisierung wird die Wirklichkeit als ein produziert-produzierbarer und zweckrational verfügbarer Zusammenhang konstituiert. Diese Entwicklung bedeutet »nicht eine zunehmende allgemeine Kenntnis der Lebensbedingungen, unter denen man steht. Sondern sie bedeutet etwas anderes: Das Wissen davon oder den Glauben daran, daß ... es ... keine geheimnisvollen, unsichtbaren Mächte gebe, die da hineinspielen, daß man vielmehr alle Dinge – im Prinzip – durch Berechnung beherrschen könne« (Weber 1919, S. 317). Als Versachlichung aller Lebensbeziehungen ist die Verwissenschaftlichung somit ein ambivalenter Prozeß: Sie führt nicht unbedingt zu einem umfassenderen Wissen, sondern zur Durchsetzung und Dominanz eines bestimmten Wissenstyps bei gleichzeitiger Ausdifferenzierung verschiedener Wertsphären. Die Erfahrung der traditionellen Vorgegebenheit wird abgelöst durch die Idee der zweckrationalen Verfügbarkeit, deren Realisierung von Weber unilinear gedacht wird, nämlich als eingespannt in den prinzipiell unendlichen »Ablauf des Fortschritts« (ebd.). Zwar sieht er durchaus die negativen Folgeprobleme der unendlichen Versachlichung, wie sie sich beispielsweise in der Gegenüberstellung von zweck- und wertrationalen Orientierungen niederschlagen. Aber diese Gegensätze können für ihn nicht aufgelöst, sondern allenfalls »heroisch« ausgesessen werden. Denn die mit der okzidentalen Rationalisierung einsetzende Ausdifferenzierung ist universell und irreversibel; sie läßt sich zwar subjektiv kritisieren (und vielleicht auch unterlaufen), aber objektiv nicht aufhalten.
Das Stichwort der *reflexiven Verwissenschaftlichung* setzt genau an den »prekären« Punkten der Weberschen Tradition an. Gegen Weber läßt sich nicht nur einwenden, daß er mit einem verkürzten Rationalitätsbegriff arbeitet (vgl. Habermas 1981, S. 207ff.). Sein Konzept eines unilinearen Fortschritts blendet vor allem aus, daß die Erfahrung des Fortschritts auf diesen selbst zurückwirkt. Denn mit ihrer Durchsetzung – und dies ist die Kernerfahrung des 20. Jahrhunderts – wird die Modernisierung auf sich selber angewandt und gleichsam selbst modernisiert. Dies bedeutet keineswegs eine »Entdifferenzierung« bzw. Aufhebung der bei We-

ber beschriebenen Ausdifferenzierung von Wertsphären und Wissenstypen. Aber die Abgrenzung zwischen den Bereichen verändert sich, und es zeigen sich neue Formen der »Verdifferenzierung«, die in der Ausdifferenzierungslogik à la Weber nicht vorgesehen sind. So wird beispielsweise die Grenzziehung zwischen »rational« und »irrational« bzw. zweck- und wertrationalen Momenten sukzessive unterminiert und unscharf: In dem Maße, wie die zweckrationalen Orientierungen nicht mehr Utopie, sondern Alltag sind, erweist sich das zweckrationale Urteil als wertbezogen, und die wertrationalen Orientierungen können zweckrational gehandhabt werden. Auf der Grundlage des durchgesetzten Handlungsschemas der zweckrationalen Verfügbarkeit werden die Deutungsmuster darüber hinaus in einer bei Weber nicht vorgesehenen Weise »situativ«; sie beziehen sich nicht mehr auf »allgemeine« Bestände, sondern auf »besondere« Probleme – ein Trend, der in Anlehnung an Luhmann (1970, 1984) als eine systematische »Kontextualisierung der Zweckrationalität« beschrieben werden kann.

Hierdurch entstehen veränderte Problemkonstellationen, die sowohl die Produktion als auch die Verwendung von Wissenschaft betreffen. Auf der Produktionsseite ist festzuhalten, daß vor dem Hintergrund der Kontextualisierung der Zweckrationalität der Gültigkeitsanspruch wissenschaftlicher Aussagen insofern abgeschwächt wird, als immer mehr »unsichere«, das heißt durch spezifische Randbedingungen eingeschränkte, und immer weniger »sichere«, das heißt uneingeschränkte Ergebnisse produziert werden. Das Ideal einer kumulativ fortschreitenden Erkenntnis, die immer mehr »Kausalfaktoren«, »intervenierende Variablen« etc. aufdeckt, immer weniger »Ceteris-paribus-Annahmen« benötigt und unaufhaltsam zu Theorien größerer Reichweite vorstößt, ist spätestens seit den Analysen von Thomas Kuhn (1962) theoretisch und durch den Ausbau der Sozialwissenschaften in den sechziger/siebziger Jahren auch höchst praktisch ins Wanken geraten (vgl. Bonß/Hartmann 1985, S. 17 ff.). Umgekehrt gilt für die im Kontext konkreter Handlungsprobleme agierenden Adressaten, daß sie immer weniger bloße »Objekte« von Verwissenschaftlichung sind, sondern zu potentiellen »Subjekten« in dem Sinne werden, daß sie auf der Grundlage eines durchgesetzten Zwangs zu »rationalen Argumentationen« die wissenschaftlichen Interpretationsangebote aktiv handhaben und verändern können.

Hierfür spielt die Einübung rationalen Argumentierens eine ebenso große Rolle wie der durch die immanente Relativierung des kumulativen Erkenntnisfortschritts ausgelöste »Autoritätsverfall« der Wissenschaft. Denn letztere produziert keine »uneingeschränkten Wahrheiten« mehr, die fraglos übernommen werden können. Was sie anbietet, sind eingeschränkte Deutungsangebote, die zwar weiter reichen als Alltagstheorien, aber in der Praxis ähnlich flexibel gehandhabt werden können wie diese.

Das Verhältnis zwischen »einfacher« und »reflexiver« Verwissenschaftlichung und damit die »Dialektik von Verwissenschaftlichung« im einzelnen zu beschreiben wäre zweifellos eine Aufgabe für sich (vgl. hierzu u. a. Beck 1988). Wichtig ist jedoch, daß die »revidierte« Verwendungsforschung grundsätzlich an Problemen der *reflexiven* Verwissenschaftlichung ansetzt. Ihr Ausgangspunkt und ihre Legitimation liegen in der Erfahrung, daß die Verwendung sozialwissenschaftlicher Forschung nicht länger als ein linearer Rationalisierungsprozeß im Sinne Webers gedacht werden kann. Die hiermit verbundenen Schwierigkeiten und Probleme zeigen sich in unterschiedlichen Bereichen, die in der bisherigen Diskussion kaum zureichend differenziert worden sind. Denn als »Verwissenschaftlichung« bezieht sich die Verwendung sozialwissenschaftlicher Forschung nicht allein auf das immer wieder behandelte Beispiel der sozialwissenschaftlichen Politikberatung. Statt dessen sind bereits in deskriptiver Hinsicht mindestens drei Ebenen bzw. Kooperationsformen zu unterscheiden, nämlich die *institutionelle*, die *berufliche* und die *alltägliche* Verwendung, die sich weder gleichmäßig entwickeln noch ein und dasselbe bedeuten.

(a) Unter dem Stichwort der *institutionellen* Verwendung ist das zu notieren, was in der öffentlichen Diskussion die größte Rolle spielt, nämlich die Umstellung auf wissenschaftliche Deutungsmuster innerhalb organisierter Kontexte einschließlich des dazugehörigen Anstiegs der unmittelbaren Forschungskapazitäten. Genauer noch geht es um die Verwissenschaftlichung institutioneller Entscheidungen und öffentlicher Diskurse – ein Prozeß, der seit den sechziger Jahren offensiv gefördert worden und zumindest nach außen weitgehend abgeschlossen ist. Egal ob politisch-administrative Instanzen, Gewerkschaften, Unternehmerverbände oder andere organisierte Gruppen: wenn sie ihre jeweiligen Voten bzw. Entscheidungen begründen müssen, erfolgt dies stets unter Rückgriff auf wissenschaftliche Argumentationen, die nicht unbedingt im Vordergrund stehen, aber zumindest flankierend auftauchen. Zwar läßt sich darüber streiten, ob hiermit in jedem Fall neue Begründungsformen verbunden sind. Dies um so mehr, als oftmals nur Bruchstücke wissenschaftlichen Wissens zum Einsatz kommen und diese eher wie ein Zitat benutzt werden (vgl. hierzu u. a. die Aufsätze von Lau, Schneider und Weymann/Wingens). Gleichwohl bleibt festzuhalten, daß die Verwissenschaftlichung der Institutionen und öffentlichen Diskurse ein offensichtlich irreversibler Prozeß ist, der sich zudem weit schneller entwickelt hat als die Bereitstellung der dazugehörigen Forschungskapazitäten.

(b) Hiervon zu unterscheiden, aber mindestens ebenso wichtig ist die *berufliche* Verwendung – eine Tendenz, die, wenn überhaupt, unter dem Stichwort der Professionalisierung abgehandelt wird. Ihren unmittelbaren Ausdruck findet dieser Aspekt in der wachsenden Zahl der Absolventen/-innen sozial- und wirtschaftswissenschaftlicher Studiengänge. Sofern sie eine Anstellung finden, tragen die akademisch ausgebildeten Professionellen zu einer Veränderung der von ihnen zu betreuenden Arbeitsfelder bei und liefern die Basis für die Verwissenschaftlichung der Institutionen – ein Trend, der umgekehrt durch veränderte Anforderungen der Anstellungsträger begleitet und verstärkt wird. Zwar gibt es keine präzisen Zahlen, wie tief die Professionalisierung in staatlichen Institutionen, Gewerkschaften, Verbänden und Unternehmen reicht.[8] Aber Akademiker/-innen sind inzwischen nicht mehr nur als Führungskräfte, sondern auch auf der Ebene der Sachbearbeiter gefragt, und hier wie dort gehört der Rekurs auf wissenschaftliche Methoden und Deutungsmuster zunehmend zum Standard der Problemverarbeitung.

(c) Eine eigene Qualität kommt schließlich der *alltäglichen* Verwendung zu, die bislang erst in Ansätzen erschlossen ist. Gemeint ist hiermit das Eindringen sozialwissenschaftlicher Interpretationsmuster in die Alltagswelt – ein Prozeß, der in den letzten zwanzig Jahren erheblich vorangeschritten ist. So sind ursprünglich »hochwissenschaftliche« Begriffe wie Keynesianismus oder Monetarismus zu Selbstverständlichkeiten in der Tageszeitung geworden; Durchschnittspaare beschreiben ihre Be- und Erziehungsprobleme wie Mini-Psychologen, und Fußballfanatiker sind längst in der Lage, ihr »Ausflippen« bei Krawallen im Stadion durch Verweis auf »Aggressionsstaus« zu »erklären«. Genau besehen gibt es kaum noch einen Bereich, der nicht durch einen Wechsel von traditionalen zu wissenschaftlichen Sprachspielen gekennzeichnet wäre. Ob hierdurch die Lösung von Alltagsproblemen »rationaler« geworden ist, sei dahingestellt.[9] Kaum bestreiten läßt sich jedoch, daß eine vollständige Überformung mit wissenschaftlichen Begrifflichkeiten, so modisch sie im Einzelfall auch sein mag, auf einen veränderten Umgang mit diesen Problemen verweist und den Status der Wissenschaft gegenüber der Alltagswelt nicht unberührt läßt.

Versucht man die genannten Verwendungsebenen miteinander in Beziehung zu setzen, so spricht einiges dafür, daß sie sich zwar ungleichzeitig, aber keineswegs unabhängig voneinander entwikkeln. So scheint die Verwissenschaftlichung der Institutionen und öffentlichen Diskurse nur in dem Maße zu gelingen, wie sie durch die berufliche und die alltägliche Verwendung abgestützt wird. Ohne den Verwissenschaftlichungsschub auf der letzten Ebene wäre es kaum denkbar, daß wissenschaftliche Schachspiele zu gesellschaftlich dominierenden werden; ohne die Professionalisierung wiederum wäre es kaum möglich gewesen, die institutionelle Verwendung jenseits punktueller Kontakte zwischen Wissenschaft und Praxis voranzutreiben und zu verstetigen. Eben hierdurch haben sich nicht nur die »Rahmenbedingungen« der Verwendung geändert, sondern sind auch die Unterstellungen der konventionellen Praxismodelle in Frage gestellt worden. Letztere gehen zumeist von punktuellen Kontakten zwischen »Wissenschaft« und »Praxis« aus, wobei unter Wissenschaft die akademische Wissensproduktion und unter Praxis die Ebene der institutionellen Verwissenschaftlichung verstanden wird. Die Intensivierung der Theorie/Praxisbeziehungen erscheint dementsprechend zunächst von einem Ausbau der Forschung abhängig zu sein – eine Vorstellung, die mit dem Voranschreiten der beruflichen und alltagsweltlichen Verwissenschaftlichung zunehmend inadäquat wird. So sind über die Professionalisierung die punktuellen Kontakte längst zu kontinuierlichen geworden, und wie der Aufsatz von Volker Ronge zeigt, beginnen die Professionellen zum Teil bereits Wissenschaft »in eigener Regie« zu produzieren, wobei es durchaus vorkommen kann, daß die akademischen Wissenschaftler/-innen für den jeweiligen Praxisbereich ins Hintertreffen geraten.

Die rückläufige Bedeutung der akademischen Experten ist freilich nur ein Aspekt des Strukturwandels. Denn die Erhöhung der akademischen und außerakademischen Forschungskapazitäten steht in keinem Verhältnis zu jener Verwissenschaftlichung der gesellschaftlichen Selbstthematisierung, wie sie in den Veränderungen der professionellen und alltagsweltlichen Sprachspiele zum Ausdruck kommt. Überspitzt formuliert könnte man davon sprechen, daß die Verwendung fast schon vor der Produktion entsprechender »Stichworte« der Zeitdiagnose erfolgt, gleichsam auf Voranmeldung hin. Oder systematisch ausgedrückt: *Was und wieviel verwandt wird, ist nicht allein abhängig vom Entwicklungsstand der Forschung*. Wer dies nicht sieht und nach wie vor mit der beliebten Gleichung »mehr Mittel = bessere Forschung = größere Praxisrelevanz« operiert, verkennt nicht nur die Strukturen der Praxis, sondern leistet auch dem sich abzeichnenden Abbau von Forschungskapazitäten Vorschub. So hat sich die finanzielle Ausstattung der Sozialwissenschaften im Vergleich zu den Natur-, Ingenieurs- und Biowissenschaften seit Beginn der achtziger Jahre erheblich verschlechtert, und zwar nicht zuletzt unter Verweis auf die uneingelösten Rationalisierungsversprechungen. Hiergegen läßt sich nur schwer mit dem (an sich richtigen) Verweis auf das unvollständige Wachstum der Sozialwissenschaften argumentieren. Statt dessen ist vielmehr die unmittelbare Verkoppelung von Mitteln, Ergebnissen und Praxisrelevanz selbst in Frage zu stellen. Denn weder führen größere finanzielle Aufwendungen per se zu einer besseren Forschung noch garantiert der höhere Aufwand eine größere Praxisrelevanz. Ein solcher Eindruck kann nur entstehen, wenn der mit dem Übergang von der einfachen zur reflexiven Verwissenschaftlichung sich abzeichnende Strukturwandel der Produktions- und Verwendungsbedingungen sozialwissenschaftlichen Wissens nicht wirklich in den Blick gerät.

## V

Den Zusammenhang zwischen institutioneller, beruflicher und alltagsweltlicher Verwendung systematisch herauszuarbeiten ging über die Möglichkeiten des Schwerpunktprogramms ohne Frage hinaus. Was geleistet werden konnte, war jedoch eine thematische

Verbreiterung der Diskussion. So war es von Anfang an ein Ziel, neben den viel zitierten Beispielen der Politikverwendung auch andere Felder institutioneller Verwendung zu untersuchen. Die Versozialwissenschaftlichung der Gewerkschaften bildete ebenso ein Thema wie die Rezeption sozialwissenschaftlichen Wissens in Industrieunternehmen und Massenmedien.[10] Ein weiterer Schwerpunkt lag bei der Analyse der Wissensverwendung durch Professionelle in »Reforminstitutionen«, wobei die Bandbreite von der Schule über Weiterbildungseinrichtungen bis hin zu psychologischen Beratungsstellen und Freizeitorganisationen reichte. Relativ breit analysiert werden konnten dementsprechend die Ebenen der institutionellen und der beruflichen Verwendung; etwas unterbelichtet blieb hingegen die Problematik der alltäglichen Verwendung. Zwar spielte das Eindringen sozialwissenschaftlicher Deutungsmuster in alltagsweltliche Zusammenhänge bei vielen Projekten eine erhebliche Rolle.[11] Aber das Verhältnis von Wissenschaft und Alltagswelt wurde gleichwohl zu keinem eigenständigen Untersuchungsgegenstand, denn es kam kein Projekt zustande, das sich explizit mit dem Verhältnis »Wissenschaft und Alltagswelt« beschäftigt hätte. Dies verweist auf Defizite sowohl der bisherigen Verwendungsdiskussion als auch der Debatten zum Stichwort »Alltagswelt«, die offensichtlich noch keine zureichenden Argumentationen zum Problem der Verwissenschaftlichung der Alltagswelt enthalten.[12]

Wie die zur »Halbzeit« des Schwerpunktprogramms erstmals bilanzierten Diskussionen zeigten[13], lassen sich die verschiedenen Kooperationsformen allerdings nicht unmittelbar in eins setzen. Zwar sind institutionelle, berufliche und alltagsweltliche Verwendungsprozesse oft miteinander verflochten und auch insofern ähnlich, als es sich stets um Interpretationsprozesse handelt. Aber diese laufen in je eigenen »Relevanzsystemen« ab und stellen sich überdies unterschiedlich dar, je nachdem, ob sie aus der Perspektive der handlungspraktischen Herstellung der Grenze zwischen Wissenschaft und Praxis oder unter dem Gesichtspunkt der institutionellen Zurichtung und Begrenzung der Interpretationen betrachtet werden. Im ersten Fall geht es um eine *mikrotheoretische Rekonstruktion der Verwandlung von wissenschaftlichem in handlungspraktisches Wissen*; im zweiten um eine *makrotheoretische Analyse der Selektivität und Richtung dieser Neukonstitution.* Diese beiden Perspektiven schließen einander keineswegs aus, sondern sind als einander ergänzend zu begreifen.[14] So lassen sich institutionelle Verwendungsprozesse immer auch als solche der handlungspraktischen Herstellung der Differenz von Wissenschaft und Praxis darstellen. Umgekehrt sind mikrotheoretische Analysen nicht beliebig. Denn die handlungspraktische Aneignung und Neukonstitution wissenschaftlichen Wissens verläuft nicht im luftleeren Raum, sondern unterliegt Begrenzungen, die in politischen, gewerkschaftlichen, unternehmerischen oder alltagsweltlichen Kontexten unterschiedlich ausfallen und in ihrer spezifischen Qualität herauszuarbeiten sind.

Mikrotheoretische Analysen, wie sie im vorliegenden Band vor allem in den Aufsätzen des ersten Teils zu finden sind, haben in der Regel eine ganz spezielle Verwendungssituation zum Gegenstand, nämlich die *Beratung* bzw. das Beratungs- oder auch Ausbildungsgespräch als zentrales Beispiel für die unmittelbare Interaktion von Wissenschaft und Praxis. Beispiele hierfür sind Unterrichtssituationen (vgl. Dewe/Radtke), Aufnahmegespräche in Therapieeinrichtungen (vgl. Keupp u. a., Schmitz u. a.) oder auch die Präsentation von Forschungsberichten in Industriebetrieben (vgl. Bollinger/Weltz). An Fällen wie diesen läßt sich studieren, wie die »Verwandlung« wissenschaftlicher Argumentationen in konkreten Handlungssituationen abläuft. Motivbildend für diese Fragestellung ist eine grundsätzliche Skepsis gegenüber konventionellen »Anwendungs-« und Rationalisierungskonzepten, die oft mehr Projektion als Wirklichkeit sind und dem tatsächlichen handlungspraktischen Umgang mit Wissenschaft kaum gerecht werden. Denn zumeist wird wissenschaftliches Wissen weniger gegenstandsbezogen als methodisch benutzt und fungiert als ein Medium, in dem praktische Handlungsprobleme transparent gemacht und aufgearbeitet werden können. Um dies zu zeigen und handlungsgerechtere Praxisstrategien zu entwickeln, geht es den einschlägigen Untersuchungen darum, das Verhältnis von Wissenschaft und Handlungspraxis jenseits deduktiver Transferkonzepte möglichst detailliert zu analysieren. In methodischer Hinsicht wird dabei häufig mit Interaktionsprotokollen (videographiertes Material, Tonbandaufzeichnungen) gearbeitet, die qualitativ bzw. exemplarisch ausgewertet werden. Das Ziel der Auswertung besteht darin, einzelne »Verwandlungssequenzen« unter der Perspektive der Anpassung an bzw. der Neukonstitution durch die Eigenrationalität des jeweiligen Handlungsfeldes

herauszuarbeiten und das Verhältnis von reflexiven und strategischen Lerneffekten zu bestimmen.
Wie die Beiträge insbesondere von Kroner/Wolff, Keupp/Straus/Gmür, Daheim u. a., Bollinger/Weltz sowie Böhm/Mühlbach/Otto deutlich machen, funktioniert die praktische Wissensverwendung anders und oftmals viel banaler als in ausdifferenzierten »Transfermodellen« unterstellt. Was disziplinär wichtig erscheint, kann in der Praxis völlig unwichtig werden. Denn praktische Relevanz erlangen wissenschaftliche Argumentationen nur dann, wenn sie ihrer disziplinären Identität entkleidet werden. Aus der Perspektive der Wissenschaft bedeutet dies, daß Wissenschaft in der Verwendung »verschwindet«; aus der Perspektive der Praxis – und dies zeigt vor allem der Aufsatz von Kroner/Wolff –, daß Wissenschaft als ein fremdes und zugleich integrierbares Wissen aufgebaut wird. Die hierbei auftretenden Selektivitäten werfen zwangsläufig die Frage nach den »Aufklärungseffekten« der Verwissenschaftlichung auf. Daß diese keineswegs im Sinne der Ideale der Verwissenschaftlichung ausfallen, sondern eher auf eine »verstaatlichte« (Schmitz/Bude/Otto) bzw. interessenspezifisch »verbogene« Aufklärung verweisen, zeigen praktisch alle analysierten Fallbeispiele. Daß diese »Abweichungen« unterschiedlich zu beurteilen sind, macht der Beitrag von Dewe/Radtke deutlich. Denn die bei ihnen (ähnlich wie bei Schmitz u. a.) eingeführte Unterscheidung zwischen dem strategischen Diskurs der Experten, der psychoanalytischen Therapiesituation und der beratenden Rekonstruktion des »klinischen Soziologen« verweist auf divergierende »Aufklärungstypen«, die in der bisherigen Verwendungsdebatte oft umstandslos in eins gesetzt werden. Den Idealen der Aufklärung (und der Beratung) würde allein der »klinische Soziologe« entsprechen; ob und inwieweit dieses hypothetische Konstrukt eine empirische Relevanz haben kann, ist freilich eine offene Frage.
Während die Aufsätze des ersten Teils die handlungspraktische Herstellung von »Grenzziehungen« zwischen Wissenschaft und Praxis im Vollzug von Verwendungsprozessen rekonstruieren, beschäftigen sich die Analysen des zweiten und dritten Teils eher mit *institutionellen* Lernprozessen. Sofern sie makroanalytisch orientiert sind, geht es diesen Beiträgen weniger um das Verhältnis von Wissenschaft und Handlungspraxis, sondern um Verwendung in organisierten Kontexten und die hierbei beobachtbare

institutionelle Zurichtung und Begrenzung der Verwissenschaftlichung. Die zumeist mit konkreten Verbänden, Verwaltungsstellen oder anderen Großinstitutionen gleichgesetzten institutionellen Kontexte werden als eine zentrale Steuerungsvariable begriffen, die gleichsam hinter dem Rücken der konkret Handelnden bzw. durch sie hindurch wirksam ist und die mögliche Bandbreite von bzw. die Spielräume für strategische und/oder reflexive Lernprozesse festlegt. Auch diese Arbeiten sind, wie alle Ansätze einer »revidierten« Verwendungsforschung, Einzelfallstudien, die freilich nicht für sich stehen, sondern beanspruchen, typische Verwendungssituationen nachzuzeichnen. In methodischer Hinsicht zeigen sich allerdings andere Akzentsetzungen. So spielt der Rückgriff auf Interaktionsprotokolle eine weit geringere und eher ergänzende Rolle; statt dessen werden unterschiedliche Formen der Dokumentenanalyse favorisiert, die es erlauben, die intervenierende bzw. grenzsetzende Bedeutung institutioneller Momente herauszuarbeiten, um so die Verwendung wissenschaftlicher Argumentationen als Anpassung an bzw. Übersetzung in institutionelle Eigenrationalitäten zu dechiffrieren.

In thematischer Hinsicht konzentrieren sich die Makroanalysen auf die Bereiche *Politik, Verwaltung* und *Wirtschaft*. Als Beispiele fungieren die berufliche Fortbildung für Verwaltungsbeamte, die Verwissenschaftlichung der Sozialarbeit, Reformprojekte aus der Bildungs-, Sozial- und Rechtspolitik sowie Erfahrungen aus der Unternehmensberatung. Keines dieser Beispiele wird allein unter makroanalytischen Perspektiven analysiert. Sofern diese im Vordergrund stehen, also davon ausgegangen wird, daß die institutionellen Kontexte das zu analysierende Handlungsfeld präformieren, wird den handlungstheoretischen Aspekten, wie sie etwa von Kroner/Wolff betont werden, zwangsläufig weniger Aufmerksamkeit geschenkt. Es ist daher kein Zufall, daß zumeist die klassischen Anwendungs- bzw. Transferkonzepte zum Ausgangspunkt genommen werden, die in der Durchführung der Argumentation freilich eine systematische Relativierung erfahren. Dies gilt für Böhm u. a. oder Daheim u. a. ebenso wie für Weymann/Wingens oder Schneider – sie alle machen deutlich, daß das verwendete Wissen »verbeult«, gespalten und letztlich neu konstituiert wird. Diese Neukonstitution, so die mit unterschiedlichen Akzentsetzungen geteilte These, bedeutet allerdings keine schlichte Instrumentalisierung wissenschaftlicher Argumentationen. Zwar werden sie, entsprechend den institutionellen Rahmenbedingungen, stets selektiv-strategisch gehandhabt, und dies scheint auch eine Voraussetzung für »erfolgreiche« Transfer- und Transformationsprozesse zu sein. Gleichwohl zeigen sich Lerneffekte, die über den konkreten Anlaß hinausweisen und so etwas wie ein »neues Reflexivitätsniveau« begründen.

Wie dieses »neue Reflexivitätsniveau« einzuschätzen ist, blieb in der Diskussion des Schwerpunkts umstritten. Eine Auswahl der verschiedenen Positionen findet sich in den Beiträgen des vierten Teils, die sich mit dem Verhältnis von Verwendung und Verwissenschaftlichung beschäftigen. Daß die gesellschaftliche Problemverarbeitung durch einen Trend zur Verwissenschaftlichung gekennzeichnet ist, wird dabei von allen Autoren betont, wobei die einzelnen Stufen dieses Prozesses am Beispiel der Sozialpolitik (Evers/Nowotny), der Bildungspolitik (Lau) und der Rechtspolitik (Kreißl) zum Teil detailliert beschrieben werden. Extrapoliert man diese Rekonstruktionen, so werden freilich höchst unterschiedliche Akzentuierungen sichtbar. Die düsterste Variante formuliert in diesem Zusammenhang Reinhard Kreißl; anhand einer Analyse der Versozialwissenschaftlichung von Rechtssprechung und Strafjustizsystem versucht er zu zeigen, daß die sozialwissenschaftliche »Aufklärung« mit einer Zunahme sozialer Kontrolle Hand in Hand geht und zugleich eine Art von »Realitätsverlust« der Sozialwissenschaften eintritt, die eine nicht mehr zu begreifende Wirklichkeit nur mehr simulieren. Anders argumentieren Evers/Nowotny, Lau sowie Henschel u. a. Mit Kreißl sind sie sich einig, daß die Sozialwissenschaften eine zunehmende Relevanz für die Definition und Bewältigung sozialer Probleme haben. Aber sie weisen darauf hin, daß Brüche in der (Selbst-)Wahrnehmung der akademisch gebildeten Experten bestehen, die instrumentell-strategischen durch diskursive Lerneffekte überlagert und neue Aufklärungspotentiale zumindest dann sichtbar werden, wenn die Praxis der Wissenschaft nicht länger wissenschaftszentriert gedacht wird.

Die Auseinandersetzung zwischen den verschiedenen Positionen ist sicherlich noch lange nicht beendet. So unterschiedlich die Einschätzungen aber auch sein mögen – klar ist, daß sich unter der Bedingung reflexiver Verwissenschaftlichung die Grenze zwischen Wissenschaft und Praxis verändert. Angesichts der zu beobachtenden institutionellen, professionellen und alltäglichen

Verwissenschaftlichung kann die Verwendung sozialwissenschaftlichen Wissens nicht mehr aus einer »Missionarshaltung« heraus »deduktiv« gedacht werden. Denn die »soziologielosen Eingeborenen« sind längst »missioniert«; an einigen Stellen beginnen sie, selbst Wissenschaft zu produzieren (vgl. Ronge), und wenn sie sich gegen weitere Argumentationen wehren, so nicht zuletzt deshalb, weil durch die alltägliche Versozialwissenschaftlichung ein implizites Wissen um die (insbesondere methodischen) Standardmängel sozialwissenschaftlicher Analysen entstanden ist. Die gewachsene Kritikfähigkeit ändert freilich nichts an der Wissenschaftsabhängigkeit. Denn in einer Gesellschaft, die sich nicht mehr auf traditionale Vorgegebenheiten stützen kann, stellt sich soziale Integration nicht einfach von selbst her, sondern wird zu einer systematischen Aufgabe. Und das (entlastende) Argument »Das war schon immer so« verliert unter der Bedingung eines sich beschleunigenden sozialen Wandels um so stärker an Legitimität, wie einstmals »feste Bezugspunkte» für den »Normalzustand« institutioneller und alltagsweltlicher Strukturen irreversibel schwinden. Diese Entwicklung (und den damit verbundenen Zwang zu stärkerer Begründungsverpflichtung) gilt es ebenso ernst zu nehmen wie die Erfahrung, daß die Sozialwissenschaften (wie Wissenschaft überhaupt) kein sicheres Wissen darstellen. Was das für die Professionalisierung der Sozialwissenschaften bedeutet, muß zukünftigen Diskussionen und Forschungen überlassen bleiben.

## *Anmerkungen*

Für die stilistische Überarbeitung eines großen Teils der abgedruckten Texte haben wir R. Schütz zu danken.

1 Zwar hat sich diese Expansion inzwischen entschieden verlangsamt. Gleichwohl verfügen sie heute über eine Lehr- und Forschungskapazität, die innerhalb der Soziologie zwanzigmal so groß ist wie 1960 und rund doppelt so hoch wie zu Beginn der siebziger Jahre (vgl. Klima 1979, Viehoff 1984).

2 Zur Evaluations- und Implementationsforschung vgl. allgemein Williams/Elmor 1976, Anderson 1978, Alkin u. a. 1979, Cronbach 1980, Ciarlo 1981, Stuening/Brewer 1984; für die BRD ferner Mayntz 1980 sowie den Sammelband von Hellstern/Wollmann 1983. Daß diese Richtungen zu Wissenschaftsbranchen geworden sind, läßt sich nicht

unbedingt im akademischen Bereich, wohl aber an der Zunahme privater Beratungsfirmen und staatlicher Stellen sowie an den neu entstehenden Zeitschriften wie etwa *Evaluation News* (seit 1979), *Evaluation and Program Planning* (seit 1977) oder *Evaluation Research* studieren.

3 Beispiele hierfür finden sich in den Auseinandersetzungen um die Atomtechnologie sowie insbesondere in der aktuellen Debatte um die Gentechnologie, die auch in der Bundesrepublik zu einem Aufschwung ethischer Thematisierungen geführt hat (vgl. als kritische Anmerkung zuletzt Kluge 1988).

4 Vgl. als parallele Argumentation die in dieser Hinsicht unverändert aktuelle Analyse des Zusammenhangs von »Positivismus« und »Metaphysik« von Max Horkheimer (1933).

5 Als Beispiele für die Verwendungsforschung im angelsächsischen Sprachraum, die in sich keineswegs einheitlich ist, vgl. die (Sammel-)Bände von Gouldner/Miller 1965, Horowitz 1967, 1975, Lazarsfeld/Sewell/Wilensky 1967, Crawford/Rokkan 1976, Weiss 1977, Cherns 1979, Lindblom/Cohen 1979, Weiss/Bucuvalas 1980, Olsen/Micklin 1981, Bulmer 1982. Zur Diskussion in der BRD, die bedeutend geringer entwickelt ist und stark vom Import der angelsächsischen Forschungen lebt, vgl. als »Grundlagenband« Badura 1976, Wissenschaftszentrum Berlin 1977 und Beck 1982 sowie als neueste zusammenfassende Darstellung Wingens 1988, insbesondere S. 35 ff.

6 Letzteres läßt sich beispielsweise an der von Barbara Mettler-Maibom im Rahmen des Schwerpunktprogramms durchgeführten Untersuchung zur Breitbandverkabelung studieren (vgl. Mettler-Maibom 1987). Denn obwohl es in diesem Fall praktisch keine sozialwissenschaftlichen Begleitstudien gab, kam die soziale Brisanz des Projekts in den Interviews durchaus in verwissenschaftlichten Thematisierungsformen zur Sprache.

7 Eine Ausnahme bildet hier allerdings der Zyniker, für den das Verstauben im Aktenschrank auch Weisheit enthält. Man könnte es als eine Art Erneuerung des nun negativ gewendeten »Rationalitätsvertrages« sehen: Wir muten euch nicht zu, daß ihr uns zur Kenntnis nehmt, wenn ihr uns nicht zumutet, etwas zu produzieren, das der Kenntnisnahme wert wäre. Eine Sozialwissenschaft, die auf Halde produziert, verschont in diesem Sinne die Gesellschaft, erspart ihr die Folgekosten der Verwendung und verdient schon allein deswegen den Ausbau ihrer Förderung.

8 Was es gibt, sind Fallstudien zu einzelnen Beschäftigungsfeldern (vgl. zum Beispiel Altrichter 1979, Lange 1981, Grün 1985, Schlegelmilch 1982); eine auf entsprechenden empirischen basierende übergreifende Darstellung hingegen steht noch aus (vgl. auch Kaiser/Nuthmann/Stegmann 1985).

9 Autoren wie Friedrich Tenbruck (1975, 1983), die den Sozialwissenschaften den Status einer »Ersatzreligion« zusprechen, würden dies sicherlich bestreiten. Allerdings erscheint ihre Einschätzung insofern vorschnell, als sie (nicht zuletzt mangels konkreter Analysen zur Verwendung) den Gedanken eines Strukturwandels im Verhältnis von Wissenschaft und Alltagswelt gar nicht erst in Betracht ziehen.

10 Hierzu wurden neben dem abgedruckten Aufsatz von Bollinger/Weltz unter anderem die Projekte von Schuster (1987), Slezina/Schroer/v. Ferber (1988), Wienold/Rehbock (1988) und Treu (1987) durchgeführt.

11 Dies gilt insbesondere für jene Analysen, die sich mit der professionellen Wissensverwendung in Beratungssituationen beschäftigen; vgl. hierzu unter anderem die Aufsätze von Dewe/Radtke, Kroner/Wolff, Schmitz/Bude/Otto sowie Keupp/Straus/Gmür.

12 Als eine Form von Verwendung ist die »alltägliche Verwissenschaftlichung« bislang vornehmlich aus der Perspektive der sogenannten »Diffusionsforschung« (vgl. Tannenbaum 1963, Katz u.a. 1972) behandelt worden; innerhalb der in den letzten Jahren stark angewachsenen Diskussion um das »Alltagsbewußtsein« hingegen wird das Verhältnis von Wissenschaft und Alltagswelt eher konstitutionstheoretisch als unter Verwendungsgesichtspunkten diskutiert (vgl. etwa Hammerich/Klein 1978, Grathoff/Sprondel 1979).

13 Vgl. die Aufsätze im Heft 4/1984 der Zeitschrift *Soziale Welt*.

14 Es sei allerdings nicht verschwiegen, daß die theoretische Fassung dieses Ergänzungsverhältnisses von »handlungs-« und »strukturtheoretischen« Aspekten ein ebenso umstrittenes wie ungelöstes Grundlagenproblem soziologischer Theorie bildet. Als Beispiele für explizite Diskussionen dieses Problems vgl. unter anderem Berger/Luckmann 1966, Luhmann 1984 und Habermas 1981.

## *Literatur*


Alkin, M./Daillak, C. R./White, P. (1979), *Using Evaluations: Does Evaluation Make a Difference?*, Beverly Hills: Sage.

Altrichter, H. (1979), *Berufstätigkeit und Beschäftigungssituation von Pädagogen. Eine exemplarische Analyse eines akademischen Berufsfeldes* (= BeitrAB 37), Nürnberg: IAB.

Anderson, S. B. (Hg.) (1978), *New Directions in Program Evaluation*, San Francisco: Jossey-Bass.

Archibald, K. A. (1970), »Drei Ansichten über die Rolle des Experten im politischen Entscheidungsprozeß. Systemanalyse, Inkrementalismus und klinischer Ansatz«, in: B. Badura (Hg.) (1976), *Seminar: Angewandte Sozialforschung*, Frankfurt: Suhrkamp, S. 187ff.

Badura, B. (Hg.) (1976) *Seminar: Angewandte Sozialforschung*, Frankfurt: Suhrkamp.
Beck, U. (1986) *Risikogesellschaft. Auf dem Weg in eine andere Moderne*, Frankfurt: Suhrkamp.
Beck, U. (1988), *Gegengifte. Die organisierte Unverantwortlichkeit*, Frankfurt: Suhrkamp.
Beck, U./Bonß, W. (1984), »Soziologie und Modernisierung. Zur Ortsbestimmung der Verwendungsforschung«, in: *Soziale Welt* 35, S. 381 ff.
Beck, U. (Hg.) (1982), *Soziologie und Praxis. Erfahrungen, Konflikte, Perspektiven*, Göttingen: Schwarz.
Berger, P./Luckmann, Th. (1966), *Die gesellschaftliche Konstruktion der Wirklichkeit*, 5. Auflage, Frankfurt 1987: Fischer.
Bock, M. (1980), *Soziologie als Grundlage des Wirklichkeitsverständnisses. Zur Entstehung des modernen Weltbildes*, Stuttgart: Klett.
Bonß, W./Hartmann, H. (Hg.) (1985), *Entzauberte Wissenschaft. Zur Relativität und Geltung soziologischer Forschung*, Göttingen: Schwarz.
Bulmer, M. (1982), *The Uses of Social Research*, London.
Cherns, A. B. (1979), *Using the Social Sciences*, London.
Ciarlo, J. A. (Hg.) (1981), *Utilizing Evaluation. Concepts and Measurement Techniques*, Beverly Hills: Sage.
Crawford, E./Rokkan, S. (Hg.) (1976), *Sociological Praxis. Current Roles and Settings*, London: Sage.
Cronbach, L. J., u. a. (1980), *Toward Reform of Program Evaluation*, San Francisco.
Engfer, Uwe (1987), »Zwischen Meinungsmache und Meinungsforschung. Zur Praxis der Umfrage-Institute«, in: *Freibeuter* 31, S. 51-63.
Gouldner, A./Miller, S. M. (1965), *Applied Sociology. Opportunities and Problems*, New York: The Free Press.
Grathoff, R./Sprondel, W. M. (Hg.) (1979), *Alfred Schütz und die Idee des Alltags in den Sozialwissenschaften*, Frankfurt: Suhrkamp.
Grühn, D. (1984), *Soziologie in der Grauzone des Arbeitsmarkts*, Bielefeld: AJZ.
Habermas, J. (1973), »Wahrheitstheorien«, in: Fahrenbach, H. (Hg.), *Wirklichkeit und Reflexion. Walter Schulz zum 60. Geburtstag*, Pfullingen: Neske, S. 211 ff.
Habermas, J. (1981), *Theorie des kommunikativen Handelns*, Frankfurt.
Hammerich, K./Klein, M. (Hg.) (1978), *Materialien zur Soziologie des Alltags*, Opladen: Westdeutscher Verlag.
Hellstern, G. M./Wollmann, H. (Hg.) (1983), *Experimentelle Politik – Reformstrohfeuer oder Lernstrategie*, Opladen: Westdeutscher Verlag.
Horkheimer, M. (1933), »Materialismus und Metaphysik«, in: *Zeitschrift für Sozialforschung* 2, S. 1 ff.
Horowitz, I. L. (1975), *The Use and Abuse of Social Science*, 2. Auflage, New Brunswick: Transaction Books.

Horowitz, I. L. (Hg.) (1967), *The Rise and Fall of Project Camelot. Studies in the Relationship between Social Science and Practical Politics*, Cambridge, Mass.: MIT Press.

Kaiser, M./Nuthmann, R./Stegmann, H. (Hg.) (1985), *Berufliche Verbleibsforschung in der Diskussion.* Materialienband 3: Hochschulabsolventen beim Übergang in den Beruf (= BeitrAB 90.3), Nürnberg: IAB.

Katz, E., u. a. (1972), »Geschichte und Stand der Diffusionsforschung«, in: Badura, B./Gloy, K. (Hg.), *Soziologie der Kommunikation*, Stuttgart: Fromman-Holzboog.

Klima, R. (1979), »Die Entwicklung der soziologischen Lehre an den westdeutschen Universitäten 1950-1975. Eine Analyse der Vorlesungsverzeichnisse«, in: Lüschen, G. (Hg.), *Deutsche Soziologie seit 1945*, Opladen: Westdeutscher Verlag, S. 221 ff.

Kluge, Th. (1988), »Haltlose Ethik«, in: *Ästhetik und Kommunikation* 69, S. 47 ff.

Kuhn, Th. S. (1962), *Die Struktur wissenschaftlicher Revolutionen*, 2. revidierte und ergänzte Auflage, Frankfurt: Suhrkamp 1970.

Lange, E. (1981), *Akademiker in der Privatwirtschaft*, Stuttgart: Enke.

Lau, Ch./Beck, U. (1989), *Definitionsmacht und Grenzen angewandter Sozialwissenschaft*, Opladen: Westdeutscher Verlag.

Lazarsfeld, P. F./Sewell, W./Wilensky, H. (Hg.) (1967), *The Uses of Sociology*, New York: Basic Books.

Lindblom, Ch./Cohen, D. (1979), *Usable Knowledge. Social Science and Social Problems Solving*, Yale: University Press.

Lindblom, Ch. E. (1959), »The Science of ›Muddling through‹«, in: *Public Administration Review* 19, S. 79 ff.

Luhmann, N. (1970), »Selbststeuerung der Wissenschaft«, in: ders., *Soziologische Aufklärung 1*, Opladen: Westdeutscher Verlag, S. 232 ff.

Luhmann, N. (1977), »Theoretische und praktische Probleme der anwendungsbezogenen Sozialwissenschaften«, in: Wissenschaftszentrum Berlin (Hg.) (1977), *Interaktion von Wissenschaft und Politik*, Frankfurt: Campus, S. 16 ff.

Luhmann, N. (1984), *Soziale Systeme. Grundlage einer allgemeinen Theorie*, Frankfurt: Suhrkamp.

Mayntz, R. (Hg.) (1980), *Implementation politischer Programme. Empirische Forschungsberichte*, Königstein/Taunus: Hain.

Mettler-Maibom, B. (1986), *Breitbandtechnologie. Über die Chancen sozialer Vernunft in technologiepolitischen Entscheidungsprozessen*, Opladen: Westdeutscher Verlag.

Olsen, M. E./Micklin, E. (1981), *Handbook of Applied Sociology*, New York: Praeger.

Rentrup, G. (1985), »Untersuchungen zu Berufsfeldern für Soziologen«, in: Lumm, G. (Hg.), *Ausbildungs- und Berufssituation von Soziologen. Anwendung und Professionalisierung*, Bielefeld: AJZ.

Schlegelmilch, C. (1982), »Grauer Arbeitsmarkt für Hochschulabsolventen«, in: *Soziale Welt* 33, S. 400-430.

Schuster, H. (1987), *Industrie und Sozialwissenschaften. Eine Praxisgeschichte der Arbeits- und Industrieforschung in Deutschland*, Opladen: Westdeutscher Verlag.

Scott, R. und Shore, A. (1979), *Why Sociology does not Apply. A Study of the Use of Sociology in Public Policy*, New York: Elsevier.

Slezina, W./Schroer, A./Ferber, Chr. v. (1988), »Soziologie und menschengerechte Arbeitsgestaltung. Arbeitsschutz, ein Berufsfeld für Soziologen?«, in: *Soziale Welt* 39, S. 205 ff.

Struening, E. L./Brewer, B. (Hg.) (1984), *The University Edition of the Handbook of Evaluation Research*, London/Beverly Hills: Sage.

Tannenbaum, P. H. (1963), »Die Verbreitung wissenschaftlicher Information«, in: Badura, B. (Hg.) (1976), *Seminar: Angewandte Sozialforschung*, Frankfurt: Suhrkamp, S. 428 ff.

Tenbruck, F. H. (1975), »Der Fortschritt der Wissenschaft als Trivialisierungsprozeß«, in: Stehr, N./König, R. (Hg.), *Wissenschaftssoziologie*. Sonderheft 18 der *Kölner Zeitschrift für Soziologie und Sozialpsychologie*, Opladen: Westdeutscher Verlag, S. 19 ff.

Tenbruck, F. H. (1983), *Die unbewältigten Sozialwissenschaften oder die Abschaffung des Menschen*, Graz: Styria.

Treu, H. E. (1987), *Soziologie und gesellschaftliche Wirklichkeit in der Bundesrepublik*, Frankfurt: Lang.

Viehoff, Ludger (1984), »Zur Entwicklung der Soziologie an den Hochschulen der BRD von 1960 bis 1981«, in: *Zeitschrift für Soziologie* 13, S. 264 ff.

Weber, M. (1919), »Vom inneren Beruf der Wissenschaft«, in: Winkelmann, J. (Hg.), *Max Weber – Soziologie, weltgeschichtliche Analysen, Politik*, Stuttgart: Kröner, S. 311 ff.

Weiss, C. H./Bucuvalas, M. J. (1980), *Social Science Research and Decision-making*, New York: Columbia University Press.

Weiss, C. (Hg.) (1977), *Using Social Research for Public Policy Making*, Lexington: Lexington Books.

Williams, W./Elmore, F. (Hg.) (1976), *Social Program Implementation*, New York.

Wingens, M. (1988), *Soziologisches Wissen und politische Praxis. Neuere theoretische Entwicklungen der Verwendungsforschung*, Frankfurt: Campus.

Wissenschaftszentrum Berlin (Hg.) (1977), *Interaktion von Wissenschaft und Politik*, Frankfurt: Campus.

Bernd Dewe/Frank-Olaf Radtke

# Klinische Soziologie – eine Leitfigur der Verwendung sozialwissenschaftlichen Wissens

*Dargestellt am Falle der Fortbildung von Lehrern*

## 1. Können Soziologen »klinisch« handeln?

Die These, die Soziologie sei eine »Wissenschaft ohne Beruf«, klingt deshalb plausibel, weil eine direkte Verwendung ihres Wissens in der personalen Interaktion zwischen Soziologen und möglichen Adressaten nicht vorzukommen scheint. Betrachtet man die klassischen Distributionsformen – schriftgebundene Vermittlung, Lehre und Ausbildung, institutionell-organisatorische Verwendung –, so scheint der Fall der *direkten* Weitergabe sozialwissenschaftlichen Wissens an eine individuelle Handelspraxis nicht vorstellbar. Das sprichwörtlich praxisferne sozialwissenschaftliche Wissen scheint sich einer direkten Verwendung zu entziehen.

Dennoch: Die exponential ansteigende Nachfrage nach Beratung, Supervision und (Quasi-)Therapie, die mit der Erosion von Alltagsgewißheiten in Zusammenhang gebracht wird (Schülein 1976), weckt in Konkurrenz mit Psychologen und Pädagogen auch bei der ebenfalls exponential angestiegenen Zahl von diplomierten Soziologen Begehrlichkeiten. Ein »aktives« Professionalisierungsinteresse könnte sich obendrein auf eine bis in die dreißiger Jahre zurückreichende Tradition berufen, in der das »klinische Handeln« von Soziologen im Kontext von Sozial- und Psychotherapie gedacht wurde. In der »Chicagoer Schule« der Soziologie waren schon früh Versuche angestellt worden, ein systematisches Konzept für »klinische Soziologie« zu entwickeln: »Clinical procedure is characterized by the case method, co-operative work, and a therapeutic aim.« (Wirth 1931, S. 49)

Sowohl in der Tradition, in der die »klinische Soziologie« in Auseinandersetzung mit inkrementalistischen und systemanalytischen Verwendungsmodellen akzentuiert wurde (vgl. Ulrich 1949; McClung Lee 1955; Gouldner 1957), als auch in den wie immer begründeten neueren Versuchen, Soziologie an Beratung und Therapie anzuschließen, liegt unseres Erachtens ein kategoriales Mißverständnis vor, das sich über den systematischen Status soziologischen Wissens täuscht. Die Soziologie – so ist unsere These – kann weder in der Beratungs- noch in der Therapiesituation auf biographisch einmalige Konstellationen Antworten geben; was sie jedoch kann, ist umgekehrt das Typische am Einzelfall zu einer *Strukturdeutung* verallgemeinern. Dieses Verständnis von »klinischem Handeln«, bei dem der *Fallbezug* der Arbeit von dem Therapieanspruch gelöst wird, wollen wir im folgenden kategorial entfalten.

Darüber hinaus soll der soziale Ort bestimmt werden, an dem eine so verstandene »soziologische Praxis« institutionalisiert werden könnte (vgl. Weber 1980). Die spezifische Leistungsfähigkeit soziologischen Wissens als Strukturdeutung konkreter Handlungssituationen findet – so ist unsere zweite These – ein empirisches Realisierungsfeld im Bereich der berufsbezogenen Fort- und Weiterbildung, zumal von *people-processing professions*, wie z. B. Ärzten, Juristen, Lehrern, Sozialarbeitern etc. Wir wollen versuchen, die Figur des »klinischen Soziologen« als einen Idealtypus einer nicht-technizistischen personalen Verwendung sozialwissenschaftlichen Wissens zu rekonstruieren. Am Fall der *Lehrerfortbildung*, die innerhalb des Bildungssektors einen nicht unerheblichen Anteil hat, soll der »klinische Soziologe« zu einer konzeptionellen Leitfigur der Verwendung sozialwissenschaftlichen Wissens jenseits technokratischer Anwendung konturiert werden, die ersichtlich nicht mit Therapie und Beratungsprozessen identisch ist.

## 2. Ältere und neuere Konzeptualisierungsversuche »klinischer Soziologie«

Das traditionelle Modell des »klinischen Soziologen« strebte an, die sozialisatorischen und situationsdeutenden Funktionen der Soziologie über »klinische«, das hieß personen- und situationsbezogene Kompetenzen wirksam werden zu lassen. Die klinischen Kompetenzen sollten zur Geltung kommen in Interaktionsbeziehungen mit einer Klientel, die sowohl aus praktisch arbeitenden *Professionellen* als auch aus Laien bestehen konnte. »Klinische

Soziologie« war sowohl von Auftragsforschung abzugrenzen, die im Interesse der Organisation auf systemische Veränderungen zielte, wie auch von Grundlagenforschung, die keinen unmittelbaren Anwendungsbezug hatte. »Klinisch« wurde ein Verfahren genannt, das in der *Face-to-face*-Interaktion die Deutung konkreter Handlungssituationen zum Gegenstand machte.

Es hat in den sporadisch zu verzeichnenden Diskussionsbeiträgen durchaus divergente Interpretationen klinischer Soziologie gegeben, die in unterschiedliche Schwierigkeiten führten. Dabei war besonders die funktionalistische Position zur klinischen Wissensverwendung (McClung Lee 1955, Archibald 1976) von einer Aporie gekennzeichnet: Ihrem Selbstverständnis nach mußte die Soziologie in ihren Falldeutungen und Interpretationen über die partikularen Orientierungen einzelner Professionen hinausgehen. Einerseits sollte also »Gesellschaft« zum Thema gemacht werden, um sie als System hinsichtlich ihrer Bestandssicherung und ihres Funktionierens zu untersuchen. Andererseits durften dabei jedoch alternative Entwürfe nicht präsentiert werden. In dieser Tradition verwendet der Soziologe idealtypischerweise die Grenzen des Klientensystems bzw. die manifesten Handlungsprobleme der Adressaten zur Definition seiner eigentlichen Aufgabe. Das Klientensystem wird dabei im Prinzip als ein *»geschlossenes System«* behandelt, dessen interne Handlungs- oder Funktionsweise optimiert bzw. aufgeklärt werden kann. Daraus ergibt sich – im Gegensatz zum systemanalytischen bzw. inkrementalistischen Ansatz –, daß im Modell des klinischen Vorgehens der Soziologe die in der außerhalb der Problemdefinition des Klienten angesiedelten Umweltprobleme und ihre interne Struktur lediglich als Hintergrundinformationen behandelt und statt dessen die Absicht verfolgt, Handlungsentwürfe und Sinninterpretationen seiner Klientel zu rekonstruieren, damit diese zukünftig »besser« mit ihnen »fertig« wird. Verallgemeinert schließt dies ein, daß alle »von außen« kommenden Probleme im Interaktionsprozeß umgewandelt bzw. umgedeutet werden in Probleme der Wahrnehmung. Nur dadurch können sie auch legitimerweise innerhalb des Klientensystems angesiedelt bleiben. Ein zentrales Integrationsproblem, das klinischer Soziologie somit aufgrund ihrer Kompetenzbestimmungen aufgegeben war, resultierte aus dem Spannungsverhältnis zwischen der Dynamik gesellschaftstheoretischer Fragestellungen und der extern gesetzten Verpflich-

tung auf den Status quo. Verdeckt wurde die Spannung durch das damals herrschende positivistische Wissenschaftsverständnis (vgl. Maindok 1977).
Die Aporie ist nur auflösbar, wenn ein Verständnis von Soziologie unterlegt wird, das nicht die mit dem Begriff »klinisch« nahegelegte Strategie der Normalisierung und Anpassung mit deutlich kurativen Tendenzen (Sozialtherapie) impliziert. Erst eine Soziologie, die sich des Theoriepositivismus entledigt hat und sich in *strukturrekonstruktiver* Absicht auf eine Fallinterpretation konzentriert, entginge den Konnotationen, die das Adjektiv »klinisch« mit einem hohen Mißverständnispotential belasten.* Die in jüngster Zeit zu beobachtende Abwendung von der Survey-Orientierung, der es auf die Feststellung *statistischer* Regelmäßigkeiten ankam, und die Hinwendung zur Analyse von Einzelfällen, bei der es um die Beschreibung der sozialen *Struktur*eigenschaften geht, böten die Voraussetzung, aus der heraus ein systematisches Konzept klinischer Wissensverwendung entwickelt werden könnte, das zu einer reflexiven Steigerung der Handlungsfähigkeit der Adressaten führen würde. Aus heutiger Sicht mußten die frühen Konzeptualisierungsversuche klinischer Soziologie scheitern, weil die qualitativ-sozialwissenschaftlichen Methoden der Fallrekonstruktion zu dieser Zeit noch nicht hinreichend forschungslogisch begründet, in ihrem Status gesichert und zu exakten Analyseprozeduren entwickelt waren (vgl. Schütze 1985).
Trotz des bedenklichen Deutungsspielraumes, der sich mit der Kategorie des »klinischen Handelns« eröffnet, halten wir an dem Begriff fest, weil wir mit ihm den methodologisch zentralen Fallbezug in der Verwendung sozialwissenschaftlichen Wissens gesichert sehen. Allerdings darf die Betonung des Fallbezugs und der Methode der Strukturdeutung nicht eine methodologische Engführung derart implizieren, daß klinische Soziologie ausschließlich reduziert wird auf die hermeneutische Materialanalyse von erhobenen Interaktionstexten und -protokollen. Oevermann (1986) identifiziert den »klinischen Soziologen« völlig mit dem Methodologen (objektiven Hermeneuten) als reinem Forscher, der sich um die Verwendung seiner Ergebnisse nicht zu kümmern hat. Damit würde die in der Figur des »klinischen Handelns« von Soziologen enthaltene Chance vertan, jenseits einfacher Aufklärungs-Vorstellungen oder gängiger Sozialtechnologie dennoch

*praktisch* werden zu können. Denn in der Figur der klinischen Wissensverwendung kommt es zusätzlich zum Fallbezug essentiell darauf an, die methodisch gesicherten Strukturdeutungen der Handlungspraxis gegenüber dem Adressaten im »klinischen« Prozeß argumentativ-rhetorisch zur Geltung zu bringen. Während der reine Wissenschaftler, der ausschließlich den methodologischen Regeln der Wissenserzeugung verpflichtet ist, die Verwendung alleine dem öffentlichen Gebrauch überläßt, nimmt der »klinische Soziologe« zwar im gleichen Sinne Strukturdeutungen vor, *adressiert* sie aber in der personalen Interaktion in geschlossenen Kommunikationssystemen an Angehörige praktischer Professionen, wobei neben der hermeneutischen eine spezifisch rhetorisch-argumentierende Kompetenz eingesetzt wird (vgl. Dewe 1985, Radtke 1985). Dieses Postulat gilt auf dem Hintergrund der neueren Verwendungsforschung, die gerade belegt hat, daß die Verwendung an die aktive Adaptationsleistung des Klienten gebunden ist (vgl. Beck/Bonß 1984). Das bedeutet, daß die Verwendung soziologischen Wissens in der personalen Interaktion auch abhängig wird von der »professionellen« Handlungs- und Vermittlungskompetenz des »klinisch«-handelnden Soziologen selbst. In der methodischen Reduktion auf die bloße Hervorbringung einer Deutung, wie Oevermann sie vorschlägt, würde verhindert, daß der Adressat in einen Reflexions- und Bildungsprozeß eintritt, in dem er selbst entscheiden könnte, wie er die angebotenen Strukturdeutungen seines Handelns berufspraktisch appliziert.

Oevermanns auf den ersten Blick durchaus sympathische, weil vermeintlich sich selbst begrenzende Position entgeht bei genauerer Betrachtung nicht der Gefahr, abermals in Sozialtechnik abzugleiten. Wenn er in der Konsequenz einer puristischen Position den Radius klinischer Soziologie kategorial so weit schlägt, daß darin die Möglichkeit eingeschlossen wird, »Empfehlungsrahmen für hinreichend selektive und prägnante Entscheidungen zu formulieren« (a.a.O., S. 68), dann steht die kritisch-antitechnokratische Intention einer Strukturrekonstruktion »zu Händen« des Adressaten in Gefahr, in ihr Gegenteil verkehrt zu werden. Wenn das Einsatzfeld klinischer Soziologie sogar über die personale Interaktionsbeziehung mit Professionellen (und Laien) auf »Problemfelder von Institutionen- und Unternehmensberatung« (ebd.) ausgeweitet wird, wird gerade die Handlungsautonomie der Beteiligten angetastet. Aus heutiger Sicht wird ein klinischer Ansatz als Form der Anwendung soziologischen Wissens nur dann zu begründen sein, wenn die Verwendung soziologischen Wissens in der *Face-to-face*-Situation erfolgt und zur freien Verfügung des Professionellen gestellt wird.

## 3. »Klinische Soziologie« und berufliche Fortbildung

Der strikte Fallbezug begrenzt die klinische Soziologie auf Deutungen ex post. Die Fälle – unabhängig davon, ob es sich um mikrologische Interaktionssequenzen, berufspraktische Krisen oder ganze biographische Verläufe handelt – müssen »*vor*gefallen« sein. Entscheidungen[1] entziehen sich dem Zugriff des Soziologen. Wird die Behandlung der Fälle zugleich gebunden an personales Handeln, wird also eine voluntaristische Ausdehnung des Fallbegriffs auf z. B. Institutionen oder gar ganze Gesellschaftssysteme vermieden, so bleibt der Soziologie die Anreicherung der Begründungshaushalte, die der nachträglichen Sinngebung abgelaufener Interaktionen/Handlungen dienen. Insofern können Prozesse, in denen die wissenschaftliche Reflexion berufspraktischer Probleme ansteht, als *Fortbildung* aufgefaßt werden, in der Deutungswissen angeeignet wird, das von den Berufspraktikern in künftigen Fällen in eigener Autonomie zur Reflexion verwendet werden kann (Dewe 1988). Weder werden Ratschläge erteilt, noch wird neues Wissen vermittelt, was am Platz wäre, wenn es um die situative Anpassung an veranderte Umstände ginge (Bekker 1964). In der »klinischen Soziologie« geht es vielmehr um situationsbezogen einsetzbares, die eigenen Handlungsstrategien reflektierendes Metawissen (vgl. Achenbach 1983).
Aus der Perspektive des ›klinischen Ansatzes‹ waren schon immer jene soziologischen Tätigkeiten von Bedeutung, bei denen Soziologen mit (Fort-)Bildungsfunktionen (Young 1955) im beruflichen Handeln die Vermittlung sozialwissenschaftlichen Wissens an andere Professionen oder professionsähnliche Berufe leisteten. Dort ist ihre Funktion, das berufliche Fachwissen ihrer Klientel um eine soziologische Orientierung zu ergänzen, das heißt zum Beispiel, der didaktischen Perspektive von Lehrern eine Sichtweise für die strukturelle Bedingtheit von schulischen Interaktionsprozessen beziehungsweise über die funktionale Ein-

bettung der Schule in das soziale System hinzuzufügen (Luhmann/Schorr 1979) oder die organmedizinische Denkweise von Ärzten auf die Einbettung von Krankheit und therapeutischem Erfolg in ein soziales Umfeld hinzuweisen. Solche *Orientierungsleistungen für andere Berufe* werden von der Soziologie in unterschiedlichster Form abgefragt. Hier dürfte ein in der Disziplin angelegter – im erkenntnislogischen Sinne gesprochen – »angemessener« Vermittlungsbezug ihres Wissens liegen:

»On the basis of the inherent logic of sociological inquiry and knowledge, plus the results of past efforts and experiences, there is little reason to assume that sociology will soon develope a strong practice-oriented specialization. A great deal of valuable energy can be lost in such enterprise which would weaken the intellectual vitality of the profession. On the contrary, there is every reason to assume that sociology will remain basically a stafforiented profession rooted in academic and education settings.« (Janowitz 1973, S. 130)

Die Vermittlung soziologischen Wissens richtet sich in zunehmendem Maße als *Fort*bildung an Nicht-Soziologen, die dieses Wissen in ihr berufliches Fachwissen als eine zusätzliche Orientierung integrieren sollen. Diese Entwicklung wird seit Mitte der sechziger Jahre getragen von den Ideen einer auf Berufsbezug achtenden Hochschulreform und von einer Modernisierung der gesellschaftlichen Institutionen, vor allem der öffentlichen Verwaltung, in deren Vollzug die Qualifizierung des Personals sich von bloß berufspraktischem Erfahrungswissen und organisationsinternen Konditionalprogrammen abgelöst hat. Zunehmend wurde eine Orientierung an weitergreifenden sozialen Zusammenhängen gefordert. Teilweise in einer euphorischen Einschätzung ihres Problemlösungspotentials wurde die Soziologie zunächst zum Bestandteil der Ausbildung der akademischen Professionen der Pädagogen, Mediziner, Juristen, Ökonomen und auch Theologen gemacht und des weiteren in die Curricula der helfenden und verwahrenden Tätigkeiten von Sozialarbeitern, Erziehern, Katecheten, Pflegepersonal, Strafvollzugsbeamten, betrieblichen Ausbildern usw. eingebaut. Damit wurde faktisch Abschied genommen von einem direkten Praxisbezug und der Durchgang durch das Medium ›Profession‹ gesucht.[2]

Wird der Anspruch der »sekundären Verwissenschaftlichung« (Badura 1976) auf die »dritte Phase«, die Fortbildung, ausgedehnt, eröffnet sich ein Arbeitsfeld für den »klinischen Soziologen«.

Die hier vorgetragenen kategorialen Festlegungen eines revidierten Verständnisses »klinischer Soziologie« sind gewonnen aus der nachträglichen Analyse eines Lehrerfortbildungsprojektes, das einer der Verfasser im Jahre 1980-1985 in der Absicht durchgeführt hat, Möglichkeiten der Verwendung soziologischen Wissens in der Lehrerfortbildung zu erproben (vgl. Laurenze/Radtke 1978). Das Projekt war entstanden in der Kritik an den bis dahin vorherrschenden Formen der Lehrerfortbildung, die auf die Vermittlung von Regelwissen, didaktischen Rezepten und curricularen Maßgaben zielten. Dem sollte entgegengesetzt werden eine fallbezogene, auf den Unterricht und die unmittelbaren Interaktionen zwischen Lehrern und Schülern zielende Form der wissenschaftlichen Reflexion berufspraktischer Probleme. Durch Beobachtung und Protokollierung des Unterrichts wurde Anschauungsmaterial produziert, das in der sich anschließenden Besprechung im Kreise der Kollegen von dem Soziologen als Ausgangsmaterial für Strukturdeutungen genutzt wurde. Der Fortbildungsprozeß wurde nicht als kausale Lehr-Lernsituation angesehen, sondern zielte auf einen fallbezogenen Abgleich von wissenschaftlichem und alltäglichem Wissen. Dem Soziologen war weniger an wissenschaftlicher oder technologischer, sondern vielmehr an »sozialer Rationalität« (Diesing 1962) gelegen. Die Adressaten wurden weder als unwissend noch als rational auf (politischen) Druck reagierend angesehen, sondern als Professionelle, die wegen der Komplexität des beruflichen Praxisfeldes ihr Handlungspotential nicht voll zu entfalten vermochten. Die Fortbildung fand unterrichtsbegleitend über den Zeitraum eines Schuljahres statt und schloß mehrere aufeinanderfolgende Situations- bzw. Strukturdeutungen ein.

Klinische Soziologie wird in der Lehrerfortbildung eingeengt auf die Interaktion zwischen dem Soziologen und Angehörigen praktischer Professionen. Sie geht davon aus, daß die Adressaten aufgrund permanenter berufspraktischer Involviertheit in Entscheidungskontexte ihre Handlungsprobleme nicht hinreichend reflektieren bzw. sich ihrer nicht völlig sicher sein können. Im Gegensatz zur Interaktion zwischen Professionellen und Laien, wo fallbezogen lebenspraktisch relevante *Problem*deutungen angeboten werden (vgl. Dewe 1986), geht es in der Interaktion zwischen dem klinischen Soziologen und dem Professionellen um eine stellvertretende *Struktur*deutung der vorgetragenen Probleme, deren Lösung dem Professionellen selbst überlassen bleibt. Die Interaktion Soziologe–Professioneller ist eine in der *Face-to-face*-Situation stattfindende *direkte Verwendung*, die personal adressiert wird. Indirekt an dieser Interaktionsfigur bleibt, daß es nicht darum geht, den Adressaten Probleme auszu-

reden bzw. sie für ihn stellvertretend zu lösen. Die Interaktion findet vielmehr in der Absicht statt, den Handlungssinn der präsentierten Fälle narrativ intelligibel zu machen. Es geht darum, gleichsam die Grammatik des den Fall ausmachenden Handlungsproblems transparent werden zu lassen.
Der »klinische Soziologe« ist so gesehen weder daran interessiert, auch nur temporär an die Stelle des Handelnden zu treten, noch kommt es ihm darauf an, »neues«, gegenstandsbezogenes Wissen in die Deutung einer Situation einzuführen, sondern er zielt in mäeutischer Absicht darauf, das in der beruflichen Handlungssituation vorhandene, implizite Wissen in eine Explikation durch den Handelnden selbst zu überführen.

## 4. Fortbildung als Perspektivenabgleich

Zur Realisierung seiner mäeutischen Absichten muß der »klinische Soziologe« eine Situation schaffen, in der es möglich wird, dem professionellen Klienten seine eigene Handlungsweise in einer Situation aus mehreren Perspektiven vor Augen zu führen, damit er in die Lage kommt, die Regelhaftigkeiten zu analysieren und zu formulieren, denen er – implizit – gefolgt ist.
Wenn zwei Beobachter (z. B. Lehrer und Schüler) aus einer unterschiedlichen sozialen und beruflichen Perspektive heraus, mit unterschiedlichen Interessen und orientiert an unterschiedlichen Erwartungen, ein und dieselbe Situation interpretieren bzw. deuten, wird das Bild der Wirklichkeit gleichsam »kubistisch«. Diesen Zusammenhang macht sich der klinische Soziologe methodisch zunutze. Das kubistische Bild ist nicht die Wirklichkeit, aber es zeigt in den berühmten Flaschen und Gitarren von Picasso, Braque und Gris ein und denselben Gegenstand zugleich aus zwei oder mehr Perspektiven. Es ist eine Wirklichkeit sui generis, die einen theoretisch-analytischen Charakter hat, dadurch aber die je subjektive Deutung der Wirklichkeit zu relativieren in der Lage ist. Die Betrachtung des hochartifiziellen kubistischen Bildes erlaubt die Reflexion der eigenen, subjektiv-natürlichen Sichtweise, die erst auf der Folie der Verfremdung als je besondere sichtbar wird. Im Alltag ist eine solche Situation fehlender Reziprozität gleichbedeutend mit einer Verständigungskrise, die entweder gewaltförmig oder routinemäßig oder durch

reflexive Angleichung der Situationsdefinition auf eine gemeinsam akzeptable Deutung aufgehoben werden kann.
Kompliziert wird der »Kubismus« dann, wenn die unterschiedlichen Perspektiven in verschiedenen Sprachspielen formuliert werden. Die wissenschaftliche Perspektive, die darauf zielt, die Regel zu formulieren, unter der eine Handlung gestanden hat, und die praktische Perspektive, in der die Regel angewendet wurde, begegnen sich mit Unverständnis und Vorbehalten so, wie einer, der sich auskennt in einer Gegend, mit einem redet, der eine Landkarte anfertigen will. Wo der erste sich an Merkmalskombinationen (Gestalten) orientiert, die intuitiv und gewohnheitsmäßig erfaßt werden, braucht der zweite Koordinaten und Höhenlinien, um sich sein Bild machen zu können.

Konkret kann dies durch die Konfrontation mit einem Beobachtungsprotokoll geschehen, das der »klinische Soziologe« über eine abgelaufene Handlungs-(Unterrichts-)Sequenz anfertigt. Zur Beobachtung muß kein »objektives« oder technisches Aufzeichnungsmedium (Video/Tonband) verwendet werden. Die Subjektivität des »fremden« Beobachters selbst kann das Medium sein, durch das hindurch mit Papier und Bleistift festgehaltene Beobachtungsnotizen bzw. Protokolle entstehen. Der »klinische Soziologe« nähert sich dem Unterrichtsgeschehen in der Haltung des Ethnologen, der einem fremden Ritual beiwohnt und Notizen darüber macht, was ihm besonders »merkwürdig« vorkommt.

Die Beobachtung durch den Soziologen ist der erste Anwendungsfall sozialwissenschaftlichen Wissens innerhalb der klinischen Figur. Beobachtung (bzw. ihre Niederschrift) ist auf Sprache verwiesen. Mit ihr werden Begriffe/Topoi benutzt, deren Tauglichkeit zur Kommunikation sich erst im Rahmen einer (intersubjektiv geteilten) Theorie erweist. Die verwendeten Deutungsmuster dienen der Selektion von Relevanzen aus einem unendlich komplexen Geschehen. Die Beobachtung zielt auf Unterscheidungen und kreiert eine (soziale) Ordnung und Bewertung des Geschehens. Indem sie manches erwähnt und anderes unerwähnt läßt, schafft sie Bedeutsamkeit und gibt dem Handlungsablauf einen möglichen Sinn. Der »klinische Soziologe« übersetzt in der Beobachtung/Niederschrift die *gegenstandsbezogene* soziologische Theorie in die Alltagssprache der Beobachtung/Beschreibung von Phänomenen.
In dem Protokoll erscheint nicht mehr die Theorie (sozialwissenschaftliches Wissen) in ihrer metasprachlichen Fassung, sondern

sie hat sich bis zur Unkenntlichkeit verwandelt und kann nur noch in der Art der Anordnung des beobachteten Geschehens rekonstruiert werden. Sozialwissenschaftliches Wissen nimmt im Protokoll eine alltagssprachliche, gegenstandsbezogene Form an, verliert seine innerhalb des Wissenschaftssystems geltend gemachten Ansprüche auf Wahrheit und bewegt sich wie die Alltagsäußerung des Handelnden im Bereich der Wahrhaftigkeit und situativen Angemessenheit.

Der »klinische Soziologe« nutzt seine Alltagskompetenz, die im wissenschaftlichen Verfahren der Beobachtung aufgeht. Austin hat die Legitimität der Suche nach »Irritationen« so illustriert: »Wenn wir auf ein Elektron stoßen, das in der verkehrten Richtung rotiert, dann ist das eine Entdeckung, eine merkwürdige Sache, der man nachgehen sollte, und nicht ein Grund, die Physik aufzugeben; und genauso ist ein Sprecher mit einem echt unbestimmten bzw. exzentrischen Sprachgebrauch ein seltenes Exemplar, das man durchaus würdigen sollte.« (1985, S. 19)

Bei der Erörterung der Abweichung wird der Sprecher/Handelnde, indem er Begründungen (Rechtfertigungen und Entschuldigungen) für seine Rede-/Handlungsweise vorbringt, indirekt genau jene Normalität wieder herzustellen suchen, deren Verletzung er sich überführt sieht. Austin folgert daraus, daß wir »kaum etwas Besseres tun (können), als Entschuldigungen zu untersuchen. Hier haben wir sicherlich genau die Art von Situation, in der die Leute ›nahezu alles‹ sagen werden, weil sie so durcheinander sind oder ihnen viel daran liegt, noch einmal davonzukommen« (ebd., S. 19).

Dies ist der zweite Anwendungsfall sozialwissenschaftlichen Wissens: Der »klinische Soziologe« macht sich einen Grundmechanismus kommunikativen Handelns zunutze. Indem er den Handelnden gezielt unter Rechtfertigungsdruck bringt, evoziert er genau die Regeln/Regelhaftigkeiten, die im Normalitätsentwurf des Handelnden enthalten sind und die durchsichtig zu machen sein Ziel ist. Methodisch gewendet bedeutet diese Einsicht, daß Beobachtungsprotokolle unter der Maxime »Was irritiert mich? Was fällt mir auf?« bewußt subjektiv angefertigt werden, um zuverlässig genau die Stellen in der beobachteten Handlungssequenz markieren zu können, an denen ein erhöhter Rechtfertigungsbedarf des Handelnden erwartet werden kann. In dieser Anordnung wird ersichtlich, daß im Falle des klinischen Handelns das sozialwissenschaftliche Wissen des Soziologen in Form einer prozeßgesteuerten Handlungskompetenz verausgabt wird. Seine Fähigkeit ist konzentriert auf die Beobachtung des Ablaufs des von ihm selbst in Gang gesetzten Prozesses. Gezieltes Nachfragen und argumentative Konfrontation, die als zentrale Elemente des Prozesses anzusehen sind, fordern von dem klinischen Soziologen eine sowohl metatheoretisch als interaktionspraktisch verankerte Kompetenz.

Durch die Evokation der Rechtfertigungen und Entschuldigungen werden alle die Wissensbestände mobilisiert, die dem Handelnden zur Verfügung stehen und von denen er glaubt, daß sie in der aktuellen Situation erfolgreich angewendet werden können und von dem »klinischen Soziologen« akzeptiert werden. Was bisher implizit sein Handeln bestimmte, wird in der Rechtfertigung expliziert. Für den »klinischen Soziologen« ist es eine »Erhebungssituation«, für seinen Klienten kann es der Beginn eines Lernprozesses sein.

Die von Ryle (1969) eingeführte Unterscheidung von ›knowing how‹ und ›knowing that‹ zieht die Linie zwischen *explizitem* und *implizitem* Wissen. ›Knowing how‹ beschreibt, was einer kann, wenn er eine Handlung gut und erfolgreich ausführt, wenn er Kriterien bzw. Regeln intuitiv und routiniert anwendet; ›knowing that‹ beschreibt die Fähigkeit, über die angewandten Regeln retrospektiv Auskunft zu geben. Handeln wird analog gesetzt dem Sprechen: Der Sprecher einer Sprache, der sich situativ kompetent in die Kommunikation einzuschalten vermag, braucht weder in der Lage zu sein, die grammatischen Regeln seiner Produktion zu benennen, noch muß er über die von ihm befolgten konversationellen Regeln Auskunft geben können. Grammatik lernen wir auf dem Gymnasium, Konversation neuerdings in der Gesamtschule. Damit erwerben wir ein zusätzliches Wissen, das – zur Unzeit verwendet – unser Handeln nicht unbedingt verbessert, unter Umständen aber sogar erschwert oder verunsichert. Aber in Situationen, in denen Routinen nicht mehr weiterhelfen, weil sich die Bedingungen oder die Zielsetzungen des Handelns geändert haben, kann der Blick auf den »Monitor«, auf dem die Regeln des eigenen Handelns abgebildet werden, hilfreich sein, wenn es darum geht, Fehler zu korrigieren oder Alternativen suchen.

In der Konsequenz des Verfahrens, das auf Wissensbestände zielt,

die zur Rechtfertigung von Handlungsweisen herangezogen werden können, liegt es, daß mit »konfrontativen Fragestellungen« gearbeitet werden muß. Die Beobachteten bestimmen nicht selbst, über welche Einzelhandlungen als Ausschnitte aus einer langen Handlungskette sie sprechen wollen. Da schon das Beobachtungsprotokoll eine Auswahl aus dem Handlungsgeschehen getroffen hat, liegt hierin auch eine Strukturierung des nun folgenden Gesprächs. Der Professionelle soll gerade auch über die Aspekte seiner Handlung reden, die er selbst nicht für relevant gehalten hat. Der »blinde Fleck« des Handelnden soll aufgelöst werden, indem der Beobachter (mit seinem »blinden Fleck«) und der Beobachtete versuchen, das Geschehen auf einer Metaebene zu analysieren und transparent zu machen. Der »klinische Soziologe« wird rhetorisch argumentativ seine im Beobachtungsprotokoll implizit enthaltenen Struktur-Deutungen vertreten und gezielt gegen die Deutungen des Handelnden setzen.
Der Kern des Verfahrens der »klinischen Soziologie« besteht darin, daß anhand der subjektiven Beobachtungsprotokolle zwei oder mehrere subjektive Perspektiven – die des »klinischen Soziologen« und die des Professionellen – auf einer *Metaebene* aneinander abgearbeitet werden in einem zu diesem Zweck eingerichteten Kommunikationskonklave, in dem die sonst im Alltag wirksamen Mechanismen der Realitätsaufbereitung transparent gemacht werden sollen. Der geschützte Raum des Konklaves[3] ist erforderlich, weil der in Gang gesetzte Prozeß hoch krisenhaft ist und im Alltag als Obszönität erscheinen müßte. Hier liegen die Grenzen der berufsförmigen Organisierbarkeit derartiger Lernarrangements, deren Fragilität und situative Einbettung sich der Planung entziehen. Mit dem Arrangement des Konklaves soll der Zugang zu sonst verstellten Wissensbeständen ermöglicht werden, indem die Formen der Wirklichkeitsinterpretationen relativiert werden, ihre Ausschließlichkeit und scheinbare Eindeutigkeit verlieren und denkbare andere Deutungs- bzw. Handlungsmöglichkeiten erörtert werden.

## 5. Differenzen zu Beratung und Therapie

Am Fall der Verwendung sozialwissenschaftlichen Wissens in Fortbildungsprozessen mit Lehrern läßt sich zeigen, daß das Handeln des »klinischen Soziologen« im Gegensatz zu älteren Vorstellungen aus der Diffusionsdebatte (vgl. v. Alemann 1975) nicht darin besteht, sozialwissenschaftliche Inhalte zu transferieren, sondern daß die Verwendung sozialwissenschaftlichen Wissens *qua Verfahren* geschehen kann. Die berufsbezogene Selbstreflexion über die Struktur der pädagogischen Interaktion wird von dem klinisch handelnden Soziologen durch ungewohnte Perspektiven, durch die Irritation von Gewißheiten und durch die Evokation impliziten Wissens hergestellt. Sie dient der Freisetzung soziologischer Phantasie, mit deren Hilfe die impliziten handlungsleitenden Regelhaftigkeiten transparent gemacht werden können.

Beim klinischen Handeln werden bestimmte theoretische Annahmen über den Zusammenhang von Wissen und Handeln gemacht. In der interaktionstheoretischen Logik muß jeder Handelnde versuchen, seine subjektive Deutung einer Situation möglichst nahe mit dem in Verbindung zu bringen, was »tatsächlich« der Fall ist, weil nur dann sozial akzeptables Handeln und Verhalten möglich ist. Was aber »tatsächlich« der Fall ist, erweist sich in der gelungenen Reziprozität von Interaktionen, also in der kommunikativen Einigung zwischen den Interaktanden, die zugleich die in der Situation gültigen äußeren Normierungen und Bewertungen zu beachten haben. Dieser Zustand muß immer wieder neu hervorgebracht werden, und es darf nicht unterstellt werden, daß der Versuch der Annäherung von subjektiver Deutung und intersubjektiver Wirklichkeit im Regelfall mißlingt. Im Gegenteil kann davon ausgegangen werden, daß diese Annäherung regelmäßig so weit glückt, daß akzeptable Deutungen der Wirklichkeit produziert werden und daß eine erfolgreiche Bewältigung des Alltags möglich ist. Alltagskonzepte können so gesehen nicht von vornherein als »naiv« oder als »falsches Bewußtsein« abgetan werden, die gegenüber wissenschaftlichen Deutungen zu vernachlässigen wären, sondern sie enthalten die Essenz der gedeuteten Erfahrung aus der erfolgreichen Bewältigung vorangegangener Situationen.[4]

Das zur Deutung einer Situation herangezogene Wissen kann differenziert werden in *situationsbezogenes* Wissen, das sich insbesondere auf die Kontextbedingungen der aktuellen Situation bezieht; in *berufsbezogenes* Wissen, das die in der jeweiligen Berufskultur (Profession) (vgl. Nunes 1984) gültigen Werte und Normen enthält; und in *subjektbezogenes* Wissen, das Erfahrungen mit und die Entwürfe über die eigene Identität zusammenfaßt. Den drei, zumindest analytisch unterscheidbaren Wissensformen sind drei Interventionsformen zuzuordnen, Beratung, Fortbildung und Therapie, die sich zugleich durch einen unterschiedlichen Rekurs auf Wissenssegmente unterscheiden und jeweils unterschiedliche Lösungsformen implizieren. Diesen Interventionsformen liegt gemeinsam das Problem der *stellvertretenden Deutung* zugrunde, allerdings in jeweils differenten Fokussierungen und in bezug auf jeweils unterschiedliche Wirklichkeitsebenen sozialen Handelns.

Um den mit der klinischen Wissensverwendung in Gang gesetzten Prozeß zuverlässig steuern zu können, ist eine kategoriale Vergewisserung darüber notwendig, was den spezifischen Charakter des Vorgangs ausmacht und wodurch sich der Prozeß von Beratungsvorgängen einerseits und Therapiemaßnahmen andererseits unterscheidet. Die begriffliche Klärung ist die Voraussetzung dafür, daß diejenigen, die mit Hilfe des »klinischen« Verfahrens Reflexionsprozesse auslösen, jederzeit wissen, was sie tun und in welchem Bereich der komplexen Formation alltäglichen Wissens sie sich befinden.

Die Figur des klinischen Soziologen ist gewissermaßen die Repräsentantin einer fallbezogenen Soziologie. Sie beschreibt den interaktionslogischen Kern, der den Verwendungsmodellen »Bildung«, »Beratung«, »Therapie« gemeinsam ist, ohne jedoch in diesen aufzugehen. Zugleich aber werden Differenzierungen notwendig, um gedanklich ein Feld freizuhalten, in dem sich das Theorie-Praxis-Verhältnis neu, das heißt jenseits der unmittelbar auf die lebenspraktischen Probleme von Laien bezogenen professionellen Handlungslogik, gedanklich konstituieren kann.[5] *Beratung* konzentriert sich auf das situationsbezogene Wissen. Der Klient, der eine Beratung aufsucht oder dem eine Beratung im Zuge der sozialstaatlichen Vorsorge aufgenötigt wird, hat ein konkretes Problem, vor dessen Lösung seine lebenspraktischen Fähigkeiten versagen oder versagt haben. Ziel der Beratung ist die Lösung des konkreten Problems/Falles, womit der Vorgang als beendet anzusehen wäre (vgl. Schmitz 1983; Schmitz/Bude/Otto

1989). *Therapie* bezieht sich auf das subjektbezogene Wissen und reagiert auf die Schwierigkeit des Individuums, mit seiner eigenen Subjektivität bzw. mit Problemen seines Identitätsentwurfes, seiner Identitätsformation zurechtzukommen. Die Intervention besteht darin, Orientierungsdilemmata und Wahrnehmungsverzerrungen, die auf biographische Konstellationen zurückgeführt werden, aufzuhellen bzw. aufzulösen. *(Aus-)Bildung* hingegen bezieht sich auf den Anteil des berufsspezifischen Wissens, das in dem gemeinsamen Repertoire eines Berufsstandes enthalten ist, auf den Stoff also, aus dem die Berufskultur gemacht ist. Im engeren Sinne wird auf das kognitive Handwerkszeug des Berufstätigen gezielt und darauf, Werkzeuge (Mittel) und Zwecke auf ihre Stimmigkeit hin zu überprüfen. *Fortbildung* zielt auf die Reflexion, Rationalisierung und Innovation des zur Verfügung stehenden Repertoires, vor allem aber auch auf die Explikation der Wissensanteile, die als »tacit knowledge« die soziale Grammatik des beruflichen Handelns bestimmen. Bei diesen Wissensbestandteilen kann es sich um noch nie verbalisierte, direkt von Handlungsmodellen abgelesene und einverleibte Bestandteile handeln, die aus ihrer Latenz herausgeholt und für den Handelnden subjektiv verfügbar gemacht werden sollen.

Diese Unterscheidung zwischen Beratung, (Fort-)Bildung und Therapie differenziert Komponenten, die in der Realität alltäglichen Handelns nur verbunden vorkommen. Dementsprechend ergibt sich eine erhebliche Schwierigkeit, die jeweils gewählte Interventionsform auf den ihr zugeordneten Fokus zu konzentrieren. Die Gefahr, daß aus Fortbildung Therapie wird, weil von dem subjektbezogenen Wissen zumal in einer Situation der Deinstitutionalisierung von Orientierungen ein Sog ausgeht auf Unterstützung bei der Identitätsformation, kann nicht unterschätzt werden (vgl. Mader 1983). Um so wichtiger ist die Präzisierung und Differenzierung des Interventionsmodus Fortbildung.

Die Klienten der Beratung und der Therapie erscheinen in aller Regel als »Laien«, deren lebenspraktische Kompetenz in der einen oder anderen Weise problematisch geworden ist. In der Experten-Laien-Interaktion dominiert das Muster der stellvertretenden *Problem*deutung, die situations- oder subjektbezogen dem Klienten zur Applikation angeboten wird. In der Experten-Professionellen-Interaktion verbietet sich ein derartiger Interventionsmodus, weil unterstellt werden muß, daß der Professionelle

selbst der beste Experte für die Lösung der in seinem Berufsfeld anstehenden Probleme ist. Die Lehrerin bzw. der Lehrer verfügt aufgrund ihrer Ausbildung und ihrer Berufserfahrung über das professionelle Wissen, das zur Bewältigung der Berufspraxis zur Verfügung steht. Sofern dies nicht der Fall ist, zum Beispiel aufgrund des Veraltens von Wissensbeständen angesichts von sozialen Veränderungen im Erziehungsbereich, kann dieses Wissen durch herkömmliche Formen der Fortbildung in Kursform ergänzt bzw. »aufgefrischt« werden.
Von dieser Form der Fortbildung, die auf den Transfer von Wissensbeständen zum Beispiel aus dem Bereich der Wissenschaft angelegt ist (vgl. Allesch u. a. 1983), unterscheidet sich die klinische Intervention, die gerade nicht auf den Transfer von Inhalten, sondern auf die reflexive Verfügung über Inhalte als Erweiterung der professionellen Kompetenz abzielt. Die Rolle des Wissenschaftlers innerhalb der Fortbildung beschränkt sich darauf, ein metatheoretisch begründetes Verfahren in Gang zu bringen, das in wissenssoziologischer Perspektive den Bestand des berufsbezogenen Wissens selbst und seine Strukturiertheit zum Thema macht. In der Fortbildung begegnen sich also Experten und Experten bzw. auf beiden Seiten *Professionelle*. Das hat zur Folge, daß das Spektrum möglicher Themen, das heißt die Perspektive auf den Gegenstandsbereich Unterricht, eindeutig begrenzt ist. Während der (Sozial-)Wissenschaftler seine professionelle Kompetenz in bezug auf wissenschaftliche Deutungen der Wirklichkeit – durchaus unter Inanspruchnahme seiner alltags- bzw. lebenspraktischen Kompetenz – in Anschlag bringt, bewegt sich der professionelle Pädagoge im Feld seines berufspraktischen Wissens. Nicht auf Transfer wird gezielt, sondern auf Transparenz. Klinische Soziologie löst damit ein in der Aktionsforschungsdebatte interaktiv bzw. kommunikativ aufgefaßtes Problem der Symmetrie von Wissenschaftlern und Praktikern auf. Was in der Aktionsforschung angestrebt war, die wissenschaftliche Abklärung der Praxis (vgl. Radtke 1979), findet mit dem Konzept der klinischen Soziologie eine Lösung, in der zugleich aber auch eine Begrenzung liegt. Hatten die Aktionsforscher den Interventionsmodus stellvertretender Problemdeutung bisweilen so weit mißverstanden, daß sie sich selbst an die Stelle ihrer professionellen Klienten zu setzen in Versuchung waren, so respektiert der Fortbildner die Grenze zwischen den ausdifferenzierten

und professionalisierten Handlungsfeldern, ohne jedoch auf einen Interventions- und Aufklärungsanspruch der Wissenschaft zu verzichten.

## 6. Klinische Wissensverwendung jenseits von Aufklärung und Sozialtechnologie

Die klinische Soziologie liefert den Rahmen, in dem sich eine wohlverstandene Strategie zur Professionalisierung des Lehrerhandelns zu vollziehen hätte. Mit ihrer Hilfe würde genau diese Kompetenz für soziales Handeln, differenziert betrachtet die Fähigkeit der Wahrnehmung, der Kommunikation und der Selbstreflexion in pädagogischen Situationen entfaltet, gleichsam ein »sozialer Blick« entwickelt für die in der Einzelerscheinung enthaltenen gesellschaftlich-institutionellen Regularitäten. Der Lehrer muß lernen zu erkennen, wie unter gegebenen institutionellen Bedingungen in der Interaktion mit den Schülern Reziprozität hergestellt wird. Dem Wahrnehmen kommt besondere Bedeutung zu, weil hier die Fähigkeit zur Erfahrung gemeint ist, das differenzierte Auffassen von Situationen, ihre genaue Diagnose, bevor konventionell eingeordnet wird. Weil unter dem Druck der laufenden Ereignisse eine Tendenz zum Unterschiede-einebnenden-Wiedererkennen besteht, muß die Wahrnehmung systematisch auf diese Verzerrung vorbereitet sein und in Kenntnis dieser Tendenz korrigiert werden durch eine Erweiterung des Wahrnehmungsrasters. Denn: das Wahrgenommene bzw. das damit einhergehende Urteil über die Wahrnehmung bildet die Grundlage für die anschließenden Deutungen und die daraus abgeleiteten Interaktions- und Kommunikationsstrategien. Wie eine Lehrerin mit den Schülern redet und wie sie mit ihnen umgeht, ist bestimmt durch das in der jeweiligen Situation Beobachtete, Gehörte und Gespürte, aber auch durch die Überzeugungen und Haltungen, die sie im Laufe eines (Berufs-)Lebens ausgebildet hat. Zum kompetenten Bewältigen von Situationen gehört deshalb auch die Fähigkeit, in Distanz zum eigenen Wahrnehmen und Handeln dieses im Kontext der gegebenen Bedingungen zu reflektieren, die je eigene Handlungsweise in ihrer situativen Logik transparent zu machen, um wieder konkrete Erfahrungen machen, Handlungsweisen korrigieren oder ersetzen zu können.

An die Stelle des Versuchs, sich an der objektiv widersprüchlichen Struktur pädagogischen Handelns subjektiv vorbeizumogeln, indem die Widersprüche ignoriert, voluntaristisch übersprungen oder resignativ überhöht werden, hätte in einer professionellen Verarbeitung der Schulsituation die bewußte Übernahme der »Treuhandfunktion« zu treten als Vermittlung zwischen gesellschaftlichen Ansprüchen und individuellen Glückserwartungen, oder um es in dem oben gewählten Bild aus der Malerei auszurücken: Die kubistische (das heißt die analytische) Sicht der Gegenstände ist die Leistung, die vom professionell Handelnden erwartet wird. Wenn Erziehung in der Schule als Teil des in der Industriegesellschaft notwendigen Sozialisationsprogramms anzusehen ist, dann sind die Schwierigkeiten, die sich bei der Zurichtung der Individuen ergeben, nicht zufällig, sondern Konkretisierungen des Gegensatzes von Besonderem und Allgemeinem, der konstitutiv für die Sozialisationsarbeit ist. Und die Lehrerin muß diese Zusammenhänge im Einzelfall wahrnehmen und ihre Aufgabe darin realitätsgerecht erkennen können, will sie angemessen reden und handeln.
Der klinische Soziologe will wissen, wie es funktioniert (hat), und kann das nur erfahren, wenn er die Handelnden beobachtet und aus den offenliegenden Handlungsabläufen auf die zugrunde liegenden Strukturen schließt. Wenn es ihm gelingt, die Strukturen soweit durchsichtig zu machen, daß der Handelnde selbst sie darlegen kann, so wie er seinen Kommunikationsakten die Regeln der Grammatik bzw. Konversation, denen er gefolgt zu sein scheint, nachliefern könnte, wäre seine Aufgabe erfüllt. Die Fähigkeit der Metakommunikation über abgelaufene Ereignisse ist der Kern der professionellen Kompetenz, die in *people-processing professions*, wie der Lehrberuf einer ist, in Selbstreflexivität aufgeht.
Worin ist nun die Differenz zu sehen zwischen einer Soziologie, die klinische Funktionen wahrnimmt, und der allgemeinen Verbreitung soziologischer Ideen in Form der Ausübung sozialisatorischer und situationsbedeutender Funktionen gegenüber der Gesellschaft? In der hier dargelegten Logik, die am Fall der Lehrerfortbildung exemplifiziert werden konnte, sind die entscheidenden Merkmale der Fallbezug und die personale Adressierung im Kontext beruflichen Handelns. Im Gegensatz dazu bleibt die öffentliche Verbreitung soziologischen Wissens im Sinne eines

allgemeinen Orientierungs- und Bildungswissens bewußt unspezifisch. In der Diskussion um den »klinischen Soziologen« ist es unseres Erachtens bisher versäumt worden, die klinischen Orientierungsweisen und Praxisformen eines derartigen Einsatzes soziologischen Wissens zu rekonstruieren, da man sich in der Regel damit begnügte, die unterschiedlichen Institutionalisierungsformen der Soziologie als angewandter Profession bzw. als akademischer Fachwissenschaft zu betrachten (Maindok 1977).
Das Prekäre der Praxis »personaler Vermittlung« sozialwissenschaftlichen Wissens in geschlossenen Interaktionssystemen besteht aber darin, daß dabei den Soziologen eine ihre disziplinäre Identität stützende Außenlegitimität nicht als selbstverständlich zugestanden wird, sie also die Angemessenheit ihres sozialwissenschaftlichen Wissens für die Bearbeitung der anstehenden Handlungsprobleme jeweils *in* der Situation unter Beweis stellen müssen.
In der gegenwärtigen Situation, in der die soziologische Praxis als nicht »approbiert« gilt, hängt es vom Gelingen des *Einzelfalls* ab, ob eine Legitimation aufgebaut werden kann, die die Akzeptanz des betreffenden Soziologen und damit seines Wissens als eines sozialwissenschaftlichen möglich macht.
Eine Wirksamkeit der Soziologie im Sinne einer klinischen Profession läßt sich nur über Verwendungsdiskurse zwischen Soziologen und berufspraktisch Handelnden bzw. praktisch arbeitenden Professionellen rekonstruieren, in denen neben Situationsdeutungen ein manifest folgenreicher Einsatz soziologischen Wissens erwartbar ist, ohne daß es dabei zu einer Verkürzung interpretativer, stellvertretender Sinnauslegung kommen darf.
Dennoch stellt sich die Frage, ob das Handlungsmodell des »klinischen Soziologen«, das sich erst einmal im Feld der nachträglichen Begründung und reflexiven Aufklärung abgelaufener Handlungen bewegt, überhaupt in den Bereich der Entscheidungsrationalität berufspraktischen Handelns vordringen kann, wo Wissen als externes Steuerungsmedium wirksam werden könnte. Der unproblematische Prozeß der Reflexion, der zu Erfahrungs- bzw. Begründungswissen führt, müßte in der klinischen Operation umgekehrt werden: Aus Erfahrungen/Wissensapplikationen sollen veränderte praktische Entscheidungen folgen, die der Autonomie der Handelnden unterliegen. Von Verwendung in diesem technischen Sinne könnte, bezogen auf den Handelnden, aber erst

gesprochen werden, wenn dieser Transformations-/Verwandlungsprozeß nachprüfbar abgeschlossen würde.
*Ob und wie* der Prozeß der Reflexion, in dem das Können theoretisiert wird, zu einem Prozeß der Transformation umgekehrt werden kann, in dem theoretisches Wissen veralltäglicht/einverleibt/verwandelt wird, bleibt die Frage, die auch in dem erwähnten Projekt nicht abschließend geklärt werden konnte.
Die klinische Operation ist zunächst die Einübung des Professionellen in ein für ihn (nicht ganz) neues Sprachspiel. In der Argumentation mit dem »klinischen Soziologen« werden seine (impliziten) Prämissen/Topoi dargelegt und auf Plausibilität überprüft, bzw. es wird der Geltungsrahmen festgelegt, innerhalb dessen sie Gültigkeit beanspruchen können. Im Fall des Gelingens der »klinischen Operation« (wissenschaftliche Fortbildung) werden die von den Professionellen verwendeten Topoi neben andere mögliche gestellt: Sie werden relativiert. Man kann auch sagen, die Virtuosität des Professionellen bei der nachträglichen Deutung (Rechtfertigung und Entschuldigung) von abgelaufenen Handlungen wird auf der Folie sozialwissenschaftlichen Wissens gesteigert. Sein Deutungshaushalt wird erweitert, sein Repertoire an Mustern, die er zur Strukturierung von Situationen verwenden kann, vergrößert.
Alle diese Fähigkeiten gehören einer Begründungsrationalität an. Der Übergang zur Entscheidungsrationalität geschieht – unter der Annahme einer fortbestehenden Autonomie des professionell Handelnden – in zwei Stufen, die den Durchgang durch zwei Handlungstypen bezeichnen: Unterrichtsplanung und Unterrichtsrealisierung.
Unterricht kann nur bis zu einem gewissen Grade geplant werden. Dazu gehören die curricularen Aspekte ebenso wie didaktische Überlegungen und methodische Arrangements. Die in der Fortbildung vorgenommene Strukturdeutung macht den Zusammenhang zwischen der im Unterricht hergestellten Situation und dem Verlauf von darauf bezogenen Interaktionen transparent. Der planende Lehrer kann in Kenntnis derartiger Relationen curriculare, didaktische und methodische Vorkehrungen treffen, die Situationen in der Klasse, die sich bei der nachträglichen Analyse als problematisch erwiesen haben, gar nicht mehr entstehen lassen. Ohne daß die persönliche Kompetenz des Handelnden, bestimmte Situationen zu bewältigen, damit berührt würde, können

in Kenntnis derartiger Regelhaftigkeiten strukturelle Gegebenheiten hergestellt werden, in denen der Lehrer aufgrund der veränderten Grunddaten der Situation anders handeln kann – mit der Chance, so initiierte Handlungsabläufe in sein Handlungsrepertoire zu integrieren.

Um ein weiteres Mal die Analogie zum Sprechhandeln zu bemühen: (Fremd-)Sprach-*Lernen*, die Aneignung der grammatischen Regeln und der Lexik, ist eine technisch lösbare Schwierigkeit. Sprach-*Erwerb*, die Fähigkeit zu situativ angemessenem Sprechen in der laufenden, lebenspraktischen Interaktion, wird nur im Vollzug der Kommunikation durch Inkorporation situativ-gültiger Muster höchster Komplexität im Sinne eines Abkürzungsverfahrens erreicht.

In Fortbildungsprozessen mit Lehrern bestünde der dritte Fall der Verwendung in dem mit den Professionellen gemeinsam unternommenen Versuch, Handlungsalternativen gedanklich-planend aufzubauen, ihre Erprobung zu initiieren, um auf diese Weise neue Erfahrungsmöglichkeiten zu schaffen, die eine sozial akzeptable Deutung finden können. Die Verläßlichkeit solcher Planung reicht aber nicht weiter als die Versuche eines Sprach*lerners*, der, um eine Situation zu bestehen, sich vorher – mit Hilfe einer Grammatik und eines Wörterbuches – die Sätze zurechtlegt, die er in der Situation sagen will. Der »klinische Soziologe« befindet sich in der Rolle des Sprach*lehrers*. Er beläßt es in der Kompetenz des professionellen Berufspraktikers, welchen Gebrauch er von dem in der Fortbildung erworbenen Reflexionswissen macht. So gesehen handelt es sich im emphatischen Sinne um (Fort-)*Bildungs*prozesse, die sich der technologischen Kontrolle durch den Sozialwissenschaftler schon deshalb entziehen, weil nur durch die »kluge Selbstapplikation« (Habermas 1983), die in der Autonomie des handelnden Subjekts selbst liegt, eine Transformation wissenschaftlichen Wissens in alltagspraktisches Wissen erfolgen kann. Wissenschaftliche Lehrerfortbildung ist kein Qualifikationsprozeß, sondern der Versuch, im Sinne eines Bildungsprozesses die imaginäre Linie zwischen reifizierender und reflektierender Weltdeutung zu verschieben.

Die Realisierung des Unterrichts bleibt allein Sache des Professionellen. Der Erwerb der situativen Kompetenz, Interaktionen zu bestehen, in denen Zweck-Mittel-Relationen (Erziehung) und der Respekt vor der Autonomie der Schüler (Bildung) miteinander vereinbar bleiben sollen, ist selbst ein Bildungsprozeß im Sinne eines berufsbiographischen Projekts des einzelnen. Dahin reicht der hypertrophe Arm des Soziologen nicht.

## *Anmerkungen*

* Die Begriffsbildung »klinisch« hat ihre Herkunft in der Tat in einer Orientierung an medizinisch-therapeutischen Verfahrensweisen, die jedoch auf die Praxis der Sozialwissenschaften nicht zu übertragen sind. Folgt man der Analyse Foucaults, der »die Geburt der Klinik« als einen bedeutsamen Wendepunkt in der Wissenschaftsgeschichte am Beginn der Moderne rekonstruiert hat, dann ist das hervorstechende Merkmal dieser Entwicklung die Tatsache, daß »der Wissenschaft Augen eingesetzt« wurden. Die Wissenschaft richtet ihren Blick nicht mehr auf den kranken Menschen, sondern auf die Krankheiten. Sie will hinter dem Sichtbaren die Tiefenstrukturen entziffern. Die Komposition der Symptome soll, in ihrer Anordnung erkannt, die Ordnung der Natur ans Licht bringen. Das Sichtbare soll sagbar und auch lehrbar gemacht werden. Ort dieser Erkenntnisoperation ist die Klinik (vgl. Foucault 1973, S. 102 ff.). Auf derartige Strukturdeutungen zielt auch der »klinische Soziologe«.
Die Merkmale »Fallbezug« und »Strukturdeutung« werden in der Medizin ergänzt um eine institutionelle Legitimation: der Blick des Arztes ist zugleich ein kalkulierender Blick, der in der Institution der Klinik *entscheiden* und *eingreifen* kann. Unter den Bedingungen eines strukturellen Gefälles institutioneller Definitionsmacht, die darüber befinden kann, was als normal und was als abweichend gelten muß, wächst der Medizin soziale Kontrollgewalt zu. Die medizinischen Experten geben vor, stellvertretend für den Patienten sein Problem zu lösen.
Genau diese Absicht zu normalisierendem und therapeutischem Handeln fehlt bei der fallbezogenen Verwendung sozialwissenschaftlichen Wissens. Insofern kann der klinisch handelnde Soziologe nicht in den Verdacht der Machtausübung geraten.

1 Wir beziehen uns auf »Entscheidungen« in laufenden Interaktionen, die ad hoc, ohne eine vorlaufende Phase der Planung und Abwägung erfolgen müssen. Diese sind in *people-processing professions* die interessanten, aber auch prekären.

2 Schließlich gewinnt diese Form einer personalen, aber dennoch indirekten Verwendung soziologischen Wissens über das Berufswissen anderer Professionen für die Soziologie aktuell dadurch an Bedeutung, daß die Ausbildung von Hauptfachsoziologen an den Hochschulen zunehmend in Zweifel gezogen (vgl. Nunner-Winkler u. a. 1980) und in einigen Hochschulen bereits eingestellt wurde.

3 Die »klinische« Reflexion kann nur als ausdrückliche Verabredung in einer vom Alltag strikt getrennten Sphäre stattfinden, in der die Handelnden vor den Konsequenzen ihrer Einsichten geschützt sind.

4 Unterstellt wird in einem solchen Handlungsmodell ein Aktor, der mit Hilfe eines sozial, institutionell und biographisch strukturierten Wissensrepertoires interessengeleitet seine Wirklichkeit konstruiert und die so gedeutete Wirklichkeit zum Ausgangspunkt von zielgerechten Aktionen macht. ›Wahrnehmen‹, ›Deuten‹, ›Wahrnehmen, wie die bedeutsamen anderen deuten‹ (= kommunizieren) und ›Handeln‹ wären die Grundkategorien eines solchen Handlungsmodells.

5 Gouldner (1975), Glassner und Freedman (1979) saßen auch einem technologischen Mißverständnis der Implikationen des klinischen Ansatzes der Wissensverwendung auf, als sie die Figur des klinischen Soziologen umstandslos mit der des Professionellen und somit mit der Experten-Laien-Interaktion in eins setzten. Während es dem klinischen Soziologen prinzipiell um das Typische im Individuellen geht, ist Anfang und Endpunkt professionellen Handelns die Bearbeitung des Individuellen des Einzelfalls.

## *Literatur*


Achenbach, Gerd B. (1983), »Philosophische Lebensberatung. Kritik der auxiliaren Vernunft«, in: ders., *Die reine und die praktische Philosophie*, Klagenfurt.

Alemann, H. v. (1975), »Organisatorische Faktoren im Wissenstransfer. Eine exploratorische Untersuchung zur Situation in den Sozialwissenschaften«, in: René König, Nico Stehr (Hg.), *Wissenschaftssoziologie*, Opladen.

Allesch, Jürgen u. a. (1983), *Berufsbezogene wissenschaftliche Weiterbildung an den Hochschulen. Perspektiven und Modelle*. Schriftenreihe des Bundesministers für Bildung und Wissenschaft, Bonn.

Archibald, K. A. (1976), »Drei Ansichten über die Rolle des Experten im pol. Entwicklungsprozeß: Systemanalyse, Inkrementalismus und klinischer Ansatz«, in: B. Badura (Hg.) (1976), *Angewandte Sozialforschung. Studien über Voraussetzungen und Bedingungen der Produktion, Diffusion und Verwertung sozialwissenschaftlichen Wissens*, Frankfurt.

Beck, Ulrich/Bonß, Wolfgang (1984), »Soziologie und Modernisierung. Zur gesellschaftlichen Ortsbestimmung der Verwendungsforschung«, in: *Soziale Welt* 35, Heft 4.

Becker, Howard, S. (1964), »Personal Change in Adult Life«, in: *Sociometry* 27, S. 41 ff.

Dewe, Bernd (1985), »Soziologie als beratende Rekonstruktion. Zur Metapher des klinischen Soziologen«, in: W. Bonß/H. Hartmann (Hg.), *Entzauberte Wissenschaft. Zur Relativität und Geltung soziologischer Forschung*, Göttingen, S. 351 ff.

Dewe, Bernd (1986), *Erzeugungs- und Vermittlungsbedingungen sozialwissenschaftlichen Wissens im Kontext praktischer Handlungsmuster*, Habilitationsschrift, Osnabrück.

Dewe, Bernd (1988), *Wissensverwendung in der Fort- und Weiterbildung. Zur Transformation wissenschaftlicher Informationen in Praxisdeutungen*, Baden-Baden.

Diesing, P. (1962), *Reason in Society*, Urbana/Illinois.

Foucault, Michel (1973), *Die Geburt der Klinik*, München.

Glassner, B./Freedman, J. A. (1979), *Clinical Sociology*, New York.

Gouldner, A. W. (1957), »Theoretical Requirements of the Applied Social Sciences«, in: *American Sociological Review* 22, S. 92-102.

Habermas, Jürgen (1983), »Diskursethik. Notizen zu einem Begründungsprogramm«, in: ders., *Moralbewußtsein und kommunikatives Handeln*, Frankfurt.

Janowitz, M. (1973), »Professionalization of Sociology«, in: *American Journal of Sociology* 78, S. 106-184.

Laurenze, Andreas/Radtke, Frank-Olaf (1978), *Ziele, Chancen und Methoden der Kooperation von Lehrern und Wissenschaftlern*. Vorarbeiten aus dem Projekt »Praxisnahe Lehrerfortbildung«. Materialien des Zentrums für Wissenschaft und berufliche Praxis, Heft 7.

Luhmann, Niklas/Schorr, Eberhard (1979), *Reflexionsprobleme im Erziehungssystem*, Stuttgart.

Mader, Wilhelm (1983), *Lernen oder Heilen? Zur Problematik offener und verdeckter Therapieangebote in der Erwachsenenbildung*, Bad Heilbrunn.

Maindok, H. (1977), *Soziologie als Profession*, Dissertation, Frankfurt.

McClung Lee, Alfred (1955), »The Clinical Study of Society«, in: *American Sociological Review* 20, S. 648-653.

Nunes, M. B. (1984), *Professional Culture and Professional Practice*, Glencoe.

Nunner-Winkler, Gertrud u. a. (1981), »Soziologie: Wissenschaft ohne Beruf«, in: *betrifft: erziehung*, Heft 4.

Oevermann, Ulrich (1986), »Kontroversen über sinnverstehende Soziologie. Einige wiederkehrende Probleme und Mißverständnisse in der Rezeption der ›objektiven Hermeneutik‹«, in: Stephan Aufenanger/Margit Lenssen (Hg.), *Handlung und Sinnstruktur*, München.

Radtke, Frank-Olaf (1979), »Zum Stand der Aktionsforschungsdebatte. Stukturelle Probleme der Zusammenarbeit von Lehrern und Wissenschaftlern«, in: Klaus Horn (Hg.), *Aktionsforschung – Balanceakt ohne Netz?*, Frankfurt.

Radtke, Frank-Olaf (1985), »Hermeneutik und soziologische Forschung«, in: Wolfgang Bonß/Heinz Hartmann (Hg.), *Entzauberte Wissenschaft. Zur Relativität und Geltung soziologischer Forschung*, Göttingen, S. 321 ff.

Ryle, Gilbert (1969), *Der Begriff des Geistes*, Stuttgart.

Schmitz, Enno (1983), »Zur Struktur therapeutischen, beratenden und erwachsenen pädagogischen Handelns«, in: E. Schmitz (Hg.), *Erwachsenenbildung zwischen Schule und sozialer Arbeit*, Bad Heilbrunn.

Schmitz, Enno/Bude, Heinz/Otto, Claus (1989), Beratung als Praxisform »angewandter Aufklärung«, in diesem Band, S. 122.

Schülein, Johann August (1976), *Psychotechnik als Politik. Zur Kritik der pragmatischen Kommunikationstheorie von Watzlawick et al.*, Frankfurt.

Schütze, Fritz (1985), »Professionelles Handeln, wissenschaftliche Forschung und Supervision. Versuch einer systematischen Überlegung«, Typoskript, Kassel.

Ulrich, D. N. (1949), »A Clinical Method in Applied Social Science«, in: *Philosophy of Science* 16, S. 246 f.

Weber, K. (1980), »Produktion, Kontrolle, Verteilung und Verwendung soziologischen Wissens«, in: *Schweizerische Zeitschrift für Soziologie* 6, S. 219-308.

Wirth, Louis (1931), »Clinical Sociology«, in: *American Journal of Sociology* 37, S. 49-66.

Young, Donald (1955), »Sociology and the Practicing Professions«, in: *American Sociological Review* 6, S. 641-648.

Wolfgang Kroner/Stephan Wolff

# Pädagogik am Berg

## *Verwendung sozialwissenschaftlichen Wissens als Handlungsproblem vor Ort*[1]

Ein wesentliches Desiderat der bisherigen soziologischen Verwendungsforschung besteht in dem Umstand, daß sie sich bisher noch keinen rechten Begriff von ihrem eigentlichen Gegenstand, nämlich von »Verwendung« bilden konnte. In der soziologischen Literatur wird »Verwendung« typischerweise als theoretisches Konstrukt verstanden, als eine Funktion des Verhältnisses von Wissenschaft und Anwendungsfeld, wobei sich dieses Verhältnis in verschiedenen Graden der »Nicht-Identität« bzw. Transformation manifestiert. Damit ist »Verwendung« als eigenständiger soziologischer Gegenstand etabliert. Die Frage, ob und wie sich die Gesellschaftsmitglieder selbst dem Verwendungsproblem stellen und wie sie es gegebenenfalls lösen, braucht sich die Verwendungssoziologie dann nicht mehr zu stellen. Im Extremfall können sogar die »Versozialwissenschaftlichung der Praxis« und das Verschwinden des sozialwissenschaftlichen Charakters von Wissensbeständen im Zuge ihrer Verwendung nicht nur als miteinander kompatible, sondern sogar als zwei notwendig miteinander verbundene Phänomene betrachtet werden. Beck/Bonß (1984, S. 395) haben zum Beispiel die These aufgestellt, daß erfolgreiche Verwendung sich dann letztendlich am Grad der »Nicht-Identifizierbarkeit« des sozialwissenschaftlichen Wissens bemesse.

Was hier als historisches Phänomen präsentiert wird, ist – so glauben wir – zu einem wesentlichen Teil ein Kunstprodukt einer wissenschaftszentrierten Herangehensweise an das Phänomen »Verwendung«. »Verwendung« entschwindet damit nicht nur den Gesellschaftsmitgliedern aus dem Blick, sondern – und hier beginnt es für die Verwendungssoziologie problematisch zu werden – auch der empirischen Forschung. Dies ist vermutlich nur deshalb bisher unbeachtet geblieben, weil die empirische Verwendungsforschung genug damit zu tun hatte, die gesellschaftliche Diskussion *über* Verwendung (beispielhaft in Badura 1976; Beck

1982) abzubilden und die Rolle sozialwissenschaftlicher Begrifflichkeiten in dieser Diskussion zu eruieren bzw. nach deren Bedeutung bei der Begründung anderer gesellschaftlicher Entscheidungsprozesse zu fahnden. Die Bestandsaufnahme der Diskussion über den Bedarf bzw. über den Nutzen von sozialwissenschaftlichen Begrifflichkeiten, Ergebnissen und Kompetenzen, führt aber nur indirekt an das gesellschaftliche Phänomen »Verwendung« selbst heran. Was »Verwendung« als sozialer Tatbestand *ist*, genauer, was die soziale Erkennbarkeit dieses Phänomens – die ja niemand bestreitet – ausmacht, bleibt ungeklärt. Der gesellschaftliche Tatbestand der »Verwendung« geht als selbstverständliche und unanalysierte Ressource in das verwendungssoziologische Unternehmen ein. Verwendung ist auf diese Weise zwar in aller Munde, keinesfalls aber als ein in sich sozial organisiertes Phänomen nachgewiesen, das heißt als eines, das von den Beteiligten vor Ort als gesellschaftlich organisierte Praxis konstituiert werden muß. Dieser praktisch-methodischen Grundlagen von »Verwendung« als eines eigenständigen sozialen Tatbestandes kann sich nur versichern, wer die Art und Weise unter die Lupe nimmt, in der Verwendung praktisch *vollzogen* wird. Dazu muß man sich die konkreten Handlungen ansehen, die unter den Augen aller kompetenten Beteiligten in der jeweiligen Situation »Verwendung« als objektiven gesellschaftlichen Tatbestand entstehen lassen. Nicht durch die Interaktion von analytisch bzw. mathematisch extrahierten Variablen oder Faktoren, sondern durch jargonhafte Unterhaltungen und ganz gewöhnliche körperlich ausgeführte Routinen konstituiert sich »Verwendung«.

Wir betrachten »Verwendung« demzufolge nicht als ein Problem von Sozialwissenschaftlern (d. h. methodisch: als eine Frage der Codierung), sondern in erster Linie als ein *Mitgliederproblem*: Wie sollen sie vor Ort ihr Handeln so organisieren, daß es als *Merkmal* von »Verwendung«, und zwar einer ganz bestimmten Art von »Verwendung«, Sinn ergibt; bzw. umgekehrt: wie gelingt es den Mitgliedern in der Organisation lokal sichtbarer Szenen und Handlungsabläufe, »Verwendung« als sozialen Tatbestand zu entdecken.

Wir wollen versuchen, eine Beschreibung unseres Gegenstandes *von innerhalb* des Phänomens zu entwickeln und uns nicht mit einem soziologischen Blick *auf* das Phänomen bzw. darauf, was daran an *soziologischen* Merkwürdigkeiten auffällt, zufrieden zu

geben. *Daß* Gesellschaftsmitglieder ein wie auch immer explizierbares, aber gleichwohl sicheres Gespür für das Phänomen »Verwendung wissenschaftlichen Wissens« besitzen, setzen wir bei den folgenden Rekonstruktionsversuchen voraus.
Das besondere empirische Untersuchungsfeld unserer Fallstudie über »Verwendung« sind Ausbildungen für Jugendgruppenleiter (JL) im Deutschen Alpenverein (DAV).[2]

Der DAV stellt eine der größten Freizeitorganisationen der BRD dar. 1986 besaß er über 450 000 Mitglieder. In der Verbandszentrale befassen sich drei Abteilungen mit Aus- und Fortbildungen: das Jugend-, Naturschutz- und Ausbildungsreferat. Letzteres ist für die alpintechnische Weiterbildung von Mitgliedern zuständig. Jährlich werden hier rund 2000 Personen in entsprechenden Veranstaltungen aus- und fortgebildet, wobei ein Großteil der betreuten Personen als »Multiplikatoren« gelten, die innerhalb ihrer Sektionen die erworbenen Kenntnisse weitergeben und eigenständig Gruppenausbildungen organisieren. Neben neun hauptberuflich beschäftigten Personen, die als Soziologen, Pädagogen, Ökologen und sportdidaktisch geschulte Bergführer für die Durchführung einschlägiger Programme verantwortlich sind, werden vom Hauptverein allein (ohne die Sektionen) rund 60 weitere pädagogisch und alpinistisch qualifizierte Personen eingesetzt.
Neben dem DAV gibt es noch eine Fülle weiterer Freizeitverbände, die alpintechnische Fortbildungen oder einzelne Programmteile aus solchen Kursen anbieten, sich dazu sozialwissenschaftlicher Ergebnisse bedienen bzw. spezifisch geschultes Personal einsetzen. Dazu gehören etwa der Deutsche Skiverband, die Naturfreunde, die »Kurzschulen« oder Pfadfinderorganisationen.

In den Jugendleiter-Ausbildungen des DAV geht es für alle Beteiligten anerkanntermaßen um die Vermittlung von Fähigkeiten, die die Kursteilnehmer in die Lage versetzen sollen, in einer sicherheitsbewußten und erlebnisbezogenen Weise Bergfahrten in bzw. für Jugendgruppen organisieren und durchführen zu können. Die konzeptuell dahinterstehenden Vorstellungen vom Bergsteigen haben wir in einem anderen Aufsatz als »*Metapher vom sozialen Bergsteigen*« (Kroner/Wolff 1984) beschrieben. Fragt man danach, wo diese Vorstellungen vom sozialen Bergsteigen herkommen bzw. was ihre Besonderheit im Vergleich zum herkömmlichen Kletterverständnis ausmacht, so wird von den Ausbildern wie von Teilnehmern relativ pauschal auf pädagogische, psychologische und soziologische Einflüsse und Anregungen verwiesen, die eben auch für den DAV in den siebziger Jahren immer wichtiger geworden seien. Auch wenn bei solchen Einlassungen einzelne sozialwissenschaftliche Fächer genannt werden, so bedeutet dies in aller Regel keine Bezugnahme auf disziplinäre Differenzierungen im akademischen Sinne, zumal die Vorstellungen darüber, was im Wissenschaftsbetrieb in diesen Sparten abläuft, sehr unklar und variierend sind. Daß zwischen den verschiedenen Sozialwissenschaften nicht besonders scharf unterschieden wird, zeigt die gewisse Beliebigkeit der Rekrutierung von Absolventen sozialwissenschaftlicher Studiengänge, wie wir sie seit dem In-Mode-Kommen der Sozialwissenschaften im DAV vor etwa 15 Jahren bei den Stellenbesetzungen und Bestellungen von ehrenamtlichen Ausbildungsleitern beobachten können. Man sucht hier in aller Regel nicht nach besonderen Fachvertretern, sondern nach Leuten, die »halt eine Ahnung von Pädagogik« haben und sich dadurch von den alpinistischen Sicherheitsexperten und Technikern unterscheiden.

Es gehört folglich durchaus zum Selbstverständnis der Beteiligten, daß in Jugendleiter-Ausbildungen so etwas wie »Verwendungsprozesse sozialwissenschaftlichen Wissens« stattfinden, wenn auch meist allgemein von »Pädagogik« gesprochen wird. Es geht hier offensichtlich nicht nur um die Vermittlung bzw. Umsetzung von Wanderregeln oder Klettertechniken, sondern um eine *bestimmte Form der Gestaltung von Bergsteigen*, und zwar von *Bergsteigen in Gruppen*. Es würde in diesem Zusammenhang niemand in den Sinn kommen, eine gruppendynamische Selbsterfahrungsveranstaltung zu erwarten bzw. anzubieten, geht es doch letztlich immer um Bergsteigen, und zwar um Bergsteigen nicht in der Vorstellung oder am »grünen Tisch«, sondern ganz konkret im Gelände bzw. *am Fels*. Diesem von allen Teilnehmern offensichtlich identifizierbaren Sachverhalt von »Verwendung« bzw. seiner besonderen Realisierung in diesem Handlungsfeld gilt unser analytisches Interesse. Als Kürzel für dieses komplexe »Etwas« dient uns der Begriff der *»Pädagogik am Berg«*.

Wir beginnen unsere Darstellung mit zwei Geschichten aus der Ausbildungsarbeit des Verbands, wie sie von Ausbildern öfter erzählt und als typische Beispiele für »mißlungene Wissensvermittlung« oder »schlechte Pädagogik« eingestuft werden.

Auf einer Jugendleiter-Fortbildung im Kaisergebirge sollten die Teilnehmer die Führung kleiner Gruppen in leichtem Klettergelände üben. Dazu war die gesamte Kletterausrüstung mitzunehmen. Beim Abmarsch von der Hütte bemerkte der pädagogische Ausbilder, daß die Teilnehmer vergessen hatten, Kletterseile einzupacken. Er machte sie aber nicht darauf aufmerksam, sondern wartete, bis die Jugendleiter dies selbst feststellten. Erst am Einstieg fiel den Kursteilnehmern auf, daß sie die Seile auf der Hütte zurückgelassen hatten. Da das Holen zwei Stunden beansprucht und die geplante Tour nicht mehr vor Einbruch der Dunkelheit hätte beendet werden können, war dieser Programmpunkt geplatzt. Die Teilnehmer gerieten in einen heftigen Streit, wer für die Mitnahme der Seile verantwortlich zu machen wäre. Schließlich griff der pädagogische Ausbilder ein: Es sei jetzt genug gestritten, und man sollte sich nun überlegen, wie man eine solche Situation in Zukunft vermeiden könnte. Schließlich sei das Vergessen von Ausrüstung ebenso typisch für Gruppenunternehmungen wie anschließende Streitereien. Er schlug nun vor, den aktuellen Streit zum Anlaß zu nehmen, um an Ort und Stelle über Konflikte in der Gruppe und deren mögliche Lösung gemeinsam zu diskutieren. Eine Gruppendiskussion – so wird berichtet – sei aber in dieser Situation nicht zustande gekommen; vielmehr hätten sich die Teilnehmer nicht nur weiter Vorwürfe gemacht, es sei auch zum Streit zwischen dem pädagogischen Ausbilder und einem alpinistischen Kursleiter gekommen, der mit seiner Gruppe in der Nähe gewesen war.

Geht es in der ersten Geschichte darum, daß man in einer derartigen Ausbildung am Berg *nicht allzu* »pädagogisch« handeln soll, macht die zweite Geschichte deutlich, daß man sich in einer gleichwohl pädagogischen Situation *nicht allzu* »alpinistisch« verhalten darf.

Gegen Ende eines Eiskurses in den Ötztaler Alpen sollten die Teilnehmer zeigen, daß sie gelernt hatten, mit Pickel und Steigeisen, Eisschrauben und Seil nicht nur im Übungsgelände umzugehen. Dazu sollte eine 800 m hohe Eiswand, deren Durchstiegszeit im Kletterführer mit 6-8 Stunden angegeben ist, in Zweierseilschaften durchklettert werden. Beim Anseilen am Einstieg habe der alpinistische Ausbilder sich den Leistungsstärksten aus der Gruppe ausgewählt und sei mit diesem dem Rest der Teilnehmer davongeklettert. Die beiden seien derart schnell gewesen, daß sie am Ausstieg zwei Stunden gewartet hätten, bis die anderen Kursmitglieder dort angekommen seien. Der alpinistische Ausbilder habe dort die Teilnehmer mit einem Grinsen und dem Hinweis empfangen, daß sich gerade bei Eiswänden die Klettersicherheit mit einem zügigen Durchstieg erhöhe.

Für den unbeteiligten Zuhörer erscheinen beide Geschichten widersprüchlich. Auch wenn die pädagogischen Intentionen richtig sind und didaktische Regeln der Ausbildung eingehalten werden, gibt es, wie der erste Fall des pädagogischen Ausbilders zeigt, Situationen, in denen »Pädagogik« nicht paßt. Andererseits zeigt der Fall des alpinistischen Ausbilders, daß offenbar Grenzen für eine richtige Dosierung des »Alpinistischen« bei derartigen Kletterausbildungen existieren. Diese Geschichten bringen aber auch zum Ausdruck, daß die Beteiligten ein *Gespür für kompetentes »pädagogisches Bergsteigen«* in Fortbildungsveranstaltungen entwickeln. Was genau die richtige Kalibrierung des Pädagogischen bzw. des Alpinistischen bei solchen Ausbildungen am Berg ausmacht und wie dies von den Beteiligten in der Situation sichergestellt werden kann, wird üblicherweise allerdings nicht thematisiert.

Wir werden die Anforderungen, welche die Beteiligten bei der Realisierung einer solchen »Pädagogik am Berg« zu bewältigen haben, auf drei (nur) analytisch unterscheidbaren Ordnungsebenen darstellen, die sich in folgenden Fragen reformulieren lassen:

- Wie gelingt es den Beteiligten, sicherzustellen, daß das, was in solchen Ausbildungen abläuft, als im weitesten Sinne *pädagogisch* erlebt werden kann (Kap. 1)?
- Wie kann gleichwohl gewährleistet werden, daß es sich letztendlich um eine *Ausbildung im Klettern in Gruppen* handelt, die ihrerseits aber nicht mit einer »normalen Kletterunternehmung« zu verwechseln sein sollte (Kap. 2)?
- Wie beziehen sich die Beteiligten schließlich auf die Besonderheit dieser Ausbildung, die darin besteht, daß sie nicht (nur) in irgendwelchen Unterrichtsräumen, sondern *in einem besonderen Setting*, nämlich am Berg, stattfindet (Kap. 3)?

## 1. Pädagogische Ausbildungssituationen

Ausbildungssituationen lassen sich als solche *fokussierte Interaktionen* des Lehrens und Lernens beschreiben, in denen sich die Beteiligten zeitlich begrenzt zu einem gemeinsamen Zweck versammeln (Goffman 1963, S. 83). In einer ethnomethodologischen Perspektive ist nun die Frage zu stellen, wie derartige Interaktionen für alle Beteiligten erkennbar und nachvollziehbar zu »pädagogischen Situationen« werden und nicht zu bloßem Spiel oder einfach zu einer alltäglichen Unterhaltung geraten bzw. dahin abgleiten. Aus unserem Material glauben wir, zwei Gruppen von dafür einschlägigen Praktiken isolieren zu können: einmal Merkmale der *besonderen Form des sprachlichen Austauschs* (didaktische Gesprächspraktiken) und zum anderen bestimmte *sequentielle Kennzeichen der pädagogischen Behandlung von Themen* (Organisation von Unterrichtseinheiten).

## 1. Didaktische Gesprächspraktiken

*Didaktische Gespräche* heben sich durch einige *besondere Merkmale* von alltäglichen Konversationen ab, von denen wir hier nur die wichtigsten darstellen wollen: die spezifische Vorverteilung von Rederechten, das sogenannte »didaktische Design« von Äußerungsfolgen und das Vorkommen von Formulierungen. Einige dieser Merkmale finden auch außerhalb didaktischer Gespräche Verwendung (z. B. in Beratungen – vgl. Wolff 1986). Wir stießen auf diese gesprächsgestaltenden Techniken (»Gesprächsmaschinen« im konversationsanalytischen Sinne) nicht nur bei Veranstaltungen in als solchen definierten Unterrichtsräumen, sondern auch in alpintechnischen Ausbildungen des DAV am Fels.
Beginnen wir mit dem folgenden Datenfragment aus einer Jugendleiter-Fortbildung, das mehrere dieser Techniken in Aktion zeigt:

*Fragment 1*

30 A1: Was wär a grobfahrlässiger (.) Fall.
31 (3.0)
32 T1: Da oin neischicke der ( ) der dem;
33 also. (.) der dem Grad nicht gwachse wär.
34 (.)
35 A1: (Du),
36 T2: Der hat kein Helm uff ( )
37 A1: Kein *Helm* auf. zum Beispiel in so em Gelände
( )
38 T3: oder er secht er hats
39 oder er täts sich zutraue und (1.0) meint er kommt nuff
40 aber er packts doch net im Endeffekt. (1.0) weil er vor
41 die andre vielleicht net irgendwie dumm doschtande wet.
42 ( ): % (Mhm) %
43 (1.)
44 A1: Fass mer des amal zsamm. ((...))

Der alpinistische Ausbilder (A1) zeigt den Kursteilnehmern (T) an, wann und wo er ihre Beiträge erwartet. Er kann dies mit einer Frage tun (30), mit einer Aufforderung (35), dadurch, daß er erkennbar nach seinem Redezug schweigt (31) oder aber solche Gesprächsereignisse miteinander kombiniert (30/31). Dort, wo ihn ein Teilnehmer unterbricht (38), wird dies zwar zur Kenntnis genommen (42), doch bleibt dieser Beitrag unkommentiert.

Auch ohne zu wissen, daß A1 der alpinistische Ausbilder ist, wird sein *Teilnehmerstatus* allein durch die Art und Plazierung seiner Äußerung bzw. die Reaktion der übrigen Gesprächsteilnehmer deutlich. Durch ihre spezifische Reaktionsweise und die Einhaltung besonderer konditioneller Relevanzen[3] machen sich umgekehrt die anderen Anwesenden in der Situation als »Lernende« erkennbar, und zwar unabhängig von ihrem »wirklichen« Kompetenzgrad hinsichtlich des Bergsteigens. Hörbar ist es der Ausbilder und nicht ein Kursteilnehmer, der (insbesondere durch Fragen, die die Aufmerksamkeit aller Anwesenden erheischen) das *Rederecht verteilt*. Indem die Auszubildenden erst antworten, wenn sie gefragt werden, zeigen sie an, daß die aktuelle Situation keine Plauderei, sondern eine formale Situation darstellt, in der es zwei Gesprächsparteien mit asymmetrischen und vorgängig verteilten Beteiligungsrechten gibt (vgl. Atkinson 1982).

Daß es sich bei dieser Asymmetrie um eine *pädagogische* und nicht etwa um eine vor Gericht oder eine therapeutische handelt, wird dadurch gewährleistet, daß die Äußerungen in einem bestimmten Äußerungsformat, dem *didaktischen Design* (Mehan 1979; 1985) organisiert werden. Dies geschieht etwa im folgenden Fragment:

*Fragment 2*

35 A1: (Du),
36 T2: Der hat kein Helm uff (                    )
37 A1: Kein *Helm* auf. zum Beispiel in so em Gelände

Dieses didaktische Design von Äußerungen kann bei Ausbildungssituationen in Unterrichtsräumen wie bei Unterweisungen im Felsgelände immer wieder beobachtet werden. Dabei zeigt sich bei genauerer Inspektion, daß sich dieses Äußerungsformat aus zwei miteinander verkoppelten Paarsequenzen (vgl. Bergmann 1980, S. 89 ff.; Sacks 1972) zusammensetzt:

Sprecher 1: Initiierung
Sprecher 2: Antwort
Sprecher 1: Bewertung

Wesentlich für den Vollzug des didaktischen Designs ist, daß der (obligatorische) dritte Redezug des ersten Sprechers nicht nur als Empfangsbestätigung der Antwort (z. B. »Mhm« oder »Danke«), sondern als ihre Bewertung gehört werden kann. Mit einer derartigen Gestaltung zeigt der erste Sprecher, daß seine Eingangsäußerung nicht durch eine »Informationssuche« motiviert war. Die Ausgangsfrage wird so retrospektiv zur Initiierung einer didaktischen Sequenz. Die Antwort des zweiten Sprechers kann damit behandelt werden, als ob sie (bzw. die letztlich richtige Antwort) dem ersten Sprecher schon bekannt war, bevor sie geäußert worden ist. Durch die Einhaltung dieses Formats wird die Asymmetrie der Beziehung zwischen Wissensvermittler und jenen etabliert, die sich das jeweilige Wissen erst aneignen. Wendet ein Ausbilder im Kursgespräch dieses Format an bzw. kann er dies unangefochten tun, dann ist er in der Lage, jede denkbare Antwort seines Gegenüber als »Schülerantwort« zu kennzeichnen, unabhänigig davon, ob die Antwort auswendig gelernt wurde oder spontan erfolgte, ob er als Ausbilder selbst die Antwort im voraus gekannt hat oder nicht. Er kann dies auf ökonomische Weise tun, das heißt, ohne daß er in jedem Fall ausführlich erklären müßte, *was* an einer Antwort falsch oder richtig war.[4] Dieser Mechanismus wirkt auch dann, wenn der Kursleiter »nichts« sagt, sondern nur hörbar sein Rederecht nicht wahrnimmt. Dies läßt sich in Fragment 3 an der Reaktion von A1 auf die Antwort von T1 beobachten.

*Fragment 3*

30 A1: Wer isch Jurischt. (1.0) Was wär a grobfahrlässiger (.) Fall.
31 (3.0)
32 T1: Da oin neischicke der ( ) der dem;
also. (.) der dem Grad nicht gwachse wär.
33 (.)
34 A1: (Du),

Seine Bewertung der Antwort von T1 vollzieht A1 hier dadurch, daß er nichts dazu sagt, sondern einen anderen Teilnehmer zur Antwort auffordert. Auch dort, wo er nach mehreren Antworten »fischt«, didaktische Rätsel stellt oder mehrmals hintereinander »falsche« Antworten erhält, steht am Ende der Einschübe immer die Bewertung durch den Kursleiter.

Ein drittes Merkmal, das für die Markierung einer Situation als Ausbildungsgespräch Verwendung findet, sind schließlich *Formulierungen*.[5] Mit diesem Ausdruck bezeichnen wir die Art und

Weise, wie in Kursen ein Leiter das jeweilige Gespräch zusammenfaßt und seinen Zuhörern Aufschluß darüber gibt, worum es in seinen Ausführungen geht und was als nächstes zu tun ansteht.

In Fragment 1 findet sich eine solche Formulierung am Ende einer Reihe von Fragen und Antworten, die von A1 initiiert wurden (44). Verfolgt man das Gespräch von der ersten Frage (30) ab, dann sieht man, daß die anstehende Unterrichtsaufgabe sich von einer Frage-Antwort-Sequenz zur nächsten ändert, bis schließlich im Anschluß an die deutlich initiierte Formulierung (»Fass mer des amal zsamm. Mir ham also amal gsagt«; 44) von A 1 festgestellt wird, es gehe grundsätzlich um *Sicherungstechniken* (51). Schien es anfangs, als stehe die Frage einer juristischen Klärung von grober Fahrlässigkeit zur Debatte, hätte man dann meinen können, Thema sei eigentlich die richtige Ausrüstung im Fels (»Helm«; 37). Während A1 in diesen Frage-Antwort-Sequenzen signalisiert, daß die Klärung solcher Fragen *irgendwie* wichtig ist, wenn man keine Fehler im Gelände begehen wolle, wird ihre letztendliche Relevanz erst durch seine abschließende Formulierung etabliert: Helmgebrauch, Vertrautheit der Beteiligten untereinander und mit dem Setting (»Gelände«; 49) sind demnach nicht für sich allein wichtig, sondern nur insofern sie in Verbindung mit »Sicherungstechniken« stehen.

Erst durch seine Formulierung, die als »vorläufige Zusammenfassung« gehört werden kann, bringt der Ausbilder bisherige Themen des Gesprächs miteinander in Verbindung (Heyman 1986). Gerade weil er als Ausbilder Rechte der Redezuteilung besitzt und zur Gestaltung des Unterrichts nutzt, kann er bei seinen Formulierungen auf geringen Einspruch der Adressaten bauen und auf diese Weise derartige Zusammenfassungen als »Programmpunkte« bzw. Teil des »Curriculums« markieren.
Damit kommen wir zur nächst höheren Stufe der Organisation von Ausbildungssituationen, der *Gestaltung des sequentiellen Aufbaus* ganzer Unterrichtseinheiten.

## 2. Die Organisation von Unterrichtseinheiten

Mit Hilfe der geschilderten pädagogischen Interaktionsformate können Themen als Lerninhalte erzeugt und einzelne Äußerungen als (sokratische) Frage, als Information für Schüler und als Bewertung von Lernleistungen gekennzeichnet werden. Diese grundlegenden Äußerungsformate werden sequentiell verknüpft und dazu verwendet, größere Abschnitte eines Unterrichts als »Lerneinheiten« bzw. »Themenblöcke« sichtbar zu machen (Mehan 1979; Cazden 1986).

*Drei Phasen der Instruktion* lassen sich gerade im Fortbildungsbereich immer wieder beobachten. Mit der Einteilung von Unterrichtseinheiten in Einführung, Kleingruppenarbeit und Plenum wird Lehren und Lernen *pädagogisch* organisiert. Durch diese Einführung bzw. deren sequentielle Abarbeitung unterscheiden sich derartige Situationen in charakteristischer Weise von Gelegenheiten sporadischer und fallweiser Handlungsanweisungen (beim Klettern etwa das Vorzeigen und Übenlassen von Seilknoten), traditioneller Formen der Belehrung (z. B. ein Referat) oder gruppendynamischer Erbauung (z. B. Gesellschaftsspiele).

Ein kompetenter Ausbilder sollte in der Lage sein, die Übergänge zwischen den Phasen so zu organisieren, daß die Situation als geplanter Unterricht erkennbar wird. Der folgende Gesprächsausschnitt zeigt, wie eine *»Aufgabenstellung« entwickelt* und dann als *»Aufgabe« markiert* werden kann.

In seiner Einführung gibt der Ausbilder (A1) den Teilnehmern (T) die Aufgabe bekannt, mit der sie sich zu beschäftigen haben.

*Fragment 4*

116 A1: *Ja*. Sicherungstechnik. Wer baut jetzt da uns amal en
117 schöne Standplatz, (( . . .))

Es soll ein Standplatz[6] gebaut werden. Mit dem betonten »*Ja*« fokussiert A1 die Aufmerksamkeit der Zuhörer auf seine folgende Äußerung. Eine Aufgabe wird nicht einfach dahingesagt, sondern als etwas gekennzeichnet, dem die Anwesenden in besonderer Weise zuhören sollen. Vor der Anweisung findet sich jedoch noch eine weitere Äußerung. Es soll ein Standplatz unter dem Aspekt »Sicherungstechnik« gebaut werden. Und eben weil dies *vor* der Anweisung erwähnt wird, macht A1 jedermann deutlich, daß der Standplatz so gebaut werden soll, wie es Normen der Standplatzbereitung vorschreiben.

In der Folge wenden sich die Teilnehmer ihren Rucksäcken zu, holen das Material heraus und beginnen sich an der Felswand zu verteilen. Der Ausbilder hat durch die gekonnte Plazierung seiner Äußerungen in dem Gesprächsablauf deutlich gemacht, daß es sich um eine »Aufgabe« handelt. Dies geschieht so, daß seine Aufforderung als das Ende der Einführung und als Übergang zur Kleingruppenarbeit gehört werden kann.

*Fragment 5*

109 A1: ((...)) Toure aussuchen. die sicher sind; des isch ganz
110 wichtig. keine brüchigen Toure. keine Toure wo mer
111 vielleicht oft aufschlägt undso*weit*er. (1.0) *So*.
112 T4: %oft%,
113 xT: (3.0) ((Gemurmel))
114 T5: Was?
115 T4: (Es) reicht blous eimal aufschlougen hha 'hh
116 A1: *Ja*. Sicherungstechnik. ((...))

Der Partikel »*so*« macht hier mehr, als nur Aufmerksamkeit herzustellen (wie z. B. »*ja*«). Der Ausbilder markiert damit einen *Wendepunkt* (vgl. Bergmann 1980, S. 226 ff.):

- A1 signalisiert die Erledigung bisheriger Anliegen und kündigt neue Aktivitäten an;
- Darüber hinaus zeigt er an, daß das spezifische Kategorienpaar Ausbilder/Auszubildender – wie er es bisher durch Gebrauch pädagogischer Gesprächspraktiken kenntlich machte – für den neuen Unterrichtsabschnitt der Kleingruppe nicht mehr das zentrale Ordnungselement darstellt.

Darauf orientieren sich auch die Teilnehmer. Anders als während der bisherigen Ausführungen des Ausbilders beschränken sie sich nicht mehr nur auf das schweigende Zuhören, paralinguistische Laute (»hh«) oder Karabinerklimpern[7], sondern beginnen sich untereinander zu unterhalten. T4 nimmt etwa diesen Wendepunkt zum Anlaß, deutlich hörbar eine Ironie in den Ausbilderäußerungen zu explizieren: Am Berg gilt es zu vermeiden, daß überhaupt jemand stürzt und kein einziges Mal aufschlägt; eine Bemerkung, die innerhalb einer Unterrichtssituation als Störung behandelt werden könnte.

Mit der Markierung des Wendepunkts (111) und der Erwähnung von Sicherungstechnik (116) werden die bisher angesprochenen Themen zu einem *Themenblock* zusammengefaßt.

Mit dem Hinweis auf »Sicherheitstechnik« an *diesem* Punkt seiner Ausführungen macht A1 deutlich, daß alle bisherigen Themen als »Unterthemen« zu behandeln sind, die sich auf ein »Hauptthema« beziehen. Aufgabe der Teilnehmer ist es dann herauszufinden, was sich an einem solcherart markierten »Unterthema« auf »Sicherheitstechnik« bezieht.

Nunmehr können Aufforderungen und Prozeduranleitungen eines Ausbilders als »Unterrichtsaufgabe« und nicht nur als spontane Hilfestellungen oder Handlungsanweisungen gehört werden. Einen Standplatz bauen stellt dann nicht nur eine untergeordnete Aktivität zur Gestaltung des Unterrichtsthemas dar, sondern ist als Kursinhalt oder Lernstoff erkennbar.

Am Ende einer Unterrichtseinheit, in der *Plenumsphase*, ist es die Aufgabe eines Ausbilders, die Aufgabenlösungen der Teilnehmer zu prüfen und zu beurteilen. *Pädagogische Bewertungen* werden (wie Formulierungen innerhalb eines Unterrichtsgesprächs) als *abschließend* behandelt. Im Unterricht wäre es im Gegensatz zu Bewertungen in alltäglichen Gesprächen ungebührlich, wenn der Bewertete noch etwas hinzufügen würde. In Alltagsgesprächen besteht eine Präferenz, auf ein Lob oder ein Kompliment, aber auch eine Mängelfeststellung oder Rüge mit einer Gegenbewertung des Adressaten zu reagieren (Pomerantz 1975). Im Unterricht hat der Gerügte oder Belobigte zu schweigen, solange er nicht zu weiteren Erklärungen aufgefordert wird.

Wir haben bisher gezeigt, wie durch das Handeln des Ausbilders wie der Teilnehmer eine Interaktion in besonderer Weise als *»pädagogische«* erkennbar gemacht wird. Die Aktivitäten der Teilnehmer waren dabei für uns nur insoweit von Bedeutung, als sie die Initiativen eines Ausbilders akzeptierten und sich an der Erledigung anstehender Aufgaben beteiligten, sei es im Einlassen auf bestimmte Äußerungsformate oder in der kooperativen Mitgestaltung einzelner Phasen des Unterrichts. Wir haben darüber hinaus bisher pädagogische Formen der Wissensvermittlung gezeigt, die *für alle möglichen Ausbildungssituationen* gelten. Eine Fortbildung im »sozialen Bergsteigen« kann sich jedoch nicht umstandslos dieses Arsenals bedienen. Sie hat es mit einer *besonderen Klasse von Kursteilnehmern* und einem *spezifischen Wissen* zu tun. Was in solchen (alpinistischen) Ausbildungen vermittelt wird, darf sich nicht in Selbsterfahrung oder in Freizeitvergnügen erschöpfen, sondern muß sich darauf beziehen, daß Teilnehmer Bergsteiger im weitesten Sinne sind. *Deshalb muß sich die Pädagogik erkennbar den Bergsteigermaximen anpassen und nicht umgekehrt.*

Es stellt sich also die Frage, wie die Ausbildungsteilnehmer sich nicht nur als Kursleiter und Fortzubildende, sondern gerade auch als kompetente Personen im Felsgelände erkennbar machen, das heißt, in und durch ihr Handeln sicherstellen, daß sie als »Kletterer« statt als »Halbschuhtouristen« identifizierbar sind. Wichtig in unserem Zusammenhang ist noch eine weitere Qualifizierung, nämlich daß es sich hier nicht um eine Ausbildung für Solokletterer, sondern eindeutig um eine zum *Klettern in Gruppen* handelt.

## II. Klettern in der Kleingruppe

Am empirischen Material der von uns untersuchten JL-Fortbildungen läßt sich rekonstruieren, wie durch den Gebrauch bestimmter Interaktionsformate die Beteiligten sich füreinander das Einhalten von Bergsteigermaximen (»sicher«, »rasch«, »kameradschaftlich«) sicht- und nachvollziehbar machen. Für den Zweck unserer Darstellung werden wir dabei den obligatorischen Auftakt eines gemeinsamen Kletterunternehmens, die Standplatzbereitung und dort die *Suche, Auswahl und Akzeptierung von Fixpunkten* im Gestein als empirischen Referenzpunkt nehmen. Wir greifen *drei Konstellationen* heraus, deren Bewältigung sich offenbar dazu eignet, zwischen einem »erfahrenen Kletterer« und einem »Bergneuling« Unterschiede deutlich zu machen: den *Umgang mit der Ausrüstung*, die *Einteilung in Führer und Seilpartner* sowie die *Bewältigung von Schwierigkeiten im Gelände.*

### 1. Der Umgang mit der Ausrüstung

Jeder Bergsteiger ist für seine Ausrüstung selbst verantwortlich. Was er für eine Tour mitnimmt, ist von den praktischen Erfordernissen des Geländes (Eis, Fels etc.) sowie davon abhängig, was unter Bergsteigern als »richtig« zur Vermeidung von Unfällen angesehen wird.

So gibt es in der Bergsteigergemeinde immer wieder Debatten um das richtige Schuhwerk oder die geeignete Kopfbedeckung im Gebirge. Auf der Tour selbst dient den Beteiligten die Ausrüstung zur Beurteilung der »Klettererfahrung«. Gerade »Anfänger« sind oft nicht in der Lage, sich wie ein »richtiger Bergsteiger« auszustatten. Ihre Ausrüstung ist nicht nur augenscheinlich »neu«, sondern oft auch zu »üppig« (z. B. ein umgehängtes Seil für eine einfache Bergwanderung). Bergerfahrene ziehen es in der Regel vor, ihre Ausrüstung im Rucksack zu verbergen und erst dann auszupacken, wenn sie benötigt wird.[8]

Von den Beteiligten wird die Ausrüstung nicht nur als Ausdruck ihres Kletterkönnens behandelt, sondern auch dazu hergenommen, Feststellungen über die moralische und juristische Verantwortlichkeit eines einzelnen Bergsteigers zu treffen. Mitanwesende haben im Falle entdeckter Mängel die Pflicht, den einzelnen darauf aufmerksam zu machen.

(Juristisch einklagbare) Verpflichtungen von Gruppenleitern zur Ausrüstungskontrolle beruhen auf konventionellen Erwartungen an die Führer einer Kletterpartie. Die Prüfung muß keineswegs ausführlich, doch explizit sein. Es reicht beispielsweise aus, die Sorgfaltspflicht (wie auch die Führung) zu demonstrieren, wenn eine Person beim Abmarsch von der Hütte fragt »Ham mia alls?« und die anderen nicken. Wichtig ist hier die Plazierung einer solchen Frage. Sie muß so frühzeitig erfolgen, daß eventuelle Mängel rechtzeitig entdeckt und behoben werden können.

Am Kletterort selbst gilt es, den *gekonnten Umgang* mit der Ausrüstung zu demonstrieren. Das Klettern in Gruppen ist auf diese Weise kein bloßes Ergebnis der Anwendung alpinen Wissens oder der Demonstration von Fingerfertigkeit eines einzelnen. Die Beteiligten müssen einander zeigen, daß sie als Kletterpartie zusammengehören und in der *Gruppe* bzw. für die *gemeinsamen* Zwecke mit Kletterutensilien umzugehen verstehen. Ihr Wissen zeigen sie dadurch, daß sie als Gruppenmitglieder nicht auf dem privaten Gebrauch ihrer Ausrüstung beharren, sondern sie ausleihen und gegenseitig ergänzen; aber auch dadurch, daß sie besondere Materialgegenstände genau dann verwenden und nachfragen, wenn es jedem als »passend« erscheint.

## 2. Führer und Seilpartner

Es gehört zu den konstitutiven Merkmalen von Klettergruppen, daß unter ihren Mitgliedern eine Asymmetrie beobachtbar ist. Für die Mitglieder selbst ist es notizwürdig, wenn dies nicht der Fall ist, das heißt, nicht angegeben werden kann, wer im Gelände gerade »*Führer*« und wer »*Gefährte*« ist. Die jeweils vorhandenen Unterschiede im *Teilnehmerstatus* (der unter den Personen wechseln kann) werden unter anderem in der räumlichen Position der Anwesenden zueinander, in der Art und Weise von Handgriffen bzw. im Umgang mit der Ausrüstung wie auch in besonderen Gesprächssequenzen wahrnehmbar.

*Fragment 6*

1 S1: (A) Kannsch mer mol en *Vi*erer gä. ( )
2 (-2-)
3 S2: An vierer *Hex*
4 S3: *Vi*erer Hex
5 (-2-)

6 S1: Ne: geht wahrscheinlich au net (          )
7 (-2-)

In diesem Fragment wird S1 von S2 und S3 durch die Art ihrer Reaktion als Führer anerkannt. Er ist damit beschäftigt, Keile unterschiedlicher Größe in einem Gesteinsriß zu verklemmen. Während die anderen beobachten, werden sie nicht selbst tätig. Als S1 vermutet, daß ein Keil der Größe vier (1) passen könnte, fordert er die anderen zur Mitarbeit auf. S2 und S3 liefern nun dem Führer nicht nur Material zu, sondern zeigen im selben Arbeitsgang, daß sie über die an Ort und Stelle passende Ausrüstung Bescheid wissen, also für die anstehenden praktischen Zwecke kompetente Kletterer sind. S2, der S1 die ganze Zeit beobachtet hat, zeigt dies dadurch an, daß er nicht nach irgendeinem Keil der Größe vier, sondern nach einem sechskantigen »Hexentric« (4) sucht. Die Bemerkung von S3 ist kein bloßes Echo. Er faßt die Äußerungen von S1 und S2 zusammen. S1 ratifiziert durch sein Schweigen den Bedarf an einem Hexentric Größe vier und seine Rolle als Führer. Als S3 ihn aushändigt, versucht S1, diesen Keil einzupassen.

Mitglieder einer Kletterpartie machen sich zu *Seilpartnern*, indem sie einem Führer zuarbeiten, sich auf Kommentare beschränken und in ihren Äußerungen die Fähigkeit und Bereitschaft zur Übernahme von Führungsaufgaben verdeutlichen. Sie unterscheiden sich dadurch von solchen Personen, die als *Unerfahrene* oder *Geführte* nicht wie ein Führer handeln können (z. B. beim Materialgebrauch), das heißt, sich hier nicht zu einem Statustausch bereithalten müssen. Diese Reversibilität bei grundsätzlich eingehaltener Asymmetrie unterscheidet normale Klettergruppen von geführten Touren. Führungsrechte erstrecken sich nicht allein auf die Berechtigung, einen Standplatz zu bauen, sondern beziehen sich gleichfalls auf die Akzeptierung und Ablehnung von Einsprüchen der Mitglieder einer Kletterpartie. Die letzteren müssen sich in ihren Handlungen zu Gefährten machen: Ein Seilpartner muß Einwände gegen das Vorgehen des Führers so formulieren, daß die Schlußfolgerungen daraus in der Souveränität des Führers verbleiben. Sein Wissen hat er erkennbar demjenigen des Führers zuzuordnen.

Wissen ist in Klettergruppen nur insofern akzeptabel und vermittelbar, als in den jeweiligen Äußerungen bzw. Aktivitäten der asymmetrische Teilnehmerstatus erhalten bleibt. Es reicht nicht, daß eine Person zeigt, daß sie »mehr weiß« oder eine Sache »besser erledigen« kann als andere. Sie muß sich für alle erkennbar und von allen akzeptiert zum »Führer« einer Seilschaft machen oder warten, bis sie als Seilpartner vom Führer zu einem Beitrag (Rat, Hilfe etc.) aufgefordert bzw. bis sie als Publikum zur Teilnahme eingeladen wird.

Die Kletteraktivitäten wie der Umgang mit Ausrüstung, Standplatzbau sind keineswegs allein vom Gelände (sogenannten »objektiven Faktoren«) abhängig, sondern davon, wie die Beteiligten diese Aktivität als *soziale Unternehmung* (»Gruppenfahrt«, »Ausbildung«, »Tour« etc.) gestalten.[9] In einer alltäglichen Situation des Bergsteigens machen sich die Beteiligten ihren jeweiligen Teilnehmerstatus an Ort und Stelle durch ihr Handeln sichtbar. Als Kletterer oder Nicht-Kletterer bzw. Führer, Seilpartner und Geführter stellen sie *situativ ihre Identität* her und machen dadurch bestimmte Erwartungen und Verpflichtungen füreinander relevant. Für Kletterer, die nicht allein als Führer oder Gefährten, sondern auch als Unterrichtsbeteiligte bzw. als Teilnehmer pädagogischer Kletterunternehmungen auftreten, gelten – wie wir sehen werden – *zusätzliche* Erwartungen an die jeweiligen Aktivitäten im Vergleich zum alltäglichen Klettern. Bevor wir in Abschnitt III darauf näher eingehen, werden wir kurz noch ein drittes Merkmal vorstellen, das zur spezifischen Eigenheit des Kletterns in Gruppen beiträgt: den Umgang mit Indexikalität im Felsgelände.

### 3. Erreichbarkeit und Hilfe

Gespräche unter Bergsteigern sind im Gelände auffallend einsilbig. In kurzen Worten und knappen Sätzen verständigen sie sich, wobei jeder Beteiligte mühelos den Sinn solcher lakonischen Äußerungen entschlüsseln kann. Das Gesagte wird als selbstverständlich behandelt, und nur einem Außenstehenden oder Hörer von Tonbandaufzeichnungen würde die Frage in den Sinn kommen, was denn mit »dahintn« oder dem »Ding« gemeint sei. Derartige Äußerungen sind nicht allein in dem Sinne indexikal, daß sie nur an Ort und Stelle verstehbar wären. Sie sind nicht allein elliptisch, sofern sie nicht vollständig ausformuliert sind und sich weitgehend auf Andeutungen beschränken. Sie verweisen vielmehr auf ein Phänomen, das Goffman »›normatively residual‹ ambiguity« (1981, S. 11) genannt hat. Er versteht darunter eine

*pointierte und kunstvoll belassene Ambiguität* von Äußerungen, mit denen die Beteiligten einander *Erfahrung und Wissen anzeigen.*
Solange die Beteiligten einen Standplatz bauen oder eine Seilsicherung im Gestein anbringen, können sie dies wortlos bzw. mit einem Minimum an sprachlichen Äußerungen leisten. Es reicht dann etwa aus, auf einen Fleck am Fels zu deuten, damit dort ein Klemmkeil gelegt werden kann oder eine Bemerkung als »guter Rat« gehört werden kann.

Die Wortkargheit wird von Kletterern selbst zumeist mit funktionalen Erfordernissen der Tätigkeit begründet. Beim Bergsteigen gehe es darum, rasch und deutlich miteinander zu kommunizieren. Verständigungsprobleme können in dieser Sicht durch eine möglichst große Standardisierung und Knappheit der Sprache (z. B. Seilkommandos) vermieden werden. In Felsklettereien reicht es auf diese Weise völlig aus, zu hören, *daß* ein Beteiligter ein Kommando gibt, um aus der Plazierung im Ablauf zu schließen, was damit gemeint ist und was nun zu tun ansteht.

Am folgenden Beispiel einer etwas heiklen Klettersituation läßt sich ansatzweise rekonstruieren, welche Voraussetzungen erfüllt sein müssen, damit das Setting[10] als unproblematisch gegeben gilt und demzufolge Äußerungen der Beteiligten so behandelt werden können, daß – in Goffmans Worten – »what is ›said‹ is obscure; what is ›meant‹ is obvious and clear« (1981, S. 7).

Der zweite Ausbilder (A2) sollte für die Kursteilnehmer an einer Felskante in 20 m Höhe ein Seil einhangen (»Toprope«). Dabei war er ungesichert in die Wand eingestiegen und fünf Meter unterhalb der Felskante an einem Überhang sichtlich in Schwierigkeiten geraten. Dies wird von einem Teilnehmer (T) bemerkt, der die Umstehenden darauf aufmerksam macht.

*Fragment 7*
83 T: % *öh* %
84 A2: Hey ((A1)) da paß i ja itt durch. Hey.
85 xT: haha
86 A1: Zieh dei Wampe ei.
87 xT: haha
88 A2: Wo hasch en *du* mi (.) wieder hingschickt. Hey.
89 A1: Geh amal weiter nei in des Ding
90 A2: Was?
91 A1: Geh amal weiter nei oder naus.
92 A2: Du nei. Da geht mei Helm
93 ja scho itt durch

94 xT: hhahha
95 A2: Du Witzbold hey
96 xt: haha

A2 und A1 unterhalten sich hier wie zwei Kletterer untereinander. Ihre Redeweise ist lakonisch und Hinweise auf das Setting sind pointiert doppelsinnig. Dadurch, daß A2 keine präziseren Hinweise auf den Weiterweg anfordert (z. B. Wie gehts jetzt weiter?), gibt er seine Klettererfahrung zu erkennen und markiert seine Schwierigkeiten nicht als »Notfall«, sondern als »gewöhnlichen Ärger«, der Kletterern immer wieder begegnet, wenn sie keine Griffe oder Tritte zum Weiterkommen finden. Deshalb können die Anwesenden die Bemerkungen von A2 auch als scherzhaft behandeln.
Indem er sich zugleich an A1 wendet, behandelt er diesen (und nicht andere Teilnehmer vor Ort) als kompetenten Kletterer, der ihm helfen kann. Nicht der Inhalt, wohl aber die Plazierung der ersten Äußerung von A2 (84) indiziert mehr als einen üblichen Ärger beim Klettern. A2 zwingt damit nämlich seinen Kollegen zum Unterbrechen des Unterrichts. Ein Hinweis wird dringend benötigt.

Dieses Fragment macht einen weiteren Aspekt der Besonderheit von Klettergruppen deutlich. Im *Felsgelände* müssen die Beteiligten in besonderer Weise dafür sorgen, daß sie wechselseitig kopräsent sind: Die erforderliche Form der Kopräsenz in diesem Setting beschränkt sich in den meisten Fällen nicht auf bloßen Blickkontakt oder eine Distanz in Hörweite. Sie müssen *füreinander unmittelbar erreichbar sein*, sei es durch einen Zug am Verbindungsseil, einen Zuruf oder eine Handreichung.

Die Verpflichtung auf die unmittelbare Erreichbarkeit gilt auch dann, wenn von einzelnen Beteiligten angenommen werden kann, daß sie »erfahren« und »geübt« sind. Deshalb war es ein deutliches Fehlverhalten des alpinistischen Ausbilders in der zweiten Geschichte, der seinen Kursteilnehmern davongeklettert war. Er hatte zwar gezeigt, daß er ein guter Kletterer ist, sich selbst aber als *Gruppenführer* (wie auch als Ausbilder) disqualifiziert. Er hatte die übrigen Mitglieder der Unternehmung sich selbst überlassen.

Der geringe Grad der Verbalisierung von Aufgaben, der üblicherweise in Klettergruppen herrscht, kontrastiert mit der Ausführlichkeit und Ausdrücklichkeit, die pädagogische Erklärungen auszeichnet. Ausbildungssituationen für Klettergruppen schaffen also stärkere Verpflichtungen für die Kopräsenz *aller* Beteiligten. Dabei geht es nicht nur darum, Vorsorge für einen möglichen Notfall zu treffen, sondern auch darum, daß die Mitglieder der

Kletterpartie wechselseitig die *Geordnetheit der Aufgabenlösung* am Ort demonstrieren und beurteilen können.
Der Umgang mit dem Setting, aber auch das Phänomen der *alpinistischen Sicherheit werden damit als soziale Herstellungsleistungen* identifizierbar gemacht und zum Teil auch ausdrücklich angesprochen. In einer *Ausbildung am Fels* sind die Beteiligten gezwungen, sich mehr als nur lakonisch miteinander zu verständigen. Sie dürfen sich nicht nur auf das Setting und das Klettern allein beziehen, sondern müssen auch sichtbar auf den Umstand Bezug nehmen, daß sie »Ausbilder« und »Auszubildende« sind.

## III. Pädagogisches Klettern

In unseren bisherigen Ausführungen haben wir zweierlei methodische Anforderungen an die Realisierung einer »Pädagogik am Berg« herauszuarbeiten versucht: *Zunächst* muß von den Beteiligten kooperativ vor Ort sichergestellt sein, daß die Bestimmung der *grundlegenden Strukturmerkmale pädagogischer Interaktionen* eingehalten werden; dabei sind wir auf die Verwendung bestimmter Äußerungsformate, die Aufeinanderbezogenheit der verschiedenen Teilnehmerkategorien und dazugehörigen Aktivitäten sowie auf die Vorverteilung von Rederechten in einer »pädagogischen Beziehung« gestoßen. Zudem haben wir Anhaltspunkte dafür gefunden, daß die Erkennbarkeit pädagogischer Interaktionen mit einer bestimmten Periodisierung einzelner Interaktionsphasen zusammenhängt. *Dann* versuchten wir zu rekonstruieren, welcher Praktiken und Handlungsformen sich Personen bedienen können, damit sie füreinander und für jeden kompetenten Beobachter als Bergsteiger, und zwar als *Kletterer in Gruppen*, erkennbar sind. Dazu gehören die besondere Demonstration passender Ausrüstung und das Wissen um ihren lokal angemessenen Gebrauch; zudem sollten die Beteiligten in der Lage sein, ihre Beziehungen so zu gestalten, daß an Ort und Stelle deutlich wird, wer als Führer, Seilpartner und wer als Außenstehender anzusehen ist. Kompetente Kletterer erkennt man auch daran, daß ihre Gespräche während des Kletterns in bestimmter Weise lakonisch sind, wobei gerade dadurch der Fels als »natürlich« und anstehende Aktivitäten als »jedem kompetenten Kletterer verständlich« hergestellt werden.

Im nächsten Kapitel wird uns die Frage beschäftigen, wie Kletterer sich auf das Pädagogische einer Situation so orientieren, daß sie zugleich ihre Vertrautheit mit dem Felsgelände demonstrieren.

## 1. »Lernen« am Fels

Ein erfolgreicher Ausbildungsteilnehmer ist einer, der erkennbar »(dazu-)lernt« bzw. sich sichtbar bemüht – um einen gern benutzten Begriff aus der (Schul-)Pädagogik zu gebrauchen –, »reflexiv« Wissen zu verarbeiten. Die besondere Anforderung an Ausbildungsteilnehmer in unserem Falle besteht darin, daß sie dabei nachvollziehbar auch auf die gegebene physikalische Umgebung, das Setting Fels, Bezug nehmen müssen. Wir werden (wiederum am Beispiel des Standplatzbaus) im folgenden fragen, inwiefern sich Aktivitäten von Bergsteigern in einer Ausbildung von jenen außerhalb einer solchen Situation (z. B. vom normalen Klettern) wie von pädagogischen Interaktionen in den Unterrichtsräumen der Ausbildungsstätte dadurch unterscheiden, daß sie in diesem besonderen Setting stattfinden.

### 1.1 Die Revidierbarkeit von Entscheidungen

Eine immer wiederkehrende Beobachtung in Aus- und Fortbildungen ist es, daß die Bewältigung von Arbeitsaufgaben in der pädagogischen Situation nur lose an die »Erfahrung« gebunden ist, welche die Teilnehmer für solche Aufgaben mitbringen, ja oft didaktisch zu dieser in Kontrast gestellt wird. Unabhängig vom Inhalt einer Ausbildung wie auch unabhängig vom Grad der einschlägigen Vorbildung der Beteiligten gilt, daß sie sich an Programmpunkte und Arrangements der einzelnen Veranstaltung zu halten haben. Besonders auffällig war dies für uns im alpintechnischen Teil einer JL-Fortbildung. Die Ausbildungsteilnehmer, die ja durchaus als »erfahrene Kletterer« (zum Teil sogar als Extremkletterer) gelten konnten, das heißt anerkanntermaßen Übung in der Anlage eines Sicherungsplatzes besaßen, benötigten in der Ausbildung ungleich *mehr Zeit* für dieselbe Aufgabe, als üblicherweise in einem vergleichbaren Terrain bei einer Tour aufgewendet werden müßte. Mehr als zehn Minuten vergingen für die Einrichtung eines Standplatzes, wofür normalerweise – nach unserer (vorsichtigen) Schätzung – weniger als die Hälfte der Zeit ausgereicht hätte.

Deutlich wird, daß hier nicht allein ein *Fixpunkt*, sondern ein *Fixpunkt in einer Ausbildung* eingerichtet wird.

S6 und S7 stellen beide fest, daß sie keinen Ankerpunkt im Gestein entdecken können. Dies führt nicht zum Abbruch der Bemühungen. Sie beginnen *beide* zu suchen. Als S8 bzw. S9 hinzukommen und doch einen Fixpunkt finden, stellt S6 dieses Ergebnis in Frage. Sein Einwand wird von S5, S8 und S9 abgewiesen. Es scheint, daß der Fixpunkt damit »endgültig« ausgewählt ist. Die Fortsetzung dieses Gesprächs zeigt das Gegenteil:

*Fragment 8*

1 S9: Schau her. Des *geht*;
2 (-4-)
3 S6: (                                   ) zum Teil da nicht. ne,
4 S5: % chh % da kannst was schnitzen
(                ) (
5 S9: doch wieso net,
(
6 S8: a*ha*hahaha 'hh 'hh h-hh jetza
7 hebt der Stoa da sô guat chcha haha
8 (S5): haha
→ 9 S8: Ja. *Scheiße* is des a (          )
→ 10 ( ): Vielleicht muaßt höher naufgeh

Was als Lachen über den Einwand von S6 und als Ablehnung seines Vorschlags durch S5 und S8 interpretiert werden könnte, erweist sich im Licht nachfolgender Äußerungen (9-10) als Lachen über das bis dahin erreichte Ergebnis. Der Fixpunkt gilt als nicht ausreichend. Die Beteiligten *suchen weiter*. Erst später einigen sie sich doch noch auf diesen Ankerpunkt und können auf diese Weise ihren Standplatz bauen, bevor der Ausbilder das Kleingruppenergebnis prüft.

Als Teilnehmer an einer *Ausbildung* behandeln die Anwesenden ihre *Entscheidungen als revidierbar*. Es reicht dabei aus, daß *einer* der Anwesenden einen Zweifel am Ergebnis geäußert hat. Eine besondere Begründung dafür ist nicht notwendig. Erst wenn niemand Einspruch erhebt, wird der nächste Arbeitsschritt unternommen oder die Aufgabe für (vorläufig) gelöst erklärt.

Doch auch dann konnten wir des öfteren beobachten, wie ein »Standplatzbauer« an den Keilen rüttelte oder kurz an der Schlingenverbindung der beiden Fixpunkte zog, um deren Festigkeit bzw. Verkeilung im Gestein zu prüfen. In einer »Ausbildung« kann auch der Seilpartner eine solche Kontrolle vornehmen, ohne daß dies als »Mißtrauensvotum« gegen den Führer aufgefaßt werden müßte. Er zeigt dann im Gegenteil an, daß auch er um eine gute Lösung der Aufgabe bemüht ist.

Die Teilnehmer einer Ausbildung signalisieren unabhängig von ihrem (zum Teil außerordentlichen) Können außerhalb der Veranstaltung ihre »Lernbereitschaft« ebenso wie ihr »unvollkommenes Wissen«. Dies tun sie etwa dadurch, daß sie »Lösungen« bergsteigerischer Aufgaben als die ihrigen markieren und für den Ausbilder als »Angebote« (sozusagen als »Lösungskandidaten«) kenntlich machen. Als »Lernende« (im Gegensatz zu »Kletterern«) halten sie ihre Entscheidungen in der Schwebe und stellen sich erkennbar auf Korrekturen ein. Dies gilt unabhängig davon, ob sich eine Entscheidung später als »falsch« oder »richtig« herausstellt oder ob ein Teilnehmer beabsichtigt, sich »vor der Verantwortung zu drücken«. Er muß in jedem Falle irgendeine Entscheidung fällen, doch geht es einem Ausbilder dabei nicht um den Inhalt des Ergebnisses (also »richtiges Klettern«), sondern darum, daß ein bestimmtes Handeln *als kritisierbare Wahlentscheidung* für die Anwesenden sichtbar wird.

### 1.2 Die Verpflichtbarkeit auf den Ausbildungsort

Einer der Gründe, warum Teilnehmer in der untersuchten Fortbildung lange Zeit brauchten, um einen Fixpunkt für einen Standplatz im Gestein ausfindig zu machen, bestand darin, daß sie bei ihrer Suche *keinen Ortswechsel* vornahmen, sondern an einem einzigen Fleck (ca. 0,5-1 m nach beiden Seiten) verharrten. Dort wurde so lange gesucht, bis ein Fixpunkt gefunden war. Wir konnten keine Kleingruppe beobachten, die den Platz verließ, der ihr vom Ausbilder angewiesen worden war bzw. den die Mitglieder selbst ausgewählt hatten. Es schien so, als seien die Beteiligten »Gefangene« jenes Platzes geworden, an dem sie begonnen hatten, die Aufgabe auszuführen.

Dabei wäre es durchaus denkbar – und dies geschieht üblicherweise während Klettereien auch –, daß eine Seilschaft einen Ortswechsel vornimmt, wenn eine Route nicht (durch den Kletterführer, einen Standhaken oder Platzmangel) »definiert« ist oder für die Beteiligten an Ort und Stelle ungangbar erscheint. Darüber hinaus bestünde die Möglichkeit, an jenem Ort zu warten, an dem eine vorherige Seilschaft einen Standplatz bereits eingerichtet hat.

Als »Lernende« sind die Teilnehmer zudem darauf bedacht, ihre Aktivitäten so zu koordinieren, daß sie eine Aufgabe des Ausbilders gleichzeitig lösen. Jede Gruppe arbeitet für sich und im Gelände nebeneinander. Erst wenn eine Gruppe ihre Aufgabe »gelöst« hat (ein eingerichteter Standplatz), ist es möglich, daß sie anderen Gruppen »helfen«. Im Verzicht auf einen Ortswechsel oder eine andere Reihenfolge der Aktivitäten als alle anderen (z. B. Warten-Standplatzbau statt Standplatzbau-Warten) geben die Teilnehmer zu erkennen, daß sie die *Raumaufteilung und Zeitvorgaben des Ausbilders respektieren*. Auf diese Weise können sich allerdings auch Irritationen ergeben, wenn etwa kein Fixpunkt gefunden wird, obwohl einer am besonderen Ort vermutet wird.

Diese Orientierung auf die besondere Ökologie des Ausbildungsortes muß keineswegs verbal explizit sein. Sie ist jedoch auch außerhalb von Kleingruppenarbeit sichtbar, wenn sich Auszubildende trotz ausreichenden Platzes bzw. ausreichender Akustik eng um einen Ausbilder gruppieren und durch ihre Körperhaltung deutlich machen, daß sie ihm »zuhören«. Mit anderen Worten, Personen zeigen durch das, was sie *tun*, was sie denken bzw. ob sie »lernen« (vgl. Williamson 1982 und Coulter 1985). Die »Aufmerksamkeit« von Kursteilnehmern ist für alle beobachtbar, wenn mehrere Personen einen Fleck fokussieren, sich um einen Anwesenden scharen, ihre Hände verschranken und so zeigen, daß sie nichts anderes tun, als diesem zuzuhören.

Als »Lernende« sind Personen dazu verpflichtet, das Setting der Ausbildung und seine Requisiten zum Teil nicht so zu benützen, wie dies konventionellerweise erwartbar und machbar wäre. Auszubildende müssen vielmehr darüber hinaus aktiv nach besonderen *Benutzungsanweisungen des Settings* fahnden, die für eine pädagogische Situation relevant sein könnten. Erst durch das Auffinden solcher Benutzungsanweisungen bzw. ihrer Zurschaustellung im Handeln werden Aktivitäten (z. B. die Einrichtung eines Standplatzes) als »Ausbildung« von »Freizeit« unterscheidbar und das Setting als *pädagogisches* erkennbar gemacht. Die Beteiligten stellen durch die besondere Nutzung des Settings den Tatbestand der »Pädagogik am Berg« aktiv her, und zwar so, daß sie die *Differenz zur »normalen Nutzung«* dieses Geländes einander sichtbar und erfahrbar machen.

*Fragment 9*

120 A1: Verteil mer uns da von do drüb bis da herüb,
121 (1.0)
122 T4: *hh* ((Räuspern)) Mit oder ohne Haken schlougen,

123 A1: *Ohne* Haken schlagen
→124 T6: Ja (da wähl i en) Baum hahahahahaha
→125 T: haha
→126 T7: Ohne Botaniksicherung.

*Fragment 10*
1 S5: Oder du machst as an Baum.
2 (1.0)
→3 S8: Ja. Der gilt net. ahhaha

In beiden Gesprächsausschnitten schließen die Teilnehmer (T) die Verwendung eines Baumes, der sich unmittelbar an der Felswand befindet, als Sicherungspunkt aus. Festverwurzelte Bäume werden ansonsten gerne für den Standplatzbau genommen, sofern sie sich in günstiger Position im Gelände befinden. Ohne daß ein Ausbilder explizit ein solches Verbot gegeben hätte – wie etwa im Falle der Hakenverwendung (Fragment 9, 123) –, erkennen bzw. demonstrieren die Kursteilnehmer, daß dies *in dieser Situation* ein »illegitimer« Gebrauch des Settings wäre.

Für einen »Lernenden« in einer Unterrichtssituation geht es offenbar nicht darum, allgemeingültige und eindeutige Entscheidungen zu fällen. Vielmehr müssen die Auszubildenden dafür sorgen, daß das, was sie sagen und tun, an Ort und Stelle als »vernünftig«, »überlegt« und »regelgerecht« behandelt werden kann.

## 1.3 Die Sicherung – der settingsspezifische Umgang mit Regeln

Als Ausbildungsteilnehmer sind die Kletterer der untersuchten JL-Fortbildung damit beschäftigt, einen Standplatz *regelgerecht* einzurichten.

Eine Durchsicht einschlägiger Lehrbücher des Felskletterns (Sturm/Zintl 1979; Fuchs 1981; Schubert 1982) zeigt, daß dem *Ablauf* der Standplatzeinrichtung *wenig Aufmerksamkeit* geschenkt wird. Der Standplatz wird nur als klettertechnisches, nicht auch als besonderes soziales Herstellungsproblem oder gar als ein pädagogisch relevantes Phänomen betrachtet. Die Autoren behandeln als selbstverständlich, daß ein Kletterer bei der Anlage eines Standplatzes

- erst beginnt, wenn er einen Fleck vor der Felswand ausgesucht hat, von dem aus er hochklettern will;
- seine Aufmerksamkeit ausschließlich auf das Gestein richtet und andere Möglichkeiten ausblendet, zu einem Fixpunkt zu gelangen;
- das Gestein als »unveränderbar« und »gegeben« behandelt, das heißt Risse, Ösen und Wülste im Fels »entdeckt«, statt sie auszuwählen.

Demgemäß lenken die Lehrbücher (wie auch die Ausbilder – vgl. Kap. III.2) die *Aufmerksamkeit* der Leser bzw. Auszubildenden auf das *Ergebnis*, das »*Kräftedreieck*«. Übereinstimmend nennen die Autoren fünf (Mindest-)Anforderungen an ein »richtiges Kräftedreieck«, die alle rein technisch-physikalischer Natur sind.

Die Frage, in welcher Reihenfolge diese Anforderungen verwirklicht werden sollen, wird in den Lehrbüchern nicht behandelt. Die *Übersetzbarkeit der Regeln in praktisches Handeln* bleibt dabei offen bzw. wird offenbar als selbstverständlich machbar behandelt.[11]

Unsere bisherige Diskussion des Vorgehens bei der Suche und Auswahl von Fixpunkten hat gezeigt, daß sich in der konkreten *Ausbildungs*situation die Kletterer systematisch Beschränkungen auferlegen hinsichtlich der Nutzung des besonderen Settings für ihre Zwecke. Sie wechseln nicht einfach den Fleck, an dem sie nach Fixpunkten suchen, sondern verpflichten sich auf den spezifischen Ort. Ein Baum wird nicht als Sicherungsplatz genommen, auch wenn er so fest wie ein einzementierter Bohrhaken wäre.[12] Dies bedeutet, daß die Teilnehmer damit beschäftigt sind, einander (und natürlich dem Ausbilder) zu zeigen, daß sie *die Regel kennen* und daß die gefundene Lösung als »*Kräftedreieck*« (und nicht als Baumsicherung) darstellbar und beurteilbar wird.
Kletterer stellen in der Praxis ihre Kräftedreiecke nicht nach den Lehrbuchregeln her. Auffallend an den von uns beobachteten Gelegenheiten des Standplatzbaus war es, daß *während* der Auswahl eines Fixpunktes entsprechende Lehrbuchanweisungen von keinem der Beteiligten angesprochen werden. Sie werden augenscheinlich nicht benötigt. Erst *nach* der Auswahl und Einrichtung eines Ankerpunkts ist dies gelegentlich zum Thema gemacht worden. Auch Bergsteigerregeln dienen offenbar eher der *Re*konstruktion von Ereignissen als der Anleitung konkreter Handlungsvollzüge (dazu allgemein Zimmerman/Pollner 1971).

Dies ist im folgenden Ausschnitt der Fall. S5 hat zunächst einen Keil in einen Riß gelegt und stellt erst hinterher fest, daß sich von einem solchen Fixpunkt aus kein geeignetes Kräftedreieck bauen läßt.

*Fragment 11*
1 S5: Des werd net gscheit
2 S5: (-2-)
3 S8: *Na.* Fallt der nach unten? Hat der en Zug nach unten?
4 S5: = Na: eben (        )
(

5 S8: *net* ziehen
6 (-1-)
7 S5: eben net.
8 S8: weil wenn er n Zug nach unten hat, na wars net schlecht
9 (..)

S5 zeigt an, daß er den gewählten Fixpunkt als nicht angemessen betrachtet. Dies führt er nicht weiter aus. S8 – sein Seilpartner – lehnt dies ab (»*Na.*« – 3), doch beginnt er erst jetzt nach Gründen für die vorangegangene Äußerung von S5 zu suchen. Durch Ziehen am Keil macht S5 deutlich, daß S8 den Grund seiner Selbstkritik (1) gefunden hat. S8 ist allerdings überzeugt, daß der Keil trotzdem festsitzt, weswegen er S5 – den Führer – auffordert, den Keil so zu belassen, wie er ist (5). Erst als ihm dieser widerspricht (6-7), beruft sich S8 auf eine Regel des Standplatzbaus, ohne diese allerdings vollständig auszubuchstabieren (8): Ein Sicherungskeil muß im Gestein in der Richtung verklemmt werden, in der eine Belastung im Falle eines Seilsturzes zu erwarten ist.

Es muß nicht nur die passende Regel für das jeweilige Handlungsergebnis gefunden werden; zugleich müssen andere mögliche Erklärungen und Regeln ausgeblendet werden. Die Auswahl einer Regel ist keine einsame Führerentscheidung, sondern bedarf der *Zustimmung der Seilpartner*, damit das Ergebnis als geordnet, verbindlich und sachlich notwendig behandelt werden kann. Durch die wechselseitige Ratifizierung wird die »Regel« erst als geltende konstituiert und zugleich als Beurteilungskriterium der Richtigkeit bisherigen Handelns bestätigt.

In einer *Ausbildung* werden die Aufgabenlösungen wie ihre einzelnen Schritte für die Teilnehmer *begründungspflichtig*. In einer solchen Situation genügt es dann nicht, daß auf die Frage an einen Standplatzbauer, ob ein Fixpunkt »hält«, eine Antwort erfolgt »Ich mein scho«. Es müssen gute Gründe – und dazu zählen eventuell Lehrbuchregeln – angegeben werden können, warum ein Fixpunkt gerade so und nicht anders eingerichtet wurde. Allerdings führt dies nicht dazu, daß einschlägige Regeln »vollständig« wie eine Checkliste zur Ergebnisprüfung herangezogen werden. Es genügt auch für pädagogische Situationen im allgemeinen durchaus, wenn eine »gute Gestalt« (das »Kräftedreieck«) demonstriert und dokumentiert werden kann bzw. daß dafür *irgendeine* der einschlägigen Regeln in Frage kommt.

In diesem Zusammenhang wird ein weiterer Aspekt der schon erwähnten Revidierbarkeit von Entscheidungen relevant. Es zeigt sich nämlich, daß für die Produktion einer guten Gestalt immer auch andere Regeln angeführt bzw. diesbezüglich als »veraltet« oder »technisch überholt« gekennzeichnet werden können.

Gerade der Standplatzbau bzw. die besonderen Anseiltechniken bei der Sicherung des Kletterpartners sind gute Beispiele dafür, wie sich Regeln für »richtigen« und »falschen« Umgang mit der Zeit, dem Setting und der Situation ändern können. Während in früheren Jahrzehnten Änderungen recht langsam und meist als Folge (spektakulärer) Unfälle erfolgten, wird mittlerweile die *Entdeckung von Sicherheitsregeln routinisiert.* Im DAV beispielsweise werden von einer eigenen Abteilung, dem »Sicherheitskreis«, systematisch Sturzversuche unternommen und dabei das verwendete Material geprüft. Ein hauptamtliches Team von Bergführer-Ausbildern ist unter anderem mit dem Austüfteln neuer (bzw. der Systematisierung bereits bekannter) Sicherungstechniken beschäftigt. Die Folge ist die Übertragung von DIN-Normen auf die Produktion von Bergsteigerausrüstung (und damit ihre mögliche Durchsetzung im Rahmen der EG mit der Übernahme durch andere Bergsteigerverbände). Daraus folgt aber auch, daß sich Ausbildungsrichtlinien rasch ändern und z. B. in einer Fortbildung Regelungen für »veraltet« oder »risikoreich« erklärt werden können, mit welchen die Teilnehmer bis dahin »sicher« und »relativ risikolos« im Gebirge ausgekommen sind oder aber mit denen sie außerhalb der Ausbildung weiterhin gut auskommen.

Der Durchsetzung neuer Regeln sind allerdings vor Ort durch das spezifische Setting Fels und die normative Verpflichtung auf unmittelbare Erreichbarkeit Grenzen gesetzt. Ein Ausbilder, der nicht eindeutig an Ort und Stelle zeigen kann, daß andere als die bisher bekannten Regeln zum Standplatzbau »richtiger« sind, kann einen Verzicht auf den gewohnten Umgang mit dem Setting nicht erreichen.

## 2. »Lehren« am Fels

Nicht allein an das Lernen und seinen praktischen Vollzug werden im Fels andere Anforderungen gestellt; die Methodizität des Lehrens verändert sich ebenfalls. Die Schwierigkeit eines Ausbilders *außerhalb von Unterrichtsräumen* besteht darin, daß er nicht nur von der Interaktionsstruktur her, sondern auch im Hinblick auf das Setting die Situation als pädagogische kenntlich machen muß. Während didaktische Diskussionen um das richtige Vorgehen in der Ausbildung stets vom »Lerninhalt«, den »Methoden« und der Gestaltung einer *Situation* als Unterricht ausgehen, wird das *Setting*, in dem dies geschieht, als selbstverständliche »Randbedingung« für pädagogische Intentionen betrachtet bzw. unerwähnt gelassen.

### 2.1 Die settingspezifische Nutzbarkeit von Rollenspielen

Anerkannte pädagogische Methoden können in bestimmten Settings fehl am Platz sein. Unabhängig von irgendwelchen Lerninhalten oder verfügbaren Lehrmaterialien darf ein Kursleiter nicht unberücksichtigt lassen, was üblicherweise von kompetenten Benutzern dieser Orte (hier: Kletterer) erwartbar und normativ einklagbar ist.

Diese *Ortsabhängigkeit des Methodengebrauchs* wird gerade in einem besonders modernen Feld »praxisnaher pädagogischer Methoden«, der Gruppendynamik, übersehen. Entsprechende Vorgehensweisen gelten als überall einsetzbar. Ihr Einsatz wird auch außerhalb der angestammten Orte (z. B. Seminarräume und anderer pädagogisch arrangierter Räume) propagiert. Kursteilnehmer sollen in Fortbildungen »Erfahrung mit der Wirklichkeit« sammeln und lernen, solche Methoden in ihrem Alltag bzw. den Routinegeschäften »praktisch anzuwenden« und ihre »Probleme in und mit der Gruppe« zu lösen.[13]

Während sich Ausbilder im DAV und in anderen Freizeitorganisationen programmatisch darum bemühen, derartige wissenschaftlich abgesicherte Erkenntnisse, Vorgehensweisen und einschlägige Hinweise auf Ausbildungserfolge in ihre »Praxis« umzusetzen, »wissen« sic doch wie jeder Bergsteiger, daß Kennenlern-, Aufwärm- und Rollenspiele im Eisbruch oder am Fels »irgendwie« fehl am Platze sind und besser in Unterrichtsräumen stattfinden sollten.

An mißglückten Versuchen, außerhalb von Unterrichtsräumen derartige Methoden *pädagogisch* einzusetzen, läßt sich zeigen, inwiefern im besonderen Setting *Gruppendynamik fehlplaziert* sein kann. In solchen Fällen kommen Gruppenprozesse in Gang, ohne daß genau angegeben werden könnte, ob es sich noch um »Ausbildung« oder schon um ein »Freizeitvergnügen« handelt. Ein Rollenspiel um »Konflikte in der Gruppe« geht daneben, weil am besonderen Ort eben doch nicht alle gleich behandelbar sind und die Teilnehmer am Berg ihre Aktivitäten nicht so koordinieren, wie es ein »demokratischer Führungsstil« erfordern würde.

Das *Verschwimmen der Grenzen* zwischen Wissensvermittlung, Gruppendynamik und Spaß ist in solchen Fällen nicht nur ein Problem der Bestimmung des pädagogischen Ertrags durch den Ausbilder allein. Vielmehr lassen sich diese Irritationen hinsichtlich des unpädagogischen Gebrauchs der Pädagogik angesichts gegebener praktischer Umstände bei *allen* Beteiligten in der Situation selbst beobachten: Kursteilnehmer beginnen dann Programmpunkte einzuklagen, Ausbilder pochen auf die Ernsthaftigkeit der Situation, fordern Unwillige zum Mitmachen auf oder bremsen Übereifrige.
Angesichts dessen haben wir das folgende Fallbeispiel einer JL-Fortbildung des DAV nicht deshalb ausgewählt, weil es besonders repräsentativ wäre für die Jugendarbeit dieses Verbandes, sondern weil es exemplarisch zeigt, wie eine Situation umkippen kann und was geschieht, wenn eine Methode rein nach dem Lehrbuch angewendet wird.

In einer Kurseinheit »Konflikte in der Gruppe« sollten sich die Teilnehmer einer JL-Fortbildung Gedanken machen über ihre Rolle als Leiter, unterschiedliche Interessen von Jugendgruppenmitgliedern und einen typischen »Konflikt« unter Sportkletterern. Gute Kletterer steigen in der Regel als Seilerste voraus, während weniger Geübte die Rolle von »Sicherungsknechten« (wie es im Jargon heißt) übernehmen. Das heißt, Seilzweite erhalten vom Kletterbesten wenig Chancen, vorzusteigen und dabei selbständiges Klettern zu üben. Neulinge erhalten oft erst gar nicht die Gelegenheit, zum »Sicherungsknecht« aufzusteigen. Innerhalb des Verbandes verstößt ein solches Verhalten gegen das erklärte verbandliche Anliegen der Integration neuer Mitglieder in die Aktivitäten bestehender Gruppen (»keine Cliquenwirtschaft«) und gegen das Ziel, Lernbedingungen für eigenverantwortliches Klettern (»Vorsteigen«) zu schaffen.
Eine der Kleingruppen bereitete dazu auf Anregung des pädagogischen Ausbilders ein Rollenspiel vor. Das Stück sollte über den Ausschluß eines Kletterneulings aus einer vierköpfigen Sportkletterclique gehen. Drei Rollen wurden festgelegt (der »Anfänger«, der »Kletterbeste« und der »Jugendleiter«). Während der »Anfänger« versuchen sollte, an der jeweiligen Gruppenunternehmung wie alle anderen teilzunehmen, der »Kletterbeste« diese Versuche zu vereiteln hatte, sollte der »Jugendleiter« eine vermittelnde Position zwischen beiden einnehmen. Die übrigen Kursteilnehmer erhielten vom Ausbilder die Anweisung, das Verhalten der Rollenspieler zu beobachten, um in einer anschließenden Gruppendiskussion darüber Auskunft zu geben, was ihnen aufgefallen sei, worum es den Akteuren gegangen sei, welchen »Konflikt« sie gesehen hätten und welche »Lösungen« es dazu gebe.

Alle Kursteilnehmer versammelten sich um die Spielgruppe und konnten so die Szene »Anseilen am Einstieg« aus unmittelbarer Nähe miterleben. Kurz nachdem einer der Akteure angekündigt hatte, man werde sich nun anseilen, hatte der »Kletterbeste« schon seinen Klettergurt angelegt und das Ausrüstungsmaterial umgehängt. Er begann nun in die Runde zu fragen, wer mit wem sich zu einer Seilschaft zusammenschließe und wer ihn sichern könne. Man einigte sich darauf, daß der »Jugendleiter« noch einen und der »Kletterbeste« die zwei anderen einschließlich des »Anfängers« ans Seil nehmen sollte. Daraufhin teilte der »Kletterbeste« zur Sicherung einen aus der »Clique« und als Seilletzten den »Anfänger« ein. Dieser erhob dagegen Einwände: Er wolle gern vorsteigen und traue sich dies auch hier zu. Der »Kletterbeste« lehnte kategorisch ab, worauf der »Jugendleiter« eingriff und darauf hinwies, jeder solle einmal Gelegenheit zum Vorsteigen erhalten. Der »Kletterbeste« schwächte seine Position etwas ab: Der »Anfänger« könne schon einmal das Vorsteigen versuchen, müßte sich aber dazu auf ein andermal gedulden. Der so Eingeteilte protestierte und forderte nun, daß man ihm Gelegenheit zum Vorsteigen gebe, was wiederum abgelehnt wurde. Diese Szene dauerte etwa 10 Minuten und wurde von den Akteuren abgebrochen, nachdem sich die Forderungen des »Anfängers«, die Ablehnungen des »Kletterbesten« und die Vermittlungsversuche des »Jugendleiters« mehrmals wiederholt hatten.
In der anschließenden Diskussionsrunde, die am selben Ort stattfand, lud der Ausbilder die Umsitzenden dazu ein, sich reihum zum Rollenspiel zu äußern. Alle hatten verstanden, daß es um den Ausschluß eines Anfängers aus einer Gruppe guter Kletterer gegangen war. Viele erinnerten sich, daß es ähnliche Vorfälle in ihren Gruppen schon einmal gegeben habe, doch konnte sich keiner entsinnen, daß dies oder auch das Rollenspiel ein »Konflikt« in der Jugendgruppe oder für einen JL sein sollte. Einige meinten, eine solche Situation könne für einen einzelnen schon manchmal einen Konflikt darstellen; in einem solchen Fall sollte ein JL versuchen, »darüber zu reden«. Andere bezweifelten, ob man dies überhaupt als »Konflikt« bezeichnen könne oder ob nicht die Diskussion über andere Dinge viel ergiebiger wäre. Einer weigerte sich, überhaupt zu einem solchen Thema etwas zu sagen. Er schwieg trotz mehrmaliger Anfragen. Rund eine Stunde dauerte die Gruppendiskussion, und sie zog sich nach unseren Beobachtungen überaus zäh dahin: Je weiter die Runde vorrückte, desto mehr bestätigte der Angesprochene seinen Vorredner. Lange Pausen entstanden zwischen den einzelnen Redebeiträgen, und immer größer schienen die Zweifel zu werden, was denn unter »Konflikt in der Gruppe« zu verstehen sei und ob man eine solche Situation, wie sie eben gespielt worden war, tatsächlich »anders« gestalten sollte. Gegen zwölf Uhr wiesen einige Teilnehmer den Pädagogen auf die Uhrzeit, die Möglichkeit einer Mittagspause bzw. die anstehende alpine Kurseinheit hin, die für den Nachmittag anberaumt war.

Die Kurseinheit hatte keinen »guten Schluß« gefunden. Obwohl der Ausbilder erreichen konnte, daß sich die Kursteilnehmer spontan auf ein Rollenspiel eingelassen und dieses mit Begeisterung geplant und gespielt hatten, wobei auch das Publikum interessiert zusah, war das Lernziel (Einsicht in Gruppenkonflikte und Erarbeitung von Lösungsmöglichkeiten) *irgendwie* nicht erreicht worden. Die Diskussion war nicht richtig in Gang gekommen, die dargestellte Situation war nicht eindeutig von den Teilnehmern als »Konflikt« identifiziert worden, obwohl alle Beteiligten das gewählte Beispiel als »exemplarisch« für Beziehungen in Klettergruppen anerkannten. Die Wirklichkeitsnähe der Bühne und des Stücks hatte ein Paradox erzeugt: Je mehr das Rollenspiel Praxisnähe simulierte, desto mehr erschien das Lernziel (Integration von Anfängern in die Gruppe bzw. Lehren des Vorauskletterns) als wirklichkeitsfremd. Die Spielanweisung »einen Konflikt darstellen« beinhaltete zugleich eine ganz besondere Form der Verfremdung: Die Akteure sollten sich so verhalten, wie sie dies bei normalen Klettereien in der Gruppe tun; sie sollten dies jedoch als »ungleiche Behandlung« verstehen und als »Konflikt« inszenieren. Die »Konfliktlösung« sollte dann darin bestehen, daß sich die Spieler nicht mehr so wie üblich, sondern als Gleiche am Berg behandeln. Im Felsgelände stellte sich jedoch der gegenteilige Fall ein.

Vergleicht man das Verhalten der Rollenspieler mit jenem, das üblicherweise beim Anseilen gezeigt wird, dann läßt sich verstehen, warum »Verfremdungseffekte« hier nicht den gewünschten Lerneffekt hervorrufen: Rollenspiele, wie gruppendynamische Methoden generell, sind auf die Entfernung von »Störvariablen« angelegt und damit auf signalisierte Differenz zur Ernstsituation. Rollenspiele stellen geradezu pädagogische Mittel dar, um das Setting zu eliminieren bzw. durch den Bühnenbau und die Requisitenwahl dieses der intendierten Spielsituation anzupassen. Erst dadurch erhalten sie ihre Plausibilität und Relevanz. Teilnehmer müssen ihre »Beziehungen« und ihre »Persönlicheit«, nicht das Setting zum Thema machen. Ein Unterrichtsraum und seine Ausstattung kann vielleicht zur Überbrückung von Schweigen bzw. in der Anwärmphase von den Anwesenden thematisiert werden, nicht jedoch dann, wenn explizit »Selbsterfahrung« (»Sozialtraining« etc.) auf dem Programm steht.

Umgekehrt bleiben beim normalen Klettern typischerweise solche Themen ausgeklammert, in denen es um Beweggründe für ein Handeln (»Warum kletterst du?«), Persönlichkeitsfragen (»Was macht das mit dir, wenn du vor so einer Felswand stehst?«) oder Beziehungsprobleme (»Warum bist du jetzt so aggressiv zu mir«) geht. Kletterer beziehen sich durchaus auf »Persönlichkeit« und »Beziehung« (»soziales Bergsteigen«), sie tun dies aber, indem sie sich erkennbar auf das *Setting* hin orientieren. Die Situation wird hier sozusagen dem Felsgelände angepaßt, nicht umgekehrt, was übrigens auch eine gewisse Wortkargheit bzw. einen Wechsel von verbalen zu nonverbalen Verständigungsmodi nahelegt (vgl. Kap. II. 3).
Ein Kletterbester, der sich weigert, einen Anfänger vorsteigen zu lassen, macht deutlich, daß er das Setting ernst nimmt und einen möglichen Unfall verhindern will. Das Gegenteil zeigt ein Anfänger an, wenn er auf dem Vorsteigen gegen den Rat des Kletterbesten beharrt. Am Fels hat sich der weniger Erfahrene am Geübteren zu orientieren. Ein Jugendleiter, der sich in einer solchen Situation zum Fürsprecher des Anfängers macht, schafft einen Konflikt, statt ihn zu lösen. Seine Intervention markiert ihn selbst als jemand, der nicht richtig weiß, welche Rangordnung die Tour erfordert. Er weckt zugleich Irritationen im Hinblick auf solche Bergsteigermaximen, die sich auf die »Sicherheitsauflagen« (Standplatzbereitung, Ausrüstung, Klettereinteilung etc.) beziehen und die jeder Bergsteiger in einem solchen Gelände zu beachten hat, will er nicht als fährlässig oder unerfahren erscheinen. Ein Rollenspiel trotzdem im Felsgelände durchführen zu lassen hieße dann, sich der paradoxen Intervention zu bedienen: die Beteiligten erhalten nämlich die Aufgabe, sich genau gegenteilig zu dem zu verhalten, wie sie es bisher gewohnt waren. Um dem zu entsprechen, hätten sie sich dann beispielsweise ausschließlich am »Erlebnis« oder am »Spaß« statt an der »Unfallfreiheit« zu orientieren. Dadurch droht ein solches Vorgehen aber die realistische Grundintention jeder pädagogischen Bemühung – eben auch der verfremdeten – zu gefährden.

Die Normativität des Ortes hatte nicht nur der pädagogische Ausbilder mit seinem Rollenspiel zu »Konflikten in der Gruppe«, sondern auch der Ausbilder aus unserer ersten Geschichte übersehen, als er am Einstieg zu einer Klettertour eine Gruppendiskussion zu einem Ausbildungsthema veranstalten wollte. Er hatte nicht nur übersehen, daß am Einstieg von kompetenten Bergsteigern nicht »Beziehungen« diskutiert werden, sondern sich auch nicht den Anforderungen des Settings gemäß verhalten (»Wie lange dauert das Holen der Seile«, »Ist die Tour noch bei Tageslicht zu schaffen« etc.). Er hatte sich vielleicht als Pädagoge, aber nicht als pädagogischer Alpinist ausgewiesen und war so zum »Fachidioten« geworden. Eine »Verwendungssituation« war nicht zustande gekommen. Unabhängig davon, ob er das Fehlen der Seile beim Abmarsch von der Hütte bemerkt hatte oder nicht, kann es einem Ausbilder angelastet werden, daß er es versäumt, die Ausrüstung der Auszubildenden zu kontrollieren. Selbst wenn selbstverantwortliches Rucksackpacken oder Ausrüstungskontrolle das Lernziel einer Ausbildung sein sollte, bleibt der Ausbilder für den reibungslosen Ablauf eines Kurses verantwortlich.

Offenbar sind (pädagogische) Rollenspiele nur unter *drei Bedingungen im Felsgelände* realisierbar: wenn »Beziehungen« inszeniert werden, die nichts mit Aktivitäten zu tun haben, die in einem solchen Gelände üblicherweise erwartbar sind; wenn explizite Anweisung gegeben wird, in der Inszenierung die settingspezifischen Maximen (z. B. Vorkehrungen für die Sicherheit der Anwesenden) zu mißachten, oder wenn Aktivitäten, die am besonderen Ort üblicherweise beobachtbar sind, von Leuten gespielt werden, die sich kaum im Gebirge auskennen (wie es etwa bei Teilnehmern der »Kurzschulen« und der dort propagierten »Erlebnispädagogik« der Fall ist – vgl. Händel 1986).
Wie ein Ausbilder *in* einer Unterrichtssituation sein Vorgehen als »Pädagogik« identifizierbar macht *und* zugleich das vermittelte Wissen als Teil des gemeinsamen Wissensvorrats der Bergsteigergemeinde markiert bzw. bei den Kursteilnehmern durchsetzt, stellen wir abschließend an drei zumindest für unser Material typischen Verfahren dar, mit denen ein Kursleiter eine formale Unterrichtssituation an das Felsgelände anpaßt: Das besondere Setting wird *pädagogisch arrangiert* und durch die jeweiligen Verfahrensanweisungen *als kletterbar formuliert*; schließlich wird das Klettern selbst als *moralische Aktivität* gekennzeichnet.

### 2.2 Das pädagogische Arrangement des Geländes

Noch bevor ein Kurs im Fels beginnt, treffen die jeweiligen Leiter Vorkehrungen gegen mißliebige Überraschungen bei der Wissensvermittlung, gegen mögliche Gefährdungen der Ausbildungsteilnehmer und damit gegen eine Thematisierung des Sicherheitsaspekts, die nicht im Lehrplan vorgesehen ist.

Für Kletterkurse gibt es auf diese Weise einige Faustregeln für die Auswahl eines Übungsortes: Das Gelände muß Gelegenheit für schwierige, aber gefahrlose Klettereien kurz über dem Erdboden (»Bouldern«) bieten. Die wohl wichtigste Maxime ist jedoch, daß ein Ausbilder *alle* Teilnehmer *im Blick* haben und für sie sichtbar präsent sein muß.

Die Auswahl des besonderen Ausbildungsortes muß im Fels sichtbar der Maxime genügen, wonach ein Ausbilder für die *Sicherheit der Teilnehmer* zu sorgen hat.

Rollenspiele im Felsgelände verletzen die Maxime, daß für die »Sicherheit« der Beteiligten zu sorgen ist. Solange Rollenspiele in Unterrichtsräumen stattfinden, behandeln die Beteiligten die »Sicherheit« dieser Orte als selbstverständlich.

Die Teilnehmer müssen zwar sehen, daß es sich nicht um eine Gartenmauer handelt, an der sie üben, sondern um eine Felswand, sie müssen jedoch zugleich den Eindruck gewinnen, daß für ihre Sicherheit Sorge getragen ist. Gängige Indizien sind die erwähnte sichtbare Präsenz des Ausbilders, ein Gelände, das es erlaubt, um den Kursleiter herumzustehen und seine Erläuterungen zu verfolgen, sowie ein offensichtlich festes Gestein, das keinen Steinschlag erwarten läßt.
Das pädagogische Arrangement des Felsgeländes durch einen Ausbilder ist für die Auszubildenden normativ erwartbar, das heißt, es wäre für sie notizwürdig, wenn sich in einer Unterrichtssituation das Gegenteil herausstellen würde. Die Teilnehmer orientieren sich in ihren Aktivitäten erkennbar auf ein solches Arrangement. So konnten wir beobachten, wie ein Großteil der anwesenden Jugendleiter zu Beginn der Unterrichtseinheit *keinen* Helm trug. Das Wirken solcher institutioneller Erwartungen macht auch verständlich, warum die Teilnehmer bei der Suche nach einem Fixpunkt (vgl. Kap. II) nicht den einmal gewählten Platz am Fels wechseln und statt dessen weiter nach Ankerpunkten suchen.
Sie alle stellen ihr Handeln auf jene *Prämisse der Ausbildungssituation* ab, daß ein Kursleiter bestimmte Verpflichtungen für die Einrichtung des Settings übernimmt und eben deshalb eine *Aufgabe* (Einrichtung eines Standplatzes) am besonderen Ort *grundsätzlich lösbar* ist.

Eine solche Lösbarkeit kann auch an Ort und Stelle vom Ausbilder selbst demonstriert werden. Indem er eine scheinbar gar nicht oder nur umständlich zu bewältigende Kletterstelle elegant *und* regelgerecht überwindet, arrangiert er diese Stelle für die Teilnehmer. Regelgerecht handeln kann im Felsgelände auch heißen, daß am jeweiligen Ort (z. B. für die Anlage eines Kräftedreiecks) eine »Ausnahme« von einer zu explizierenden Kletterregel gemacht wird. Dadurch wird die Gültigkeit der Regeln wiederum reflexiv bestätigt. Ein Ausbilder, der nicht am Ausbildungsort von den Auszubildenden umstandslos erreichbar ist, besitzt diese Möglichkeit der kompetenten Regelverletzung nicht.

Durch die Auswahl des Felsgeländes sorgt ein Fortbilder dafür, daß die Teilnehmer seinen Ausführungen ungeteilte Aufmerksamkeit schenken können, ohne – wie unter Bergsteigern üblich – zugleich ein ständig wachsames Auge auf die Umgebung zu haben. Er trifft Vorkehrungen gegen Unterbrechungen, die als »Notfall« behandelt werden müssen und die Thematisierung ganz anderer als der vorgesehenen Lehrinhalte erfordern (vgl. Merritt 1982). Demonstrationsstandplätze oder Kletterstellen werden deshalb vor Kursbeginn eingerichtet.

Zufällig erlebten wir in der untersuchten JL-Fortbildung, wie die Einrichtung des Ausbildungsortes *während* eines Kurses unliebsame Überraschungen für Ausbilder mit sich bringen kann und wie dies die Vermittlung eines Stoffs gefährden kann (vgl. Fragment 7).
Einer der Ausbilder (A2) war mit der Einrichtung eines Toprope nicht ganz fertig geworden, so daß der andere (A1) mit der Einführung in die Programmeinheit begann, ohne den Abschluß der Vorbereitung abzuwarten. A2 kam nun – unbeabsichtigt – gerade in dem Moment in Kletterschwierigkeiten, als A1 Ausführungen zum Thema »Sicherungstechnik« machte und die Notwendigkeit betonte, auch bei (kurzen) Toprope-Touren besonderes Augenmerk auf die Einrichtung von (weiteren) Sicherungen zu legen.
In der Art und Weise, wie A1 seinem Kollegen offensichtlich *keine* Hilfe mehr anbieten konnte, nachdem er schon 15 m über dem Erdboden unangeseilt nach einem Ausweg suchte, wurde der Ernstcharakter der Ausführungen zum Lerninhalt unterstrichen und zugleich widerlegt. Mit der Verletzung der Sicherheitsmaximen durch einen *Ausbilder* wird nämlich ein Kontrast zwischen dem intendierten Lernstoff erzeugt, wonach »Sicherungstechniken« wesentlich sind, um am besonderen Ort klettern zu üben, und dem, was ein »guter Kletterer« macht, wenn er »schnell noch ein Toprope legen« will. Die bisherige Praxis wird bestätigt und die pädagogische Intention ironisiert.

Die Unterbrechung hatte – unbeabsichtigt – vor Augen geführt, daß das Gelände nicht gänzlich pädagogisch vorarrangiert war, sondern grundsätzlich als »gefährlich« behandelt werden mußte.

## 2.3 Alpinistische Pädagogen als praktische Theoretiker

Kursleiter müssen innerhalb einer Fortbildung am Berg den Teilnehmern deutlich machen, daß ihre Erklärungen nicht nur »Theorie« und daß sie selbst eben auch »Praktiker« sind. Sich als »praktischer Theoretiker« zu erweisen mag wissenschaftstheoretisch eine schwer lösbare Aufgabe sein, als praktisches Vollzugsproblem aber ist es offenbar sehr wohl methodisch zu bewältigen. Wir greifen hier nur *drei Aktivitäten* heraus, die von Bergsteigern (wie Kursleitern) immer wieder dazu verwendet werden, ihre entsprechende Kompetenz zu signalisieren: das *Klettern vor Ort*, die *Formulierung des Kletterortes* und das *Erzählen von Bergsteigergeschichten*. Allerdings bedienen sich alpinistische Pädagogen *in besonderer Weise* solcher Praktiken. Sie reproduzieren nicht nur settingübliche Aktivitäten, sondern markieren in deren jeweiligem Vollzug für ihre Adressaten zugleich immer die *Differenz ihres Tuns zum normalen Klettern.*

In entsprechenden Fortbildungen gibt es für den Ausbilder genügend Gelegenheiten, um zu zeigen, wie »gut« er klettern kann, etwa wenn er von Teilnehmern aufgefordert wird, die (behauptete) Kletterbarkeit einer Wandstelle unter Beweis zu stellen. Auch im untersuchten JL-Kurs ergaben sich vielfach solche Situationen. Dabei konnten wir beobachten, daß sogar dann, wenn diese als »Time-out«, das heißt als »Pause« oder »Nicht-Unterricht«, deklariert wurden, immer noch deutlich blieb, wer Kursleiter und wer Auszubildender war. Ein Beispiel dafür ist etwa die *unterschiedliche Körperhaltung* beim Klettern.

Die Identifizierbarkeit als alpinistischer Pädagoge kann und muß eingedenk der Wortkargheit – wie sie den zünftigen Bergsteiger kennzeichnet – weitgehend wortlos geschehen durch die Art und Weise, wie sich eine Person während des Kletterns auf die Umstehenden orientiert. Während sich zum Beispiel der Teilnehmer ausschließlich auf die Felswand konzentriert, wendet der Ausbilder im Klettern sein Gesicht den übrigen Anwesenden zu. Er bleibt pädagogisch, gleichzeitig aber erkennbar am Berg, während der Auszubildende allein mit seiner Rolle als Kletterer beschäftigt ist.

Die Besonderheit des pädagogischen Kletterns besteht also darin, daß nicht nur geklettert wird, sondern daß in der Körperhaltung oder im Bewegungsablauf Verfremdungen sichtbar sind, die deutlich didaktischer Art sind: Besonders auffällig wird dies etwa dann, wenn Ausbilder für ihre Adressaten im Zeitlupentempo klettern bzw. einzelne Bewegungen wie im Zeitraffer besonders herausheben.

Alpinistische Ausbilder bedienen sich darüber hinaus in ihren Kursen eines rhetorischen Stilmittels, um den übrigen Anwesenden ihre Klettererfahrung anzuzeigen. Wie andere Bergsteiger *formulieren* sie *den besonderen Ausbildungsort*, seine Eigenart und Beschaffenheit als ein *anderes Gelände* in Relation zu vergleichbaren Kletterorten, deren Kenntnis von jedem Beteiligten erwartbar ist, sofern er als praktizierender Bergsteiger gelten will.[14]

*Fragment 12*

A1: Es isch halt immer wieder die Gefahr, daß ma irgendwo (.) aufschlägt. (1 . .) Mia ham zum Beispiel in Prunn, Konstein, (.) dene Klettergebiete *kaum* Schwierigkeite, weils da Toure gibt die sin alle zwei Meter mit irgendoam *sich*eren (1.0) Hake auch versehen und ( . . ) da kann eigentlich nix passieren; da kansch die neihetzen (.) oder (1.0) neigehen lassen in was se Luscht und Laune ha(bn). Die fliegen dann halt amal zwei Meter durchd Luft und s passiert nix. Und da schaut die Sache ganz andersch aus. (1 . .)
((. . .))

»Prunn« und »Konstein« sind in Sportkletterkreisen Süddeutschlands ein Begriff. Jeder »Eingeweihte« weiß, daß es dort Routen in den schwierigsten Graden, festes Gestein und kurze Seillängen gibt. Beide Gebiete sind durch kurze Zugänge zum Fels und ihre Lage im Altmühltal das ganze Jahr kletterbar und gelten als ideales Trainingsgelände für Kletterer.
Insofern A1 diese Orte erwähnt, ohne danach zu fragen, ob einer der Anwesenden sie *nicht* kennt, macht er sich selbst und seine Adressaten zu Kennern und »erfahrenen Kletterern«.

Typisch für die Formulierung von Kletterorten und ihrem Vergleich untereinander ist, daß sich daraus keine *detaillierte Lösung* eines besonderen Kletterproblems prognostizieren läßt. Dagegen erlauben solche Ortsbeschreibungen Aussagen über die »Erfahrung« des Sprechers und – als Vergleich mit einem aktuellen Kletterort – eine Aussage über die *generelle Kletterbarkeit* einer Wandstelle. A1 indiziert (wie ein normaler Kletterer) in solchen Äußerungen nicht nur seine eigene bergsteigerische Praxis, sondern zugleich die *grundsätzliche Bearbeitbarkeit* anstehender Aufgaben für die übrigen Anwesenden, ohne Auskunft über das besondere Vorgehen für die Lösung geben zu müssen. Damit

macht ein Kletterer die Umrisse einer »Gestalt« (kletterbarer Fels) kenntlich, deren Auffüllung die Kletterpartie (durch Überwindung der Wandstelle) zu leisten hat.
Ortsformulierungen können knapp gehalten sein (vgl. Kap. II.3). Aussagen wie »*da* oin neischicke ((...)) der *dem Grad* nicht gwachse wär« (Fragment 1: 32-33) oder »in *so em* Gelände« (1: 37) sind den Beteiligten mühelos verständlich. Niemand braucht nachzufragen, was denn das Besondere am derart bezeichneten Gelände sei (die geologische Schichtung, die Anzahl von Griffen, die Steilheit der Wand etc.). Die Verstehbarkeit ergibt sich dabei *nicht* (wie dies etwa die Beteiligten selbst erklären) aus einer besonderen Anschaulichkeit eines Geländes, sondern gerade dadurch, daß die jeweiligen Sprecher ganz besondere Aspekte des jeweiligen Ortes hervorheben und so ihren Zuhörern *Kontextualisierungshinweise* geben, wie indexikale Ausdrücke bzw. die Ortsformulierung entschlüsselt werden sollen. Dies kann explizit geschehen (»Setzt mal eure Helme auf«) oder auch durch die Kombination von Aktivitäten ohne ausdrücklichen Bezug.

In Fragment 1 macht ein Fortbilder das Helmtragen für die Auszubildenden durch die Plazierung einer Ortsformulierung innerhalb einer Rede über juristische Verantwortlichkeit verpflichtend. In der Einführung zur untersuchten Programmeinheit fragt er, was grobfahrlässiges Verhalten eines Felskletterers sei (28-30). T2 meint, dies sei der Fall, wenn er keinen Helm trage (36). Nun bewertet A1 seine Antwort nicht nur als »richtig«, sondern fügt hinzu, daß dies »zum Beispiel in so em Gelände« (37) ebenfalls gelte. *Wie* er dies macht (nämlich implizit), zeigt zugleich, daß er nicht »pädagogische Ratschläge« oder »Ausbilderanweisungen« verteilt, sondern in sensibler Weise Maximen des Bergsteigens berücksichtigt, wonach es jedem Bergsteiger selbst zu überlassen sei, wie er sich im Gebirge bewegt und sich selbst vor Gefährdungen schützt. Bis zu diesem Punkt in der Ausbildung trugen nur die Kursleiter und einige wenige Teilnehmer einen Helm. Unmittelbar im Gefolge der Äußerung von A1 konnten wir beobachten, wie ein Großteil der Auszubildenden nach dem Helm griff und ihn aufsetzte. Ohne daß A1 eine Erklärung dafür abgegeben hatte, warum er selbst einen Helm trug, und ohne daß er die Teilnehmer, die dies nicht taten, zurechtgewiesen hätte, hatte er sie auf die Einhaltung der Maxime für »Sicherheit« verpflichtet. Die Auszubildenden hatten nicht nur den Lernstoff bzw. den »Inhalt« der Äußerungen von A1 verstanden, sie hatten auch sichtbar seine Anwendung *gelernt*.

Ortsformulierungen sind expandierbar. Sie können zum Ausgangspunkt für *Klettergeschichten* werden. Im folgenden Ausschnitt malt A1 auf diese Weise seine Erfahrungen mit Ausbildungsteilnehmern an einem anderen (ungenannten) Ort aus:

*Fragment 13*

A1:((...)) Und da schaut die Sache ganz andersch aus. (1..) *Recht*-
*lich* isch des natürlich au itt so *oi*fach; i hab letztschtes Jahr an
Kurs gmacht. (.) allerdings muß i sagen bei sehr viel Regen, hats a
ganze Woche lang gschüttet. (1.) Da ha i s fascht bloß Toprope
gehe lasse; ja, weils (dort halt itt) möglich war vorzuschteige. Die
leichte waren alle naß, und die schwere Toure warn ene z schwer
(..) und a bissle schmierig und alles (1.0) Na ham mer sehr viel
Toprope gmacht, na kommt natürlich hinterher, da Vorwurf, ja;
Mir sind zuwenig vorgschtiegen (1.0) Laß i s vorschteigen und s
fällt oiner nunter, (.) war da Bua vom ((führender Verbandsfunk-
tionär)) o no dabei, na heißts, ja ja wie *kann* der; gell, hh (1.0) Ja,
und grad von *dem* isch zum Beispiel der Vorwurf komme. (.) Die
paar Tag wo mer vorgschtiege sind isch er no am letzschte Hemd
daghängt und hat Karabiner hänge lasse müasse und Keile weil er
'hh vor lauter Zittern (1.0) nimmer weiterkomme isch; gell. 'hh
Problematik. Was mach i. (2.0) s isch für uns itt ganz oifach.
((...))

Derartige Geschichten stellen für Bergsteiger eine (häufig verwendete) Lösung dar, trotz der unauflöslichen Kontextgebundenheit und des lakonischen Charakters von Entscheidungen im Gelände dennoch über die besondere Situation hinaus Handlungsanweisungen geben zu können. Die Beteiligten konstruieren in solchen Äußerungen die *moralische Ordnung* (vgl. Baruch 1981), die im Setting gilt bzw. gelten soll.

Es kennzeichnet gerade Ausbilder, daß sie über einen reichen Schatz an »wüsten Kletterstories« verfügen oder auch Klatschgeschichten über bekannte Bergsteiger oder Vereinsmitglieder zu erzählen wissen (vgl. Dingwall 1977). Freilich sollte jeder Anwesende in der Lage sein, solche Erzählungen nicht einfach als einen »Erlebnisbericht« oder eine »Anekdote« zu hören, das heißt als kleine Auflockerung oder Unterrichtspause. Er sollte sie als *Schilderung der moralischen Ordnung und Normalität* beim »pädagogischen Bergsteigen« verstehen. Derartige Geschichten enthalten typischerweise ein *zentrales Ordnungsprinzip*, dem sich alle Ereignisse unterordnen; sie lassen sich dann auf ganz bestimmte »Plots« (z. B. der Führer hat immer recht) zurückführen.

Die (pädagogische) Moral der Geschichte in Fragment 13 bestand beispielsweise darin, daß ein Ausbilder immer das letzte Wort bei Entscheidungen zu haben hat und – anders als beim normalen

Klettern – kein Rollentausch Führer/Seilpartner in Kursen stattfinden darf.

Ein besonderes Merkmal alpinistischer Ausbildungen, sozusagen ihre »raison d'être«, ist es, daß ein Leiter nicht allgemein bloß über Materialkunde referiert oder den Gebrauch von Ausrüstung praktisch trainieren läßt. Er vermittelt nicht irgendeinen Stoff oder begründet allein Inhalte, sondern macht dies *für den einzelnen* bzw. dessen Handeln *in der Gruppe* an Ort und Stelle relevant. *Nichtwissen wird als Risiko konstruiert, für das der einzelne Teilnehmer moralisch haftbar ist.* Die Vermeidung von Unfällen durch die Anwendung der Lerninhalte (z. B. Sicherungstechnik) wird auf diese Weise zur zentralen interpretativen Ressource für die Gestaltung der (pädagogischen) Kletteraktivitäten, Ortsformulierungen und Geschichten eines Kursleiters.

Mit Hilfe des Einsatzes derartiger Praktiken (Klettern, Ortsformulierung, Geschichten erzählen) kann es sich ein Ausbilder ersparen, ins Detail zu gehen, wenn er Teilnehmern Handlungsanweisungen und Maximen vermitteln möchte. Dadurch werden die Auszubildenden nämlich darauf verpflichtet, ihre eigene bergsteigerische Kompetenz unter Beweis zu stellen und selbst den Hintersinn solcher Hinweise bzw. Aktivitäten herauszufinden. Im Unterschied zu einem Unterrichtsraum kann im Felsgelände der Lehrstoff nicht ortsneutral behandelt werden. Was an einem Ausbildungsplatz »richtig« ist, kann am anderen »falsch« sein.[15] Indem ein Ausbilder zeigt, daß er klettern kann und dabei zugleich noch Unterricht zu halten vermag, indem er den besonderen Ausbildungsort mit anderen vergleichbar macht und seine Ausführungen hörbar den Lerninhalten unterordnet, zeigt er, daß er in der Lage ist, »pädagogisch« und »praktisch« zugleich zu handeln.

## IV. Implikationen: Verwendung als Herstellung von Differenz

Eine ethnomethodologische Verwendungsforschung, wie wir sie in diesem Beispiel vorgestellt haben, beschäftigt sich mit der empirischen Rekonstruktion von Kompetenzsystemen, die bei der praktisch-interaktiven Arbeit vor Ort von den Beteiligten zur Etablierung und Reproduktion dieser Handlungsform unter den gegebenen praktischen Umständen eingesetzt werden (können).

Der »autochthone« Charakter dieser Kompetenzsysteme (zu diesem Begriff vgl. Lynch u.a., 1985, S. 185) kann sich in unterschiedlichen »stofflichen» Oberflächenstrukturen ausdrücken; in unserem Beispiel etwa in bestimmten Gesprächsformen (»lakonische Rede«), in räumlichen Verteilungen von Personen (die auf den Ausbilder vor der Felswand zentrierte Halbkreisordnung einer Teilnehmergruppe) oder auch in bestimmten Formen der zeitlichen Koordination und Rhythmik von Aktivitäten (gleichmäßiges Steigen, harmonisches Klettern etc.).
Die »quiddity« (Garfinkel) einer »Pädagogik am Berg«, das heißt das, was »Verwendung« hier ausmacht und was man mit noch so vielen Worten nicht abschließend beschreiben kann, ergibt sich – wie wir gesehen haben – als Resultat der parallelen Bearbeitung unterschiedlich gelagerter Handlungsprobleme: nicht nur gilt es, für die Beteiligten eine Situation als grundsätzlich *pädagogische* zu etablieren; die dort ablaufenden interaktiven Prozesse sollten zugleich auch als *alpinistische Unternehmung*, und zwar als eine solche *in und von Gruppen* identifizierbar bleiben. Dieser Vermittlungsprozeß hat darüber hinaus in einer solchen Weise zu erfolgen, daß alle Handlungen erkennbar auf das spezifische *Setting* (»Berg«) Bezug nehmen.
Erst wenn und insoweit alle drei Problemebenen in den und durch die Tätigkeiten der Gruppenmitglieder und Ausbilder bearbeitet werden, wird die »Pädagogik am Berg« als ein objektives gesellschaftliches Phänomen erfahrbar. Diese Bearbeitung erfolgt in der Regel implizit und vielfach kondensiert in *einem* Arbeitsgang. Das heißt beispielsweise, daß durch eine einzige Handlungsweise, etwa die Plazierung einer Äußerung (»so«) oder Geste (ein Fingerzeig) an einer bestimmten Stelle einer Aktivitätssequenz, Schlußfolgerungen im Hinblick auf alle drei Ebenen nahegelegt werden. Andererseits sind die geschilderten Anforderungen an die »Pädagogik am Berg« grundlegend auch in dem Sinne, als sie *permanente* Handlungsprobleme darstellen, die sich nicht durch einmalige Situationsdefinitionen oder durch normative Vorgaben erledigen bzw. neutralisieren lassen.
Auch wenn wir in der Darstellung die Problemebenen nacheinander abgehandelt haben, bedeutet dies nicht, daß die jeweiligen Bewältigungspraktiken als *singuläre* Merkmale zu betrachten wären, die sich *additiv* zum Phänomen einer »Pädagogik am Berg« zusammenfügen. Um zu verdeutlichen, wie das Verhältnis der

einzelnen Praktiken zueinander, aber auch in Relation zur »Pädagogik am Berg« zu denken ist, möchten wir uns einer *gestalttheoretischen* Metaphorik bedienen. Nicht additiv, sondern erst in und durch ihre wechselseitige Aufeinanderbezogenheit werden diese Praktiken zu Elementen einer erkennbaren »Gestalt«. Sie identifizieren sich sozusagen gegenseitig als aufeinander verweisende Elemente eines Ganzen, welches gegenüber einem Hintergrund anderer Handlungsformen (des Kletterns, des Unterrichts, des alltäglichen Gesprächs usw.) abhebbar wird. Die Aufrechterhaltung einer »guten Gestalt« bzw. die Sicherstellung ihrer besonderen Identität relativ zu anderen grundsätzlich präsenten, aber zeitweise in den Hintergrund verwiesenen Möglichkeiten stellen reflexiv aufeinander bezogene und unabschließbare Handlungsprobleme der Beteiligten dar.

Diese Relationierungsprozesse der verschiedenen Anforderungsebenen bzw. Praktiken folgen keinem eindeutigen Muster und zeitigen auch kaum eindeutige und vorhersehbare Resultate, schon weil »Verwendung« in jedem einzelnen Fall *Verwendung vor Ort* ist, deren Identifizierbarkeit und Rationalität nicht zuletzt von der Art der Bezugnahme auf die praktischen Umstände ihres Vollzugs abhängen. Alle Beteiligten an solchen Verwendungsprozessen sollten von daher in der Lage und willens sein, zumindest zeitweise auch weniger prägnante »Gestalten« von Verwendung als »so in Ordnung« durchgehen zu lassen; nur wenn sie Vertrauen in den Ablauf bzw. die dafür Verantwortlichen investieren, können »Umkipp-Phänomene« vermieden werden, also Situationen, in denen unklar wird, was eigentlich los ist und was zu tun ansteht (nicht vielleicht doch ein gruppendynamisches Training oder ein Kurs für Solokletterer).

Eine »Pädagogik am Berg« kann nur glücken, wenn alle Beteiligten an der Etablierung und Aufrechterhaltung einer *Differenz* der konkreten Abläufe zu anderen Situationen nicht-pädagogischen Kletterns bzw. nicht-alpinistischen Unterrichts beitragen. Der praktische Vollzug von »Verwendung« besteht somit zu einem wesentlichen Teil in der permanenten *Herstellung einer doppelten Differenz von Wissenschaft und Praxisfeld* und zugleich von *Praxisfeld und alltagsweltlichen Handlungsformen*. Der Bezugspunkt der Differenzerfahrung bleibt dabei immer – und dies ist wesentlich – das besondere Handlungsfeld (hier: die Bergsteigerei). Eine solche Kontrastierung ermöglicht es, die Identität dieser

besonderen Situation (z. B. einer Jugendleiterfortbildung im DAV) in Abgrenzung zu anderen denkbaren alltäglichen Situationen (zu normalem Klettern) zu etablieren, sich an dieser Differenz zu orientieren und sich daran abzuarbeiten.
Zugleich wird auf diese Weise die andere Seite der Differenzbeziehung, also die »Wissenschaft«, als objektives soziales Phänomen *in der Situation konstituiert*. Die Situiertheit und Teilnehmerbezogenheit von »Verwendung«, das heißt ihr indexikaler Charakter, führt also keineswegs – wie die positivistische Verwendungsforschung befürchtet – zu einer Einschränkung der Objektivität von Wissenschaft im Zuge ihrer Verwendung. Gerade im Gegenteil: die sensible Bezugnahme auf die gegebenen praktischen Umstände ist eine notwendige Bedingung dafür, daß »Wissenschaft« überhaupt als soziale Tatsache für alle Beteiligten erfahrbar und in ihrer konkreten Relevanz verständlich wird. Ganz unabhängig vom eigentlichen Wissenschaftsbetrieb – dem analytischen Ansatzpunkt der Verwendungssoziologie – sind so gesehen die Gesellschaftsmitglieder tagtäglich mit »Verwendung« wie mit Produktion von »Wissenschaft«, aber auch mit der Grenzziehung zwischen der so konstituierten Wissenschaft und dem, was für sie in der Fortbildungsveranstaltung zu tun ansteht, beschäftigt.
Diesen Umstand der praktischen Konstituiertheit von »Verwendung« übersehen alle verwendungstheoretischen Modelle, die Wissenschaft als unabhängige Variable konzipieren, die auf ein Praxisfeld in welcher Form auch immer einwirkt. Wenn Wissenschaft aber nun als eines der *Ergebnisse* von Verwendungsprozessen und nicht als deren analytischer bzw. empirischer Ausgangspunkt behandelt werden muß, dann folgt daraus notwendig eine *Dezentrierung* der Wissenschaft in der Verwendungsforschung. Darauf verweist auch der Umstand, daß zur Sicherstellung des (in unserem Falle) »pädagogischen Charakters« von Ausbildungssituationen *nicht* auf im engeren Sinne sozialwissenschaftliche Argumente und Verfahren rekurriert werden muß, sondern auf Praktiken zurückgegriffen wird, die grundsätzlich jedem Gesellschaftsmitglied zur Verfügung stehen.
Es wird bei Verwendungsprozessen demnach weniger an der möglichst genauen Übernahme von Begriffen, Theoremen oder Wissensbeständen aus dem Wissenschaftssystem gearbeitet als an der Feineinstellung der Unterschiedlichkeit von Wissenschaft

(aber auch dem gesellschaftlichen Alltag) zu dem, was hier vor Ort richtig und zu tun ist. Erfolgreiche »Verwendung« ist im verwendungssoziologischen Sinne *qualifizierte* »Nicht-Verwendung«, ein Paradox, das viele der praktischen Probleme der empirischen Verwendungsforschung bei der »Suche nach der verlorenen Soziologie« (vgl. Kroner/Wolff 1984) in einem neuen Licht erscheinen läßt.

»Verwendung« als Etablierung von Differenz ist aber keineswegs gleichzusetzen mit dem »Unsichtbarwerden« oder dem »Verlorengehen« von Soziologie im Zuge ihrer Verwendung. In der Differenzerfahrung bleibt nämlich die Wissenschaft im Verwendungssystem als Horizont immer präsent und sichtbar, wenn auch sozusagen negativ und in Begriffen eben dieses Verwendungssystems. Unsichtbar wird bzw. verloren geht Wissenschaft demnach nur aus dem Blickwinkel einer wissenschaftszentrierten Verwendungsforschung.

Statt sich auf die Suche nach Beispielen mehr oder weniger identischer Reproduktion sozialwissenschaftlicher Bestände in nichtwissenschaftlichen Handlungssystemen zu begeben, scheint es uns daher sinnvoller, die Erforschung der Formen der Differenzherstellung und Kontrasterfahrung im Verwendungsprozeß selbst zum Bezugspunkt empirischer Analysen zu machen.

Die Reichweite unserer These von der »Verwendung als Herstellung von Differenz« wird deutlicher, wenn man in Rechnung stellt, daß »Verwendung« zumindest eine *doppelte* Distanzierung impliziert: eben nicht nur von Wissenschaft, sondern ebenso vom gesellschaftlichen Alltag. Die Verständigung der Beteiligten im Verwendungsprozeß beruht ja gerade auf der gemeinsamen Aufrechterhaltung einer erkennbaren Differenz zu den jeweiligen gesellschaftlichen Bezugssystemen, was übrigens ein *interaktives* und kein kognitives Problem darstellt. »Verwendung« ist also nicht mit kognitiver Übereinstimmung (auf welchem Niveau auch immer) gleichzusetzen, sondern entsteht als Ergebnis der Abarbeitung bestimmter Handlungsformen.

Wie die Beispiele der »Fortbildung« und »Beratung« nahelegen, sind diese gesellschaftlichen Handlungsformen relativ autonome Interaktionssysteme, die sich durch eigene sachliche, soziale und zeitliche Strukturen auszeichnen.[16] Derartige *hybride Kontexte*, wie man diese Handlungsformen von ihrer Scharnierfunktion zwischen Wissenschaft und Alltag her nennen könnte, scheinen der eigentliche gesellschaftliche Ort von »Verwendung« zu sein. Die Identifizierung solcher hybriden Kontexte und die Rekonstruktion ihrer internen Methodizität am empirischen Material wären wichtige neue Herausforderungen an die Verwendungssoziologie und nicht allein lohnende Aufgaben für eine ethnomethodologische Verwendungsforschung. Damit könnten wesentliche Voraussetzungen geschaffen werden zur Untersuchung verwendungssoziologischer Fragestellungen wie: wann und warum sich solche hybriden Kontexte herausgebildet haben; durch welche strukturellen Asymmetrien zwischen den Beteiligten sie sich jeweils auszeichnen; wie sich das Verhältnis des Wissenschaftssystems – speziell der Sozialwissenschaften – zu solchen hybriden Kontexten darstellt; welche historischen Variationen hier zu konstatieren sind; und worin der konkrete Nutzen sozialwissenschaftlicher Forschung und Ausbildung im Hinblick auf derartige Verwendungsprozesse zu suchen ist. Dies wären möglicherweise auch Fragestellungen, die die verwendungssoziologische Diskussion aus dem traditionellen Zwiespalt zwischen Allmachtsphantasien (»Versozialwissenschaftlichung der Gesellschaft«) und Larmoyanz (»Trivialisierung und Versickern der Soziologie im Zuge ihrer Verwendung«) herausführen und der Soziologie als Reflexionswissenschaft einen neuen Akzent geben könnten.

## *Anmerkungen*

1 Wir danken Ulrich Beck, Heinz Bude und insbesondere Wolfgang Bonß für die hilfreichen Anregungen. Als Mit-Herausgeber dieses Bandes wurde er nicht müde, Kürzungen einzuklagen und unser Beharren auf der Explizierung des konversationsanalytischen Vorgehens subversiv zu unterlaufen. Dies ist ihm dann auch öfter gelungen, als es uns lieb war.

2 Weil die Relevanz der jeweiligen Abläufe und ihrer Verknüpfungen für die Beteiligten und nicht den soziologischen Beobachter im Zentrum des Interesses steht, verlangt die Durchführung solcher Beschreibungen eine gewisse Eigenkompetenz der Untersucher (wie der Leser) im Hinblick auf die Gegebenheiten, wie sie im untersuchten Feld anzutreffen sind. Unsere Eigenkompetenz bezüglich des Untersuchungsfeldes beruht darauf, daß wir beide in Gebirgsnähe aufgewachsen sind, der eine (sw) vielfältige Erfahrungen im Bergwandern sammeln konnte, während der andere (wk) über eine langjährige Klettererfahrung verfügt, die ihn auch in den Augen der Leute im Feld als

Fast-Extremkletterer ausweist. Darüber hinaus ist er seit langem Mitglied des DAV.

3 Mit dem Begriff der »konditionellen Relevanz« (Sacks 1966, S. 89) wird eine besondere Art beobachtbarer und erwartbarer Verknüpfung aufeinanderfolgender Äußerungen verschiedener Sprecher bezeichnet: Nach Äußerungen, die als erste Teile einer Paarsequenz (z. B. eine Frage) gehört werden können, sind ganz bestimmte Folgeäußerungen (hier: eine Antwort) für einen Adressaten verpflichtend. Dies bedeutet nicht, daß entsprechende zweite Teile einer Paarsequenz automatisch folgen müssen, sondern nur, daß sie in *unmittelbarer* Folge erwartbar sind und ihr *Ausbleiben notizwürdig* ist bzw. zur Suche nach Gründen für das Ausbleiben Anlaß gibt (vgl. Bergmann 1980, S. 89 ff.).

4 Zumindest fallweise braucht ein Ausbilder nicht einmal selbst zu wissen, inwieweit eine Schülerantwort richtig oder falsch ist. Solange er sich (mit Hilfe der Akzeptierung durch die Adressaten) des didaktischen Designs bedient, kann er »Ausbildung« betreiben, ohne »Ausbilder« im Sinne eines Trägers von Sonderwissen zu sein.

5 Formulierungen sind nicht gleichbedeutend mit Erklärungen von Sachverhalten, sondern erfüllen eine ganz spezifische Aufgabe in Gesprächen, indem sie zusammenfassen, worüber es bis zu diesem Punkt der Rede gegangen ist. Formulierungen stehen also nicht für sich, sondern sind *eingebettet* in ein Gespräch und werden dort als reflexiver Kommentar über die vorangehenden Äußerungen (nicht über deren Gegenstand) hörbar. Insofern Formulierungen immer nur Zusammenfassungen für die praktischen Zwecke des anstehenden Gesprächs darstellen, das heißt Mittel, mit denen sich die Beteiligten ihr Verständnis der aktuellen Situation anzeigen, sind sie selbst wiederum Quelle möglicher Irrtümer, Verbesserungen, Ablehnung etc. bzw. Anlaß zum Gespräch. Sie werden auf diese Weise *interaktiv* hergestellt und können nur insofern Geltung beanspruchen, als sie vom Adressaten ratifiziert werden (Garfinkel/Sacks 1970; Heritage/Watson 1979).

6 Ein Standplatz stellt jenen Ort im Gelände dar, von dem aus die Sicherung einer Seilschaft erfolgt. Zugleich wird damit die Sicherungsanlage selbst, deren Verbindung mit dem Kletterseil bzw. der Kletterpartie bezeichnet. Erst wenn ein Standplatz gefunden und eingerichtet ist, darf mit dem eigentlichen Klettern begonnen werden. Die Anlage einer solchen Sicherung gilt für Bergsteiger als Grundregel zur Verhütung von Unfällen.

7 Selbst solche scheinbar zufälligen Geräusche wie das Karabinerklimpern sind immer dann besonders zu hören, wenn ein übergangsrelevanter Punkt, das heißt ein Ort im Gespräch, an dem ein anderer Sprecher legitimerweise etwas dazu sagen könnte, in der Rede des Ausbilders erreicht ist.

8 Dagegen bezieht sich eine besondere Gruppe von Bergsteigern – die Sportkletterer – in ganz besonderer Weise auf den Umstand, daß die Ausrüstung zur Beurteilung von »Können« und »Erfahrung« herangezogen wird. In leichter Bekleidung, papageifarbenen Stoffen, in Turnschuhen und mit Stirnband verletzen solche Bergsteiger offensichtlich konventionelle Ausrüstungsnormen und diskreditieren bewußt Verhaltenszuschreibungen, die üblicherweise mit der Feststellung fehlender Kletterutensilien gemacht werden (»unerfahren«, »leichtsinnig« etc.). Mit dem subversiven Gebrauch der Ausrüstung und der demonstrativen Ignorierung von Normen distanzieren sich Sportkletterer in ganz besonderer Weise von »Normalbergsteigern«. Sie schaffen sich nämlich einen zusätzlichen Verhaltensspielraum. Indem sie allgemeinverbindliche Bestimmungen über »richtige« und »falscher« Ausrüstung außer Kraft setzen, können sie diese Normen nach Bedarf für ihre eigenen praktischen Zwecke manipulieren.

9 Die Implikationen dieser Einsicht beziehen sich nicht allein auf die Untersuchung, sondern auch die *Prävention von Bergunfällen in alpintechnischen Ausbildungen*. Eine Unterweisung in Sicherungsmethoden oder in »Führungstechnik« kann gerade solche Phänomene nicht behandeln, in denen sich eine Person zum Führer macht bzw. als solcher anerkannt wird und (nach klassischem Verständnis) einen Fehler begeht, den die anderen zwar bemerken, aber nicht zum Thema machen. Typische Fälle sind etwa *Skitouren*, bei denen ein (Berg-) Führer die Schneelage nur nach Augenschein (bzw. falsch) beurteilt und die Gefährten daraufhin kein Schneeprofil anfertigen, obwohl sie grundsätzlich wissen, daß dies in der Situation richtig wäre. Eine eigenständige Prüfung durch andere Gruppenmitglieder gilt nämlich in solchen Fällen vor Ort nicht als zusätzliche Sicherheitsvorkehrung, sondern primär als Mißtrauensvotum gegen den Führer. Solange sich dieser jedoch so verhält, wie es von einem »Führer« erwartbar ist, besteht eine Präferenz der Gefährten, keine unabhängigen Prüfungen seiner Beurteilungen vorzunehmen. In *Ausbildungssituationen* sind solche Restriktionen teilweise außer Kraft gesetzt. Dort kann es als »aufmerksam« und als »Mitarbeit« gewertet werden, wenn ein Auszubildender einen »Fehler« anspricht, der Ausbilder kann im Gegensatz zu einer normalen Klettersituation sein Gesicht dadurch wahren, daß er seinen »Fehler« als didaktisch motiviert darstellt und den Kritiker belobigt.

10 Wir gebrauchen hier den Begriff des »Setting« im Sinne von Goffman (1974) als die materielle Umgebung einer Situation, das heißt den besonderen Ort, seine Ausdehnung, Ausstattung und Einbettung in andere Territorien. Im Blickpunkt stehen dabei jene konventionellen Merkmale der physischen Umgebung von Situationen, welche bestimmte Verhaltensweisen der dortigen Anwesenden normativ erwart-

bar machen und auf die sich die Benutzer dieser Räume beziehen müssen bei der Gestaltung ihrer Interaktionen.

11 Dies gilt nicht, wenn Mißerfolge oder Unfälle beim Bergsteigen untersucht werden. Eine wesentliche Ressource der Beurteilung von »richtigem« und »falschem« Handeln bildet dabei die Kenntnis des *Ablaufs* von Ereignissen. Dies gilt auch und gerade dann, wenn eigentlich »gute Gestalten« (ein Kräftedreieck etwa) vorliegen. Eine interessante Forschungsfrage wäre dabei die Untersuchung des Zusammenhangs zwischen der *kollektiven Konstruktion von Risiko*, wie sie etwa durch Begriffe und Konzepte der Unfallforschung hergestellt bzw. befördert wird, und der *Erhöhung der Unfallgefährdung*, wie sie durch das Ausblenden sozialer Prozesse im Umgang mit dem *Setting* wahrscheinlich wird. Ein Beispiel sind Lehrbücher über das Klettern und Unfalluntersuchungen in diesem Bereich: Während in Lehrbüchern a priori das Setting und die Einrichtung eines Standplatzes als Frage von Naturgesetzen (Erdanziehung, Fallenergie und Energieaufnahmevermögen der Sicherungspunkte etc.) oder von Sachzwängen (Gesteinsbeschaffenheit) behandelt wird, wird ex post (im Falle von Unfällen) das Setting und die Einrichtung eines Standplatzes als Frage situativer Umstände, Eigenschaften oder Verhaltensattribute der konkreten Beteiligten thematisiert. Man spricht dann von »unvermeidlichem ›Rest‹-Risiko des Bergsteigens«, »mangelnder Erfahrung« oder »Leichtsinn« einzelner Personen.

12 Im Falle eines Bohrhakens braucht für einen Standplatz kein Kräftedreieck errichtet werden, da *ein* Fixpunkt als ausreichend gilt.

13 Die einschlägige organisationspsychologische (z.B. Shtogren 1980) und sozialpädagogische Literatur (z.B. Fritz 1977; van Ments 1985) ist voll von derartigen Ansprüchen an den Gebrauch gruppendynamischer Methoden. Der ausdrückliche Bezug auf das »setting« impliziert zwar eine besondere Orientierung auf den Einsatzort der Methode, doch finden sich meist nur Kataloge für mögliche Beeinträchigungen der jeweiligen Intentionen, ohne daß das »setting« und der kompetente Umgang seiner Bewohner zum Thema gemacht werden würde.

14 Schegloff (1972) hat darauf hingewiesen, daß durch Ortsbeschreibungen eine Zuordnung von Personen zu Mitgliedschaftskategorien möglich ist und entsprechende Aktivitätsvermutungen für diese Personen etabliert werden können.

15 Diesen Umstand hat gerade die Sportkletterbewegung durch die Überwindung von Wandstellen, die als nicht kletterbar galten, ins allgemeine Bewußtsein gehoben. Je geringer etwa Griff- und Trittmöglichkeiten im Gelände sind, desto mehr »Regelverletzungen« sind nötig, um überhaupt noch voranzukommen. *Die »Grenze« wird auf diese Weise immer weniger mit Hilfe der Regeln prognostizierbar*; sie muß ex post aus (mißlungenen) Kletterunternehmungen rekonstruiert

werden. Aus diesem Grund sind es auch weniger statistische Zusammenfassungen von Unfällen, die zur Unfallverhütung praktisch nutzbar sind, als »Fallbeispiele«, wie sie etwa in »Bergsteigergeschichten« oder Zeitungsberichten erzählt werden.

16 Zu ähnlichen Ergebnissen bezüglich der Fortbildung gelangen Daheim u. a.; analog dazu für die Erziehungsberatung Schmitz u. a.; für die Politikberatung Ronge (alle in diesem Band).

Enno Schmitz†/Heinz Bude/Claus Otto

# Beratung als Praxisform »angewandter Aufklärung«

## I

Wenn Sozialwissenschaftler sozialwissenschaftliches Wissen verwenden, tun sie es häufig in Form von Beratung. Die klassischen Formen sind die Politikberatung und die Institutionenberatung. Daneben gibt es aber noch viele andere Formen von Beratung, die in Berufung auf sozialwissenschaftliches Wissen vollzogen werden. Zu denken ist hier in erster Linie an die verschiedenen Formen von Beratung, die im Zuge des Ausbaus des Systems der psychosozialen Versorgung ungefähr seit Mitte der sechziger Jahre in allen westlich-kapitalistischen Wohlfahrtsstaaten entstanden sind: Berufs-, Erziehungs-, Jugend-, Frauen-, Alten-, Ausländer- oder allgemeine psychologische Beratung und andere mehr. Für Sozialwissenschaftler, insbesondere für Psychologen, ist so ein zentrales Praxisfeld entstanden (vgl. etwa Wittchen und Fichter 1980; Hörmann und Nestmann 1985). Anscheinend hat diese Entwicklung den neuen beruflichen Typ des sozialwissenschaftlich ausgebildeten »angestellten Beraters« hervorgebracht. Für die Notwendigkeit eines Ausbaus des staatlichen Beratungswesens sprachen vor allem zwei Gründe: Zum einen paßte die Ausweitung des öffentlichen Dienstleistungssystems zum politischen Programm des Wohlfahrtsstaates, das die Integration sozial schwacher Schichten in die Gesellschaft fordert (dazu Giese 1974). Gesellschaftlich bedingte Benachteiligungen sollten auch durch Beratung etwa in Fragen der Berufswahl, der Erziehung und der allgemeinen personalen Handlungskompetenzen ausgeglichen werden. Das beruhte auf der sozialwissenschaftlich begründeten Vorstellung, daß ein Zusammenhang zwischen mangelndem oder unzureichendem Wissen und den Chancen zur Wahrnehmung der allgemeinen Bürgerrechte besteht. Zum anderen antwortete die Ausweitung der staatlichen Beratungsangebote auf das Wachsen einer weitgehenden normativen Verunsicherung. Nachdem die Periode des Wiederaufbaus nach dem Zweiten Weltkrieg abgeschlossen war, erwachte ein kulturelles Modernisierungsbedürfnis, das sich nicht zuletzt in Fragen nach der Angemessenheit der herkömmlichen Erziehung äußerte. Beispielsweise wurden durch die im Gefolge der Studentenbewegung propagierten Vorstellungen einer antiautoritären Erziehung, die sich auf sozialwissenschaftliche Erkenntnisse stützen konnten, traditionale Standards von Erziehung problematisiert und rationale Standards gefordert. Dies waren, ganz allgemein gesprochen, die beiden Problemgesichtspunkte für die Institutionalisierung eines öffentlichen Beratungswesens, in dem sozialwissenschaftliches Wissen Verwendung finden sollte: Ausgleichung gesellschaftlich bedingter Ungleichheiten und kulturelle Rationalisierung. In der Formel von Ralf Dahrendorf ausgedrückt: sozialwissenschaftlich begründete Beratung wurde als Form »angewandter Aufklärung« institutionalisiert. Diese Entwicklung war übrigens nicht nur auf den staatlich organisierten psychosozialen Sektor begrenzt. Darüber hinaus hat das sozialwissenschaftliche Wissen in den Ausbildungsgängen für die klassischen Professionen vermehrt Eingang gefunden. Auch der Arzt, der Rechtsanwalt, selbst der pastorale Seelsorger sollen heute sozialwissenschaftlichen Erkenntnissen gemäß ihre Beratungstätigkeit vollziehen.

Angesichts dieses weiten Feldes der Verwendung von sozialwissenschaftlichem Wissen in Form von Beratung erhebt sich die Frage, wie diese Form sozialwissenschaftlicher Aufklärung funktioniert. Mit welchen Erwartungen gehen wir eigentlich in ein Beratungsgespräch? Offensichtlich setzt ein Beratungsgespräch eine Asymmetrie zwischen Berater und Ratsuchendem voraus. Der Ratsuchende ist von einem Problem betroffen, das ihn ratlos macht, und deshalb wendet er sich an einen Berater um Rat. Was auch immer den Berater zu seinem Status qualifiziert, man muß davon ausgehen, daß dieser von den Problemen des Ratsuchenden nicht betroffen ist. Es ist diese Nicht-Betroffenheit angesichts der Betroffenheit des Ratsuchenden, die es dem Berater ermöglicht, einen Rat zu erteilen. Diese erste Überlegung schon zeigt, daß ein Beratungsgespräch kaum als ein argumentativer Diskurs angesehen werden kann, in dem ein bestimmtes Wissen zwischen einem Unwissenden und einem Wissenden ausgetauscht wird. Der Ratsuchende erwartet vom Ratgeber vielmehr eine lebenspraktisch relevante Aussage, die ihn von seiner Ratlosigkeit in bezug auf eine verworrene oder verfahrene Lebenssituation erlöst. Nicht eine hypothetische Wahrheit der Wissenschaft interessiert ihn, sondern eine existentielle Wahrheit des Lebens. Aus dieser Erwartungshaltung des Ratsuchenden erwächst dem Berater eine eigentümliche Autorität. Die heilende Wirkung eines guten Rats beruht offenbar auf einer Art magischem Verhältnis zwischen Personen, das sich aus ihren unterschiedlichen Rollen in der Beratungsinteraktion ergibt. In psychoanalytischen Begriffen würde man von einem Übertragungsgeschehen sprechen, das sich zwischen Ratsuchendem und Ratgeber abspielt. In gewisser Weise muß sich der Ratsuchende dem Ratgeber überlassen, damit sich ihm die Lebenssituation, die ihn ratlos macht, aufklärt. Es ist zumindest zweifelhaft, ob eine Beratung ohne eine solche Übertragung überhaupt erfolgreich sein kann. Dies freilich hieße, daß der sozialwissenschaftlichen Aufklärung in Form von Beratung ein sich zwischen Ratsuchendem und Ratgeber entfaltender magischer Schematismus zugrunde liegt, wodurch die lebenspraktische Bedeutsamkeit des sozialwissenschaftlichen Wissens hergestellt wird.

Das entscheidende Problem für die Inszenierung einer Beratung durch den Berater liegt in dem Umgang mit der lebenspraktischen Autonomie des Ratsuchenden. Ein Individuum, das sich in eine Beratungsstelle begibt, bekundet mit diesem Schritt seine Hilflosigkeit bei der Bewältigung einer bestimmten Lebenssituation. Es ist in ein problematisches Verhältnis zu seiner Lebenspraxis geraten. Die Beratung soll die problematisierte lebenspraktische Autonomie der Person wieder herstellen. Aufgrund des existentiellen Drucks ist der Ratsuchende in der Regel auch bereit, alles zu übernehmen, was der Berater vorschlägt. Oft verlangt er nach einem Tip, der eine schnelle und sichere Bewältigung der problematischen Handlungssituation ermöglichen soll. Es besteht für den Berater durchaus eine narzißtische Versuchung darin, einem solchen Ersuchen nach einer klaren Handlungsanweisung nachzukommen, um dadurch als ein »Meister des Lebens« zu erscheinen. Dies widerspräche allerdings dem Sinn und Zweck einer Beratung. Derart würde nämlich die problematisierte lebenspraktische Autonomie des ratsuchenden Individuums nicht wiederhergestellt, sondern, geradezu im Gegenteil, aufgehoben. Es würde sozusagen die Regie für sein eigenes Leben aus der Hand geben. Im Grunde weiß der Ratsuchende auch, daß es für seine lebenspraktischen Probleme keinen einfachen Tip gibt, nach dem alles wie von selbst gehen würde. Ein Berater, der sich zu einem Tip verleiten ließe, würde bald merken, auf welches Spiel er sich damit eingelassen hätte. Bekannt sind die Fälle, in denen der Beratene triumphierend zum Berater zurückkehrt, um ihm mitzuteilen, daß sein Tip völlig unnütz gewesen sei oder gar die Situation nur noch verschlimmert habe. Es kommt also alles darauf an, wie es dem Berater gelingt, die ihm entgegengebrachte quasimagische Erwartung so aufzunehmen und umzuwenden, daß der Ratsuchende seine lebenspraktische Autonomie wiedergewinnt.

Wir verfolgen mit unserem Beitrag eine doppelte Absicht: Zum einen wollen wir ein ideales Schema der Beratung skizzieren, das unsere kulturell geteilten Normalitätserwartungen in bezug auf diese Interaktionsform wiedergibt. Dabei wollen wir zeigen, daß eine Beratung etwas anderes als eine Therapie, aber auch etwas anderes als eine Bildungsveranstaltung ist, obwohl in jeder Beratung sowohl therapeutische Sequenzen zu finden sind als auch Sequenzen, die an eine Bildungsveranstaltung erinnern. Zum anderen wollen wir die These aufstellen, daß eine wohlinszenierte Beratung unter den Bedingungen ihrer Institutionalisierung im psychosozialen System des Wohlfahrtsstaates kaum gelingen kann. Die Beratung als »verstaatlichte Aufklärung« führt weniger zur Wiederherstellung der durch bestimmte Erfahrungen problematisch gewordenen lebenspraktischen Autonomie ihrer Klienten, sondern eher dazu, daß diese Problematisierung einen Formwandel erfährt: aus ratsuchenden Personen werden auf dem Wege der Beratung betreuungsbedürftige Klienten des psychosozialen Systems gemacht. Diese Erkenntnis leitet uns zum Schluß zur Erinnerung an ein vermutlich vergangenes Modell lebenspraktischer Aufklärung: das Modell des Erzählers.

## II

Unsere Ausführungen beziehen sich auf einen Fall von Beratung, der vollständig protokolliert vorliegt. Der Fall stammt aus einer Untersuchung, deren Gegenstand *Face-to-face*-Beratungen waren, die von sozialwissenschaftlich ausgebildeten und unter dem Anspruch ihrer Ausbildung in einer öffentlichen Beratungsstelle tätigen Beratern durchgeführt wurden. Insgesamt wurden zehn

Fälle solcher Beratungsinteraktionen videographisch protokolliert. Einen dieser Fälle haben wir gleichsam als Protofall für unsere Betrachtungen herausgegriffen.
Aus folgenden Gründen bot sich dieser Fall als geeignet an: Einmal handelt es sich um ein Erstgespäch, in dem Berater und Klient zum erstenmal zusammentreffen, so daß wir davon ausgehen können, daß der Berater ohne Vorinformationen arbeitet. Weiter soll die Beratung in dieser Situation beendet werden, was es ermöglicht, einen Beratungsvorgang sozusagen von Anfang bis Ende zu verfolgen. Ferner ist das besprochene Problem relativ klar zu umgrenzen. Und schließlich liefert der Fall mit einer Dauer von 40 Minuten eine überblickbare Textmenge, die eine einigermaßen präzise Interpretation zuläßt.
Der Fall stellt sich folgendermaßen dar: Eine alleinstehend lebende Mutter, 36 Jahre alt, Pharmaziestudentin im 7. Semester, Absolventin des zweiten Bildungswegs, hat Schwierigkeiten mit ihren beiden pubertierenden Kindern. Sie hat von der Klassenlehrerin ihres 13jährigen Sohnes die Nachricht bekommen, dieser werde wegen seines undisziplinierten schulischen Verhaltens von der bevorstehenden Klassenfahrt wahrscheinlich ausgeschlossen. Daneben fällt er in seinen außerschulischen Aktivitäten am Nachmittag und an den Wochenenden auf. Die Mutter sieht sich außerstande, das Verhalten des Jungen in seiner Freizeit zu kontrollieren, da sie neben dem Studium für den Unterhalt der Familie arbeiten gehen muß. Auch der Hort scheint den Sohn nicht mehr halten zu können. Außerdem hat sich bei ihrer 15jährigen Tochter, die früher schon einmal einen Abschiedsbrief geschrieben hatte, beim Aufräumen ein Röhrchen Valium gefunden. Die Mutter hält ihre Erziehungsbemühungen für gescheitert, und darum begibt sie sich mit ihren beiden Kindern in eine Erziehungsberatungsstelle. Dort trifft sie auf einen Berater, der den akademischen Abschluß eines Diplom-Sozialpädagogen besitzt und zur Zeit eine familientherapeutische Zusatzausbildung absolviert. Das Beratungsgespräch dauert, wie gesagt, kaum eine dreiviertel Stunde und endet damit, daß die Mutter eine Vereinbarung über eine von der Erziehungsberatungsstelle angebotene Familientherapie mit einem ihr noch unbekannten Therapeuten getroffen hat.
Generell laufen soziale Situationen nach einem verdeckten Skript ab, das dem Geschehen in sachlicher, sozialer und zeitlicher Hin-

sicht eine Gestalt verleiht. Es bestimmt den Referenzraum möglicher Thematisierungen, die mögliche Rollenverteilung der Interaktionsteilnehmer sowie den möglichen Ablauf der Interaktionsschritte. Unsere Rekonstruktion des verschrifteten Protokolls dieses Beratungsgesprächs zielt im ersten Schritt auf die Aufdekkung des verdeckten Skripts der Beratung.[1]

Wir gehen aus von der ersten protokollierten Äußerung.[2] Sie lautet: »Um welche Schwierigkeiten geht es?« und stammt vom Berater. Es scheint, als sei schon mit dieser ersten Äußerung das Skript einer Beratung aufgeschlagen. So wird mit der Eröffnungsfrage des Beraters der Horizont möglicher Thematisierungen für das weitere Gespräch abgesteckt. Das macht ein Vergleich mit anderen Eröffnungsfragen deutlich. Einen ganz anderen Thematisierungsrahmen würde die Frage »Wie fühlen Sie sich?« festlegen. Die Person würde in ihrer subjektiven Befindlichkeit in den Vordergrund gerückt, und ein Diskurs über das weite Feld der seelischen Ereignisse würde eröffnet. Wir hätten es in diesem Fall offensichtlich mit einem therapeutischen Gespräch zu tun.[3] Die Eröffnungsfrage des Beraters lautet aber auch nicht: »Was wollen Sie wissen?« Eine solche Frage könnte am Beginn eines Gesprächs stehen, in dem in Form einer hypothetischen Argumentation über allgemein interessierende Fragen gehandelt würde. Nicht um die konkreten Probleme einzelner Personen würde es gehen, sondern um mögliche Probleme der Welt. Dies ist der thematische Rahmen von Bildungsveranstaltungen. Aus diesen beiden Kontrastierungen kann man schließen, nicht die »Person« und nicht die »Welt« bilden den thematischen Fokus der Beratung, vielmehr die »Situation«. Die Frage »Um welche Schwierigkeiten geht es?« zielt auf eine oder mehrere Situationen, angesichts deren sich die ratsuchende Person hilflos fühlt. Sie soll beschreiben, wegen welcher Schwierigkeiten ihrer Lebenssituation sie in die Beratung kommt.
In Beratungsgesprächen wird dieser thematische Referenzraum freilich oft überschritten. Natürlich wird man in jeder Beratung therapeutische Sequenzen finden, in denen die Erlebnisse und Phantasien des Klienten Thema sind, und auch Bildungssequenzen, in denen Theorien der Erfahrung diskutiert werden. Das sprengt den Rahmen einer Beratung nicht, solange der Faden zurück zur problematischen Handlungssituation gefunden wird.

Diesen Gesprächsfaden zu halten ist wegen der Betroffenheit des Klienten primär die Aufgabe des Beraters. Es verlangt vom Berater ein gewisses Balancierungsgeschick, den Klienten, der in seine Probleme verstrickt ist, nicht völlig in Darstellungen seiner Innenwelt rutschen zu lassen und generalisierende Kommentare seitens des Klienten wieder so auf seine konkrete Lebenssituation zurückzubeziehen, daß nicht nur in allgemeinen Aussagen darüber räsoniert wird, was alles der Fall sein könnte und was man alles tun könnte. Mit anderen Worten: »Person« und »Welt« müssen Aspekte der »Situation« bleiben.
Die zu Beginn vom Berater gestellte Frage nach dem Handlungsproblem des Klienten bezeichnet aber auch einen bestimmten Punkt in der zeitlichen Organisation einer Beratung. Mit dieser Frage wird eine Gesprächsphase eingeleitet, in der es sozusagen darum geht, die relevanten Daten zum Handlungsproblem zu sammeln. Man kann sagen, mit der Datensammlung treten Berater und Klient in Beratung. Das Beratungsgespräch hat allerdings schon vorher begonnen. Der *Phase der Datensammlung* muß eine *Eröffnungsphase* vorausgegangen sein, in der man sich begrüßt und eventuell Informationen über den institutionellen Rahmen ausgetauscht und eine Vereinbarung über die Dauer des Beratungsgesprächs getroffen hat. Es handelt sich gewissermaßen um ein soziales Grundgesetz, daß soziale Situationen durch bestimmte Handlungen eröffnet und wieder beendet werden müssen, wodurch eine separate Sequenz sozialer Praxis innerhalb des fortlaufenden Gesamtzusammenhangs sozialer Praxis konstituiert wird. Dies geschieht in der Regel, wie auch in der Beratung, durch Akte der Begrüßung und der Verabschiedung.
Neben dem thematischen Referenzraum und dem Beratungsablauf wird mit der vom Berater geäußerten Eröffnungsfrage auch die Rollenstruktur der Teilnehmer festgelegt. Während in einem Fachgespräch von jedem Teilnehmer mit einer ähnlichen Frage ein ungeklärtes oder strittiges Problem zur Sprache gebracht werden könnte, kann in einem Beratungsgespräch diese Frage legitimerweise nur vom Berater gestellt werden. Denn die symmetrische Stellung zwischen den Teilnehmern eines Fachgesprächs gilt nicht zwischen dem Berater und dem Klienten. Damit der Berater den von ihm erwarteten Rat geben kann, muß er die Möglichkeit haben, sich nach seinem Ermessen ein Bild von dem Handlungsproblem zu machen. Diesen Anspruch drückt er mit seiner Frage

aus: »Um welche Schwierigkeiten geht es?« Der Klient hat darauf zu antworten. Dem Fragerecht des Beraters entspricht hier eine Antwortpflicht des Klienten. Akzeptiert dieser das Fragerecht des Beraters nicht, indem er eine Antwort verweigert oder die Frage in Frage stellt, kann eine Beratung nicht beginnen. Man kann den Schluß ziehen, daß schon durch die erste Frage des Beraters und die darauf erfolgende Antwort des Klienten die asymmetrische Rollenverteilung zwischen den beiden hergestellt ist.

Das Gespräch geht dann folgendermaßen weiter:

2 M: Ja – bei ihm isses Schule, daß er überhaupt nicht hört, raucht, stehlen also ... in der Schule da isses, geht es also schon fast zwei Jahre jetzt, die Schwierigkeiten, ehm, und seit einem Jahr bekomm ich von der Lehrerin jede Woche n Zettel, ne Benachrichtigung, wo alles drauf steht, was er angestellt hat ... und, eh, jetzt machen se Anfang nächsten Monat mit der Klasse ne Skifahrt für vierzehn Tage, hm, und da is er das einzige Kind, was zu neunundneunzig Prozent nicht mitfährt ...

3 B: Wer sagt das?

4 M: Die Lehrerin.

5 B: Die Lehrerin möchte nicht, daß er mitfährt?

6 M: Ja, ehm, ich hab Ihnen mal den Brief von der Schule mitgebracht, ehm ...

7 B: (blättert in dem ihm von M. überreichten Brief der Schule).

Diese Passage zeigt, wie die Rollenverteilung zwischen Berater und Klient im Laufe des Gesprächs weiter ausgebaut wird. Der Berater beansprucht zwar das Recht, Fragen an den Klienten zu richten, auf die dieser einzugehen die Pflicht hat, aber er muß sich dann auch anhören, was der Klient zu sagen hat. In unserem Fall reagiert die Mutter als Klientin auf die Frage des Beraters mit einer ersten Darstellung ihres Problems in einer längeren Sequenz. Sie folgt damit nicht nur ihrer Antwortpflicht, sie nimmt auch das Recht für sich in Anspruch, ihre Problemsituation so darzustellen, wie sie ihr erscheint, und zwar mit ihren eigenen Darstellungsmitteln und mit dem nötigen Darstellungsaufwand. Man kann von einem autonomen Darstellungsrecht des Klienten sprechen, das sich an dieser Stelle geltend macht.

Allerdings unterbricht der Berater die Klientin in Turn 3. Seine Äußerung hat die Form einer Nachfrage. Die Klientin akzeptiert diese Nachfrage, wie ihre Antwort in Turn 4 zeigt. Der Berater

nimmt sich offenbar das Recht, mit Hilfe von Nachfragen auf die Darlegungen des Klienten Einfluß zu nehmen. Er macht dadurch deutlich, daß die Problemdarstellungen des Klienten als Daten für seine Sachverhaltsfeststellungen dienen. Dem autonomen Darstellungsrecht seitens des Klienten steht gewissermaßen das Recht zur Steuerung der Problemdarstellung durch Nachfragen seitens des Beraters gegenüber. Die Datensammlung wird sich folglich als ein Wechselspiel zwischen den Darstellungen des Klienten und den Nachfragen des Beraters gestalten. Daran erkennt man, wie die Daten des Falls in einem Aushandlungsprozeß zwischen Berater und Klient erzeugt werden.
Die Nachfrage »Wer sagt das?« läßt sich freilich noch genauer qualifizieren. Es handelt sich um eine aufschließende Nachfrage, die einen weiteren Aspekt der vorangegangenen Darstellung zur Sprache bringt. Erscheint es nämlich nach den Darstellungen der Mutter so, als ob die Sanktionierung als zwangsläufige Maßnahme der Institution Schule zu sehen ist, so legt die Nachfrage des Beraters nahe, daß der sanktionierenden Person unter Umständen Interpretationsspielräume offenstehen. Die Mutter nennt in Turn 4 die Lehrerin als sanktionierende Person und liefert damit ein weiteres Datum zur Sachverhaltsfeststellung. Der Berater stellt daraufhin in Turn 5 fest, daß die Lehrerin eine Teilnahme des Sohnes an der Klassenfahrt nicht wünscht, womit gesagt wird, daß die Frage der Teilnahme oder Nicht-Teilnahme eine Ermessenssache darstellt.
Es ist offensichtlich, daß der Berater schon zu Beginn der Datensammlung mit einer Interpretation interveniert. Die aufschließende Nachfrage in Turn 3 hat eine Deutung eingeleitet, die in Turn 5 abgeschlossen wird. Man kann von punktuellen Deutungen sprechen, mit denen der Berater die Problemdarstellung des Klienten begleitet. Sie können in unterschiedlicher Form eingebracht werden: etwa in Form einer aufschließenden Nachfrage, wie an dieser Stelle, oder in Form einer Nachfrage mit einem Deutungsangebot (zum Beispiel geht der Berater an einer Stelle auf eine Äußerung des Jungen, die lautet, er ärgere sich in der Schule, mit der Frage ein, ob er geärgert werde) oder in Form eines Zwischenresümees, aber auch in From eines deutenden Kommentars. Punktuelle Deutungen dienen aus der Sicht des Beraters dazu, die Wahrnehmung des Klienten für neue Sichtweisen und weitere Handlungsmöglichkeiten zu öffnen. Dadurch

können sie den Boden bereiten für die zusammenfassende Deutung, die der Berater später dem Klienten zu unterbreiten hat. Hier wird man wieder auf die asymmetrische Rollenverteilung zwischen Berater und Klient aufmerksam. Durch die Äußerung punktueller Deutungen beansprucht der Berater das Deutungsmonopol, und das muß der Klient durch Äußerungen von Kenntnisnahme anerkennen. Wenn ein Klient das Deutungsmonopol des Beraters unterläuft, indem er beispielsweise Versuche unternimmt, über die Richtigkeit und Angemessenheit der Deutungen des Beraters zu diskutieren, und der Berater darauf eingeht, droht der Interaktionstyp der Beratung zu zerbrechen. Im günstigen Fall geht die Beratung in ein Fachgespräch über, im ungünstigen, aber wahrscheinlichen Fall kommt es zu einem zähen Machtkampf zwischen Berater und Klient. Man könnte einen Diskussionsversuch sogar als einen Test des Klienten auf die Vertrauenswürdigkeit des Beraters ansehen. Der Berater soll für den Klienten eine gewisse Sicherheit und Stärke ausstrahlen, und die verliert er, wenn er sich innerhalb einer Beratung auf eine Diskussion über die Grundlagen seiner Ratschläge verwickeln läßt. Der Klient sucht namlich eine lebenspraktische Wahrheit, die personal verkörpert wird, und nicht ein theoretisches Wissen, das argumentativ bewiesen wird.

Wir wollen nun die weitere Strukturierung des Gesprächsverlaufs nachzeichnen. Die Phase der Datensammlung zieht sich etwa über zwei Drittel der Gesprächsdauer hin. Sie schließt mit einer Sequenz über die Schwierigkeiten, die daher rühren, daß die beiden Kinder sich ein Zimmer teilen müssen. Dieser Gesprächsteil wird vom Berater mit folgender Erklärung beendet:

216 B: Nun ist es so, Sie leben zusammen alle drei, wenn in einer Familie etwas schwierig wird, dann merkt man das oft an einem, ehm, aber das is so ähnlich wie bei nem Mobile, wenn man da an das eine tippt, dann wackelt alles andere auch.
217 M: Ja!
218 B: Ähnlich ist es in der Familie, ehm, daß es eigentlich immer alle betrifft, nicht nur den einen.
219 M: Ja.

Diese Sequenz stellt unserer Auffassung nach eine eigene Phase im Beratungsgespräch dar: die *Phase der Interpretation*. Wir hatten schon gesagt, daß auch während der Phase der Datensammlung vom Berater Interpretationen in Form punktueller Deutun-

gen eingestreut werden, doch nun nimmt er eine Gesamtdeutung des Falls vor. Mit Hilfe der Metapher des Mobiles führt er eine familiendynamische Sichtweise ein und erklärt, daß die Probleme, die die Mutter mit ihren Kindern hat, Probleme der Familie als ganzer seien. In dieser Gesprächsphase ist es offensichtlich Sache des Beraters, eine zusammenfassende Interpretation der Probleme vorzulegen, die vorgetragen wurden. Auch wenn die Interpretation sich aus einem gemeinsamen Gespräch zwischen Berater und Klient ergibt, so hat der Berater zum Schluß doch kenntlich zu machen, daß die gemeinsam erarbeitete Interpretation auch seine Interpretation darstellt. Im Prinzip bleibt dem Klienten nur, Nachfragen zu stellen oder Kommentare abzugeben. In unserem Fall erfolgt auf die auffällig kurz und allgemein formulierte Gesamtdeutung des Falls durch den Berater weder Einspruch vom Klienten, noch werden Nachfragen gestellt, so daß der Berater das »Ja« der Mutter in Turn 219 als ein Zeichen ihres Einverständnisses werten kann.
Vielleicht kann man sagen, daß eine Beratung zwei Fragen zu beantworten hat. Die erste Frage lautet: »Worum geht es?« Um einer Person, die sich selbst keinen Rat mehr weiß, einen Rat geben zu können, muß man zuerst klarlegen, um welches Problem es sich handelt. Dieser Klärung dienen die beiden Phasen einer Beratung, die wir Datensammlung und Interpretation genannt haben. Die zweite Frage, die eine Beratung zu beantworten hat, lautet: »Was kann man tun?« Der Rat, den man einer ratlosen Person geben kann, muß anscheinend nicht nur sagen, was das Problem ist, sondern auch, wie man das erkannte Problem bewältigen kann. Die Erarbeitung eines akzeptablen Handlungsvorschlags ist das Thema der weiteren Phasen eines Beratungsgesprächs. Dazu tritt der Berater zunächst in eine Phase ein, die man *Variation von Handlungsentwürfen* nennen kann. In unserem Fall sieht das folgendermaßen aus:

220 B: Ehm, Sie sagten vorhin so ... Sie haben soviel geredet und, ehm, es nutzt nichts ... vielleicht können wir mal überlegen, alle drei, was könnte helfen, jetzt, ich überlege nämlich so die ganze Zeit, was könnte ich Ihnen anbieten.
221 M: Ja?
222 B: An Möglichkeiten, was könnte Ihnen helfen? (lange Pause) Jenny sagte ja eben so ein eigenes Zimmer – ne?
223 T: Ja.

224 B: Das wär eine Hilfe. Ja. Das meinten Sie ja auch? ... Für dich, Michael, wär's auch gut, ehm ... na ich hatte eben so gedacht ... das betrifft Sie sicherlich alle drei, ehm, jeder tut'n Stückchen mit dazu, und das irgendwo hakt es, irgendwo geht das nicht weiter, eh – die Möglichkeit hier is ja, daß sich jemand dazusetzt und, eh, das einfach nochmal ganz frei sieht, ohne daß er beteiligt ist.

225 M: Ja.

226 B: Und von daher auch eher mal aufmerksam machen kann auf Dinge, die Ihnen gar nicht mehr auffallen.

227 M: Ehm.

228 B: Ah – das ist die Möglichkeit eines Therapeuten,

229 M: ja,

230 B: so daß man selber dann etwas verändern kann,

231 M: ehm,

232 B: daß es dann wieder besser läuft.

233 M: Ja.

Eingeleitet wird diese Phase vom Berater in Turn 220 mit der abermaligen Feststellung der Hilflosigkeit der Klientin. Sodann fordert er alle Beteiligten dazu auf, zu überlegen, was in dieser Situation helfen könnte. Folgt man den Formulierungen jedoch genau, so ist nicht mehr klar, wer eigentlich überlegen soll – jedenfalls ist es schließlich nur noch der Berater, der überlegt. In Turn 222 nimmt er nochmal auf einen schon verworfenen Handlungsvorschlag Bezug, der in der Phase der Datensammlung aufgetaucht war, und in Turn 224 wiederholt und spezifiziert er schließlich seine Gesamtdeutung: in alltagssprachlichen Ausdrücken wird die Familie der Klienten als gestörtes und blockiertes Interaktionssystem charakterisiert. Erst danach wird der Handlungsvorschlag einer Familientherapie präsentiert. Auffällig daran ist, dieser Handlungsvorschlag wird zunächst damit begründet, daß er in der Beratungsstelle durchgeführt werden kann, und erst dann wird seine Angemessenheit erläutert. Im Nachvollzug des Gesagten ist zu erkennen, mit welchen diskursiven Mitteln der Berater seinen Handlungsvorschlag als Problemlösung einführt: er weist nochmal auf die Hilflosigkeit der Klienten hin, zeigt die Unbrauchbarkeit anderer Handlungsentwürfe und wiederholt in anderer Formulierung seine Interpretation der Probleme. Vor diesem Hintergrund erscheint der Vorschlag einer Familientherapie nur als folgerichtig. Die Mutter hat die Ausführungen des Beraters mit Rezeptionssignalen begleitet.

Dabei kann es aber nicht bleiben. Denn die Machbarkeit eines Handlungsvorschlags erweist sich letztlich daran, daß er vom Klienten angenommen werden kann. Dies ist das Thema der vorletzten Phase eines Beratungsgesprächs, die wir als *Phase der Stellungnahme* bezeichnen. In unserem Fall prüft der Berater, ob die Mutter und auch die Kinder mit dem Vorschlag einer Familientherapie einverstanden sind. Die Phase der Stellungnahme wird vom Berater wie folgt eröffnet:

234 B: Könnten Sie drei sich vorstellen ... zu dritt mit einem Therapeuten oder Therapeutin ... eh, Gespräche zu führen, darüber, was eigentlich bei Ihnen zu Hause läuft, welche Probleme es gibt?

Er lädt die Klienten zu einer gedankenexperimentellen Prüfung der lebenspraktischen Konsequenzen seines Handlungsvorschlags ein. Das führt aber zunächst nicht zu dem gewünschten Erfolg. Denn die Mutter antwortet, ganz im Sinne der von ihr bekundeten Hilflosigkeit, daß sie nichts unversucht lassen wolle, mit anderen Worten, daß sie mit allem einverstanden sei:

235 M: Ja, eigentlich schon ... möchte nun eigentlich nichts unversucht lassen, also.

Aber damit kann der Berater sich nicht zufriedengeben. Die Stellungnahme des Klienten muß auf den bestimmten und nicht auf irgendeinen Handlungsvorschlag bezogen sein, weil damit auch bestimmte Konsequenzen verbunden sind. Und so zieht sich die Phase der Stellungnahme über einen längeren Zeitraum hin. Erwähnenswert ist eine Stelle, wo man erkennen kann, wie der Berater Erwägungen der Mutter, die von seinem Handlungsvorschlag wegführen, abschneidet. Um eine explizite Stellungnahme seiner Klientin anzuregen, gibt der Berater selbst zu bedenken, daß auch die Möglichkeit einer Einzeltherapie in Frage kommt. Darauf geht die Mutter ein:

247 M: Würde vielleicht eventuell *mehr* rauskommen.
248 B: Meinen Sie?
249 M: Naja ich meine, daß die Kinder sich dann vielleicht *mehr* äußern würden, ehm, (Germurmel) ... vielleicht irgendwelche Sachen, die ich gar nicht weiß (lacht) was sie sich vielleicht nur nie trauen zu sagen –
250 B: Ehm.
251 M: Sag doch Du mal: alleine oder zusammen?

Die Äußerung der Mutter in Turn 247 und die Erwiderung des Beraters in Turn 248 prallen geradezu aufeinander. Der Berater versucht, das sachliche Argument der Mutter als ihre persönliche Meinung hinzustellen, und darin liegt zweifellos eine gewisse Entwertung. Aber diese läßt sich nicht abbringen und präzisiert in Turn 249 ihre Einschätzung. Der Berater antwortet darauf in Turn 250 mit einem rezipierenden »Ehm« und schweigt. Damit bricht er das Gespräch über die von ihm selbst angesprochenen Handlungsalternativen Einzel- oder Familientherapie ab. Für die Mutter würde es gewiß einen ziemlichen interaktiven Kraftakt bedeuten, trotz dieses Einschnitts durch den definitionsmächtigen Berater ihren Argumentationsfaden weiterzuführen. Sie wendet sich statt dessen in Turn 251 an ihre Tochter.

Die Phase der Stellungnahme wird vom Berater schließlich auf eine bemerkenswerte Weise abgeschlossen. Der Versuch, eine explizite Stellungnahme auf dem Wege der Vorstellung der lebenspraktischen Konsequenzen des Handlungsvorschlags zu erreichen, hat in diesem Fall kein eindeutiges Ergebnis erbracht. Man weiß nicht, ob die »Ja«-Stellungnahmen der Mutter als Zeichen der Zustimmung oder bloß als Zeichen der Kenntnisnahme genommen werden können, und auch bei den Kindern ist es nicht anders. Statt zu einer gedankenexperimentellen fordert der Berater nunmehr seine Klienten zu einer realexperimentellen Prüfung des unterbreiteten Handlungsvorschlags auf. Er schlägt ihnen vor, die Familientherapie erstmal unverbindlich auszuprobieren:

267 B: Ehm – hier in den Gesprächen geht es ja nicht darum, ... noch mehr Klagen über Dich zu hören, sondern zu gucken, warum eigentlich – ne, warum kommt es zu so'ner Situation? ... Und ich denke, also 's ist ja auch so, wir können's probieren und dann gucken.

268 M: ja,

269 B: wie jeder sich fühlt – ne? 'S ist dann auch ganz wichtig ... ehm – Sie leben mit den Kindern zusammen, gibt es für Sie 'n Mann?

Die Mutter reagiert hier erneut mit einem dünnen »Ja« (Turn 268), wobei man sich wieder aussuchen kann, ob es als ein rezipierendes oder als ein ratifizierendes »Ja« verstanden werden soll.

Die Phase der Stellungnahme ist vom Berater abgeschlossen worden, und damit könnte das Beratungsgespräch zu Ende gehen. Wie man in Turn 269 sieht, wird vom Berater jedoch unmittelbar im Anschluß daran eine zweite Phase der Datensammlung eingeleitet mit der Frage, ob es für die Mutter einen Mann gebe. Es folgt ein längerer Gesprächsabschnitt, in dem es um die Partnerbeziehungen der Mutter und die Bedeutung eines Vaters für ihren Sohn geht. Das muß an dieser Stelle überraschen, da der Handlungsvorschlag festzustehen scheint. Und in der Tat stellt sich später heraus, daß diese zweite Datensammlungsphase weder an der Gesamtdeutung des Beraters noch an seinem Handlungsvorschlag etwas geändert hat. Eine Erklärung für diese Abweichung vom Schema einer Beratung findet man am Schluß des Gesprächs.

Die letzte Phase eines Beratungsgesprächs ist die *Beendigungsphase*: man trifft eventuell Vereinbarungen über das weitere Vorgehen und verabschiedet sich. In unserem Fall läuft das wie folgt ab:

317 B: Ja, ich hab mir eigentlich jetzt so rundrum 'n Bild gemacht und, ehm ... wir machen das hier so, daß ich meinen Kollegen, die hier arbeiten, die alle unter Schweigepflicht stehen, ehm, das kurz mitteile.
318 M: Ehm.
319 B: Ich selber mache nur das Aufnahmegespräch jetzt, und wir dann zusammen beraten, welche Art von Therapie und wer es übernimmt.
320 M: Ja.
321 B: Und eh – Sie würden in etwa drei Wochen, drei/vier Wochen, ehm, von uns ne Einladung bekommen, da wendet sich der Kollege, die Kollegin, die's übernommen hat, an Sie und bittet Sie dann zum ersten Gespräch.
322 M: Ehm.
323 B: Ja?
324 M: Ja.
325 B: Also daß ich im Moment dann wieder zurücktrete, ehm, ehm, sollte es Probleme geben in dieser Wartezeit, können Sie sich jederzeit an mich wenden, ehm – da rufen Sie dann unten im Sekretariat an und – verlangen mich. Das heißt, ich schreibe Ihnen am besten mal meinen Namen auf ... und die Nummer – ne.
326 M: Ja. Danke.

Es beginnt in Turn 317 mit einer abschließenden Bemerkung des Beraters, die überleitet zur Erläuterung des weiteren Vorgehens. Dabei wird, wie schon bei der ersten Begründung des Hand-

lungsvorschlags angedeutet, selbstverständlich davon ausgegangen, daß die Durchführung des angeratenen Handlungsentwurfs in der Hand der Institution liegt, die auch die Beratung veranstaltet. Man erfährt, daß den Kollegen, die, wie offenbar zur Beruhigung versichert wird, unter Schweigepflicht stehen, das Bild, das der Berater sich von dem Fall gemacht hat, mitgeteilt wird. Die Klienten scheinen unversehens in eine institutionelle Handlungskette hineingezogen zu werden. In Turn 319 folgt schließlich eine erstaunliche rückwirkende Situationsdefinition durch den Berater: das abgelaufene Beratungsgespräch wird im nachhinein als Aufnahmegespräch definiert. Zur Erklärung beschreibt der Berater den Organisationsablauf in der Institution. Daraus muß man folgern, daß es in dem gerade stattgefundenen Gespräch gar nicht darum ging, mit den Klienten über die Art des von ihnen dargestellten Problems und über die Art einer angemessenen Problemlösung zu beraten, sondern lediglich darum, die Daten des Falls zu erheben, damit in einem späteren Beratungsgespräch unter den Kollegen darüber befunden werden kann, welche Therapie angezeigt ist und von wem sie übernommen wird. Vermutlich ist das auch der Grund für die nachgeschobene zweite Datensammlung: es fehlten noch Informationen, die für das Kollegengespräch notwendig sind. Die Mutter ratifiziert die gegebene Situationsdefinition durch den Berater in Turn 320 mit einem »Ja«.
Das institutionelle Verfahren, das der Berater in Turn 321 sodann im einzelnen erläutert, sieht sozusagen einen Pflichttherapeuten für die Familie vor, der sich von sich aus melden wird. Das Recht der freien Wahl eines Therapeuten wird den Klienten dieser Beratungsstelle offenbar nicht zugestanden. Die Mutter reagiert auf diese Ausführungen in Turn 322 mit einem etwas unartikulierten »Ehm«. Der Berater mahnt daraufhin in Turn 323 eine deutlich artikulierte Stellungnahme an. Die Mutter hat jetzt nicht nur über die Annahme eines Ratschlags, sondern auch noch über den Abschluß eines Therapievertrags mit einem ihr unbekannten Therapeuten zu entscheiden. Hier hat sie die wohl letzte Möglichkeit im Gespräch, ja oder nein zu dem Handlungs- und Verfahrensvorschlag des Beraters zu sagen. Sie genügt ihrer Antwortpflicht in Turn 324 mit einem deutlichen »Ja«.
Das Gespräch endet mit einer Verabschiedungssequenz, in der der Berater seinen betreuenden Arm ausstreckt, indem er der Mutter versichert, in der Wartezeit immer für sie erreichbar zu

sein. Wir wissen nicht, ob die Mutter sich tatsächlich auf die Benachrichtigung durch den ihr zugewiesenen Therapeuten gemeldet und sich mit ihren Kindern zu einer familientherapeutischen Behandlung eingefunden hat.

Versuchen wir am Ende unseres Gangs durch den Fall das Ergebnis der Rekonstruktion zusammenzutragen. Eine Beratung spielt sich innerhalb eines thematischen Horizonts ab, der typischerweise durch die Eröffnungsfrage des Beraters umgrenzt wird. Die Frage »Um welche Schwierigkeiten geht es?« ist auf die »Situation« der Lebenspraxis gerichtet, angesichts deren der Klient ratlos ist. Dagegen geht es bei den der Beratung benachbarten Interaktionsformen der Therapie auf der einen Seite um die problematische Realität der »Person« mit ihren Erlebnissen und Vorstellungen und bei der Bildungsveranstaltung auf der anderen Seite um die »Welt« der Theorien über bestimmte Probleme und Problemlösungen. Über die Einhaltung dieses Referenzraums möglicher Thematisierungen wacht der Berater, der gegenüber dem in seine Probleme verstrickten Klienten über eine größere Macht zur Definition der Situation verfügt.

Die interaktive Asymmetrie zwischen Berater und Klient wandelt sich freilich im Laufe einer Beratung. Eine Beratung beginnt mit einer Eröffnungsphase, in der sich Berater und Klient sozusagen als autonome Personen begrüßen und eventuell Vereinbarungen über Umstände und Dauer der Beratung treffen. Danach wird vom Berater mit einer Eröffnungsfrage die Phase der Datensammlung begonnen, in der vom Klient in Antwort auf die Frage des Beraters die verschiedenen Aspekte des beratungsbedürftigen Problems dargestellt werden. In dieser Phase beansprucht der Klient sein autonomes Darstellungsrecht, das Recht also, die Dinge so darzustellen, wie sie ihm erscheinen. Der Berater hat vor allem zuzuhören, wobei er sich allerdings das Recht nimmt, mit Hilfe von Nachfragen die Problemdarstellung des Klienten zu steuern. So vollzieht sich die Datensammlung als ein Wechselspiel zwischen den Darstellungen des Klienten und den Nachfragen des Beraters. In der sich daran anschließenden Phase der Interpretation, aus der eine Gesamtdeutung des Falls hervorgeht, tritt der Berater mit seinen Deutungen in den Vordergrund, und der Klient spielt mehr oder weniger den Part des Nachfragers. Bei der Entwicklung eines Handlungsvorschlags kommt es zu einer Art Reziprozität zwischen Berater und Klient. In der Phase der

Handlungsentwürfe ist es zunächst der Berater, der mögliche Handlungsentwürfe sichtet und dann einen machbaren Handlungsentwurf vorschlägt. In der Phase der Stellungnahme muß der Klient sich dazu verhalten. Es ist sein Recht, ja oder nein zu sagen zu dem Handlungsvorschlag des Beraters. Und diese Entscheidung bedarf prinzipiell nicht der Begründung gegenüber dem Berater. Denn es ist letztlich Sache des Klienten, was er tut oder läßt. In der Beendigungsphase treten sich Berater und Klient wieder als autonome Personen gegenüber, die eventuell das weitere Vorgehen verabreden und sich verabschieden. Man sieht, am Anfang und am Ende einer Beratung begegnen sich Berater und Klient als autonome Personen; dazwischen hat der Berater das Deutungsmonopol und bis zu einem gewissen Grade das Fragemonopol, aber der Klient hat das Entscheidungsmonopol und bis zu einem gewissen Grade das Darstellungsmonopol.

Die von uns herausgestellte Verlaufslogik einer Beratung erinnert an das pragmatistische Modell einer problemlösenden Handlung (vgl. Mead 1969; Dewey 1951; auch Schütz und Luckmann 1979, S. 30-37, Webb 1976). Danach kann man sieben Phasen einer problemlösenden Handlung auseinanderhalten: Ausgangspunkt ist der andauernde *Handlungsfluß*, in den der Akteur eingebunden ist; eine *Handlungshemmung* unterbricht den Handlungsfluß, wodurch beim Akteur der Wechsel von der Einstellung der ›natürlichen Selbstverständlichkeit‹ zur Einstellung der ›Reflexion‹ hervorgerufen wird; die Reflexion beginnt mit der *Datensammlung*, das heißt mit der Erhebung aller relevant erscheinenden Aspekte des aus der Störung erwachsenen Handlungsproblems; die gesammelten Daten werden weiter einer *Interpretation* unterzogen, die auf die Identifikation des Handlungsproblems zielt; zur Lösung des identifizierten Handlungsproblems werden anschließend geeignete *Handlungsentwürfe* gesucht, wobei zunächst mögliche Handlungsentwürfe variiert werden und dann ein machbarer selektiert wird; die Übernahme dieses Handlungsentwurfs durch den Akteur verlangt von ihm eine *Stellungnahme*, womit die definitive Entscheidung gemeint ist, dies zu tun und jenes zu lassen; die problemlösende Handlung schließt mit der *Reorganisation des Handlungsflusses*, und damit wechselt der Akteur wieder von der Einstellung der ›Reflexion‹ zur Einstellung der ›natürlichen Selbstverständlichkeit‹.

Diese sieben Schritte einer problemlösenden Handlung sind allerdings vollständig nur im »inneren Dialog« des monologisch reflektierenden Subjekts gegeben. Wird dagegen in Form eines »äußeren Dialogs« eine Lösung für ein Handlungsproblem gesucht, so muß dieses Gespräch sozial inszeniert werden. Dazu gehört es, daß die Gesprächspartner zwischen sich Intersubjektivität in Form einer *Eröffnung* des Gesprächs herstellen und in Form von dessen *Beendigung* wieder auflösen. Gilt weiter noch, daß die Interaktionspartner über das Handlungsproblem des einen nur sprechen, nicht aber in einem gemeinsamen Handlungszusammenhang stehen, aus dem heraus das Problem entstanden ist, wird das Gespräch erst nach dem Eintreten der Handlungshemmung eröffnet und vor der Reorganisation des Handlungsflusses beendet werden.

Man kann eine Beratung – so gesehen – als eine besondere Form einer problemlösenden Handlung begreifen, nämlich als einen nach außen verlegten, in Gesprächsform stattfindenden praktischen Reflexionsprozeß, der insgesamt sechs aufeinanderfolgende Phasen aufweist: Eröffnung, Datensammlung, Interpretation, Handlungsentwürfe, Stellungnahme und Beendigung.

## III

Natürlich wird das von uns herausgestellte Schema in einem tatsächlich stattfindenden Beratungsgespräch durch den Aushandlungsprozeß zwischen den Beteiligten variiert und konkretisiert. Dabei hat allerdings der nichtbetroffene Berater gegenüber dem betroffenen Ratsuchenden die Aufgabe, die Regie über das Geschehen zu führen. Eine wesentliche Schwierigkeit dieser Regie besteht darin, eine Stellungnahme des Ratsuchenden zu arrangieren. Eine Beratung wird man nur dann als wohlinszeniert ansehen, wenn dem Ratsuchenden im Laufe des Gesprächs die Möglichkeit eingeräumt wird, eine Stellungnahme zu dem Ratschlag des Beraters abzugeben. Die Gesprächsphase der Stellungnahme stellt gewissermaßen eine Vorkehrung zur Sicherung der Entscheidungsautonomie des Ratsuchenden dar.

Freilich zeugt der von uns betrachtete Fall davon, daß selbst dann, wenn vom Berater eine Stellungnahme des Klienten eigens arrangiert wird, dieser über die diskursiven Mittel verfügt, die Dinge in seinem Sinn laufen zu lassen. Schon ziemlich früh, genaugenommen mit der ersten punktuellen Deutung, der zufolge das abweichende Verhalten des Sohnes in der Schule mehr mit der Beziehung zu seiner Klassenlehrerin als mit der Natur seines Verhaltens zu tun haben könnte, wird eine psychodynamische Deutung eingeführt, die später eine familiendynamische Wendung erfährt. Und darauf aufbauend wird schließlich eine Familientherapie als Handlungsstrategie vorgeschlagen. Erwägungen, die die Klienten in der Phase der Stellungnahme über andere Problemlösungsstrategien anstellen, man denke an die Überlegungen der Mutter über die Vorteile einer Einzeltherapie, werden vom Berater abgeschnitten. Und am Ende des Gesprächs definiert der Berater das Beratungsgespräch als Aufnahmegespräch. Welche Therapie für den Fall angemessen ist und wer sie ausführt, wird in einem Beratungsgespräch unter Kollegen hinter den Kulissen der Institution ausgemacht. Der Klient hat zu warten, bis sich der ihm zugeteilte Therapeut bei ihm meldet.

Danach sieht es so aus, als sei das Handeln des Beraters bestimmt vom Handlungsprogramm der Institution, bei der er angestellt ist. Mit anderen Worten: Diese Mutter, die Schwierigkeiten mit ihren beiden pubertierenden Kindern hat, wird deshalb als Fall für eine Familientherapie genommen, weil die Beratungsstelle als Interventionsstrategie bei gravierenden Erziehungsproblemen Familientherapie anzubieten hat. Daraus folgt, daß es in dieser Beratung nicht darum ging, eine Interpretation für den individuellen Fall zu entwickeln und einen darauf abgestimmten Handlungsvorschlag zu unterbreiten, vielmehr darum, die Ratsuchenden zu Problemträgern zu machen, für die das von der Institution angebotene Problemlösungsprogramm als angemessen erscheint.

Wir stoßen hier offenbar auf eine generelle Schwierigkeit der Beratung. In der Regel werden nämlich Beratung und Behandlung von der gleichen Person oder Institution durchgeführt. Das gilt nicht nur, wie in unserem Fall, für öffentliche Beratungsstellen, sondern auch für die klassischen Formen der Beratung durch den Arzt oder durch den Rechtsanwalt. Es fragt sich, ob unter dieser Bedingung überhaupt eine Beratung im eigentlichen Sinne möglich ist. Aber was ist eine Beratung im eigentlichen Sinne? Es sieht doch so aus, daß in jeder Beratung der individuelle Problemfall einem allgemeinen Problemlösungsmuster angepaßt wird. Schließlich will der Ratsuchende nicht nur wissen, was der Fall ist, sondern vor allem, was er tun kann. Und bestimmte Problemlösungsstrategien gelten für bestimmte Sorten von Problemträgern. Der Klient muß folglich, überspitzt gesagt, in der Beratung dazu gebracht werden, daß er anerkennt, die Probleme zu haben, für die der Berater oder die Beratungsstelle Lösungen anbieten können. Eine Beratung ist in diesem Sinne erfolgreich, wenn der Ratsuchende sich am Ende der Beratung damit einverstanden erklärt, sein lebenspraktisches Handeln nach dem Kalkül eines verfügbaren Problemlösungsprogramms auszurichten.

Es scheint nowendig, sich noch einmal grundsätzlich darüber zu verständigen, was unter einer Beratung zu verstehen ist. Nach unserer Rekonstruktion hat die Beratung mit der Vermittlung von Begründungen und Entscheidungen im lebenspraktischen Handeln zu tun.[4] Eine Person begibt sich in eine Beratung, weil ihr plausible Begründungen für drängende Entscheidungen fehlen. Die Leistung einer Beratung besteht demnach in der Beschaffung weiterer und reicherer Begründungen für notwendige Entscheidungen. Das kann man in der Sprache von Peirce (1967/70) als Aufklärung verstehen: die Welt des bisher »Erkannten« wird hin auf eine Welt des noch »Erkennbaren« geöffnet. Die Aufforderung zur Stellungnahme, die nach unserer Rekonstruktion den Aufklärungsprozeß beschließt, stellt den Klienten gleichsam unter den Zwang, das nun »Erkennbare« dem Fundus seines »Erkannten« einzuverleiben. Diese Assimilation wird letztlich vollzogen in der Umsetzung von möglichen Begründungen in eine faktische Entscheidung, die allein Sache der lebenspraktisch handelnden Person ist. Aus diesem Grund rückt interaktionsstrukturell gesehen das Problem der Stellungnahme des Klienten in der Beratung in den Vordergrund. Allerdings muß man genau genommen zwei Arten von Entscheidungen auseinanderhalten: zum einen die Entscheidung, die der Klient in Form einer Ja/Nein-Stellungnahme im Rahmen einer Beratung kundtut, und zum anderen die Entscheidung, die er außerhalb der Beratung, nämlich in der Lebenspraxis, in Gestalt seines tatsächlichen Handelns trifft. Und diese beiden Entscheidungen müssen nicht übereinstimmen. Es kommt sicherlich nicht selten vor, daß einer das, was er als Klient einem Berater gegenüber zu tun beabsichtigt, als lebenspraktisch handelnde Person nicht wirklich tut. Das ist nicht einfach auf irgendwelche subjektiven Eigenschaften des Klienten wie mangelnde Aufrichtigkeit oder unzulängliche Handlungs-

konsequenz zurückzuführen, sondern hängt mit der objektiven Disparität der Handlungssituationen zusammen. Im Leben können sich die Dinge wieder ganz anders darstellen als in der Beratung. Aus dieser Erkenntnis kann man den Schluß ziehen, daß ein Klient auf seine Stellungnahme, die er innerhalb der Beratung abgegeben hat, außerhalb der Beratung nicht verpflichtet werden kann. Der implizite Zwang zur Aufklärung, der mit der Aufforderung zu einer Stellungnahme zu dem erarbeiteten Interpretations- und Handlungsentwurf verbunden ist, würde dadurch in einen expliziten Zwang zu aufgeklärtem Handeln verwandelt.
Das geschieht in gewisser Weise in unserem Fall. Da Beratung und Behandlung in einer institutionellen Handlungskette unmittelbar aufeinander folgen, wird die Mutter sofort beim Wort genommen. Sie hat im Geschäftsgang der Beratungsstelle keinen Raum und keine Zeit, die Deutungen und Vorschläge des Beraters auf sich wirken zu lassen. Ihre Stellungnahme in der Beratung gilt automatisch als Einwilligung in den Abschluß eines Therapievertrages. Der Berater hat schon recht: das Beratungsgespräch ist eigentlich ein Aufnahmegespräch. Zum Glück, könnte man geradezu sagen, darf die Mutter mit ihren Kindern wieder nach Hause gehen. Es kann sie niemand dazu zwingen, der Aufforderung eines ihr unbekannten Therapeuten Folge zu leisten, sich mit ihren Kindern zu einer Familientherapie einzufinden.
Übergriffe dieser Art kann man nur stoppen, indem man eine prinzipielle Grenze zwischen der Situation der Aufklärung und der Situation der Lebenspraxis zieht. Auch wenn eine Beratung ihrer Logik gemäß abgeschlossen ist, der Klient also eine Stellungnahme zum Ratschlag des Beraters abgegeben hat, so ist damit die Vermittlung der auseinandergefallenen Handlungsmomente von Begründung und Entscheidung noch nicht vollzogen. Dies geschieht erst im lebenspraktischen Handeln. In den Worten des von uns herangezogenen pragmatistischen Handlungsmodells: Die Wiederherstellung des gehemmten Handlungsflusses ist nicht als begründungssicherer Vollzug von Aufklärung zu verstehen, sondern als eine stets riskante Entscheidung der Lebenspraxis. Und, so darf man vielleicht emphatisch formulieren, mit dieser Entscheidung konstituiert sich der Handelnde als freie und für sich selbst verantwortliche Person.

## IV

Zum Schluß wollen wir an ein Modell von Beratung erinnern, für das die strikte Trennung zwischen der Situation der Aufklärung und der Situation der Lebenspraxis charakteristisch ist. Es ist dies das Modell des Erzählers, wie es Walter Benjamin (1936) wohl mustergültig beschrieben hat. Der Rat des Erzählers besteht in der Geschichte, die er erzählt. Dazu fällt mir eine Geschichte ein, lautet die typische Einleitung des Erzählers, nachdem er sich angehört hat, was seinen ratsuchenden Hörer bewegt. Sein Rat hat weder den Charakter einer psychologischen oder soziologischen Erklärung noch den eines praktischen Imperativs; anscheinend ist er noch nicht einmal auf die besondere Lebenssituation des Hörers bezogen. Die Geschichte, die der Erzähler präsentiert, enthält eine eigentümliche Form der Generalisierung. Sie spricht auf dem Umweg über die Erzählung eines anderen individuellen Falls von dem individuellen Fall des ratsuchenden Hörers. Die lebenspraktischen Probleme eines einzelnen werden mit den lebenspraktischen Problemen eines anderen Einzelnen in einen vergleichenden Zusammenhang gestellt. Derart wird eine Generalisierung lebenspraktischer Erfahrungen vorgenommen, die nicht von der Besonderheit individueller Lebenssituationen abstrahiert, sondern sie durch Vergleichung in ihrer Unvergleichlichkeit erhält. Damit wird die im Grunde paradoxe Leistung einer Vermittlung von Allgemeinheit und Besonderheit vollzogen: es wird mit der erzählten Geschichte ein individuelles Modell konstruiert. Dies ermöglicht es, daß der Ratsuchende sein ganz individuelles lebenspraktisches Problem als ein allgemeines Problem des Lebens verstehen kann. Die erzählte Geschichte bringt zum Ausdruck, wie man die Kummer und Leid schaffende Lebenssituation anders sehen kann und welche weiteren Handlungsmöglichkeiten offenstehen. Freilich, was er daraus für sein Leben macht, ist ausschließlich Sache des Hörers; denn mit der Erzählung der Geschichte ist der Beratungsprozeß abgeschlossen. Der Erzähler schickt den Ratsuchenden mit der Aufforderung nach Hause, die gehörte Geschichte selbst auf seine Lebenssituation anzuwenden. Er schreibt ihm nicht vor, wie die Dinge zu verstehen sind und was zu tun ist, sondern er mutet ihm die »kluge Selbstapplikation« (Jürgen Habermas) des Sinns der Geschichte selbst zu. Der Erzähler nimmt sich einerseits den Problemen seines ratsuchenden Hörers an, macht aber andererseits deutlich, daß dieser sie nur selbst bewältigen kann. Er bezeugt ein Wissen um die Probleme des Lebens, aber auch den Respekt vor der Autonomie individueller Lebensgestaltung.

Wenn man Walter Benjamin glaubt, hat das Erzählen, diese gleichsam handwerkliche Form der Mitteilung, die das »geduldige Verfahren der Natur« (Paul Valéry) nachahmt, im Zeitalter der Industrie und der Information keine Chance mehr. Gleichwohl wird, wie viele soziolinguistische und mikrosoziologische Untersuchungen nachgewiesen haben, im Alltag immer noch erzählt. Das Erzählschema erfüllt offenbar bestimmte Funktionen in der Alltagskommunikation, die durch andere Darstellungsschemata so einfach nicht zu ersetzen sind. Allerdings ist der Benjaminsche Erzähler nicht der Erzähler des Alltags. Der Benjaminsche Erzähler verkörpert eine Wahrheit des Lebens. Er hat, wie Benjamin sagt, seine Autorität vom Tod geliehen. Seine Geschichten umkreisen eine Realität, an der alle schnellen psychologischen oder soziologischen Erklärungen und griffigen Problemlösungsstrategien ihre Grenze finden. Ein gewissermaßen sanfter Ausdruck der eigenen Endlichkeit macht den Ernst und die Würde des Erzählers aus. Diese Figur ist Benjamin zufolge untergegangen.

Man kann sich jedoch fragen, ob nicht jeder vertrauenswürdige Berater auch etwas vom Benjaminschen Erzähler hat. Gewiß will der Klient keine idyllischen Geschichten hören, nach denen alles nicht so schlimm ist, aber vielleicht Geschichten, die seine ganz individuellen Probleme als allgemeine Probleme des Lebens deutbar machen. Möglicherweise wäre der Mutter in unserem Fall mit dem Erzählen einer ihre Situation treffenden Geschichte mehr geholfen gewesen als mit dem Ratschlag, sich einer Familientherapie zu unterziehen. Die Schwierigkeit für einen Berater nur ist, daß man die Kenntnis solcher Geschichten, die Fähigkeit, sie zu erzählen, und den Habitus, ihre Wahrheit zu bezeugen, nicht durch ein sozialwissenschaftliches Studium und auch nicht durch eine therapeutische Zusatzausbildung erwirbt. Dabei hilft weder eine narrative Reformulierung sozialwissenschaftlichen Wissens noch ein Training in narrativer Kompetenz. Dazu braucht man Lebenserfahrung und Weltklugheit, die man wohl kaum im Medium sozialwissenschaftlichen Wissens allein ausbilden kann.

Enno Schmitz ist am 16. April 1986 gestorben. Das Projekt, von dem wir hier berichten, hat er ins Leben gerufen und noch vor seinem Tode abgeschlossen.

1 Einen ähnlichen Versuch haben Giesecke und Rappe (1982) für den Gegenstand von Supervisions- und Balintgruppen unternommen. Mit Hilfe des im Anschluß an Cicourel (1973) entwickelten Modells der »Normalformerwartungen« haben sie sich bemüht, die interaktive Gestaltetheit dieser institutionellen Gespräche zu rekonstruieren. Das Kernstück der »Normalformerwartungen« bildet die Annahme eines Ablaufschemas der Interaktion.

2 Es ist aus darstellungstechnischen Gründen nicht möglich, hier den Fall als ganzen detailliert zu rekonstruieren. Wir beziehen uns deshalb auf einige ausgewählte Sequenzen, an denen wir einige für unsere Gesamtrekonstruktion wichtigen Struktureigenschaften des Falls herausstellen.

3 Angedeutet wird hier eine analytische Differenzierung zwischen Therapie und Beratung. In der zumeist psychologischen Literatur, die sich mit diesen beiden Praxisformen auseinandersetzt, sucht man vergeblich nach klaren analytischen Unterscheidungen. Es gibt einerseits Positionen, die eine Ununterschiedenheit behaupten (besonders Rogers 1972, Seibert 1978), und andererseits solche, die Unterscheidungen vornehmen (besonders Tausch 1973, Scheller u. a. 1977, Breuer 1979). Aber fast alle sprechen von »Berater/Therapeut« und von »beraterisch-therapeutischer Tätigkeit«. Viel zitiert wird der Abgrenzungsversuch von Breuer (1979), der als Kriterien die Qualität der Beziehung und die Starrheit und Genauigkeit der Regelverfolgung angibt: je stärker die Intensität der Beziehung ist und je genauer die Regeln der therapeutischen Schulrichtung vertreten werden, um so eher kann von einem therapeutischen Kontext gesprochen werden. Diese Unterscheidung entspricht wohl einer klinisch-psychologischen Praxis, die eine konkret-empirische Abgrenzung nur nach unterschiedlichen Akzentsetzungen zuläßt. Die Schwierigkeiten solcher Abgrenzungsversuche freilich bestehen darin, daß sie von konkreten Generalisierungen ausgehen, anstatt analytische Differenzierungen vorzunehmen. Dies letztere aber ist unsere Absicht. Wir wollen keine konkreten Indikatoren angeben, nach denen man festlegen kann, ob es sich bei einem Gespräch um ein Beratungs- oder ein Therapiegespräch handelt; wir wollen vielmehr auf analytische Kriterien für eine strukturelle Unterscheidung der beiden Gesprächsformen hinweisen, deren Erkenntnis für die kunstförmige Gesprächsorganisation durch den Berater oder den Therapeuten freilich von Belang sein können. Die erste schon angesprochene analyti-

sche Bestimmung betrifft die Differenz des thematischen Fokus: Beratungen drehen sich um problematische Handlungssituationen, Therapien hingegen um problematische Personen. Dies weist zweitens auf einen Unterschied hinsichtlich der Interaktionsstruktur hin: So muß der Berater auf die Frage des Klienten nach machbaren Handlungsvorschlägen irgendwie antworten, der Therapeut kann auf diese Frage eines Patienten schweigen. Und drittens kann man für eine Beratung einen anderen Verlauf als für eine Therapie erwarten: In einer Beratung muß nach der Klärung dessen, was der Fall ist, eine Erwägung darüber folgen, was man tun kann; in einer Therapie dagegen muß nicht über die Handlungskonsequenzen von Phantasien gehandelt werden, ja, es ist gerade die weitgehende Entlastung von praktischem Handlungsdruck, die die Thematisierung des Widerständigen und Abgedrängten ermöglicht.

4 Wir beziehen uns mit diesen Begriffen auf das handlungstheoretische Programm, das Ulrich Oevermann verschiedentlich skizziert hat (z. B. 1985).

## *Literatur*


Benjamin, W. (1975), »Der Erzähler. Betrachtungen zum Werk Nikolai Lesskows« (1936), in: ders., *Werkausgabe*, Bd. 5, Frankfurt am Main, S. 438-465.

Breuer, F. (1979), *Psychologische Beratung und Therapie in der Praxis*, Heidelberg.

Cicourel, A. (1973), »Basisregeln und normative Regeln im Prozeß des Aushandelns von Status und Rolle«, in: Arbeitsgruppe Bielefelder Soziologen (Hg.), *Alltagswissen, Interaktion und gesellschaftliche Wirklichkeit*, Bd. 1, Reinbek bei Hamburg, S. 147-188.

Dewey, J. (1951), *Wie wir denken. Eine Untersuchung über die Beziehung des reflexiven Denkens zum Prozeß der Erziehung*, Zürich.

Giese, D. (1974), *Die Beratung in der sozialen Arbeit. Rechtsfragen, Methoden, Gespräche*, Köln/Berlin (Kleinere Schriften des Deutschen Vereins für öffentliche und private Fürsorge, Heft 52).

Giesecke, M., und Rappe, K. (1982), »Setting und Ablaufstrukturen in Supervisions- und Balintgruppen«, in: Flader, D., u. a. (Hg.), *Psychoanalyse als Gespräch*, Frankfurt am Main, S. 208-299.

Hörmann, G., und Nestmann, F. (1985), »Die Professionalisierung der Klinischen Psychologie und die Entwicklung neuer Berufsfelder in Beratung, Sozialarbeit und Therapie«, in: Asch, M.G., und Geuter, U. (Hg.), *Geschichte der Deutschen Psychologie im 20. Jahrhundert. Ein Überblick*, Opladen 1985, S. 252-285.

Mead, G.H. (1969), *Die Philosophie der Sozialität*, Frankfurt am Main, S. 102-129.

Oevermann, U. (1985), »Versozialwissenschaftlichung der Identitätsformation und die Verweigerung von Lebenspraxis: eine aktuelle Variante der Dialektik der Aufklärung«, in: Lutz, B. (Hg.), *Soziologie und gesellschaftliche Entwicklung. Verhandlungen des 22. Deutschen Soziologentags in Dortmund 1984*, Frankfurt am Main und New York, S. 463-474.

Peirce, Ch.S. (1967/70), *Schriften*, 2 Bde., Frankfurt am Main.

Rogers, C.R. (1972), *Die nicht-direkte Beratung. Counseling und Psychotherapie*, München.

Scheller, R., und Heil, F.E. (1977), »Beratung«, in: Herrmann, Th., u. a. (Hg.), *Handbuch psychologischer Grundbegriffe*, München.

Schütz, A., und Luckmann, Th. (1979), *Strukturen der Lebenswelt*, Bd. 1, Frankfurt am Main.

Seibert, U. (1978), *Soziale Arbeit als Beratung. Ansätze und Methoden für eine nicht-stigmatisierende Praxis*, Weinheim und Basel.

Tausch, R. (1973), *Gesprächspsychotherapie*, Göttingen.

Webb, B.R. (1976), *The Presence of the Past. J. Dewey and A. Schutz on the Genesis and Organisation of Experience*, Gainsville.

Wittchen, H.-U., und Fichter, M.M. (1980), *Psychotherapie in der Bundesrepublik. Materialien und Analysen zur psychosozialen und psychotherapeutischen Versorgung*, Weinheim und Basel.

Heiner Keupp/Florian Straus/Wolfgang Gmür

# Verwissenschaftlichung und Professionalisierung

## *Zum Verhältnis von technokratischer und reflexiver Verwendung am Beispiel psychosozialer Praxis*

### 1. Psychologie in der Alltagskultur Ein Beispiel erfolgreicher Verwendung sozialwissenschaftlichen Wissens?

Die Analyse des Verwendungszusammenhanges sozialwissenschaftlichen Wissens rückt im psychosozialen Handlungsfeld zwei Phänomenbereiche ins Blickfeld, die ihre je eigene und doch parallele Expansionsdynamik aufweisen: ein sich ausdifferenzierendes System von Anlässen, Institutionen und professionellen Spezialisierungen, die sich als System der psychosozialen Versorgung bezeichnen lassen, einerseits und ein schwer eingrenzbares Feld der Nachfrage und Nutzung von Dienstleistungen aus diesem System sowie der Immission von psychologischen Deutungsmustern in die Alltagskultur andererseits.
Es fehlt nicht an Versuchen, den korrelativen Zusammenhang dieser Phänomene in eingängigen Modellen zu deuten. Eines dieser Modelle bietet sich für eine genauere Analyse im Rahmen der sozialwissenschaftlichen Verwendungsforschung an, denn es unterstellt einen gelungenen Wissenstransfer aus dem wissenschaftlich-professionellen System in die Alltagskultur, wobei der Erfolg dieses Transfers aus der Sicht dieser Interpretation als durchaus zweifelhaft zu sehen ist. Mehr inhaltlich gefüllt, läßt sich diese Interpretation so zusammenfassen: Die psychologische Durchdringung der Alltagskultur und die wachsende Nachfrage nach psychosozialen Dienstleistungen sind Belege für eine erfolgreiche Kolonialisierung der Alltagswelt, die wiederum als Folge einer expansiven Professionalisierung der psychosozialen Berufsgruppen zu fassen sei. Eine Verwendungsforschung im Gefolge dieses Interpretationsansatzes müßte jetzt die Transferprozesse aus

dem expandierenden Revier professionalisierter psychosozialer Dienstleistung in die Alltagskultur verfolgen. Ansetzen würde sie vermutlich an dem Spitzenwert, den Psychologen und Sozialpädagogen bei den Zuwachsraten der Dienstleistungsberufe in den Jahren zwischen 1960 und 1980 einnehmen (vgl. Keupp 1986). Diesem quantitativen Zuwachs korrespondiert eine Spezialisierung und Differenzierung der Dienstleistungssysteme, die trotz natur- und wildwüchsiger Wucherungen auf der Erscheinungsebene einer durchaus planvollen wohlfahrtsstaatlichen Logik folgen. Die Systemförmigkeit psychosozialer Dienstleistungen, die in der Rede vom »System der psychosozialen Versorgung« zum Ausdruck gebracht wird, läßt sich bei aller Unübersichtlichkeit im Erscheinungsbild (dem »psychosozialen Dschungel«, vgl. Cramer 1982) aufzeigen. Sie realisiert sich in den flexiblen, abgestuften und koordinierten institutionellen Reaktionsmustern auf das drohende oder faktische Herausfallen von Individuen aus gesellschaftlichen Normalitätsvorstellungen. Vor allem in den siebziger Jahren hat eine staatliche Reform- und Modernisierungspolitik dieses System rationalisiert, vervollständigt und unter der programmatischen Formel der »Gemeindenähe« eine verbesserte Zugriffsmöglichkeit durch und auf dieses System geschaffen. Das beraterische, therapeutische und rehabilitative Instrumentarium und Angebot hat sich in dieser Phase nicht nur vermehrt, differenziert und modernisiert, sondern es ist auch näher an die Lebenswelt gerückt und wohl auch partiell in diese inkorporiert worden. Mit der Psychologie ist in dieses System eine Disziplin und Profession integriert worden, die im besonderen Maße Modernisierungsfunktionen wahrnahm. Zugleich vermittelt sie sozialwissenschaftliche Konzepte in den gesellschaftlichen Alltag.
Wenn wir zunächst einmal die genaueren Vermittlungsglieder gelingender Transmissionen aus dem professionell-sozialwissenschaftlichen System in die alltägliche Lebenswelt vernachlässigen und in dieser selbst nach Spuren psychosozialer Konzepte und entsprechender alltäglicher »Normalisierungspraxen« (Haug 1986, S. 8) suchen, werden wir in überreichem Maße fündig. Keine aktuelle Gesellschafts- und Kulturanalyse kann den Siegeszug psychologischer Deutungsmuster übersehen, und nicht wenige dieser Analysen erklären die Dominanz des psychologisierenden Selbstbezugs zum prägenden Merkmal der gegenwärtigen soziokulturellen Situation. So hat sich beispielsweise für Richard

Sennett der Weltbezug der Menschen in markanter Weise verändert: »Die Gesellschaft wird heutzutage einzig in psychologischen Kategorien gemessen« (1983, S. 380). Die typischen Subjekte der entwickelten kapitalistischen Gesellschaft werden als »psychologischer Mensch« (Rieff 1966) oder als »homo psychologicus« (Lasch 1980) charakterisiert, deren Sinn- und Orientierungssuche sich fast ausschließlich auf das »Selbst« richtet, auf das »wahre Selbst« (vgl. Cohen und Taylor 1977, S. 199 f.). Sie verhalten sich entsprechend der emphatischen Empfehlung der humanistischen Psychologie: »Unsere Heimat liegt innen, und dort sind wir souverän« (Bugenthal 1985, S. 216). Entstanden ist die »Welt der Psys« (Castel u. a. 1982), die »Therapie-Gesellschaft« (Kursbuch 82/1985), in der der »psychologische Mensch« seine Heimat gefunden hat. Traditionelle Werthaltungen, die das Subjekt auf die Verwirklichung externer Ziele ausrichteten, verlieren an Bedeutung, und ins Zentrum rückt die Suche nach Echtheit und Authentizität. Menschen wollen in ihrem Handeln ein getreues Abbild ihres »inneren Selbst« darstellen (Trilling 1983). Beobachtet wird, »daß die Menschen heute eine Art ›Tanz um das goldene Selbst‹ aufführen« (Beck 1985, S. 108).

Im Zusammenhang unserer *Frage nach den gesellschaftlichen Voraussetzungen erfolgreicher Verwendung* läßt sich nun noch einmal die Frage stellen, ob wir es bei dem Entstehen der Psychokultur mit dem zweifelhaften »Triumph der Therapeutik« (Rieff 1966) zu tun haben, mit der Bereitschaft der Menschen, sich von psychosozialen Instanzen eine neue Sicht der Dinge vermitteln zu lassen, deren Deutungsmuster sich anzueignen und zu »verwenden«. Auf diese Frage gibt es durchaus positive Antworten. So sieht Martin L. Gross das Entstehen einer »psychologischen Gesellschaft«, die unter der Kontrolle der Psy-Experten steht. Auf dem Hintergrund der nachlassenden Bindungsfähigkeit der »protestantischen Ethik« hätten die moderne Psychologie und Psychiatrie mit durchschlagendem Erfolg ihre Alternative angeboten: »Heute können wir einen *von der Psychologie gelenkten* Menschen erleben. Seine Fühler sind ständig nach Ratschlägen von Fachleuten ausgestreckt, die sich nicht schlecht dafür bezahlen lassen, daß sie ihm sagen, was er aus sich und anderen machen soll, wie er am besten lebt, ja sogar empfindet« (1984, S. 8). Der konservative Kulturkritiker kann sich in seiner umfassenden Abrechnung mit der »psychologischen Gesellschaft« durchaus auf

Gewährsleute aus den Psy-Professionen selbst stützen. Sie machen die eigene Profession für den wachsenden narzißtischen Selbstbezug der Menschen verantwortlich, sie würden ihn in Theorie und Praxis fördern und sanktionieren (vgl. Wallach und Wallach 1983).

Allerdings müssen diese Abrechnungsversuche mit dem als gefährlich eingeschätzten Erfolg psychosozialer Professionen Voraussetzungen machen, die Zweifel an ihrem agententheoretischen Universalismus aufkommen lassen. So bezieht sich etwa Gross auf die von David Riesman aufgezeigten Veränderungen in den Sozialcharakteren der Menschen im entwickelten Kapitalismus, er spricht von einem »neuen Menschentyp westlicher Prägung«. Offensichtlich ist der Siegeszug der Psy-Professionen ohne die soziokulturellen Wandlungsprozesse, die den Sozialisationshintergrund für veränderte Persönlichkeitsstrukturen bilden, nicht plausibel zu erklären. In den – im Vergleich zu Gross – ernster zu nehmenden Gesellschaftsanalysen von Daniel Bell (1976), Richard Sennett (1983), Christopher Lasch (1980; 1984), Paul Wachtel (1983), Peter Clecak (1983), Robert Bellah (1985) oder Drew Westen (1986) steht die Frage nach den gesellschaftlichen Bedingungen für die Herausbildung eines »postmodernen Sozialcharakters« im Zentrum. Er bildet die »sozialpsychologische Infrastruktur« für Wünsche und Bedürfnisse, die die Dienstleistungen des psychosozialen Sektors relevant erscheinen lassen. Sie gehen – bei aller Unterschiedlichkeit ihrer politischen Ausrichtung und Akzentuierung im einzelnen – von einer »Erosionskrise« (Negt 1984) des bürgerlichen Sozialcharakters aus, der durch die protestantische Arbeitsethik bestimmt war. Es entwikkelte sich statt dessen eine hedonistische Alltagsethik, die durch keine kollektiven Projekte mehr reguliert wird. Es entstehe eine »Kultur des Narzißmus« (Lasch 1980), eine ausschließliche Orientierung an dem, womit das Subjekt sich bestätigen kann, im »Hier und Jetzt«, in dem, was man unmittelbar fühlt und konsumiert (vgl. zu diesen kulturtheoretischen Debatten Dubiel 1985, S. 21 ff.). In dieser Kultur des Narzißmus entsteht jener Sozialcharakter, der den Produktionsverhältnissen des Spätkapitalismus funktional sei. »Der Narzißmus ist die protestantische Ethik von heute«, sagt Sennett (1983, S. 373). War die protestantische Ethik des aufstrebenden Kapitalismus von Max Weber als ein »stahlhartes Gehäuse der Hörigkeit« beschrieben worden, als verinner-

lichte Verzichts- und Leistungsethik, so sei der »postmoderne Sozialcharakter« eingesponnen in ein »ungreifbares und zugleich undurchdringliches Netz ›weicher‹ sozialer Kontrollen« (Dubiel 1985, S. 35). Sie bilden kein System von externen Zugriffen auf das Subjekt, die dieses als Zwang und Einengung erlebt, sie bilden vielmehr »Normalisierungspraxen im Alltag«, die auf einem Prozeß der »Selbstvergesellschaftung« beruhen (Haug 1986, S. 71). Die Nachfrage nach Beratung, Therapie und anderen Dienstleistungen des psychosozialen Systems wird von einem Konsumenten aus eigener Initiative getätigt, und die externen Zwang vollziehenden Elemente der »Fremdvergesellschaftung« werden im System der psychosozialen Versorgung immer seltener. Die simplifizierenden agententheoretischen Deutungen der Psychokratie haben diese entscheidende Bedingung der Expansivität psychosozialer Dienstleistungen und Deutungen völlig ausgeklammert.
Aber auch eine Analyse der Verwendung sozialwissenschaftlichen Wissens, die die Bedingungen für das gesellschaftliche Interesse an spezifischen Wissensbeständen unberücksichtigt läßt und sich lediglich auf Austauschprozesse zwischen dem sozialwissenschaftlichen Wissensspeicher und Nachfragergruppen konzentriert, riskiert problematische Verkürzungen. Gerade dort, wo in der Alltagskultur ein scheinbar schwunghafter Handel mit sozialwissenschaftlichem Wissen zum selbstverständlichen Kernbestand der alltäglichen Deutungsressourcen zu werden beginnt, besteht Grund, an allzu einfachen Strickmustern des Wissenstransfers zwischen Wissenschaftssystem und alltäglicher Lebenswelt Zweifel anzumelden. Gerade der sich in vielgestaltiger Form etablierende psychosoziale Sektor scheint uns dies zu bestätigen Wir haben uns deshalb darum bemüht, für das psychosoziale Handlungsfeld einen Analyseansatz zu entwickeln, der sich nicht auf die Erfassung von Austauschprozessen zwischen dem abgrenzbaren System sozialwissenschaftlicher Wissensproduktion und nachfragender Konsumentengruppen beschränkt, sondern nach den gesellschaftlichen Bedingungen für die Möglichkeit solcher Austauschprozesse fragt.
Auf dem Hintergrund dieser einleitenden Zusammenhangsskizze versuchen wir in diesem Beitrag , einige dieser Linien auf unterschiedlichen Analyseebenen präziser herauszuarbeiten. Zunächst gehen wir auf jene *gesellschaftlichen Modernisierungs- und Individualisierungsprozesse ein, die die Basis für die Entstehung*

*psychosozialer Dienstleistungssysteme und die Nachfrage nach solchen Dienstleistungen bilden.* In einem nächsten Schritt untersuchen wir den *Prozeß der Verwissenschaftlichung und Professionalisierung des psychosozialen Beratungsbereichs.* Dabei interessieren uns unterschiedliche Typen sozialwissenschaftlicher Wissensanwendung und Reflexion, und wir fragen danach, inwiefern sie jeweils die gesellschaftlichen Grundlagen ihrer Praxis reflektieren und in ihr Wissen und Handeln einbeziehen. An eigenem empirischen Material, das aus Interviews mit Klienten von Beratungsstellen stammt, untersuchen wir weiterhin *unterschiedliche Verwendungstypen psychologischen Wissens.* Abschließend fragen wir danach, *in welcher Weise sozialwissenschaftliche Praxisforschung Reflexionsanstöße für psychosoziale Praxis vermitteln kann*, die einerseits auf die kritische Analyse der gesellschaftlich-naturwüchsig sich ausweitenden Individualisierung und der sie verstärkenden und effektivierenden Technologien zielt. Andererseits geht es um die Frage, *wie sozialwissenschaftliche Wissensbestände eine aufklärerische Option unterstützen können*, die auf die psychosoziale Anregung und Unterstützung kollektiver Erfahrungsbildung und Selbstorganisation zielt.

## 2. Gesellschaftliche Freisetzungs- und Individualisierungsprozesse als objektive Basis für den »Hunger nach Psychologie«

Wenn man den »verrückten Hunger nach Psychologie« (Nelson 1976; zitiert nach Wachtel 1983, S. 196) nicht einer raffinierten Angebotssteuerung der Psychologie anlasten kann, dann sind andere Gründe für seine Entstehung namhaft zu machen.
Dem Psychologen, der sich von den sozialwissenschaftlichen Nachbardisziplinen nicht abschottet, fällt auf, daß sich Soziologen und Politologen zunehmend mit dem Individuum beschäftigen. Beim Blick in soziologische Journale fällt ihm die Häufung von Themen der folgenden Art auf: »Wege zum Ich vor bedrohter Zukunft« (Rosenmayr 1985), »Zweifel am Fortschritt und Hoffen aufs Individuum« (Rammstedt 1985) oder »Individualisierung als Hoffnung und Verhängnis« (Baethge 1985). Entdekken Soziologen nun endlich, daß das Individuum der Dreh- und Angelpunkt, auf jeden Fall der analytische Ausgangspunkt jeder

sozialwissenschaftlichen Analyse zu sein hat? Bei genauerer Lektüre der entsprechenden Arbeiten wird deutlich, daß wir es nicht mit einer sich vermehrenden Anhängerschaft des methodologischen Individualismus im Sinne von Homans oder Opp zu tun haben. Soziologen entdecken das Subjekt in einem ganz anderen Sinne, als es die Psychologie tut. Sie analysieren einen sich verstärkenden »Freisetzungsprozeß« der Subjekte aus traditionsbestimmten Lebensformen und -entwürfen, der die Individuen in einem Maße zu Entscheidungsträgern ihrer eigenen Lebensorganisation macht, wie es in diesem Umfang historisch noch nie möglich war. In diesem Freisetzungsprozeß stecken Risiken und Probleme von neuer Qualität, aber auch Chancen zur Realisierung von Vorstellungen und Utopien für »ein Stück eigenes Leben.«

Es wäre natürlich verfehlt, diesen Prozeß der Individualisierung auf die historische Periode einzugrenzen, als deren Markenzeichen die »Psychokultur« gilt, auf die Zeit seit den sechziger Jahren. Neben anderen hat sich vor allem Georg Simmel mit dem Phänomen der Individualisierung beschäftigt, und viele seiner Aussagen haben einen erstaunlichen Aktualitätsgehalt. Nehmen wir beispielhaft seine Formulierung, die für die »Suche nach dem wahren Selbst«, das ein zentrales Merkmal der aktuellen Psychokultur ist, eine treffende Charakterisierung darstellt:

»Durch die ganze Neuzeit geht das Suchen des Individuums nach sich selbst, nach einem Punkt der Festigkeit und Unzweideutigkeit, dessen es bei der unerhörten Erweiterung des theoretischen und praktischen Gesichtskreises und der Komplizierung des Lebens immer dringlicher bedarf und der eben deshalb in keiner der Seele äußeren Instanz mehr gefunden werden kann« (1957, S. 266).

Die Entwicklungsdynamik der Industriegesellschaft erklärt Simmel vor allem aus dem Zusammenwirken der beiden Grundprinzipien der Funktionalisierung und der Individualisierung. Gesellschaftliche Differenzierung über arbeitsteilige Strukturen erfordert von den Individuen zunehmende Spezialisierung. Die gesellschaftliche Arbeitsteilung zergliedert Lebenszusammenhänge und segmentiert das Leben zeitlich und räumlich. Das führt nach Simmel dazu, daß der moderne Mensch je nach konkretem Handlungsziel unterschiedlichen Gruppen (Simmel spricht in diesem Zusammenhang von »Kreisen«) zugehört. Individualität im soziologischen Sinne wird durch die jeweils »individuelle Kreuzung der sozialen Kreise« (zitiert nach Rammstedt 1985, S. 491) konstituiert. Die jeweilige Schnittmenge von sozialen Beziehungen wird unverwechselbar zum Markenzeichen einer Person. Sie setzen das Subjekt aber auch unter den permanenten Druck, für seine Konstellation pluralisierter Lebenswelten Kohärenz herzustellen, die Widersprüche zwischen ihnen auszuhalten und eine Identität aufzubauen, die die Kontinuität und Besonderheit der Person durch die segmentierten Lebenswelten hindurch ermöglicht. »Das Leben in der modernen Gesellschaft verlangt uns ›Realitätsarbeit‹ *und* ›Identitätsarbeit‹ ab. Wie wir mit Hilfe strukturierter Merkmale unserer Existenz, wie es ›Lebenspläne‹ sind, stabile Weltbilder konstruieren und uns gleichzeitig als unverwechselbare Individuen darstellen« (Cohen und Taylor 1977, S. 23).

*Individualisierung* beschreibt einen Prozeß, der mit der Konstitution der kapitalistischen Produktionsweise untrennbar verbunden ist. Wodurch unterscheiden sich die aktuell diskutierten Freisetzungsprozesse von jenen früheren, durch die die kapitalistische Gesellschaftsformation überhaupt erst möglich geworden ist? Die Durchsetzung der kapitalistischen Produktionsweise bedeutete eine Auflösung der feudalen Abhängigkeitsverhältnisse. Die gesellschaftliche Herstellung der »freien Lohnarbeiterexistenz« hat Menschen aus ihren traditionellen Lebenszusammenhängen herausgerissen, hat sie von ihrem Grund und Boden und aus ihren Herkunftsregionen getrennt, hat gewaltige Bevölkerungswanderungen in die neuen Industriezentren in Gang gesetzt. Aber dieser permanente Freisetzungs- und Vereinzelungsprozeß hat nicht zu einer Individualisierung geführt, sondern mündete in die Kollektiverfahrung von Verelendung und Ausbeutung. Die gemeinsame Erfahrung der fortschreitenden Verschlechterung der Lebenslage hat zur Solidarisierung und zum Zusammenschluß der Arbeiterklasse geführt. Individualisierung war der Prozeß, durch den sich das bürgerliche Subjekt herausbildete, und dieser Prozeß beruhte entscheidend auf Kapitalbesitz und dessen Vermehrung.

Der Freisetzungsprozeß, der zu jener Individualisierungswelle geführt hat, die seit den fünfziger Jahren durch alle gesellschaftlichen Schichten geht, hat eine wohlfahrtsstaatliche Absicherung und einen Lebensstandard zur Voraussetzung, der den Entfaltungsspielraum des einzelnen vergrößert hat, und zugleich die Notwendigkeit der Solidargemeinschaft aus der existentiellen

Not heraus abgebaut. Nehmen wir dafür nur drei Indikatoren. Die Lebenszeit ist um mehrere Jahre gestiegen. Die Erwerbsarbeitszeit ist seit den fünfziger Jahren um mehr als ein Viertel gesunken. Und die Reallöhne sind erheblich gestiegen. Entscheidend hat sich das Verhältnis von Arbeits- und Reproduktionszeit verändert. Mehr verfügbare finanzielle Möglichkeiten können in einer gewachsenen Freizeitwelt verbraucht werden. Hiermit ist nicht eine Verbesserung von Lebensqualität behauptet, sondern zunächst nur das Faktum beleuchtet, daß sich durch die kollektiv erreichte Absicherung von Risiken und die veränderte Reproduktionssituation die Klassenbindungen gelockert haben. Behauptet ist ebensowenig ein Abbau sozialer Ungleichheit. Diese läßt sich in den relativen Einkommens- und Besitzunterschieden als fast unverändert nachweisen. Festgestellt ist eine Niveauverschiebung, die der Mehrheit der arbeitenden Bevölkerung eine Existenzbasis gesichert hat, die nicht mehr von Not und Elend bestimmt ist.

Eingebettet und abgepuffert durch diese Ressourcen der spätkapitalistischen Wohlfahrtsstaaten, hat die Dynamik von Arbeitsmarktprozessen zu einem tiefgreifenden Individualisierungsschub geführt, zu einem »sozialen und kulturellen Erosions- und Evolutionsprozeß von beträchtlicher Reichweite« (Beck 1983, S. 42). Dieser spezifische Freisetzungsvorgang wird von Beck als »Arbeitsmarkt-Individualisierung« bezeichnet, die sich »im Kreislauf von Erwerb, Anbietung und Anwendung von Arbeitskompetenzen entfaltet«. Auf drei Dimensionen, die durch ihren unmittelbaren Arbeitsmarktbezug gekennzeichnet werden können, läßt sich dieser Freisetzungsprozeß aufzeigen:

(1) Der *Ausbau formaler Bildungsprozesse* hat die Herauslösung aus traditionellen Orientierungen, Lebensstilen und Denkmustern erheblich beschleunigt. Die Verlängerung institutioneller Bildungsprozesse in den vorschulischen Bereich hinein und die Ausweitung schulischer Bildung haben den familiären Einfluß und den des Herkunftsmilieus erheblich geschmälert. Die permanenten Selektionsprozesse des Bildunssystems und die damit genährten Aufstiegsorientierungen fördern die Herausbildung von Einzelsubjekten, die ihre Chancen auf dem Arbeitsmarkt zu nutzen suchen. Je geringer diese Chancen werden, je mehr sie zu einem Nadelöhr werden, durch das nur noch wenige einzelne durchkommen, desto mehr entstehen individualistische Muster.

(2) Auf dem Arbeitsmarkt wird durch *soziale und geographische*

*Mobilitätsprozesse* eine spezifische Besonderung von Lebensläufen erzwungen. Der Bevölkerungsanteil von Menschen, die noch an dem gleichen Ort leben und arbeiten, an dem sie geboren wurden oder gar die Eltern- oder Großelterngenerationen gelebt haben, wird immer kleiner. Auch innerhalb einer Arbeitsbiographie werden Arbeitsplatz-, Orts- und Berufswechsel immer häufiger. Langfristige nachbarschaftliche, freundschaftliche und berufliche Bindungen werden dadurch erheblich erschwert. »Die Lebenswege der Menschen verselbständigen sich gegenüber den Bedingungen und Bindungen, aus denen sie stammen oder die sie neu eingehen, und gewinnen diesen gegenüber eine Eigenständigkeit und Eigenrealität, die sie überhaupt erst als ein *persönliches* Schicksal erlebbar und identifizierbar machen« (Beck 1983, S. 46).

(3) Ein Prozeß, der die Vereinzelung und gegenseitige Abschottung entscheidend befördert, ist die *Konkurrenz*, in die der Arbeitsmarkt die Menschen zueinander setzt. Der Konkurrenzdruck ist mit dem Ausbau des Bildungssystems, der gleichzeitig wachsenden Arbeitslosigkeit und der Entwertung von Bildungsabschlüssen gewachsen. »Konkurrenz beruht auf Austauschbarkeit und setzt damit den Zwang frei, diese Austauschbarkeit durch Betonung und Inszenierung der Besonderheit, Einmaligkeit und Individualität der eigenen Leistung und Person zu unterlaufen und zu minimieren« (Beck 1983, S. 46).

Das Spektrum der Bedingungen und Konstellationen, die diesen Freisetzungsprozeß unterstützen und beschleunigen, läßt sich noch durch weitere Aspekte ergänzen, die zum Teil von den drei genannten Dimensionen abhängig sind:

(4) Die wohlfahrtsstaatlichen Programme (Kranken-, Sozial- oder Arbeitslosenversicherung) basieren auf der Individualisierung von Risiken und sichern diese Risiken auch nur aufgrund der Zurechnung zu einer bestimmten Person ab. In diesem *sozialpolitischen Sicherungs- und Steuerungssystem* vollzieht sich eine spezifische Sozialisation der Subjekte, die als »sozialpsychologische Infrastruktur« des sozialstaatlich durchwirkten Kapitalismus bezeichnet wurde (Rödel und Guldimann 1978). Sozialstaatliche Leistungen können nur dann erwartet und eingeklagt werden, wenn die Staatsbürger Defizite und Probleme sich selbst zurechnen. Kollektive Betroffenheit von spezifischen Problemen und eine auf die strukturelle Ursache solcher Probleme zielende Inter-

vention sind als sozialpolitische Definitions- und Handlungsmuster nicht möglich.

(5) Alte Wohngebiete und die in ihnen über Generationen gewachsenen Bindungen verschwinden immer mehr aus dem Bild einer modernisierten Republik. Mit diesen *Wohnformen* verschwinden auch dichte Netzwerkbeziehungen und subkulturelle Milieus, in denen kollektive Erfahrungen und spezifische Lebensmuster weitervermittelt werden könnten. Für die neuen großstädtischen Wohngebiete sind gelockerte Bekanntschafts- und Nachbarschaftskreise typisch oder auch die isolierende Abgrenzung zueinander.

(6) Lebensweltlich erworbenes Erfahrungswissen und dessen Weitergabe oder kollektive Deutungsmuster verlieren zunehmend an Orientierungsfunktion. In einer individualisierten Alltagskultur erscheinen sie schnell antiquiert. Immer größere Bedeutung erlangen *massenmedial vermittelte Interpretationsfolien*. Für Kinder erlangen sie immer früher den Status des Cicerone durch ihre Welt. Analysen der Massenmedien zeigen, daß sie immer stärker die Aufgabe übernehmen, Orientierungsleitfäden für den Alltag zu vermitteln. Psychologische Deutungsmuster durchwirken diese Leitfäden immer stärker und befördern den Individualisierungstrend auf ihre Weise.

(7) Quer zu den arbeitsmarktbezogenen Freisetzungen haben sich durch die reale Infragestellung der klassischen *Rollenverteilung der Geschlechter* weitere Auflösungsprozesse von Sozialformen ergeben. Die Versuche vieler Frauen, für sich einen eigenen Weg zu finden, der die Option auf Beruf, Kinder und Partnerschaft beinhaltet, hat in die private Welt vieler Menschen eine experimentelle Offenheit gebracht, die nach keinem traditionellen Standardmuster kleinfamiliärer Lebensformen gemeistert werden kann. Die Folge ist eine »Pluralisierung der Familienform«, »eine *Vielfalt von Lebensformen, -bahnen, -verhältnissen und -irrgärten*, die mit dem Begriff Familie so wenig einzufangen ist, wie Ameisen mit einem Schmetterlingsnetz« (Beck 1985, S. 93).

*Die Folgen dieser Freisetzungsprozesse gehen für die Subjekte weit über die Veränderungen äußerer Lebenskonturen hinaus. Sie fordern eine veränderte innere Ausstattung*, um durch eine sich partikularisierende Welt und die ständig geforderten situativen Umstellungen ohne Zerfall der Person durchzukommen. Stabile Handlungsorientierungen, Koordinaten, die für ein Leben lang sichere Bezugspunkte liefern könnten oder das Anknüpfen an Modelle aus der eigenen Elterngeneration sind kaum mehr möglich. Die Subjekte werden zum »Dreh- und Angelpunkt der eigenen Lebensführung« (Beck 1985, S. 88), der einzelne muß lernen, »sich selbst als Handlungszentrum, als Planungsbüro in bezug auf seinen eigenen Lebenslauf, seine Fähigkeiten, Orientierungen, Partnerschaften usw. zu begreifen« (Beck 1985, S. 59).

Die Biographien lösen sich immer stärker aus vorgegebenen Rollenmustern und Schablonen, sie werden entscheidungsoffener, sie müssen von den Subjekten selbst gestaltet werden. »Wir sind darauf angewiesen, die ›Drehbücher‹ unseres individuellen Lebens selber zu schreiben, die ›Landkarten‹ für unsere Orientierung in der Gesellschaft selber zu zeichnen, über unsere Biographie, unsere Persönlichkeit, unser Selbstverständnis ›Regie zu führen‹. Unser Tages- und Lebenslauf ist gleichsam eine unstete und manchmal auch unsichere ›Wanderung‹, die wir so durch eine Vielzahl von Lebens-Welten unternehmen. Wir modernen Menschen sind nicht mehr ›zu Hause‹ in einem stimmigen Sinn-Kosmos, wir ähneln eher Vagabunden (oder allenfalls Nomaden) auf der Suche nach geistiger und gefühlsmäßiger Heimat« (Hitzler 1985, S. 349).

Der Individualisierungsprozeß, der im Schoß der bürgerlichen Gesellschaft von Anbeginn angelegt war, hat in seiner Dynamik mittlerweile unsere Gesellschaft ganz durchdrungen und alle gesellschaftlichen Schichten erfaßt. Durch den gegenwärtig sich vollziehenden neuen technologischen Rationalisierungsschub scheint der Freisetzungsprozeß an Durchschlagskraft noch zuzulegen. Der Mikrochip ist das Symbol für ein neues Niveau gesellschaftlicher Arbeit, und mit ihm vollzieht sich ein Umbruch, der das ganze gesellschaftliche Gefüge erfaßt und für den der schon überstrapazierte Begriff der Modernisierung wieder einmal bemüht wird. Er betrifft nicht nur veränderte Formen des Arbeitens, sondern hat auch Auswirkungen auf Lebensstile und normative Orientierungen und erfaßt die Sozialcharaktere und Identitätsmuster. Der gesellschaftliche Transformationsprozeß, der immer mehr Menschen freisetzt und gesellschaftliche Desintegration befördert, erweitert auch Spielräume für Individualität. Traditionsbrüche schaffen individuelle Wahl- und Entscheidungszwänge, aber auch -möglichkeiten. Sie können Lebensperspektiven eröffnen, die von den Subjekten selbst gestaltet werden können. Der sich vergrößernde Handlungsspielraum ermöglicht neue soziale Beziehungen, die nicht durch starre Rollenmuster vorgegeben sind. Sie können und müssen ausgehandelt werden. Zugleich bedeutet dieser Freisetzungsprozeß den Verlust lebbarer Formen für den Alltag, die zunehmende Krisenhaftigkeit von Identitätsbildungsprozessen sowie zunehmende Vereinzelung und Isolation.

Die psychosoziale Praxis liefert für die Kosten dieser Freisetzungsdynamik beständig Anschauungsmaterial. Für die positive Nutzung der gewachsenen individuellen Spielräume reichen meist die psychosozialen Ressourcen der Subjekte nicht aus. Es überwiegen oft die traumatisierenden Verlust- und Risikoerfahrungen, die mit der Enttraditionalisierung von Lebensformen verbunden sind, zu sehr, als daß ihre reflexiven und Selbstbestimmung fordernden Potentiale ausgeschöpft werden könnten. Die Ermutigung und Unterstützung hierzu sollte eine zentrale Aufgabe psychosozialer Praxis sein. Häufig setzt sie aber ohne Reflexion der gesellschaftlichen Bedingungen ihrer eigenen Möglichkeiten auf die naturwüchsigen Prozesse der Individualisierung, die ihnen die Menschen in die Arme treiben, und befördert so einen zur Lebensform erhobenen Narzißmus. Hier wäre eine »Historisierung und gesellschaftsgeschichtliche Revision« der Denkformen der Psychologie vonnöten, die allerdings in ihrem therapeutischen *mainstream* »dem Schein der Individualisierung, von der sie profitiert«, aufsitzt und »die Ursachen für die Probleme in die Menschen, die sie haben, hineinverlegt« (Beck 1986, S. 194). Der für die Psychologie so typische Prozeß der Vernaturwissenschaftlichung erschwert seinerseits noch eine reflexiv-sozialwissenschaftliche Aufarbeitung gesellschaftsgeschichtlicher Veränderungsprozesse, die die Voraussetzung krisenhafter Individualitätsmuster darstellen.

Wenn auch das Arsenal psychotherapeutischer Praxisformen, die das buntscheckige Angebot des Psychomarktes ausmachen, die sozialwissenschaftliche Reflexivität weitgehend vermissen läßt, so stellen sie doch – richtig entziffert – offenbar paßförmige Antworten auf die psychischen Krisen dar, die der gesellschaftliche Individualisierungsprozeß mit sich bringt. Insofern läßt sich die scheinbar chaotische Zufälligkeit des Psychobooms durchaus auch von der Nachfrageseite her ordnen, und es wäre problematisch, ihn lediglich als Ausdruck phantasievollen Psychologen-

Entertainments zu sehen. Im Anschluß an Schülein (1978) lassen sich die Psychotechniken in die drei Haupttypen »dissoziativ-korrektive Techniken« (z. B. Verhaltenstherapie, pragmatische Kommunikationstherapie), »homöostatische Verfahren« (z. B. non-direktive Gesprächspsychotherapie, Gestalttherapie) und »expressiv-katalytische Verfahren« (z. B. Encounter) einteilen. Dissoziativ-korrektive Verfahren vermitteln Kompetenzen und adaptive Fähigkeiten, die eine möglichst effektive Reintegration in sich beschleunigt wandelnde Realitätsbereiche fördern. Die homöostatischen Verfahren stützen labilisierte Identitäten und ermöglichen die Erarbeitung positiver Selbstbilder. Die expressiv-katalytischen Psychotechniken schließlich ermöglichen die Flucht aus einem ungeliebten Alltag, vermitteln Kontakte und schaffen Situationen, die das Gefühl erzeugen, an außerordentlichen Erlebnissen partizipieren zu können. Nimmt man noch die Psychoanalyse hinzu, die selbstaufklärerische Identitätsarbeit zu ermöglichen versucht, dann erscheint der Psychomarkt ein differenziertes Angebot für den Umgang mit dem ganzen Spektrum von Risiken des Modernisierungsprozesses zu präsentieren.

## 3. Professionalisierung und Verwissenschaftlichung

### 3.1 Die Bedeutung einer ersten technokratischen Verwissenschaftlichung und ihr Scheitern

Nimmt man die Expansion im Psychobereich als einen zeitlichen Indikator für die Risiken des oben beschriebenen Modernisierungsprozesses, kann man den Zeitraum von 1965 bis 1975 besonders hervorheben. In diesen Jahren läßt sich ein bis dato nicht dagewesener Professionalisierungsboom beobachten, der sich am einfachsten mit der enormen personellen wie institutionellen Expansion im psychosozialen Bereich verdeutlichen läßt (vgl. C. Schwartz 1978):

- So entstanden allein im Bereich der Erziehungsberatung zwischen 1965 und 1980 über 500 neue Beratungsstellen (was eine Verdreifachung des Bestandes bedeutete). Im ganzen psychologischen Feld dürften in dieser Zeit weit über 1000 neue Institutionen entstanden sein (ein Großteil als sogenannte Regeleinrichtungen).

- Von 1951 bis 1971 erhöhte sich die Zahl der Psychologiestudenten in der BRD von 831 auf 13 524.
- Von 1961 bis 1974 erhöhte sich die Zahl der psychologisch ausgebildeten Fachkräfte von 2400 auf 5000 (unter Bezug auf weitere Quellen sogar auf 7300-7500 bzw. 9000).

Analysiert man die Entwicklung dieser Berufsgruppe weiter, so fällt neben dem gewaltigen Professionalisierungsschub die zunächst eindeutig akademische Grundprägung auf. Noch in den fünfziger Jahren war die Psychologie weit mehr ein akademisches Fach als eine Anwendungsdisziplin (vgl. Maikowski, Mathes & Bott 1976, S. 113 ff.). Einhergehend mit dieser personellen Expansion findet hier jedoch eine Umorientierung statt, die Geuter (1984) folgendermaßen beschreibt: »War der Psychologe, historisch betrachtet, zunächst einmal als Diagnostiker und in Militär, Industrie und Arbeitsverwaltung tätig, so arbeiten heute etwa 70% aller Psychologen in den Bereichen Beratung, soziale Hilfe/Sozialarbeit und Therapie« (S. 54). Dieser von Geuter beschriebene Übergang ist einerseits aus einem veränderten Selbstverständnis der Diplom-Psychologen heraus zu verstehen, hat andererseits jedoch einen wesentlichen Hintergrund in der marktbezogenen Professionalisierung der Psychologie. Durch diese Umorientierung wurde eine Antwort auf die durch die gesellschaftlichen Freisetzungsprozesse entstandene Nachfrage nach beraterisch-therapeutischen Hilfsformen möglich und den Ratsuchenden ein Potential individueller Problembearbeitungen eröffnet, mit dem sie ihre Handlungs- und Bewältigungsressourcen erweitern konnten. Innerhalb dieser Entwicklung nimmt der *Bereich der Beratung* einen besonderen Stellenwert ein. Vor allem durch seine rasante Institutionalisierung und die damit verbundenen Stellenausweitungen »gelingt den Klinischen Psychologen in der Bundesrepublik eine erste Professionalisierung: Hier können sie zunehmend beraterisch und psychotherapeutisch tätig werden« (Steck 1985, S. 450).

Für Diplom-Psychologen wird die Erziehungsberatung zu einem zentralen Berufsfeld, das aufgrund des Ausbaus der dort angebotenen Stellen zahlreiche Berufsanfänger aufnehmen kann und zu diesem Zeitpunkt auch ein ihrer Qualifikation entsprechendes Anforderungsprofil aufweist. Aufgrund dieser Konstellation gelingt es den Psychologen, sich als dominierende Berufsgruppe in der Erziehungsberatung durchzusetzen, unter anderem mit der

Folge, daß »die Ärzte an den Rand gedrängt sind und die anderen Berufe in unterschiedlicher Konstellation ... den Psychologen zur Verfügung stehen« (Buer 1984, S. 23).
Einen zentralen Anteil bei der Durchsetzung der Psychologen als die Erziehungsberatung dominierende Berufsgruppe hatte ihr diagnostisches Rüstzeug, das es ihnen ermöglichte, die damals in diesen Institutionen nachgefragten Bedürfnisse nach differenzierter, qualifizierter und wissenschaftlicher (belegbarer) Beurteilung zu befriedigen. Sie konnten dort vor allem deshalb Entscheidungsträger werden, weil sie in dieser Kompetenz von keiner Profession angegriffen wurden bzw. aufgrund ihrer Qualifikation nicht angreifbar waren (vgl. Buer 1984, S. 25).
Für die Entwicklung der Profession ›Psychologie‹ innerhalb der Institution Beratung erweist sich damit ihre Wissenschaftlichkeit, speziell in der Diagnostik, als maßgeblich für ihre Durchsetzung. Bereits zu Beginn der sechziger Jahre jedoch beschränken sich die Psychologen nicht mehr auf eine begutachtende Tätigkeit, sondern verlagern bzw. erweitern ihren Aufgabenbereich. Neben die Diagnostik treten Beratung und Therapie als Tätigkeitsfeld (vgl. Bornemann 1963, S. 120f.). C. Schwartz (1978) sieht auch hier in der wissenschaftlich erarbeiteten Wissensbasis (bei der Psychoanalyse über hermeneutische, bei der Verhaltenstherapie und der Gesprächspsychotherapie über erfahrungswissenschaftliche Vorgehensweisen/Methoden) eine wesentliche Voraussetzung für die weitere Professionalisierung und Expansion der Psychologenschaft. Kennzeichen der Handlungskompetenzen auf dieser Wissensbasis ist, daß sie »empirisch kontrollierbar Heilung oder Besserung psychischer Störungen erwarten lassen« (1978, S. 309). Bezogen auf eine technische Umsetzung sozialwissenschaftlicher Erkenntnisse scheint sich somit ein idealer Verwendungsverlauf anzudeuten: über die wissenschaftsorientierte Profession Psychologie setzen sich sozial- und erfahrungswissenschaftliche Erkenntnisse konkret in die Praxis um, eine Wissenschaftsdisziplin entwickelt sich gleichsam zu einer Anwendungsdisziplin.
Dieser scheinbar ideale Verwendungsverlauf erfährt jedoch bald einen Bruch. Denn die Erwartungen in praxisrelevante Anleitungen durch psychologische Theorien können nicht eingelöst werden. Gerade in der Verhaltenstherapie, die mit dem Anspruch der wissenschaftlichen Ableitbarkeit therapeutischen Handelns angetreten ist, wird diese Frage heftig diskutiert und schließlich ver-

worfen (vgl. Westmeyer/Hoffmann 1977; Bromme 1978). Es zeigt sich, daß psychosoziale Praxis sich nicht auf eine quasiexperimentelle Feldsituation reduzieren läßt, bei der im Falle der Verhaltenstherapie nur Störvariablen auszuschalten sind, um anschließend ›wahre‹ wissenschaftliche Ergebnisse und Handlungsvorgaben problemlos situieren zu können. Die Verwendung sozialwissenschaftlicher Ergebnisse bedeutet für den Berater vielmehr, daß er die zum Teil widersprüchlichen Inhalte und Kontexte wissenschaftlicher Theorien und Systeme auf seine Praxis zuschneiden muß. Dazu müssen von ihm »die Unvollständigkeit, Partialisierung und Isolierung, Inkommensurabilität etc. der Ansätze ... in Richtung auf modellbezogene ›Ganzheitlichkeit‹ modifiziert werden« (Breuer 1979 S. 173 f.). Diese ›Ganzheitlichkeit‹ steht für die komplexen Handlungsanforderungen, denen sich die Berater in der psychosozialen Praxis ausgesetzt sehen. Bezogen auf sie erweist sich nach akademischen Regeln produziertes sozialwissenschaftliches Wissen letztlich als nicht relevant. Dies wird von den Vertretern der Verhaltenstherapie erkannt, und in der Folge werden in dieser Schulrichtung eine Reihe von Versuchen unternommen, die Aussagen der Lerntheorie besser auf die Beratungs- und Therapiepraxis zuzuschneiden (etwa durch die Einführung ›unspezifischer Therapiefaktoren‹, die ›kognitive Wende‹ etc.).

### 3.2 Die pragmatische Lösung: Eklektizismus und die Etablierung eines außeruniversitären, nicht-wissenschaftlichen Ausbildungsmarktes

Nicht verhindert wird durch diese Bemühungen in den Reihen der Verhaltenstherapie jedoch, daß sich die meisten Berater und Therapeuten nach angemesseneren Qualifikationen für ihren Beratungsalltag orientieren. Einen Ausdruck findet diese Umorientierung im Psychoboom, der sich mit der Etablierung der Therapie im psychosozialen Beratungsbereich und der damit verbundenen verstärkten Nachfrage Anfang der siebziger Jahre entwickelt (vgl. Nagel/Seifert 1978). Es entsteht ein kaum noch überschaubarer Markt an unterschiedlichen Therapieformen. Wenn auch viele dieser Ansätze keine ernst zu nehmende Bedeutung erlangen, so steht den Beratern doch eine ganze Anzahl von Behand-

lungsformen zur Verfügung, die in aller Regel nicht unter üblichen wissenschaftlichen Standards entwickelt wurden und zum Teil auch keinerlei wissenschaftlichen Anspruch anmelden. Damit verbunden ist eine Entwicklung im Aus-, Weiter- und Fortbildungsbereich. War bereits früher die praxisqualifizierende Ausbildung, etwa in psychoanalytischen Schulen, von der universitären Ausbildung abgekoppelt, so verstärkt sich dieser Effekt nur noch. Die Einflüsse der humanistischen Psychologie und speziell der Familientherapie führen zu einem Boom an Ausbildungsinstituten (vgl. G. Jürgens 1985), die in der Folge in der Kombination mit der Psychologenschwemme auf dem Arbeitsmarkt sowohl arbeitsplatzqualifizierende als auch praxisqualifizierende Bedeutung bekommen.
Faßt man die Prozesse der Verwendung sozialwissenschaftlichen Wissens in der ersten ›technokratischen‹ Verwissenschaftlichungswelle und der darauf folgenden Professionalisierungsphase zusammen, so zeigt sich auf der Folie der im zweiten Kapitel dargestellten gesellschaftlichen Entwicklung ein Wechselspiel zwischen nachfragesteuernden Bedürfnissen und der nach adäquaten Angeboten ringenden Disziplin Psychologie. Für den Verwendungskontext interessant ist dabei vor allem, wie mit der Entwicklung der klinischen Verhaltenstherapie der Versuch unternommen wird, sich über wissenschaftlich kontrollierte »dissoziativ-korrektive Techniken« (Schülein 1978) den Alltagsbedürfnissen der Ratsuchenden zu nähern.
Bezogen auf die Praxisanforderungen und die Nachfragebedürfnisse der Ratsuchenden, reicht die Annäherung der akademischen Psychologie jedoch nicht weit genug. Sie bietet kaum Hilfen bei dem Versuch, Identitätskrisen durch neue Sinnstiftungen zu überwinden oder zumindest Orientierungsleitfäden für den Alltag zu entwickeln. Darüber hinaus erfüllt sich in vielen Bereichen der Anspruch der technokratischen Bewältigbarkeit psychosozialer Probleme nicht. Insgesamt erfordert die Praxis ein anderes als dieses akademisch produzierte Wissen. Ein Ergebnis dieses Prozesses war die Entstehung des Psychobooms und der freien Ausbildungsinstitute mit den Schwerpunkten auf ›homöostatischen‹ und ›expressiv-katalytischen‹ Verfahren sowie einer spezifischen eklektischen Aneignungslogik.[1]
Betrachtet man das eklektische Wissen näher, zeigt sich, daß es nicht eine zufällig entstandene, beliebige Mixtur unterschied-

licher Wissensquellen ist. Seine Entstehungsgeschichte markiert es als Befreiung von akademisch-wissenschaftlichen Legitimierungszwängen und den Fesseln des Dogmatismus der Therapieschulen. Mit dem Bekenntnis zum Eklektizismus wird nun öffentlich, was die Praktiker wohl seit jeher machen: Theorien und Methoden unter ihren spezifischen, praxisbezogenen Kriterien zu selektieren und neu zu gestalten. Der dabei vollzogene Griff in unterschiedlichste ›Wissenstöpfe‹ geschieht nicht mehr heimlich und vielfach mit schlechtem Gewissen, sondern wird nun zur Ideologie erhoben.

Innerhalb des Eklektizismus lassen sich, bei der gemeinsamen Zielsetzung, die Behandlungskonzepte und -methoden je nach den vorfindlichen Bedingungen des Klienten und seines Problems auszuwählen, mindestens zwei Hauptrichtungen (siehe auch Garfield/Kurz 1977; B. Ott 1982) unterscheiden.

In der ersten, hier als gemäßigt-eklektizistisch etikettierten Aneignungslogik erfolgt der Transfer unter drei grundsätzlichen Aneignungsbedingungen:

- Zentral ist dabei im Sinne einer Grundhaltung die erlernte therapeutische Zusatzqualifikation. Variiert wird sie zum Teil noch durch den gerade aktuellen Therapietrend. Hinzu treten
- der entsprechende Versorgungsauftrag der Einrichtung und
- das spezifische kollegial-fachliche Netzwerk des jeweiligen Beraters.

Aus diesen drei Kontexten ergibt sich der »Pool« an sinnvollen bzw. nicht-sinnvollen Wissensverknüpfungen.

Der zweite, hier als radikal-eklektizistisch etikettierte *mainstream* verschmilzt bzw. synthetisiert die verschiedenartigsten Wissenstöpfe (Theorien, Methoden) zu einem subjektiv-persönlichen Behandlungskonzept. Im Unterschied zur ersten, gemäßigt-eklektizistischen Richtung lassen sich zum einen so gut wie keine Bezüge zu den ursprünglichen Wissensquellen erkennen. Letztere verlieren im Zuge der Aneignung ihre Bedeutung bzw. werden auch bewußt getilgt. Zum zweiten gilt die Regel des ›anything goes‹. Die Art der Verknüpfung ist hochindividualisiert. Metaregeln für sinnvolle/-lose Verknüpfungen gelten nicht bzw. werden durch die Wirkung der therapeutischen Aura ersetzt.[2]

Auch wenn diese eklektischen Varianten der Verwendung in ihrer Ablehnung eines deduktiven Wissenstransfers zweifellos reflexive Elemente erkennen lassen, gab und gibt es unter den Psychologen

dazu auch warnende Stimmen. Diese sehen das reflexive Moment sowohl in seiner Anwendung wie auch in seiner strukturellen Verankerung gefährdet. In der Anwendung sehen sie die Gefahr, Opfer aktueller Modeströmungen, des jeweiligen psychologischen Zeitgeists zu werden: die Patientenzentriertheit würde sich demnach immer dann aufheben, wenn es gilt, neue Beratungstrends an der Klientel auszuprobieren. Strukturell sehen sie das reflexive Moment sowohl dadurch gefährdet, daß aus der Wissenschaftskritik des Eklektizismus eine Wissenschaftsabstinenz und ein Verzicht auf konzeptionelle Auseinandersetzungen wird. Auch der Eklektizismus wird so zum technologischen Modell reduziert. Und schließlich sehen sie das reflexive Moment als gefährdet an, weil es losgelöst bleibt von einer Analyse der jeweiligen gesellschaftlichen Bedingungen (der Klienten und des professionellen Hilfesystems). Der Praxisvorteil eklektischen Vorgehens reduziert sich somit zu einer geschickten und flexiblen Angebotsanpassung für unterschiedliche ›Marktströmungen‹.
In dieser Marktbezogenheit gerät die Profession Psychologie dann aber ›quasi außer Kontrolle‹ der akademisch-wissenschaftlichen Psychologie und versucht nun selbst in nicht unwesentlicher Form, Nachfragebedürfnisse zu wecken. Nicht vergessen darf man dabei jedoch, daß bei der Etablierung des Psychomarktes die akademische Psychologie einen nicht unbedeutenden Anteil behielt, da sie im Rahmen der Ausbildung zum Klinischen Psychologen einer Berufsgruppe erst den Boden für eine breite Professionalisierung bot und (angesichts der starken Wahrnehmung durch Studierende einerseits und der Ende der siebziger Jahre zunehmend fehlenden Arbeitsplätze andererseits) zugleich auch das personale Reservoir mitschuf. An der inhaltlichen Ausformung verblieb ihr in der Folge jedoch nur noch eine Nebenrolle, was zugleich auch den Einfluß sozialwissenschaftlichen Wissens auf die therapeutisch-beraterischen Angebote reduzierte.

### 3.3 Die gemeindepsychologische Alternative<br>Versuch der Versozialwissenschaftlichung psychosozialer Praxis

Diese marktorientierte Professionalisierung war jedoch nur ein Ausdruck der Krise um das technokratische Modell. Ein anderer war eine von Teilbereichen der Profession getragene kritische

Reflexion psychosozialer Praxis, deren Resultat eine zur technokratischen konkurrierende Verwissenschaftlichungswelle war (und ist). Für die Verwendungsdiskussion von Interesse ist zum einen deren anderes (explizit reflexives) Transferverständnis von Wissen, vor allem aber, daß diese Verwissenschaftlichungswelle sich offen sozialwissenschaftlicher Wissensbestände bedient. Von dieser zweiten gemeindepsychologischen Verwissenschaftlichungswelle wurden bereits zu Beginn der Expansion des Beratungswesens eine Reihe von Defiziten und Fehlentwicklungen im System der psychosozialen Versorgung und der technokratischen Verwissenschaftlichung kritisiert. So etwa

- der *psychologische Reduktionismus*, das heißt die Individualisierung von Konflikten und Problemlagen, die insbesondere in der Vernachlässigung der Strukturen des gesellschaftlichen Alltags besteht, in dem sich die Probleme konstituieren und in dem sie auch zu bewältigen wären (Stichwort: Kritik am medizinischen Krankheitsmodell);
- die *technologischen Individualismen*, die sich die konkrete Lebenssituation der Klienten vorwiegend unter dem Gesichtspunkt der Identifikation jener Veränderungsparameter erschließen, die aus der jeweiligen therapeutisch-technologischen Orientierung abgeleitet werden (Stichwort: therapeutische Oberhoheit);
- die *mangelnde Orientierung* der professionellen Handlungskonzepte *an den lebensweltlichen Bedürfnissen* der Betroffenen (Stichworte: Problementeignung und -entfremdung);
- die *soziale Ungleichheit* in der psychosozialen Versorgung, die auch aufgrund dieser Defizite sozial benachteiligte Bevölkerungsgruppen nicht erreicht bzw. für sie kein adäquates Beratungsangebot zur Verfügung hat (Stichworte: Zwei-Klassen-Versorgung, Mittelschichtorientierung, Zugangsproblematik).

Dagegen wird von der Gemeidepsychologie die Forderung gesetzt, die Entstehung von Problemen ebenso wie ihre individuellen Verarbeitungsformen aus dem gesellschaftlichen Lebenszusammenhang heraus zu verstehen und Beratungs- sowie Organisationsformen zu entwickeln, die diese Kontextvariablen berücksichtigen. Daraus ergibt sich z. B. auch, daß die Notwendigkeit und die konkrete Form einer Intervention nur unter Berücksichtigung dieses Kontextes bestimmt werden können. Durch das kritische Hinterfragen auch der Nachfrage nach psy-

chosozialen Dienstleistungen wird eine Distanz zur vorwiegend marktförmigen Verwendung erreicht und das sozialwissenschaftliche Aufklärungspotential erhöht.
Betrachtet man nun die wesentlichen auf die Gemeindepsychologie wirkenden Einflüsse, so zeigt sich, daß sie diese aufklärerischen Funktionen nicht allein aus der Disziplin ›Psychologie‹ übernehmen konnte. Ihr kritisches Potential wurde vielmehr erst dadurch erreicht, daß sie die ›Grenzmarken der Disziplin Psychologie‹ verlassen hat, sich gegenüber den Ergebnissen und Theorien von Nachbardisziplinen (Soziologie, Sozialpädagogik, Sozialpsychiatrie, Sozialepidemiologie, Devianzforschung) öffnete und so einen neuen, erweiterten Bezugsrahmen für zentrale Fragestellungen entwickeln konnte.
Bestand das aufklärerische Potential der von der ersten Verwissenschaftlichungswelle eingeleiteten Etablierung beraterisch/therapeutischer Hilfsangebote auf einer professionellen Basis darin, Ratsuchenden das Potential einer individuellen Problembearbeitung und persönlichen Wachstums zu eröffnen, so geht die zweite Verwissenschaftlichungswelle einen Schritt weiter, indem sie auf einer gesellschaftlichen Ebene bestimmte Aspekte von Beratung und Therapie selbst kritisch hinterfragt.
Damit erweitern sich auch die sozialwissenschaftlichen Inhalte, deren Verwendung in der Praxis thematisiert werden kann. Die bisherigen Ausführungen zur Professionalisierung der Psychologie hatten ihren Schwerpunkt, wie auch entsprechende Formulierungen bereits aufzeigten, im Erwerb einer beraterisch-therapeutischen Kompetenz. Diese Hilfskompetenz macht aus der Sicht der Gemeindepsychologie jedoch nur einen Teil der professionellen Handlungskompetenzen aus, die von psychosozialen Praktikern erwartet werden müssen. Als ›psychosoziale Basisqualifikationen‹ werden daneben auch jene kritisch-reflexiven Kompetenzen gefordert, die Berater qualifizieren, ihre eigene Tätigkeit, den Einsatz ihrer Hilfskompetenzen sowie den Sinn und die Notwendigkeit einer Intervention kritisch zu hinterfragen (vgl. dazu ausführlich Keupp/v. Kardorff 1980).
Betrachtet man die gegenwärtige Beratungspraxis, so lassen sich die Auswirkungen der drei entwickelten Professionalisierungs- und Verwissenschaftlichungsetappen dort wiederfinden. Dabei zeigt sich, daß die Krise des technokratischen Modells insofern ihre Spuren hinterlassen hat, als sich diesem Modell nur noch

wenige Berater zuordnen lassen. Der weitaus größte Teil rechnet sich einem – allerdings in viele Richtungen zersplitterten – Eklektizismus zu, und eher eine Minderheit der Berater versteht sich als gemeindepsychologisch orientiert.
Mit der Betrachtung dieser personalen Verknüpfung der Professionalisierungs- und Verwissenschaftlichungseffekte wollen wir im folgenden die Analyseebene wechseln. Nach der Entwicklung des gesellschaftlichen Modernisierungs- und Individualisierungsprozesses als Hintergrund der im psychosozialen Bereich wirksamen Professionalisierung und Verwissenschaftlichung sowie der Darstellung und Entwicklung der Verwissenschaftlichungs- und Professionalisierungsetappen werden wir auf einer personalen Analyseebene fragen, wie Berater (4. Kapitel) einerseits und Klienten (5. Kapitel) andererseits jene sozialwissenschaftlichen Inhalte in ihrer Praxis bzw. in ihrem Alltag umsetzen.

## 4. Personale Aneignung (1)
## Die Nichthintergehbarkeit der Person des Beraters
## Zum Kompetenzerwerb psychosozialer Berater

Auf die Bedeutung ›personaler Faktoren‹ in der Aneignung professioneller Handlungskompetenzen verweist das Scheitern des technokratischen Transfermodells ebenso wie der in der Folge einsetzende Psychoboom und die eklektische Grundhaltung zahlreicher Berater.
So erklärt sich das Scheitern des deduktiven Transfermodells in weiten Teilen aus der von der Verhaltenstheorie postulierten Bewältigbarkeit psychosozialer Probleme und Konflikte nach einem ›Maschinenmodell‹. Dieses Modell negiert bzw. leugnet den Einfluß personaler Faktoren auf den beraterischen oder therapeutischen Prozeß. Personale Einflüsse sind danach sogar als ›Störvariable‹ systematisch auszuschalten (Weizenbaum hat diese Idee mit seinem Computer›therapeuten‹ Eliza treffend karikiert). Gerade das Scheitern dieses mechanistischen Konzepts jedoch, das vor allem durch die Einführung ›unspezifischer Therapiefaktoren‹ deutlich wurde, kann als Beleg für die Bedeutung der Person des Beraters/Therapeuten verstanden werden.
Die Rolle ›personaler Faktoren‹ wird im folgenden sowohl für die Professionalisierung der Psychologie als auch für die konkrete

Aneignung wissenschaftlicher Inhalte durch den jeweiligen Praktiker untersucht.
Betrachtet man zunächst die Professionalisierung der Psychologen, so läßt sich diese gerade aufgrund der Bedeutung persönlicher Faktoren nur bedingt in ein klassisches Professionalisierungsmodell einordnen. Durch die Verwobenheit der Berufsrolle mit persönlichen Anteilen und die dabei angelegte, höchst individuelle Brechung sowohl in der beruflichen Sozialisation als auch in der Berufsausübung selbst werden Routinisierungsprozesse, die für eine klassische Professionalisierung charakteristisch sind, erschwert. Beispielsweise fehlt damit auch der in anderen Professionen festzustellende Entlastungseffekt. Als Indiz für nur bedingt abgepufferte Belastungen können die in dieser Berufsgruppe erhöhten Scheidungs- und Selbstmordraten (vgl. etwa Antons 1987) sowie die mittlerweile zahlreich beschriebenen *Burn-* und *Cooling-out*-Prozesse angesehen werden (unter anderem Aronson, Pines und Kafry 1983; Schmidbauer 1983).
Ein weiterer Aspekt, an dem sich aufgrund der hohen Bedeutung personaler Faktoren Unterschiede zu traditionellen Professionalisierungsprozessen zeigen, ist die daraus resultierende Schwierigkeit, das genuine Handwerkszeug beraterisch/therapeutisch tätiger Psychologen zu identifizieren. So lassen sich beispielsweise professionsspezifische Unterschiede zu helfenden Beziehungen im Alltag der Ratsuchenden nur schwer herausarbeiten (vgl. etwa die Diskussion zu den Hilfsqualitäten sozialer Netzwerke oder auch von Selbsthilfegruppen). Ebenso schwierig ist es, bei der Wirksamkeit von Beratungsangeboten zwischen den Einflüssen der eingesetzten Methoden und jenen, die sich aus der Person des Beraters ableiten, der eine Beziehung mit den Ratsuchenden eingeht, zu unterscheiden.
Betrachtet man die konkrete Aneignung sozialwissenschaftlicher Inhalte durch diese Berufsgruppe, so sind personale Faktoren deshalb von besonderer Bedeutung, weil Diplom-Psychologen über eine doppelte Sozialisation verfügen. Qua Ausbildung sind sie Wissenschaftler, qua Berufsausübung Praktiker. Daraus ergibt sich als wesentliche Konsequenz, daß der Transfer sozialwissenschaftlichen Wissens nicht von einer Berufsgruppe zur anderen erfolgt, sondern seine entscheidende Prägung in der Person des Beraters erfährt. Der Transfer sozialwissenschaftlichen Wissens vollzieht sich quasi ›im Berater‹, der sozialwissenschaftliche In-

halte rezipiert und in berufspraktisches Handeln umsetzt. Die Verwobenheit von persönlichen Anteilen mit der Berufsausübung kommt hier zentral zur Geltung.
Welche Prozesse dabei ablaufen und welche Auswahlkriterien Diplom-Psychologen bei der Rezeption sozialwissenschaftlicher Inhalte anlegen, läßt sich anhand der Rekonstruktion des Kompetenzerwerbs untersuchen. Zu dieser Fragestellung liegen eine Reihe von Arbeiten vor (u.a. Breuer 1979; Gerstenmaier/Nestmann 1984; Cramer 1982; B. Ott 1982), die thematisieren, welche Kompetenzen Berater für ihre Berufstätigkeit als wichtig erachten und woraus sie diese Kompetenzen beziehen. In wesentlichen Aspekten läßt sich der Kompetenzerwerb danach folgendermaßen skizzieren:
Die Ausbildung zum Diplom-Psychologen erfolgt universitär. Betrachtet man das Studium näher, so ist festzustellen, daß es besonders im Grundstudium einen stark akademischen Charakter besitzt und wissenschaftlichen Standards verhaftet ist. Diplom-Psychologen erfahren so über ihre Ausbildung

- den Umgang mit wissenschaftlichem Wissen,
- haben Erfahrung mit empirischer Sozialforschung,
- verfügen über die Regeln wissenschaftlichen Datentransfers und wissenschaftlicher Erkenntnisgewinnung.

Insgesamt erwirbt jeder universitär ausgebildete Diplom-Psychologe also die Grundkompetenzen eines Sozialwissenschaftlers. Gleichzeitig vermittelt das Studium jedoch auch die Grundkompetenzen für die prakische Tätigkeit als Berater. Diese Kompetenzen werden im Zuge der konkreten Praxiserfahrungen modifiziert und erweitert. Untersuchungen zu diesem Thema zeigen, daß sich die beraterisch-therapeutische Erfahrungsbildung nach bestimmten Regeln vollzieht. Mit Breuer (1979) lassen sich drei Phasen unterscheiden:

- die Initialphase: ›Praxisschock‹,
- die Problematisierungsphase,
- die Phase der Etablierung beraterisch-therapeutischer Kompetenz.

Diese drei Phasen erlauben einen expliziten Bezug zum Transfer sozialwissenschaftlichen Wissens. So wird in der *ersten Phase* die hohe Einschätzung der durch die Ausbildung erworbenen Kompetenzen meist grundlegend erschüttert: »Die relativ optimistischen Einstellungen, Erwartungen und durch erworbene theoretische Kenntnissysteme bewirkten ›Kompetenzgefühle‹ hinsichtlich der Praxistätigkeit, die am Ende der Universitätsausbildung gestanden haben, machen sehr schnell Eindrücken und Zuständen Platz, die als ›Verunsicherung‹, ›Desorientierung‹, ›Hilflosigkeit‹ und Tendenz zur Resignation beschrieben werden« (Breuer 1979, S. 138). Die von den Berufsanfängern wahrgenommenen Schwierigkeiten können als erster Mißtrauensantrag gegen das erworbene akademisch-wissenschaftliche Wissen verstanden werden, wenn auch der von vielen Psychologen unternommene Bewältigungsversuch in dieser Phase überrascht. Nach Breuer (1979, S. 141) liegt er in einer »möglichst exakten – und dabei starren und rigiden – Planung und Anwendung theoretisch angeeigneter Kenntnisse und Vorgehensweisen«. Eine Abkehr von dieser rigiden Vorgehensweise erfolgt nach etwa einem Jahr in der *Problematisierungsphase*, in der die ›Krücken der strengen Befolgung methodischer Vorschriften‹ zur Disposition gestellt werden und damit die methodischen Standards liberalisiert werden. In dieser Phase gewinnen die praxisorientierten Erfahrungen (Hospitationen, Supervision, Teamgespräche etc.) an Bedeutung. Mit dem Übergang zur *Phase der Etablierung beraterisch-therapeutischer Kompetenz* verstärken sich diese praktisch orientierten Bewältigungsstrategien. Der Umgang mit wissenschaftlichen Standards wird weiter liberalisiert. Ausdruck dieser Liberalisierung sind eine Abkehr von wissenschaftlich-methodischen Regeln und Vorschriften, eine ›Diversifikation des Methodeninventars‹ als Verfeinerung und Vervollständigung des über außeruniversitäre Ausbildungsinstitute erworbenen Repertoires an beraterisch-therapeutischen Strategien und Techniken, flexible Umsetzungen theoretischer und methodischer Orientierungen sowie eine starke Subjektivierung der Tätigkeit.

Diese Beschreibung zeigt, daß der Kompetenzerwerb von Diplom-Psychologen, die in der psychosozialen Beratung tätig sind, strukturell dem Professionalisierungsprozeß der Psychologie entspricht. Auf eine Phase, in der sozialwissenschaftliche Inhalte Handlungssicherheit durch höhere Rationalitätsstandards vermitteln, folgt eine Abkehr von akademisch begründeten bzw. abgeleiteten Handlungsorientierungen und deren zum Teil rigiden Vorgaben.

Diese Ähnlichkeiten zwischen den individuellen Aneignungsverläufen und der Professionalisierung der Psychologie ergeben sich zum einen aus ihrer zeitlichen Koinzidenz (die Ausbildung der meisten untersuchten Diplom-Psychologen erfolgte zwischen 1970 und 1980). Zum anderen dürften sie jedoch einer generellen Logik des Kompetenzerwerbs psychosozialer Berater entsprechen, nach der mit der Erfahrung das berufliche Selbstbewußtsein zunimmt und darüber eine Liberalisierung bzw. Autonomisierung der Verwendung wissenschaftlichen Wissens erfolgt. Die Abkehr von einem deduktiven Transfermodell mit einem technokratischen Verwendungsverständnis und die Hinwendung zu einem eklektischen Denk- und Handlungsmodell erscheinen vor diesem Hintergrund nur folgerichtig. Für sozialwissenschaftliche Inhalte zieht dies zwangsläufig einen Bedeutungsverlust nach sich.

Dies trifft jedoch, wie auch schon zu den Verwissenschaftlichungsetappen ausgeführt wurde, besonders für jene Inhalte zu, die nach einem deduktiven Transferverständnis entwickelt und den Praktikern als handlungsanleitend offeriert wurden. Für kritisch reflexive, sozialwissenschaftliche Inhalte dagegen ist ein Teil der als Berater tätigen Diplom-Psychologen auch nach einer Etablierung fundierter Berufskompetenzen offen. Diese Berater verfügen in Abgrenzung zu Vertretern eines therapeutischen Technizismus und Eklektizismus über eine gemeindepsychologisch orientierte Grundhaltung, aus der heraus sie Denk- und Handlungsmodelle entwickeln, die zum Teil ›therapiekritisch‹ sind und einen wesentlichen Schwerpunkt auf Verfahren setzen, die eine stärkere Einbeziehung alltags- und lebenspraktischer Arbeitsformen und Hilfen zum Ziel haben. Für Vertreter dieser Grundhaltung haben sozialwissenschaftliche Inhalte einen ungebrochen hohen ›Gebrauchswert‹, indem sie begründete Möglichkeiten einer in diesem Sinne erweiterten und damit verbesserten psychosozialen Praxis aufzeigen.

Bevor wir im abschließenden Teil mögliche Konsequenzen aus dieser Diskussion der Verwissenschaftlichungs- und Professionalisierungsprozesse formulieren, wollen wir uns noch mit der zweiten Verwenderseite, jener der Klienten, auseinandersetzen bzw. insgesamt die Beratungssituation in ihrer Verwendungslogik untersuchen.

## 5. Personale Aneignung (2)
## Klienten als Verwender protoprofessionellen Wissens

Wir wollen in diesem Kapitel die Verwendung sozialwissenschaftlichen Wissens an einer typischen Schnittstelle des psychosozialen Marktes analysieren. In dieser versuchen Individuen als Klienten die psychischen wie auch sozialen Folgen ihrer Irritation an dem gesellschaftlichen Freisetzungsprozeß in Interaktion mit dafür ausgebildeten Spezialisten (Beratern) zu klären. Wir wollen das dort transferierte Wissen unter vier Aspekten betrachten:

- In einem ersten Schritt betrachten wir das Eindringen psychologischen Wissens in die Alltagskultur unter der Perspektive des protoprofessionellen Wissens. Dies führt sowohl zu einer Konkretisierung dieses Konzeptes wie auch zu einer Differenzierung zweier Wissensformen (protoprofessionalisiertes und Common-sense-Wissen).
- In einem zweiten Schritt betrachten wir typische Segmente des von Klienten verwandten Wissens in ihrer Mehrdeutigkeit als Index für wie gegen eine relevante Nutzung professionellen Wissens durch Klienten,
- um dann in einem dritten Schritt zu versuchen, die Mehrdeutigkeit des Materials als spezifische Erscheinungsform der Verwendungslogik der Berater-Klient-Interaktion zu deuten. An diesem Punkt verbinden sich auch die personalen Verwendungsanalysen der Klienten- mit jener der Beraterebene.
- Abschließend wollen wir in einem vierten Schritt die bis dahin skizzierte Verwendung psychologischen Wissens durch Klienten unter der Perspektive der im 3. Kapitel entwickelten technokratischen, »eklektizistischen« und reflexiven Verwissenschaftlichung skizzieren.

Mit dem Begriff der Protoprofessionalisierung lehnen wir uns dabei an ein Konzept an, das der Holländer Abraham de Swaan (1983) in die psychosoziale Diskussion eingebracht hat. Unter der *Protoprofessionalisierung versteht er dabei den externen Effekt der professionellen Entwicklung einer Disziplin.* Dieser ist auch, unter anderer Begrifflichkeit, für einige Berufsfelder beschrieben worden; beispielsweise als »medicalization« (Zola 1977), »juridization« (Caplan 1977). Im Vergleich mit diesen Berufsfeldern ist der psychosoziale Bereich (bzw. das Berufsbild des Beraters/Psychotherapeuten) noch relativ jung, was den großen Vorteil hat, daß Protoprofessionalisierungseffekte nicht bereits selbstverständlicher Teil unseres Alltags geworden sind. Noch sind die Grenzen zwischen Fach- und Laienwissen fließend, veränderlich und umstritten, und Laien teilen »ihre alltäglichen Erfahrungen auch noch nicht ohne weiteres innerhalb der Linien ein, die ihnen der neue Beruf gezogen hat (de Swaan 1983, S. 70). Dies läßt die Hoffnung zu, daß sich das Phänomen der Protoprofessionalisierung als spezifische Schnittmenge von professioneller und Alltagskultur noch vergleichsweise gut erfassen läßt.

### 5.1 Protoprofessionalisiertes und Common-sense-Wissen

Unter protoprofessionellem Wissen soll hier all jenes Wissen verstanden werden, das in der Folge einer Professionalisierung in der Bevölkerung weiterarbeitet. Dieses tritt beispielsweise auf, wenn Laien damit anfangen, ihre Schwierigkeiten als psychische Probleme zu erkennen, wo sie früher von üblem Benehmen, schlechten Säften, von Sünde und Krankheit, von Wahnsinn und Tollheit, von Verzauberung oder Schicksal oder von üblichen Mängeln des menschlichen Daseins gesprochen haben oder wenn sie die Schwierigkeiten nicht bemerkt oder für besprechbar hielten (de Swaan 1983, S. 70). Diese begrifflich-inhaltliche Zuschneidung der Erfahrung wird von de Swaan jedoch nur dann als protoprofessionalisiertes Wissen bestimmt, wenn es sich in der Form von Grundhaltung und Basisbegriffen mit dem deckt, was in den entsprechenden Gruppen der Professionellen zirkuliert. Damit grenzt er jene Wissensformen aus, die wir im weiteren als *Common-sense-Wissen* bezeichnen. Betrachtet man Interviews mit (ehemaligen) Klienten von Beratungsstellen, so finden sich in den individuellen Drehbüchern und biographischen Landkarten der Befragten zahlreiche Spuren psychologisierter Deutungsmuster. Allerdings zeigt sich, daß ein großer Teil dieser Orientierungsversuche im Sinne des oben beschriebenen »Common-sense-Wissens« nur noch sehr entfernt und höchst trivialisiert einen Bezug zu sozialwissenschaftlichen Wissensbeständen aufweist. So werden naive Alltagstheorien und Erklärungskonzepte aller Art (übers Wetter, die Wirkung der Sterne usw.) mit psychologischen Begriffen und Vorstellungen verkoppelt. Hierzu drei Beispiele:

*Mann:* »Daß ich manchmal depressiv bin, das hängt bei mir eigentlich immer ein bißchen mit dem Wetter zusammen. Ich gebe zwar auf die Sterne nichts, aber mir hat mal einer gesagt, ich bin vom Mond beeinflußt, das wirkt sich in Arbeitsunlust aus. Ich bin zwar nicht am Boden zerstört, aber mir ist dann alles wurscht.«

*Frau:* »Ich war sogar noch einmal bei einer Dame und habe mir das Horoskop für meinen Sohn erstellen lassen und meines im Bezug dazu. Weil ich gesagt habe, ich weiß nicht, wie soll ich ihn behandeln. Einerseits braucht er ganz große Strenge, andererseits ist er sensibel, was mache ich also verkehrt. Er ist ein Löwe und ich bin ein Krebs. Da hat die zu mir gesagt, den können Sie schon fest anpacken, der hat Standvermögen, da brauchen Sie keine Angst zu haben, der rührt sich bei Ihnen schon, wenn er etwas braucht. Die hat sogar gesagt, der nimmt mir die ganze Kraft, also um nur nichts falsch zu machen, möchte ich sagen, habe ich ihn also immer mit Feingefühl versucht zu behandeln, ich bin ihm nie zu nahe getreten. Die Psychologin, bei der wir da waren, da hatte ich das Gefühl, hat das nicht so gut erkannt.«

*Mann:* »Ich war bei einem Astrologen, und der hat mir die Fakten auf den Tisch gelegt. Ob man dem jetzt glauben kann oder nicht, das ist wieder etwas anderes. Aber der hat zumindestens so getan, als ob er was davon versteht. Und er hat gesagt: ›Wir beide passen überhaupt nicht zusammen‹.« (Herr X und Frau Y sind wegen Eheschwierigkeiten gerade in Beratung.)
*Frau:* »Das hat mir damals fast mehr geholfen.«
*Mann:* »Dem glaube ich mehr als dem Psychologen, weil der einfach Fakten herausgerückt hat. Und der hätte mir dann auch gesagt, was ich machen soll.«
*I:* »Der mit den Sternen?«
*Mann:* »Ja, der Astrologe. Ein Spetzl von mir hat das auch machen lassen, der hat auch Schwierigkeiten in der Ehe gehabt, und der ist zu dem hin und hat sich das ausarbeiten lassen, dem geht es heute glänzend.«

Diese Beispiele machen deutlich, daß protoprofessionelles Wissen von seiner Definition her durch einen sozial wie historisch zu bestimmenden Kontext konstituiert wird. So gilt beispielsweise für die derzeitige Profession der im psychosozialen Bereich tätigen Psychologen (der BRD), daß eine Verbindung von psychischen Zuständen mit astrologischen Konstellationen sowohl theoretisch wie auch methodisch nicht nur ungewöhnlich ist, sondern auch als unzulässig (unwissenschaftlich, methodisch unsauber, unseriös) gilt.[3]

## 5.2 Aneignung von Beratung(-swissen) unter der Perspektive der Protoprofessionalisierung

Im folgenden wollen wir uns mit der Verwendung professionellen Wissens durch Klienten beschäftigen. Wir haben dazu sowohl das Wissen untersucht, das Personen über einschlägige Vorerfahrungen bzw. durch Medien und soziale Netzwerke erworben haben und das mit dazu beigetragen hat, daß sie in Beratung gegangen sind, wie auch jenes Wissen, das sie durch Beratung erworben haben. In beiden Fällen wird ihr Wissen jeweils daraufhin untersucht, inwieweit sich in ihm Indizien für oder gegen Protoprofessionalisierungseffekte finden lassen.

Ein erstes Indiz für das Vorhandensein protoprofessionellen Wissens ergab sich bei der Analyse der Antworten der Klienten auf Fragen nach dem Beratungssetting (also der Form des Beratungsablaufs, der Art und Weise der Betroffenheit und Beteiligung). Wir waren überrascht, wieviele Klienten das heute unter Beratern favorisierte Modell des familientherapeutischen Settings (offenbar von vornherein) akzeptiert haben.

Familientherapeutisches Setting heißt, daß nicht (wie früher oft üblich) ein Symptomträger in der Beratungsstelle »abgegeben« wird (und man allenfalls gemeinsam mit dem Berater zu dessen »Besserung« beiträgt), sondern daß der gesamte Familienverband zum Problemfeld erklärt wird und zur Verbesserung (Lösung) der Probleme alle Familienmitglieder kontinuierlich an der Beratung teilnehmen.

Auf die Frage, ob sie denn den Wunsch der Berater nach der Teilnahme der gesamten Familie bereits zu Beratungsbeginn akzeptiert hätten, bekamen wir Antworten wie folgende:

*Mann:* »Uns war eines von vornherein klar, wenn so ein Problem auftritt, das hängt nicht nur an einem Haken, das ist ja meistens ein ganzes System, was da zusammenspielt, deshalb sind wir gemeinsam hingegangen.«

*Frau:* »Ich sehe jetzt, daß die Familie eine dramatische Dreierbeziehung ist mit tiefer Dynamik drin. Es kann für die Sache nicht hilfreich sein, wenn man nur an einer Ecke ansetzt und nur beispielsweise das Verhalten des Kindes sieht. Die Ursachen für das Verhalten des Kindes liegen sicherlich tiefer.

*Frau:* »Ja, indem vielleicht die verschiedenen Pole nicht harmonisch sind.«
*I:* »Sie meinen die Elternteile?«

*Frau:* »Ja, die Elternteile. Jede Familie hat eine Atmosphäre, und wenn da was nicht zusammenstimmt, dann könnte ich mir vorstellen, daß ein Kind, das noch relativ sensibel ist wie unser Sohn, dadurch beeinflußt wird. Das ist mein laienhaftes Gefühl.«

Ähnliches Wissen über Zielsetzung und Methode gibt es vor allem in den Mittelschichten zur Psychoanalyse.

*Frau:* »Das stand bei mir auch zur Debatte, ob ich Psychotherapie mache, aber so genau wollte ich mich nicht kennenlernen. Der Berater hat mir zwar gesagt, daß man sich da wirklich wandelt, aber ich hatte Angst, daß da alles, meine ganze Kindheit und eben alles ausgepackt wird und nicht nur so viel, wie ich auspacken will.«
*I:* »Sie meinen, daß der Berater Techniken hat, die Sie nicht so beeinflussen können?«
*Frau:* »Ja, das ist für mich so ein Bild, auf der Couch liegend, und er sitzt hinten und ich erzähle, das wollte ich nicht.«

Während das zweite Bild (Psychoanalyse-Couch) weniger überrascht, da vor allem für Mittelschichtrezipienten bereits vielfache Medialisierungen der Psychoanalyse in Film, Fernsehen und Literatur verfügbar sind, ist der Grad der Akzeptanz der systemischen Perspektive in der Bevölkerung doch erstaunlich. Einmal, weil sich diese auf fachlicher Ebene erst in den letzten fünf bis zehn Jahren (Eckardt 1983, S. 397) relevant durchgesetzt hat. Zum anderen, weil sie für die Klienten mit hohen individuellen Kosten verbunden ist (sein kann). Im Vergleich mit der früheren Beratungspraxis (Abgabe des Problemträgers ›Kind‹ zum ›Test‹ und zur ›Reparatur‹) erfordert das familientherapeutische Setting, daß man bereit ist, die eigene Person mit als Teil des problemverursachenden Systems zu sehen, das heißt, auch eine Bereitschaft mitzubringen, aktiv zur Veränderung der Situation beizutragen.
Bemerkenswert ist das Beispiel der ›familientherapeutischen‹ Protoprofessionalisierung noch in einer zweiten, den Sprachgebrauch betreffenden Hinsicht. Eine Formulierung, die etwa die Familie als »dramatische Dreierbeziehung mit tiefer Dynamik« kennzeichnet, könnte ebenso von einem der familientherapeutischen Vordenker stammen. Auch wenn es unwahrscheinlich ist, daß dieser Klient hier bewußt auf eine Zentralkategorie und Begrifflichkeit von Minouchins struktureller Familientherapie rekurriert, so zeigt dieses Beispiel doch, daß zwischen der professionellen Begrifflichkeit in der psychosozialen Szene und dem

Sprachhabitus vieler Klienten kein wesentlicher Unterschied im Abstraktionsniveau besteht. Wir halten dies für einen Beleg unserer These, daß das sozialwissenschaftliche Wissen im psychosozialen Bereich bereits vor der Verwendung in der Beratung einen Verwandlungsprozeß erfahren hat, in dem es auf Alltagssprache und -kultur zugeschnitten wird und sich daher eine Protoprofessionalisierung im Vergleich zu anderen Disziplinen auch »leicht« vollziehen läßt.

*Weitere Indizien für Protoprofessionalisierungseffekte* finden sich, wenn man sich etwa den Gesamtkomplex der Einstellungen und Vorerwartungen zur psychologischen Hilfe betrachtet. Hier gibt es Beispiele für typisch technokratische Erwartungen:

*Mann:* »Wir haben uns erwartet, daß wir das Problem mit unserer Tochter wieder wegbringen. Daß man dort Ratschläge bekommt, was man machen soll, wie man sich verhalten soll, daß man mit ihr einfach wieder besser zum Reden kommt und das [Stehlen] abstellen kann.«

*Mann:* »Ich hab eigentlich wirklich gedacht, daß der sich das erklären läßt, wie das so bei uns abläuft und daß er uns dann irgendwelche Ratschläge gibt.«
*I:* »So vom Fließband?«
*Mann:* »Ja, genau. Ich war total perplex, wie er dann diese Zweiergespräche zwischen meiner Frau und mir angezettelt hat.«

Wie das letztere Beispiel zeigt, stößt eine solch technokratische Erwartung oft auf ein ganz anderes Denken seitens des Beraters. Die Untersuchung hat aber auch gezeigt, daß immer mehr Klienten dieser technokratischen Erwartungshaltung ambivalent gegenüberstehen.

*Frau:* »Am Anfang war da schon irgendwie eine Enttäuschung darüber, daß es da kein Patentrezept gibt. So wie man das bei einer Blinddarmentzündung sagen kann, das wird operiert, und dann ist es wieder okay. Sondern daß man spannen muß, daß die einem nur helfen, sich selber zu helfen, und daß es einfach eine Zeit dauert und eben keine Patentrezepte gibt.«

*Frau:* »Ich hab mir gedacht, ich kann ja da keine Wunder erwarten. Wenn ich da dreimal hintappe. Man muß ja auch erst einmal warm werden, sich kennenlernen. Auch der Beraterin muß man dazu eine Chance geben. Mir war das schon klar, daß das [die Beratung] über eine längere Zeit geht.«

Aussagen wie diese decken sich durchaus mit dem Selbstbild der meisten Berater. Offensichtlich hat die Krise um das technokratische Beratungsmodell (gekoppelt mit einer gesellschaftlich sich ändernden Haltung gegenüber Expertentum und Wissenschaft) auch auf der Klientenebene zu veränderten, ganzheitlicheren und subjektorientierten Erwartungshaltungen geführt. Diese Entwicklung kann auch als ein Beispiel dafür gelten, daß über eine Protoprofessionalisierung Paßformen für die Berater-Klient-Interaktion bereitgestellt werden, noch ehe diese real beginnt.

Untersucht man nun den *Protoprofessionalisierungseffekt durch Beratung*, stellt man erstaunt fest, daß dieser vergleichsweise gering scheint. Betrachtet man Aussagen der Klienten über die erfahrenen Beratungshilfen, so sind selbst Beschreibungen wie die folgende eher die Ausnahme als die Regel.

*Mann:* »Das war eine konkrete Hilfe, die die Beraterin daraus entwickelt hat. Wenn ich das recht in Erinnerung habe, dann war das der Punkt, daß man oft einen Partner heiratet, der einen ergänzt. Und wenn der einen dann verläßt, dann wird man noch schwächer. Und da muß man halt versuchen, in seinen Schwächen stärker zu werden.«

In nur wenigen Fällen benützen Klienten explizit psychologische Erklärungsmuster und Metaphern. Noch seltener gebrauchen sie in ihren Beschreibungen typische Fachtermini (wie neurotische Partnerbeziehung, Kollusion, Joining usw.). Statt dessen verwenden sie bei der Beschreibung der erfahrenen Beratungshilfen Bilder und Begriffe, die alltagssprachlich sind und nicht notwendig auf den Kontext einer erfahrenen Beratung verweisen. Dieser scheinbare Widerspruch zwischen Indizien für und gegen Protoprofessionalisierung löst sich unseres Erachtens auf, wenn man den Kontext der Beratungssituation näher betrachtet und die These der ›Verwendung als Verwandlung‹ auf diesen Bereich konkretisiert.

### 5.3 Protoprofessionelles Wissen im Kontext der spezifischen Verwandlungslogik der Beratungssituation

So läßt die Verwunderung über das Maß an explizit verwandtem sozialwissenschaftlichem (hier psychologisch-beraterischem) Wissen nach, wenn man bedenkt, daß es unter Beratern wie auch unter Klienten als geradezu kontrainduziert gilt, Fachwissen explizit in den Beratungsprozeß (Verwendungskontext Berater-Klient) einzubringen. Ein Berater, der dies tut, muß mit Reaktionen wie der folgenden rechnen:

*Frau:* »Vor allem das erste Mal, da war ich sehr geschockt von der Psychologin. Die hat so Behauptungen aufgestellt, wenn der F. [ihr Sohn] etwas gemacht hat. Da konnte ich mit meinem normalen Menschenverstand nur den Kopf schütteln. Also beispielsweise, der F. ist unter dem Tisch gesessen und sollte herauskommen, aber er ist nicht herausgekommen. Und sie konnte machen, was sie wollte, er ist nicht herausgekommen. Dann hat sie das irgendwie interpretiert: Daß er wie ein verwunschener Prinz wäre und ich die Prinzessin. Und er wollte nicht zu mir kommen, also etwa so in der Richtung. Also mir ist schon beinahe das Lachen gekommen. Der F. war halt in der Trotzphase und hat genau das nicht gemacht, was man von ihm wollte.«

Wie wir an anderer Stelle gezeigt haben, bedeutet dies aus der Sicht der Klienten jedoch nicht, daß sie auf den Experten in der Beratungssituation verzichten wollen. Man kann auch nicht sagen, daß sie einen Experten wollen, der dieses Expertentum nicht deutlich macht, sondern daß sie eine Person wollen, die ihren Expertenstatus in einer spezifischen Form deutlich macht: Klienten wollen eine Beraterpersönlichkeit, die zum einen wissenschaftlich, theoretisch und methodisch geschult ist und zum anderen aber dieses Wissen auf eine interaktiv-persönliche, alltägliche Ebene zu transferieren versteht.
Diese Tendenz, spezifisch fachwissenschaftliches Wissen auszuklammern, wird noch verstärkt durch ein für viele Beratungen typisches Strukturmerkmal. So verwenden die meisten Beratungsansatze in ihrem Setting ein reflexives Grundparadigma: Ziel ist die Selbstexplikation des Klienten. Der Berater versteht sich als eine Art Katalysator, der dem Klienten ermöglicht, seine Probleme mit eigenen Worten und Bildern zu erkennen und entsprechende Bewältigungsressourcen zu finden. Auch wenn es natürlich in keinen Fall ›reine‹ Spiegelhaltungen des Beraters gibt (wenn also, gewollt oder nicht, bestimmte Einflüsse und Macht ausgeübt werden), so führt eine solche Beratungslogik dazu, daß Klienten Problem- und Bewältigungsperspektiven zumindest auf einer begrifflichen Ebene weitgehend in ihrer Sprache formulieren und professionell-psychologische Haltungen ›nur‹ indirekt bzw. als Perspektiven und Haltungen übernommen werden. Beispiele für letztere haben wir in den Interviews vor allem dann gefunden, wenn es um individuelle Verhaltensnormen geht. Hier gibt es zahlreiche, vor allem aus dem Bereich der ›Humanistischen Psychologie‹ entlehnte Beispiele: »Man muß für sich selbst

verantwortlich werden«, »Man muß zu seinen Fehlern stehen (das hat mit Schuld nichts zu tun)«, »Man muß in seinem Gefühl präsent sein«, »Man muß mit seiner ganzen Person (ganzheitlich) da sein« usw. Die hier im Gewand der Alltagssprache nicht selten banal klingenden Normen enthalten implizit ein Menschen- und Gesellschaftsbild, in dem das Streben des Menschen nach Selbstverwirklichung, seine Fähigkeit zur Kreativität, die persönliche Entfaltung und sein innerliches Wachsen nicht nur in den Mittelpunkt gestellt, sondern auch (unter Ausblendung kritischer Gedanken zu gesellschaftlichen Strukturen) als möglich und erreichbar propagiert werden (auch hier frei nach dem Motto »Unsere Heimat liegt innen, und dort sind wir souverän«). Somit wird Beratung über den hier skizzierten Protoprofessionalisierungseffekt zu einem relevanten Agens individueller Sinnfindung.

Betrachtet man den *Verwendungskontext mit Blick auf die Berater*, so zeigen sich ebenfalls eine Reihe von Faktoren, die helfen, den eingangs genannten Widerspruch wie auch die im vorigen Abschnitt dargelegte Form der Verwissenschaftlichung und Professionalisierung im Bereich der psychosozialen Praxis zu klären. So hat sich das Feld der psychosozialen Praxis zwar einerseits zu einem eigenständigen Berufsfeld mit einer spezifischen Begrifflichkeit und mit bestimmten Grundhaltungen entwickelt. Andererseits hat es sich zugleich auch deutlich vom akademisch-wissenschaftlichen Bereich in Richtung Praxis gelöst. Berater erfahren eine Doppelsozialisation als Wissenschaftler und Praktiker, in der mit zunehmender Berufserfahrung letztere dominierend wird und die Berater im Rahmen entsprechender Transferöffentlichkeiten Formen der Habitualisierung und Personifizierung von Wissen erleben und einüben. Damit ist der wesentliche Teil der Transformation des sozialwissenschaftlichen Wissens dem Beratungsprozeß als solchem vorgelagert. Die Sprache sowie auch das Denken der Berater weisen in vielem bereits eine große Nähe zur Alltagssprache und -kultur auf. Im Verwendungskontext Beratung trifft somit nicht die Wissenschaft (Berater) auf die Lebenspraxis (Klient), sondern die Differenz zwischen lebenspraktischem und wissenschaftlichem Kontext ist bereits durch zahlreiche Transferöffentlichkeiten und eine spezifische Logik der Beratungssituation reduziert.

## 5.4 Protoprofessionelles Wissen im Kontext technokratischer, ›eklektizistischer‹ und reflexiver Verwendung

Betrachtet man die Aussagen der Klienten unter der Perspektive der im 3. Kapitel entwickelten und im psychosozialen Bereich relevanten Verwissenschaftlichungstypen, so lassen sich die Aussagen der Klienten in unterschiedlichem Grad den einzelnen Ver- (und An-)wendungstypen psychologischen Wissens zuordnen. So gibt es unter den Klienten noch stärker als unter den Beratern typisch technokratische Vorstellungen von Beratung. In 5.2 haben wir einige Beispiele diskutiert und dabei auch schon festgestellt, daß die Erwartung, daß psychosoziale Beratungsstellen schnelle Ratschläge bzw. einfache Lösungsrezepte vermitteln, abnimmt. Auch auf der Nutzerebene psychosozialen Wissens wird ein eher technokratisches durch ein nicht-technokratisches, lebensweltbezogeneres Verständnis abgelöst. Ein ähnlich ambivalentes Bild ergibt sich, wenn man die Nutzung explizit psychologischer Deutungsmuster betrachtet. Offensichtlich existiert der schon beschriebene »Hunger nach Psychologie« parallel zu einer starken Skepsis darüber, was Psychologie eigentlich alles bewirken kann. In die gleiche Richtung läßt sich der Befund interpretieren, daß Klienten nur selten die professionellen Deutungen der Berater direkt (nach Muster eines deduktiven Denkens) übernehmen. Meist werden auch die neuen (psychologischen) Deutungsmuster sofort mit anderen Wissensvorräten bzw. Erfahrungen verkoppelt. Protoprofessionelles Wissen wird in hohem Maße parzelliert, selektiert und neu kontextuiert.

In dieser Verwendung professioneller Sichtweisen durch Klienten steckt zumindest partiell ein reflexives Moment: Klienten behalten ihre Autonomie gegenüber dem Helfer. Die Indienstnahme der Psychologie gelingt offensichtlich nur, wenn bestimmte Sphären der Alltäglichkeit und die Autonomie der Subjekte gewahrt bleiben. Dazu paßt bzw. dem entspricht auch, daß mit dem Eklektizismus (als der dominierenden Verwendungsform psychologischen Wissens) ein Hilfsmodell verbunden ist, das die Selbstreflexion und die Suche nach (innerem) Wachstum in den Mittelpunkt stellt. Andererseits verbleibt auch dieses Modell nach wie vor individualistisch, das heißt, reflektiert nur in seltensten Fällen den Gesamtkontext einer Problemsituation (reduziert zumeist das soziale Umfeld bzw. die gesellschaftlichen Faktoren auf

individuell-familiale Verstrickungen) und beläßt auch die angebotene Hilfe zur Selbsthilfe auf einer individualisierten, kollektive Formen nicht einbeziehenden Ebene.
Beispiele für die Verwendung reflexiven Wissens fanden sich typischerweise am deutlichsten dort, wo gemeindepsychologische Perspektiven auch zu neuen Organisationsformen geführt haben. Klienten aus solchen Beratungsstellen berichteten über ihre Erfahrungen in typisch anderer Form:

*Frau:* »... ich bin ja eigentlich über die Familienberatung zum Treffpunkt gekommen. Wir hatten Schwierigkeiten mit unserem Sohn und waren deshalb zu therapeutischen Gesprächen dort. Als damals der Treffpunkt als offenes Angebot geplant wurde, hat mich das gleich interessiert. Das Tolle daran war, daß da nicht lange rumdiskutiert wurde, sondern einfach Ideen angepackt und verwirklicht wurden. Die Möglichkeit, eigene Ideen wie das Kino zusammen mit anderen zu verwirklichen oder auch mal Fähigkeiten, die ich habe, anderen anzubieten, haben mich in dieser Zeit extrem verändert. Ich bin viel selbstbewußter und aktiver geworden, und auch die Probleme in unserer Familie haben sich gebessert. Ich kann sagen, daß im Treffpunkt das passiert ist, was ich in der Therapie vermißt habe.«

*Mann:* »Am Treffpunkt sind auch andere Leute da, Menschen wie du und ich, und da kann der Betroffene auch Hilfe bekommen und sich die suchen, die er braucht. Das Gefühl: ›Mensch, ich hab' was geschafft‹, ist oft viel wichtiger als alle Therapie.«

*Frau:* »Die Beratung allein hätte auch schon viel gebracht. Aber meine Tätigkeit im Treffpunktbereich hat mir hauptsächlich das Selbstbewußtsein wieder zurückgegeben. Ich bin halt früher auf dem Spielplatz gesessen, total isoliert. Und heute sind immer ein Haufen Leute um mich herum, jeder fragt, was gibt es Neues im Treffpunkt, kann man da mitmachen. Da interessiert sich jeder für irgend etwas.«

Diese drei Aussagen sind Beispiele für den Anspruch, Hilfsformen zu entwickeln, die jenseits eines technologischen Individualismus zu alltagsnaher, sozialer (kollektiver) Selbsthilfe führen. Einer Hilfsform, die offensichtlich von Teilen des Klientels als effektiver als die reinen Beratungen/Therapien eingeschätzt wird. Die hier ansatzweise skizzierten Verwendungstypen kann man in ihrer Vielfalt als Belege für ein breites Marktspektrum deuten, aus dem sich jeder holen kann, was seinen Bedürfnissen entspricht. Eine solche Einschätzung greift jedoch zu kurz, denn diese unterschiedlichen Modelle lassen auch etwas von jenen zwei Realitäten sichtbar werden, die sich aus der These einer sich spaltenden Gesellschaft ergeben (Negt 1984; Keupp 1986). Die im technokratischen und eklektizistischen Modell angesprochene Welt erfaßt ein anderes Segment unserer Gesellschaft als das gemeindepsychologische Modell mit seiner sozialen und gesellschaftlichen Orientierung. Geht es in dem einen Segment um die therapeutische Erarbeitung von Identitätsmustern, die die Bewältigung einer auf Konkurrenz und Leistung setzenden Fortschrittsgesellschaft erlauben und die erforderliche Flexibilität und Angstfreiheit dazu ermöglichen, so geht es in dem anderen Segment eher um die Verarbeitung von Marginalisierung und das Knüpfen von informellen Auffangnetzen[4] anstelle der zunehmend veralternden und zerfallenden traditionellen Lebensformen.

## 6. Fazit: Verwendung als Verwandlung – Verwandlung der Sozialwissenschaft?

1. Die Analyse der Professionalisierung und Verwissenschaftlichung des psychosozialen Bereichs erweist, daß einfache Bedingungsmodelle den Prozeß nicht zureichend erklären können. Weder erklärt sich der seit den sechziger und siebziger Jahren zu beobachtende enorme Professionalisierungsschub als Derivat einer geschickten Marktstrategie der Psychologie, noch lassen sich die zahllosen Angebote des Psychomarktes als rein nachfragegesteuerte Befriedigung individueller Bedürfnisse erklären.
Zentral für das Verständnis der Professionalisierung wie auch der daran ansetzenden Verwissenschaftlichung des psychosozialen Bereichs ist die Analyse eines unsere Gesellschaft immer deutlicher prägenden Modernisierungs- und Individualisierungsprozesses. Typisch für diesen ist ein Freisetzungsprozeß, der seit den fünfziger Jahren durch alle Schichten geht und auf der Basis wohlfahrtsstaatlicher Absicherung und eines gestiegenen Lebensstandards den Entfaltungsspielraum des einzelnen vergrößert und zugleich die Notwendigkeit traditioneller Solidargemeinschaft abgebaut hat. Die Folge ist ein sozialer und kultureller Erosions- und Evolutionsprozeß von beträchtlicher Reichweite. Dies erklärt auch, warum ins Zentrum aktueller Analysen spätkapitalistischer Gesellschaften zunehmend das Phänomen der psychologisierenden Selbstthematisierung der Subjekte rückt.

Die Folge ist sowohl ein noch nie dagewesener Hunger nach Psychologie bzw. subjektorientierter Sinndeutung, aber auch die Notwendigkeit, Lösungsmuster für die (angesichts der Ruinen enttraditionalisierter Lebensformen und -welten) sich ausbreitenden Identitätskrisen anzubieten. Dieser Freisetzungsprozeß von den Fesseln der Tradition und aus den Tabus eingefahrener Denkmuster ist aber auch Folie für kritische Reflexionsräume und kreatives Suchen nach alternativen, den Boden der Fortschritts- und Leistungsgläubigkeit verlassenden Lebensformen. Die Möglichkeiten von letzteren bleiben allerdings angesichts gesellschaftlicher Machtverhältnisse auf eng umgrenzte Nischen beschränkt.

2. Ein Blick auf die strukturellen wie historischen Bedingungen des Professionalisierungsprozesses erweist den komplexen Charakter, der sich aus der spezifisch dialektischen Vermittlung von die Nachfrage steuernden Bedürfnissen und auf sie zielenden und diese auch verstärkenden Angeboten ergibt. Folgende Aspekte erscheinen uns dabei zentral:

- Mit dem Einsetzen des Professionalisierungsbooms kommt es zu einem tiefgreifenden Wandel zumindest des praktischen Teils der Psychologie. Mit der Klinischen Psychologie ist die Teildisziplin entstanden, die wohl die heutige Generation der Psychologen am nachhaltigsten beeinflußt, und mit dem psychosozialen Beratungsbereich ist jenes Praxisfeld entstanden, in dem heute die meisten Psychologen tätig sind.
- Auf der Suche nach adäquaten Antworten wie auch in der Absicherung der eigenen Profession hat das psychosoziale Feld in der Folge unterschiedliche Angebote entwickelt. In einer ersten Antwort wurden, gestützt durch das experimentell-technizistische Selbstverständnis der Psychologie als akademischer Disziplin, vor allem Angebote eines technokratischen Typs forciert. Der szientistische Habitus war allerdings bald verbraucht, der Grad an praktischer Umsetzbarkeit hielt sich in engen Grenzen. Die Bedürfnisse nach Psychologie nahmen auf die Seriositätsbedürfnisse und das klassische Modell eines deduktiven Transferverständnisses wenig Rücksicht und haben sowohl zur Konstituierung eigener Märkte wie auch zu einer spezifischen Form der Berufsrolle beigetragen. Die technokratische Verwissenschaftlichung wurde durch ein eklektisches und vergleichsweise wissenschaftsdistanziertes Selbstverständ-

nis abgelöst. Kennzeichen dieser die Praxis heute dominierenden Haltung des Eklektizismus ist eine reflexiv-individualisierte Form der Verknüpfung verschiedenster Wissenssysteme (insbesondere beraterisch-therapeutischer Modelle), wobei die Norm der Verknüpfung in den seltensten Fällen theorie- oder wissenschaftszentriert erfolgt und auch eher selten mit gesellschaftskritischer Option geschieht. Als kritische Gegenreaktion sowohl auf das technokratische wie zum Teil auch auf das eklektizistische Modell läßt sich das gemeindepsychologische Modell charakterisieren, das sich einer kritisch-reflexiven sozialwissenschaftlichen Tradition verpflichtet weiß und psychosoziale Praxis an einer aufklärerischen Option orientiert. Es versucht, der Individualitätskultur professionell wie institutionell angeregte und unterstützte Projekte für kollektive Lernprozesse und Selbstorganisation entgegenzusetzen.

3. Der Blick auf die unter diesen Bedingungen sich vollziehende personale Verwendung des Wissens durch Berater und Klienten verdeutlicht:

- für die Berater einen spezifischen Kompetenzerwerb, der durch die Ablösung von deduktiven Transfermodellen wie auch von technokratischen Lösungsvarianten gekennzeichnet ist. Für die meisten Praktiker typisch ist ein doppelter Sozialisationsprozeß als Wissenschaftler und Praktiker, in dem der Berater ein komplexes, aber letztlich von der Rolle des Praktikers dominiertes Selbstverständnis entwickelt.
- Auf der Ebene der Klienten läßt sich einerseits eine erfolgreiche Protoprofessionalisierung, das heißt ein deutlicher Einzug psychologischer Deutungen in die Alltagsstruktur feststellen. Andererseits sind Form und Inhalt der protoprofessionalisierten Wissensinhalte bereits in hohem Maß alltagssprachlich und kulturell überformt. Der Transferprozeß in die Berater-Klient-Interaktion erweist sich als in hohem Maße personifiziert, eine Bedingung, die der Logik gegenwärtiger Beratung entspricht und die für eine erfolgreiche Verwendung von professionellem Wissen ein hohes Maß an Transformation (Verwandlung) voraussetzt. Diesen Transfer vollzieht freilich nicht erst der Berater in der konkreten Beratungssituation mit dem Klienten, sondern große Teile der Verwandlung sozialwissenschaftlichen Wissens vollziehen sich in den jeweiligen Transferöffentlichkeiten psychosozialer Berater. Beratungswissen erhält hier

seine je spezifisch-individualisierte bzw. habitualisierte Form. Die Analyse des Protoprofessionalisierungswissens läßt auch bestimmte Spuren der jeweiligen Phasen/Verwissenschaftlichung (beispielsweise in der Ablösung technokratischer Ratschlagserwartungen, Hinwendung zu ganzheitlich systembezogenen Vorstellungen) erkennen. Sie zeigt auch, daß der Einfluß des reflexiv-gemeindepsychologischen Modells am ehesten dort spürbar wird, wo sich dieses auch in spezifisch neuen Organisationsmodellen niedergeschlagen hat. Und sie läßt die Vermutung zu, daß mit den unterschiedlichen Angeboten bzw. Typen der Verwendung psychosozialen Wissens auch etwas von jenen zwei Realitäten sichtbar wird, die sich aus der These einer sich spaltenden Gesellschaft ergeben. Trifft dies zu, dann erfaßt das technokratische wie auch das eklektizistische Modell ein anderes Segment unserer Gesellschaft als das gemeindepsychologische Modell mit seiner sozialen und gesellschaftlichen Orientierung.

4. Blickt man als Sozialwissenschaftler unter einer dezidiert aufklärerischen Option auf das hier entwickelte Bild psychosozialer Praxis sowie der darin ablaufenden Transformationsprozesse, ist der Eindruck zwiespältig. So scheinen zwar einerseits das Gespenst »sozialwissenschaftlicher Irrelevanz« gebannt, die These der Verwendung als Verwandlung erklärt und das Verschwinden des »Sozialwissenschaftlichen« in der Praxis empirisch bestätigt; andererseits irritieren (zumindest hier im psychosozialen Bereich) manche Formen der Resultate (etwa daß gesellschaftliche Prozesse ebenso wie theoretische Fundierungen und auch wir selbst als Faktor der Wissensverwendung in den heute aktuellen Transformationsöffentlichkeiten nur eine bescheidene Rolle einnehmen). Der Hinweis auf die gemeindepsychologische Verwissenschaftlichung kann hier nur zum Teil trösten.

Es macht zwar einerseits deutlich, daß ein Transfer explizit kritisch-sozialwissenschaftlicher Inhalte durchaus möglich ist. Andererseits freilich trübt diesen Erfolg ein wenig die Tatsache, daß dieser Transfer noch relativ selten die Minderheitenposition verlassen hat. Ein Beispiel mag dies verdeutlichen:

So hat der nach wie vor größte psychosoziale Therapieverband (die DGVT) 1979 die gemeindepsychologische Perspektive zwar zentral in seinem Grundsatzprogramm verankert, in den von ihm ausgehenden Initiativen und Maßnahmen der folgenden Jahre

blieb sie jedoch merkwürdig blaß: So stellte der Verband erst kürzlich in einem Rundschreiben eher »erstaunt« als entschuldigend fest, daß er in seiner zentralen Workshoptagung für 1987 ausgerechnet diese seine Grundsatzperspektive als Angebot »vergessen« hat.
Will man solche und ähnliche Entwicklungen nicht nur als systemimmanent erklären bzw. vorschnell mit der Formel ›unter den gegebenen gesellschaftlichen Verhältnissen ist nichts anderes zu erwarten‹ entschuldigen, muß man sich wohl auch selbstkritisch fragen, woran denn eine intensivere Verwendung bislang scheitert. Welche Transferanstrengungen hat man beispielsweise selbst unternommen, um auch Fragen, die allem Anschein nach eher unpraktisch (das heißt nicht einfach handlungsbezogen in der Praxis verwendbar) sind, der Praxis zu vermitteln? Ist es nicht viel einfacher, die Realitäten, die jenseits eingeschliffener professioneller Sichtweisen und institutioneller Verfahrensweisen einer bestimmten Praxis liegen, im Kreise der Kollegen der ›scientific community‹ zu diskutieren, als sie der betroffenen Praxis selbst zu offerieren? Und wie oft hat man etwa jene Expertenrolle eingenommen, die bei aller Kollegialität natürlich deutlich den Praktikern die überlegene Sachkenntnis und Kompetenz signalisiert! Ohne daß wir es bemerken, schleicht sich noch oft unter der Hand wieder ein eher deduktives Transferdenken ein. Vielleicht wäre es im Rahmen der Verwendungsfrage auch einmal sinnvoll, zu untersuchen, in welch sublimen Formen wir Wissenschaftler noch typisch wissenschaftszentrierten Haltungen anhängen.[5]
Die Schwierigkeiten der eigenen Rolle werden noch deutlicher, wenn man sich die konkreten Transferstrukturen vor Augen führt. Im psychosozialen Bereich hieße dies beispielsweise, daß der Wissenschaftler sich verstärkt auch in die ›Niederungen‹ diverser Transferöffentlichkeiten begeben muß, um an jenen Stellen den Dialog zu wagen, an denen sich die eigentlichen Verwandlungen des sozialwissenschaftlichen Wissens vollziehen. Gefordert ist dort aber nicht mehr der brillant-provokative Gastredner, sondern ein kontinuierlicher Dialogpartner, der sich oft erst mühsam die spezifischen Sprachcodes und Referenzen der jeweiligen Transferöffentlichkeit aneignen muß. Gesucht ist eine Praxisforschung, die sich weder als bloße ›Auftragsforschung‹ der Praxis versteht noch auf konzeptionelle Anstrengungen zu verzichten braucht.

Freilich: das Ziel, wissenschaftliche Konzepte und Ergebnisse als Reflexionspotentiale anzubieten, die einer aktiven Aneignung durch den Praktiker bedürfen, die in ihren spezifischen Aneignungsformen ihrerseits wieder an den Forscher rückgekoppelt werden und somit auch für diesen zu einem Reflexionspotential werden sollten, dieses Ziel ist leichter formuliert als umgesetzt.

## *Anmerkungen*

1 Wir haben hier den Aneignungsbegriff gewählt, weil er in besonderem Maße die subjektive Leistung des Praktikers betont. Dies erscheint uns angemessen, wenn man von einem Verwendungskontext ausgeht, in dem er, als Vertreter der Lebenspraxis, sozialwissenschaftliches Wissen im Akt der Verwendung von Wissen zugleich rekonstruiert und verändert. Die Alternativbegriffe wie Anwendung, Verwendung und Transformation erscheinen uns demgegenüber eine zu große Nähe zu eher wissenschaftszentrierten Konzepten zu haben.
Will man den Aneignungsbegriff auch als theoretisches Konzept stärker forcieren, erscheint es uns wichtig, den Begriff weiter zu fassen, als es beispielsweise im Leontjefschen Tätigkeitskonzept der Fall ist. Letzteres ist allgemeinpsychologisch gefaßt und läßt kontextspezifische sozialpsychologische Überlegungen, wie sie hier notwendig sind, unberücksichtigt.

2 Ziel ist es beispielsweise, nur solche Wissenstöpfe miteinander zu vermischen, die dem Anwender auch eine erfolgreiche Aura versprechen.

3 Der astrologische Wissenstransfer ist ein interessanter und weiter zu verfolgender Bereich, da er derzeit offensichtlich einen Grenzfall markiert, der institutionalisierten und freien Markt trennt. Im letzteren scheint (wie auch oft im privaten Gebrauch vieler Psychologen) die Verknüpfung astrologischer (esoterischer) Wissensbestände mit psychologischem Beratungswissen zulässig zu sein. Entsprechende Codierungen durch Transferöffentlichkeiten im institutionalisierten bzw. auch akademisch-universitären Bereich der klinischen Psychologie fehlen jedoch.

4 Dies wird noch deutlicher, wenn man zu diesen stadtteilorientierten Beratungsformen die zahlreichen Selbsthilfeprojekte dazunimmt. In diesen geht es ja neben den genannten Zielen noch um das hoffnungsvolle Erproben von alternativen Lebensformen, die sich als Ausweg aus der als rettungslos betrachteten Krise der in den Abgrund wachsenden Fortschrittsgesellschaft verstehen.

5 In diesem Rahmen wäre auch eine Begriffsanalyse interessant. Bei-

spielsweise scheinen uns die Begriffe des Transfers, der Ver- und Anwendung weit wissenschaftszentrierter als der in der Verwendungsdiskussion wenig verwandte Aneignungsbegriff.

## *Literatur*

Antons, K. (1987), *Lieben oder Helfen?*, Reinbek: Rowohlt.

Aronson, E./Pines, A. M./Kafry, D. (1983), *Ausgebrannt. Vom Überdruß zur Selbstentfaltung*, Stuttgart: Klett-Cotta.

Baethge, M. (1985), »Individualisierung als Hoffnung und Verhängnis«, in: *Soziale Welt* 36, S. 299-312.

Beck, U. (1983), »Jenseits von Klasse und Stand? Soziale Ungleichheiten, gesellschaftliche Individualisierungsprozesse und die Entstehung neuer sozialer Formationen und Identitäten«, in: R. Kreckel (Hg.), *Soziale Ungleichheit*, Göttingen: Schwartz, S. 35-74.

Beck, U. (1985), »Von der Vergänglichkeit der Industriegesellschaft«, in: Th. Schmid (Hg.), *Das pfeifende Schwein*, Berlin: Wagenbach, S. 85-114.

Beck, U. (1986), *Risikogesellschaft. Auf dem Weg in eine andere Moderne*, Frankfurt: Suhrkamp.

Bell, D. (1976), *Die Zukunft der westlichen Welt. Kultur und Technik im Widerstreit*, Frankfurt: Campus.

Bellah, R. N., u. a. (1985), *Habits of the Heart. Individualism and Commitment in American Life*, Berkeley: University of California Press.

Bornemann, E. (1963), *Erziehungsberatung. Ein Weg zur Überwindung der Erziehungsnot*, München.

Breuer, F. (1979), *Psychologische Beratung und Therapie in der Praxis*, Heidelberg: Quelle und Meyer.

Bromme, R. (1978), »Wissen als Grundlage und Gegenstand therapeutischen Handelns«, in: Keupp/Zaumseil (Hg.), *Die gesellschaftliche Organisierung psychischen Leidens*, Frankfurt: Suhrkamp, S. 469-498.

Buer, F. (1984), »Die Geschichte der Erziehungsberatung als Geschichte ihrer Professionalisierung«, in: H. Zygowski (Hg.), *Erziehungsberatung in der Krise*. Forum für Verhaltenstherapie und psychosoziale Praxis, Bd. 6, DGVT.

Bugenthal, J. (1985), »Stufen therapeutischer Entwicklung«, in: R. N. Walsh und F. Vaughn (Hg.), *Psychologie in der Wende*, München: Scherz, S. 212-219.

Castel, F./Castel, R./Lovell, A. (1982), *Psychiatrisierung des Alltags*, Frankfurt: Suhrkamp.

Clecak, P. (1983), *America's Quest for the Ideal Self. Dissent and Fulfillment in the 60s and 70s*, New York: Oxford University Press.

Cohen, S./Taylor, L. (1977), *Ausbruchsversuche. Identität und Widerstand in der modernen Lebenswelt*, Frankfurt: Suhrkamp.
Cramer, M. (1982), *Psychosoziale Arbeit*, Stuttgart: Kohlhammer.
Dubiel, H. (1985), *Was ist Neokonservatismus?*, Frankfurt: Suhrkamp.
Eckardt, W. (1985), »Die institutionalisierte Erziehungsberatung«, in: K. Schneider (Hg.), *Familientherapie in der Sicht psychotherapeutischer Schulen*, Paderborn: Junfermann, S. 397-401.
Gerstenmaier, J./Nestmann, F. (1984), *Alltagstheorien von Beratung*, Opladen: Westdeutscher Verlag.
Geuter, U. (1984), »Berufsfelder der Psychologen«, in: H. E. Lück/R. Miller/W. Rechtien (Hg.), *Geschichte der Psychologie*, München, S. 49-55.
Gross, M. L. (1984), *Die psychologische Gesellschaft*, Berlin: Ullstein.
Haug, W. F. (1986), *Faschierung des Subjekts. Die Ideologie der gesunden Normalität und die Ausrottungspolitiken im deutschen Faschismus*, Berlin: Argument.
Hitzler, R. (1985), »Wir Teilzeit-Menschen. Bemerkungen zu kleinen Lebens-Welten«, in: *Die Mitarbeit* 34, S. 344-356.
Jürgens, G. (1985), »Überblick zur Familientherapie: Ausbildung beruflicher Situation, Supervision«, in: K. Schneider (Hg.), *Familientherapie in der Sicht psychotherapeutischer Schulen*, Paderborn: Junfermann, S. 438-462.
Keupp, H. (1986), »Helfer am Ende? Grenzen psychosozialer Praxis in der ökonomischen Krise«, in: D. Kleiber/B. Rommelspacher (Hg.), *Die Zukunft des Helfens*, Weinheim: Psychologische Verlagsunion, S. 103-143.
Keupp, H./v. Kardorff, E. (1980), »Psychosoziale Basisqualifikation«, in: *Mitteilungen der DGVT* 12, Heft 4.
Kursbuch (1985): *Die Therapie-Gesellschaft*, Heft 82.
Lasch, Ch. (1980), *Das Zeitalter des Narzißmus*, München: Steinhausen.
Lasch, Ch. (1984), *The Minimal Self. Psychic Survival in Troubled Times*, New York: W. W. Norton.
Maikowski, R./Mattes, P./Rott, G. (1976), *Psychologie und ihre Praxis. Geschichte und Funktion in der BRD*, Frankfurt: Fischer.
Nagel, H./Seifert, M. (Hg.) (1979), *Inflation der Therapieformen*, Reinbek: Rowohlt.
Negt, O. (1984), *Lebendige Arbeit, enteignete Zeit*, Frankfurt: Campus.
Ott, B. (1982), *Zum beruflichen Selbstverständnis von klinischen Psychologen. Gespräche mit Berufspraktikern.* Unveröffentlichte Diplomarbeit, München.
Rammstedt, O. (1985), »Zweifel am Fortschritt und Hoffen aufs Individuum«, in: *Soziale Welt* 36, S. 483-502.
Rieff, P. (1966), *The Triumph of the Therapeutic*, New York: Harper & Row.

Rödel, U./Guldimann, T. (1978), »Sozialpolitik als soziale Kontrolle«, in: T. Guldimann u. a. (Hg.), *Sozialpolitik als soziale Kontrolle*, Frankfurt: Suhrkamp, S. 11-55.
Rosenmayr, L. (1985), »Wege zum Ich vor bedrohter Zukunft«, in: *Soziale Welt* 36, S. 276-298.
Schmidbauer, W. (1983), *Helfen als Beruf. Die Ware Nächstenliebe*, Reinbek: Rowohlt.
Schülein, J. (1978), »Psychoanalyse und Psychoboom. Bemerkungen zum sozialen Sinnkontext therapeutischer Modelle«, in: *Psyche* 32, S. 420-440.
Schwartz, C. (1978), »Professionalisierung im Bereich Klinische Psychologie«, in: Keupp/Zaumseil (Hg.), *Die gesellschaftliche Organisierung psychischen Leidens*, Frankfurt: Suhrkamp, S. 298-325.
Sennett, R. (1983), *Verfall und Ende des öffentlichen Lebens. Die Tyrannei der Intimität*, Frankfurt: Fischer.
Simmel, G. (1957), »Das Individuum und die Freiheit«, in: ders., *Brücke und Tür*, Stuttgart: Koehler.
Stech, F. (1985), »Klinische Psychologie zwischen Restauration und ›Wende‹. Die Professionalisierung der Klinischen Psychologie in der BRD«, in: *Verhaltenstherapie und Psychosoziale Praxis*, Heft 3, S. 445-462.
de Swaan, A. (1983), »Von Schwierigkeiten zu Problemen«, in: M. Cramer u. a. (Hg.), *Gemeindepsychologische Perspektiven 4: Orientierungshilfen zu einem beruflichen Selbstverständnis*, Tübingen: DGVT, S. 171-185.
Trilling, L. (1983), *Das Ende der Aufrichtigkeit*, München.
Wachtel, P. L. (1983), *The Poverty of Affluence. A Psychological Portrait of the American Way of Life*, New York: The Free Press.
Wallach, M. A./Wallach, L. (1983), *Psychology's Sanction of Selfishness*, San Francisco: Freeman.
Westen, D. (1986), *Self and Society. Narcissism, Collectivism, and the Development of Morals*, Cambridge: Cambridge University Press.
Westmeyer, H./Hoffmann, N. (Hg.) (1977), *Verhaltenstherapie. Grundlegende Texte*, Hamburg: Hoffmann & Campe.

Hansjürgen Daheim/Jochem Kollmer
Heinz Messmer/Christian Olscha

# Wie ist Verständigung möglich?

## *Kommunikation zwischen Wissenschaft und Praxis in Seminaren der beruflichen Fortbildung von Verwaltungsangehörigen*

Zur Tradition der Soziologie gehört der Anspruch, einen wesentlichen Beitrag zur Verbesserung der gesellschaftlichen Praxis leisten zu können, was oftmals mit einem höheren Grad an Objektivität des wissenschaftlichen gegenüber dem Praxiswissen begründet wird. Diese Auffassung des Verhältnisses von Wissenschaft und Praxis wurde in den letzten zwei Jahrzehnten erschüttert. Gegenüber der Praxis wurde deutlich, daß der »policy impact« angewandter Sozialforschung häufig nur unter Zurückstellung theoretischer Problemgesichtspunkte gewährleistet werden kann[1], daß die Beliebigkeit der Praktiker im Umgang mit sozialwissenschaftlichen Forschungsergebnissen nicht zu kontrollieren ist[2] und daß generell wissenschaftsimmanente Selektionskriterien für anwendungsbezogene Aussagen nicht ausreichen.[3] Wissenschaftsintern hat die Skepsis gegenüber der Annahme eines höheren Grades an Objektivität des wissenschaftlichen Wissens zugenommen; einige Positionen stellen sie grundsätzlich in Abrede.[4]

Nun scheint es, als ob auch in der Verwendungsforschung das Vertrauen in den privilegierten Status scheinbar universalistischer Erkenntnisse noch nicht ausreichend überdacht worden ist.[5] Wir wollen daher in unserer Untersuchung prinzipiell die Frage stellen, wie zwischen Wissenschaft und Praxis mit ihren je unterschiedlichen Wirklichkeitsauffassungen »Verständigung« über ein Sachproblem überhaupt möglich ist. »Verwendung« verstehen wir dabei als einen Versuch kommunikativen Austausches zwischen den beiden Bereichen als Bearbeitung dieses Sachproblems.

I

Im folgenden wollen wir das Verhältnis von Wissenschaft und Praxis – genauer: des Verhältnisses von Soziologie und Verwaltung – am Beispiel von Fortbildungsseminaren untersuchen, die im Rahmen der Verwaltungsorganisation von Soziologen für kommunale Bedienstete über das Ausländerproblem veranstaltet werden.[6] Die Seminare werden in der Regel dreitägig von einer Arbeitsgruppe – im folgenden kurz »AG« – durchgeführt, die sich mit Ausländerfragen beschäftigt. Sie besteht aus zwei Soziologen, die einer der Universität angegliederten Einrichtung angehören, die schwerpunktmäßig mit dem Transfer von Wissen in die Praxis befaßt ist. Wissenschaftler und Verwaltungsangehörige unterscheiden sich deutlich hinsichtlich des Sachproblems der Fortbildung: der Definition der Ausländerfrage.

Die AG hat entgegen einer allgemeinen, lebensweltlichen Evidenz eine wissenschaftlich fundierte Sicht des Ausländerproblems, welche die kausalen Beziehungen radikal umdeutet: »Problematisch« am Ausländerproblem ist weniger der Ausländer für den Inländer, sondern gerade umgekehrt der Inländer für den Ausländer. In dieser Perspektive wird die soziale Integration der Ausländer in die deutsche Gesellschaft so lange verhindert, wie den Ausländern ohne vorherige kulturelle Anpassung oder Assimilation gleiche materielle und politische Teilhabechancen verweigert werden, wobei Verwaltungen den Prozeß der Chancenverweigerung praktisch ausführen (müssen). Kommunikatives Ziel der AG ist es, auf die Einstellung der Seminarteilnehmer so einzuwirken, daß sie die in ihrer alltäglichen Praxis gegebenen Handlungsspielräume zugunsten der Ausländer nutzen. Dazu versucht die AG, den Teilnehmern möglichst viele Informationen zu vermitteln, die ihrer Problemdefinition entsprechen, und konträren Perspektiven entgegenzutreten.

Ganz anders stellt sich das Ausländerproblem aus der Sicht der Verwaltung dar, und zwar unterschiedlich auf der Ebene der Verwaltungsführung einerseits und der der Sachbearbeiter andererseits. Auf der Ebene der *Verwaltungsführung* wird das Ausländerproblem im Kontext der integrativen und adaptiven Voraussetzungen effektiver Entscheidungsproduktion eines Verwaltungssystems bedeutsam. Ein gut *integriertes* Verwaltungssystem erfordert hinreichend aufeinander abgestimmte Verwaltungsbereiche und leistungsmotivierte Mitarbeiter. Unsere empirischen Befunde zeigen nun, daß hier Probleme dadurch entstehen, daß etwa die Ordnungsverwaltung nach Maßgabe verwaltungsinterner Direktiven eine restriktive Ausländerpolitik umzusetzen hat, während betreuende Verwaltungseinrichtungen nach gerade gegenteiligen Regeln arbeiten. Erfahrungs- und Informationsaustausch in der Fortbildung könnte aus der Sicht der Amtsleiter Reibungsverluste mindern. Die *organisatorisch-adaptiven* Leistungen eines Verwaltungssystems sind auf Effektivität nach außen gerichtet: Entscheidungen müssen rechtmäßig sein sowie gegenüber den Klienten transparent und angstmindernd durchgesetzt werden. Hier zeigen unsere Befunde, daß es in den Kommunen bisweilen einzelne »schwarze Schafe« unter den Sachbearbeitern gibt, die ihren Ermessensspielraum sehr eng auslegen und damit die Verwaltung in den Ruf der Ausländerfeindlichkeit bringen. Das alles deutet darauf hin, daß auf der Ebene der Verwaltungsführung das Ausländerproblem vorwiegend unter organisatorischen Gesichtspunkten betrachtet wird: Die Binnenrationalität einer spezialisierten Verwaltung muß gewahrt bleiben, und spannungsgeladene Umweltbeziehungen dürfen den Legitimationsdruck von außen nicht beliebig anwachsen lassen.[7]

Auch auf der Ebene der *Sachbearbeiter* fördert die Organisation eine Sicht des Ausländerproblems, die im Widerspruch zu der der AG steht: Für die Sachbearbeiter, die direkte Kontakte mit den Ausländern haben, stellt die Anwesenheit ethnischer Minoritäten ein soziales Problem für die Inländer dar, das sich kaum zur Zufriedenheit aller Beteiligten lösen läßt. Aus dem Zusammenwirken von knappen Ressourcen, verwaltungspraktischen Routinen und individuellen Überzeugungen ergibt sich ein breites Spektrum an Einstellungen hinsichtlich der Ausländer, von hochgradig ausländerfreundlichen bis hin zu extrem ausländerfeindlichen Orientierungen. Dazu kommt, daß unter Umständen Spielräume des alltäglichen Verwaltungshandelns nicht ohne individuelles Risiko ausgeschöpft werden können und daß Zeit für die Fallbearbeitung knapp ist. So bleiben auch bei Annäherung an die Problemperspektive der AG wesentliche Unterschiede erhalten: Zwar wird die Ansicht geteilt, daß ethnischen Minoritäten ohne deren Verschulden Probleme erwachsen können, aber man ist zumeist nicht bereit, die Ursachen allein bei den Inländern, der Verwaltung und letztendlich bei sich selbst zu suchen.

## II

Die unterschiedlichen Definitionen des Ausländerproblems verweisen bereits auf unterschiedliche institutionelle Rahmen: Die Wirklichkeit des Ausländerproblems wird von den Beteiligten in eine auf Wissenschaft bzw. Verwaltungspraxis bezogene funktionale Ordnung gebracht.

Um den Umgang von Wissenschaftlern und Verwaltungsangehörigen zunächst in *institutioneller* Perspektive zu analysieren, gehen wir mit Luhmann davon aus, daß Wissenschaft und Verwaltung als zwei verschiedenartige Sozialsysteme auf der Grundlage unterschiedlicher Realitätsauffassungen operieren. *Soziale Systeme* werden auf der Basis von Kommunikation gebildet, unabhängig von ihrer zeitlichen Dauer, dem Grad ihrer Organisiertheit oder ihrer Größe. Wo immer *Kommunikations*prozesse in Gang gesetzt werden, gilt: Sobald kommuniziert wird, entstehen Grenzen, innerhalb deren die Auswahl von Informationen über Systemzustände anders als in der Umwelt verarbeitet wird. Kommunikation ist ein basaler Prozeß, der die Elemente eines Systems und ihre Verknüpfungen produziert und dadurch eine spezifische Innenwelt errichtet.[8] Kommunikationsprozesse verlaufen nun nicht unabhängig von Strukturen gesellschaftlicher Ordnung: Gesellschaft, eine Art »Ökosystem« sozialen Verhaltens (Luhmann 1984, S. 589), beeinflußt durch institutionalisierte Erwartungen mögliche Kommunikationschancen. Jede Kommunikation ist daher immer auch eine Episode des gesellschaftlichen Vollzugs (Luhmann 1984, S. 551 ff.).

Sozialwissenschaft und Verwaltung gehören nun zu den Systemtypen, die sich durch ihre spezifischen Erwartungen an kommunikative Beiträge für die Stabilisierung sozialer Ordnung als unentbehrlich erwiesen haben. Die Art und Weise, wie solche Funktionen die Prozesse der Kommunikation strukturieren, einige kommunikative Beiträge wahrscheinlich und andere unwahrscheinlich machen, gibt diesen Systemen ihr spezifisches gesellschaftliches Gewicht. *Sozialwissenschaft* spezifiziert, wie jede Wissenschaft, ihre systemische Kommunikation nach Maßgabe des Mediums *Wahrheit*. Mittels Wahrheit wird die Annahmewahrscheinlichkeit wissenschaftlicher Kommunikation geregelt, insofern die Produktion von Erkenntnis sich an Wahrheitschancen messen lassen muß: Nur solche Kommunikationen können für sich Akzeptanz beanspruchen, die plausibel die Wahrheitsfähigkeit ihrer Erkenntnis in Aussicht stellen können.[9] *Verwaltungspraxis* als Teilsystem der Politik steuert ihre systemspezifischen Kommunikationsleistungen nach Maßgabe von *Recht*. Das Ziel verwaltungsmäßiger Kommunikation besteht in der Herstellung von Entscheidungen, deren Annahmewahrscheinlichkeit über Recht als Instanz ihrer Kontrolle vorgegeben ist. Demnach liegen die Kommunikationschancen in Verwaltungssystemen in der Herstellung, Effektivierung und Durchführung rechtsfähiger Entscheidungen, wobei Abweichungen stets durch die Umwelt wiederum rechtsförmig sanktioniert werden können.

Jedes System diskriminiert auf der Basis seiner Funktion entsprechende Strukturen, die als Erwartungen deren kommunikative Prozesse steuern. *Rationalität* mißt den Grad der Entsprechung zwischen Funktion und Struktur *in* Systemen. Daher macht es wenig Sinn, Rationalität *zwischen* Systemen durch Überlegenheits- bzw. Unterlegenheitsannahmen zu asymmetrisieren. In unserem Zusammenhang zentral ist nun die Einsicht, daß die scheinbar wünschenswerte Einheit von Wissenschaft und Praxis vom Standpunkt funktionaler Differenzierung gezielt gebrochen wird. Im Austausch beider Systeme läßt sich daher die Rationalität wissenschaftlicher Erkenntnisse nicht auf Brauchbarkeitskriterien ihrer Umwelt reduzieren, selbst wenn die Sozialwissenschaften den Anspruch haben, für die Praxis nutzbare Ergebnisse produzieren zu können; und auch dann nicht, wenn aus der Umwelt von den Sozialwissenschaften Angebote erwartet werden, die geeignet sein sollen, die Folgelasten vor allem politischer Entscheidungen zu begrenzen.

In diesem Spannungsfeld zwischen rekursiv gewonnenen Rationalisierungsstandards der Kommunikation im System und kommunikativer Interaktion zwischen Systemen liegt aus unserer Sicht das eigentliche Feld der Verwendungsforschung, das wir als *Kommensurabilitätsproblem* begrifflich angemessen zu bezeichnen meinen. Im ursprünglichen Wortsinn ist damit ausgedrückt, daß Gleiches nach verschiedenen Maßstäben beurteilt wird, weil kein gemeinsamer Bezugsgesichtspunkt gefunden werden kann. Zunächst in der Ethnologie, dann aber auch in der Wissenschaftstheorie beheimatet, steht dieser Begriff für die Skepsis angesichts der Frage, ob ein Beobachter gegenüber fremden Aussagesystemen über geeignete Verfahren verfügt, deren »gemeinten Sinn«

mit *seinen* vorwiegend sprachlichen Mitteln adäquat wiedergeben zu können.[10]

Diese Problemfassung enthält in unserem Zusammenhang die Frage, wieweit Verständigung zwischen Systemen mit verschiedenartigen Ordnungsperspektiven möglich ist. Daher kann Verwendungsforschung nicht von der Einheit zwischen Wissenschaft und Praxis ausgehen, um dann das Scheitern dieser Einheit nachzuzeichnen; sie muß vielmehr dieses Verhältnis als prinzipielle Differenz fassen, um dann zu fragen, warum sozialwissenschaftliches Wissen trotzdem in Praxis transferiert wird, welcher Art die Transferprozesse sind und was der Verwendungsbegriff überhaupt meinen kann.

## III

In *interaktioneller* Perspektive vollzieht sich die Bearbeitung des Kommensurabilitätsproblems im kommunikativen Austausch zwischen Wissenschaftlern und Verwaltungspraktikern. Dabei stellt sich die Frage nach den strukturellen Bedingungen der Möglichkeit von »Verständigung« über ein Sachproblem. Für unseren Fall werden zunächst drei strukturelle Konstellationen skizziert, die eine Verständigungschance eröffnen. Wir können des weiteren zwei Muster benennen, die in diesem Rahmen der fallweisen Bearbeitung des Kommensurabilitätsproblems anhand des Sachproblems dienen.

Kommunikative Verständigung über das Sachproblem erhält erstens eine Chance durch gleichlaufende Nachfrage- und Angebotsinteressen: Für die Kommunalverwaltungen ist die ausländische Klientel ein Problem, welches, wie wir gesehen haben, organisationsspezifische Folgeprobleme zeitigt und zu dessen Bearbeitung seit längerem sozialwissenschaftliches Wissen angefordert wird. Für eine Verwaltungsführung, die die *Fortbildung* ihrer Bediensteten als *Daueraufgabe* betrachtet, liegt es daher nahe, das Angebot der AG zu nutzen. Diese hat ihrerseits eine Stellung im Wissenschaftssystem, die den *Transfer* sozialwissenschaftlichen Wissens in die berufliche Praxis als ihre *Hauptaufgabe* bestimmt, neben der Durchführung einschlägiger Untersuchungen und der Publikation ihrer Ergebnisse.

Die Austauschbeziehung zwischen Sozialwissenschaftlern und

Verwaltungspraktikern wird zweitens strukturell dadurch gefördert, daß die Fortbildungsseminare an der Peripherie der organisierten Sozialsysteme angesiedelt sind. In den Seminaren finden sich Praktiker wie Wissenschaftler in *moratoriumsähnlichen Umständen*: Der Wissenschaftler ist frei von den unmittelbaren Anforderungen seines Systems, die normalerweise seine Äußerungen unter Rationalitätserwartungen, wie z. B. logische Kohärenz, Universalisierbarkeit usw., stellen. Aber auch der Praktiker ist von den unmittelbaren Restriktionen im Vollzug seiner Arbeit sowie von Rationalitätserwartungen hinsichtlich seiner Entscheidungspraxis entlastet. Damit sind Erfahrungs- und Überzeugungshaltungen, die durch die verschiedenen Rationalitätsstandards geprägt wurden, nicht ausgelöscht. Die Situation enthält aber Spielräume, die sich unmittelbar auf die Kommunikationsbedingungen auswirken: Neben der Mitgliedsidentität der AG bzw. der Teilnehmer können nun auch deren persönliche Überzeugungen legitim zur Geltung kommen.
Dieser Umstand, und das ist eine dritte strukturelle Chance für kommunikative Verständigung, wirkt sich vor allem auf das Verhältnis verschiedener Wissenstypen aus. Bislang war die Rede davon, daß die gesellschaftliche Realität mit Hilfe verschiedenartig typisierter Wissenselemente bearbeitet wird, die jeweils an systemspezifische Kommunikationsmedien anschließen. So vergleicht *berufspraktisches Wissen* den zu entscheidenden Fall mit vorgegebenen Entscheidungsregeln und findet die Gewißheit einer sachlich-richtigen Entscheidung darin, daß im Zweifelsfall über die Rechtsprechung Entscheidungen sanktioniert werden können. *Wissenschaftliches Wissen* hingegen stützt die Gewißheit seiner Akzeptanz auf die Annahme, daß jedermann eine als wahr qualifizierte Erkenntnis als solche wahrnehmen und ihr daher folgen muß. Da nun die Mitglieder von Wissenschafts- und Verwaltungssystemen im Kontext der Fortbildungsseminare nicht nur den unmittelbaren Rationalitätsstandards ihrer Organisationen verpflichtet sind, gewinnen alltägliche Erfahrungen und lebensweltliche Deutungsmuster für deren kommunikativen Austausch an Bedeutung. *Alltagswissen* ist somit für das kommunikative Verhalten im Seminar für beide Seiten gleichermaßen konstitutiv. Schütz hat die Differenz zwischen Konstrukten erster und zweiter Ordnung herausgearbeitet. Konstrukte erster Ordnung sind als ein System unmittelbar handlungsleitender Orientierun-

gen definiert, welches in Form eines pragmatisch ausgerichteten Rezeptwissens typische Probleme im alltäglichen Umgang mit der Realität dauerhaft zu bewältigen vermag.[11] Konstrukte zweiter Ordnung – für Schütz allein Wissenschaft – unterscheiden sich durch ein anderes Relevanzsystem mit höherem Allgemeinheitsgrad, vor dessen Hintergrund Probleme definiert sowie in einen begrifflichen Bezugsrahmen gestellt werden können.[12] Wenn man nun – entgegen Schütz – Konstrukte zweiter Ordnung auch auf die Kommunikationsmedien anderer Funktionssysteme als der Wissenschaft bezieht, wird deutlich, daß in der Verschränkung beider Ordnungstypen eine Chance liegt, kommunikative Diskrepanzen zu überbrücken: Die durch systemspezifische Kommunikation und verschiedenartige Selektionshorizonte (Konstrukte zweiter Ordnung) erwartbaren Probleme lassen sich dadurch begrenzen, daß man Kommunikation auf die Ebene »natürlicher Einstellungen« überführt (Konstrukte erster Ordnung), wo gemeinsame Lebenserfahrungen die Chance wechselseitiger Verständigung erhöhen.

Diese Verschränkung der Wissenstypen begründet das Bestreben der AG, sozialwissenschaftliches Wissen auch und vor allem in, wie sie sagt, »entwissenschaftlichter« Form anzubieten: Es wird versucht, fachspezifische Begriffe zu vermeiden und die kommunikative Leitvorstellung, die umgedeutete Kausalbeziehung des Ausländerproblems, in einer Vielzahl konkreter Informationen, als Fakten- und Hintergrundwissen sowie als rollenspezifisches Interaktionswissen, umzusetzen. Die Leitvorstellung wird dabei nicht mehr kommuniziert, sondern bleibt Kontext der Selektion einzelner Wissensbestandteile. Die Teilnehmer ihrerseits haben Gelegenheit, auf diese Problemperspektive nicht allein mit beruflichem Wissen zu reagieren, sondern darüber hinaus auch ihr individuelles Reflexionsvermögen einzusetzen.

Die Inkommensurabilität der Kommunikation zwischen Systemen wird zwar durch strukturelle Voraussetzungen verringert, bleibt aber im kommunikativen Austausch für AG und Verwaltungspraktiker bestehen und muß fallweise (weiter-)bearbeitet werden. Hier stellen wir nun bei der Durcharbeitung der Seminarprotokolle fest, daß sich die kommunikative Interaktion dort zu einem nicht unerheblichen Teil unter zwei verschiedene Muster zusammenfassen läßt, die die Auseinandersetzung um die »richtige« Deutung des Ausländerproblems zum Ausdruck bringen.

Das erste Muster ist als *Perspektivenübernahme* bekannt und seit Husserl und Mead ein fester Bestandteil soziologischer Denktradition, der in der aktuellen Diskussion über Kommunikation und Sozialisation wieder verstärkt aufgenommen worden ist.[13] Gemeint ist, daß in der Fähigkeit, die Erwartungen des Gegenübers mit zu erwarten, die Möglichkeit besteht, in der Interaktion soziale Kontingenz auf ein für den Akteur erträgliches Maß zu verringern. Wir möchten diesen Begriff in unserem Zusammenhang für das reservieren, was wir weiter oben als *Kontext* bezeichnet haben, nämlich die Steuerung informativer Gehalte des Wissensangebots durch die kommunikative Zielsetzung. Nun ist es wenig wahrscheinlich, daß Seminarteilnehmer oder Wissenschaftler, die sich als Fremde begegnen, die kognitiven Strukturen der jeweils anderen Perspektive im vorhinein kennen. Im Laufe des Seminars kann aber anhand der ausgetauschten Informationen schnell der Orientierungsrahmen eines Anderen erschlossen und einer bestimmten Deutungsperspektive zugeschrieben werden. Die Rekonstruktion der Deutungsperspektive des jeweils Anderen, also die Reformulierung des Kontexts, welcher die Informationsverarbeitung des Anderen ordnet, muß im kommunikativen Austausch zwischen Wissenschaftler und Praktiker im Seminar aber nicht dem Ziel dienen, den Anderen dadurch besser verstehen zu können. Es geht vielmehr häufig in ungefährer Kenntnis des Orientierungsrahmens darum, sich die Deutungsperspektiven des Anderen strategisch nutzbar zu machen, um die Kommunikation eigener Informationen so plazieren zu können, daß die eigene Deutungsperspektive aufrecht erhalten werden kann.

Das andere Muster baut (logisch) auf der Perspektivenübernahme auf, setzt aber nicht am Kontext, sondern am *Text*, das heißt an der kommunizierten Information selbst, an: Es wird mit Informationen operiert, deren ursprünglicher Kontext aber nicht berücksichtigt wird: Diese eigenmächtige Operation des kommunikativen Umgangs wollen wir als *Umkontextierung* bzw. *nichtidentische Reproduktion*[14] bezeichnen. Zur Erläuterung gehen wir von Luhmanns Definition der Kommunikation als Zusammenfallen dreier Selektionen aus: Erst Mitteilung, Information und Verstehen zusammengenommen ergibt Kommunikation (Luhmann 1986, S. 94). Verstehen bedeutet hier die Differenz von Mitteilung und Information, denn man muß wissen, wo innerhalb einer Mitteilung die Information steckt, wenn die Absicht einer Mitteilung verstanden werden soll. Nun fällt aber das Verstehen von Informationen und von Informationsquellen (Sprecher) nicht zusammen. Man versteht, indem aus kommunikativen Handlungen (Mitteilungen) Informationen gezogen werden, ohne daß man dabei die Informationsabsichten des Sprechers akzeptieren muß. Verstehen ist daher eine eigenmächtige Operation des Verstehenden selbst (Luhmann 1986, S. 88), sofern die Lokalisierung einer Information im Belieben desjenigen liegt, der versteht: Mißverstehen ist im kommunikativen Prozeß potentiell stets eingeschlossen. Aus dieser Möglichkeit nicht-identischer Reproduktion von Kommunikation ergibt sich, daß Mißverständnisse bewußt oder unbewußt nicht thematisiert werden und die Kommunikation weiterläuft, obwohl die Mitteilung in ihrem Informagehalt verschieden verstanden werden kann. Umkontextierung erlaubt gewissermaßen zu kommunizieren, »als ob« man den anderen verstanden hat. Dafür gibt es viele Gründe: So kann etwa die Fähigkeit zur Aufmerksamkeit begrenzt sein und den Hörer daran hindern, die Beziehung zwischen Information und Kontext ständig zu kontrollieren; oder man kann eingesehen haben, daß die Deutungsperspektiven zu weit auseinanderliegen, als daß sie über den Austausch von Informationen integriert werden könnten: Nicht-Akzeptanz der anderen Deutungsperspektive wird als Nicht-Verstehen kommuniziert. Erst wenn die Umkontextierung von Informationen über Kommunikation manifest wird, kann der Prozeß durch den jeweils Anderen blockiert werden. Und erst wenn kommunikative Prozesse mit dem Ziel, den Anderen von seinen eigenmächtigen Operationen des Verstehens abzuhalten, in Gang gesetzt werden, entsteht Konflikt.[15]

## IV

Im folgenden soll anhand dreier Seminarausschnitte gezeigt werden, wie unter dem Problemgesichtspunkt von Inkommensurabilität Verständigungsversuche zwischen der AG und den Teilnehmern auf der Basis differenter, aber gleichwohl rationaler Realitätsauffassungen interpretiert werden können. Die Ausschnitte kombinieren jeweils verschiedene Formen und Ergebnisse der Kommunikation. Die kommunikative Leitvorstellung der AG wird über die lebensweltlich generalisierte Symbolik eines Cartoons, über die Diskussion einer Rechtsthese sowie über die Präsentation von Umfrageergebnissen eingebracht; es wird also Wissen von verschiedenem Typus akzentuiert. Gerade in der Verschiedenheit der Beispiele soll die Einheit der Problemstellung – Verwendung als problematische Verständigung in Reaktion auf Inkommensurabilität verschiedener Sozialsysteme – ebenso deutlich werden wie die Einheit ihrer kommunikativen Bearbeitung durch Perspektivenübernahme und Umkontextierung. Es soll aber auch die interaktive Dynamik des Seminars sichtbar werden, einmal als Ringen zwischen AG und Teilnehmern um die Behauptung der je eigenen Definition des Ausländerproblems und zum anderen als Auseinandersetzung um die Behauptung des jeweiligen beruflichen Status. Schließlich soll auch gezeigt werden, daß trotz dieser Gegenläufigkeit die Möglichkeit der Anschlußkommunikation gewahrt werden kann.

Die drei Ausschnitte entnehmen wir dem ersten Tag eines Grundseminars mit heterogenem Teilnehmerkreis. Dieses begann mit einer »Anwärmphase« in Form eines Erfahrungsaustausches zwischen den Teilnehmern. Daran schloß die AG einen Vortrag mit Diskussion zum Thema »Aktueller Stand der Ausländerpolitik der Bundesregierung« an. Dazu wurden von ihr ein kurzes, gut gegliedertes Thesenpapier sowie eine stichwortartige Zusammenfassung der geltenden Maßnahmen und Maßnahmenvorschläge der deutschen Ausländerpolitik verteilt. Entsprechend der kommunikativen Absicht der AG, durch gezielte Informationen die ausländerbezogenen Einstellungen der Teilnehmer zu problematisieren, entfaltete dieser Vortrag eine Variation der zentralen These der AG, daß nämlich eine in sich widersprüchliche Politik, die zwischen Bleibeangeboten und rückkehrfördernden Maßnahmen schwankt, ihre erklärten Integrationsziele nicht fördert und daß in den Kommunen Integration schon daran scheitert, daß Einstellungen dominieren, die sie von zuvor erfolgter kultureller Anpassung abhängig machen. Die AG schloß eine weitere Seminareinheit an, in der mittels Statistiken und Umfrageergebnissen eingeschliffene Urteile der Teilnehmer über vermeintlich typische Einstellungen von Ausländern durch sozialwissenschaftlich fundierte Informationen problematisiert werden sollten. In den verschiedenen Seminareinheiten war jeweils ein anderes Mitglied der Arbeitsgruppe wortführend.

V

Im Laufe des Vortrages über die Ausländerpolitik versucht die AG, ihre Leitvorstellung unter anderem durch einen Cartoon, über den Tageslichtprojektor präsentiert, den Teilnehmern einsichtig zu machen.

Der Cartoon zeigt den Ausländer in demütiger Haltung vor einem Schreibtisch stehen, hinter dem eine überdimensionierte Hand bereit ist, ihn mitsamt seinem Anliegen hinwegzuschnippsen. Man findet hier in knappster Form die Deutungsperspektive der AG: Die Beziehung zwischen Ursache und Wirkung des Ausländerproblems ist eindeutig ausgedrückt und in einer Situation exemplifiziert, die für das Seminar besonders bedeutsam ist, der des Behördenkontakts.

Die von der AG mitgeteilte Information entspricht ihrem sozialwissenschaftlichen Erkenntnisstand, aber die Form der Präsentation läßt das nicht erkennen. In eine alltagsweltliche Perspektive gestellt, wird es den Teilnehmern unmöglich, die Botschaft nicht zu verstehen: Sie können das Identifikationsangebot der AG nicht vermeiden, sind vielmehr gezwungen, sich in der überdimensionalen Hand selbst wiederzuerkennen. Damit ist dieser Cartoon nicht allein ein Angriff auf ihre Definition des Ausländerproblems, sondern verwickelt sie darüber hinaus selbst in diesen Angriff: Sie sehen sich in den Umkreis dessen gerückt, was man gemeinhin als Ausländerfeindlichkeit bezeichnet. Als Reaktion ließe sich Schweigen erwarten oder auch eine ablehnende Geste, zumal sich während des Vortrags bisher noch kein Teilnehmer zu Wort gemeldet hatte. Nichts dergleichen geschieht. Statt dessen kommentiert ein Teilnehmer: »Türke, eindeutig.« Mit diesem Zwischenruf hat er eine Reaktion gefunden, die den Angriff der AG pariert. Er parodiert die in dem Cartoon ausgedrückte These, indem er der Information bewußt einen falschen Rahmen gibt: Den Informationsgehalt des Cartoons lokalisiert er dort, wo er nicht vorgesehen war, nämlich auf der anderen Seite des Schreibtisches. Und damit vermeidet er auch das Identifikationsangebot der AG. Die Abwehr ist aber so gewählt, daß die soziale Basis einer möglichen Anschlußkommunikation nicht beeinträchtigt wird: Der Konfliktwert einer jedermann einsichtigen Falschrahmung bleibt gering. Die Anschlußmöglichkeit wird von der AG denn auch sofort genutzt. Ihre Reaktion zielt darauf, die Information wieder zurück in den beabsichtigten Kontext zu bringen. Sie macht das ebenso geschickt wie der Teilnehmer, indem sie dessen sprachlichen Rahmen übernimmt: »Verwaltung, eindeutig.«

In dieser Episode der kommunikativen Interaktion ereignet sich äußerst verdichtet das, worauf unsere analytische Ausgangsfrage abstellt: wie nämlich trotz verschiedenartiger Selektionshorizonte und Systemperspektiven Kommunikation zustande kommen kann. Als eine Bedingung möglicher Kommunikation steht hier Alltagswissen zur Verfügung. Der Cartoon als lebensweltlich generalisierte Symbolik repräsentiert eine wissenschaftlich generierte Ursache-Wirkung-Beziehung und hebt eine Ursache des Ausländerproblems hervor, die nicht mißverstanden werden kann. Da die AG die ihrer These entgegengesetzte Deutungsperspektive der Teilnehmer zu kennen meint, setzt sie auf die Durchschlagskraft des Cartoons als Träger ihrer Information. Doch hat auch die geschickte Reaktion jenes Teilnehmers zur Voraussetzung, daß er die Perspektive der AG als Kontext der Information zu rekonstruieren in der Lage war, also den ursprünglich »gemeinten Sinn« der Botschaft versteht.

Wäre nun der Cartoon unkommentiert geblieben, so wäre die Verarbeitung der Information im Bewußtsein und damit im privat-persönlichen Bereich verblieben. Erst die Mitteilung einer eigenwilligen Umkontextierung von Informationen macht aus einer persönlichen Option eine soziale Tatsache. Die Kommunikation einer nicht-identischen Reproduktion von Informationen macht den »Gegensinn« sichtbar, signalisiert mangelndes Einverständnis und die Präferenz für Deutungsalternativen. Nun erst kann Verstehen von Mißverstehen unterschieden, Akzeptanz und Ablehnung von Deutungsangeboten erkannt werden. Und erst jetzt wird Kommunikation konfliktfähig, weil nun die Möglichkeit einer Entgegnung bzw. einer gegenläufigen Deutung gegeben ist. Obwohl in diesem verbalen Austausch die einzelnen Perspektiven in ihrer denkbar knappsten und zugleich auch schärfsten Kontrastierung zum Ausdruck kommen, bleibt das Konfliktpotential durch die gewählte Form einer scherzhaften Paraphrasierung gering: Die soziale Anschlußfähigkeit weiterer Kommunikation wird nicht aus dem Auge verloren. Man versteht die Verschiedenheit einer anderen Problemperspektive und ist in der Lage, diese richtig zu deuten. Jedoch wird sie mehr respektiert als geteilt, und hier liegen die Grenzen für Verständigung.

## VI

Gegen Ende des Vortrags erläutert die AG die Übersicht der Maßnahmen und Maßnahmenvorschläge zur Ausländerpolitik. Am Vorschlag der doppelten Staatsbürgerschaft als einer möglichen Maßnahme zur sozialen Integration der Ausländer entzündet sich eine Diskussion, in der Gründe für die Unwahrscheinlichkeit der Integration zur Sprache kommen.

Die AG laßt einen kundigen Teilnehmer die Rechtslage darlegen und faßt dann zusammen: Die Bundesregierung lehnt die doppelte Staatsbürgerschaft ab und erschwert die Einbürgerung. Der Teilnehmer widerspricht der implizierten These, daß Regierung und Gesetze Integration verhindern, und verweist auf Zeit als Integrationsfaktor. Dieses sozialwissenschaftlich fundierte Argument stützt er durch ein Erfahrungsbeispiel: Viele Holländer lebten schon in der dritten Generation in Deutschland und fühlten sich auch ohne deutschen Reisepaß als Deutsche. Die AG geht darauf nicht direkt ein und versucht, ihre Botschaft am Auszug aus der Rede eines Bundestagsabgeordneten, über den Tageslichtprojektor präsentiert, zu verdeutlichen. Der Abgeordnete spricht sich gegen eine multikulturelle Gesellschaft aus, verlangt von den Ausländern eine rasche Entscheidung für Bleiben oder Rückkehr und erwartet von denen, die bleiben wollen, daß sie Deutsche werden. Die AG kommt sodann auf den von dem Teilnehmer angebotenen Vergleich zurück und fragt nach dem Unterschied von Türken und Holländern. Einen Zwischenruf nach dem Bezug des Vergleichs aufnehmend, äußern sich zwei weitere Teilnehmer. Der eine sieht den Unterschied darin, daß man von Türken verlange, was man den Holländern erspare. Der andere ergänzt, die Holländer seien den Deutschen »gleicher« als die Türken. Die AG insistiert auf dem genauen Unterschied, und der eine dieser beiden Teilnehmer bringt ihn auf den Punkt: Der Unterschied liege in der »Mentalität«. Wiederum ein anderer Teilnehmer fügt dem eine Wertung hinzu: Die Deutschen sähen in den Türken eine Gefahr. Ein fünfter Teilnehmer summiert nun mit Blick auf die Einbürgerung: Wenn das alles so sei – was könne dann einen Türken veranlassen, seine Religion aufzugeben? Die AG verstärkt: Natürlich werde erwartet, daß sich die Türken gegen eine »Christianisierung« nicht sperrten. Ein anderer Teilnehmer widerspricht: Religion müsse von der Anpassung ausgespart bleiben. Die AG bekräftigt dagegen: Identität beziehe sich auch auf die Religion. Dann wird die Diskussion zur Pause abgebrochen.

In dieser Diskussion versucht die AG, den Teilnehmern eine andere Version ihrer zentralen These nahezubringen, hier, daß die Politik der Bundesregierung, getragen von der Einstellung der Bevölkerungsmehrheit, nur eine solche Integration der Ausländer fördert, die kulturelle Anpassung zur Voraussetzung hat. Diese These ist Ergebnis einer Analyse der Rhetorik der konservativ-liberalen Regierung wie konservativer Wortführer im Parlament. Die AG vertritt sie, unterstützt durch die Präsentation des entsprechenden Dokuments, in sechs Beiträgen, durch die sie die Diskussion mittels gezielter Fragen und Nachfragen, Zusammenfassungen und der Zuspitzung von Teilnehmerargumenten jederzeit kontrolliert. Sieben von 20 Seminarteilnehmern liefern neun Diskussionsbeiträge. Aus ihnen sind die Differenzen der Botschaft der AG zu den Perspektiven der Teilnehmer nicht sehr deutlich festzustellen. Es scheint, daß die beiden Teilnehmer, die Integration und Zeit bzw. Religion zusammenbringen, der Perspektive der AG nicht ablehnend gegenüberstehen. Drei andere

Teilnehmer scheinen in ihren Beiträgen, in denen Mentalitätsunterschiede bzw. Gefahren durch die Ausländer konstatiert werden bzw. kulturelle Anpassung unter Aussparung von Religion befürwortet wird, die Integrationsprobleme eher auf seiten der Ausländer zu suchen: Sie wehren das Identifikationsangebot der AG unter Hinweis auf die Perspektive »der Bevölkerung« ab. Die AG versucht sehr bald schon, die Diskussion zu polarisieren, zunächst durch Substitution der Türken für die Holländer und schließlich mit der Behauptung, von den Türken werde letztlich »Christianisierung« verlangt. Daß die Teilnehmer darauf kaum eingehen, dürfte auch daran liegen, daß die für die Diskussion zentralen Äußerungen des Abgeordneten den Teilnehmern keinen starken Anreiz bieten, eine von der AG abweichende Deutungsperspektive für das Ausländerproblem zu entwickeln.

Bezüglich der Ausgangsfrage nach der Möglichkeit von Kommunikation der Angehörigen von Systemen mit verschiedenen Ordnungsperspektiven zeigt der Seminarausschnitt zunächst, daß systemspezifische Selektionen von Information kaum stattfinden: Beide Seiten rekurrieren auf alltagsweltliches Wissen als gemeinsame Kommunikationsbasis; die AG eliminiert überdies konsequent durch Umkontextierung andere Wissensformen aus der Diskussion. So hat ein Teilnehmer, von der AG aufgefordert, mit der Darlegung von rechtlichen Bestimmungen Berufswissen eingeführt; der AG dient diese Präsentation aber nur als Hintergrund für die Bekräftigung der eigenen Botschaft. Der gleiche Teilnehmer entgegnet mit einem sozialwissenschaftlich fundierten Argument zur Integration; doch die AG greift lediglich das beigegebene alltagsweltliche Erfahrungsbeispiel auf. Dieser Teilnehmer hat sich danach an der weiteren Diskussion nicht mehr beteiligt. Die Diskussion im Anschluß an das Rededokument des Abgeordneten, das als eine Art Beweis für die Ziele der Bundesregierung eingeführt wird, verläuft dann ausschließlich unter Einsatz alltagsweltlicher Wissensbestände.

Die AG verknüpft in dieser Diskussion geschickt Mentalität, Identität und Religion zu einer Art Beweis, daß eine multikulturelle Gesellschaft von Regierung und Parlamentsmehrheit abgelehnt wird, wobei die Struktur der Verknüpfung dem Kontext implizit bleibt. Der Seminarausschnitt deutet damit auf eine außerordentlich weitgehende Perspektivenübernahme beider Seiten hin. Das Argument der AG lautet vollständig: Wer als Bedingung

für soziale Integration von den Ausländern verlangt, Deutsche zu werden, fordert Änderung ihrer Mentalität und nimmt ihnen damit ihre Identität, die gerade für viele Türken eng mit ihrer Religion verbunden ist; kulturelle Anpassung wird gleichbedeutend mit Christianisierung. Die AG nimmt damit eine sozialwissenschaftlich fundierte Umkontextierung von Information vor: Im alltagsweltlichen Verständnis ist Religion von »profaner« Kultur deutlich getrennt. Man kann daher auch kultureller Anpassung ohne Aufgabe von Religion das Wort reden. Die AG stellt nun Religion in einen anderen Bezugsrahmen, weist sie als einen Aspekt von sozialer Identität aus und führt damit die Teilnehmer vor eine Aporie. Sie steigert deren Verunsicherung noch dadurch, daß sie diese in einem sozusagen unpassenden Wortrahmen formuliert: Die Bezeichnung der geforderten kulturellen Anpassung als »Christianisierung« macht mit der Konnotation der Gewaltsamkeit auf das Unzulässige der für die Integration geforderten Anpassung aufmerksam.
Die AG entläßt die Teilnehmer mit der Erfahrung der Aporie in die Pause. Der Kommunikationsprozeß hat also nicht zu einer Verständigung über die Deutung des Ausländerproblems geführt, sondern den Teilnehmern die Unmöglichkeit einer gängigen und vielleicht auch von manchem von ihnen geteilten Perspektive demonstriert. Die Situation hat einen hohen Konfliktwert, der die Anschlußkommunikation wohl nur deshalb nicht in Frage stellt, weil die Teilnehmer zwar die argumentative Überlegenheit der AG erkennen, sich aber nach dem Diskussionsverlauf nicht direkt in deren Angriff auf die Perspektive der kulturellen Anpassung einbezogen fühlen müssen: Keiner der Teilnehmer hat sich ausdrücklich mit dieser Perspektive identifiziert.

## VII

Als dritten Seminarausschnitt zur Exemplifizierung unserer Frage nach der Möglichkeit von Kommunikation bei verschiedenartigen Selektionshorizonten nehmen wir die letzte Seminareinheit des ersten Tages. Die Besprechung der Tabellen aus Statistik und Umfrageforschung über eine Reihe von Einstellungsaspekten der Ausländer ist von der im vorhergehenden beschriebenen Diskussion durch eine weitere kurze Diskussionssequenz zur Frage der

Integration getrennt. Daher steht auch für diese letzte Seminareinheit weniger als die veranschlagte Zeit zur Verfügung. Die AG geht hier von der These der widersprüchlichen Anpassung der Ausländer an die deutsche Gesellschaft aus, insofern deren »Statuspassage« fortgeschritten, ihre »Identitätspassage« aber zurückgeblieben ist, und gibt den Teilnehmern eine Reihe von Informationen über den von den Ausländern erreichten Stand materieller und kultureller Teilhabe. Die Tabellen, die die Informationen transportieren, geben Werte in Prozentzahlen an, enthalten den Befragungszeitpunkt, machen aber keine Angaben zur Grundgesamtheit und zur Quelle. Kommunikatives Ziel der AG ist wieder die Verunsicherung eingeschliffener Vorstellungen und Einstellungen hinsichtlich der Ausländer. Sie fordert dazu die Teilnehmer auf, die Tabellen unter Einbeziehung ihrer eigenen Erfahrungen zu interpretieren.

Schon der ersten Tabelle über Kontakthäufigkeiten von Ausländern und Deutschen begegnet ein Teilnehmer mit Gültigkeitszweifeln: Der Erhebungszeitraum liege weit zurück, und auch seine eigene Erfahrung lasse die Zahlen als wenig realistisch erscheinen. Die AG reagiert nicht. Vielleicht weil die Implikationen des Zweifels ihrer These von der retardierten Identitätspassage nicht entgegenstehen. Die nächste Tabelle zeigt die große Bereitschaft von Ausländern, sich an Kommunalwahlen zu beteiligen. Auch sie erfährt von zwei Teilnehmern eine grundsätzliche Kritik der Validität: Die bekundete Motivation sage wenig über die tatsächliche Bereitschaft aus, und da diese sogar über der der Deutschen läge, sei der Realitätsgehalt der Angaben zweifelhaft. Die AG geht ohne Erwiderung zur nächsten Tabelle über. Diese enthält eindeutige Hinweise auf die patriarchalische Identität der männlichen Türken. Aufgrund des weit zurückliegenden Erhebungsdatums und der vermehrt erlebten Erwerbstätigkeit der Frauen halten vier Teilnehmer diese Angaben nicht oder nur für die erste Türkengeneration für zutreffend. Als der Diskussionsleiter diese Einschränkung akzeptiert, wird er von dem anderen Mitglied der AG deutlich korrigiert. Dieses bemüht sich dann unter Einbringen zusätzlicher sozialwissenschaftlicher Informationen die Aussage zu stützen, daß auch unabhängig von der Generationszugehörigkeit Türken in ihrem Rollenverständnis eher konservativ geblieben sind. Gegen die in der nächsten Tabelle transportierte Botschaft, daß Ausländer durchaus bereit sind, höhere Mieten zu zahlen, wenden sich sofort zwei Teilnehmer mit methodenkritischen Einwänden: mangelnde Aktualität der Zahlen und fehlende Angabe der Grundgesamtheit. Ein Zwischenrufer stellt gar die Art der Präsentation der Informationen grundsätzlich in Frage. Nach technischen Erläuterungen und Bekräftigung der Botschaft durch die AG kommt es zu einem Deutungskonflikt über die Ursachen der schlechten Wohnverhältnisse. Drei Erklärungsansätze stehen gegeneinander: Die AG und ein Teilnehmer betonen das diskriminierende Verhalten deutscher Vermieter; zwei Teilnehmer stellen auf kalkulierten Bedürfnisaufschub der Türken ab, weil diese sparen müßten; ein weiterer Teilnehmer macht auf die ländliche Herkunft vieler Türken als Bestimmungsgrund für das Anspruchsniveau aufmerksam. Die AG bekräftigt ihre Position und versucht sie durch den Hinweis auf eigene Erfahrung zu stützen. Sofort hält ein Teilnehmer seine andersartige Erfahrung dagegen. Die AG rekurriert darauf wieder auf Forschungsergebnisse. Auch bei der Präsentation der folgenden Tabelle über das Interesse ausländischer Eltern an der Schulbildung ihrer Kinder tragen zwei Teilnehmer grundsätzliche Einwände der nun schon bekannten Art vor: Neben einer radikalen Methodenkritik wird aufgrund eigener Erfahrungen die hohe Präferenz einer Schulbildung der Jungen bei bestimmen Nationalitäten bezweifelt. Die AG reagiert mit einer Bekräftigung der höheren Geltungsansprüche von Wissenschaft gegenüber subjektiven Erfahrungen. Die Zahlen einer weiteren Tabelle über die Rangordnung der von türkischen Vätern für ihre Kinder gewünschten Unterrichtsfächer zeigen ein Interesse vor allem an der türkischen Kultur, dann aber auch an der deutschen Sprache. Nach methodischer Kritik durch einen Teilnehmer bleibt die Aufforderung der AG, die Tabelle zu interpretieren, ohne Echo. Erneuter Methodenkritik begegnet die AG recht defensiv und geht zur nächsten Tabelle über. Diese zeigt, daß nur die Angehörigen bestimmter Nationalitäten deutsche Partner heiraten. Ein Teilnehmer zieht die Aussage unter Verweis auf eine Vielzahl von Scheinehen unter Ausländern in Zweifel. Mangels Zeit greift die AG diesen Einwand nicht mehr auf, erläutert knapp die restlichen drei Tabellen und vertagt das Seminar auf den nächsten Vormittag.

Die in den Tabellen in verschiedener Form enthaltene Botschaft der AG, daß die Ausländer sich in manchen ihrer Einstellungen der deutschen Gesellschaft schon recht weit genähert hätten, und die Implikation, daß die Deutschen ihnen daher größere Teilhabechancen einräumen sollten, wird von den Teilnehmern verstanden und konsequent abgelehnt; akzeptiert werden lediglich Teilaspekte, wie etwa die Diskriminierung der Ausländer auf dem Wohnungsmarkt. Von den 28 Diskussionsbeiträgen der Teilnehmer drücken nur vier deutliche Zustimmung zur Botschaft der AG aus, 21 dagegen Ablehnung. Bezeichnend ist nun, daß die Ablehnung nur in fünf Beiträgen unter Bezugnahme auf eigene Erfahrung inhaltlich begründet wird, in 16 Beiträgen dagegen eher formal: Die vorgelegten Daten könnten nicht als gültig und zuverlässig gelten, weil das Erhebungsdatum weit zurückliegt, Grundgesamtheiten nicht angegeben sind, Vergleichsgruppen fehlen, Einstellungsdaten noch nichts über tatsächliches Handeln aussagen und ähnliches. Die methodenkritischen und methodologischen Einwände wehren die Botschaft indirekt ab, indem sie darauf hinweisen, daß die Tabellen eventuell auch anders gelesen werden könnten, jedenfalls die These der AG nicht ausreichend stützten. Nachdem der Ablauf dieser Seminareinheit durch die Reihenfolge der zur Interpretation vorgelegten Tabellen strukturiert ist, wird die Diskussion durch die Teilnehmer kontrolliert: Die AG ist durchweg in der Defensive. Verständlich wird die Vehemenz der offensiv vorgetragenen Kritik, an der sich immerhin neun Teilnehmer beteiligen, aber wohl erst auf dem Hintergrund der Frustration der Teilnehmer in der vorangegangenen Diskussion über die Integration.

Die beiden AG-Mitglieder wenden sich in elf Beiträgen gegen die Einwände: Sie bekräftigen die Validität der Daten mittels technischer Erläuterungen, verweisen auf die unveränderte Wichtigkeit von Trendaussagen, die Betonung zentraler Aussagenelemente usw., und sie beharren darauf, daß die Tabellen als Informationen über Einstellungen, nicht über Handeln gelesen werden. Der unbestreitbare Vorwurf der Konzentration der Daten auf Türken wird nur unter Verweis auf die Forschungslage akzeptiert. Wie sehr sich die AG in der Defensive befindlich, wie sehr sie auch ihren Status als kompetente Wissenschaftler in Frage gestellt sieht, zeigen vor allem der Hinweis auf eigene einschlägige Untersuchungen und die explizite Beanspruchung höherer Gültigkeit für wissenschaftliches Wissen. Insgesamt bleibt die AG konsequent unnachgiebig gegenüber den Einwänden der Teilnehmer gegen die die Botschaft transportierenden Umfragedaten.

Für die Beantwortung unserer analytischen Ausgangsfrage nach der Möglichkeit von Kommunikation zwischen Repräsentanten unterschiedlicher Systeme ist zunächst wichtig, daß sich in dieser Seminareinheit die Auseinandersetzung um die Deutungsperspektive nicht so sehr auf dem Wissenschaftlern wie Verwaltungsangehörigen gemeinsamen Boden alltagsweltlicher Erfahrung abspielt, sondern weit überwiegend unter Einsatz sozialwissenschaftlichen Wissens, der Domäne der AG. Daß die AG derartige Informationen in ziemlich reiner Form präsentiert, »entwissenschaftlicht« eigentlich nur durch das Weglassen der im wissenschaftlichen Diskurs üblichen Angaben zur Überprüfung der Validität, strukturiert den kommunikativen Austausch. Die Aufforderung an die Teilnehmer, die Tabelleninhalte mit ihrer Alltagserfahrung zu konfrontieren, läßt aber vermuten, daß die AG ursprünglich die Diskussion stärker auf der alltagsweltlichen Ebene führen wollte, vielleicht um dem Alltagswissen dann immer wieder wissenschaftliches Wissen zur Verstärkung ihrer Botschaft entgegenzustellen. Statt dessen nehmen die Teilnehmer die Auseinandersetzung auf der wissenschaftlichen Ebene auf: Unter Einsatz sozialwissenschaftlichen Wissens setzen sie sich formal mit den empirischen Gründen auseinander, die die AG für ihre Botschaft gibt, und rekurrieren nur hilfsweise, wenn sich die Diskussion inhaltlich auf Merkmale von Ausländern richtet, auf alltagsweltliche Wissensbestände. Die AG tut das nur einmal, und die Ablehnung ihres Arguments auf der gleichen Ebene folgt prompt.[16]

Die Kommunikationssequenz läßt deutlich erkennen, daß die Perspektivenübernahme beiderseits gelungen ist: Die Teilnehmer haben die kommunikative Absicht ebenso wie die Vorgehensweise der AG verstanden. Auf seiten der AG scheint die Perspektivenübernahme nicht ganz so gelungen zu sein: Es scheint, als ob die Teilnehmer sich in ihrer Erwartung, »gleichberechtigte« Interaktionspartner der AG zu sein, enttäuscht sehen. Das dürfte auch einer der Gründe dafür sein, daß eine Verständigung zwischen AG und Teilnehmern über die Deutungsperspektive im Verlauf des kommunikativen Austausches immer unwahrscheinlicher wird. Die AG muß erkennen, daß die Teilnehmer sich nicht verunsichern lassen und die Botschaft vor allem dadurch abwehren, daß sie auf der Möglichkeit alternativer Tabelleninterpretationen beharren. Sie reagieren damit auf die von der AG im Vorfeld der Seminarinteraktion vorgenommenen Umkontextierung der Daten und halten demgegenüber fest, daß deren eindeutige Zuordnung zum Deutungsangebot der AG ein Mißverständnis sein könnte. Die Teilnehmer sehen aber, daß die AG unnachgiebig auf der Gültigkeit der die Botschaft transportierenden Daten besteht. Beide Seiten wehren nur noch ab, wobei gelegentlich nicht einmal mehr die Argumentation konsistent bleibt. Die kommunikative Interaktion verliert daher sehr bald den Charakter einer Auseinandersetzung um Deutungsperspektiven und wird zum Kampf um Status. Es gelingt den Teilnehmern, der AG deutlich zu machen, daß sie als in Ausländerfragen sachkundige Verwaltungsangehörige auch über sozialwissenschaftliches Wissen verfügen und es kompetent einzusetzen verstehen. Auf der anderen Seite kann die AG durch Unnachgiebigkeit und Demonstration von Kompetenz ihren Status wahren. Paradoxerweise wird gerade durch dieses Konflikthandeln der AG die für die Anschlußkommunikation gefährliche Situation entschärft und deren Möglichkeit offengehalten.

## VIII

Ausgangspunkt unserer Überlegungen war das Problem der Kommensurabilität von Sozialwissenschaft und Verwaltung als Sozialsystemen mit verschiedenartigen Rationalitäten. Das läßt bei Transfer sozialwissenschaftlichen Wissens in die Verwaltungspraxis Verwendung im Sinne der »Verständigung« über ein Sachproblem zunächst als ziemlich unwahrscheinlich erscheinen. Wir haben dann strukturelle Muster benannt, die auch zwischen verschiedenartigen Sozialsystemen auf der interaktiven Ebene eine Verständigungschance eröffnen: die Gleichgerichtetheit von Transfer- und Fortbildungsbemühungen, das Seminar mit Moratoriumscharakter und die Möglichkeit des beiderseitigen Rückgriffs auf alltagsweltliche Wissensbestände. Verständigung ist also nicht ausgeschlossen. Die drei Seminarepisoden zeigen nun, daß sie dennoch nicht stattgefunden hat: Es gab keine erfolgreiche Bearbeitung des Kommensurabilitätsproblems als Verständigung zwischen Sozialwissenschaftlern und Verwaltungspraktikern über die Deutung des Ausländerproblems, wenn man unter Verständigung eine Einigung der Mehrheit der Seminarteilnehmer

mit der Arbeitsgruppe versteht. Das läßt sich zunächst unter Hinweis auf den Zeitbedarf von Verständigung begründen. Der Prozeß geht durch mehrere Phasen der Auseinandersetzung, von denen wir drei am ersten Seminartag rekonstruiert haben. Danach kann man nur vorläufig bilanzieren. Und auch die Bilanz am Ende des dritten Seminartags muß aus methodischen Gründen vorläufig bleiben: Wir haben hier nur die Aussagen einiger Teilnehmer, daß sich ihre Deutung des Ausländerproblems an die der AG angenähert hat. Über eine Verwendung im Sinne der Auswirkung von Verständigung im Behördenalltag können wir aus methodischen Gründen nichts sagen.
Wenn nun auch die Bilanzierung von Verständigung problematisch bleibt, können wir dennoch versuchen, von unseren Analysen ausgehend einige weitere kognitive, interaktive und organisatorische Probleme von Verständigung herauszuarbeiten.
Beginnen wir mit den kognitiven und organisatorischen Bedingungen für Verständigung, die vor allem für die Verwaltungspraktiker problematisch sind. Im kognitiven Bereich macht das Verstehen des von den Wissenschaftlern angebotenen Deutungswissens kaum Schwierigkeiten, zumal dieses wenigstens zum Teil in »entwissenschaftlichter« Form vorgetragen wird. Das Akzeptieren der Botschaft setzt nun aber ihre Einordnung in das Alltagswissen der Verwaltungspraktiker über die Ausländer voraus. Dieses stellt, bei den Sachbearbeitern aus der betreuenden Verwaltung vielleicht stärker als bei denen aus der Ordnungsverwaltung, bereits revidierte Versionen des in der Gesellschaft gängigen ausländerbezogenen Alltagswissens dar und verbindet sich im Behördenalltag, wenn es um die Interaktion mit der ausländischen Klientel geht, mit dem Berufswissen. Das Deutungsangebot der Wissenschaftler dürfte nun um so eher akzeptiert werden, je weniger sich das Alltagswissen der Teilnehmer bereits im Behördenalltag bewährt hat. Aber selbst im Fall nur partieller Bewährung stellt die Akzeptierung des wissenschaftlich fundierten Deutungsangebots einen langwierigen Prozeß des Ausprobierens dar, in dessen Verlauf immer wieder die Gefahr besteht, in die gewohnten Deutungen zurückzufallen.
Das verweist auf den organisatorischen Kontext des beruflichen Handelns der Verwaltungspraktiker. Sie werden die von den Wissenschaftlern angebotenen Deutungen des Ausländerproblems kaum akzeptieren, wenn sie vermuten müssen, daß sie sich im

Berufsalltag wahrscheinlich nicht bewähren werden, wenn also der organisatorische Kontext so bleibt, wie er zumeist ist: ein hoher Arbeitsanfall, der schon vom Zeitaufwand her eine Durchbrechung der erarbeiteten Routinen nicht erlaubt. Wie wir gesehen haben, stellt die Botschaft der AG diese Handlungsrestriktionen der Sachbearbeiter in Rechnung, setzt aber offensichtlich darauf, daß sich immer wieder Handlungsspielräume eröffnen, die dazu reizen, das Deutungsangebot der AG zu aktivieren und zu erproben. Verständigung muß also auch angesichts zunächst nicht änderbarer organisatorischer Umstände nicht notwendig als gescheitert angesehen werden. Die Phase der Verwendung sozialwissenschaftlichen Wissens als zeitverschobene Verständigung ist allerdings durch die Wissenschaftler nicht mehr beeinflußbar.

Eine zentrale Stellung im Prozeß der Verständigung haben die interaktiven Bedingungen, die beide Seiten der Seminarkommunikation betreffen. Hier ergibt sich für die Beteiligten ein Statusproblem, mit dem umzugehen offensichtlich schwierig ist: Wissenschaftler halten zumeist an dem Anspruch fest, daß wissenschaftliches Wissen als Strukturwissen dem Alltagswissen überlegen ist[17], und sie sind von daher geneigt zu übersehen, daß ihr Wissen keineswegs ein Gefälle zwischen der wissenschaftlichen, der berufspraktischen, aber auch der alltagspraktischen Rationalität begründet. Wenn die Praktiker diese Vorstellung vom Rationalitätsgefälle ablehnen, dann nicht nur wegen der »Versozialwissenschaftlichung« der Praxis, sondern vor allem wegen der verschiedenartigen Wichtigkeitskriterien für Wissen. Unter diesen Umständen wird der Transfer sozialwissenschaftlichen Wissens in die Praxis zu einem delikaten Geschäft, besonders wenn es sich nicht nur um Sozialtechnik handelt, sondern wenn Bildung oder gar Aufklärung angezielt wird. Konnte man bisher noch feststellen, daß zwar die sozialtechnischen Funktionen von Soziologie für die Gesellschaft defizitär seien, nicht aber ihre Aufklärungs- und Bildungsfunktion (so z. B. Neidhardt 1979, S. 326 unter Verweis auf die Lehrerbildung), so zeigen unsere Beispiele, daß sozialwissenschaftliches Wissen am Maßstab der Brauchbarkeit für das alltägliche berufliche und außerberufliche Handeln gemessen und zurückgewiesen wird, wobei sich die Praktiker bei ihrer Begründung zum Teil wissenschaftlichen Wissens bedienen. Damit wird deutlich, daß für den mit dem Transfer befaßten Wissenschaftler die Rolle des Missionars unter den Heiden ebenso ungeeignet ist wie die des Akademikers gegenüber gewöhnlichen Sterblichen: Wissenschaftler können ihr Deutungsangebot in vielen Fällen nicht mehr nur in strategischer (»pädagogischer«) Absicht zur Diskussion stellen bzw. in solcher Absicht die Deutungsmuster der Praktiker diskutieren. Sie müssen vielmehr mit den Praktikern gemeinsam am Problem der Verbesserung von deren Handlungsfähigkeit arbeiten. Die AG kommt in ihren transfertheoretischen Arbeiten zu ähnlichen Ergebnissen, ist aber, wie wir gesehen haben, nicht immer in der Lage, ihre Konzeption in der Seminarinteraktion zu verwirklichen. Ziehen sich die Wissenschaftler von dieser »symmetrischen« Interaktionsbeziehung zu den Praktikern auf die Autorität von Wissenschaft zurück, kommt es leicht zum Statuskampf, der am ersten Tag eines Seminars oft unvermeidbar sein mag, bei Andauern aber die Chance der Verständigung zunichte macht.

## *Anmerkungen*

1 Daten, die in diese Richtung weisen, finden sich bei van de Vall (1976).

2 Scharpf (1984, S. 398) hat darauf hingewiesen, daß die Steuerungsgrößen in politischen Prozessen entlang Konflikt und Konsens angesiedelt sind, die auch durch wissenschaftliche Beratungsangebote in Form von »Kann-Optionen« nicht aufgehoben werden können. Die aus dieser Eigenständigkeit von Praxis resultierenden Formen von »gespaltener« bzw. »versetzter« Verwendung sozialwissenschaftlicher Ergebnisse (siehe Beck/Bonß 1984, S. 399) sind daher als »Normalform« erwartbar.

3 So ausdrücklich Kaufmann (1977, S. 46) und in einer früheren Formulierung von Freeman: »There is a considerable difference between selecting variables for study on the basis of a theoretical notion of causality and on the basis that they can be manipulated to evoke change in the phenomenon that is regarded as the dependent variable« (Freeman 1963, S. 152).

4 Vergleiche die Beiträge zu dem von Bonß/Hartmann (1985) herausgegebenen Sammelband und im Hinblick auf Laborforschungen von Knorr-Cetina (1984), die zum überwiegenden Teil den Verschleiß von Abgrenzungskriterien zwischen wissenschaftlichen und nicht-wissenschaftlichen Wissensformen betonen. Aus einer ganz anderen Perspektive hat die gegenwärtige Diskussion methodologischer Problemstellungen die Frage aufgeworfen, inwieweit quantifizierende sozialwissenschaftliche Verfahren zu »objektiven« Erkenntnissen führen.

Eine Vorgehensweise, die wissenschaftliche Konstrukte sozialer Realität in Hypothesenform mit hochgradig verfeinerten Methoden zu erhärten sucht, wird gegenüber der Prämisse, die Wirklichkeitskonstruktionen den sozialen Akteuren selbst zu überlassen, abgelehnt; hierzu repräsentativ Oevermann u. a. (1979) und Soeffner (1982).

5 Zwar blickt man heutzutage kritisch auf »deduktive« Modelle, die auf der rationalen Überlegenheit sozialwissenschaftlichen Wissens beharren (siehe Beck/Bonß 1984, S. 382 ff.), weniger jedoch auf der Basis prinzipieller Zweifel als aufgrund der Annahme, der Alltag sei schon so weit versozialwissenschaftlicht, daß die Rationalität sozialwissenschaftlicher Ergebnisse im Kontrast dazu verschwimmt bzw. zugunsten der Praxis umkippt.

6 Unser Untersuchungsfeld beschränkte sich aber nicht allein auf die Analyse kommunikativer Prozesse in Seminaren. Der von uns verwendete theoretische Bezugsrahmen verlangt darüber hinaus die Berücksichtigung vorausliegender und nachfolgender Phasen, die notwendig sind, um die Fortbildungsmaßnahmen selbst angemessen interpretieren zu können. Insgesamt haben wir fünf Phasen unterschieden. 1. *Nachfrage:* Hierbei ging es um den ersten Kontakt zwischen Wissenschaftlern und Verwaltungsführung, wobei Angebots- und Nachfrageinteressen aufeinander abgestimmt wurden. 2. *Curriculum-Konstruktion:* In diesem Schritt galt es, den kommunikativen Zielen der Wissenschaftler in Einklang mit den Interessen der Verwaltungsführung eine lernprogrammatische Form zu geben und diese in ein reichhaltiges Angebot konkreter Informationen zu übersetzen. 3. Die *Seminare* selbst. 4. *Curriculumrevision:* Aus den Erfahrungen in den Seminaren ziehen die Wissenschaftler Rückschlüsse auf Inhalt und Durchführungsmodi ihres Lernplans. 5. *Verwendung:* Diese Phase umfaßt im Anschluß an das Seminar die eigentlichen (Nicht-)Verwendungsabsichten der Praktiker, wenn diese zu ihren berufspraktischen Tätigkeiten zurückkehren.

7 Vgl. Hegner (1982).

8 Dazu näher Luhmann (1981a; 1984, S. 210). Interaktion ist im Selbstverständnis der Theorie die Anwesenheit der miteinander Kommunizierenden, die untereinander nicht nicht-kommunizieren können (siehe Luhmann 1984, S. 562). Entsprechend wird dieser Begriff im folgenden benutzt.

9 Die grundlegenden Gedanken hierzu sind für unsere Zwecke ausreichend zusammengefaßt bei Luhmann (1971, S. 342 ff.; 1975). Man wird dazu bemerken, daß Anspruch auf Wahrheit auch außerhalb des Wissenschaftssystems eingeklagt werden kann, und dies gilt besonders im Fall der Sozialwissenschaften, die sich ihrerseits immer schwer getan haben, trennscharfe Unterscheidungskriterien zwischen wissenschaftlich und lebensweltlich generierten Wissensbeständen zu formu-

lieren. Hier sei nur angemerkt, daß trotz begründeter Skepsis seitens konstruktivistisch orientierter Wissenschaftstheorien nicht auf Wahrheit als Kommunikationsmedium der Wissenschaft verzichtet werden kann. Am deutlichsten läßt sich dies daran erkennen, daß selbst konstruktivistische Theorien nicht ohne dieses Medium auskommen; jedenfalls ist uns kein wissenschaftlicher Beitrag dieser Richtung bekannt, der von sich selbst behaupten würde, daß er nicht auf Wahrheit beruhe.

10 Neben dem Verstehensaspekt, der für unsere Zielsetzungen textlich etwas stärker hervorgehoben wird, ist der These von Inkommensurabilität stets ein stark relativistischer Zug eigen. Feyerabend (1976) reagierte hierauf im Anschluß an Kuhn als Verfechter des Pluralismus ontologisch umfassender Aussagensysteme; und schon 1955 formulierte Lévi-Strauss: »Stillschweigend unterstellen wir unserer eigenen Gesellschaft, ihren Sitten und Normen eine privilegierte Position, denn ein Beobachter, der einer anderen sozialen Gruppe angehört, wird über dieselben Erscheinungen ein ganz anderes Urteil fällen. Wie können unsere Forschungen unter solchen Umständen das Prädikat ›wissenschaftlich‹ beanspruchen? Um die Objektivität zu wahren, müßten wir uns derartiger [d.h. wertender, d.V.] Urteile enthalten. Wir müßten einräumen, daß jede menschliche Gesellschaft unter den ihr offenstehenden Möglichkeiten eine bestimmte Wahl getroffen hat und daß diese Wahlen nicht miteinander vergleichbar sind: sie sind gleichwertig« (1978, S. 380).

11 »Das Alltagswissen des Einzelnen in der Welt ist ein System von Konstruktionen ihrer typischen Aspekte« (Schütz 1971a, S. 8; Berger/Luckmann 1969, S. 43 ff.). Konstrukte erster Ordnung sind motivabhängig, das heißt sie äußern sich in Abhängigkeit von der Motivationsrelevanz (Lebensplan) eines Individuums zu einem bestimmten biographischen Zeitpunkt, welche das interpretative Erleben über besondere thematische Relevanzen vorstrukturiert (siehe Schütz 1971d, S. 160 ff.; Embree 1979).

12 Siehe Schütz (1971b, S. 73 f.). Im Anschluß an Husserl formuliert Schütz: »Die Lebenswelt aber wissenschaftlich betrachten zu wollen heißt, den methodischen Vorsatz fassen, nicht mehr sich selbst und seine Interessenlage als Zentrum dieser Welt auszusetzen, sondern ein anderes Nullglied für die Orientierung der Phänomene der Lebenswelt zu substituieren« (Schütz 1971c, S. 159). Und an anderer Stelle: »... es sind Konstruktionen jener Konstruktionen, die im Sozialfeld von den Handelnden gebildet werden, deren Verhalten der Wissenschaftler beobachtet und in Übereinstimmung mit den Verfahrensregeln seiner Wissenschaft zu erklären versucht« (Schütz 1971a, S. 7).

13 Dazu näher der Sammelband von Geulen (1982). Interessant ist hierbei, daß dieses Paradigma vor allem zur Klärung von Normenverin-

nerlichung bzw. Moralität herangezogen wird: Ein Ego ist virtuell in der Lage, die Perspektive von Alter einzunehmen, so daß dessen egozentrische Position dadurch de-zentriert werden kann. Dagegen akzentuiert unsere Analyse einen modus operandi von Perspektivenübernahme, welcher gerade für Prozesse der Konfliktsteuerung maßgeblich ist.

14 Diese Begriffe entnehmen wir Luhmann (1981b), gebrauchen sie aber in einer über die ursprüngliche Zwecksetzung hinausführenden Form.

15 Die hier beschriebenen kommunikativen Muster kommen der von Oevermann u. a. analysierten Realität latenter Sinnstrukturen sehr nahe. Die dort untersuchten Textstrukturen verweisen stets auf zwei voneinander unterscheidbare Realitätsebenen, nämlich auf die Realität latenter Sinnstrukturen, die als Kontext rekonstruierbar sind, und auf die Realität »intentional repräsentierter Bedeutungen«, die als Text an Kriterien der Kommunizierbarkeit gebunden ist. Anders als unsere Überlegungen geht dieser Ansatz jedoch davon aus, daß latente Sinnstrukturen (Kontext) durch »interaktionsstrukturinhärente Regeln« gebildet werden, wobei allerdings ungeklärt bleibt, wodurch solche Regeln ihrerseits konstituiert sind (siehe Oevermann u.a. 1979, S. 366 f.).

16 Der Einsatz sozialwissenschaftlichen Wissens durch die Teilnehmer, um eine wissenschaftlich fundierte Botschaft abzuwehren, stellt einen Fall »paradoxer Verwendung« (Beck/Bonß 1984, S. 397) dar: Validitätskriterien der Soziologie werden zur Destruktion der Aussagen von Soziologen eingesetzt.

17 So diskutiert Giddens (1976, passim, besonders S. 15, 115 f., 121, 160) die Frage, wie sich der Aufklärungsanspruch der Sozialwissenschaften gegen die »Laien-Kritik« behaupten kann, daß jene nicht mehr als eine komplizierte Rekonstruktion des Alltagswissens bieten. Die Forderung, die Überlegenheit sozialwissenschaftlichen Wissens zu begründen, verweist Giddens auf die Notwendigkeit, vom Alltagswissen ausgehend zu Wissen über die dem Handeln zugrunde liegenden Strukturen vorzustoßen. Soweit das gelingt, ist der Überlegenheitsanspruch gerechtfertigt.

## *Literatur*

Beck, U./Bonß, W. (1984), »Soziologie und Modernisierung«, in: *Soziale Welt* 4, S. 381-405.

Berger, P./Luckmann, T. (1969), *Die gesellschaftliche Konstruktion der Wirklichkeit. Eine Theorie der Wissenssoziologie*, Frankfurt am Main: Fischer.

Böhret, C. (1983), »Fortbildung als Mittel zur Verbesserung der Wandlungsfähigkeit der öffentlichen Verwaltung«, in: ders., *Politik und Verwaltung*, Opladen: Westdeutscher Verlag, S. 215-225.

Bonß, W./Hartmann, H. (Hg.) (1985), *Entzauberte Wissenschaft. Zur Relativität und Geltung soziologischer Forschung*, Göttingen: Schwartz.

Embree, L. (1979), »Theorien sozialer Relevanz: Aron Gurwitsch und Alfred Schütz«, in: W. M. Sprondel/R. Grathoff (Hg.), *Alfred Schütz und die Idee des Alltags in den Sozialwissenschaften*, Stuttgart: Enke, S. 65-77.

Feyerabend, P. (1976), *Wider den Methodenzwang. Skizze einer anarchistischen Erkenntnistheorie*, Frankfurt am Main: Suhrkamp.

Freeman, H. E. (1963), *The Strategy of Social Policy Research*, New York: Columbia University Press.

Geulen, D. (Hg.) (1982), *Perspektivenübernahme und soziales Handeln. Texte zur sozial-kognitiven Entwicklung*, Frankfurt am Main: Suhrkamp.

Giddens, A. (1976), *New Rules of Sociological Method*, London: Hutchinson.

Hegner, F. (1982), »Das ›magische Viereck‹ der Verwaltungsführung«, in: A. Remer (Hg.), *Verwaltungsführung*, Berlin: de Gruyter, S. 71-88.

Kaufmann, F.-X. (1977), »Sozialpolitisches Erkenntnisinteresse und Soziologie. Ein Beitrag zur Pragmatik der Sozialwissenschaften«, in: Ch. v. Ferber/F.-X. Kaufmann (Hg.), *Soziologie und Sozialpolitik*. Sonderheft 19 der *Kölner Zeitschrift für Soziologie und Sozialpsychologie*, Opladen: Westdeutscher Verlag, S. 35-75.

Knorr-Cetina, K. (1984), *Die Fabrikation von Erkenntnis*, Frankfurt am Main: Suhrkamp.

Lévi-Strauss, C. (1978), *Traurige Tropen*, Frankfurt am Main: Suhrkamp.

Lindblom, Ch. E./Cohen, D. K. (1979), *Usable Knowledge. Social Science and Social Problem Solving*, New Haven and London: Yale University Press.

Luhmann, N. (1971), »Systemtheoretische Argumentationen«, in: J. Habermas/N. Luhmann, *Theorie der Gesellschaft oder Sozialtechnologie – Was leistet die Systemforschung?*, Frankfurt am Main: Suhrkamp, S. 291-405.

Luhmann, N. (1975), »Einführende Bemerkungen zu einer Theorie symbolisch generalisierter Kommunikationsmedien«, in: ders., *Soziologische Aufklärung 2. Aufsätze zur Theorie der Gesellschaft*, Opladen: Westdeutscher Verlag, S. 170-192.

Luhmann, N. (1981a), »Vorbemerkungen zu einer Theorie sozialer Systeme«, in: ders., *Soziologische Aufklärung 3. Soziales System, Gesellschaft, Organisation*, Opladen: Westdeutscher Verlag, S. 11-24.

Luhmann, N. (1981b), »Theoretische und praktische Probleme der anwendungsbezogenen Sozialwissenschaften«, in: ders., *Soziologische Aufklärung 3. Soziales System, Gesellschaft, Organisation*, Opladen: Westdeutscher Verlag, S. 321-334.

Luhmann, N. (1984), *Soziale Systeme. Grundriß einer allgemeinen Theorie*, Frankfurt am Main: Suhrkamp.

Luhmann, N. (1986), »Systeme verstehen Systeme«, in: ders./K. E. Schorr (Hg.), *Zwischen Intransparenz und Verstehen. Fragen an die Pädagogik*, Frankfurt am Main: Suhrkamp, S. 72-117.

Neidhardt, F. (1979), »Praxisverhältnisse und Anwendungsprobleme der Soziologie«, in: G. Lüschen (Hg.), *Deutsche Soziologie seit 1945*, Opladen: Westdeutscher Verlag, S. 324-342.

Oevermann, U./Allert, T./Konau, E./Krambeck, J. (1979), »Die Methodologie einer ›objektiven Hermeneutik‹ und ihre allgemeine forschungslogische Bedeutung in den Sozialwissenschaften«, in: H.-G. Soeffner (Hg.), *Interpretative Verfahren in den Sozial- und Textwissenschaften*, Stuttgart: Metzler, S. 352-434.

Scharpf, F. W. (1984), »Können Politikanalysen etwas bewegen in der praktischen Politik?«, in: G.-M. Hellstern/H. Wollmann (Hg.), *Handbuch zur Evaluierungsforschung* 1, Opladen: Westdeutscher Verlag, S. 397-404.

Schütz, A. (1971a), »Wissenschaftliche Interpretation und Alltagsverständnis menschlichen Handelns«, in: ders., *Gesammelte Aufsätze*, Band 1: *Das Problem der sozialen Wirklichkeit*, Den Haag: Nijhoff, S. 3-54.

Schütz, A. (1971b), »Begriffs- und Theoriebildung in den Sozialwissenschaften«, in: ders., *Gesammelte Aufsätze*, Band 1, Den Haag: Nijhoff, S. 55-76.

Schütz, A. (1971c), »Phänomenologie und die Sozialwissenschaften«, in: ders., *Gesammelte Aufsätze*, Band 1, Den Haag: Nijhoff, S. 136-171.

Schütz, A. (1971d), »Strukturen der Lebenswelt«, in: ders., *Gesammelte Aufsätze*, Band 3: *Studien zur phänomenologischen Philosophie*, Den Haag: Nijhoff, S. 53-170.

Scott, R. A./Shore, A. R. (1979), *Why Sociology Does Not Apply. A Study of the Use of Sociology in Public Policy*, New York: Elsevier.

Soeffner, H.-G. (1982) »Statt einer Einleitung: Prämissen einer sozialwissenschaftlichen Hermeneutik«, in: ders. (Hg.), *Beiträge zu einer empirischen Sprachsoziologie*, Tübingen: Narr, S. 9-48.

van de Vall, M./Bolas, Ch./Kang, T. S. (1976), »Applied Social Research in Industrial Organizations: An Evaluation of Functions, Theory and Methods«, in: *The Journal of Applied Behavioral Science* 12, S. 158-177.

Wurzbacher, G. (1982), »Sozialwissenschaftliche Forschung und gesellschaftspolitische Praxis«, in: *Kölner Zeitschrift für Soziologie und Sozialpsychologie* 4, S. 767-780.

Wolfgang Böhm/Marcel Mühlbach/
Hans-Uwe Otto

# Zur Rationalität der Wissensverwendung im Kontext behördlicher Sozialarbeit

## 1. Versozialwissenschaftlichung behördlicher Sozialarbeit

Mit Beginn der siebziger Jahre ist ein Prozeß der Hinwendung der Sozialwissenschaften und insbesondere der Soziologie zur Sozialarbeit zu verzeichnen. Die Einleitung staatlicher Reformpolitik und die zunehmende Verwissenschaftlichung von Bereichen der Sozialisation und Erziehung sind Beispiele für die Entwicklung eines gesellschaftlichen Klimas, das auch die Versozialwissenschaftlichung der Berufsausbildung und der Praxis in der Sozialarbeit begünstigte.
Die strukturellen Voraussetzungen für diesen Prozeß der Verwissenschaftlichung zeichnen sich in der Aufwertung der in den sechziger Jahren gegründeten »Höheren Fachschulen für Sozialarbeit« zu Fachhochschulen und den entsprechenden Studien- und Prüfungsordnungen ab, in denen die Sozialwissenschaften an herausragender Stelle stehen. Hierauf aufbauend erfolgte die Einrichtung des Diplomstudienganges in den Erziehungswissenschaften, in dem das Berufsfeld Sozialarbeit ein Studienschwerpunkt ist, der sich in Abkehr von den traditionellen Geisteswissenschaften an den »zeitgenössischen« Sozialwissenschaften orientiert (Vorstand der Kommission Sozialpädagogik in der Deutschen Gesellschaft für Erziehungswissenschaft 1977).
Inhaltlich läßt sich dies unter anderem an einem Wechsel in den berufspraktischen Arbeitsmethoden belegen, die einen beträchtlichen Anteil der Ausbildungsinhalte ausmachen. Für den Bereich der Sozialarbeit kann heute davon ausgegangen werden, daß sozialwissenschaftliches Wissen in systematisierter Form vermittelt wird (vgl. Krisam 1982). Es ist aber durchaus offen, welche »Wirkungen« dieser Versozialwissenschaftlichungsschub auf die Handlungs- bzw. Entscheidungsebene der sozialarbeiterischen Praxis entfaltet.
Auslösende Momente für eine Versozialwissenschaftlichung in

der behördlichen Sozialarbeit und für die Erweiterung und Veränderung des Aufgabenkataloges des Jugendamtes waren die sich verändernde gesellschaftliche Situation der Jugendlichen mit der Folge neuer sozialer Probleme wie z. B. Jugendarbeitslosigkeit, Drogenmißbrauch etc. Der Strukturwandel der Familie und das Aufweichen traditioneller Rollendifferenzierungen führten zu gesetzlichen Reformen wie dem Adoptionsrecht 1970, dem Scheidungsrecht 1977 und zur Neuregelung des Rechts der elterlichen Sorge 1980. Diese Gesetze verweisen zunächst auf eine Differenzierung und Veränderung der traditionellen Bezugsfelder des Jugendamtes, was besonders in dem Bereich der Heimerziehung deutlich wird (vgl. Eyferth 1984). Des weiteren ist eine Modifikation der Adressatenstruktur zu verzeichnen, da durch die gesetzlichen Reformen zunehmend auch andere als die traditionell marginalisierten Schichten dazu gezwungen werden, eine Kooperation mit dem Jugendamt einzugehen (z. B. in den Fällen der Adoption und Ehescheidung).
Im Zuge dieser Aufgabenexpansion traten neben die traditionellen Kontroll- und Eingriffsbereiche, die eher entscheidungsorientiert sind (Amtsvormundschaft, Fursorgeerziehung), problemorientierte und ambulante Leistungsangebote (Erziehungsbeistandschaft, Beratungsstellen etc.). Durch die veränderten Anforderungen an die behördliche Sozialarbeit wurde ein überwiegend administrativ strukturiertes Tätigkeitsfeld, dessen Handlungsgrundlage gesetzliche Vorschriften sind, um inhaltliche, problemdeutende Anforderungen in der Arbeit erweitert, für die sozialwissenschaftliches Wissen an Relevanz gewann. Die primär juristische Problembearbeitungsoptik trat deshalb nicht in den Hintergrund. Aber die neuen Aufgaben und Probleme erforderten zusätzlich Interpretationen mit entsprechender Tiefenschärfe. Eine weitere Folge war, daß die bestehende Arbeitsteilung in Frage gestellt und versucht wurde, das Spannungsverhältnis zwischen Innen- und Außendienst durch verschiedene Neuorganisationsmodelle auszugleichen sowie die Handlungsvollzüge zu differenzieren (vgl. kritisch dazu Müller/Otto 1980).
Das Nebeneinander von Ordnungs- und Leistungsverwaltung, von inhaltlich-problemorientierten und administrativ-entscheidungsorientierten Elementen ist kennzeichnend für die gegenwärtige sozialarbeiterische Praxis. In diesem Kontext ist der einzelne Akteur mit unterschiedlichen Rationalitäten von Problem-

bearbeitungsverfahren konfrontiert. – Gegenstand der Untersuchung und ein Beispiel für den Umgang mit unterschiedlichen Rationalitäten sind Maßnahmen der Heimeinweisung als spezifische Form der Fremdunterbringung nach dem Jugendwohlfahrtsgesetz (JWG). Konstitutiv für derartige Maßnahmen, die in der Praxis des Jugendamtes einen wichtigen Raum einnehmen, sind sowohl eine Entscheidungsorientierung, die auf juristische Absicherung drängt, als auch eine inhaltliche Problemorientierung unter Verwendung von Wissenselementen, die in den Situationsdefinitionen der Fallproblematik kondensieren. Eine Heimeinweisung ist aufgrund ihrer einschneidenden Konsequenzen – für die Betroffenen, die aus der Familie herausgerissen werden und für deren Eltern, in deren Erziehungsrecht massiv eingegriffen wird – von den ausführenden Sozialarbeitern/-innen mit Bezug auf die entsprechenden gesetzlichen Vorschriften des JWG schriftlich zu begründen. Von zentralem Interesse ist hier, ob und in welcher Form in dieses juristisch-administrative Verfahren sozialwissenschaftliches Wissen eingebracht wird und welche Rolle es spielt in bezug auf die Begründung der Entscheidung und die ihr vorgelagerte Definition des konfliktproduzierenden sozialen Problems. Hier könnte eine Differenz zwischen einer juristischen und einer sozialwissenschaftlichen Perspektive offen zutage treten, so daß die jeweiligen Rationalitätsimplikationen des verwendeten Wissens explizierbar werden.

## 2. Rekonstruktion der Wissensverwendung

Konstitutiv für die legal-bürokratische Herrschaftsausübung ist deren Aktenmäßigkeit (Weber 1977, S. 124 f., 552). Im Fall von Heimunterbringungen von Kindern und Jugendlichen müssen deren soziale Problemlagen deshalb von den Sozialarbeitern/-innen als Sachverhalte konstruiert werden, in denen deutlich wird, »was der Fall ist«. Die Falldaten sind mit einer Norm des JWG in Verbindung zu bringen, die ein Eingreifen der Behörde legitimieren kann. Die auf diese Weise entstehenden Begründungen werden schriftlich fixiert und in Akten gesammelt, so daß jederzeit und unabhängig von der berichterstattenden Person die Verwaltung die Rechtmäßigkeit ihres Handelns belegen kann, wodurch sich die Revisionssicherheit des Verfahrens erhöht.

Nach dem JWG kann eine Unterbringung außerhalb der Herkunftsfamilie dann in Betracht gezogen werden, wenn alle anderen Versuche zur Sicherung des Wohls von Kindern und Jugendlichen fehlgeschlagen sind und damit Fälle von »Gefährdungen« oder »Verwahrlosung« vorliegen. Solche Problemdefinitionen und die Einleitung einer Heimunterbringung sowie deren Begründung sind Aufgaben der fallbearbeitenden Sozialarbeiter/-innen. Diese Definitionsprozesse, die darin stattfindende Verknüpfung von Tatsachenfeststellungen und deren anschließende Verbindung mit einer gesetzlichen Norm, werden im folgenden daraufhin untersucht, ob und wie in ihnen sozialwissenschaftliches Wissen verwendet wird.
Die Aufschichtung der Falldaten, das heißt der Tatsachenfeststellungen und Sachverhaltsbeschreibungen sowie die Begründung der daraus abgeleiteten Intervention in die Lebenslage einer Klientel, begreifen wir in Anschluß an Toulmin (1975) als *argumentieren.* Argumentationen beziehen sich allgemein auf eine Vielfalt von Zwecken und dienen zur Rechtfertigung von Behauptungen über etwas »in der Welt«. Ihre Geltungskraft beziehen sie aufgrund einer Einbettung in spezifische »Bereiche«, in deren Rahmen z. B. in zweckrationaler Einstellung bestimmte Ziele verfolgt werden (etwa Heimeinweisungen). Argumentationen können als Behauptungen über Sachverhalte der natürlichen und sozialen Welt begriffen werden, die beschreibenden oder erklärenden Charakter haben. Sie enthalten deshalb Aussagen zu Gegenständen möglicher Erfahrung und werden unter Rekurs auf Schlußregeln begründet, die ihrerseits »allgemein sind« und deren Fundierung in anderen Kontexten (etwa im Gesetzgebungsverfahren, in der [sozial-]wissenschaftlichen Fachöffentlichkeit) erfolgt als die Begründung der gewonnenen Daten und Tatsachenfeststellungen. Als Schlußregeln (»SR«) fungieren in den von uns untersuchten Fällen der Heimeinweisung gesetzliche Bestimmungen, die als allgemein geteilte Normstandards die Schlußfolgerung von entsprechenden Problemdefinitionen (Daten, »D«) zur Konklusion (»K«) legitimieren bzw. begründen. Sowohl die Definition eines sozialen Problems als auch die unter Rekurs auf Tatsachenfeststellungen (»S«) gestützte Konklusion einer Heimunterbringung als problemadäquate Maßnahme orientieren sich hiernach primär an solchen Schlußregeln, die im JWG (§§ 62, 64; §§ 5/6) spezifiziert sind (Abb. 1).

*Abb. 1*

»D« ——————————————→ »K«

wegen »SR«
(Norm des JWG)

aufgrund von (»S«)
(Tatsachenfeststellungen)

Bei Fremdunterbringungen von Kindern und Jugendlichen bestehen im Hinblick auf die Struktur der zugrundeliegenden Argumentation prinzipiell zwei Einfallstore für sozialwissenschaftliches Wissen. Zum einen kann sozialwissenschaftliches Wissen in die Begründung einer Maßnahme einfließen durch die Verwendung entsprechender Schlußregeln (»se«), zum anderen bei der Aufbereitung des Sachverhalts mit Hilfe von stützenden Tatsachenfeststellungen (»S«).
Für die sozialarbeiterische Praxis im Rahmen legal-bürokratischer Herrschaftsausübung ist davon auszugehen, daß zur Begründung einer Heimunterbringung der entsprechende Passus des JWG als Schlußregel herangezogen werden *muß*, um das Handeln als rechtmäßig zu legitimieren. Aber auch das Recht selbst unterliegt einem allgemeinen Prozeß der Verwissenschaftlichung (Gutachterwesen in Verfahren; Experten-Hearings, Fachkonferenzen zur Neuregelung oder Reform von Rechtsgebieten), der sich hier in bezug auf das JWG in entsprechenden Kommentaren niederschlägt, die eine Art handlungsleitende Operationalisierung der gesetzlichen Norm sind (vgl. Münder 1981). Mit anderen Worten, bereits mit der Verwendung von gesetzlichen Bestimmungen als Schlußregel kann eine sozialwissenschaftliche Wissensverwendung in trivialisierter Form stattfinden. Darüber hinaus können den Begründungen auch andere Schlußregeln »unterlegt« werden, um von der Definition des jeweils in Rede stehenden sozialen Problems auf die Maßnahme Heimunterbringung zu schließen. Diese treten dann *neben* die im Rahmen der institutionellen Pragmatik bei Entscheidungen geforderten und

juristisch abgesicherten Schlußregeln des JWG und folgen einer anderen »Argumentationslogik«. In solchen Argumentationen verändern sich die Standards der Begründung oder werden durch Orientierung an Kriterien aus Referenzbereichen des Wissens (z.B. Ethik/Moral, Sozialwissenschaften, vgl. Toulmin 1975, S. 37f., S. 156) anders gesetzt. – Um die Verwendung von sozialwissenschaftlichem Wissen bei der Begründung von Heimunterbringungen aufzuschlüsseln, wurden 150 Aktenberichte argumentationstheoretisch analysiert. Im Rahmen der empirischen Untersuchung wurde ein Aufbauschema der Dokumente herausgearbeitet, das aus folgenden Elementen besteht:

*Einleitungsklammer*
Ich beantrage gemäß § ...

*Datenphase*
Vorgeschichte: Ehescheidung der Eltern, Lernprobleme in der Schule

Familiensituation: Bruder normal, Vater schuldig an Scheidung, Wohnungsverhältnisse unauffällig, ...

Verhaltensauffälligkeit: Einordnungsprobleme in der Schule, Fahren ohne Führerschein, Schlägerei, ...

Maßnahme: Arbeitsauflage durch Jugendgericht, ...

Verhaltensauffälligkeit: Herumstreunen mit Gleichgesinnten, Fahren ohne Führerschein, Diebstahl, ...

Maßnahme: Freizeitarrest, Ausgangszeitensperre, Sonderbetreuung durch Jugendamt, ...

Verhaltensauffälligkeit: Diebstähle, ...

*Schlußklammer*
Verwahrlosung laut Angaben, Mangel an geistigen und sittlichen Eigenschaften, Eltern überfordert, Sonderbetreuung nicht genutzt, wegen Gefahr im Verzuge Bitte um Beschleunigten Beschluß nach § ... JWG.

In der *Einleitungsklammer* wird die Entscheidung einer Problemlage angekündigt, indem ein die Begründung eröffnender Antrag für die Intervention mit Bezug auf die einschlägigen gesetzlichen Bestimmungen gestellt wird. Im *Datenteil* wird der Fall zeitlich aufgeschichtet und inhaltlich spezifiziert. Er enthält die konstitutiven Elemente für die Begründung der Entscheidung, die auf den Tatsachenfeststellungen und Sachverhaltsbeschreibungen basiert, die den Sozialarbeitern/-innen zum Teil von externen Instanzen mitgeteilt werden.

Diesen Vorgang der Aufbereitung des Sachverhalts betrachten wir als Konstruktion der »Wirklichkeit« eines Falles, als sogenannte Konstruktion zweiten Grades (vgl. Schütz 1971, S. 7). Der Datenteil enthält Informationen zur Vorgeschichte zur Familiensituation, zu Verhaltensauffälligkeiten und zu früheren behördlichen Maßnahmen. Die *Schlußklammer* stuft die Dringlichkeit der Entscheidung ein (z. B. »es ist geboten«, »erforderlich«, »Gefahr im Verzuge«). Die Inhalte dieser Texte zielen auf den Nachweis einer konsistenten und begründeten Handlungsweise der behördlichen Sozialarbeit und dienen zur Rechtfertigung der Entscheidung, eine Heimunterbringung vorzunehmen.

Die von uns entsprechend untersuchten Aktenvorgänge zur Heimunterbringung von Kindern und Jugendlichen nach dem JWG sind hiernach als argumentative Texte aufzufassen, in denen eine bestimmte soziale Wirklichkeit unter Verwendung spezifischen Wissens konstruiert wird. Wir gehen davon aus, daß sich soziale Wirklichkeit kommunikativ konstituiert, so daß am Sprechhandeln die Verwendung von Wissen rekonstruiert werden kann. Bei der Analyse der Sprechhandlungen, die vertextet sind, ist der Kontext beziehungsweise die institutionelle Pragmatik (Wunderlich 1976, S. 65) zu berücksichtigen. Erst vor ihrem Entstehungshintergrund erhalten die Aktentexte und die darin enthaltenen Aussagen einen spezifischen Sinngehalt.

Die Aktentexte als Untersuchungsgegenstand einer empirischen Analyse der Verwendung sozialwissenschaftlichen Wissens enthalten Begründungen über *abgeschlossene* Verfahren, so daß alternative Sachverhaltsbeschreibungen und Tatsachenfeststellungen sowie mögliche andere Konklusionen im Rahmen einer argumentationstheoretischen Textanalyse den Akten nicht entnommen werden können. Zwar bietet das Jugendamt als Prototyp einer institutionalisierten Form sozialer Hilfe für die empirische Fragestellung einen besonders geeigneten Bezugsrahmen, zumal wir aus guten Gründen allein von der Ausbildung her gesehen mit einem versozialwissenschaftlichten Personal rechnen durften. Ein wesentliches Ergebnis der empirischen Analyse ist jedoch, daß die Sozialarbeiter/-innen bei der Bearbeitung der sozialen Probleme, die mit Fremdunterbringungen gelöst wurden, nur in einem Fünftel der Fälle sozialwissenschaftliches Wissen zur Begründung dieser Maßnahme verwendeten. Erst im doppelten empirischen Zugriff durch die Erhebung und Analyse von zehn

Leitfadeninterviews konnte dieses Zwischenergebnis der »Nichtverwendung« relativiert werden. Die Interviews wurden durchgeführt, um Zugang zu den subjektiven Orientierungen der Sozialarbeiter/-innen zu bekommen. Sie wurden während der Arbeitszeit in den Büros der Befragten mit Hilfe eines Tonbandgeräts aufgezeichnet und später transkribiert. Im Interview ist es dem/der Befragten aufgrund der Entlastung von Handlungs- und Entscheidungszwängen möglich, eine reflexive Einstellung einzunehmen und über die berufliche Praxis zu berichten.
Auch die Interviews sind nach der Transskription als Texte, bestehend aus einer Abfolge von Sprechakten, zu begreifen, die sich zu Erzählungen und Argumentationen verdichten. Besonders deutlich wird die Verwendung von Wissensbeständen bei der Begründung von Orientierungen und Einstellungen durch die Befragten in entsprechenden Abschnitten der Gespräche. Die in den Argumentationen auf der Aktenebene aufgestellten Behauptungen und Tatsachenfeststellungen und die im Interview von den Befragten explizierten Orientierungen und Einstellungen verweisen auf verschiedene »Dimensionen« in ihrem Wissensvorrat.

## 3. Wissensverwendung in der Problembearbeitung

Die empirische Anlage der Untersuchung der Wissensverwendung im Handlungskontext Heimunterbringung durch die Analyse von Aktendokumenten und Interviewtexten öffnet den Zugang zum Untersuchungsgegenstand nach zwei Seiten; einerseits zur Analyseebene handlungsbedingender Strukturen, andererseits zur Analyseebene der Deutungs- und Orientierungsleistungen der Akteure, die auf deren Wissensbestände verweisen. Diese gehen in die Situations- bzw. Problemdefinitionen der Fälle ein. Im Goffmanschen Sinne geht es bei der Untersuchung der Verwendung sozialwissenschaftlichen Wissens um die Rekonstruktion eines sozialen Rahmens (1980, S. 19f.), in dem die Bearbeitung sozialer Probleme nicht nur auf der Anwendung gesetzlicher Regeln, sondern auch auf Situationsdefinitionen von Akteuren basiert, die Fallgeschichten als Ausschnitte der sozialen Welt verstehen müssen, um handeln zu können. Der problembearbeitende Akteur ist doppelt gefordert. Einerseits muß er problemorientiert interpretieren, andererseits normadäquat entscheiden. In diesem

Sachverhalt manifestiert sich eine Differenz zwischen inhaltlich motivierten Verstehensleistungen unter potentieller Verwendung sozialwissenschaftlicher Wissenselemente und einer Entscheidungsorientierung unter Rekurs auf juristisches Wissen. Das heißt, der/die Sozialarbeiter/-in greift auf zwei zumindest analytisch differenzierbare Referenzbereiche des Wissens zurück. Im Mittelpunkt der Untersuchung steht die Analyse der Struktur von Entscheidungen und die Explikation ihrer Rechtfertigungsgründe, weil sich dadurch, wie wir im folgenden zeigen wollen, die Verwendung von Wissen nachzeichnen läßt.

Eine Orientierung an den administrativen Erwartungen und deren Erfüllung reicht dabei in der Regel aus, um eine Entscheidung und die dadurch ausgelöste Maßnahme revisionssicher zu gestalten. Die institutionelle Pragmatik, die organisationsstrukturelle Anforderungen und subjektive berufliche Erwartungen und Orientierungen der Akteure umfaßt, bildet das »Klima«, in dem die Handelnden ihre Praxis aufbauen. Daraus folgt, daß in das berufliche Handeln und damit in die Begründung von ausgewählten Maßnahmen auch subjektiv verfügbare Wissensbestände einfließen können.

Die Geltungskraft der in den Aktenargumentationen enthaltenen Begründungen speist sich aus einem Wissen, das zwei Referenzbereichen zugeordnet werden kann, was sich an den folgenden Argumentationstypen zeigen läßt: zum einen an der legalistisch orientierten juristisch-administrativen Argumentationsfigur in vier Fünfteln der untersuchten Fälle (a) und zum anderen an der um sozialwissenschaftliche Deutungselemente angereicherten versozialwissenschaftlichten Argumentationsfigur (b). Die Differenz der Argumentationstypen ergibt sich daraus, daß im ersten ausschließlich mit Bezug auf das JWG argumentiert wird, während im zweiten Typus, der in einem Fünftel der Fälle vertreten ist, dagegen Schlußregeln eingeführt werden, die auf sozialwissenschaftliches Wissen rekurrieren. Die Konstruktion des Sachverhalts in den Aktendokumenten verweist somit auf verschiedene Konzepte zur Generierung der jeweiligen Fallrealität.

Die aktenmäßig festgehaltenen Begründungen des Entscheidungshandelns spiegeln jedoch nicht die gesamte Breite sozialwissenschaftlichen Wissens von Sozialarbeitern/-innen wider. Anhand der handlungsentlastet erzeugten »Interviewargumentationen« (c) wurde dann deutlich, daß alle befragten Akteure beispielsweise in ihren Erklärungen sozialer Probleme wesentlich häufiger auf sozialwissenschaftliches Wissen zurückgriffen, als aus den »Aktenargumentationen« rekonstruiert werden konnte.

(a) Die juristisch-administrative Argumentationsfigur

Die Verwendung von Argumentationsfiguren diesen Typs kann beschrieben werden als Konstruktion von Problem- und Situationsdefinitionen mit Hilfe relevanter Tatsachen im Sinne einer juristischen Bezugsnorm. Relevante Tatsachen als Daten über den Fall sind beispielsweise Schulversäumnisse, Diebstähle etc., die wiederum Operationalisierungen sozialer Problemlagen im Rahmen vorgängiger Argumentationsketten darstellen. Diese Argumentationsketten gestatten einen Schluß im Sinne der Rechtfertigung einer Entscheidung aufgrund der korrekten Anwendung einer Rechtsnorm, deren Verwendungsmöglichkeit in den Gesetzeskommentaren erläutert ist. Die Verwendung von Wissen bezieht sich also auf einen regelgeleiteten Schluß von Daten oder Tatsachen auf das, was der Fall ist, so daß eine Entscheidung möglichst zwingend erscheint.

Diese Entscheidungslogik, bei der die Daten über eine Fallproblematik als »reine Tatsachen« in die Begründung nur eingefügt werden, entspricht den für die Maßnahme einer Heimunterbringung konstitutiven Konditionalprogrammen. Es werden nur die Daten organisiert, die im Rahmen einer präformierten Verknüpfungslogik geeignet sind. Die legale Richtigkeit der Entscheidung resultiert einerseits aus der Verwendung von Wissen im Sinne der JWG-relevanten Daten und Tatsachenfeststellungen, die eine Maßnahme stützen, andererseits aus der Verwendung gesetzlicher Regeln. Besondere Sachverhalte werden unter Anwendung allgemeiner Regeln einem Verfahren unterzogen, das – hochselektiv und zugleich generalisierend – das Verhalten von Klientelen den vorgängigen Argumentationsketten subsumiert. Indem so Daten selektiv organisiert werden, manifestiert sich ein generalisierbares Wissen, das jedoch, obgleich entscheidungsrelevant und deshalb ausreichend, wenig differenziert ist. Dieses Wissen erlaubt lediglich die Wahl zwischen gesetzlich fixierten Alternativen, um ein deviantes Verhalten zu sanktionieren bzw. Gefährdungen von Klientelen abzuwenden.

Der Typ dieser Argumentationsfigur bewegt sich im Funktionskreis instrumentell-technischen Wissens, das durch die vorgängige Orientierung an der Rationalität juristischer Argumentationsregeln bestimmt ist und darüber das berufliche Handeln der Akteure in diesem Kontext steuert. Die Rationalitätsimplikationen dieses Wissens beziehen sich auf die Verfahrenslogik, nach deren Maßgabe die »Fallrealität« entschieden wird. Danach werden soziale Sachverhalte wie Sachverhalte der nicht-symbolisch strukturierten äußeren Natur betrachtet. Die Verfahrenslogik unterläuft so das den Problemfällen als sozialen Sachverhalten notwendig korrespondierende Sinnverstehen, indem sie lediglich *eine* Kausalität zuläßt, unter die der »Sachverhalt« fällt. Diese Rationalität transportiert ein Entscheidungswissen im Rahmen formalisierter Begründungszusammenhänge. Sie impliziert ein im Schützschen Sinne »fix-fertiges« Auslegungsschema (1972, S. 57), das zwar im Alltag, wenn auch in anderer Weise, schon immer Verwendung findet, dessen spezifische Funktion, Handlungs- und Revisionssicherheit auf Dauer zu stellen, aber besonders in formal organisierten Handlungs- und Entscheidungskontexten mit generalisierten Verhaltenserwartungen deutlich hervortritt. Diese Art der Wirklichkeitskonstruktion gehorcht der Verfahrenslogik institutioneller Problembearbeitungsprozesse, die bei hoher Kontingenz sozialer Problemlagen nur über eine begrenzte Auswahl von Lösungsmöglichkeiten verfügt. In dieser Argumentationsfigur ist sozialwissenschaftliches Wissen explizit nicht enthalten.

(b) Die versozialwissenschaftlichte Argumentationsfigur

Anders als in der juristisch-administrativen Argumentationsfigur werden hier, zur Erklärung eines Datums bzw. einer Verhaltensauffälligkeit, die Tatsachencharakter hat, Deutungen eingeschleust, die im Sinne einer hinreichenden Regelanwendung nicht zwingend notwendig sind. Zur Begründung der Heimeinweisung wird das Argumentationsschema um eine sozialwissenschaftlich orientierte Deutung von Verhalten erweitert. Wie erwähnt, konnten wir in einem Fünftel der untersuchten Fälle solche sozialwissenschaftlichen Interpretationen »isolieren«. Sie fanden sich im Text häufig vor der Schlußklammer (siehe Aktenschema). Dazu das folgende Beispiel:

»Auffällig ist, daß diese Straftaten überwiegend tagsüber passieren und nicht in den Abend- oder Nachtstunden. Es handelt sich m. E. um eine sogenannte Freizeitkriminalität, die aus Langeweile stattfindet und nicht primär Bereicherungskriminalität darstellt. Sehr ausschlaggebend dafür ist, daß er in seinem Wohnbereich (Neubausiedlung) mit Gleichaltrigen befreundet ist, die meist auch schulische Schwierigkeiten haben und ebenfalls aus Langeweile als Gruppe auftreten, um auch Straftaten zu begehen. Es ist sicherlich erforderlich, daß er aus diesem Bezugsfeld heraus muß, um nicht weiter gefährdet zu sein.«

Die Verwendung von Argumentationen diesen Typs rekurriert auf dieselben Rechtsnormen zur Absicherung einer legal richtigen Entscheidung und zieht in gleicher Weise Daten in die entsprechenden Argumentationsketten ein, wie es bei juristisch-administrativen Argumentationsfiguren der Fall ist. In die konditionale Rechtfertigungsstruktur werden jedoch Elemente oder Aussagen eingefügt, die die Daten anders organisieren, als dies durch die konditionale Verknüpfungslogik geschieht. Neben die konstativen Sprechhandlungen, die in der Weise Wissen beanspruchen, daß etwas der Fall ist, »wenn es unter etwas fällt« und insofern entscheidbar ist, treten Propositionen, die ihren Bezugspunkt nicht in der Wirksamkeit von Sprechhandlungen haben, sondern die Fallproblematik deuten und erklären. Dabei werden Gründe für ein Verhalten der Klientel im Rahmen eines theoretischen Bezugssystems in der Weise expliziert, daß triftige Beschreibungen und Interpretationen derselben Daten devianter Handlungen unter Hinzuziehung sozialwissenschaftlicher Theoriefragmente produziert werden. Derartigen Interpretationen von Fallrealitäten haftet innerhalb der Verfahrenslogik auf den ersten Blick etwas »eigentümlich Zweckloses« an. Sie modifizieren lediglich die Struktur der gesamten Argumentation, indem sie dem Entscheidungswissen aus verfahrensrelevanten Daten und korrekter Regelanwendung ein Deutungs- und Erklärungswissen hinzufügen, das die grundsätzliche Entscheidbarkeit nicht antastet. Dieses Wissen erlaubt jedoch allgemein eine Zurechnung auf einen Akteur im Unterschied zur Zurechnung von Wissen und Handeln auf einen formalisierten und institutionellen Handlungskontext.

Dieses Wissen ist scheinbar zwecklos, weil es im Sinne der Verfahrenslogik nichts Entscheidungsrelevantes hinzufügt. Es schleust aber *verfahrensfremde Elemente* in die Rechtfertigungsstruktur einer Entscheidung ein. Gleichzeitig ermöglicht es in generalisierenden Verfahren die Reflexion des Einzelfalles und dadurch *situatives Fallverstehen.* Freilich setzt sich solchermaßen eingebrachtes Deutungswissen einer Kritik auch anders möglicher Deutungen bei gegebenen Daten aus. Sein Einsatz gelangt zu keinen anderen Entscheidungen als den gesetzlich möglichen, daher verbleibt es im Funktionszusammenhang juristisch-administrativen Handelns. Innerhalb der Struktur dieses Argumentationstyps lenkt dieses Wissen den Blick aber auf zwei Rationalitäten der Wissensverwendung, auf die Rationalität des Entscheidungswissens im Rahmen von Verfahren und auf die Rationalität eines Deutungswissens im Rahmen von sozialwissenschaftlichen Theorien.

### (c) Die reflexive Argumentationsfigur

In den »mündlichen Versionen persönlicher Erfahrung« (Labov/Waletzky 1973) von Sozialarbeiter/-innen über ihr berufliches Handeln manifestieren sich Wissensbestände anders als auf der Ebene der dokumentierten Handlungen in der Form von Akten. Bei der narrativen Rekapitulation, beispielsweise der Bearbeitung solcher Fälle, die aufgrund ihrer besonderen Problematik erinnert wurden, präsentierten die Sozialarbeiter/-innen aufgrund einer Entlastung vom beruflichen Handlungsstrom sowohl Erklärungsansätze für soziale Probleme als auch evaluative Einstellungen gegenüber der eigenen Handlungspraxis. In der Reflexion der eigenen Erfahrungen kam es sowohl zu kritischen Bewertungen als auch zur legitimierenden Rechtfertigung beruflicher Handlungsfiguren. Des weiteren wurde bei der narrativen Darstellung des Berufsvollzugs nicht nur erzählt, sondern beispielsweise im Rahmen einer Darstellung von Problembearbeitungsprozessen deren »Lösung« argumentativ vorgetragen. Die Erzählung eines Falles als »Problemlösungsgeschichte« liefert die argumentative Begründung seiner Bewältigung mit und verweist auf die Referenzbereiche des Problembearbeitungswissens.

In den Argumentationen, die aus den Interviews rekonstruiert werden konnten, finden sich fast durchgängig Indikatoren für ein versozialwissenschaftlichtes Reflexionspotential der Sozialarbeiter/-innen, das deren »cognitive map« gegenüber sozialen Problemen nachhaltig geformt hat. Dafür spricht das folgende Beispiel, in dem zunächst mehrere Erklärungsansätze für ein abweichendes Verhalten genannt werden, die auf den Referenzbereich »sozialwissenschaftliches Wissen« verweisen. Darüber hinaus besteht ein Reflexionspotential auch in bezug auf die Applikationsmöglichkeiten sozialwissenschaftlichen Wissens in den Entscheidungsverfahren im Rahmen von Heimunterbringungen oder Jugendgerichtshilfen, die den beschriebenen sozialwissenschaftlichen Erklärungsansätzen den »Zutritt« erschweren. Die Einsicht in die constraints der institutionellen Pragmatik führt zu einem Verhalten, das den hohen Anteil der Nicht-Verwendung sozialwissenschaftlichen Wissens auf der Handlungsebene dokumentierter Entscheidungen (Akten) erklären könnte. Sozialwissenschaftlich fundierte Argumentationsmuster werden aus offensichtlich strategischen Gründen nicht in die Akten aufgenommen, wie das Beispiel dokumentiert:

*B.:* Ja, da hat sich sicherlich insofern was geändert, daß die Richter auch wissen, daß Milieuschädigungen, bestimmte Wohnsituationen, bestimmte Fähigkeiten von Eltern und Freunde etc., daß die natürlich erhebliche Auswirkungen auf diese individuelle Situation des Angeklagten haben.
*I.:* Das wissen die Richter?
*B.:* Ja, das wissen die. Das Problem entsteht bereits in der Darstellung dieser Problematik, in der Erklärung für das Verhalten. Darin ist ja manchmal auch eine Gesellschaftskritik enthalten, wenn z. B. die Umwelt diesem Kind nicht das geben kann, was es braucht. Das heißt, Umwelt ist ja mehr als nur die Eltern oder die Geschwister, sondern auch die Schule am Ort, die vielleicht nicht gut genug ist, oder ist die Arbeitslosigkeit am Ort, so daß keine Perspektiven da sind. Dann kommt die Argumentation leicht in einen sozialpolitischen Bereich. Die Richter kommen dann in Entscheidungsschwierigkeiten, weil sie ja in der Beurteilung des Angeklagten die persönliche Schuld nachweisen müssen. Die Person wird ja verurteilt und nicht eine Gesellschaft. Das heißt, man muß hier auch persönliche Schuld nachweisen, und wenn ich einen Bericht so aufbaue, daß letzten Endes die Allgemeinheit eigentlich schuld ist, dann paßt das ja nicht ins System.

Das Beispiel ist typisch für eine versozialwissenschaftlichte Einschätzung des beruflichen Handelns, die auf einer Reflexion generalisierter Verhaltenserwartungen basiert, die zwischen Systemen des Wissens und des Handelns unterscheidet. Ausgangspunkt dieser Einschätzung sind Kenntnisse der Regelgebundenheit beruflichen Handelns an die Geltungsgrundlagen des positiven Rechts, das eine wesentliche Basis für Handeln im Rahmen der jeweiligen institutionellen Pragmatik bildet. Bei Entscheidungsproblemen ist die Orientierung an rechtlichen Vorschriften allerdings nicht nur für die Akteure im Handlungskontext behördlicher Sozialarbeit konstitutiv. Die legale Richtigkeit einer Entscheidungsbegründung wird von relevanten Verfahrensbeteiligten kontrolliert, wie beispielsweise hier Vormundschafts- und Jugendrichtern, die aufgrund ihrer verfahrensspezifischen Position Vetorechte haben. Die Verwendung von Wissen orientiert sich also schon immer an Verhaltenserwartungen einer behördlichen »Umwelt«, die letztlich die Entscheidungen ratifiziert. Dieses Wissen geht in rationale Kalküle bezüglich der Organisation des *Entscheidungswissens* bei Fallproblematiken ein, weil es die geforderte Limitation standardisierter Wissensverwendung als Set notwendiger Daten und korrekter Regelanwendung in ihrer Logik reflektiert hat. In dieser Logik werden Ursachen sozialer Probleme stets der Person zugerechnet, womit prinzipiell weitergreifende sozialwissenschaftliche Erklärungsansätze, die die gesellschaftliche Bedingtheit individuellen Verhaltens thematisieren, in bezug auf die juristisch-administrative Entscheidbarkeit ausgeklammert werden.

Des weiteren ergab die Interviewanalyse, daß handlungsabsichernde Konsultationen unter den Berufskollegen/-innen, mit denen die Notwendigkeit geplanter Maßnahmen diskutiert wird, Konsequenzen für die Rationalität des administrativen Entscheidungsprozesses nach sich ziehen. Das setzt die Bereitschaft von Akteuren voraus, bereits im Vorfeld von Entscheidungen die Geltungsansprüche, die mit bestimmten Gründen im Rahmen von Argumentationen verknüpft werden, genauer zu explizieren, um die Berufskollegen zu überzeugen. Neben der Revisionssicherheit durch legale Richtigkeit soll der fachliche Konsens der Berufskollegen die Entscheidung für eine Maßnahme zusätzlich absichern. Damit ist in die Entscheidungsstruktur das Moment der Konsultation eingebaut, innerhalb deren sich die Beteiligten als Teilnehmer an einem handlungsentlasteten Diskussionsprozeß über eine allgemein geteilte Problem- und Situationsdefinition verständigen.

Im Zusammenhang derartiger Konsultationen kann neues Wissen eingebracht werden, das den Rahmen einer bloß juristisch-administrativen Bearbeitung übersteigt, insofern alle Deutungen und Konklusionen aus dem Set von Daten als Wissen über den Fall zugelassen werden müssen, die diesen selbst nicht widersprechen, obgleich sie andere Verknüpfungen als die administrativ-verfahrenslogisch zugelassenen darstellen. Insofern decken sie die Begrenztheit einer spezifischen Logik auf und ermöglichen Lernschritte über das juristisch-administrative Handlungsmuster hinaus. Auch durch eine Institutionalisierung derartiger Verständigungsprozesse, selbst wenn ihre »Resultate« sich, wie erläutert, nicht in Aktenargumentationen niederschlagen, wird das sozialwissenschaftliche Reflexionspotential in die dominante juristisch-administrative Entscheidungsprozedur eingeschleust und damit praktisch.

## 4. Rationalitätsimplikationen versozialwissenschaftlichter Argumentationen

Die versozialwissenschaftlichten Argumentationsfiguren und das in den Orientierungen der Sozialarbeiter/-innen anzutreffende sozialwissenschaftliche Wissen sind ein Beleg dafür, daß in der behördlichen Sozialarbeit dieses Wissen Verwendung findet. Sowohl die Verwendung als auch die Nichtverwendung sozialwissenschaftlichen Wissens können gleichermaßen rational motiviert sein, jedoch *unterschiedlichen Rationalitäten* folgen, »denn Rationalität hat weniger mit Erkenntnis und dem Erwerb von Wissen als damit zu tun, wie sprach- und handlungsfähige Subjekte Wissen verwenden« (Habermas 1981, Bd. 1, S. 25). Das Vorhandensein sozialwissenschaftlichen Wissens in den Orientierungen der Akteure, aber dessen vergleichsweise »restringierte« Verwendung auf der Handlungsebene verweist jedoch auf eine erklärungsbedürftige Diskrepanz.

In der von uns untersuchten Handlungssituation der Heimunterbringung von Kindern und Jugendlichen, die durch rechtlich präformierte Entscheidungslogiken geprägt ist, zeigt sich die ambivalente Relevanz der Verwendung sozialwissenschaftlichen Wissens: Die Deutung sozialer Probleme durch den/die fallbearbeitende(n) Sozialarbeiter/-in bleibt für die legal-bürokratische Verfahrenslogik der Rechtfertigung dieser Interventionen in die Lebenspraxis der Klientel prinzipiell irrelevant. Diese Irrelevanz resultiert aus einer Entscheidungslogik, in deren Rahmen die soziale Realität von Einzelfällen in positivistischer Form unter Gesetze subsumiert wird. Nun ist es fraglich, ob eine derartige Logik auf Phänomene der sozialen Welt, die sinnhaft strukturiert ist, bruchlos anwendbar ist. Sie verhält sich sozialen »Tatsachen« gegenüber wenig sensibel, indem sie konstatiert und den Sinn- oder

Bedeutungsgehalt von »Tatsachen« zugunsten einer Paßgenauigkeit zu präformierten Schlüssen bzw. Konklusionen festlegt. In der Logik einer derartigen Einstellung gegenüber dem »Objekt« Fallgeschichte wird diese als Sachverhalt »eindimensional« definiert.

Auf der Ebene dieser Verfahrenslogik ergeben sich aber für die versozialwissenschaftlicht argumentierenden Akteure Deutungsspielräume, die in einem Fünftel der Fälle auch explizit genutzt wurden. Diese dürfen aber nicht überzogen werden und gesellen sich der dominanten Argumentationslogik allenfalls hinzu, weil Erwartungen anderer Professionen (Juristen) im Rahmen von Handlungskalkülen antizipiert werden. Zwischen einer versozialwissenschaftlichten Orientierung in der Problemdefinition und der konditionalen Entscheidungslogik administrativer Problemlösungen öffnet sich eine Schere, die hier als *reflektierte Segmentierung der sozialwissenschaftlichen Orientierungsmuster und dem administrativen Handlungsmuster* bezeichnet werden soll, dem eine spezifische »Einstellung« korrespondiert. Die Reflexion der strukturellen Restriktionen administrativen Entscheidens führt zu Formen von Nichtverwendung sozialwissenschaftlichen Wissens. Diese Art der »impliziten Verwendung« oder »strategischen Nichtverwendung« von sozialwissenschaftlichem Wissen kann deshalb auch den juristisch-administrativen Argumentationsfiguren zugrunde liegen, weil alle Akteure über sozialwissenschaftliche Orientierungs- und Deutungsmuster verfügen. Darüber hinaus spricht für eine reflektierte Nichtverwendung der Umstand, daß der/die einzelne Wissensverwender/-in *sowohl juristisch-administrative als auch versozialwissenschaftlichte Argumentationsfiguren* benutzt. Das ist freilich ohne eine *Reflexion der Differenz* zweier Referenzbereiche des Wissens in diesem Handlungskontext nicht denkbar. Die »strategische Nichtverwendung« ist intentional gesteuert, wodurch es möglich wird, das juristisch-administrative Abarbeitungsmuster als Ressource zu benutzen. Beispielsweise auch aus Zeitgründen oder bei dramatischen Problemlagen bietet es geringere Reibungsverluste und eine verminderte Angriffsfläche in der durch das Verfahren erzwungenen Zusammenarbeit mit anderen Institutionen (z. B. dem Amtsgericht). Die Nichtverwendung führt so zu konventionellen juristisch-administrativen Verfahrensprozeduren, mit Hilfe deren die Heimunterbringungen erreicht werden sollen, obwohl der/die

Wissensverwender/-in den Zurechnungsmodus für Ursachen devianten Verhaltens aufgrund einer sozialwissenschaftlich fundierten Reflexion nicht teilt und die Entscheidung letztlich anders begründen könnte, als dies in den Aktendokumenten explizit wird.

Die »Nichtverwendung« kann aber auch Ausdruck einer Anpassung an die Restriktionen der institutionellen Pragmatik sein. Das sozialarbeiterische Handeln läßt sich dann als »muddling through« (Lindblom 1975) begreifen, das möglicherweise vor der administrativen Handlungsrationalität resigniert hat, so daß die sozialwissenschaftlichen Wissensbestände nirgends »Gestalt« annehmen. Die analytisch explizierbare Grenze zwischen sozialwissenschaftlichen Wissensbeständen und juristischem Entscheidungswissen läßt sich empirisch gesehen nur durch Rekurs auf die Reflexionsleistungen der befragten Sozialarbeiter/-innen im Interview stützen. An ihrem in den Akten dokumentierten Entscheidungshandeln allein konnte die Verwendung sozialwissenschaftlichen Wissens deshalb nicht »abgelesen« werden.

Erklärungsbedürftig bleibt vor dem Hintergrund der juristisch-administrativen Pragmatik behördlicher Sozialarbeit die in der Untersuchung festgestellte Verwendung sozialwissenschaftlichen Wissens in der Entscheidungsbegründung. Welche Funktion entfalten diese sozialwissenschaftlichen Interpretamente für die Entscheidung zu der Maßnahme einer Heimunterbringung? Für diesen Interventionsbereich ist davon auszugehen, daß sich die Klientel nicht grundsätzlich verändert hat. Dann bleibt als Erklärung für den Einsatz sozialwissenschaftlichen Wissens innerhalb dieses formalisierten Verfahrens, daß sich professionellere Handlungsgrundlagen herausgebildet haben, auf deren Basis man sich gegenüber legalistischen Geltungsansprüchen zur Begründung einer Heimunterbringung abzugrenzen versucht, weil solche Begründungen einer Intervention allein für defizitär gehalten werden.

Die Verwendung sozialwissenschaftlichen Wissens findet sich aber auch in den Problemdefinitionen innerhalb informeller Gespräche, die einer Entscheidung vorgelagert sind, in Kollegial-Konsultationen, wo die Problembearbeitung zum Gegenstand von Diskussionen wird. Die Problemdeutungen sind hier in kollektive Reflexionsprozesse eingelassen, die sich zu einem integralen Bestandteil der institutionellen Pragmatik entwickelt haben.

Zunehmend werden in administrationsinternen Verfahrensvorschriften konsultative Phasen *vor* der Entscheidung über eine Heimunterbringung vorgeschrieben. Diese Institutionalisierung ehemals informeller Diskussionen, in denen die Wissenverwendung in Form von Problemdefinitionen über Fälle der Kritik ausgesetzt und begründet wird, führt dazu, daß die angestrebten Maßnahmen Verständigungsprozessen ausgesetzt werden. Die Rationalität der Wissensverwendung bemißt sich in dieser konsultativen Phase daran, ob die Geltungsansprüche, die mit den Problemdefinitionen verknüpft werden, so begründet werden können, daß ein *Einverständnis* über die angestrebte Maßnahme erzielt werden kann. Diese handlungsentlastete Reflexion von Argumentationen im Vorfeld von Entscheidungen beruht dann auf der *Intersubjektivität* des Wissens von Akteuren einer Professionsgemeinschaft. Sie bewegt sich generell im Spannungsverhältnis von zwei »Logiken«: der Entscheidungslogik administrativen Handelns und einer Deutungs- und Interpretationslogik versozialwissenschaftlichter Reflexion, die jeweils Grenzen füreinander markieren.
Sichtbarer Ausdruck dieses Spannungsverhältnisses sind die in den Aktendokumenten enthaltenen versozialwissenschaftlichten Argumentationsfiguren. Diese bewegen sich offensichtlich nicht nur im Rahmen der juristisch-administrativen Logik, weil sie Bedeutungsdimensionen von Tatsachen über Fälle eröffnen, indem sie diese interpretativ-sinnverstehend deuten. Solche Interpretationen bieten ein »Mehr« an Verstehbarkeit des jeweiligen Falles an; sie produzieren zusätzliche Lesarten der Fallrealität, die für die Problembearbeitung jedoch durchaus eine ambivalente Wirkung haben können.
Eine Wirkung kann darin bestehen, daß diese Interpretationsmuster die Verstehensleistungen erbringen, die rechtlich-administrative Verfahren nicht mehr entbehren können, wenn mehr als eine nur formale Gültigkeit erreicht werden soll. Es ist also möglich, daß sozialwissenschaftliche Interpretationen am Ende die Geltungskraft des »overall pattern« einer konditional präformierten Tatsachen- und Verknüpfungslogik stabilisieren.
Diese Stabilisierungsfunktion der Verwendung sozialwissenschaftlichen Wissens wäre aber in sich prekär, da andererseits den Daten oder Tatsachen andere Bedeutungsdimensionen unterlegt werden, die potentiell auch immer andere Konklusionen aus *den-*

*selben* Daten zulassen. Die Versozialwissenschaftlichung sozialarbeiterischer Problembearbeitung besteht in einer veränderten Einstellung zum »Objekt« sozialarbeiterischen Handelns, indem alternative Geltungsgrundlagen für eine Entscheidung an Plausibilität gewinnen. Dadurch, daß sich zusätzliche Konklusionen über den Fall ergeben können, wird die Problemdefinition aus der relativen Enge der Verfahrenslogik gelöst, und die normative Komponente der Tatsachenlogik des Verfahrens und seiner Begründung wird manifest. Die Tatsachenlogik des rechtlichen Verfahrens hat eine andere Qualität als die Interpretationslogik der Sozialwissenschaften *innerhalb* dieses Verfahrens.

Hierin lassen sich potentielle Lernschübe für eine Modifikation sozialarbeiterischer Problembearbeitungsprozesse vermuten. So ist auch die Erweiterung des Verfahrens um eine Konsultationsphase, verstanden als Ort reflexiven Argumentierens, Ausdruck eines Lernprozesses und Resultat der Wirksamkeit einer anderen als der juristisch-administrativen Rationalität.

Die Verwendung sozialwissenschaftlichen Wissens in dem untersuchten Handlungskontext ist durch interpretativ-sinnverstehende Erkenntnisleistungen in Form alternativer Problemdeutungen gekennzeichnet, die ein Rationalitätspotential freisetzen, dessen Spur sich auf den Ebenen argumentativ gestützter Orientierungsmuster sozialarbeiterischer Akteure und deren Handlungsvollzügen verfolgen läßt. In der Präsenz eines derartigen Rationalitätspotentials drücken sich Geltungsansprüche alternativer Problembearbeitungsformen aus, die möglicherweise im Umgang mit sozialen Problemen zu irreversiblen Modifikationen führen. Sie drücken sich tendenziell aus in der Ergänzung positivistischer Tatsachenfeststellungen mit interpretativ-sinnverstehendem Fallverstehen, in der Erweiterung juristisch-administrativer um versozialwissenschaftlichte Argumentationsfiguren und in dem Wechsel von konsensunabhängigen zu verständigungsorientierten Formen der Fallbearbeitung.

Diesen Veränderungen unterliegen Lernprozesse, die nicht jenseits der kognitiven Orientierungen und Wissensbestände von Akteuren gedacht werden können. Eine Annäherung an Formen kommunikativer Rationalität (Habermas 1981), zumindest innerhalb dieser Expertenkultur, kommt offenbar auch dadurch zustande, daß sozialwissenschaftliches Wissen in Reflexionsprozesse bei der Bearbeitung sozialer Probleme einwandert. Möglicherweise führen in diesem Handlungskontext solche Lernprozesse dazu, daß gerade wegen der Dominanz eines Handlungsmusters Aufklärung möglich bleibt.

## *Literatur*


Badura, B./Gross, P. (1976), *Sozialpolitische Perspektiven. Eine Einführung in Grundlagen und Probleme sozialer Dienstleistungen*, München: Piper.

Beck, U./Bonß, W. (1984), »Soziologie und Modernisierung. Zur gesellschaftlichen Ortsbestimmung der Verwendungsforschung«, in: *Soziale Welt* 4, S. 331-406.

Eyferth, H. (1984), »Heimerziehung«, in: H. Eyferth/H. U. Otto/H. Thiersch (Hg.), *Handbuch zur Sozialarbeit/Sozialpädagogik*, Neuwied: Luchterhand, S. 487-495.

Goffman, E. (1980), *Rahmen-Analyse. Ein Versuch über die Organisation von Alltagserfahrung*, Frankfurt am Main: Suhrkamp.

Habermas, J. (1981), *Theorie des kommunikativen Handelns*, 2 Bände, Frankfurt am Main: Suhrkamp.

Krisam, R. (1982), *Curriculum Sozialarbeit/Sozialpädagogik in Nordrhein-Westfalen. Analyse des Hochschulstudiums für das Sozialwesen in NRW*, Opladen: Westdeutscher Verlag.

Labov, W./Waletzky, J. (1973), »Erzählanalyse: Mündliche Versionen persönlicher Erfahrung«, in: J. Ihwe (Hg.), *Literaturwissenschaft und Linguistik*, Band 2, Frankfurt am Main: Athenäum, S. 394-442.

Lindblom, Ch. E. (1975), »Inkrementalismus: die Lehre vom ›Sich-Durchwursteln‹«, in: W. D. Narr/C. Offe (Hg.), *Wohlfahrtsstaat und Massenloyalität*, Köln: Kiepenheuer und Witsch, S. 161-177.

Müller, S./Otto, H. U. (Hg.) (1980), *Sozialarbeit als Sozialbürokratie? Zur Neuorganisation sozialer Dienste*, Sonderheft 5 der *Neuen Praxis*.

Münder, J. (1981), *Frankfurter Kommentar zum Gesetz für Jugendwohlfahrt*, 2. Auflage, Weinheim: Beltz.

Schütz, A. (1971) »Wissenschaftliche Interpretation und Alltagsverständnis menschlichen Handelns«, in: ders., *Gesammelte Aufsätze*, Band 1, Den Haag: Nijhoff, S. 3-54.

Schütz, A. (1972) »Der Fremde«, in: ders., *Gesammelte Aufsätze*, Band 2, Den Haag: Nijhoff, S. 53-84.

Toulmin, St. (1975), *Der Gebrauch von Argumenten*, Kronberg, Ts.: Scriptor.

Vorstand der Kommission Sozialpädagogik in der DGfE (1977), »Das Diplomstudium in Erziehungswissenschaft mit dem Schwerpunkt Sozialarbeit/Sozialpädagogik«, in: *Neue Praxis* 7, S. 63-72.

Weber, M. (1977), *Wirtschaft und Gesellschaft,* Tübingen: Mohr/Siebeck.
Wunderlich, D. (1976), *Studien zur Sprechakttheorie*, Frankfurt am Main: Suhrkamp.

# Heinrich Bollinger/Friedrich Weltz
# Zwischen Rezeptwissen und Arbeitnehmerorientierung

*Der Arbeitsbezug soziologischer Beratung von Unternehmen*

## Sechs Thesen zur industriesoziologischen Praxis

1. Industriesoziologie kann praxisrelevant sein. Innerhalb des gesamten Spektrums wissenschaftlicher Disziplinen kann sie einen spezifischen Beitrag zur Gestaltung in Unternehmen leisten, der sich deutlich von dem anderer Disziplinen unterscheidet – auch wenn den Einwirkungsmöglichkeiten enge Grenzen gesetzt sind.
2. Der Beitrag der Industriesoziologie ist gerade in der gegenwärtigen Situation besonders wichtig. Angesichts der Komplexität der Einsatzsituation der modernen Techniken gibt es einen enormen Strukturierungsbedarf, wenn man überflüssige negative Auswirkungen vermeiden und mögliche positive Folgen für die Beschäftigten auch tatsächlich erreichen will.
3. Es besteht die paradoxe Situation, daß gerade da, wo sich ein riesiges Feld für sie eröffnet, die Industriesoziologie sich aus diesem zurückzieht und dieses vollständig den anderen Wissenschaftsdisziplinen wie der Informatik, der Betriebswirtschaft und der Ergonomie überläßt.
4. Wir plädieren für eine problemorientierte und nicht methodenorientierte Soziologie. Die Industriesoziologie ist den anderen Disziplinen und auch vielen betrieblichen Praktikern darin überlegen, daß sie die konkrete Arbeit und ihre Bedeutung für die Beschäftigten zum Angelpunkt von Analyse und Gestaltung macht.
5. Indem die Arbeitsrealität in den Mittelpunkt der Analyse gestellt wird, verändert die soziologische Vorgehensweise in der Regel die betriebliche Problemdefinition. Sie liegt damit quer zur organisatorischen Aufteilung der Problembearbeitung in Unternehmen. Soziologische Beiträge zur betrieblichen Gestaltung können integral den inneren Zusammenhang von menschlicher Arbeit mit organisatorischer Struktur und eingesetzten Arbeitsmitteln berücksichtigen.

6. Die bei der Gestaltung gewonnenen Erfahrungen sind wichtig für die Weiterentwicklung des industriesoziologischen Forschungsstandes. Mit dem Verfahren der »beobachtenden Teilnahme« sind Einsichten möglich, die mit orthodoxen Methoden kaum erreichbar sind – oder schlimmer noch: sich möglicherweise anders dargestellt hätten.

## Die Ausgangssituation: Distanz und vertane Chance

Industriesoziologie und Unternehmen können in der Regel nicht besonders viel miteinander anfangen. »Das Verhältnis zwischen Industriesoziologie und Praxis im allgemeinen und Management im besonderen ist getrübt« (Böllhoff 1984).

Unternehmen stellen zwar den zentralen Untersuchungsgegenstand der Industrie- und Betriebssoziologie dar, seitens der Wissenschaft besteht jedoch die Befürchtung, mit konkreten Gestaltungsvorschlägen für die betriebliche Praxis die kritische Distanz zum Gegenstand zu verlieren. Man will sich nicht dem Verdacht aussetzen, die Wissenschaft könnte zu einem affirmativ handelnden Vollzugsorgan von Interessen werden, die selbst Gegenstand der wissenschaftlichen Bearbeitung sein sollten; Industriesoziologen bestehen (richtigerweise) darauf, daß »Betrieb und Wissenschaft ... zwei selbständige Systeme mit eigener Identität und Logik« (Naschold 1984, S. 92) seien; nicht notwendig scheint uns aus dieser Feststellung allerdings zu folgen, daß die Unternehmen schon unangemessene Vorstellungen hätten, würden sie von der Soziologie »Rezepte« oder »Problemlösungskonzepte« erwarten (Naschold 1984, S. 96; Braczyk 1984, S. 127, 138); es sei denn, man akzeptiert die Auffassung, die Soziologie sei mit »der Steuerung von sozialen Entwicklungen« und mit dem »Entwurf denkbarer und wünschenswerter sozialer Strukturen« schlicht überfordert (siehe Lutz 1981).

Die Unternehmen können andererseits wenig mit einer Wissenschaft anfangen, sie »verwerten«, die sich dem Anspruch verweigert, zur Lösung betrieblicher Probleme beizutragen. Folgerichtig gibt es in den Unternehmen kaum Vorstellungen davon, welche praktischen Beiträge die Industriesoziologie überhaupt liefern könnte. Wie sollte dies auch der Fall sein, wenn die Disziplin selbst sich darüber recht unklar ist?

*Soziologische Beratung von Unternehmen* nimmt angesichts der fehlenden Nachfrage von Unternehmen und des fehlenden Angebots der Industriesoziologie eine eher exotische Stellung im Spektrum soziologischer Arbeit ein. Dies ist bis heute so geblieben, obgleich die Industriesoziologie durch das 1974 vom Bundesminister für Forschung und Technik aufgelegte Forschungsprogramm »Humanisierung des Arbeitslebens« (HdA) Anstoß und Chance erhielt, die eigene Praxisfähigkeit und -notwendigkeit auszuloten. Diese Chance hat die Soziologie nur sehr unzureichend genutzt (siehe Weltz 1982).

Wir wollen im folgenden über Erfahrungen berichten, die wir als »soziologische Berater« gewonnen haben, und unsere Vorstellungen von dieser Art soziologischer Arbeit ausführen: Wie kommt soziologische Beratung zustande? Wie läuft sie ab? Welches sind ihre Charakteristika und Eigenheiten? Welchen Beitrag kann sie erbringen? Unter welchen Bedingungen sollte sie ablaufen, und wo sind ihre Grenzen?

Wir beziehen uns dabei auf Projekte, die wir in verschiedenen Verwaltungen (Industrie, Kreditinstitute, öffentliche Verwaltung, Handel und Dienstleistungsbereich) durchgeführt haben. Es handelte sich um zwei verschiedene Projekttypen:

- mehrjährige »Begleitforschungsprojekte« im Rahmen des HdA-Programms,
- Beratungsaufträge von Unternehmen mit meist kürzerer Laufzeit.

In diesen Projekten haben wir versucht, durch das Einbringen soziologischen Wissens und Vorgehens einen Beitrag zur konkreten Gestaltung betrieblicher Realität zu leisten und dadurch zugleich auch zur Erweiterung und Anreicherung dieses Wissens beizutragen.

## Der Zugang: ohne Tarnkappe, aber schemenhaft

Im expandierenden Feld der Unternehmensberatung tummeln sich viele akademische Berufsgruppen: Betriebswirte, Informatiker, Wirtschaftsingenieure, Ergonomen, Arbeitspsychologen – kaum aber Soziologen. Werden externe Berater hinzugezogen, so ist im Einzelfall klar, was diese tun sollen: Sie helfen bei der Personalbeschaffung; sie prüfen Büromöbel unter ergonomischen

Gesichtspunkten; sie schreiben DV-Programme, führen Kommunikationsanalysen durch oder wenden ein betriebswirtschaftliches Rationalisierungsverfahren an. Was bewegt ein Unternehmen dazu, ausgerechnet *soziologische Beratung* nachzufragen? Was erwartet es davon?

Die Antwort ist einfach: Soziologische Beratung wird als solche nicht nachgefragt. Dem liegt weniger ein »Vorurteil« gegenüber der Disziplin zugrunde, wie Soziologen häufig vermuten, sondern vor allem die Unwissenheit, wozu diese denn überhaupt einsetzbar wäre.

Selbst das einzige Beispiel aus unserer Praxis, bei dem ausdrücklich unser *soziologischer* Sachverstand verlangt wurde, bestätigt dies:

Ein Kreditinstitut plante den Bau eines neuen Verwaltungsgebäudes. Dem Vorstandsvorsitzenden des Unternehmens war es ein Anliegen, daß die Architektur des Neubaus den Bedürfnissen und Wünschen der Beschäftigten entsprechen sollte. Er vertrat die Auffassung, daß das Unternehmen die Pflicht habe, für eine menschenwürdige Architektur zu sorgen, allein schon weil die Beschäftigten auch während ihrer Arbeitszeit und nicht nur im Anschluß an sie *leben* würden.

Er hatte zu Beginn der Planung ein Beratungsinstitut beauftragt, bei den Beschäftigten eine Befragung durchzuführen, durch die insbesondere geklärt werden sollte, ob bei der Raumaufteilung innerhalb des Gebäudes bevorzugt kleinere Einheiten oder größere Räume gewünscht würden. Diese Untersuchung hatte eindeutig zutage gebracht, daß Einzel- und Zweierzimmer bevorzugt wurden. Entsprechend wurden die Architekten instruiert und die Planungen durchgeführt.

Nun hatte es sich ergeben, daß bereits vor der endgültigen Fertigstellung des Neubaus ein Teil der Belegschaft wegen Platzmangels umziehen mußte, und es wurden dabei kleinere Raumeinheiten bezogen. Dabei machte man jetzt eine völlig überraschende Erfahrung: Plötzlich wurden auch die Einzel- und Zweierzimmer kritisiert; man versuchte, durch das Offenlassen von Türen die ehedem stark kritisierte Großraumsituation zum Teil wieder herzustellen.

In dieser Zeit las der Vorstandsvorsitzende Horst Kerns und Michael Schumanns *Das Ende der Arbeitsteilung?* Diese Analyse industrieller Arbeit vermittelte ihm den Eindruck, daß an dem »soziologischen Blick« »etwas dran« sein könnte. Er wollte wissen, was man damit in seinem konkreten Fall anfangen könnte, und wandte sich an die Autoren, die ihn an uns verwiesen.

Obwohl in diesem Beispiel gerade der *soziologische Sachverstand* gefragt war, geschah dies doch auf der Basis der völligen Ungewißheit, ob dieser zur Lösung des betrieblichen Problems eingesetzt werden könnte. Die soziologische Herangehensweise wurde sozusagen »getestet«. Der Vorstandsvorsitzende des Unternehmens war interessiert und »mutig« in dem Sinne, daß er ein Scheitern riskierte. Es handelte sich um ein Vorgehen und um eine Entscheidung, die in dem Unternehmen wohl nur er, allenfalls noch ein oder zwei andere Manager hätten treffen und durchsetzen können. Das mittlere Management oder gar nachgeordnete Linienstellen hätten einen solchen Auftrag nicht vergeben können.

Das Beispiel ist im Zusammenhang mit der These von den Folgen der Trivialisierung soziologischen Wissens (siehe Beck/Bonß 1984) interessant, derzufolge die Verwissenschaftlichung des Alltags, das heißt der Einzug wissenschaftlicher Erkenntnisse und Methoden in den Deutungszusammenhang des Alltags, umschlagen kann in ein Überflüssigwerden der Soziologie.

Zu beobachten ist auch der umgekehrte Zusammenhang: Eine Soziologie, die sich in verständlicher Form darstellt und der es gelingt, im alltäglichen Denken plausibel zu erscheinen und damit auch strukturierend zu wirken, trägt dazu bei, daß das Interesse an ihr und die Zuschreibung von Expertentum steigt und nicht sinkt. Die Schwierigkeit, als Soziologe im Feld der Unternehmensberatung zu arbeiten, besteht jedenfalls nicht darin, daß die Akteure in den Unternehmen bereits über einen breiten Bestand an trivialisiertem soziologischen Wissen verfügen; sie besteht vor allem darin, daß niemand weiß, was von soziologischer Beratung zu erwarten wäre.

Insofern würden wir die Trivialisierung sozialwissenschaftlicher Methoden und Resultate im Sinne ihrer Veralltäglichung als eine durchaus lohnende Aufgabe ansehen. Dies würde allerdings voraussetzen, daß wir über genügend soziologisches Wissen verfügten, das eine solche Trivialisierung verträgt, das heißt, sich – seiner wissenschaftlichen Verkleidung entblößt – nicht als tatsächlich trivial oder gar falsch erwiese.

Momentan läuft der Zugang zu Unternehmen für Soziologen nicht über die Nachfrage nach soziologischem Sachverstand. Es stört nicht, Soziologe zu sein – insofern braucht man keine Tarnkappe, eine Krawatte (oder das Äquivalent für Soziologinnen) tut's allemal –, aber es nutzt auch nicht, sieht man einmal davon ab, daß man als Soziologe wenigstens allgemein zur Kategorie der

Akademiker und Wissenschaftler zählt. Für den Zugang erforderlich ist aber die *Umdefinition der eigenen Expertise und Qualifikation.* Erst das anerkannte Expertentum für ein Problem oder ein Thema, wie es in den Unternehmen selbst bekannt und definiert ist, befördert den Zutritt.

So wurden wir zu einem HdA-Projekt als Begleitforscher vor allem deshalb zugezogen, weil wir uns als »Spezialisten für Textverarbeitung« ausgewiesen hatten. Im Anschluß an ein Forschungsprojekt und ein anderes Begleitforschungsprojekt zum Thema Textverarbeitung hatten wir in mehreren von Praktikern gelesenen Zeitschriften veröffentlicht und waren bei Kongressen als Referenten aufgetreten.
Das Unternehmen, das die öffentliche Förderung beantragte, stand vor dem Problem, daß intern bereits jahrelang ein Konflikt zwischen verschiedenen Stellen um die Organisation der Textverarbeitung und die eingesetzte Technik schwelte. Vor allem ging es um die Frage, ob die Textverarbeitung als zentrale Serviceleistung organisiert oder dezentral den einzelnen Fachbereichen eingegliedert werden sollte. Die Lösung dieses Konflikts und der Wunsch, der vielfach an zentralen Schreibdiensten geäußerten Kritik Rechnung zu tragen, waren sicherlich gleichermaßen Motiv für die Durchführung des Projekts.

Solange es der Soziologie nicht gelingt, ihre Sichtweise und ihr Vorgehen als spezifisch berufliche Beratungskompetenz zu institutionalisieren, wird man auf solche Umdefinitionen der eigenen Zuständigkeiten angewiesen sein. Ein anderer sachfremder Weg in die Beratung führt über persönliche Kontakte. Damit ist nicht der Fall gemeint, der in Geschäftsbeziehungen ja üblich ist: daß man aus einer Vielzahl von Anbietern deshalb einen Auftrag erhält, weil man Beziehungen hat. Es geht um etwas Fundamentaleres: Nur durch den persönlichen Kontakt weiß der Praktiker überhaupt, daß es soziologische Beratung gibt, und nur durch die persönliche Beziehung kann er das Vertrauen in ein Vorgehen aufbauen, mit dem er überhaupt keine Erfahrung hat.

Exemplarisch dafür kann das nahezu anekdotenhafte Zustandekommen eines Beratungsprojekts stehen. Wir wurden an ein und demselben Tag völlig unabhängig von den (uns bekannten) Geschäftsführern eines Dienstleistungsunternehmens um ein Gespräch über mögliche »Motivationsveranstaltungen« für Mitarbeiter und von (uns ebenfalls bekannten) Mitgliedern der Belegschaft gebeten, wir möchten ihnen doch bei der Einrichtung eines Betriebsrats behilflich sein. Beide Parteien hatten keine präzisen Vorstellungen unserer Arbeit in Unternehmen, aber sie wußten, daß wir da »irgendetwas« machten.

Solche persönlichen Kontakte können momentan allerdings wohl nur eine untergeordnete Rolle beim Zugang zu Unternehmen spielen – einfach weil zwischen der Soziologie und den Unternehmen im allgemeinen nur wenige tragfähige Kommunikations- und Kooperationsbeziehungen bestehen, auf denen aufzubauen wäre (siehe Böllhoff 1984).
Die Distanz von Soziologie und Unternehmen erschwert aber nicht nur die Beratungsarbeit, sondern auch den Betriebszugang für Soziologen insgesamt; umgekehrt eröffnet eine kontinuierliche Beratungsarbeit auch den Zugang für wissenschaftliche Fragestellungen.

## »Soziologisierung« als Problemveränderung

Anstoß für die erwähnten Beratungsprojekte waren jeweils scheinbar genau definierte betriebliche Probleme oder Vorhaben: Man wollte wissen, ob Großräume oder Einzelzimmer gebaut werden sollten, wie die Textverarbeitung zu organisieren oder das Betriebsklima zu verbessern sei, man wollte eine neue Bürotechnik einsetzen.
Daß bei solchen Vorhaben in irgendeiner Weise »der Mensch« besonders zu berücksichtigen sei, hat sich als Einsicht in vielen Unternehmen wohl durchgesetzt. Gerade bei der Einführung organisatorischer und technischer Innovationen in der Verwaltung hat man die Erfahrung gemacht, daß in der Belegschaft Unruhe und Widerstände entstehen können (»Akzeptanzprobleme«), daß nicht akzeptierte Regelungen unterlaufen werden, daß teure Technik ungenutzt herumsteht.
Aufgrund solcher Erfahrungen bemüht man sich, die Belange der Beschäftigten in irgendeiner Weise zu berücksichtigen. Es fällt allerdings schwer, dies umzusetzen und entsprechende Konzepte zu entwickeln. Verbreitet ist inzwischen etwa die Einsicht, daß die Beschäftigten über Veränderungen rechtzeitig informiert werden sollten; nicht selten versucht man auch, sie an der Gestaltung der Veränderungen zu beteiligen. »Beteiligung von Mitarbeitern« hat inzwischen einen festen Platz im Werkzeugkasten von Personal- und Organisationsabteilungen; allerdings herrscht bezüglich des Werkzeugs selbst oft Ratlosigkeit. Da liegt es dann nahe, auf externe Hilfestellung zurückzugreifen.

Gewöhnlich wirken die beauftragten Berater dann als »verlängerter Arm« des Unternehmens: Sie führen aus, was ihnen aufgetragen wurde. Betriebliche Stellen hätten oft dasselbe tun können, was die Externen tun; häufig sind es Kostenüberlegungen oder Kapazitätsengpässe, die dazu führen, daß ein Auftrag nach außen vergeben wird. Bei soziologischer Beratung ist das nicht ganz so einfach, wie z. B. der Verlauf unserer Büroraum-Beratung zeigt.

Dem Manager des Kreditinstituts war es wichtig, daß die Beschäftigten in dem Verwaltungsneubau mit der Raumaufteilung zufrieden sein würden. Seine »Operationalisierung« des Verfahrens, dieses Anliegen umzusetzen, bestand darin, ein Beratungsinstitut damit zu beauftragen, entsprechende Mitarbeiterbefragungen durchzuführen. Als Ergebnis von Fragebogenaktion, Einzelgesprächen und Gruppendiskussionen hatte sich ergeben, daß die Beschäftigten mehrheitlich Einzelzimmer oder Zweipersonenräume bevorzugten. Der Auftrag war – im Sinne des »verlängerten Armes« – korrekt abgewickelt. Nur das Ergebnis war unzureichend.

Was war passiert? Man hatte versucht, die Frage: Einzelzimmer oder Großraum? durch eine einfache *Abstimmung* bei den Beschäftigten zu entscheiden. Dabei wurde aber außer acht gelassen, daß diese Abstimmung auf der Grundlage bestimmter Erfahrungen, nämlich der Arbeit in einem Großraumbüro, getroffen wurde. Man versuchte, ein soziologisches Problem durch eine einfache Befragung zu »beantworten«. Es zeigte sich jedoch, daß die bloße Befragung im Sinne einer Abstimmung kein zureichendes Mittel darstellte, das vorliegende Entscheidungsproblem »soziologisch« angemessen zu lösen.
Erforderlich ist ein eigenständiger interpretativer Ansatz, mit dem z. B. ausgeschlossen werden kann, daß der Erfahrungshintergrund subjektiver Äußerungen unberücksichtigt bleibt.
*»Soziologisierung«* betrieblicher Probleme oder Gestaltungsvorgänge beinhaltet letztlich die Suche nach solchen Strukturen und Rahmenbedingungen, in denen die Arbeit für die Beschäftigten zufriedenstellend oder wenigstens erträglich und wenig belastend ist.

Wenn ein Unternehmen etwa eine außergewöhnlich hohe Fluktuationsrate aufweist, so werden alleine Motivationsveranstaltungen wenig ausrichten, wenn dieser Zustand verändert werden soll. Es ist zu suchen nach den strukturellen Gründen, welche die subjektive Entscheidung, das Unternehmen zu verlassen, plausibel und rational machen; und es sind diese Strukturen, die dann auch verändert werden müssen.

Die soziologische Problemdefinition muß versuchen, das, was von den Beschäftigten als wünschenswert angesehen wird, in einem Gesamtzusammenhang zu interpretieren. Das »präsentierte« Problem ist in dieser Sichtweise Ausdruck einer objektiven Konstellation – ein Symptom. Entsprechend müssen sich Gestaltungsvorschläge auch auf diese Gesamtkonstellation beziehen und nicht eine bloße und unmittelbare Reaktion auf eine derartige Symptom-Präsentation sein.
Soziologische Beratung muß subjektives Erleben und subjektive Äußerungen rückbeziehen auf die objektiven Strukturen, in denen diese entstehen, um Veränderungen von Rahmenbedingungen zu konzeptualisieren und argumentativ zu begründen.
Im Zuge der soziologischen Bearbeitung verändert sich daher nicht selten die Fragestellung; sie unterscheidet sich dann – mehr oder weniger – von der ursprünglichen Problemdefinition.

– Im Falle des Verwaltungsneubaus wurde versucht, einerseits die negativen Erfahrungen der Beschäftigten mit ihrer Großraumsituation im Detail zu ermitteln und andererseits ihre Arbeits- und Kooperationssituation genau zu analysieren. Den Architekten wurde dann der Auftrag erteilt, Gruppenräume entsprechend den Kooperationsbeziehungen der Beschäftigten zu entwerfen, wobei besondere Anforderungen an die Akustik definiert wurden. Außerdem sollte dann entsprechend den Planungen der Architekten ein Musterbüro eingerichtet werden, anhand dessen mit den Beschäftigten im Detail über Gestaltungsaspekte diskutiert werden konnte. Dem liegt die Erfahrung zugrunde, daß die Mitwirkung der Beschäftigten nicht in abstrakten Diskussionen, sondern so erfahrungsnah wie möglich gestaltet sein sollte und daß vor allem jeweils ein positiver Gestaltungsvorschlag auf dem Tisch liegen muß.
– Bei der Frage nach der Organisation der Textverarbeitung ging es letztlich um die gesamte technische und personelle Infrastruktur von Sachbearbeitung. Es war klar geworden, daß die Konzentration auf die DV allein angesichts der neuartigen Form der Rationalisierung in der Verwaltung zu kurz griff (Stichworte: systemische Rationalisierung, Mischarbeit als Rationalisierungskonzept). Vorgeschlagen wurde eine dezentral arbeitende Assistenz, die eine umfassende und fachliche qualifizierte Unterstützung bei der Sachbearbeitung sein sollte, wobei Schreib- und Erfassungsarbeiten nur einen definierten Anteil der Gesamtarbeitszeit ausmachen sollten. Dies erforderte eine grundlegende Umorientierung in der Rationalisierungs- und Personalpolitik des Unternehmens.
– Die erwünschte Motivationsveranstaltung in dem Dienstleistungsunternehmen fand nicht statt; statt dessen wurde versucht, dem schnell wachsenden Unternehmen eine seinem Charakter angemessene Organisa-

tionsstruktur zu geben. Es hatte sich nämlich herausgestellt, daß die Unzufriedenheit der Beschäftigten im wesentlichen darauf zurückzuführen war, daß permanente Ad-hoc-Entscheidungen mehrerer Geschäftsführer zu widersprüchlichen Eingriffen in die Arbeit geführt hatten. Der Betriebsrat wurde eingerichtet.

Daß sich mit der soziologischen Bearbeitung auch die Problemdefinition selbst verändert, ist nicht überraschend. Betriebliche Probleme präsentieren sich tendenziell »unsoziologisch« und werden normalerweise auch so definiert. Dies liegt zunächst einfach daran, daß die Aufmerksamkeit im Unternehmen ja im wesentlichen auf die Lösung von Fachaufgaben gerichtet ist. Die Menschen, die Arbeitsorganisation, die Arbeitsmittel sind demgegenüber zunächst nur Mittel zum Zweck und damit zweitrangig.

Dies gilt in ganz besonderem Maße im Verwaltungsbereich von Industrieunternehmen, der häufig ja als »unproduktiver« Bereich angesehen wird. Betriebsklima, Qualifikation, Kooperation, Arbeitsorganisation usw. interessieren erst, wenn Schwierigkeiten auftreten. Und dann geht es um Ad-hoc-Lösungen. Gefragt sind nicht Analysen und Überlegungen, in welchem Gesamtzusammenhang ein bestimmtes Einzelproblem steht; gefordert sind einleuchtende *Maßnahmen*, die rasche Wirksamkeit versprechen.

Ein solches Herangehen entspricht auch den Einfluß- und Entscheidungsmöglichkeiten einzelner Akteure und erfüllt die Legitimationsanforderungen des Unternehmens: Begrenzte Maßnahmen können relativ schnell erfolgen, lassen sich gut dokumentieren und sind infolgedessen geeignet, die »erfolgreiche« Problemlösung nachzuweisen. Das Problem wird dabei jeweils so genommen, wie es sich im Arbeitszusammenhang manifestiert hat.

So werden z. B. Schwierigkeiten, die Beschäftigten dazu zu bewegen, ein bestimmtes Datenverarbeitungs-System zu nutzen, als »Akzeptanzproblem« gefaßt; dann sind akzeptanzfördernde Maßnahmen gefragt. Dabei wird das, was sich als Akzeptanzproblem darstellt, kaum genauer untersucht. Dessen Ursachen geraten so nicht in den Blick: etwa Angst vor dem Verlust des Arbeitsplatzes, der Veränderung der Arbeit, der möglichen Entwertung der Arbeit – vor allem aber auch solche Aspekte, die sich gar nicht auf die einzelnen Nutzer, sondern auf betriebliche Bedingungen beziehen, wie etwa die Qualität des Systems, die Art der Nutzungskonzepte, die Verwendung der Daten.

Das heißt allerdings nicht, daß den Akteuren in den Unternehmen der Blick für soziale Realitäten gänzlich fehlte – im Gegenteil, es gibt einen besonderen Ausschnitt sozialer Realität, der immer präsent ist: die »innenpolitische« Konstellation des Unternehmens. Betriebliche Praktiker denken in hohem Maße *politisch*; fast jede sachliche Entscheidung wird auf ihre politische Bedeutung hin zu interpretieren versucht: Ist sie durchsetzbar? Mit welchen Vorteilen oder Nachteilen für meine betriebliche Stellung ist sie verbunden? Betriebliche Ereignisse werden daraufhin untersucht, inwieweit die Interessen welcher Personen, welcher Abteilungen oder Ressorts berührt, beeinträchtigt oder gar geschädigt werden könnten.
Es besteht auch ein Zusammenhang zwischen dem politischen Denken und der Vorliebe für Ad-hoc-Maßnahmen.

Wenn z. B. eine für die Weiterbildung zuständige Abteilung auf ein bestimmtes Qualifikationsdefizit mit einem bestimmten Kursangebot reagiert, so wirft dies keine Probleme auf. Würde sie aber etwa nach einer Untersuchung der Ursache für dieses Qualifikationsdefizit zu der Auffassung gelangen, daß die erwünschte Fähigkeit nur dadurch zu erwerben und aufrecht zu erhalten ist, daß jemand kontinuierlich mit einer bestimmten Arbeit betraut wird, daß mithin eine arbeitsorganisatorische Maßnahme die richtige Antwort auf das Problem ist, so wäre dies mit Sicherheit sehr problematisch, weil eine solche Intervention den zugestandenen Kompetenzraum überschritte. Sie wäre politisch auch kaum durchsetzbar.

Leicht wird aber vernachlässigt, daß im Unternehmen vor allem *gearbeitet* wird. Die Arbeit und ihre Bedeutung für die Beschäftigten »verschwindet« durch die aufgabenbezogenen, politischen oder manchmal auch psychologisierenden Sichtweisen.
Problembewältigungen bleiben deshalb oftmals vordergründig; sie werden dem zugrundeliegenden Problem nicht gerecht, weil niemand systematisch von der Arbeit her denkt. Dies kann – wie unser Beispiel aus dem Kreditinstitut zeigt – durchaus der Fall sein, auch wenn man die Beschäftigten befragt und beteiligt.

## Die Arbeitsrealität als Bezugspunkt der Gestaltung

Es mag überraschen, wenn wir meinen, es sei ein spezifisch soziologischer Ansatz, im Unternehmen die Arbeitsrealität zu berücksichtigen. Haben denn nicht auch die betrieblichen Praktiker die Arbeit der Beschäftigten zentral im Auge?

Dies ist nur sehr bedingt der Fall. Einer der Gründe dafür mag darin liegen, daß betriebliche Stellen stark arbeitsteilig arbeiten. Zentralstellen wie das Personalwesen, die Organisation, die Datenverarbeitung, das Controlling usw. sehen »Arbeit« jeweils unter »ihrem« Blickwinkel. Und sie sind häufig dazu genötigt, ihren Blickwinkel den verschiedenen Fachstellen unter sozusagen ordnungspolitischen Gesichtspunkten aufzuzwingen. Die Arbeit »an der Basis« in den einzelnen Fachbereichen bedeutet für sie eine eher lästige Komplikation. Ohne ein Eingehen auf die Widersprüche, Vielfältigkeiten und Irrationalitäten des konkreten Arbeitsvollzuges läßt sich die »Wirtschaftlichkeit« einer Maßnahme leichter berechnen, lassen sich Organisationsmodelle leichter entwerfen. Oder umgekehrt: Ein Eingehen auf die Arbeitssituation würde Fiktionen offenbaren und gefährden, auf die der Betrieb angewiesen ist: Annahmen von Wirtschaftlichkeitsberechnungen, Vorstellungen von der Regelhaftigkeit betrieblichen Geschehens usw. Und vor allem bestünde die Gefahr, daß einzelne Fachbereiche eigene »politische« Vorstellungen mit Verweis auf die Erfordernisse der Arbeitssituation durchzusetzen versuchten.

Dies alles ist den »Praktikern« bekannt. So besteht ein stillschweigendes Einverständnis, daß Wirtschaftlichkeitsberechnungen relativ wenig zu tun haben mit Effizienz und Produktivität, daß Organisationsanweisungen nicht immer der Arbeitspraxis entsprechen.

Aus dieser *Vernachlässigung der Arbeit* bzw. der Arbeitssituation, die man als nahezu systematische Größe betriebswirtschaftlicher, organisatorischer und personalpolitischer Praxis bezeichnen kann, resultieren erhebliche Defizite. Welche Folgen die Losgelöstheit solcher Entwürfe von der betrieblichen Praxis, das heißt dem wirklichen, *realen* Arbeitsvollzug hat, soll an einigen Beispielen illustriert werden:

– Die in vielen Unternehmen durchgeführte Zentralisierung des Schreibdienstes in »Büros für Textverarbeitung« oder »Schreibpools« ging häufig an der Arbeitsrealität der Fachabteilungen vorbei und wurde dementsprechend unterlaufen: Man behalf sich mit dem Dauereinsatz von Aushilfen, oder man machte eine Sachbearbeiterin der Fachabteilung unter der Hand zur Schreibkraft.

– Die betriebsinternen Organisationsabteilungen versprechen den Fachstellen häufig im Gleichklang mit den Herstellern, daß die neuen Bürotechnologien elegant, einfach, nutzerfreundlich und personalsparend einzusetzen seien. In ihrer Anwendung entpuppt sich die Technik dann als kompliziert und umständlich. Die »Rache der Basis« besteht schließlich darin, daß diese Technik nicht oder jedenfalls nicht ihren Möglichkeiten entsprechend genutzt wird.

– Betriebswirtschaftliche Rationalisierungsverfahren, die erhebliche Einsparungen an sogenannten »Mannjahren« versprechen, wie z. B. die Gemeinkostenwertanalyse, sind der realen Arbeit im Unternehmen häufig völlig unangemessen. Nicht selten folgt aus ihrer Realisierung, daß hochqualifizierte und damit auch teuere Arbeitskräfte prinzipiell delegationsfähige Arbeiten ausführen müssen; außerdem sind die Führungskräfte »betroffener« Abteilungen z. T. jahrelang damit beschäftigt, die durch die GWA ausgelösten arbeitsorganisatorischen und personalstrukturellen Veränderungen wieder zu unterlaufen und die negativen Folgen zu beseitigen.

– Selbst die arbeitswissenschaftlich korrekte Gestaltung eines Datenverarbeitungs-Systems kann dazu führen, daß die Arbeit erschwert wird. Wenn man etwa die unter ergonomischen Gesichtspunkten sicherlich sehr sinnvolle Bedingung erfüllt, daß auf einer Bildschirmmaske nur maximal 50% der Fläche mit Zeichen belegt sein darf, damit die Augen nicht so sehr belastet werden, so könnte dies für die Arbeitspraxis bedeuten, daß die gewünschte Information nicht mehr »auf einen Blick« erfaßbar ist und man »blättern« muß, was subjektiv als belastend erlebt wird.

Diese Vernachlässigung der Arbeit durch Zentralstellen und selbst durch Führungskräfte hat in der Regel negative Auswirkungen für die Beschäftigten. Sie sind es ja, die sich dann mit Rahmenbedingungen und Regelungen ihrer eigenen Arbeit abzufinden haben, die *ohne wirkliche Kenntnis und Berücksichtigung* dieser Arbeit geschaffen wurden.

Hier setzt der spezifische Beitrag soziologischer Konzepte und Vorschläge ein. Der zentrale Bezugspunkt, sozusagen der archimedische Punkt unserer Vorschläge, ist die Arbeit – ihre Bedeutung für die Beschäftigten, der aus ihr erwachsenden Anforderungen, die konkreten Bedingungen ihrer Erledigung sowie die aus ihr entstehenden Beanspruchungen und Belastungen.

Die Arbeitssituation bildet sozusagen den »Schnittpunkt« von realer menschlicher Arbeit mit formaler Organisation und eingesetzter Technik. Da erledigen bestimmte Personen mit bestimmten Fähigkeiten definierte Aufgabenbündel in Zusammenarbeit mit anderen, in einer bestimmten Reihenfolge und unter Nutzung zur Verfügung gestellter Arbeitsmittel. Nur wenn man von der Arbeit her denkt und sie in den Mittelpunkt von Analyse und Gestaltungsvorschlägen stellt, können »integrale« Konzepte entstehen, die den inneren Zusammenhang der gesamten Arbeitssituation berücksichtigen und damit dieser Arbeit auch gerecht werden.

Es ist dann nicht mehr möglich, sich etwa isoliert mit der Einführung einer bestimmten Technik zu beschäftigen, ohne gleichzeitig Überlegungen anzustellen, welche Folgen diese Technik für die Arbeitssystematik, für die Arbeitsteilung, für die gesamte Arbeitsorganisation, für die Qualifikation der Beschäftigten und deren Qualifizierung, für die Betreuung des Technikeinsatzes hat – bis hin zu Überlegungen zur Personalpolitik, zur Laufbahnstruktur oder zu den Funktionen der Führungsebenen.

Besonders in größeren Unternehmen fällt es wegen der hochentwickelten Funktionsteilung schwer, integrierte Gestaltungskonzepte zu entwickeln. Die Zuständigkeiten und Kompetenzen für die einzelnen Gestaltungsdimensionen sind organisatorisch verstreut. Damit aber werden inhaltliche Vorschläge immer auch zum Gegenstand unternehmenspolitischer Fraktionskämpfe und Abstimmungsprozeduren, an deren Ende oft eben nicht ein Konzept, sondern ein »kleinster gemeinsamer Nenner« als Kompromiß steht.

Es mag ein Handicap für Außenstehende sein, daß man mit den jeweiligen politischen Interna der Unternehmen, mit denen man zu tun hat, nicht vertraut ist. Für die Konzeptualisierungsphase kann sich genau dieses als Vorteil erweisen: Wir können ohne »politische Scheuklappen« an unsere Aufgabe herangehen.

Damit laufen wir allerdings Gefahr, nicht realisierbare Vorschläge zu unterbreiten. Die Tatsache, daß sie nicht realisiert werden, bedeutet aber nicht zwangsläufig, daß sie auch nicht praktikabel wären; Vorschläge sind möglicherweise nur deshalb nicht durchsetzbar, weil ihnen zu starke Interessen entgegenstehen.

Wenn wir bei unserer Arbeit Vorschläge unterbreiten, die undurchsetzbar sind, so gelten wir als »Theoretiker«. »Theorie« wird gleichgesetzt mit »wirklichkeitsfern oder wirklichkeitsfremd«, was seinerseits identisch ist mit »nicht zu verwirklichen«. Demgegenüber ist »Praxis« das, was sich auch verwirklichen läßt – völlig unabhängig davon, ob dies sinnvoll ist oder nicht, und ob dies wirklich der Bearbeitung bestimmter Aufgaben gerecht wird.

Insofern hat »Theorie« und »Praxis« im Unternehmen vor allem zu tun mit betrieblichen Machtverhältnissen; wer etwas durchsetzen kann, ist immer praktisch, selbst wenn das Durchgesetzte wenig praktikabel ist.

Eine kleine Anekdote kann dies illustrieren: In einem unserer Gestaltungsvorschläge ging es darum, über die Grenzen relativ kleiner Stabsabteilungen hinweg eine »Assistenzgruppe« einzurichten, in der die Assistenzkräfte verschiedener Abteilungen zusammengefaßt sein sollten; nun stellten wir Überlegungen dazu an, ob es sinnvoll wäre, auch die Sekretärin des Hauptabteilungsleiters in diese Gruppe mit einzubeziehen. Wir ließen diesen Plan fallen, weil uns die betrieblichen »Praktiker« bei Projektgruppensitzungen klargemacht hatten, daß ein derartiger Plan naiv wäre, eben »Theorie«. Hauptabteilungsleiter benötigten eine persönliche Sekretärin, die nicht in einer Gruppe arbeitet – schon allein wegen der Vertraulichkeit der dieser zugänglichen Unterlagen, aber auch aus Repräsentationsgründen, wenn Besucher kämen usw.

Unser Modellvorschlag (ohne Einbeziehung der Sekretärin) wurde dann in einer Entscheidungssitzung einem Vorstand des Unternehmens vorgelegt. Der fand ihn ganz plausibel, genehmigte ihn und stellte am Ende die Frage, warum denn die Sekretärin des Hauptabteilungsleiters nicht in dieser Gruppe sei. Auch wenn diese Frage niemals beantwortet wurde – es war fürderhin fast ein Dogma, daß die Sekretärin in dieser Gruppe arbeitete. So wurde aus der Theorie plötzlich Praxis.

Ausgehend von der detaillierten Kenntnis der Arbeit, die wir uns jeweils erarbeiten mußten, konnten wir den Spieß allerdings auch oft umdrehen, wenn es um »Theorie« und »Praxis« ging. Denn dann ist es natürlich möglich, auf die wirkliche Praxisferne vieler Überlegungen von Organisatoren, DV-Spezialisten oder Controllern hinzuweisen.

## Zwischen soziologischer Rezeptur und arbeitnehmerorientierter Wissenschaft

Wenn wir den Arbeitsbezug soziologischer Beratung herausstellen, so sind einige Bemerkungen dazu angebracht, wie wir unser Verhältnis zu den Beschäftigten selbst definieren, die uns in der Kenntnis ihrer eigenen Arbeit ja allemal überlegen sind. Wir ha-

ben bereits darauf hingewiesen, daß wir wenig davon halten, betriebliche Probleme oder gar Rahmengestaltungen durch bloße Befragungen festzulegen.
Die Beschäftigten sind für uns zweierlei: *Informanten und Korrekturinstanz.* Nur durch sie können wir uns »schlau« machen; ihre Mitteilungen sind zentrale Voraussetzungen für unsere Arbeit. Außerdem versuchen wir, unsere Interpretationen und unsere Gestaltungsansätze, unsere Ausarbeitungen, Berichte und Vorschläge möglichst breit mit ihnen zu diskutieren. Die Stellungnahmen, die aus diesem Prozeß des »Rückspielens« resultieren, gehen – allerdings wieder vermittelt über unsere Interpretation – in die Gestaltung von Vorschlägen und Konzepten ein.
Die Beschäftigten werden damit zwar an unseren Analysen und Konzepten beteiligt. Wir halten dies aber nicht für ein »Beteiligungsmodell« in dem Sinne, daß die Beschäftigten verfahrensmäßig und für uns bindend an Entscheidungen teilhaben. Dies bedeutet auch, daß wir in der Verantwortung bleiben, was unsere Konzeptvorschläge betrifft. Wir können uns nicht darauf zurückziehen, daß die Beschäftigten einer bestimmten Regelung zugestimmt haben, wenn sich diese bei ihrer Umsetzung als problematisch erweist. Wir halten es für außerordentlich wichtig, daß die soziologische Beratung ihren eigenständigen, auf die Arbeitsrealität gerichteten analytischen Blick behält und sich nicht vorschnell interessengebundene Beschränkungen auferlegt.
Konzepte, die auf der Basis solcher Analysen und der Interpretation vor dem allgemeinen Hintergrund des disziplinären Wissensbestandes entstehen, sind keine wissenschaftlichen Aussagen, sondern *reflektierte Gestaltungsvorschläge.* Ihr Vorzug besteht unter anderem auch darin,

- daß es sich nicht um Ad-hoc-Maßnahmen handelt, sondern um Vorschläge, die unter den Bedingungen eines reduzierten, aber nicht aufgehobenen Handlungsdruckes entstanden sind, und
- daß in diesen Vorschlägen häufig bereits »politisch« bedeutsame Aspekte, wie sie in Interviews oder in der Gremienmitwirkung zutage kamen, berücksichtigt sind.

Dennoch sind die Gestaltungsvorschläge nach ihrer Vorlage natürlich erst Gegenstand von Verhandlungen der betrieblichen Interessenparteien. Die kodifizierten Formen betrieblicher Mitbestimmung der Arbeitnehmer etwa bleiben völlig unberührt. »Beteiligung« findet – wenn man so will – unterhalb der Ebene formaler Mitbestimmung statt. Dadurch werden faktisch zwar Einflußmöglichkeiten für die Beschäftigten eröffnet, weil sinnvolle Gestaltung ohne ihre Erfahrung und ihre Einschätzung überhaupt nicht möglich ist; die Gestaltungsvorschläge haben sich aber jeweils an den üblichen betrieblichen Legitimationsanforderungen zu messen.

Wir meinen, daß mit diesem Verfahren einer soziologischen Beratung, die sich auf die »Spielregeln« des Unternehmens einläßt, im Detail viel für die Herstellung weniger belastender Arbeitssituationen tun läßt. In dem Maße, in dem es gelingt, auf die allgemeinere Ebene von Personalpolitik und Rationalisierungspolitik zu kommen, können sogar – wenn auch bescheidene – beschäftigungspolitische Wirkungen erzielt werden. Wir sehen nicht, warum es nötig sein sollte, allzu schnell in interessenpolitische Debatten einzusteigen. Unsere eigenen Erfahrungen wie der allgemeine Kenntnisstand der Industriesoziologie gehen dahin, daß in der rationalisierten Verwaltung meist mehrere arbeitsorganisatorische und personalpolitische Optionen offenstehen, die im Sinne menschengerechter Arbeit auszuschöpfen sind. Man muß sich dabei allerdings verdeutlichen, daß dies keineswegs quasi von selbst geschieht – dies muß nicht einmal dann der Fall sein, wenn eine weniger belastende Arbeitsgestaltung sogar einen Kostenreduzierungseffekt zur Folge hat. Der Grund dafür liegt darin, daß auch der Bereich der Verwaltungsrationalisierung von starken Ideologien, von Herstellerreklamen und Technikfetischismus beherrscht wird, daß Konzeptideen fehlen oder – wenn sie vorhanden sind – sie innerbetrieblich an feudalen Strukturen zerbrechen. Wenn man in dieser betrieblichen Welt von konkurrierenden Gestaltungsideen, Karriereplanungen des Managements, Besitzstands- und Einflußsicherungen vorschnell die eigene Dynamik der Interessenpolitik der Tarifparteien (bzw. von Management und Betriebsrat) in Gang setzt, so stößt man einen unseligen Prozeß der Komplexitätsreduzierung an: In ihrer Wirkung ambivalente oder interessenpolitisch kaum zuzuordnende Maßnahmen werden häufig nur deshalb für die je andere Partei inakzeptabel oder verdächtig, weil mit der Formel »Was vom anderen kommt, muß uns ja schaden!« gearbeitet wird. Eine Soziologie, die sich das Etikett »arbeitnehmerorientiert« umhängt, tut sich wegen dieser Dynamik möglicherweise schwerer damit, Regelungen im Sinne der Beschäftigten durchzusetzen.

Gestaltungsvorschläge, die im Verlauf der soziologischen Beratung entstehen, fallen also dem gewöhnlichen Procedere betriebspolitischer Auseinandersetzung anheim. Es kann sich insofern schon gar nicht um »Rezepte« handeln, weil die Patienten schon lange mündig sind und nicht alles schlucken, was wir gern verordnen würden. Insofern gibt es keine »wissenschaftliche Gestaltung«. Das bedeutet für uns nicht – wie etwa für Hans-Joachim Braczyk –, daß wir die Soziologie für überfordert hielten, aus ihrer Sicht heraus Gestaltungs*vorschläge* zu entwickeln und sich auch an dem Versuch zu beteiligen, diese innerbetrieblich durchzusetzen. Wir meinen auch, daß die bisherige Beteiligung der Soziologie am Programm »Humanisierung des Arbeitslebens« gezeigt hat, daß in einzelnen Projekten ein sinnvolles Mitwirken möglich war. Die bisherige Förderpolitik war stark umsetzungs- und übertragungsorientiert, das heißt, daß in den geförderten Projekten Konzeptvorschläge praktisch erprobt und evaluiert wurden und man sich dadurch erhoffte, sozusagen »geprüfte« Konzepte zu finden, die in andere Unternehmen übertragen werden konnten. Im Grunde war man also schon der Auffassung, es könne so etwas wie »Rezepte« geben, an die sich die Organisatoren, Personalplaner, die Controller oder auch die Betriebsräte in vielen Unternehmen dann halten könnten (Modelle, Checklisten, Muster-Betriebsvereinbarungen usw.).
Altmann, Düll und Lutz (1985) betonen in ihrem Gutachten für eine zukunftsorientierte sozialwissenschaftliche HdA-Forschung zu Recht, daß die Übertragbarkeit solcher Modelle immer wieder darunter leide, daß die besonderen betrieblichen Bedingungen, in denen die einzelnen »Muster« entstanden waren, nicht hinreichend expliziert wurden.
Dies bedeutet allerdings keineswegs, daß die praktische Umsetzung von soziologischen Gestaltungsvorschlägen damit auch schon sinnlos wäre. Soziologische Beratung bedeutet nicht das Übertragen bewährter Modelle, sondern bedeutet die Anwendung des vorhandenen Wissens auf mehr oder weniger verschiedene betriebliche Situationen.
Der besondere Wert praktisch erprobter Modelle liegt darin, daß mit ihnen die Auseinandersetzung etwa mit gängigen Rationalisierungskonzepten und -ideologien leichter wird. Der praktische Nachweis der grundsätzlichen Funktionsfähigkeit alternativer Modelle und Ansätze ist so leichter zu führen.

## Chance und Notwendigkeit für die Industriesoziologie

Soziologie scheint uns also nötig zu sein für die Gestaltung betrieblicher Bedingungen. Mindestens genauso nötig aber ist diese Gestaltungsarbeit für die Soziologie selbst. »Praxis« in diesem Sinne bietet nicht nur dringend erforderliche berufliche Möglichkeiten für Soziologen; auch als Wissenschaft ist die Soziologie auf diese Praxis angewiesen. Die Beratungsarbeit bietet Erkenntnischancen; das bedeutet, daß Beratung, Entwurf von Gestaltungsvorschlägen und Teilnahme an betrieblichen Durchsetzungsprozessen für uns auch *Erkenntnismethode* sind – ein Verfahren, das man vielleicht am besten mit »beobachtender Teilnahme« bezeichnen könnte.

Diese »beobachtende Teilnahme« weist als Forschungsverfahren einen Vorzug gegenüber anderen Erhebungsmethoden auf: Im Ablauf von Umsetzungsprojekten sind wir mit dem *wirklichen Handeln* der betrieblichen Akteure konfrontiert und erleben einen *vollständigen* Handlungsprozeß. Zwar findet auch unsere Mitwirkung in einer Sondersituation statt; aber indem wir agieren und eigene Gestaltungsvorschläge machen, setzen wir uns den Handlungsbedingungen und -zwängen des Unternehmens aus, und wir müssen von den betrieblichen Praktikern als selbständige Akteure wahrgenommen und behandelt werden.

Wenn wir in ein Unternehmen gehen und dort mit »Experten« Interviews durchführen, so laufen wir dabei Gefahr, eine Abstraktion als betriebliche Realität zu nehmen, von der wir häufig nur schwer einschätzen können, inwieweit sie zutreffend ist.

Wir unterstellen, daß wir in solchen Gesprächen valide Informationen über Zustände, Absichten und Entwicklungen von Unternehmen erheben, und vernachlässigen dabei leicht, daß sich das Handeln der betrieblichen »Praktiker« ganz fundamental an »innenpolitischen« Konstellationen orientiert. Für betriebliche Akteure gilt damit, daß auch subjektiv wahre Auskünfte immer politische Aussagen sind; was man uns in den Gesprächen sagt, gibt die Realität des Unternehmens in starkem Maße »standortgebunden« wieder.

Dies gilt vor allem, wenn es nicht nur um Beschreibungen von Abläufen oder von organisatorischen Strukturen geht, insbesondere aber dann, wenn in solchen Gesprächen prognostische Aussagen gewonnen werden sollen: Welche Technologien werden eingesetzt werden? Inwieweit wird man individuelles Arbeitsverhalten technikgebunden kontrollieren? usw. Ob in einem Unternehmen diese oder jene Entscheidung getroffen wird, ist Resultat komplexer *politischer Prozesse* – ein Phänomen, das in der Industriesoziologie erst in jüngster Zeit stärkere Beachtung findet. Die mangelnde Nähe zu den Unternehmen ließ in der Soziologie Prozeßhaftigkeit und Offenheit betrieblicher Entscheidungsprozesse häufig zugunsten deterministischer Zusammenhänge in den Hintergrund treten. Die Zielsetzungen der Unternehmen wurden umstandslos mit der Zielerreichung gleichgesetzt; faktisch sind aber die meisten Entscheidungen, die zum Erreichen der Ziele führen sollen, mit Unsicherheiten behaftet bzw. an betrieblichen Partikularinteressen gebrochen.

Diese Einsicht in die Abhängigkeit betrieblichen Handelns von »historisch spezifischen« Konstellationen bildet die Basis unserer Beratungsarbeit: Gerade weil so viel ausgehandelt wird, haben wir auch mit unseren Gestaltungskonzepten eine Chance. Genauso haben wir allerdings auch immer mit der Deformation unserer eigenen Konzepte zu rechnen.

Nur wenn wir uns in Betrieben bewegen, haben wir auch wirklich ein »Gefühl« für unseren Gegenstand. Und nur so laufen wir nicht Gefahr, wesentliche Entwicklungen einfach zu verschlafen.

## Taugen Soziologen für Beratung?

Jeder Beratungsauftrag war für uns zugleich Qualifizierungsanforderung und Qualifizierung. Wir hatten viel zu lernen über die Arbeit, die jeweils eingesetzte Bürotechnik, die betrieblichen Abläufe, die internen Machtstrukturen in den Unternehmen. Erforderlich war mindestens die Aneignung eines gediegenen Halbwissens über die wichtigsten organisatorischen und technischen Bedingungen. Dies bedeutet, daß wir viel fragen, uns »schlau machen« müssen. Fragen, Zuhören und Beobachten zu können mag vielleicht keine spezifisch soziologische Fähigkeit sein, sollte aber in unserer Berufsgruppe besonders ausgebildet sein. Nötig ist ein *Verstehens-Prozeß*, in dem der Versuch unternommen wird, die Realität des jeweiligen Unternehmens in ihrer Komplexität zu erfassen. Voraussetzung dafür sind eine relativ große Offenheit

und die Bereitschaft, Vorstellungen immer wieder in Frage zu stellen, zu verändern und neue Erfahrungen zu integrieren.
Solches Verstehen ist notwendig, weil Gestaltungsvorschläge in der Auseinandersetzung mit der konkreten betrieblichen Realität *entstehen*, sie nicht als fertige »importiert« werden können. Das bedeutet zugleich, daß sie nicht dogmatisch sein können, etwa in dem Sinne, daß ein bestimmtes Organisationsmodell, weil es sich im Unternehmen A bewährt hat, nun auf das Unternehmen B übertragen werden könnte.
Unser Lernprozeß bezieht sich dabei nicht nur auf sachliche Aspekte, etwa die Arbeitsabläufe oder die technischen Planungen. Gleichzeitig geht es immer darum, herauszufinden, inwieweit und wie diese sachlichen Zusammenhänge von dem sozialen Beziehungs- und Kräftefeld des Unternehmens geformt sind.

Ein Beispiel: Es geht uns darum, herauszufinden, welche räumliche Anordnung von Entwicklungsabteilungen, Einkaufsabteilungen und der Fertigungsplanung in einem Unternehmen sinnvoll ist, in dem die meisten anfallenden Daten in der DV erfaßt und damit dezentral zugänglich sind. Denkbar sind in diesem Fall sehr viele Lösungen: von der klassischen räumlichen Trennung der einzelnen Bereiche bis hin zu einer vollständigen räumlichen Integration der Funktionen auf einem Stockwerk.
Wenn wir mit Führungskräften einzelner Unternehmensbereiche sprechen, so argumentieren diese vorwiegend auf der Ebene von Sachzwängen; dahinter kann sich aber ein massives eigenes Interesse verbergen; in diesem Fall könnte dies z. B. dahin gehen, den »eigenen« Bereich räumlich zusammenzuhalten oder sicherzustellen, daß die Beschäftigten verschiedener Bereiche nicht informell Informationen austauschen, an die sie als Führungskräfte überhaupt nicht mehr gelangen.

Dies bedeutet, daß wir in unseren Gesprächen immer die beiden Ebenen – *sachliche* Notwendigkeiten und Interesse der Gesprächspartner – auseinanderzuhalten versuchen müssen. Wenn unser Vorschlag letztlich dazu führen soll, daß eine verbesserte Arbeitssituation für die Beschäftigten entsteht, so wird dies nur dann möglich sein, wenn wir Einwände gegen solche Vorschläge wirklich als interessengebunden identifizieren können.

An dieser Stelle läßt sich auch ganz gut zeigen, inwiefern wir uns in unserer empirischen Basis von »normaler« industriesoziologischer Forschung unterscheiden: Würden wir dieselbe Frage in einem gewöhnlichen Forschungsprojekt untersuchen, so würden wir wahrscheinlich auch Interviews mit Führungskräften durchführen; nur fiele es wesentlich schwerer, herauszufinden, inwieweit Aussagen interessengeleitet sind.

Im Verlauf von Umsetzungsprojekten haben wir außerdem die Möglichkeit, sozusagen das Schicksal von Aussagen im Verlauf des sozialen Prozesses zu verfolgen; und gerade dabei zeigt sich dann häufig, wie wenig von »Experten«-Prognosen oder »sachlichen« Notwendigkeiten übrigbleibt.

Unsere Erfahrung: Wir sind als Soziologen relativ gut gerüstet, Sachebene und Interessenebene analytisch zu trennen und nicht nur »instinktiv« zu berücksichtigen, wie dies betriebliche Akteure – manchmal mit beeindruckender Perfektion – tun.
Bei unserem Fragen kommt uns natürlich wieder unser Status als Außenstehende zugute. Wir sind als solche – und auch deshalb, weil wir als »Wissenschaftler« gesehen werden – nicht ohne weiteres mit betrieblichen Partikularinteressen zu identifizieren, nicht zu verorten im innenpolitischen Machtkampf der Ressorts, Bereiche und Abteilungen. Dies eröffnet bei unseren Gesprächspartnern immer wieder eine erstaunliche Auskunfts- und Diskussionsbereitschaft.
Es mag aufgefallen sein, daß wir im Zusammenhang mit dem Prozeß der »Datenerhebung« immer nur von »fragen« sprechen oder von »sich schlau machen«. In der Tat spielen die orthodoxen Erhebungsinstrumente, wie Fragebogen, standardisiertes oder halbstandardisiertes Interview, in unserem Vorgehen allenfalls in Ausnahmefällen eine Rolle.
Dies bedeutet nicht, daß wir voraussetzungslos in unsere Gespräche gingen – im Gegenteil: In jedes Gespräch gehen die Erfahrungen aus den vorhergehenden ein; jedes Gespräch verläuft damit anders. Anfangs fragen wir nach betrieblichen Abläufen, in späteren Gesprächen können wir bereits auf unsere erworbenen Kenntnisse bauen und sondieren, inwieweit unserem Gesprächspartner die erworbene Sichtweise vertraut ist, inwieweit er sich von ihr unterscheidet und warum. Im fortgeschrittenen Verlauf konfrontieren wir die »Interviewten« eher spielerisch mit unseren Vorstellungen oder Vorschlägen, um zu sehen, wo diese falsch sind oder auf Widerstand stoßen. Und wir fragen im Grunde so lange, bis wir selbst den Eindruck haben, wir hätten einigermaßen verstanden, um was es geht, bis uns Gestaltungsvarianten eingefallen sind und wir diese für »präsentabel« halten in dem Sinne, daß sie nicht völlig neben der betrieblichen Realität liegen, also definitiv undurchsetzbar sind.
Wir halten uns als Soziologen für gut qualifiziert, die Chancen

wahrzunehmen, die sich dem Externen in einem Unternehmen bieten. Wenn wir ohne »politische Denksperren« von der Arbeit her strukturieren können, so liegt es uns relativ nahe, *integral zu denken*. Wir hoffen, daß wir dazu in der Lage sind, sehr vielfältige und miteinander verflochtene Sachverhalte (wie z. B. Arbeitsorganisation, Technik, Techniknutzung, Personalstruktur, Personaleinsatz, Qualifikation, Laufbahnstruktur usw.) in einen systematischen inneren Zusammenhang zu bringen und dabei uns bewußt zu bleiben, daß Menschen mit diesen so geschaffenen Strukturen leben müssen.

Wir meinen, daß die Soziologie auch Wesentliches zur Entwicklung neuer tragfähiger Strukturen beitragen kann, weil die Einsicht, daß soziale Strukturen »gemacht« sind – und damit auch anders zu machen sind – für sie zur Grundüberzeugung gehört. Die Distanz zur Selbstverständlichkeit alltäglich hergestellter Strukturen kann produktiv sein.

Dies scheint uns gerade in einer Situation besonders wichtig, in der Technik mit großer Geschwindigkeit entwickelt, zugleich aber in soziale Zusammenhänge eingebracht wird, die weitgehend unvorbereitet darauf sind. In einer solchen Situation kann in der Regel von »sozialer Beherrschung« keine Rede mehr sein. Defensivgefechte ersetzen Steuerung.

Wenn es bei Beratung darum geht, innovative Strukturen zu schaffen, so bedeutet dies fast zwangsläufig auch *Konflikt*. Wie andere Gestaltungsvorschläge in einem Unternehmen haben auch die soziologischen ihre politische Dimension. Sie widersprechen bestimmten Interessen und befördern andere. Gemeint sind damit keineswegs nur Interessenkonflikte zwischen Kapital und Arbeit oder, etwas konkreter, zwischen Unternehmensleitung und Betriebsrat; mindestens genauso wichtig sind unterschiedliche Interessen von Führungspersonen verschiedener Unternehmensbereiche.

Für unsere Qualifikation als Berater bedeutet dies, daß eine Portion Konfliktfähigkeit gebraucht wird. Es ist permanent darauf zu achten, nicht zu einer bloßen Schachfigur im Spiel der »Praktiker« zu werden; man muß versuchen, die interessengeleitete Deformation der Vorschläge zu vermeiden oder auch nur zu bemerken. Die Bandagen, die bei solchen Auseinandersetzungen angelegt werden, sind durchaus hart. Der Vorwurf, Theoretiker zu sein, kann noch leicht weggesteckt werden. Schwieriger ist es

schon, von sich aus mit dem Abbruch eines Projekts zu drohen – und dies im Bewußtsein, daß ein Folgeauftrag des Unternehmens nicht unangenehm wäre.
Zu den qualifikatorischen Voraussetzungen gehören auch wenigstens grundsätzliche betriebswirtschaftliche Kenntnisse, Erfahrungen mit betrieblichen Organisationsstrukturen und Verfahren und mit der Funktionsweise und den Anforderungen moderner Bürotechnologien. Diese Voraussetzungen sollten allerdings auch für die akademische Auseinandersetzung mit Rationalisierungsentwicklungen gegeben sein.

## Die Folgen der Beratung

Welche Chancen haben wir als »soziologische Berater«, in den Unternehmen überhaupt etwas zu bewirken? Können wir das, was wir bewirken, politisch und moralisch verantworten?
Erfolgreiche soziologische Beratung erzeugt, so ergab unsere Erfahrung immer wieder, auch Rationalisierungsimpulse. »Rationalisierung« meint dabei allerdings nicht nur das bloße Einsparen von Kosten oder die Substitution von Menschen durch Maschinen, sondern hat eine weitergehende Bedeutung. Gemeint ist die Gestaltung betrieblicher Verhältnisse auf der Basis höherer Transparenz des Geschehens.

Einige unserer Beispiele haben verdeutlicht, daß der »Rationalisierungsprozeß« in der Verwaltung diesem Namen zum Teil wirklich nicht gerecht wird und völlig widersinnig verläuft: Da wird Technik eingesetzt, die ungenutzt bleibt; da werden Personalstrukturen geschaffen, die für alle Beteiligten Nachteile erbringen und außerdem auch noch unwirtschaftlich sind; da werden Personaleinsparungen errechnet und realisiert, die unrealistisch sind; da werden feudale Führungsstile und Entscheidungsstrukturen aufrechterhalten, die sich kontraproduktiv auswirken, nicht nur auf die Nutzung moderner Bürotechnologien.

Soziologische Beratung, wie wir sie verstehen, trägt zur Erhöhung der Rationalität betrieblichen Geschehens bei, *weil* sie wirklich Transparenz herstellt und weil sie sich gerade nicht damit begnügt, zu befragen.
Die bloße Befragung gilt meist als weniger problematisch, weil damit wenig in Frage gestellt wird. Ihre Ergebnisse dienen denn meist der Legitimierung *bereits vorgesehener* Maßnahmen.

Wenn wir uns daran beteiligen, ein Unternehmen transparenter zu machen, Verfahren und den Einsatz von Technik so zu gestalten, daß man mit ihnen »wirklich« arbeiten kann, so deshalb, weil wir der Auffassung sind,

- daß bei der Rationalisierung im Verwaltungsbereich tatsächlich negative Entwicklungen für die Beschäftigten vermieden werden können und
- daß durch die neuen Entwicklungen auch Verbesserungen in der Arbeitssituation möglich sind, die nicht ohne weiteres »naturwüchsig« entstehen würden.

Das Hauptproblem besteht unserer Erfahrung nach nicht in den unmittelbaren Auswirkungen unserer Vorschläge, sondern vor allem darin, was aus ihnen wird, wenn wir das Unternehmen längst wieder verlassen haben.

Ein Beispiel: Eine der Folgen gegenwärtiger Rationalisierungspolitik im Verwaltungsbereich besteht darin, daß Frauen, die in Bürohilfspositionen arbeiten, ihre Stellen verlieren, weil ihre Funktion – wie behauptet wird – von der Technik kostengünstiger übernommen würde.
Bei der Untersuchung dieses Zusammenhangs stellten wir eine Reihe von Ungereimtheiten fest: Überall klagten Referenten und Sachbearbeiter, sie müßten eine Menge administrative Arbeit erledigen, die sie früher delegieren konnten. Dies sei um so belastender, als auch ihre fachliche Aufgabe anspruchsvoller geworden sei. Außerdem hätten sie Probleme mit der Technik, weil sie wegen ihrer vielen verschiedenen Arbeiten niemals wirkliche Übung in deren Nutzung erreichten.
Wir entwickelten ein Gegenkonzept, das vorsah, daß Bürohilfskräfte weiterhin eingesetzt werden sollten – und zwar in erheblich qualifizierterer Form. Daraus ergab sich dann ein neues Kooperationsmodell zwischen Sachbearbeiter und »Assistenzkraft« und eine andere Schnittstelle zwischen beiden Arbeitsbereichen. (Einsparungen von Personalkosten fanden dann bei den Sachbearbeitern statt.)
Vermieden wurden so »Freisetzungen« bzw. Nichteinstellung von weniger qualifizierten, im Regelfall weiblichen Angestellten, die auf dem Arbeitsmarkt kaum eine Chance gehabt hätten. Alle Mitarbeiter hatten qualifizierte Arbeiten. Und das Unternehmen sparte auch noch Lohnkosten.
All dies wurde in sogenannten Pilotversuchen tatsächlich umgesetzt, dort gutgeheißen, dokumentiert und verabschiedet.
Das Ganze hatte nur zwei Schönheitsfehler. Erstens wurde es in dem Unternehmen nur in dem Bereich umgesetzt, in dem auch der Pilotversuch lief. Dort waren die Führungskräfte durch die realen Erfahrungen überzeugt. In allen anderen Bereichen des Unternehmens passierte nichts,

obwohl die Führungsriege verschiedener Zentralstellen das Modell offiziell gutgeheißen hatte.
Der Grund: Beim zuständigen Management ergaben sich auf allen hierarchischen Ebenen Umbesetzungen, und die jeweils neuen Positionsinhaber pflegten einen höchst distanzierten Umgang mit den Projekten, die ihre Vorgänger ins Leben gerufen hatten.
Die zweite Abweichung betraf den Bereich, in dem das Modell umgesetzt wurde. Da kam plötzlich jemand auf die Idee, daß sich das vorgeschlagene und realisierte Kooperationsmodell doch auch wunderbar eignen würde, neue Sachbearbeiter mit geringerer Bezahlung auf der aufgewerteten Stelle einer Assistenzkraft einzuarbeiten.
Dieses Vorgehen hätte natürlich das gesamte Modell und die in ihm beabsichtigte (defensive) Sicherung von Frauenarbeitsplätzen vereitelt. Es wurde mittlerweile auch wieder revidiert.

Vor dem Problem möglicher Deformation und Instabilität der Gestaltungskonzepte steht natürlich *jedes* betriebliche Projekt – es handelt sich dabei nicht um eine Besonderheit von Projekten mit soziologischer Beteiligung. Prinzipiell beinhaltet das soziologische Vorgehen sogar eher eine Chance zur Stabilisierung von Projektresultaten, weil die betrieblichen Interessen-, Macht- und Handlungskonstellationen ja ausdrücklich berücksichtigt werden. Doch stellt sich der soziologischen Beratung unter dem Gesichtspunkt der Verantwortbarkeit der Projektergebnisse immer auch die Frage, welche Möglichkeiten der Deformation von Vorschlägen und der Verwendung von Ergebnissen sich andeuten oder denkbar sind.
Zur Stabilisierung und Verankerung von Projektergebnissen muß zweierlei versucht werden:

- die Vermittlung der jeweiligen Sichtweise, der »Projektphilosophie« an einzelne wichtige und einflußreiche betriebliche Akteure; denn die Umsetzung und dauerhafte Verankerung von Gestaltungsvorschlägen, Regelungen und Verfahren in den Unternehmen ist in hohem Maße abhängig von den jeweils »amtierenden« Personen;
- die Kodifizierung der Gestaltungsvorschläge in Form von Organisationsanweisungen, Dienstanweisungen, Stellenbeschreibungen, Bildungsplänen, betrieblichen Verfahren, Vorstandsentscheidungen und vieles andere mehr; denn nur dadurch besteht die Chance, daß die Regelungen eine personenunabhängige Eigendynamik entwickeln können.

Gelingt es der soziologischen Beratung nicht, auf beiden Ebenen erfolgreich zu sein, so ist ein dauerhafter Erfolg unwahrscheinlich.

Das geschilderte Beispiel zeigt beide Mängel: Einerseits gelang es – wegen der projektunabhängigen Fluktuation im Managementbereich – dem Projekt nicht, wichtige Personen auf die Sichtweise zu verpflichten, sie zu Promotoren des Konzepts zu machen; andererseits gelang es auch nicht, ein Verfahren der Personalstruktur-Planung dergestalt zu implementieren, daß die Rekrutierungsmechanismen für Assistenzkräfte gegenüber der Deformation, wie sie mit der im Beispiel dargestellten Veränderung von Qualifikationsniveau (und Geschlecht) gegeben war, gesichert gewesen wären.

Es gehört zu den besonderen Vorzügen von Projekten zur Humanisierung des Arbeitslebens, daß deren relativ lange Dauer wenigstens eine Chance dazu eröffnet, solche Verankerungsprozesse in Angriff zu nehmen. Auf der anderen Seite kranken solche Projekte nicht selten auch daran, daß die Träger der Projekte in den Betrieben selbst über zu wenig Einflußmöglichkeiten verfügen. Bei der Durchführung soziologischer Beratung sollte deshalb von Anfang an auf eine Beteiligung des Managements Wert gelegt werden.

## *Literatur*


Altmann, N./Düll, K./Lutz, B. (1985), *Forschungsverbund: Humanisierungsrelevante Veränderungen in der Arbeitswelt. Ein Gutachten.* Bundesministerium für Forschung und Technik, Projekt »Humanisierung des Arbeitslebens«.

Beck, U./Bonß, W. (1984), »Soziologie und Modernisierung. Zur Ortsbestimmung der Verwendungsforschung«, in: *Soziale Welt* 4, S. 381-406.

Böllhoff, F. (1984), »Management und Soziologie«, in: Universität Bielefeld u. a. (1984), S. 118-122.

Braczyk, H. J. (1984), »Von Unsicherheit und Skepsis zu realistischer Kooperation«, in: Universität Bielefeld u. a. (1984), S. 127-137.

Lutz, B. (1981), »Möglichkeiten und Grenzen industriesoziologischer Begleitforschung bei der Implementierung neuer Fertigungstechnologien«, in: PDV-Bericht 205 des Kernforschungszentrums Karlsruhe, S. 211 ff.

Naschold, F. (1984), »Was kann Industriesoziologie leisten?«, in: Universität Bielefeld u. a. (1984), S. 89-100.

Universität Bielefeld, Fakultät für Soziologie/Hoesch Rothe Erde –

Schmiedag AG (1984), *Industriesoziologie zwischen Theorie und Praxis. Ergebnisse, Erfahrungen und Perspektiven aus einem Projekt zur Verbesserung der Gießereiarbeit*, Frankfurt/New York: Campus.
Weltz, F. (1982), »Begleitforschung zwischen Aktionismus und Berührungsangst«, in: *Soziale Welt* 3/4, S. 294-302.
Weltz, F. (1984), »Industriesoziologie und Praxisbezug«, in: Th. Lau (Hg.), *Zur Praxisrelevanz sozialwissenschaftlicher Forschung*, München 1984.

Ansgar Weymann/Matthias Wingens

# Die Versozialwissenschaftlichung der Bildungs- und Arbeitsmarktpolitik

*Eine kritische Zwischenbilanz zur öffentlichen Argumentation*

## 1. Zur Fragestellung

Ein interessantes und ergiebiges Untersuchungsfeld für die Frage nach der Verwendung sozialwissenschaftlichen Wissens (vgl. Wingens 1988) stellt der Bereich der Bildungs- und Arbeitsmarktpolitik dar, in dem die in den sechziger Jahren einsetzende »Verwissenschaftlichung« der Politik von den politischen Akteuren selbst besonders stark gefordert und betrieben wurde. Die intendierte »rational-planende« arbeitsmarktbezogene Bildungspolitik manifestiert sich z. B. deutlich im 1969 verabschiedeten Arbeitsförderungsgesetz (AFG). Es ist eines der wichtigsten *einschlägigen* Gesetzeswerke der Bundesrepublik. Die als Ziel des AFG formulierte Abstimmung von Arbeitsmarkt- und Bildungspolitik zur antizipatorischen Sicherung eines kontinuierlichen Wirtschaftswachstums und einer stetigen Verbesserung der Beschäftigungsstrukturen und gesellschaftlichen Partizipationschancen sollte u. a. durch einen konsequenten Einsatz sozialwissenschaftlicher Forschung erreicht werden. Der Rückgriff auf die Sozialwissenschaft als Mittel zur Realisierung politischer Zielvorgaben zeigt sich auch in der Aufgabenstellung des Instituts für Arbeitsmarkt- und Berufsforschung (IAB), das im Zusammenhang mit dem AFG als Planungs-, Prognose- und Evaluationsinstrument eingerichtet wurde.[1]

Inzwischen ist im Bereich der Bildungspolitik Stagnation eingetreten, auf dem Feld der Arbeitsmarktpolitik herrscht Ratlosigkeit. Welche Gründe im einzelnen auch immer zu dieser Situation geführt haben – die desillusionierende Entwicklung in der Arbeitsmarkt- und Bildungspolitik dürfte bei den politischen Akteuren nicht ohne Rückwirkung auf die Einschätzung des Nutzens und der (Ir-)Relevanz sozialwissenschaftlicher Forschung in diesem Politikbereich geblieben sein. In dieser Situation sind zwei Fragen zu stellen:

1. Hat sozialwissenschaftliche Forschung zur Arbeitsmarkt- und Bildungspolitik einen nachweisbaren Niederschlag in Dokumenten der relevanten politischen Instanzen – Bundestag, Bundesministerium für Arbeit und Sozialordnung (BMAS), Bundesministerium für Bildung und Wissenschaft (BMBW), Deutscher Gewerkschaftsbund (DGB) und Bundesvereinigung Deutscher Arbeitgeberverbände (BDA) – gefunden?
2. Wie beurteilen diese beteiligten Instanzen heute Verwendung und Nutzen sozialwissenschaftlicher Forschung in ihrem Bereich, und welche Erwartungen formulieren sie?

Beide Fragen sollen im folgenden für einen eingegrenzten Bereich der Bildungs- und Arbeitsmarktpolitik, den Bereich institutionalisierter beruflicher Weiterbildung beantwortet werden. Dazu wird Material einer Untersuchung herangezogen, in der zum einen Periodika der genannten Instanzen seit der Vorbereitung des AFG Mitte der sechziger Jahre ausgewertet, zum anderen Expertengespräche mit Vertretern der beteiligten Instanzen geführt wurden. Zunächst werden kurz die wichtigsten Ergebnisse der Dokumentenanalyse referiert (2)[2]; ausführlicher werden anschließend die Experteninterviews dargestellt (3). Aus den Schlußfolgerungen (4) sind abschließend Konsequenzen für die Verwendungsforschung zu ziehen (5).

## 2. Die Etikettierung sozialer Probleme durch Sozialwissenschaft

Überraschend ist zunächst, in welchem Maße sich die These umfangreicher Verwendung sozialwissenschaftlicher Forschung anhand der ausgewerteten Dokumente bestätigen läßt. Analysiert wurden Debatten des Bundestages sowie die für den Bereich der Bildungs- und Arbeitsmarktpolitik relevanten monatlichen Zeitschriften der beiden Bundesministerien und des Arbeitnehmer- und Arbeitgeberverbandes.[3] Die Bundestagsdebatten beziehen sich auf die Verabschiedung des AFG (1969) sowie auf dessen wichtigste Novellierungen (1975, 1979 und 1981); auch die Zeitschriftenauswahl orientiert sich in zeitlicher Hinsicht am AFG und seinen Novellierungen: ausgewertet wurden die Zeitschriften der jeweils letzten 24 Monate vor der Verabschiedung des AFG oder seinen Novellierungen.[4] In diesen Dokumenten fanden sich insgesamt 2333 Textstellen, in denen unter Rückgriff auf sozialwissenschaftliches Wissen argumentiert wurde. Sozialwissenschaftliches Wissen findet sich in Dokumenten der politischen Akteure also *erheblich*, wenn im Rahmen von Arbeitsmarkt- und Bildungspolitik Probleme beruflicher Weiterbildung abgehandelt werden. Die Verwendung konnte deshalb auf Regelmäßigkeiten und Strukturen – Verwendungsunterschiede zwischen den Instanzen, Entwicklungen über den gesamten Zeitraum, spezifische Kontextbildungen von Problembezug und ausgewähltem sozialwissenschaftlichem Wissen – geprüft werden.

Die Verwendung sozialwissenschaftlichen Wissens zeigt zunächst ausgeprägte *zeitliche Phasen der Aufmerksamkeitsausrichtung*. Die sechziger Jahre könnten dabei unter das Motto der »mobilen Fortschrittsgesellschaft« gestellt werden: unter einer Fortschritts- und Planbarkeitsperspektive bestimmen Rückgriffe auf Wissen über Mobilität, Strukturwandel und Wirtschaftspolitik die Verwendung der Sozialwissenschaften. Mitte der siebziger Jahre läßt sich bereits restriktiver von staatlichen Programmen zur Lösung von Einzelproblemen reden; sozialwissenschaftliche Forschungen zu Fragen des Arbeitsmarktungleichgewichts, der Unterqualifizierung, der Probleme von Randgruppen sowie der Chancengleichheit bestimmter Bevölkerungsteile herrschen vor. Ende der siebziger Jahre dominiert das Thema der Arbeitslosigkeit auch die Verwendung sozialwissenschaftlichen Wissens bei den politischen Akteuren. Anfang der achtziger Jahre fällt die Bezugnahme auf Ergebnisse zu »Persönlichkeitsdefiziten« in Kombination mit Qualifikationsanforderungen und -standards auf.

Der Rückgriff auf sozialwissenschaftliche Forschung zeigt sich auch signifikant *selektiv* bei den einzelnen *politischen Akteuren*. Die beiden Bundesministerien halten sich dabei deutlich an ihre Ressortabgrenzungen. Beim DGB bestimmen breite Thematiken aus Bildung und Kultur im Rahmen einer langfristigen Bildungsstrategie die Verwendung der Sozialwissenschaften, während sich die BDA sozialwissenschaftlichen Wissens im Rahmen einer kurzfristigen Problemlösungsstrategie für Diskrepanzen zwischen Arbeitsmarkterfordernissen und Qualifikations- bzw. Sozialisationsdefiziten bedient.

Hinsichtlich der *sprachlichen Form*, in die das verwendete sozialwissenschaftliche Wissen eingebettet ist, lassen sich *konstative, normative und prognostische Sprechakte* unterscheiden. Verständlicherweise überwiegt bei weitem die Form der »Tatsachenfeststellung« (70%). Der Anteil normativer Äußerungen (25%) liegt deutlich über dem prognostischer Aussagen (5%), wobei der Anteil dieser beiden Sprechakttypen seit den sechziger Jahren kontinuierlich zurückgegangen ist.

Auf welche Art von Wissen, *auf welchen Wissenstypus stützen sich nun diese Feststellungen, Urteile und Prognosen*? Nicht überraschend ist der nur geringe Anteil theoretisch-fachwissenschaftlicher Begründungen (2,9%). Der von den Verwendern gern angemahnte Typus massenstatistischer Daten (5,5%) liegt in der faktischen Verwendung interessanterweise noch unter dem »ungeliebten«, ideologieverdächtigen Typus politisch-programmatischer Konzepte (7,4%). Etwas umfänglicher ist der Rückgriff auf Resultate empirischer Untersuchungen (8,2%). Ganz überwiegend jedoch erfolgt die Verwendung sozialwissenschaftlichen Wissens in einer unspezifischen, ausschließlich problemorientierten Weise: »Was kann die Sozialwissenschaft an Wissen und Ergebnissen zu diesem oder jenem konkreten Problem bieten?« (75,8%). Ähnlich wie bei den Sprechakttypen seit den sechziger Jahren ein Rückgang prognostischer und normativer Aussagen zu verzeichnen ist, läßt sich bei den verwendeten Wissenstypen eine Abnahme vor allem politisch-programmatischer Konzepte zugunsten des konkret gegenstandsbezogenen Wissens feststellen, dessen Anteil zu Beginn der achtziger Jahre bei über 90% liegt.

Die ausgewerteten Dokumente sprechen von einem außerordentlich weiten und über die Zeit *ständig anwachsenden Spektrum von Problemgruppen* der beruflichen Weiterbildung. Immer mehr Bevölkerungsgruppen gelten in irgendeiner Weise als unzureichend qualifiziert oder mangelhaft sozialisiert. Innerhalb dieses sich weit ausdehnenden Spektrums lassen sich fünf besonders relevante Problemgruppen ausmachen: Arbeitslose (21%), ältere Arbeitnehmer (16%), Jugendliche (12%), Frauen (10%) und Un-/Angelernte (10%). Stehen zum Zeitpunkt der Verabschiedung des AFG noch Erwerbstätige im Vordergrund, deren berufliche Entwicklung gefördert werden soll, so richtet sich die Aufmerksamkeit im Verlauf der siebziger Jahre zunächst auf von Arbeitslosigkeit bedrohte Gruppen, dann fast ausschließlich auf bereits Arbeitslose. Anfang der achtziger Jahre läßt sich eine Akzentverlagerung auf – zumeist ebenfalls arbeitslose – Jugendliche feststellen, denen häufig »Persönlichkeitsdefizite« zugeschrieben werden. Bei diesen zeitlichen Veränderungen der Aufmerksamkeit wird jedoch das Grundmuster eines direkten und instrumentellen Zusammenhangs von Bildung und Beschäftigung nicht verlassen: *Beschäftigungsprobleme* werden im wesentlichen als *Bildungsprobleme* gesehen. Verschoben hat sich lediglich der Akzent von der unmittelbar berufsbezogenen Qualifizierung hin zur personenbezogenen Intervention.[5]

Über die zeitlichen Veränderungen hinweg haben sich im Rahmen der Entwicklung von Adressatengruppen beruflicher Weiterbildung feste Zuordnungen dieser Problemgruppen zu den Akteuren der Arbeitsmarkt- und Bildungspolitik gebildet, so daß man von einer regelrechten *Klientelisierung* oder Patronatsbildung sprechen kann. Die Verwendung sozialwissenschaftlichen Wissens im Zuge der Klassifizierung dieser »defizitären« Klientel ist erheblich: in den Dokumenten fanden sich insgesamt 981 Statements, in denen Problemgruppen und sozialwissenschaftliche Resultate *direkt prädikativ miteinander verbunden* werden. Die Sozialwissenschaften liefern also in erheblichem Maße einen *Wissenshintergrund über »Bildungsdefizite«* der Adressaten beruflicher Weiterbildung. Im Zuge der »Verwissenschaftlichung« und Professionalisierung der Verwenderinstitutionen haben sich dabei feste Muster von Verwendern, Problemgruppen und sozialwissenschaftlichen Problemdefinitionen entwickelt.

## 3. Nutzen und Nutzlosigkeit sozialwissenschaftlicher Forschung aus der Sicht der Verwender

Die Ergebnisse der Dokumentenanalyse wurden Experten aus den »Verwenderinstanzen« zusammen mit der Bitte um ein Gespräch zu folgenden Themenbereichen zugeschickt:

1. Wie sind Nutzen und Nutzlosigkeit der politikberatenden sozialwissenschaftlichen Forschung im jeweiligen Wirkungsbereich zu beurteilen? Haben sich seit den sechziger Jahren spürbare Veränderungen in der Nutzung ergeben?
2. Welche Forderungen sind heute und in Zukunft an die sozialwissenschaftliche Forschung zu stellen? Wie steht es insbesondere mit der Innovationsfähigkeit der Forschung gegenüber neu aufkommenden Problemen? Wo liegen die Hauptprobleme und damit Forschungsdefizite zur Zeit?

3. Läßt sich an dem bereits relativ komplexen »Transfergefüge« zwischen Wissenschaft und Politik organisatorisch Entscheidendes verbessern? Welche Folgerungen ergeben sich z. B. aus der hohen wissenschaftlichen Professionalisierung der politischen Praxis für die Rolle wissenschaftlicher Experten und Expertisen?

Es handelt sich bei den Expertengesprächen also um den Typus des thematisch fokussierten Interviews. Insgesamt wurden 11 Gespräche von je rund einer Stunde Dauer geführt. Die Interviewpartner repräsentieren alle in der Dokumentenanalyse enthaltenen Verwenderinstitutionen. *Ihre Positionen liegen auf zwei Ebenen: der Institutionsspitze* (genannt »Entscheidungsebene«) und der *Referatsebene* (genannt *»Arbeitsebene«*). Die Gruppe der Experten setzt sich im einzelnen folgendermaßen zusammen:

- ein Vertreter des Deutschen Gewerkschaftsbundes (DGB),
- zwei Experten der Bundesvereinigung der Arbeitgeberverbände (BDA),
- zwei Mitglieder des Bundestages, langjährige Mitglieder des Ausschusses für Arbeit und Sozialordnung (AfAS),
- zwei Ministerialräte aus dem Bundesministerium für Arbeit und Sozialordnung (BMAS),
- ein Ministerialdirektor und ein Ministerialrat aus dem Bundesministerium für Bildung und Wissenschaft (BMBW),
- ein ehemaliger Bundesminister für Bildung und Wissenschaft,
- ein Mitglied aus der Führungsspitze der Bundesanstalt für Arbeit (BA).

## Veränderungen seit den sechziger Jahren: Desillusionierung

Alle Experten stimmen darin überein, daß die Verwendung der Sozialwissenschaften sich seit Ende der sechziger Jahre gewandelt hat. Auf der unteren und mittleren Arbeitsebene herrscht inzwischen ein professionalisierter Sachverstand, der sich sozialwissenschaftlicher Forschung *kontinuierlich und routinemäßig* bedient. An der Spitze der Ministerien sind immer noch bzw. immer wieder Skepsis und Ambivalenzen gegenüber sozialwissenschaftlicher Forschung zu finden. Während der siebziger Jahre hat vor allem ein Zerfall der politischen Planungsperspektive der »Re-

formphase« stattgefunden und sich massiv auf die Verwendung sozialwissenschaftlicher Forschung niedergeschlagen.[6]
Ein Zitat mag verdeutlichen, wie die Experten Veränderungen und Konsequenzen des Zerbröckelns jener politischen Planungsmentalität und -philosophie sehen.

»Die wesentlichen Änderungen lassen sich vielleicht in einer Feststellung zusammenfassen: daß die teilweise leichtfertig überzogenen Erwartungen der Politik, einschließlich der politischen Bürokratie, an die sozialwissenschaftliche Forschung ganz wesentlich zurückgenommen worden sind; daß man also sich sehr viel deutlicher bewußt ist als in den späten sechziger und frühen siebziger Jahren, daß sozialwissenschaftliche Forschung nicht unmittelbar Probleme lösen und keine wissenschaftlichen Antworten auf nicht-wissenschaftliche, nämlich politische Fragen geben kann.«
An die Adresse der Sozialwissenschaftler geht zu diesem Punkt der Vorwurf, daß die Sozialwissenschaft derartige Erwartungen »teilweise leichtfertig mit aufgegriffen [hat].« »Die Wissenschaft hat damals sich teilweise ein bißchen prostituiert, will ich mal ganz hart sagen, und eben auch dieses Spielchen mitgemacht: Wir können euch Antworten auf alle Fragen geben« (BMBW).

Insgesamt gesehen scheint sich heute eine *realistischere Einschätzung* und Erwartung auf seiten der politischen Praxis hinsichtlich der Möglichkeiten sozialwissenschaftlicher Forschung etabliert zu haben. Insofern – und diese Ansicht wird von allen Experten mehr oder weniger geteilt – sind die Desillusionierungen seit den sechziger Jahren positiv zu werten und haben zu einer vernünftigeren Sicht des Verhältnisses von Politik und Sozialwissenschaft beigetragen. Zu den Konsequenzen des Zerfalls der politischen Planungsperspektive ist eine Feststellung aus der Leitung der Bundeanstalt für Arbeit interessant, die sich mit dem Ergebnis der Dokumentenanalyse hinsichtlich des Rückgangs prognostischer Sprechakte deckt.

Man glaubt heute nämlich nicht mehr, »über Arbeitsmarkt- und Berufsprognosen könnte man verstärkt die Eckwerte einer Planung in den Griff bekommen... Wir können faktisch über Prognosen nur einige wenige Rahmenbedingungen überhaupt sinnvoll vorhersehen... So würde ich auch die Forschung sehen; da hat sich schon etwas verändert, eben weg von der Prognoseorientiertheit« (BfA).

## Nutzen und Relevanz

*In den folgenden Ausführungen wird eine weitere Unterscheidung wichtig.* Die Verwender trennen *nach universitärer und außeruniversitärer Forschung.* In ihrer *Kritik und Beurteilung* unterscheiden sich die Experten der *Arbeitsebene* in charakteristischer Weise von denen der *Entscheidungsebene.*

### Universitäre Sozialwissenschaft

Betrachten wir zunächst, wie von den Experten Nutzen und Nutzlosigkeit universitärer Sozialwissenschaft eingeschätzt werden. Die Vertreter der *Arbeitsebene* kommen dabei zu recht deutlichen Bewertungen: »Von den Universitäten kommt fast nichts« (BMAS). Äußerst scharfe Kritik wird in diesem Zusammenhang an der *Qualität* und dem zu *geringen Ausmaß empirischer Forschung* an den Universitäten geübt.

»Universitäre Forschung bei uns ist doch viel zu wenig empirisch ausgerichtet; das ist doch ein Abschreiben, das ist doch ein Ausdenken eines theoretischen Rahmens, der meistens auch noch vorgegeben ist« (BA).
»Die kommerziellen Institute lachen sich ja kaputt über die dilettantischen Fragebögen, die aus der Uni kommen.«
»Wer ein kluger Opportunist ist, macht keine empirische Studie... Wer Empirie treibt, muß ja verrückt sein, diese Arbeit wird wissenschaftsintern doch überhaupt nicht honoriert; da wird mit Theorien und Schlagworten Karriere gemacht« (BMAS).

Daß in den Universitäten zu wenig empirische Forschung stattfindet, wird von allen Praktikern behauptet. Die Urteile fallen jedoch auch weniger drastisch aus. Vom DGB, der auch die zu geringe Zahl empirischer Arbeiten und teilweise mangelnde Qualität beklagt, wird betont, daß sich empirische Forschung und theoretische Arbeit nicht voneinander trennen lassen:

»Uns nutzen natürlich großartige theoretische Spekulationen – und seien sie auch noch so in unserem Sinne – wenig, wenn das nicht anhand von harten empirischen Daten belegt werden kann... Es ist natürlich andererseits auch wenig hilfreich, sich ausschließlich auf empirische Daten zu stützen, denn die sind ja so wertfrei auch wieder nicht.«

Auch die Experten der BDA – neben dem DGB übrigens die einzigen Vertreter der Arbeitsebene, die das Spannungsverhältnis

Theorie/Empirie überhaupt thematisieren – sagen deutlich, was die Praxis von der Wissenschaft will:

»In der Tat brauchen wir mehr pragmatisch unterfutterte Forschung. Wir sind ein Laden, wo also mit Fakten und Daten umgegangen wird, und die richtige Auswertung von Daten und Fakten uns mehr hilft als der Überbau und der aufklärerische Hintergrund.«

Im Kontrast zur Arbeitsebene ist noch zu typisieren, wie Vertreter der *Entscheidungsebene* Nutzen bzw. Nutzlosigkeit universitärer Sozialwissenschaft beurteilen: auch diese bescheinigen ihr einen *geringen Nützlichkeitswert.* Allerdings wird diese geringe Nützlichkeit mit *anderen Argumenten* als den oben vorgestellten begründet. Universitäre Sozialwissenschaft wird als eine Einrichtung gedacht, die Erkenntnisse liefern sollte, die den pragmatischen und festgefahrenen »Ist-Zustand« der Verwendungsroutine überwinden, die vorherrschende Form instrumenteller Verwendung durchbrechen und durch ihr *aufklärerisches Potential neue Perspektiven* anreißen kann. Daß gerade universitäre Sozialwissenschaft dies nicht leistet, vielleicht nicht einmal leisten will, sondern sich statt dessen in einen – vermeintlichen – Elfenbeinturm zurückzieht oder gar jenen »Ist-Zustand« noch befestigen, sozusagen »mitspielen« will – genau das ist der ganz andere und entscheidende Aspekt, der die universitäre Sozialwissenschaft in den Augen der Vertreter der Entscheidungsebene so wenig nützlich macht.

Kritisiert wird bereits der einfache Sachverhalt, daß die Universität im Vergleich zu außeruniversitären Instituten viel *zu passiv* ist und ihre Forschungsergebnisse nicht zur Verwendung *anbietet.*

»Ich kann mich nicht erinnern, daß mal eine Universität uns vergleichbares Material zu einem arbeitsmarktpolitischen Thema zugeschickt hätte ... Universitäre Wissenschaft sollte sich nicht beklagen, wenn sie so wenig gefragt wird – sie sollte mehr agieren ... Man muß sich zeigen, man muß Flagge zeigen. Ich glaube, daß schon Wissenschaft insofern ein bißchen im Elfenbeinturm noch lebt« (AfAS).

In dieser Äußerung klingt eine Kritik an der mangelhaften Innovationsleistung universitärer Sozialwissenschaft an. Obwohl diese nämlich – im Vergleich zu den meisten anderen Forschungseinrichtungen – finanziell weitgehend abgesichert ist, sei ein geradezu erschreckender *Mangel* an Risikofreudigkeit und eine starke Reinhaltungs-Mentalität festzustellen, alles bis ins letzte hundertprozentig absichern zu wollen; da dies aber nicht möglich sei, würden dann einfach Stellungnahmen und Bewertungen zu aktuellen und kontroversen Fragen vermieden. Dieses Sich-rein-Halten, nur um keinen Irrtum oder Fehler zu begehen, sei in der heutigen Zeit absolut unangemessen und realitätsfern.

»(Universitäten) müssen irgendwo auch Denkfabriken sein, Zukunftsorganismen. Da muß was brodeln, wo also auch die Perspektiven, die Fragen nach den besseren (Möglichkeiten) gegenüber denen heute gestellt werden ... Wir haben in den letzten hundert Jahren Probleme nachträglich halbwegs noch sanieren können; ob das heute im Bereich Umwelt noch der Fall sein wird, ob das im Bereich fortgeschrittener Technologien und ihrer völlig unabsehbaren Folgen – ich sag mal – nur für Arbeitsplätze, ich laß mal alle anderen Dinge völlig außen vor – ob das noch möglich ist, weiß ich nicht. Insofern ist der Bedarf heute an prospektiver Wissenschaft viel größer als je zuvor, weil die Probleme uns viel schneller überlaufen. Und dem hat, glaube ich, die Wissenschaft nicht standgehalten« (ehemaliger Bundesminister).

### Außeruniversitäre sozialwissenschaftliche Forschung

Der »Ist-Zustand« der Verwendung sozialwissenschaftlichen Wissens wird stark durch außeruniversitäre Forschungsinstitute, Auftrags- und »Ressortforschung« geprägt.[7] Wurde von der *Entscheidungsebene* bereits die universitäre Sozialwissenschaft kritisiert, weil sie keine Innovationsfähigkeit entfalte, so liegt auf der Hand, daß Nutzen bzw. Relevanz der außeruniversitären Forschungsinstitute und der Auftrags- und Ressortforschung eher noch negativer beurteilt werden. Während bei der universitären Forschung aufgrund ihrer relativ großen finanziellen Unabhängigkeit wenigstens im Prinzip die Möglichkeit gesehen wird, vorgegebene Rahmen zu sprengen, neue politische Handlungsperspektiven zu skizzieren und untaugliche, jedoch festgefahrene Antworten und Strategien umzustoßen, hat die außeruniversitäre Forschung diese Möglichkeit schon aus institutionellen Gründen kaum. Daß eine zu enge Verzahnung mit politischen Strukturen und zu starke Kontrollmöglichkeiten dazu führen können, daß sozialwissenschaftliche Forschung nur noch zur *Legitimierung bereits getroffener politischer Entscheidungen* dient, wird im folgenden Zitat deutlich:

»Wenn das Wirtschaftsministerium eine Analyse braucht, dann sucht es sich die drei oder vier Leute aus, von denen es annimmt, daß es in der Ideologie des Auftraggebers beantwortet wird... Manchmal, sage ich mir, braucht man dann gar kein Geld mehr auszugeben, denn zu welchen Ergebnissen die kommen, weiß man eigentlich schon vorher« (ehemaliger Bundesminister). »Heute sind bei Sachverständigenanhörungen nicht nur die Sozialpartner geladen und die Interessenverbände überhaupt, sondern die Fraktionen benennen auch Wissenschaftler – allerdings dann jeweils ihrer politischen Couleur... Ich glaube, daß es nur sehr wenige wirklich unabhängige Sozialwissenschaftler gibt, daß unsere Sachverständigenanhörungen allmählich verkommen zu einer Parteipolitisierung der Wissenschaft... Wissenschaft findet sich dazu bereit, auf parteiische und parteiliche Fragen parteiische Antworten zu geben« (AfAS).

Daß gezielt Forscher und Forschungsinstitute herangezogen werden, von denen der Verwender annehmen kann, daß ihre Forschungsergebnisse »in seinem Sinn« sein werden, wird auch vom BMAS betont. Dessen Vertreter unterschieden grundsätzlich zwischen zwei Funktionen sozialwissenschaftlicher Forschung: zwischen der Möglichkeit reiner *»Alibi-Forschung«* und der Möglichkeit, daß »man wirklich etwas wissen will«. Der Vertreter des DGB weist darauf hin, daß Wissenschaft vor allem auf der »Gutachterebene« Alibifunktion habe, da diese »entsprechend ausgesucht« seien; es gebe jedoch durchaus Forschungen, die qualitativ sehr gut seien und die dann auch von allen politischen Akteuren zur Kenntnis genommen würden.
In diesem Zusammenhang ist der Hinweis interessant, daß die Situation der Ressortforschung im naturwissenschaftlichen Bereich anders gesehen wird, »wo plötzlich auch ein Ressort, etwa in der Energieforschung, das Thema ›Alternative Energie‹ erfragt; wir werden bei uns nicht das Thema ›Alternative Bildungsinstitution‹ erfragen« (BMBW). Unter Innovationsgesichtspunkten wäre zu fragen: warum eigentlich nicht?
*Es ist schon deutlich geworden, daß bestimmte Sachverhalte von Entscheidungs- und Arbeitsebene unterschiedlich bewertet werden.* Für die *Arbeitsebene* ist außeruniversitäre Forschung wesentlich brauchbarer als universitäre Sozialwissenschaft, und zwar nicht wegen größerer Innovationsfähigkeit, sondern weil sie *»einfach schneller« arbeiten* könne. Da man meist unter hohem Zeitdruck stehe, müßten Forschungsaufträge nicht nur qualifiziert, sondern auch im Rahmen kurzer Zeitvorgaben durchgeführt werden können. Eben dazu seien jedoch fast nur außeruni-

versitäre Forschungseinrichtungen in der Lage, denn diese könnten mit der Arbeit sofort beginnen, da sie in ihrer Personal- und Organisationsstruktur auf solche Forschungsaufträge ausgerichtet seien. Außerdem herrschten in den außeruniversitären Instituten gewöhnlich *professionelle Standards* empirischer Forschung, und es seien oft schon Daten, Informationen, Ergebnisse etc. vorhanden und *abrufbereit gespeichert.*
Ein weiterer Punkt ist, daß jene Einrichtungen in ihrer Existenz sehr oft von der Einwerbung von Fremdaufträgen abhängen und insofern die Möglichkeit der *Einflußnahme für den Auftraggeber* relativ groß ist (z.B. bei der Formulierung der Fragestellung, beim Festlegen des Untersuchungsrahmens etc.). Die Verhandlungsbedingungen für den Auftraggeber sind besser. Ein damit zusammenhängender Aspekt ist die Vertraulichkeit. So betonten Experten, daß universitäre Forschung auch deshalb seltener verwendet werde, weil man die Ergebnisse in der Presse lesen könne, ehe sie in den Händen der Auftraggeber seien.

## Forderungen an Praxisnähe

Die im folgenden referierte Kritik an der »Praxisferne« sozialwissenschaftlicher Forschung wurde von den Experten fast ausschließlich auf die universitäre Sozialwissenschaft bezogen. Zur außeruniversitären Sozialwissenschaft bestehen erhebliche graduelle Unterschiede, die aus der Sicht der Praxis letztlich eine substantielle Differenz ausmachen.[8] Die Experten machen

»eben immer wieder die Erfahrung ..., daß der Forschungsbedarf, den wir ... in die Hochschule reintragen, daß das von vielen Wissenschaftlern gar nicht verstanden wird. Die sagen: ›Das ist für uns gar kein Forschungsproblem!‹« (DGB). »Wissenschaftler ... müssen ja immer wieder Probleme haben, um zu forschen. Ist ganz verständlich, daß sie dann auch Probleme sich selber schaffen, die die Praxis gar nicht so als Problem eigentlich ansieht« (BDA).

Entscheidende Voraussetzung für praktische Relevanz überhaupt sind *enge Zusammenarbeit und enger Kontakt* zwischen Wissenschaft und Praxis bereits in der Phase der Problemdefinition und Aufgabenstellung, das heißt *in der Phase der Konzeptualisierung* der Forschungsarbeit. Daß gerade die Konzeptualisierungsphase die für Relevanz oder Irrelevanz sozialwissenschaftlicher Forschung *entscheidende Phase* ist, wird mit drei Argumenten begründet:

- Sollen die Forschungsergebnisse für die politische Praxis relevant sein, so müssen deren Fragestellungen in der Forschungsarbeit zum Tragen kommen; dies kann nur in der Phase der Konzeptualisierung durch eine *kontinuierliche und intensive Interaktion* zwischen den beteiligten Wissenschaftlern und »Praktikern« garantiert werden.
- Das zweite Argument bezieht sich auf die Chance der Sozialwissenschaften, die praxisrelevanten Fragestellungen und *Problemdefinitionen selbst mit beeinflussen* zu können. Dies ist nur zu Beginn eines Entscheidungs- oder Gesetzgebungsprozesses denkbar.

  »Man muß sich die Entscheidungsabläufe vergegenwärtigen, die zu einer Gesetzesinitiative führen... Wissenschaft [kommt] einfach zu spät, wenn in einer ›Nachsitzung‹ bereits die politisch ja auch nun gefärbten Entscheidungen getroffen sind. Auch die besten Argumente würden dann nichts mehr nützen, weil – ich sag's mal vielleicht auch ein bißchen oberflächlich – man das Gesicht verlieren würde« (AfAS).
- Das dritte Argument wird durch die Forderung beschrieben, sich in die »Lage eines Ministeriums hineinzuversetzen«. In diesem Sinne sei oft eine *»horrende Unkenntnis« politischer Strukturen* bei Sozialwissenschaftlern festzustellen. »Was es denn heißt, in dieser politischen Gemengelage jetzt konkrete Vorschläge oder Konsequenzen aus Forschungsergebnissen zu ziehen..., das heißt, es wird einfach unterschlagen, daß wir hier in einem politischen Raum leben, in dem eben nichts irgendwie sozusagen autonom und frei und schon gar nicht wertfrei hingestellt werden kann« (DGB). Und außerdem:

  »Für die Außenbetrachtung durch die Sozialwissenschaftler wichtig: sie verkennen die Bedeutung des hierarchischen Prinzips in der Bürokratie. Wenn ein Wissenschaftler etwas in sich aufgenommen hat, dann ist das sozusagen in dieser Professur an der Hochschule vorhanden. Wenn ich etwas in mir aufgenommen habe, ist das in meiner Abteilung noch keineswegs vorhanden« (BMBW).

Generell läßt sich sagen, daß die *innovatorischen Potentiale und Fähigkeiten der Sozialwissenschaften relativ gering eingeschätzt* werden.[9] An der mit dem AFG Ende der sechziger Jahre gesetzten neuen arbeitsmarktpolitischen Problemsicht und Handlungsperspektive »hatten Sozialwissenschaftler eigentlich keinen Anteil«, es sei denn, das Ministerium hätte sich bei der Ausformulierung der Gesetzesvorlage »sozialwissenschaftlichen Sachverstandes bedient«; im AfAS selbst seien Sozialwissenschaftler erst nach Vorliegen des AFG-Entwurfs herangezogen worden. Auch der Experte des DGB verweist darauf, daß neue Themen und Fragestellungen *zumeist aus der Praxis* kämen. Sehr kritisch äußert sich das BMAS zur Innovationsfähigkeit der Sozialwissenschaften: innovative Anstöße kämen aus der Forschung bzw. aus der Universität »überhaupt nicht«; was aus der Universität komme, seien keine innovativen Impulse, sondern »Schlagworte« oder »abgesunkenes Kulturgut aus den USA« (lediglich bei der Untersuchung alternativer Beschäftigungsinitiativen sei die universitäre Sozialwissenschaft aktiv). Auch die Experten der BDA betonen, daß innovative Impulse fast immer aus der Praxis, nicht jedoch aus der Sozialwissenschaft selbst kämen. In diesem Zusammenhang verweist die BDA auf einen interessanten Aspekt der Innovationsthematik, der hier nur angedeutet werden kann: nämlich darauf, daß vielleicht eine grundlegende Differenz zwischen den Sozialwissenschaften einerseits und den Naturwissenschaften andererseits bestehe. Der Fortschrittskonzeption der Naturwissenschaften mit ihrer Aufgabe, ständig »Neues zu entdecken«, wird ein Verständnis von Sozialwissenschaft entgegengestellt, das deren Aufgabe und Sinn eher als »hermeneutische Auslegungspraxis« begreift.

Einen etwas anderen Akzent setzen die Experten des BMBW mit ihrer Kritik. Diese zielt nämlich darauf, daß aus und von der Sozialwissenschaft zu wenig Probleme und Fragestellungen »an den politischen Raum« herangetragen würde. Wenn aufgrund von Passivität die Möglichkeit nicht genutzt wird, bestimmte Aspekte und Fragen überhaupt erst zu einem politischen Thema zu machen und auf die politische Tagesordnung zu bringen, dann wird damit die Chance vertan, einen wichtigen, politisch relevanten und vielleicht »aufklärend« wirkenden Beitrag zu leisten.

(Man denke in diesem Zusammenhang nur – und dies wird von den Experten auch angesprochen – an den politisch und gesellschaftlich höchst relevanten, zum großen Teil aber noch immer mit Diskussionstabu behafteten Problemzusammenhang zwischen neuen Technologien, sinkender Lebensarbeitszeit bzw. wachsender »Freizeit«, dem Zerfall traditioneller Berufsbilder und veränderten Arbeitsvorstellungen und dem Verhältnis von Bildung und Beruf.)

### Vorschläge zur Verbesserung des Transfers

Die letzte Frage an die Experten bezog sich auf Verbesserungsmöglichkeiten im bereits komplexen »Transfergefüge« zwischen Sozialwissenschaften und politischer Praxis. Aus der bisher referierten Kritik der Experten an den Sozialwissenschaften ergeben sich bereits eine Reihe von Verbesserungsvorschlägen und Anregungen, wie zum Beispiel stärkere Orientierung an Fragestellungen der Praxis, keine zu starre Fixierung auf das wissenschaftsinterne »Gratifikationssystem«, stärkere Betonung empirischer Forschung, intensive Interaktion mit den »Praktikern« gerade in der Konzeptualisierungsphase, Berücksichtigung bürokratischer Strukturen und interner sowie externer Arbeitsabläufe.

*Grundsätzliche organisatorische Änderungen* des »Transfergefüges« *werden von keinem Experten für notwendig gehalten*; die Vorschläge zur Verbesserung beziehen sich vielmehr auf einzelne konkrete Aspekte.

– Bei der Konzipierung und Vergabe von Forschungsvorhaben sollte »eine weitere Zentralisierung staatlicher Forschungsetats« vermieden und statt dessen verstärkt Wert auf *»lokale und regionale Forschungsaktivität«* gelegt werden, weil politikberatende Forschung »von ihrer organisatorischen Nähe zu den konkreten gesellschaftlichen Problemen« lebe (BA).
– Einige Experten würden es begrüßen, wenn die Sozialwissenschaftler selbst auch Schlußfolgerungen für politische Handlungsperspektiven aus ihren Ergebnissen zögen. Ein solches *Formulieren politisch-praktischer Konsequenzen* wird nicht als »unwissenschaftliche Kompetenzüberschreitung« verstanden.
– Im Zusammenhang mit der überkomplizierten Sprache der Sozialwissenschaftler wird auch wiederholt kritisiert, daß bei em-

pirischen Arbeiten die Darstellung der Ergebnisse in Form von Tabellen oft kaum zu verstehen sei.

- Der wohl wichtigste Aspekt hinsichtlich der Lesbarkeit und didaktischen Aufbereitung hängt schlicht mit dem *Umfang sozialwissenschaftlicher Forschungsberichte* zusammen. In diesem Zusammenhang wird für die universitäre Sozialwissenschaft die Notwendigkeit betont, sich ein *publizistisches Medium zu schaffen*, das einen Transfer der produzierten sozialwissenschaftlichen Ergebnisse und Erkenntnisse überhaupt erst ermöglicht: Praxisrelevante Themen und Erkenntnisse müssen in »vertilgbaren Häppchen serviert« werden.
- Die Forderungen an die Sozialwissenschaftler, sich in die Arbeitsweise und Aufnahmefähigkeit von Bürokratien »zumindest einzudenken, wenn nicht vielleicht sogar mal durch ein Vierteljahr Stage oder ein halbes Jahr Stage einzuleben« (BMBW), gilt in ähnlicher Weise natürlich auch für die »Praktiker«: auch diese sollten nach Möglichkeiten einmal den »wissenschaftlichen Laden von innen« kennenlernen. Ein intensiver *personeller Austausch zwischen den beiden Bereichen Wissenschaft und Praxis* bzw. ein zeitweiliges Überwechseln von diesem Bereich in jenen und umgekehrt wäre eine wünschenswerte Perspektive.

## 4. Ergebnisse und Interpretation

*Die Verwendung sozialwissenschaftlichen Wissens bewegt sich im Falle der Arbeitsmarkt- und Bildungspolitik auf der Ebene öffentlicher Argumentation.* Das gilt nicht nur für die gedruckten Dokumentationen in Zeitschriftenform oder als Bundestagsprotokolle, es gilt auch für die Expertengespräche. Auch hier steht hinter dem Entscheidungsprozeß der Verwendung und Verwendbarkeit von Forschung letztlich die Frage ihrer Eignung für öffentliche Begründungen und Auseinandersetzungen. Man muß diese besondere Verwendungsebene im Auge behalten, um nicht zu irreführenden, generalisierenden Schlüssen in anderen Bereichen zu gelangen. Auch das ständige Begleitproblem von Verwendungsforschung, was sozialwissenschaftliches Wissen (operational) definiert, stellt sich in besonderer Weise: Sozialwissenschaftliches Wissen wird durch die Experten selbst definiert;

ebenso Prozeß und Begriff von Verwendung. Zwischen diesen pragmatischen Definitionen durch die Akteure und den in der Dokumentenanalyse herangezogenen Operationalisierungen (IAB) ergaben sich keine ›Übersetzungsprobleme‹ aus der Sicht der Verwender.

*Kriterien möglicher Verwendung* werden zunächst (und nicht überraschend) durch den sachlichen Problembezug der Akteure gesetzt. Im Falle der Bildungs- und Arbeitsmarktpolitik ist dies vor allem die »Klientel« der jeweiligen Institutionen, auf die hin die Professionalität der Organisation zugeschnitten ist. Nur sozialwissenschaftliches Wissen, das in diesen Rahmen von Sachproblem (Klientel) und professionellen Regeln und Standards der Institution paßt, wird überhaupt auf potentielle Verwendbarkeit geprüft werden können.

*Zu unterscheiden sind dabei auf seiten der Verwender »Leitungsebene« und »Arbeitsebene«, auf seiten der Wissenschaft »Universitäten« und »außeruniversitäre Forschung«.* Verwendungskriterien der Arbeitsebene sind: schnelle Verfügbarkeit von Forschung, eventuell vorhandene Datenbestände, hohe methodische Qualität, Vertraulichkeit, Sachlichkeit, Einlösung der (vertraglichen) Vorgaben. Diese Kriterien erfüllen im wesentlichen die außeruniversitäre, kommerzielle Forschung, zum Teil die Auftragsforschung an Universitäten und die Ressortforschung. Verwendungskriterien der Leitungsebene sind: Lieferung innovativer, alternativer Problemdefinitions- und Lösungsmuster im Sinne öffentlich einsetzbarer Beiträge zu kulturellen Deutungsmustern politischer Perspektiven. Diese Forderungen kann universitäre Forschung erfüllen.

*Für universitäre und außeruniversitäre Forschung gilt die Beachtung einer Paradoxie:* sie muß, ausgehend vom Relevanzrahmen des Verwenders, über Problemdefinition und Konzeptualisierung dessen institutionelle Interna und dessen öffentliche Commitments beachten und doch zugleich Innovation durch Unabhängigkeit in dem Sinne erlauben, daß das Spektrum politischer Handlungsspielräume ›ad arbitrium‹ erweitert wird, was stets Nichtidentität mit dem Verwender und eine gewisse Autonomie voraussetzt. Leitfigur ist loyale Unabhängigkeit im Rahmen klientelorientierter, öffentlich jederzeit zu legitimierender Professionalität.

*Am leichtesten kann sozialwissenschaftliche Forschung dann zur öffentlichen Verwendung durch die Akteure gelangen,* wenn das

Problem weder durch Klientenerwartung noch durch professionelle Zuwendung bereits geschlossen ist, wenn also tatsächlich Daten oder Deutungen gesucht werden, um ein *offenes Feld allererst zu strukturieren.* Dies ist am weitestgehenden dann der Fall, *wenn das politisch-praktische Problem selbst noch nicht ›versozialwissenschaftlicht‹ ist.* Solche ›weißen Flecken‹ in der Alltagskultur der ›Postmoderne‹ sind für Sozialwissenschaftler allerdings selten zu finden. Die kognitive Bearbeitung der Gegenwart, seien es soziale oder individuelle Vorgänge und Strukturen, ist *im Kern* vollständig versozialwissenschaftlich. Grundraster von Analyse und Interpretation auf den Spuren von Hobbes, Smith, Marx, Weber, Freud usw. haben traditionalistische, mythologische, religiöse Grundkomponenten vollständig in den Hintergrund gedrängt. Laufende Forschung fügt im wesentlichen Farbtupfer innerhalb dieser und anderer Paradigmen bei, ersetzt sie jedoch nur in historischen Zeiträumen und wird kaum je noch auf noch nicht besetzte Felder stoßen (vgl. Wingens/Weymann 1988).[10]

Von Gewicht ist der Hinweis auf *Transferverbesserungen* durch »Berichtsdidaktik« und Präsentation von Ergebnissen sowie die Aufforderung zu aggressiver Marktteilnahme der Wissensanbieter. Interessant in diesem Kontext ist die Diskrepanz zwischen internen und externen Gratifikationen, die dem Wissenschaftler manchen Kompromiß abverlangen und den ›Seitenwechsel‹ zu einem definitiven Schritt machen können, der ihn als Forscher diskreditiert. Hier sind Optimierungen leicht zu fordern, schwer zu realisieren. *Die Gratifikationen für ›Erfolg‹ in den jeweiligen Medien »Wahrheit« und »Macht« sind in Wissenschaft und Politik nicht austauschbar.* Mit der Austauschbarkeit verlöre Wissenschaft zwar ihre Praxisferne und Fremdheit, allerdings auch ihren Sinn und Nutzen. Sie würde selbst Politik werden, nur das Etikett ›Wissenschaft‹ führte den Außenstehenden noch ›öffentlich‹ in die Irre.

*Weiterhin sind unter den Handlungsbedingungen der Verwendung solche zu beachten, die für Wissenschaft und Praxis gleichermaßen gelten: Themenkonjunkturen in Öffentlichkeit und veröffentlichter Meinung* (vgl. Wingens 1988), die aus dem kontinuierlichen Fluß zu bearbeitender Probleme jene herausheben, auf die sich auf Zeit und akzentuiert die Aufmerksamkeit richtet. Obwohl Wissenschaft und vor allem Politik in gewissem Maße in der Lage sein können, Themenkonjunkturen mit zu definieren,

eventuell sogar auszulösen, dürften sie in der Regel eher zu reaktivem Verhalten gegenüber sozialem, wirtschaftlichem, kulturellem Wandel und dessen medialer Inszenierung genötigt sein. Wissenschaft insbesondere hat Definitionsmacht verloren. Die Interessenleitung von Verwendung ist von seiten der Wissenschaft kaum mitbeeinflußbar. Im Gegenteil: bereitwillige Anpassung der Wissenschaft an Aktualitäten mag zwar kurzfristig ihre Verwendung intensivieren, dafür wird sie ihre gesellschaftliche Respektabilität weiter unterhöhlen. Die Hinweise auf ›prostituierendes Verhalten‹ von Wissenschaftlern sind in den Interviews deutlich genug. *Auch gibt es auf dieser Ebene unvermittelbare Differenzen der Systemerhaltungsbedingungen von Wissenschaft und Politik zu beachten:* Politik wird, um etwas bewegen zu können, die Themenkonjunkturen des Alltagswissens aufgreifen und (plakativ) uminterpretieren müssen. Wissenschaftlicher Diskurs, Skepsis und falsifikatorisches Erkenntnisprinzip sind dafür ungeeignet. Sie sind als Alltagskultur nicht ›lebbar‹. ›Lebbar‹ war Wissenschaft am leichtesten, solange sie magische und mythische »Heilserwartungen« zuließ: die Machbarkeit des Glücks (in der Psychologie), die Planbarkeit paradiesischer gesellschaftlicher Verhältnisse (in der Soziologie) oder auch die Beseitigung des Todes (in der Medizin). Die durch den Ausbau des Bildungs- und Wissenschaftssystems gewachsenen Einsichten in wissenschaftliche Arbeitsweise und Alltagsrealität, die alltägliche Erfahrung mit verwissenschaftlichter Zivilisation und die mediale Verarbeitung solcher Erfahrungen haben Wissenschaft heute öffentlich entmystifiziert. *Der Entzauberung der (sozialen) Welt durch Sozialwissenschaft ist eine Entzauberung der Wissenschaft selbst gefolgt.*
*Schließlich: Wissenschaft und Politik haben aus den Veränderungen ihrer Handlungsbedingungen institutionell gelernt.* Auf beiden Seiten wird professionelle Detailarbeit in Großorganisationen unter stark verrechtlichten Bedingungen geleistet. Angesichts des wachsenden kulturellen und sozialstrukturellen Pluralismus bedeutet dies unter anderem eine Ausrichtung auf eben diesen Pluralismus durch Diversifizierung des eigenen Angebots. Im Binnenverhältnis von Wissenschaft und Politik folgt daraus, daß die gegenüber Wissenschaft kompetenten, professionell orientierten und zugleich überlegenen Verwender zum ›diner à la carte‹ gegenüber wissenschaftlichem Wissen in der Lage sind, je nach eigenem aktuellem und potentiellem Handlungsbedarf.

## 5. Diskussion

Die Frage von Martin Bulmer, »whose problem is being investigated« (Bulmer 1982), ist auch im speziellen Fall der Arbeitsmarkt- und Bildungsforschung der angemessene Angelpunkt: Das Problem besteht darin, öffentliche Argumente für die Institutionalisierung beruflicher Weiterbildung zur Hand zu haben, die im Rahmen institutioneller und rechtlicher Vorgaben dem professionellen politischen Akteur ein »backing« (Toulmin 1958, 1978; Axelrod 1976) seiner Zielsetzungen gegenüber der ihm zugeordneten oder zugewandten Klientel erlauben. Wissenschaftliche Ergebnisse können (müssen aber nicht) in diesem Bedingungsrahmen zur Verwendung kommen. Im Gegensatz zu Bulmer ist jedoch aus Dokumentenanalyse oder Interviews, also aus der öffentlichen Dokumentation rationalen Begründungswissens und seiner gesprächsweisen Legitimierung nicht ersichtlich, daß zu diesem Zweck zwischen »engineering« und »enlightenment« unterschieden werden sollte *ohne* Rücksicht auf die Stellung des Akteurs in seiner Institution. Hier waren Affinitäten, wenn auch keine strikten Zuordnungen, von Verwendung technologischen Wissens und Referatsebene einerseits, von aufklärerischem Wissen und Leitungsebene andererseits zu konstatieren. Zudem ist in jedem Fall der Einfluß öffentlicher oder öffentlich inszenierter Themenkonjunkturen zu beachten, denen der politische Akteur, Wissenschaft und Klientel gleichermaßen unterliegen. Diese Abhängigkeit gilt vor allem für den politischen Akteur, der sie seinerseits zum Selektionskriterium gegenuber Wissenschaft macht.

Obwohl das ›diner à la carte‹ (Beck/Lau 1982) vom mager oder reich gedeckten Tisch der Wissenschaft mit deren Selbstverständnis kollidiert, sie verfüge über das prinzipiell überlegene Wissen (Bonß/Hartmann 1985), hat die Entzauberung von Welt und Wissenschaft doch nicht nur die Position der Wissenschaft geschwächt. Im vorliegenden Fall, in dem es um öffentliche Argumentation geht, wird ganz deutlich, daß die sozialwissenschaftliche Konstitution sozialer Wirklichkeit zugleich zu einem rationalen, kompetenten Typus von Argumentationen *zwingt.* Diese Inkorporierung von Soziologie in Alltagswissen und professionelles Wissen führt zwar nicht zu einem unmittelbaren Einflußzuwachs, wohl aber zu einer – nur auf Zeit übersehbaren – Ange-

wiesenheit auf stetigen Wissenszufluß von seiten der Wissenschaft.
Eine weitere Modifikation von Theoremen der Verwendungsforschung ist insofern vorzuschlagen, als der Laie »auf der anderen Seite« faktisch der Fachmann/die Fachfrau aus der anderen akademischen Disziplin ist (Beck/Rosenmayr 1982). Am wirksamsten hat wohl die wissenschaftliche Ausbildung immer größerer Anteile der jeweils nachrückenden Kohorten dazu beigetragen, daß die Transferprobleme zwischen Fachleuten und Laien den Sprach- und Verständigungsproblemen von Vertretern unterschiedlicher Disziplinen nahegekommen sind. Auf der in jedem Fall hoch angesiedelten Hierarchiestufe der Verfasser unserer Zeitschriften und der Interviewpartner ist die Akademisierung vollständig. Neben die bekannten Probleme interdisziplinären Austausches treten die im Unterschied zur Universitätslandschaft verschiedenen Handlungszwänge *und* mit wachsender Berufserfahrung die Einflüsse der beruflichen Erwachsenensozialisation, die die Unterschiede zwischen den Fächern abschleifen, dafür aber jene zwischen Academia und politischer Praxis hervorkehren. Entscheidenden Einfluß dürfte in diesem Prozeß der Situationsdefinition als eines interdisziplinären Gesprächs die Art der Aufnahme soziologischen Wissens in die nichtsoziologische Wissenschaftsausbildung des Verwenders haben. Lautmann und Meuser (1986) beschreiben dies sehr schön in der Differenz des soziologischen Einflusses auf Erziehungsprofessionen einerseits und Rechtsprofessionen andererseits. Ein typischer Kontrastfall für eine Situationsdefinition, in der die Probleme des interdisziplinären Gesprächs weitestgehend durch die professionelle Berufssozialisation ersetzt wurden, ist der Beitrag von Ronge in diesem Band.
Die wiederholt festgestellte Auslagerung soziologischer Forschung in außeruniversitäre Institutionen und der primäre Zugriff auf die Resultate der zuletzt genannten Institutionen finden sich auch in der Bildungs- und Arbeitsmarktpolitik wieder. Jedoch ist die These eines grundsätzlichen Übergangs von der »grand theory« zum Handwerker an Detailarbeiten (Beck 1982, S. 5) zu weitgehend. Überraschenderweise fanden sich nicht nur und nicht einmal primär Rückgriffe auf statistisches und empirisches Wissen, sondern weit mehr »Anleihen« bei theoretischen und sogar weltanschaulich befrachteten Konzepten. Der Bedarf nach

»Korrekturwissen der Modernisierung« (Beck 1986) ist angesichts kultureller Pluralisierung und wissenschaftlicher Spezialisierung offensichtlich so groß, daß davon auch dann Gebrauch gemacht wird, wenn dies den Kriterien rationaler wissenschaftlicher Beratung von Politik nicht entspricht. Die »grand theory« findet in Alltagswissen und professionellem Wissen möglicherweise gerade deshalb Platz, weil sie in der Tradition des philosophischen Universalitätsanspruchs, aber ohne dieses Etikett, auftritt (Habermas 1981, S. 15 ff.). Tradition und Kontinuität scheinen hinter der Akzeleration technologischer und kultureller Modernisierung als Desiderate auf.
Obwohl wir die Zielrichtung der Frage von Scott und Shore (1973) teilen, was die Soziologie tun müsse, um praktisch relevanter und nützlicher für die Politik sein zu können, teilen wir doch nicht uneingeschränkt ihre Antwort: »Basic to the process for doing policy-oriented research is the commitment to begin and to end with policy concerns« (1973, S. 216). Diese Position, gewonnen aus der Annahme, daß Soziologie keinen Einfluß auf die Spielregeln der Politik haben, sondern sich lediglich mit dem »Was und Wie« ihrer Forschung marktfähiger machen könne, übersieht, daß eine gewisse Unabhängigkeit und Distanz zur politischen Praxis nicht nur für die Wissenschaft zwingend ist. Sie ist auch zwingend für die Praxis, will sie nicht lediglich mit einer Verdopplung ihres professionellen Routinewissens beliefert werden (Weymann 1985). Das Spektrum von Optionen und Spielräumen kann sonst, *aus der Perspektive der Praxis,* nicht erweitert werden. So gesehen bekommt das wissenschaftspolitische Postulat nach Erhalt universitärer Autonomie in den verbliebenen Grenzen mehr als den Charakter von Wunschdenken. Diese modifizierte Sicht der Existenzbedrohung universitärer Soziologie reduziert auch die Tiefe des von Scott und Shore prognostizierten »Schismas« zwischen angewandter und reiner Forschung (1973, S. 222 f.). Man muß wohl in längeren Zeiträumen denken, um auch den sehr langsamen und vermittelten Einfluß von Soziologie auf kulturellen Wandel zu sehen – einschließlich der von technologischer Implementation angewandter Forschung mitberührten und sehr resistenten Einstellungen, Wahrnehmungen, Emotionen und realen Verhaltensweisen (Heller 1986), die als ›cultural lag‹ (Ogburn) nicht zufällig ein klassisches Thema der Soziologie sind.

1 Im gleichen Kontext ist die Einrichtung eines weiteren Bundesinstituts, des Bundesinstituts für Berufsbildung (BIBB) zu sehen.

2 Die Ergebnisse der Dokumentenanalyse sind ausführlicher dargestellt in Weymann/Wingens 1987; vgl. auch Weymann/Ellermann/Wingens 1985, 1986.

3 Die Auswahl der Dokumente zeigt, daß es um die Verwendung sozialwissenschaftlichen Wissens als an die Öffentlichkeit gerichtetes Begründungswissen geht, nicht jedoch um die interne Verwendung im direkten politischen Entscheidungsprozeß.

4 Bei den Zeitschriften wurden pro Verwender vier Zwei-Jahres-Zeiträume ausgewertet, die den Zeitraum von der Mitte der sechziger Jahre bis in die achtziger Jahre hinein abdecken. Aus den Zeitschriftenartikeln und Bundestagsdebatten wurden die Textstellen, in denen sozialwissenschaftliches Wissen verwendet wurde, herausgezogen, wörtlich über Textverarbeitung abgespeichert und dem Untersuchungsinteresse entsprechend qualifiziert. Die Identifizierung sozialwissenschaftlichen Wissens in den Texten erfolgte in Anlehnung an die Kategorienliste des IAB, das die umfassendste Forschungsdokumentation und elaborierteste Klassifikation sozialwissenschaftlicher Forschungsgegenstände für den Bereich der Arbeitsmarkt- und Bildungspolitik aufweist.

5 Vgl. dazu die Verabschiedung des § 41a AFG und die auf dieser Grundlage stattfindenden Weiterbildungsmaßnahmen (Weymann 1986; Dieterich/Weymann 1986).

6 Dies zeigt sich auch in den Ergebnissen der Dokumentenanalyse: explizite Erwartungen an die Sozialwissenschaften werden von den politischen Akteuren fast nur im Zeitraum gegen Ende der sechziger Jahre geäußert.

7 Auch dies wird durch die Dokumentenanalyse bestätigt: die genannten Quellen beziehen sich fast ausschließlich auf nicht-universitäre Forschungseinrichtungen.

8 Im wesentlichen scheint die außeruniversitäre Sozialwissenschaft genügend »Praxisnähe« aufzuweisen, wie die Beurteilung durch die Experten zumindest der Arbeitsebene zeigt. Daß die referierte Kritik im Prinzip auch die außeruniversitäre Forschung trifft, wurde erst nach expliziter Nachfrage eingeräumt.

9 Ob die kritisierte Innovationslosigkeit, die sich in gewisser Hinsicht mit der in der Dokumentenanalyse festgestellten Stereotypie der Argumentation deckt, ausschließlich zu Lasten der Sozialwissenschaften geht, ist fraglich. So scheint zum Beispiel die in ein politisches Handlungsprogramm umgesetzte Problemsicht der politischen Akteure, derzufolge Beschäftigungsprobleme wesentlich individuelle »Bil-

dungs«probleme sind, trotz erheblicher Kritik seitens der Sozialwissenschaften (vgl. Beck/Bolte/Brater 1979) politisch so lange tragfähig zu sein, wie noch »Ausgestaltungsmöglichkeiten« dieses Handlungsprogramms gegeben sind (etwa indem noch mehr Bevölkerungsgruppen als in irgendeiner Weise »defizitär« etikettiert werden). Das heißt: innovative Anstöße der Sozialwissenschaften werden – sofern es sie gibt – in der politischen Praxis erst dann Gehör finden, wenn die bislang dominierende »verwissenschaftlichte« Handlungsstrategie nicht mehr greift und ein aktuelles politisches Handlungsproblem gegeben ist. Daß der – infolge generell stattfindender Verwissenschaftlichungsprozesse der Praxis – zu beobachtende Rückgang der Innovationsfähigkeit der Sozialwissenschaften von den Vertretern der Arbeits- und Entscheidungsebene in seinen Konsequenzen unterschiedlich gesehen wird, liegt auf der Hand.

10 Daß die Sozialwissenschaften heute auf eine bereits »versozialwissenschaftlichte« Praxis treffen, ist in der neueren Verwendungsforschung bereits ein Allgemeinplatz; die Berücksichtigung dieses Sachverhalts unterscheidet die neuere Verwendungsforschung (vgl. Wingens 1988) in charakteristischer Weise von älteren Untersuchungen zur Verwendungsproblematik (vgl. dazu Beck/Bonß 1984). – Ein im Zuge der Expertengespräche angeführtes, typisches Beispiel für ein kürzlich noch zu versozialwissenschaftlichendes, bislang von Biologie, Medizin, Theologie besetztes Feld war die Reform des Sexualstrafrechts. – Zur historischen, sozialwissenschaftlichen ›Verzauberung‹ der Welt ist das Lebenswerk von Foucault besonders eindrucksvoll (Foucault 1969, 1971, 1973, 1977 und 1977/86).

## *Literatur*


Axelrod, R., u. a. (1976), *The Structure of Decision,* Princeton: Princeton University Press.

Beck, U. (1982), »Folgeprobleme der Modernisierung und die Stellung der Soziologie in der Praxis«, in: U. Beck (Hg.), *Soziologie und Praxis,* Göttingen: O. Schwartz, S. 3-23.

Beck, U. (1986), *Risikogesellschaft. Auf dem Weg in eine andere Moderne,* Frankfurt: Suhrkamp.

Beck, U./Bolte, K. M./Brater, M. (1979), »Bildungsexpansion in der Sackgasse? Bildungspolitische Konsequenzen aktueller Theorieansätze zum Verhältnis von Bildung und Beschäftigung«, in: J. Matthes (Hg.), *Sozialer Wandel in Westeuropa. Verhandlungen des 19. Deutschen Soziologentages,* Frankfurt/New York: Campus, S. 688-719.

Beck, U./Bonß, W. (1984), »Soziologie und Modernisierung. Zur Ortsbestimmung der Verwendungsforschung«, in: *Soziale Welt* 35, S. 381-406.

Bonß, W./Hartmann, H. (1985), »Konstruierte Gesellschaft, rationale Deutung. Zum Wirklichkeitscharakter soziologischer Diskurse«, in: dies. (Hg.), *Entzauberte Wissenschaft*, Sonderband 3 der *Sozialen Welt*, S. 9-46.

Beck, U./Lau, Chr. (1982), »Die ›Verwendungstauglichkeit‹ sozialwissenschaftlicher Theorien: Das Beispiel der Bildungs- und Arbeitsmarktpolitik«, in: U. Beck (Hg.) (1982), *Soziologie und Praxis. Erfahrungen, Konflikte, Perspektiven*, Sonderband 1 der *Sozialen Welt*, S. 369-394.

Beck, U./Rosenmayr, L. (1982), »Vorwort – besonders an die ›Praktiker‹ unter unsern Lesern«, in: U. Beck (Hg.), *Soziologie und Praxis. Erfahrungen, Konflikte, Perspektiven*, Sonderband 1 der *Sozialen Welt*, S. IX-XIII.

Bulmer, M. (1982), *The Uses of Social Research. Social Investigation in Public Policy-Making*, London/Boston/Sydney: George Allen & Unwin.

Dieterich, I./Weymann, A. (1986), »Arbeitslosigkeit, Weiterbildung und Handlungskompetenz«, in: I. Herlyn/A. Weymann (Hg.), *Bildung ohne Berufsperspektive?*, Frankfurt/New York: Campus, S. 145-172.

Foucault, M. (1969), *Wahnsinn und Gesellschaft. Eine Geschichte des Wahns im Zeitalter der Vernunft*, Frankfurt: Suhrkamp.

Foucault, M. (1971), *Die Ordnung der Dinge*, Frankfurt: Suhrkamp.

Foucault, M. (1973), *Die Geburt der Klinik. Eine Archäologie des ärztlichen Blicks*, München: Hanser.

Foucault, M. (1977), *Überwachen und Strafen. Die Geburt des Gefängnisses*, Frankfurt: Suhrkamp.

Foucault, M. (1977/1986), *Sexualität und Wahrheit*, 3 Bde., Frankfurt: Suhrkamp.

Habermas, J. (1981), *Theorie des kommunikativen Handelns*, 2 Bde., Frankfurt: Suhrkamp.

Habermas, J. (1985), *Der philosophische Diskurs der Moderne*, Frankfurt: Suhrkamp.

Heller, F. (Hg.) (1986), *The Use and Abuse of Social Science*, London/Beverly Hills/Newbury Park/New Delhi: Sage.

Herlyn, I./Weymann, A. (Hg.) (1986), *Bildung ohne Berufsperspektive?*, Frankfurt/New York: Campus.

Lautmann, R./Meuser, M. (1986), »Verwendungen der Soziologie in Handlungswissenschaften am Beispiel von Pädagogik und Jurisprudenz«, in: *Kölner Zeitschrift für Soziologie und Sozialpsychologie* 38, S. 685-708.

Matthes, J. (1981), »Soziologie – Schlüsselwissenschaft des 20. Jahrhunderts?«, in: ders. (Hg.), *Lebenswelt und soziale Probleme. Verhandlungen des 20. Deutschen Soziologentages*, Frankfurt/New York: Campus, S. 15-27.

Scott, R. A./Shore, A. R. (1979), *Why Sociology does not Apply. A*

*Study of the Use of Sociology in Public Policy*, New York/Oxford: Elsevier.
Tenbruck, F. (1984), *Die unbewältigten Sozialwissenschaften oder Die Abschaffung des Menschen*, Graz/Wien/Köln: Styria.
Toulmin, St. (1958), *The Uses of Argument*, Cambridge: University Press.
Toulmin, St. (1978), *Kritik der kollektiven Vernunft*, Band 1: *Menschliches Erkennen*, Frankfurt: Suhrkamp.
Weymann, A. (1985), »Bildungsprognosen: Scheitern ohne Ende oder ›Aufbruch zu neuen Ufern?‹«, in: B. Lutz (Hg.), *Soziologie und gesellschaftliche Entwicklung. Verhandlungen des 22. Deutschen Soziologentages in Dortmund 1984*, Frankfurt/New York: Campus, S. 242-249.
Weymann, A. (1986), »Weiterbildung für Arbeitslose«, in: ders. (Hg.), *Staatliche Antworten auf soziale Probleme*, Frankfurt/New York: Campus, S. 80-93.
Weymann, A./Ellermann, L./Wingens, M. (1985), »Sozialwissenschaftliches Wissen im Kontext des Arbeitsförderungsgesetzes. Ein Beitrag zur Rationalisierung der Politik?«, in: H. W. Franz (Hg.), *22. Deutscher Soziologentag 1984. Beiträge der Sektions- und Ad hoc-Gruppen*, Opladen: Westdeutscher Verlag, S. 632-634.
Weymann, A./Ellermann, L./Wingens, M. (1986), »Investigating the Utilization of Social Sciences. A Large Scale Research Program and a Project in Labor Market Policy«, in: F. Heller (Hg.), *The Use and Misuse of Social Science*, Beverly Hills/London: Sage, S. 64-75.
Weymann, A./Wingens, M. (1987), »Die Verknüpfung von Arbeitsmarkt- und Bildungspolitik im Spiegel sozialwissenschaftlicher Etikettierungen«, in: A. Weymann (Hg.), *Bildung und Beschäftigung*, Sonderband 5 der *Sozialen Welt*.
Wingens, M. (1988), *Soziologisches Wissen und politische Praxis*, Frankfurt: Campus
Wingens, M./Weymann, A. (1988), »Social Sciences in Public Discourse: Labeling Problems«, in: *Knowledge in Society* 1, S. 80-97.

Wolfgang L. Schneider

# Kooperation als strategischer Prozeß

## *Administrative Auftragsforschung im Spannungsfeld zwischen professionellem Interesse und politischer Instrumentalisierung*

### 1. Einleitung

Reines wissenschaftliches Handeln ist seiner Natur nach selbstgenügsam und drängt nicht notwendig zur praktischen Anwendung seiner Resultate. Von der Forderung nach ›Praxisrelevanz‹ ist universitäre Grundlagenforschung weitgehend dispensiert. Die Last, dem Unternehmen Wissenschaft gegenüber seinen Gläubigern durch die Produktion brauchbaren Wissens das Ansehen – wenn nicht eines gewinnträchtigen Unternehmens, so doch eines gemeinnützigen und daher subventionswürdigen Instituts – zu verschaffen, trägt vorrangig die anwendungsorientierte Forschung. ›Praktische Brauchbarkeit‹ ist dabei kein inhärentes Merkmal einer bestimmten Sorte wissenschaftlichen Wissens, sondern eine kontextgebundene Eigenschaft: Ob und auf welche Weise wissenschaftliches Wissen angewendet werden kann, darüber kann nur vor dem Hintergrund der spezifischen Bedingungen, Möglichkeiten und Restriktionen von Handlungssituationen befunden werden (vgl. Giesen 1983). Um erfolgreich zu sein, muß anwendungsorientierte Wissenschaft deshalb über die Schranken wissenschaftsinterner Relevanzkriterien hinausblicken und zusätzliche Strukturbezüge des jeweiligen Praxiskontextes in sich aufnehmen.

Dabei dürfen die Schranken, die Wissenschaft und Praxis voneinander trennen, jedoch nicht nur als bloßes Hemmnis betrachtet werden, das es einfach niederzureißen gilt. Diese Schranken sichern zugleich die Identität und Autonomie der Wissenschaft als Bedingung ihrer Attraktivität für potentielle Nutzungsinteressenten. Sie bieten ein Mindestmaß an Schutz vor instrumentalisierenden Übergriffen durch Praktiker. Gefunden werden muß die rechte Balance zwischen Öffnung und Schließung, die berechtigte Nutzungsinteressen von mißbräuchlichen Instrumentalisierungsversuchen zu trennen erlaubt. – Welche Schwierigkeiten zu überwinden sind, um eine solche Balance zu erreichen, soll im folgenden am Beispiel der administrativen Vergabe von Forschungsaufträgen zum Drogenproblem veranschaulicht werden. Dazu wurden einige Auszüge von Interviews ausgewählt, die mit Sozialwissenschaftlern und Verwaltungsangehörigen, die an Auftragsforschungen im Drogenbereich beteiligt waren, durchgeführt worden sind (vgl. Schneider 1984). Die aus deren Interpretation entwickelten Generalisierungen bleiben in ihrer Reichweite begrenzt auf Formen der administrativen Auftragsforschung, die unter analogen Bedingungen stehen: das heißt im wesentlichen auf Formen der Ad-hoc-Forschung, bei denen universitäre Sozialwissenschaftler die Auftragnehmer sind.

## II. Wissenschaftliches Handeln als Form professionalisierten Handelns

Wissenschaftliches Handeln ist nicht nur eine Form hochspezialisierter und verberuflichter Tätigkeit, sondern repräsentiert darüber hinaus eine spezifische Ausformung *professionalisierten Handelns*, die grundlegende Parallelen zu anderen professionellen Tätigkeiten, wie z. B. der Arbeit von Ärzten oder Anwälten, aufweist. Dieser Sachverhalt findet seinen Niederschlag in der Art, wie Wissenschaftler ihre Berufsrolle ausdeuten, und prägt deren Verhalten auch in der Kooperation mit Verwaltungsangehörigen. Die folgende Interview-Aussage eines Sozialwissenschaftlers ($W_1$), der zusammen mit einem Kollegen ($W_2$) ein Auftragsprojekt zur Erforschung des Drogenproblems für ein Ministerium eines Bundeslandes durchführte, läßt entsprechende Strukturmerkmale klar erkennen. Anhand ihrer ausführlichen Interpretation kann zunächst die besondere Brisanz verdeutlicht werden, die das Problem der Koordination der professionellen Relevanzkriterien von Wissenschaftlern mit den besonderen Informationswünschen der Verwaltung *aus der Perspektive der auftraggebenden Administration* gewinnt.

Angesprochen auf seine Eindrücke von den Kontakten mit Vertretern der Landesregierung während der Laufzeit des Projektes und auf eventuelle Versuche der Verwaltung, Einfluß auf die Projektdurchführung zu nehmen und bestimmte Fragestellungen in den Vordergrund zu schieben, antwortet der befragte Sozialwissenschaftler ($W_1$):

*$W_1$*: Dazu muß ich sagen, es war ja so, daß vor dem Projekt, also bevor die endgültige Genehmigung kam, der Herr $W_2$ ein ziemlich langes Exposé geschrieben hat, also ein sehr gutes und langes Exposé von 80 Seiten oder so, was eigentlich völlig den Rahmen gesprengt hat von so einem Forschungsantrag, wo inhaltlich auch schon sehr viel drin war, mit sehr viel theoretischen Überlegungen und methodischen Überlegungen, und aufgrund dieses Exposés ist dann der Auftrag formell an uns gegangen. Das war auch der Rahmen, auf den wir sie verpflichtet haben, da in L [= der Landeshauptstadt] und den $Adm._1$ [= der für die Projektabwicklung zuständige Beamte] auch, und dann konnten wir uns darauf auch zurückziehen, wenn so die Frage kam: »Muß das denn nicht alles mal pragmatischer gefaßt werden?«

Aussagekräftig über die Beschaffenheit des Kooperationsverhältnisses zwischen den beauftragten Sozialwissenschaftlern und der Verwaltung ist vor allem der zweite Teil der Äußerung: Dissens über die Gesamtanlage des Projektes entlang der Linie ›stärkere Theorieorientierung‹ versus ›pragmatische Orientierung‹ wird darin angedeutet. Jedoch schon die *Fragen* der Verwaltungsseite danach, ob nicht eine mehr ›pragmatische‹ Ausrichtung geboten sei, wurde – der gegebenen Darstellung zufolge – von den Wissenschaftlern mit dem Rückzug auf die formal bindende Vertragsgrundlage beantwortet. Nicht nur die Möglichkeit, Einfluß auf die Projektdurchführung zu nehmen, wurde damit der Verwaltung verweigert. Mit dem Rückzug auf die Vertragsvereinbarung wurde darüber hinaus sogar die *Diskussion* über derartige Einwände von vornherein abgelehnt. Dieser Rekurs auf die Rechtsgrundlage des Vertragsverhältnisses bedeutet de facto die Verweigerung der Kooperation außerhalb des Rahmens, der von den Wissenschaftlern (in ihrem Exposé) selbst abgesteckt und von der Verwaltung als formell bindend akzeptiert worden war.

Auffällig in $W_1$'s Darstellung dieser Konstellation ist die Formulierung, mit der er die Rolle des Exposés als »Rahmen, auf den *wir sie verpflichtet* haben«, charakterisiert. Diese Formulierung steht in Gegensatz zur *Normalform eines Tauschverhältnisses*, wie es durch das Institut des Dienstleistungsvertrages zwischen Auftraggeber und Auftragnehmer rechtlich reguliert wird. Als Strategie, denen die beteiligten Akteure innerhalb einer Tauschbeziehung folgen, gilt üblicherweise die individuelle Maximie-

rung von Nutzen und Gewinn. Die zum Tausch angebotene *eigene* Leistung erscheint dabei nur als *Mittel* für den Erhalt einer angestrebten Gegenleistung von Interesse. Ziel der Transaktion ist für jeden Beteiligten der Erhalt der Leistung, die *der andere* anzubieten hat. Für jeden Kontrahenten steht demnach die *vom anderen übernommenen Leistungsverpflichtung* im Zentrum des Interesses und bildet den für ihn primären Gegenstand einer vertraglichen Vereinbarung. Die Erbringung der eigenen Leistung ist demgegenüber Pflicht und Voraussetzung für den Erhalt der gewünschten Gegenleistung. Nur in einem *rechtlich-formalen* Sinne besteht darüber hinaus auch eine Verpflichtung, die vereinbarte Leistung des Vertragspartners zu akzeptieren. Der rechtlich-formale Verpflichtungsgehalt zur Abnahme einer gewünschten Leistung wird nur unter besonderen Bedingungen *material* wirksam: so, wenn sich die Präferenzen des Leistungsempfängers verschoben haben oder der Wert der erhaltenen Leistung dem Wert der erbrachten Leistung nicht (bzw. nicht mehr) entspricht.
Als *pragmatisch angemessen* im Rahmen der skizzierten Normalitätsbedingungen des gewinnorientierten Tausches kann die Feststellung eines Leistungsanbieters, er habe seinen Vertragspartner zur Abnahme einer bestimmten Leistung *»verpflichtet«*, nur dann gelten, wenn er ein ausgeprägtes Interesse daran hat, genau diese und keine andere Leistung zu erbringen. Dies ist vor allen Dingen dann der Fall, wenn die angebotene Leistung im Vergleich zur eingetauschten Gegenleistung besonders kostengünstig erbracht werden kann, der Abnehmer also ein ›schlechtes Geschäft‹ gemacht hat und es deshalb absehbar ist, daß er die Änderung der Konditionen wünschen könnte. – Im vorliegenden Falle erscheint diese Bedingung jedoch nicht erfüllt. Die Wahrhaftigkeit der Darstellung von $W_1$ vorausgesetzt, insistierten die Wissenschaftler gegenüber der Verwaltung auf der Erfüllung eines Leistungsrahmens, den sie selbst als *besonders anspruchsvoll* betrachteten (vgl. die Chrakterisierung des Exposés). Ein derartiges Interesse steht im Widerspruch zur Normalform eines primär gewinnorientierten Tauschverhältnisses. Die Darstellung von $W_1$ verkehrt das dafür typische Verhältnis von Mittel und Zweck in sein Gegenteil: Die angebotene Leistung avanciert zum *Zweck an sich selbst.* Die dafür erhaltenen finanziellen Leistungen werden zum *Mittel,* das es ermöglicht, sich einem Forschungsvorhaben zu widmen, an dessen Durchführung die Wissenschaftler selbst in

besonderem Maße interessiert zu sein scheinen. Die Wünsche des Auftraggebers werden demgegenüber zur lästigen Dreinrede, der man sich auf die kürzestmögliche Weise zu entledigen sucht: durch Verweis auf die Rechtsgrundlagen der Kooperation. Auftragsforschung kann so schnell zur Forschungsförderung umfunktioniert und der Auftraggeber in die Position des unfreiwilligen Mäzens versetzt werden, der das Nachsehen hat, wenn er so unbedacht war, seine Informationswünsche nicht von vornherein zum ausdrücklichen Bestandteil der Vertragsvereinbarungen zu machen. Nicht individuelles Gewinnstreben, sondern *professionelles Engagement* führt so dazu, daß die Interessen des Auftraggebers bestimmten, als vordringlich erachteten Forschungszielen untergeordnet werden.

Die Konkurrenz zwischen professionellen Anforderungen, die mit einer Dienstleistung verknüpft sind, und den Interessen eines Auftraggebers ist nun keineswegs – wie es zunächst vielleicht scheinen mag – etwas Außergewöhnliches. Sie ist vielmehr eine im Prinzip durchaus normale Erscheinung im Rahmen wissenschaftlicher Auftragsforschung oder anderer professionalisierter Formen der Dienstleistung, wie z. B. bei der Tätigkeit von Ärzten und Anwälten. Jederzeit kann es geschehen, daß Wissenschaftler aufgefordert werden, vorgefaßte Meinungen ihres Auftraggebers mit dem Anschein wissenschaftlicher Dignität zu versehen, können Klienten versuchen, einen Anwalt als juristischen Helfershelfer bei der Umgehung von Gesetzen zu instrumentalisieren, oder Patienten ihren Arzt dazu auffordern, sie durch Attest von beruflichen Verpflichtungen zu entbinden, obwohl ihr Gesundheitszustand keine Grundlage dafür bietet. Als treuhänderische Sachwalter, deren Aufgabe die gemeinwohlbezogene Erfüllung maßgeblicher sozialer Funktionen ist, unterstehen professionelle Akteure der institutionalisierten Anforderung, ihr Handeln an *autonomen technischen und berufsethischen Standards* auszurichten, deren Erfüllung absoluten Vorrang sowohl gegenüber Klienteninteressen wie gegenüber den Einkommens- und Prestigeinteressen der Professionsmitglieder selbst genießt (vgl. hierzu Parsons 1973, S. 162; Rüschemeyer 1972, S. 168). Die Besonderheit dieses Sachverhalts verdeutlicht ein einfacher Vergleich: Ein Handwerker, der von seinem Kunden aufgefordert würde, zu ›pfuschen‹ (z. B. um den erteilten Auftrag möglichst schnell und billig abzuwickeln), könnte sich auf ein solches Ansinnen, technische Regeln seines Berufes zu ignorieren, einlassen, ohne institutionalisierte Normen zu verletzen. Bei Bekanntwerden seiner Willfährigkeit gegenüber entsprechenden Kundenwünschen müßte er keine Schädigung seines Rufes oder gar rechtliche Konsequenzen fürchten. Ganz anders die Situation eines Wissenschaftlers, der auf Wunsch seines Auftraggebers fehlerhafte Forschungsergebnisse erzeugt, oder eines Arztes, der einem Patienten ohne sorgfältige Untersuchung das Vorliegen einer Erkrankung bescheinigt. Der Gemeinwohlbezug ihrer Tätigkeit verleiht den technischen Standards ihres Handelns zugleich eine berufs*ethische* Bedeutung. Professionelle Akteure, die gegen diese Standards – sei es aus ›egoistischen‹ Motiven oder zugunsten eines Klienten – verstoßen, diskreditieren sich damit als verantwortlich handelnde Mitglieder einer Profession. Die Autonomie der verschiedenen Formen professionellen Handelns, die *sachlich* auf der Orientierung an spezifischen Rationalitätsbezügen und darauf zugeschnittenen technischen Standards gründet, ist durch die Institutionalisierung der *normativen* Erwartung, daß diese Standards in jedem Falle einzuhalten sind, *sozial* verankert. Von den Mitgliedern einer Profession wird nicht nur die bloße Erfüllung, sondern darüber hinaus die *persönliche Identifikation* mit den Zielen und Anforderungen der eigenen Tätigkeit erwartet. Die spezifische berufsethische Dignität professioneller Ziele und Standards, zu deren Sachwalter jeder professionelle Akteur berufen ist, *können* es rechtfertigen, einen Klienten auf diese Anforderungen auch dann *zu verpflichten*, wenn sie dessen Interessen widerstreiten. Dies muß freilich nicht zum Nachteil des Klienten gereichen, sofern seine Interessen nicht illegitimer Art sind. Die Identifikation professioneller Akteure mit hohen professionellen Standards ist vielmehr die beste Gewähr für ein entsprechendes Niveau professioneller Leistungen.

Eine solche zusätzliche Absicherung des Klienten gegen schlechte Arbeit ist allerdings mehr als eine bloße Annehmlichkeit. Der Klient *bedarf* ihrer vor allem deshalb, weil die Qualität professioneller Leistungen für ihn als Außenstehenden nicht überprüfbar ist (vgl. etwa Rüschemeyer 1972, S. 168; Marshall 1964, S. 162 f.). Nicht fehlende berufstechnische Kenntnisse, sondern die Tatsache, daß keine standardisierten Verfahren der Erfolgskontrolle angewendet werden können, ist dafür ausschlaggebend. Anders als im Regelfalle nicht-professionellen beruflichen Handelns,

kann der Erfolg professioneller Tätigkeit kaum zuverlässig berechnet werden. Welche Ergebnisse eine wissenschaftliche Untersuchung zutage fördern wird und ob sie für den Auftraggeber nützlich sein werden, ob eine vorgeschlagene Therapie die erhoffte Heilung tatsächlich herbeiführen wird oder ein Rechtsstreit wirklich zugunsten des Klienten ausgeht, darüber können meist keine sicheren Voraussagen abgegeben werden. Nicht der erhoffte Erfolg, sondern nur die *kunstgemäße Ausführung* einer wissenschaftlichen Untersuchung, einer Operation oder rechtlicher Interessenvertretung bildet deshalb den Maßstab, nach dem die Qualität professioneller Leistungen allein beurteilt werden kann. Nur wenn Mißerfolge auf vermeidbare Kunstfehler zurückgeführt werden können, haftet ein konsultierter Wissenschaftler, Arzt oder Anwalt für daraus entstehende Schädigungen seines Klienten. Daß der Erfolg professionellen Handelns außergewöhnlich unsicher und standardisierte Formen der Erfolgskontrolle auf professionelle Leistungen daher nicht anwendbar sind, findet darin seine rechtlich institutionalisierte Anerkennung.
Die Identifikation professioneller Akteure mit hohen Leistungsstandards bietet dem Klienten unter diesen Voraussetzungen die beste Gewähr dafür, daß alle verfügbaren Möglichkeiten genutzt werden, um seine legitimen Ansprüche zu erfüllen. Dies gilt allerdings nur unter der *zusätzlichen Bedingung*, daß die beruflichen Standards mit den Interessen des Klienten *im Resultat* übereinkommen. Bei Ärzten und Anwälten ist eine solche Übereinstimmung durch das letztliche berufliche Erfolgskriterium der Heilung bzw. des gewonnenen Rechtsstreits gesichert. Für wissenschaftliches Handeln *fehlt* eine derartige intraprofessionell verankerte Sicherung, die der Verselbständigung eines an professionellen Standards orientierten Engagements gegenüber den legitimen Interessen von Auftraggebern vorbeugen könnte. Intraprofessionell prämierte Leistungen, wie Anschluß an die Theorietradition, eigenständige Konstruktion komplexer Hypothesensysteme oder die virtuose Handhabung anspruchsvoller Methoden, bieten keineswegs die Gewähr für den Auftraggeber, daß *seine* Fragen beantwortet werden. Entsprechende Zielsetzungen von Wissenschaftlern können durchaus dazu führen, daß der Forschungsschwerpunkt auf für ihn nebensächliche Aspekte eines Themas verlagert wird, die unter wissenschafts*internen* Gesichtspunkten besonderes Interesse verdienen (vgl. Giesen 1982). Da-

gegen – wie auch gegen eine mangelhafte Berücksichtigung der Handlungsmöglichkeiten des Auftraggebers bei ausgearbeiteten Handlungsempfehlungen – gibt es nur unzureichende Möglichkeiten *vertraglicher Absicherung*. Dies hat zur Folge, daß das professionelle Engagement eines Wissenschaftlers vom Auftraggeber nicht nur gewünscht und als legitim betrachtet werden kann, sondern beinahe ebensosehr Anlaß zu Befürchtungen gibt.
Das Fehlen standardisierter Möglichkeiten der Erfolgskontrolle im Verein mit dem festgestellten Mangel an intraprofessionell institutionalisierten Orientierungen, die professionelles Engagement mit den Interessen des Auftraggebers synchronisieren, erzeugt für jede Vergabe von sozialwissenschaftlichen Forschungsaufträgen durch Verwaltungen ein doppeltes Risiko: Das *primäre* Risiko besteht in der Unkalkulierbarkeit der Ergebnisse und den beschränkten Möglichkeiten der Qualitätskontrolle. Daraus folgt als *sekundäres* Problem, daß diese Unsicherheitszone bei Divergenzen zwischen den Wünschen der Verwaltung *strategisch von Wissenschaftlern genutzt* werden kann, um eigene Forschungsziele auf Kosten des Auftraggebers zu verfolgen.
Wird dabei kein direkter Vertragsbruch begangen, dann sind die Chancen, einer solchen Zweckentfremdung von Auftragsforschung auf dem Klagewege zu begegnen, gering. Anders liegen die Verhältnisse dann, wenn längerfristige Kooperationsbeziehungen zwischen universitären Wissenschaftlern und administrativen Auftraggebern bestehen, die nicht auf einzelne Projekte beschränkt bleiben, oder wenn Aufträge an kommerzielle Institute vergeben werden, für deren Tätigkeit die Befriedigung der Auftraggeberwünsche schon aus geschäftlichen Interessen vor dem Engagement für professionelle Ziele rangiert. Im Falle längerfristiger Zusammenarbeit, die sich über mehrere Projekte bzw. Projektabschnitte erstreckt, verfügt die Verwaltung durch die Möglichkeit, die Finanzierung weiterer Forschungen an entsprechende Leistungen der Wissenschaftler zu binden, über eine gewisse Sanktionsmacht. In Bereichen wie der Drogenforschung, wo solche längerfristigen Kooperationen eher die Ausnahme sind, Forschung wesentlich Ad-hoc-Charakter hat und häufig von universitären Wissenschaftlern betrieben wird, die in diesem Bereich nur vorübergehend arbeiten, ist das Sanktionspotential der Verwaltung ausgesprochen gering. Die dargestellten Risiken

bei der Vergabe von Forschungsprojekten können unter derartigen Voraussetzungen nur in Grenzen und nur durch besonderen Aufwand kontrolliert werden.
Auf welche Weise dies geschehen kann, zeigt die folgende Äußerung eines Referenten, der im Forschungsreferat eines Bundesministeriums arbeitet, das über eine langjährige Erfahrung in der Vergabe und Abwicklung von Auftragsprojekten im Bereich der Drogenforschung verfügt.

## III. Administrative Strategien der Risikominimierung bei der Vergabe und Durchführung von Forschungsprojekten

Gefragt nach Problemen bei der Durchführung sozialwissenschaftlicher Auftragsprojekte, gibt das befragte Administrationsmitglied (im weiteren $Adm_3$ genannt) die folgende Beschreibung der Vergabepraxis und Abwicklung von Projekten:

*$Adm_3$:* ... hier wird kein Forschungsvorhaben vom Papier her ausgewählt, sondern wenn solche Anträge da sind, werden die Leute zum Gespräch eingeladen, und man versucht zu klären, was an Zielvorstellungen da ist, und wir versuchen auch, unsere Zielvorstellung bei dem Projekt zu verdeutlichen. Oft kommt man auch zu einer Veränderung der Fragestellung, dann wird der Projektantrag neu- oder umgeschrieben. Ich versuche es auch nicht so zu machen, daß man zwei oder drei Jahre, für die das Projekt bewilligt ist, abwartet und dann einen Ergebnisbericht hat. Ich bestelle die Leute immer her, telefoniere auch oft mit denen, eine Rückkoppelung versuchen wir immer. Trotzdem kommt es vor, daß Leute sich nicht reinreden lassen wollen, auch nicht zugängig sind für Argumente, forschen, aber mit dem Ergebnisbericht nicht kommen. Das bringt ja auch für uns hier im Haus Schwierigkeiten, weil wir nachweisen müssen, was wir mit dem Geld gemacht haben. Und dann sind die Berichte auch oft unbrauchbar, wieder in solch einer Fachsprache geschrieben, nicht umsetzbar, nicht auf die Praxis eines Gesundheitspolitikers, eines Verwaltungsbeamten abgestellt.

Interessant ist hier zunächst, daß Aufträge nicht auf der Grundlage der schriftlichen Anträge vergeben werden, sondern die Wissenschaftler zuvor zu einem Gespräch eingeladen werden. Diese Verfahrensweise wird ausdrücklich als *Regel ohne jede Ausnahme* formuliert. Als Zweck eines solchen Gespräches wird die Klärung der beiderseitigen Zielvorstellungen genannt. Diesen Zweck als einziges Motiv für die Einladung zu Gesprächen angenommen, könnte sicherlich in vielen Fällen statt dessen ebensogut der Weg der schriftlichen oder telefonischen Kommunikation gewählt werden. Zwar mag bei komplizierten Verhandlungen mit mehreren Partnern das mündliche Gespräch das einfachste und zeitökonomischste Verfahren sein, um zu einer Übereinkunft zu kommen. Dieser Fall kann jedoch nicht ohne weiteres als Normalfall angesehen werden. Liegen die Dinge einfacher, dann fallen diese Vorteile kaum noch ins Gewicht. Darüber hinaus sind die Kosten, die aufgewendet werden müssen, um ein persönliches Treffen zu ermöglichen, wesentlich höher als die Gebühren für ein Telefongespräch oder einen Brief. Auch kann nicht ausgeschlossen werden, daß die Zielvorstellungen von Wissenschaftlern, die ja aus deren Antrag entnommen werden können, sich mit den Wünschen der Verwaltung weitgehend decken, so daß deren detaillierte Erörterung sich erübrigen würde. Die Tatsache, daß *mit Ausnahmen nicht gerechnet und Alternativen zur Face-to-face-Kommunikation grundsätzlich ausgeschlossen werden,* deutet darauf hin, daß die Funktion der Gespräche sich nicht in der Abstimmung der Zielvorstellungen erschöpft. Vor dem Hintergrund des oben explizierten Problems der institutionellen Regelung von Kooperation kann vermutet werden, daß die – latente oder auch manifeste – Funktion der Gespräche im *persönlichen* Kennenlernen und der Herstellung *persönlicher Beziehungen* zwischen Wissenschaftlern und Verwaltungsangehörigen besteht. Persönliche Bekanntschaft ermöglicht es den Verwaltungsangehörigen, sich ein Bild von ihren eventuellen Kooperationspartnern zu machen, das heißt zu Einschätzungen darüber zu gelangen, ob sie es mit Personen zu tun haben, deren Verhalten auf Offenheit gegenüber ihren Gesprächspartnern, auf die Fähigkeit, deren Interessen wahrzunehmen, und die Bereitschaft, auf sie einzugehen, schließen läßt. Die Gefahr, dabei getäuscht zu werden bzw. sich zu irren, ist geringer als bei jeder anderen Kommunikationsform, weil so eine maximale Menge urteilsrelevanter Verhaltensinformationen zu erhalten ist und konsistente strategische Täuschungen unter ständigem Handlungszwang schwer durchzuführen sind. Die Chance, zu einer korrekten Einschätzung von Personen zu gelangen, ist im Gespräch deshalb vergleichsweise hoch. Erscheint so zum einen das Verhalten von Wissenschaftlern für die Verwaltungsangehörigen dadurch *berechenbarer,* so wird zum anderen das rechtlich-formelle Verpflichtungsverhältnis beauftragter Wissenschaftler gegenüber der Verwaltung von Anfang an *personalisiert* und dessen Stabilität damit erhöht.

Auffällig ist, wie $Adm_3$ Inhalt und Ablauf des Gespräches zwischen Wissenschaftlern und Verwaltungsangehörigen beschreibt. Die Verwaltung tritt hier nicht als Auftraggeber in Erscheinung, der sagt, was er wünscht, um sich dann bei dem potentiellen Auftragnehmer nur noch danach zu erkundigen, ob er in der Lage und zu dem gebotenen Preis gewillt ist, die gewünschte Leistung zu erbringen. Statt dessen kehrt sich die Situation in der Darstellung von $Adm_3$ geradezu um: Im Vordergrund scheinen die Zielvorstellungen der Wissenschaftler zu stehen, die geklärt werden sollen. Die Verwaltung versucht – die Formulierung suggeriert eine beinahe begründungsbedürftige Zusätzlichkeit dieses Unterfangens – »auch« ihre »Zielvorstellungen bei dem Projekt zu verdeutlichen«. Alles erscheint darauf angelegt, zu einer einvernehmlichen Abstimmung der wechselseitigen Interessen zu kommen, bei der die Verwaltung jedoch zurückhaltend agiert. Nicht die Verwaltung als Kunde, sondern die Wissenschaftler als Anbieter scheinen hier ›König‹ zu sein. Ihnen wird zusätzlich zur Bezahlung zugestanden, mit der veräußerten Leistung *eigene Ziele zu verbinden*. Geklärt werden muß deren Verträglichkeit mit den Zielen der Verwaltung. Das so angebahnte Vertragsverhältnis weicht offensichtlich von dem Normalmodell einer Tauschbeziehung ab, in der sich das Interesse jedes Kontraktpartners allein auf die Leistung seines Gegenübers konzentriert, für deren Erhalt die eigene Leistung bloßes Mittel ist. Wir treffen hier auf die gleiche abweichende Figur wie schon oben bei der Analyse der Aussagen von $W_1$. Einzige und wichtige Differenz ist, daß die Verwaltung eine *Übereinkunft zwischen den beiderseitigen Interessen* anzustreben scheint, wohingegen bei $W_1$ allein die Durchsetzung der eigenen Forschungsinteressen maßgeblich erschien.

So wie es $Adm_3$ darstellt, kann das Verhalten der Verwaltung bei der Vergabe von Forschungsaufträgen *objektiv* als Antwort auf die besondere Problemlage verstanden werden, die aus den skizzierten Risiken entsteht, denen die Koordination professioneller Ziele und Standards von Wissenschaftlern mit den Wünschen des Auftraggebers im Rahmen vertraglicher Regelung unterliegt: Wenn, wie bei Ad-hoc-Forschung der hier betrachteten Art meist der Fall, die Sanktionsmacht der Verwaltung gegenüber den beauftragten Wissenschaftlern gering ist, muß sie bemüht sein, sich von vornherein mit ihnen so zu arrangieren, daß die Interessen beider Seiten miteinander verbunden werden können. Die unzureichende Regelungskapazität rechtsverbindlicher Vereinbarungen gebietet es dabei, ein maximales Einverständnis anzustreben. Auf eine zufriedenstellende Erfüllung von Kompromissen, in die von Wissenschaftlern nur mit Widerstreben eingewilligt wurde, ist kein ausreichender Verlaß. Die zurückhaltende Form, in der die Verwaltung nach der Darstellung von $Adm_3$ ihre Ziele gegenüber den Wissenschaftlern »verdeutlicht«, findet darin eine mögliche Erklärung. – Gleichwohl hat in dieser einleitenden Phase der Kooperation, in der festgelegt wird, zu welchen Bedingungen und mit welcher Fragestellung ein Projekt vergeben werden soll, die Verwaltung eine stärkere Position und größere Einflußmöglichkeiten als zu jedem späteren Zeitpunkt. Versäumt sie es, ihre Interessen jetzt geltend zu machen und in die Vertragsvereinbarungen einzubauen, dann begibt sie sich jeder Handhabe für den Fall, daß Wissenschaftler bei der Projektdurchführung allein ihren eigenen Zielen folgen. Wie real diese Gefahr gegeben ist, darauf läßt die Darstellung von $W_1$ schließen, derzufolge entsprechende Versäumnisse es den Wissenschaftlern erlaubten, sich bei Einwänden der Verwaltung während des Projektverlaufs auf ihr Exposé als rechtsverbindliche Vertragsgrundlage »zurückzuziehen«. Die Administration, der $Adm_3$ angehört und die – im Gegensatz zu der Administration, mit der $W_1$ kooperierte – über eine langjährige Erfahrung in der Vergabe und Betreuung von Auftragsprojekten im Drogenbereich verfügt, scheint ihre Einflußmöglichkeiten besser zu nutzen:

»Oft kommt man auch zu einer Veränderung der Fragestellung, dann wird der Projektantrag neu oder umgeschrieben.«

Diskussionsgrundlage in den Gesprächen zwischen Wissenschaftlern und der Verwaltung sind die von den Wissenschaftlern eingereichten Forschungsanträge. Wenn $Adm_3$ von einer »Veränderung der Fragestellung« spricht, dann kann »Fragestellung« sich hierbei nur auf die in diesen Anträgen formulierten Forschungsaufgaben beziehen. Deren »Veränderung« wird allerdings nicht einfach als Folge der Intervention von Verwaltungsseite dargestellt. Zwischen einem aktiven und einem passiven Part, zwischen der Rolle eines Initiators und eines Reagierenden wird nicht differenziert: *»Man«* kommt zu einer »Veränderung der Fragestellung«. Daß Einigung erreicht und Gemeinsamkeit hergestellt werden soll, wird so unterstrichen. – Keinen Zweifel daran, daß die Verwaltung dabei wesentlichen Einfluß auf die endgültige Formulierung der Projektziele nimmt, läßt die Feststellung, daß dann der Projektantrag neu oder umgeschrieben werde. Daß solche Veränderungen angeblich »oft« vorkommen, deutet darauf hin, daß diese Verwaltung ausführlichen Gebrauch von ihren Einflußmöglichkeiten macht.

Die besondere Bedeutung, die $Adm_3$ persönlichen Kontakten mit den beauftragten Wissenschaftlern auch *während der Durchführung* eines Projektes zumißt, zeigt seine weitere Darstellung. Demnach wartet $Adm_3$ nicht bis zur Vorlage des abschließenden Ergebnisberichtes, sondern versucht auch während der Laufzeit eines Projektes die Verbindung zu den Wissenschaftlern nicht abreißen zu lassen. – Ziel dieses Verhaltens soll es sein, eine »Rückkoppelung« herzustellen bzw. aufrechtzuerhalten. Mindestens drei mögliche Funktionen können unter diese Zielbestimmung subsummiert werden:

(a) *Die Informationsfunktion:* Die Verwaltung erfährt die anfallenden Ergebnisse so früh wie möglich und kann sie schon vor Abschluß eines Projekts in ihren laufenden Planungen berücksichtigen.

(b) *Die Kontrollfunktion:* Die Verwaltung behält die Übersicht über den Projektablauf. Sie erfährt, ob und welche neuen Fragen auftauchen, ob die Wissenschaftler dadurch in Zeitverzug oder auf unerwünschte Nebengleise geraten, und kann dementsprechend schnell zu intervenieren versuchen.

(c) *Die Korrekturfunktion:* Ergeben sich vor dem Hintergrund der Zwischenergebnisse eines Forschungsprojektes und der Praxis administrativen Handelns neue Gesichtspunkte, die eine Veränderung der ursprünglichen Fragestellung für die Verwaltung sinnvoll erscheinen lassen, so kann sie versuchen, die Wissenschaftler zur Integration dieser Aspekte in das laufende Projekt zu veranlassen.

Die genannten Funktionen werden durch die beschriebene Verfahrensweise *objektiv* erfüllt. Inwieweit sie auch als bewußt angestrebte Ziele das Handeln von $Adm_3$ leiten, muß offenbleiben.

Als Verkehrsformen, die den Kontakt zu den Wissenschaftlern

sicherstellen sollen, werden neben persönlichen Zusammenkünften nur zusätzliche Telefongespräche genannt. Die Möglichkeit schriftlicher Kommunikation wird wiederum nicht erwähnt. An erster Stelle der Rangskala möglicher Kommunikationsformen erscheint so nach wie vor das *persönliche Gespräch*. Dies ist um so bemerkenswerter, als für administratives Handeln gerade die Schriftlichkeit und aktenmäßige Erfassung von Kommunikation ein konstitutives Merkmal ist und die Gefahr von Informationsverlusten oder Mißverständnissen in der mündlichen Kommunikation ebenso hoch wie die formale Verbindlichkeit mündlicher Vereinbarungen gering einzuschätzen ist. Daß der mündlichen Kommunikation dennoch absoluter Vorrang eingeräumt wird, kann deshalb als ein Indiz dafür gewertet werden, daß die spezifisch bürokratischen Mittel für die Koordination der Zusammenarbeit zwischen Wissenschaftlern und der Verwaltung nicht ausreichen. Über den bloßen Austausch von Informationen und die rechtsverbindliche Fixierung eventueller Übereinkünfte oder Auflagen hinaus, wofür schriftliche Kommunikation am besten geeignet ist, bedarf es spezifischer Leistungen mündlicher Kommunikation, wenn Kooperation gelingen soll: nämlich der *Absorption von Unsicherheit durch Bildung persönlichen Vertrauens* und der *Stützung rechtlicher Regelungen durch Etablierung persönlicher Verpflichtungsverhältnisse*.

Wie gering die Möglichkeiten *autoritativer* Einflußnahme der Verwaltung sind, wenn bei Wissenschaftlern die Bereitschaft zur Kooperation fehlt, verdeutlichen die weiteren Aussagen von $Adm_3$: Wenn Wissenschaftler sich gegen jede Einflußnahme der Verwaltung *während der Projektdurchführung* sperren, fehlen ihr anscheinend hinreichende Druckmittel, um ihren Wünschen Geltung zu verschaffen. Wie sehr die Verwaltung auf die Kooperationsbereitschaft der Wissenschaftler angewiesen ist, kann kaum deutlicher formuliert werden. Allein deren freiwillige Unterwerfung unter den ›zwanglosen Zwang des besseren Arguments‹ sichert der Verwaltung Einfluß auch bei Meinungsunterschieden. Verhalten sich die Wissenschaftler dagegen strategisch, dann ist die Verwaltung weitgehend machtlos. Kann die Verwaltung nicht einmal sicherstellen, daß formelle Vertragsbedingungen wie die Termine für die Ablieferung von Ergebnisberichten eingehalten werden, so ist es nur folgerichtig, daß dort, wo keine formellen, das heißt kontrollierbaren und prinzipiell einklagbaren Kriterien existieren, die ein eindeutiges Urteil über die Erfüllung vertraglicher Verpflichtungen erlauben, sich die Schwierigkeiten häufen. Können Termine noch angemahnt werden, so fehlen vergleichbare Möglichkeiten, wenn Berichte in einer schwer verständlichen Fachsprache abgefaßt sind oder die Handlungsmöglichkeiten der Administration bei Maßnahmeempfehlungen nicht berücksichtigt werden. Die Darstellung von $Adm_3$ läßt keinen Zweifel daran, daß derartige Komplikationen mehr als nur seltene Ausnahmen sind. Dies bestätigt, wie gering die Regelungskapazität des institutionellen Rahmens ist, der die Kooperationsbeziehungen zwischen Wissenschaftlern und der Verwaltung in diesem Bereich trägt.

## IV. Politisch-strategische Versuche zur Instrumentalisierung von Auftragsforschung durch die Verwaltung

Bisher wurde nur die Gefährdung von Auftragsforschung durch die professionellen Interessen von Wissenschaftlern diskutiert. Dem stehen freilich als komplementäre Form der Zweckentfremdung Versuche der *politisch-strategischen Instrumentalisierung* von Auftragsforschung durch die Verwaltung gegenüber, wie die folgenden Äußerungen des Drogenbeauftragen eines Bundeslandes ($Adm_2$) verdeutlichen. Auf die Frage danach, wie er mit den Ergebnissen der bisher von seiner Administration vergebenen sozialwissenschaftlichen Auftragsprojekte zufrieden gewesen sei, antwortet er:

*$Adm_2$:* Na also um die erste Frage nochmal ein bißchen plastischer zu beantworten: Es ist eine Auftragsforschung, und die funktioniert, ja? Also wenn ein Margarinekonzern Auftragsmittel vergibt über die Wirksamkeit der Schädlichkeit von Margarine, kommt was anderes heraus als beim Butterkonzern. Und so ist es natürlich auch so, daß wenn der Drogenbeauftragte, von dem ganz bestimmte Positionen bekannt sind, Aufträge vergibt, da kommen auch ganz bestimmte Sachen raus, die er wünscht. Das ist jetzt natürlich überzogen, aber aufgrund dieser Dynamik, die ich natürlich auch kenne, kann ich auch bestätigen, ich war nie wirklich unzufrieden.

Interessant an dieser Äußerung ist vor allem das Kriterium, nach dem der befragte Drogenbeauftragte die Ergebnisse eines For-

schungsprojekts als zufriedenstellend beurteilt. »Wirklich unzufrieden« wäre $Adm_2$ *nur* mit solchen Ergebnissen, die in Widerspruch zu seinen *eigenen*[1] Überzeugungen oder Maßnahmevorstellungen stünden. Daß bei der Vergabe eines Forschungsauftrages durch einen Drogenbeauftragen »ganz bestimmte Sachen raus[kommen], die er wünscht«, überraschende Neuigkeiten daraus in der Regel also kaum zu erfahren sind, findet seine implizite Billigung, wenn er diese »Dynamik« als Grund dafür nennt, daß er nie »wirklich unzufrieden« gewesen sei. Das Wissen um diese »Dynamik« tut seiner Zufriedenheit keinerlei Abbruch, sondern erscheint als deren ebenso notwendige wie unproblematische Voraussetzung. Worin sie im einzelnen besteht, inwieweit z. B. politische Selbstzensur bzw. Opportunismus von Auftragsforschern oder die Auswahl der beauftragten Wissenschaftler zu einem solchen Ergebnis beitragen, bleibt offen. Eindeutig wird in der Darstellung von $Adm_2$ die *wissenschaftliche Beglaubigung bestehender Positionen* zum vorrangigen Ziel der Auftragsvergabe und zum ausschlaggebenden Gesichtspunkt für eine positive Bewertung von Forschungsergebnissen erklärt. Die Möglichkeit gültiger wissenschaftlicher Falsifikation und Korrektur vorgefaßter politischer Positionen wird so praktisch ausgeschlossen. Nur in Bereichen, wo feste Überzeugungen noch nicht ausgebildet sind, kann unter diesen Voraussetzungen wissenschaftliches Wissen *handlungsleitende* Funktion gewinnen. Als dominante Form der Verwendung sozialwissenschaftlichen Wissens erscheint hier dessen *legitimatorischer* Gebrauch.[2]
Die legitimationswirksame Verwendung wissenschaftlichen Wissens ist nur so lange möglich, wie das Publikum davon überzeugt ist, daß die Zuverlässigkeit dieses Wissens höher zu veranschlagen ist, als es bei Informationen erwartet werden kann, die sich auf Erfahrungen der Verwaltung oder von Praktikern stützen. Dieser Vertrauensbonus kann sich, soweit er noch vorhanden ist, auf die Annahme gründen, daß wissenschaftliche Aussagen auf einer umfangreicheren Datenbasis beruhen, schärferen Prüfungskriterien genügen und weniger durch politische oder berufsständische Interessen beeinflußt sind, als dies bei Aussagen von Praktikern, Verwaltungsbeamten oder Politikern der Fall wäre. Werden Beschlüsse wissenschaftlich begründet, dann ist damit per Implikation der Anspruch auf größtmögliche Objektivität und Sachangemessenheit verbunden: beschlossen wurde, was nach Maßgabe

deklarierter Ziele und der mit wissenschaftlicher Präzision festgestellten Lage der Dinge notwendig war. Die gewählten Mittel erscheinen idealiter ableitbar aus anerkannten Zielen und gegebenen Bedingungen. Bestehen keine bestimmbaren Kontingenzen in der Zuordnung von Zielen und Mitteln, dann überbrücken die Regeln logischen Schließens eine Lücke, die unter anderen Umständen durch einen Akt der Dezision ausgefüllt werden muß.[3] Die vollständige wissenschaftliche Begründbarkeit einer Entscheidung entlastet von *persönlich zurechenbarer politischer Verantwortung*. Der offensichtlichen Macht des Faktischen gehorchend, fällt Politik dann zusammen mit der Exekution vorgezeichneter Sachzwänge; liegen die Ziele fest, sind die noch zu lösenden Fragen primär technischer Art; Planung erscheint als deduktiver Prozeß der Operationalisierung. – An diesem Modell des gedankenexperimentell konstruierbaren Grenzfalles einer vollständig verwissenschaftlichten politischen Entscheidung wird deutlich, worauf die legitimatorische Wirksamkeit wissenschaftlichen Wissens zurückzuführen ist. Sie knüpft sich an die Erwartung, daß die politische Entscheidung in ihren sachlichen Aspekten sich der Kontrolle durch die Wissenschaft unterstellt und der Einfluß von persönlicher Willkür, Fehleinschätzungen und partikularen Interessen auf die Realisierung kollektiv anerkannter Ziele dadurch minimiert wird. Die selektive Verwendung von Forschungsergebnissen als Hilfe zur Durchsetzung bzw. retrospektiven Rechtfertigung von Maßnahmeprogrammen bei prinzipiell fehlender Bereitschaft, die eigene politische Position zu überprüfen, wenn Forschungsergebnisse zu ihr im Widerspruch stehen, bedeutet die Ausbeutung dieses Legitimationspotentials unter Vortäuschung falscher Voraussetzungen. Wissenschaft wird dann dazu instrumentalisiert, den objektiv politischen Charakter von Maßnahmeplanungen *technokratisch zu kaschieren*. Was de facto eine *politische Entscheidung* ist, die unabhängig von dem nachträglich beschafften wissenschaftlichen Wissen getroffen wurde und als solche durchzusetzen und zu verantworten wäre, wird so zur scheinbar zwangsläufigen Folgerung aus erkannten Sachgesetzlichkeiten stilisiert.

Die in der zuletzt zitierten Äußerung festzustellende Tendenz zu technokratischer Kaschierung von Entscheidungen stammte von einem Angehörigen der Administration im Range eines Referatsleiters. Sofern der befragte Verwaltungsbeamte nicht als randständiger Sonderfall betrachtet werden soll, müssen Strukturbedingungen identifiziert werden können, die diese Form der Wissensverwendung systematisch begünstigen. Inneradministrative Strukturbedingungen dieser Art können gefunden werden im Verhältnis zwischen der politischen Leitung und den Fachreferaten der ministeriellen Basisorganisation[4]:

Allein die Fachreferate verfügen über die Informationen, die Problemkenntnis und den personellen Sachverstand, die unerläßliche Voraussetzungen für jede Programmplanung sind. Programminitiativen sind in der überwiegenden Anzahl der Fälle dezentralen Ursprungs und gehen häufig ebenfalls von den Referaten aus (vgl. Häußermann 1977, S. 43; Ellwein 1976, S. 121; Schmid/Treiber 1975, S. 131 f.; Mayntz/Scharpf 1973, S. 40). Die notorische Überlastung der ministeriellen Spitze macht es ihr unmöglich, auch nur die wichtigsten Planungsvorhaben ständig unter ihrer Aufmerksamkeit zu halten. Die Ausarbeitung von Programmen, deren Abstimmung mit den beteiligten Einheiten, die Lösung dabei auftretender Konflikte und die verwaltungsinterne Durchsetzung von Vorschlägen bleiben so in der Regel weitgehend dem federführenden Referat überlassen. »Zugangsschwellen« sollen vermeiden, daß die beschränkte Informations- und Konfliktregelungskapazität der Ressortleitung überfordert wird.[5] Unter diesen Voraussetzungen ist der Leiter eines Referates dazu gezwungen, selbständig zu verhandeln, Kompromisse zu schließen, zwischen konkurrierenden Möglichkeiten abzuwägen und zu entscheiden. Er erfüllt so *objektiv politische Funktionen, ohne dazu legitimiert zu sein.* Offenkundig wird dies beispielsweise dann, wenn von ihm getroffene Entscheidungen zum Gegenstand öffentlicher Kontroversen werden und der zuständige Minister dafür geradestehen muß. Nicht, daß er *falsch* entschieden hat, sondern daß er in einer offensichtlich politischen Frage überhaupt *eigenmächtig entschied,* kann dem Referatsleiter dann vorgehalten werden.[6] Gezwungen, das zu tun, wozu er eigentlich nicht befugt ist – politische Entscheidungen zu fällen –, bewegt sich der Leiter eines Referats in einer *latenten strukturbedingten Beziehungsfalle,* die dann, wenn der objektiv politische Charakter seines Handelns manifest wird, zuschnappt.

In dieser prekären Lage erscheint es als Gebot der Klugheit, alle Möglichkeiten zu nutzen, um die politische Qualität des eigenen Handelns latent zu halten. Die Verwendung wissenschaftlich beglaubigten Wissens ist dazu bestens geeignet. Mit seiner Hilfe können politische Entscheidungen in sachliche Erfordernisse konvertiert und als solche gegenüber der politischen Leitung, anderen Ressorts oder der Öffentlichkeit vertreten werden. – Werden jedoch Forschungsergebnisse bekannt, die in Widerspruch zu befürworteten bzw. bereits getroffenen Entscheidungen stehen, dann wird mit deren Kontingenz zugleich ihre politische Qualität offenbar. Der zuständige Referatsleiter muß sich unter Umständen für seine Eigenmächtigkeit gegenüber der Leitung verantworten. Mit der sachlichen Begründung seiner Initiative steht darüber hinaus seine Zuverlässigkeit als Fachmann in Frage und verringert sich dadurch für ihn die Chance, zukünftig eigene Initiativen durchsetzen zu können. Unter derartigen Umständen ist es deshalb klug, von vornherein darauf bedacht zu sein, daß Forschungsprojekte, die im eigenen Auftrag durchgeführt werden, keine der eigenen Position zuwiderlaufende Ergebnisse erbringen beziehungsweise – wenn Wissenschaftler zu abweichenden Ergebnissen kommen – diese nicht zur Veröffentlichung freizugeben. Die aus dieser Art des Umgangs mit wissenschaftlichem Wissen resultierende Tendenz zur technokratischen Kaschierung politischer Entscheidung kann insofern als rationale Reaktion auf die Folgeprobleme erklärt werden, die aus der faktischen Politisierung bürokratischen Handelns in der Ministerialverwaltung erwachsen. – Ist die vorstehende Skizze der inneradministrativen Handlungsbedingungen, die mit der Position des Referatsleiters verbunden sind, korrekt, dann kann angenommen werden, daß die von $Adm_2$ berichtete Art der Bewertung und des Umgangs mit wissenschaftlichem Wissen keinen Sonderfall darstellt. Aufgrund der ihm vorgegebenen Handlungsbedingungen erscheint der politisierte Bürokrat vielmehr strukturell dazu disponiert, zum *verborgenen Protagonisten technokratisch drapierter Politik zu werden.*[7]

Ist es für eine Verwaltung schon schwierig, sicherzustellen, daß Wissenschaftler ihren legitimen Informationsinteressen ausreichend Rechnung tragen, so kompliziert sich das Problem, wenn verhindert werden soll, daß Wissenschaftler zu Forschungsergebnissen kommen, die in Widerstreit zu vorgefaßten politischen Positionen einer Verwaltung stehen. Über welche Möglichkeiten der Intervention eine Verwaltung dabei verfügt, verdeutlicht die folgende Äußerung von $Adm_2$, in der er darstellt, wie er sich zu ihm nicht genehmen Ergebnissen eines Auftragsprojektes verhalten hat bzw. verhalten wird.

*$Adm_2$:* ... Ich bin verfahren damit, ich habe den Zwischenbericht gelesen, ich habe meine Anmerkungen gemacht, was ich davon halte, und habe das dem ... [$W_6$] in aller Freundschaft gegeben, ohne das in einem offiziellen Akt zu tun oder zu sagen: »Du mußt was anderes machen.« Also den Satz: »Du hast nicht tief genug geforscht«, den wird er von mir nicht hören. Aber an dem, was als Ergebnis kommt, wird man sicherlich nochmal gemeinsam diskutieren müssen. Und wenn es so ist – also es gibt ja eine Möglichkeit, mehrere Möglichkeiten, mit diesen Forschungsergebnissen umzugehen, es ist ja eine regelrechte Auftragsforschung, und davon gibt es ja viele, jede Verwaltung hat sowas – und viele von diesen Dingern landen ja nicht in der Öffentlichkeit. Das ist etwas, was ich nicht tun will. Aber die Frage, ob etwas massiv politisch wirksam wird, dadurch, daß es in einer bestimmten Art und Weise breit veröffentlicht wird, darauf will ich schon Einfluß nehmen ...
Wenn jetzt der Bericht von [Name des Projektes, dessen Leiter $W_6$ ist] sagen würde, das [Name des Bundeslandes, dessen Drogenbeauftragter $Adm_2$ ist] Hilfesystem taugt nichts, weil es zu hart mit den Drogenabhängigen umgeht, deshalb müssen jetzt Drogeneinrichtungen geschaffen werden, die viel weicher mit den Drogenabhängigen umgehen, dann müßte ich sehr ausführlich debattieren mit [$W_6$] und anderen und wurde sicherlich zu dem Ergebnis kommen, daß sie tatsächlich an dieser Stelle nicht tief genug geforscht haben, daß sie das System nicht gut genug kennen oder es nur kennen – und das wäre ein systematischer Fehler – aus der Wahrnehmung der Drogenabhängigen, die sie interviewt haben. Von denen kriegen sie kein realistisches Bild der Therapie- und Beratungseinrichtungen in [Name des Bundeslandes, dessen Drogenbeauftragter $Adm_2$ ist]. Daß sie sich selbst als Forscher zuwenig mit der faktischen Praxis dieser Einrichtungen auseinandergesetzt haben mit der Schlußfolgerung, daß man nun etwas schaffen muß, was in der von ihnen skizzierten Art nicht stimmt, weil das schon existiert, das müßte ich mit ihnen debattieren und müßte dann in der Tat auf eine breite Veröffentlichung verzichten, oder vielleicht gibt es da auch noch Ansatzpunkte, um das in einer anderen Art zu veröffentlichen. Also so würde ich damit umgehen.

Die von $W_6$ bislang vorgelegten Forschungsergebnisse sind nach Darstellung von $Adm_2$ unbefriedigend bzw. fehlerhaft.[8] Das schon vorhandene Hilfesystem werde darin ungerechtfertigt kritisiert. Dieses Resultat ist für die Verwaltung nicht nur nutzlos, sondern, sofern die darin enthaltene Kritik veröffentlicht wird, außerdem schädlich. Diese schädlichen Folgen kann $Adm_2$ mit den rechtlichen Mitteln, die ihm als Auftraggeber zu Gebote stehen, verhindern, indem er die Veröffentlichung der Ergebnisse untersagt. – Das Interesse von Wissenschaftlern, ihre Ergebnisse insbesondere der innerwissenschaftlichen Öffentlichkeit vorlegen zu können, bietet einen der wenigen Ansatzpunkte für die Verwaltung, die es ihr erlauben, mit Sanktionsdrohungen deren Konzessionsbereitschaft zu erhöhen. Die Realisierung dieser Drohung ist für die Verwaltung allerdings wenig attraktiv, bedeutet sie doch das definitive Scheitern jeglicher Kooperation mit den Wissenschaftlern und damit meist auch den Verzicht auf Ergebnisse, die für ihre Zwecke tauglich sind. Wird darüber hinaus ihre Weigerung, die Publikation zu gestatten, öffentlich bekannt gemacht, gerät die Verwaltung in Verdacht, unliebsame Wahrheiten verheimlichen zu wollen. Nur als letzte Möglichkeit, nachdem alle Bemühungen, zu einer einverständigen Regelung zu kommen, gescheitert sind, empfiehlt es sich deshalb, dieses Mittel zu gebrauchen. Nur als letzten Ausweg zieht es $Adm_2$ auch in Betracht.

Im Vordergrund steht nach Darstellung von $Adm_2$ der Versuch, Differenzen konsensuell auszuräumen. Alle Vorsichtsmaßregeln werden demzufolge getroffen, um sachliche Einwände gegenüber der Arbeit der Wissenschaftler zwar deutlich, aber doch so vorzutragen, daß es zu keiner Konfrontation kommt. Jeder offizielle Anstrich wird sorgsam vermieden. Äußerungen, die als Vorwurf oder Zweifel an der professionellen Kompetenz der Wissenschaftler verstanden werden könnten, unterbleiben. Abweichungen der Forschungsergebnisse gegenüber den Einschätzungen von $Adm_2$ sollen »gemeinsam diskutiert« werden, freilich ohne dabei die eigene Position zur Disposition zu stellen. Indem $Adm_2$ behauptet, daß die Ergebnisse, die mit seinen sachlichen Überzeugungen nicht zu vereinbaren sind, durch methodische Fehler zustande gekommen seien, beansprucht er per Implikation, als kompetentes Mitglied der scientific community zu urteilen. In der »Diskussion« mit $W_6$ übernimmt er insofern die Rolle des Kollegen (auch gegenüber dem Interviewer), der fachliche Einwände geltend macht. – Die Rolle des wissenschaftlichen Kritikers wird jedoch von $Adm_2$ unter *politisch-strategischen Gesichtspunkten instrumentalisiert.* Seiner Darstellung zufolge ›spielt‹ er sie allein mit dem Ziel, die Zustimmung von $W_6$ und den anderen Mitgliedern der Projektgruppe zu gewinnen. Das Ergebnis dieser Diskussion steht für $Adm_2$ bereits fest, andere Möglichkeiten werden von vornherein ausgeschlossen. Nur auf der Grundlage seiner eigenen Position kann Konsens erreicht werden. Die Frage, ob die umstrittenen Ergebnisse unverändert veröffentlicht werden können oder nicht, ist – unabhängig vom Ausgang dieser ›Diskussion‹ – schon ebenso vorentschieden wie die Frage, welche Position »politisch wirksam« werden bzw. bleiben soll. Eine zentrale Bedingung jeder wissenschaftlichen Diskussion, daß alle Teilnehmer prinzipiell dazu bereit sein müssen, Tatsachenfeststellungen und Argumente, die der Kritik nicht standhalten, zu revidieren, ist damit nicht erfüllt.[9] Der für wissenschaftliches Handeln kategorisch geltende Imperativ, erhobene Wahrheitsansprüche rücksichtslos und bei jedem neuen Einwand erneut zu prüfen, wird – sofern und soweit er die Auseinandersetzung um die (erwarteten) Ergebnisse mit den Mitteln wissenschaftlicher Argumentation führt – von $Adm_2$ zwar objektiv anerkannt, faktisch jedoch – wie seine Aussagen schließen lassen – verworfen, sofern seine eigene politische Position dadurch berührt würde. – Daß hier ausgerechnet die Rolle des wissenschaftlichen Fachkollegen strategisch eingesetzt wird, liegt mit in der spezifischen Struktur der Beziehung Experte–Klient im Rahmen von Auftragsforschung begründet: Die berufsethische Verankerung professioneller Standards läßt deren Mißachtung im Interesse eines Klienten nicht zu. Die Rolle des administrativen Auftraggebers, der auf die Erfüllung seiner Wünsche pocht, ist deshalb völlig ungeeignet, eigene Interessen durchzusetzen, sofern nicht massive Sanktions- oder Korruptionsmöglichkeiten (wie z. B. Stellenangebote oder üppig dotierte Folgeprojekte) zur Verfügung stehen. Bei Konflikten zwischen Forschungsergebnissen und Auftraggeberinteressen ist vielmehr der Nachweis, daß professionelle Standards nicht zureichend beachtet wurden, der aussichtsreichere Weg, eine Revision der Ergebnisse zu erreichen. Dazu muß eigene Fachkompetenz vorhanden sein oder zumindest plausibel gemacht werden können. Die strategische Übernahme der Rolle des Fachkollegen gestattet es Verwaltungsvertretern dann, die Asymmetrie, die in der Relation Auftraggeber/Auftragnehmer normalerweise enthalten ist, zu virtualisieren, das Verhältnis zu den Wissenschaftlern durch kollegiale Vergemeinschaftung auf eine Solidarbasis zu gründen und dadurch personalisierte Verpflichtungsverhältnisse zu erzeugen, in einer nicht-direktiven Form eigene Zielvorstellungen zu verdeutlichen und Auffassungsunterschiede argumentativ auszutragen. Dadurch erhöhen sich insgesamt die Chancen einer konsensuellen Einigung.

## v. Zusammenfassung und Schluß

Wissenschaftliches Handeln ist eine Form professionalisierten Handelns. Die Untersuchung der Konsequenzen, die sich aus diesem Sachverhalt für die Störungsanfälligkeit der rechtlichen Regelung von Auftragsforschung ergeben, bildete den Ausgangspunkt für die Identifikation einiger Struktureigenschaften der Zusammenarbeit zwischen Wissenschaftlern und Verwaltungsangehörigen anhand von Beispielen aus dem Bereich der Drogenforschung. Sie führte zu folgenden Ergebnissen:

Auftragsforschung ist gebunden an den Rahmen eines zeitlich begrenzten, sachlich festgelegten und vertraglich geregelten Dienstleistungsverhältnisses. Wissenschaftler und Verwaltungsangehörige treten sich dabei in den Rollen von Auftragnehmer und Auftraggeber gegenüber. In diese Relation ist eine spezifische Asymmetrie eingebaut.[10] Es fällt dem Auftraggeber zu, Art und Inhalt der Leistung festzulegen, die er wünscht. Aufgabe des Auftragnehmers ist es, die gewünschte Leistung zu erbringen. Weniger noch als professionelle Dienstleistungen sonst, fügen sich wissenschaftliche Dienstleistungen reibungslos diesem Modelltypus. Die Resultate wissenschaftlichen Handelns sind nicht prognostizierbar. Der Gehalt der zu erbringenden Leistung kann deshalb vertraglich nur ungefähr festgelegt werden. Standardisierbare Kriterien der Erfolgkontrolle lassen sich – wie bei professionellen Leistungen generell – nicht angeben. Daraus entstehen spezielle Risiken für den Auftraggeber. Die faktische Leistung kann den formell verbindlich vereinbarten Anforderungen entsprechen, ohne doch den Bedürfnissen des Auftraggebers nach Informationen und Handlungsempfehlungen gerecht zu werden. Rechtlich einklagbar ist eine solche ›Verfehlung‹ kaum. Diese mangelhafte institutionelle Absicherung der Auftraggeberinteressen ist die Folge der spezifischen Eigenschaften wissenschaftlichen Handelns, deren Auswirkungen mit dem Mittel rechtlicher Regelung nur in engen Grenzen begegnet werden kann.

Besonders bedrohlich wird die Situation für den Auftraggeber jedoch erst dadurch, daß – im Gegensatz zu den klassischen Professionen – auch auf intraprofessioneller Ebene keine Handlungsorientierungen institutionalisiert sind, welche Sozialwissenschaftler dazu veranlassen könnten, die Bedürfnisse des Auftraggebers zur vorrangigen Richtschnur ihrer Forschungstätigkeit zu machen. Innerwissenschaftlich prämiert wird im Gegenteil die Erfüllung von Standards wie methodologisches Raffinement, Anschluß an Theorietraditionen, Komplexität von Sprache und Darstellungsweise, die leicht in Widerspruch zu den Interessen außerwissenschaftlicher Auftraggeber geraten können. Professionelles Engagement und eigenes Interesse der beauftragten Wissenschaftler an den untersuchten Fragen, welches nicht nur professionellen Normalitätserwartungen gemäß vorausgesetzt werden kann, sondern auch die Garantie einschließt, daß mit hohem Einsatz an vorhandener wissenschaftlicher Kompetenz gearbeitet wird, müssen so vom Auftraggeber zugleich als potentiell kooperationsgefährdender Faktor berücksichtigt werden. Dies gilt um so mehr, als die prinzipielle Unzulänglichkeit der rechtlichen Regulierung von Auftragsforschung strategisch nutzbare Möglichkeiten für Wissenschaftler eröffnet, die eigenen Forschungsinteressen auf Kosten der Informationswünsche des Auftraggebers in den Vordergrund zu schieben.

Fallen institutionelle Regelungen als verläßlicher Mechanismus der Perspektiven- und Interessenkoordination aus, dann muß die Bearbeitung dieses Handlungsproblems auf die Ebene der Interaktion verlagert werden. Das persönliche Gespräch erweist sich dabei als geeignetste Kommunikationsform. Durch persönliches Kennenlernen können Unsicherheiten über die Bildung von Vertrauen absorbiert, Arrangements, welche die Interessen beider Seiten berücksichtigen, ausgehandelt und personengebundene Verpflichtungsverhältnisse etabliert werden, die den fragilen institutionellen Rahmen stützen. Wie hoch die Bedeutung eines guten persönlichen Kontaktes zu den beauftragten Wissenschaftlern von Verwaltungsvertretern anscheinend eingeschätzt wird, ist an den Interviewaussagen von $Adm_2$ und $Adm_3$ abzulesen. – Eine besonders günstige Ausgangsposition für Verwaltungsangehörige, um ein gutes persönliches Verhältnis zu den beauftragten Wissenschaftlern zu gewinnen, bietet die Rolle des Fachkollegen. Sie erlaubt es, die durch die realen Machtverhältnisse nicht gedeckte Asymmetrie der institutionellen Beziehungsdefinition außer Kraft zu setzen, ohne deshalb darauf zu verzichten, die Vor-

stellungen der Verwaltung zu formulieren und zu vertreten. So können Sachkompetenz demonstriert, der Spielraum für die Austragung von Dissens erweitert, die Chancen einer konsensuellen Einigung gesteigert und dadurch die Wahrscheinlichkeit erfolgreicher Zusammenarbeit erhöht werden. Der unumgängliche Preis, der für diese Vorteile zu entrichten ist, reflektiert nur die Kosten der zugrundeliegenden Verlagerung institutionell nicht lösbarer Koordinationsprobleme auf die Ebene der Interaktion: Für Argumente gibt es keine rechtsverbindliche Abnahmegarantie. Wie sie bewertet und welche Konsequenzen daraus gezogen werden, bleibt jedem Diskussionsteilnehmer überlassen. Einzige Quelle von Verbindlichkeit ist hier die Selbstverpflichtung aller Beteiligten, sich dem ›zwanglosen Zwang des besseren Arguments‹ zu unterwerfen.
Wie wichtig es andererseits für die Sicherstellung unvoreingenommener Forschung ist, daß der Auftraggeber über ein möglichst geringes Sanktionspotential gegenüber den beauftragten Wissenschaftlern verfügt, zeigte die in den Aussagen von $Adm_2$ hervortretende Tendenz, Forschungsergebnisse *technokratisch zu instrumentalisieren.* Die Entscheidungs- und damit politische Qualität von Maßnahmevorschlägen wird verdeckt, wenn wissenschaftliches Wissen allein zur Bestätigung vorgegebener Positionen verwendet, eine Korrektur dieser Position ausgeschlossen und davon abweichende Ergebnisse bei Auftragsforschungen möglichst verhindert bzw. nicht für die Veröffentlichung freigegeben werden. Wissenschaft muß dann dazu herhalten, die faktische Kontingenz von Maßnahmeprogrammen zu eliminieren und Handlungsmöglichkeiten, die mit Risiken behaftet sind, zu sachnotwendigen Erfordernissen umzufälschen. Die Tendenz zur *symbolisch-technokratischen* Anwendung sozialwissenschaftlichen Wissens auf der Ebene der für die Beschaffung dieses Wissens und die Entscheidungsvorbereitung zuständigen Organisationseinheit, des Referats, wird durch spezifische Strukturbedingungen innerhalb der Ministerialorganisation begünstigt.
Auf seiten universitärer Wissenschaftler wie auf der Seite der Verwaltung bestehen demnach tendenziell inkompatible Interessen und strukturelle Bedingungen, die einer gelingenden Kooperation im Rahmen von Auftragsforschungen entgegenstehen und ein strategisches Verhalten aller beteiligten Akteure fördern. Vertragliche Regelungen können hier keine Abhilfe schaffen, sondern

definieren nur den Rahmen für die strategische Austragung entsprechender Konkurrenzen. Die Überbrückung der gegensätzlichen Anforderungen wissenschaftlichen und politisch-administrativen Handelns kann nur dann mit größerer Wahrscheinlichkeit erwartet werden, wenn ihnen entgegenwirkende Deutungen und Rolleninterpretationen auf der Ebene eines individuellen oder kollektiv geteilten Selbstverständnisses professioneller bzw. administrativer Akteure verankert sind (vgl. Giesen/Schneider 1984). So etwa, wenn Wissenschaftler es von vornherein als verpflichtenden Bestandteil ihrer Tätigkeit begreifen, die spezifischen Handlungsmöglichkeiten einer auftraggebenden Administration bei der Formulierung von Handlungsempfehlungen mit zu berücksichtigen, oder wenn Administratoren Forschungsergebnisse nicht nur als willkommene Hilfe zur Durchsetzung eigener Positionen, sondern auch als Instanz zur Überprüfung und eventuellen Revision bestehender politischer Positionen betrachten.

Entsprechende Handlungsorientierungen benötigen jedoch eine *organisatorische Basis,* die deren Entstehung fördert und entsprechendes Handeln prämiert, sofern sie nicht nur vereinzelt entwickelt werden und instabil bleiben sollen. Auf administrativer Seite ist hier beispielsweise an die vielerorts bereits bestehende Einrichtung spezieller Forschungsreferate zu denken, die mit fachwissenschaftlich ausgebildetem Personal besetzt sind. Für die Kooperation mit beauftragten Wissenschaftlern weist die Abwicklung von Forschungsaufträgen über derartige Referate mindestens zwei gewichtige Vorteile auf.

(a) Die Funktion der Integration zwischen fachwissenschaftlicher und administrativer Perspektive wird durch die Schaffung derartiger inneradministrativer Positionen institutionalisiert. Die damit verbundene partielle Entkoppelung der Funktion der Beschaffung wissenschaftlichen Wissens von der Entscheidungsvorbereitung verringert die Gefahr der symbolisch-technokratischen Instrumentalisierung wissenschaftlichen Wissens zugunsten eigener politischer Positionen zumindest im Stadium der Einleitung und Durchführung von Auftragsprojekten.

(b) Die kooperationsbegünstigende Rolle des Kollegen kann gegenüber Wissenschaftlern glaubhaft und kompetent wahrgenommen werden. Die Entstehung persönlichen Vertrauens und persönlicher Verpflichtungsverhältnisse wird dadurch begünstigt.

Als wissenschaftlich kompetente Vertreter der Administration eignen sich die Angehörigen von Forschungsreferaten in besonderem Maße als Mittler und treuhänderische Verwalter der spezifischen Informations- und Beratungsinteressen der Administration, die sie in enger Begleitung von Auftragsprojekten jederzeit präsent halten und zur Geltung bringen können.
Die Gefahr der Verselbständigung professioneller Interessen, die vor allem bei universitär betriebener Auftragsforschung besteht, könnte andererseits dadurch vermindert werden, daß wissenschaftliches Wissen vorrangig durch in der Verwaltung arbeitende Wissenschaftler oder der Verwaltung angegliederte Forschungsorganisationen bzw. kommerzielle Forschungsinstitute beschafft wird. Die verschiedenen hier denkbaren Modi der Organisation anwendungsbezogener Forschung werfen jedoch Probleme anderer Art auf, für deren Diskussion hier der Raum fehlt.

## *Anmerkungen*

1 $Adm_2$ redet hier ausdrücklich *nicht* von der Position der Verwaltung, sondern des Drogenbeauftragten. Auch gebraucht er im Unterschied zu anderen Stellen im Interview und im Kontrast zum Interviewer, der in der Anrede die zweite Person Plural verwendet, die erste Person Singular statt Plural.

2 Daß $Adm_2$ nur legitimatorisch verwendbare Bestätigung oder ergänzende Informationen bzw. Vorschläge von Auftragsprojekten erwartet, die Möglichkeit *unabhängiger Kontrolle und Korrektur* durch wissenschaftliche Forschung jedoch nicht in Betracht zieht, zeigt auch folgende Aussage gegen Ende des ersten Interviews, in der er sich über die nicht funktionierende Auftragsforschung anläßlich eines von ihm geförderten Symposions beklagt:
»Die Auftragsforschung hat da nicht ganz funktioniert. Der von mir ausgesprochene Auftrag des Landes [...] an [$W_6$] war ein über das wissenschaftliche Symposion hinaus anzufertigendes Gutachten ›Die Verbesserung des Verbundsystems im Lande [Name des Bundeslandes, dessen Drogenbeauftragter $Adm_2$ ist]‹ vorzuschlagen, damit also letztlich das abzusichern, was ich ohnehin geplant habe, oder zusätzliche Vorschläge zu machen. Das ist nicht passiert. Und aufgrund der Eigeninteressen von [$W_6$] ist daraus jetzt ein Handbuch über Drogenarbeit geworden. Da steht schon im Titel nichts mehr vom Lande [...]. Das, was ich jetzt brauche, nämlich eine massive Begründung für die Weiterentwicklung des Programms, habe ich damit nicht.«

Neben der hohen Bedeutung, die hier der Verwendung eines wissenschaftlichen Gutachtens für die politische Durchsetzung von Maßnahmeplanungen zugesprochen wird, liefert dieses Zitat einen weiteren Beleg für die Gefahr, daß beauftragte Wissenschaftler ihre eigenen Forschungsinteressen auf Kosten der Wünsche des Auftraggebers verfolgen.

3 Zwingende Begründungen tilgen die Unsicherheit und heben den Entscheidungscharakter einer Wahl damit auf (vgl. dazu Lübbe 1971, S. 21 f.).

4 Die Position des Drogenbeauftragen ist in der Regel auf Referatsleiterebene angesiedelt.

5 »... eine Vorlage, die mehrere Alternativen enthält, gilt als ›unausgereift‹ und wird mit dem Hinweis, ein Angebot von Alternativen verunsichere die politische Leitung und überfordere deren Entscheidungsfähigkeit, zurückgegeben« (vgl. Mayntz-Trier/Scharpf u. a. 1972, S. 109 ff., zitiert nach Schmid/Treiber 1975, S. 139).

»[Das initiierende Referat bzw.] die initiierende Fachabteilung, die mit einem noch umstrittenen Entwurf vor den Minister gehen [wollen], müssen mit Nachteilen, zumindest aber damit rechnen, daß die Vorlage mit der Aufforderung zurückkommt, sich zunächst einmal mit den widersprechenden Einheiten weiter um eine Einigung zu bemühen« (vgl. Scharpf 1973, S. 118, zitiert nach Schmid/Treiber 1975, S. 145).

6 M. Lepper (Regierungsdirektor) beschreibt dieses Dilemma aus der Perspektive des Referenten wie folgt: »Die hierbei [d. h. bei der Ausfüllung der zugewiesenen Handlungsspielräume – W. L. S.] bestehende und von den Geschäftsordnungen nicht ausgeräumte Unsicherheit können wir täglich erleben. Entweder ist ein Projekt in der zunächst als ›unpolitisch‹ angesehenen Vorbereitungsphase plötzlich ›hochpolitisch‹ geworden, und wir werden uns vor unserem Minister zu verantworten haben, warum wir nicht vorher... usw. Na ja, wer kennt das nicht. Oder aber wir machen täglich eine Ministervorlage und müssen uns sagen lassen, wir wollten uns ›interessant‹ machen« (Lepper 1973, S. 128).

7 Diese Aussage ist *nicht* als eine durch eine Vielzahl empirischer Fälle gestützte Verallgemeinerung, sondern als eine Strukturhypothese zu verstehen, die aus der idealtypisierenden Rekonstruktion inneradministrativer Handlungsbedingungen und daraus ableitbarer strategisch rationaler Verhaltensmöglichkeiten folgt. Sie spezifiziert die gängige These von der komplementären Entwicklungstendenz zur Politisierung der Bürokratie und zur Bürokratisierung der Politik (vgl. dazu auch Klatt [Regierungsdirektor und Referatsleiter in der Verwaltung des Deutschen Bundestages] 1985, S. 94).

8 Wenn $Adm_2$ seine Kritik im Konjunktiv vorträgt, so wohl deshalb,

weil er darlegen will, wie er reagieren würde, wenn die monierten Aussagen des Zwischenberichtes im Endbericht unverändert auftauchen würden. Der Endbericht lag zum Zeitpunkt der Befragung noch nicht vor.

9 Diese Bedingung gilt unabhängig davon, ob es die einzelnen Teilnehmer für mehr oder weniger *wahrscheinlich* halten, daß ihre Argumente entkräftet werden könnten. Ihre Anerkennung ist daher ausnahmslos gefordert.

10 Als regulärer Beziehungstyp wird hier ein Verhältnis zwischen Auftraggeber und Auftragnehmer angenommen, wie es in der gewerblichen Wirtschaft üblich ist.

## *Literatur*

Bartholomäi, R. (1977), »Ressortforschung. Aspekte der Vergabe und Forschungsbegleitung«, in: Wissenschaftszentrum Berlin (Hg.), *Interaktion von Wissenschaft und Politik*, Frankfurt, S. 185-299.

Ellwein, Th. (1976), *Regieren und Verwalten*, Opladen 1976.

Giesen, B. (1982), »Drogenproblem und Sozialpolitik. Zur praktischen Heuristik soziologischer Theorien«, in: U. Beck (Hg.), *Soziologie und Praxis. Sonderband 1 der Sozialen Welt*, Göttingen, S. 135-157.

Giesen, B. (1983), »Moralische Unternehmer und öffentliche Diskussion«, in: *Kölner Zeitschrift für Soziologie und Sozialpsychologie*, Heft 2, S. 230-254.

Giesen, B./W. Schneider (1984), »Von Missionaren, Technokraten und Politikern, Deutungsmuster als Determinanten der Interaktion von Wissenschaftlern und Praktikern«, in: *Soziale Welt* 35, S. 458-479.

Häußermann, H. (1977), *Die Politik der Bürokratie*, Frankfurt.

Klatt, H. (1985), »Verwaltungskontrolle durch Regierung und Parlament«, in: Chr. Graf von Krockow (Hg.), *Verwaltung zwischen Bürger und Politik. Schriftenreihe der Bundeszentrale für politische Bildung*, Bd. 218, Bonn, S. 79-95.

Lepper, M. (1973), »Die Basiseinheit in der Organisation der Ministerien des Bundes und der Länder«, in: *Schriftenreihe der Hochschule Speyer*, Bd. 52, Berlin, S. 125-136.

Luhmann, N. (1977), »Theoretische und praktische Probleme der anwendungsbezogenen Sozialwissenschaften«, in: Wissenschaftszentrum Berlin (Hg.), *Interaktion von Wissenschaft und Politik*, Frankfurt 1977, S. 16-39.

Luhmann, N. ([3]1983), »Politische Planung«, in: ders., *Politische Planung*, Opladen, S. 66-89.

Lübbe, H. (1971), *Theorie und Entscheidung*, Freiburg.

Marshall, Th. (1964), »The Recent History of Professionalism in Relation to Social Structure and Social Policy«, in: ders., *Class, Citizenship and Social Development*, New York, S. 158-179.

Mayntz-Trier, R./F. W. Scharpf u. a. (1972), *Programmentwicklung in der Ministerialorganisation*. Projektbericht, erstellt im Auftrag der Projektgruppe für Regierungs- und Verwaltungsreform beim Bundesminister des Innern, Speyer/Konstanz.

Mayntz, R./F. W. Scharpf (1973), »Probleme der Programmentwicklung in der Ministerialorganisation auf Bundesebene«, in: *Schriftenreihe der Hochschule Speyer*, Bd. 52, Berlin, S. 37-44.

Parsons, T. (1973), »Die akademischen Berufe und die Sozialstruktur«, in: ders., *Soziologische Theorie*, Neuwied, S. 160-179.

Rüschemeyer, D. (1972), »Ärzte und Anwälte: Bemerkungen zur Theorie der Professionen«, in: Th. Luckmann/W. M. Sprondel (Hg.), *Berufssoziologie*, Köln, S. 169-181.

Rottmann, J. (1985), »Die Bedeutung der Verwaltung bei der Gesetzesvorbereitung«, in: Chr. Graf von Krockow (Hg.), *Verwaltung zwischen Bürger und Politik. Schriftenreihe der Bundeszentrale für politische Bildung*, Bd. 218, Bonn, S. 53-62.

Scharpf, F. W. (1973), *Politische Durchsetzbarkeit innerer Reformen im pluralistisch-demokratischen Gemeinwesen der Bundesrepublik*. Gutachten, Bonn/Konstanz.

Schmid, G./H. Treiber (1975), *Bürokratie und Politik. Zur Struktur und Funktion der Ministerialbürokratie in der Bundesrepublik Deutschland*, München.

Schneider, W. (1984), »Interaktion zwischen Wissenschaftlern und Verwaltungsbeamten«, in: B. Giesen/A. Legnaro/W. Schneider/V. Heitbrede-Florian/R. D. Lehmann, *Endbericht zum DFG-Projekt »Transfer- und Anwendungsbedingungen sozialwissenschaftlichen Wissens in sozialpolitischen Administrationen. Das Beispiel des Drogenproblems«*, Typoskript, Gießen, S. 170-447.

# Volker Ronge
# Verwendung sozialwissenschaftlicher Ergebnisse in institutionellen Kontexten

## 1. Die Idee der Verwendungsforschung

Daß die Ergebnisse der sozialwissenschaftlichen Arbeit nicht *als solche, unverändert* »praktisch« werden – das ist inzwischen unter »Verwendungsforschern« Allgemeingut. Es gilt als selbstverständlich, daß die (sozial-)wissenschaftlichen Ergebnisse auf ihrem Weg aus der Wissenschaft in die sogenannte Praxis – in »Anwendersysteme«, wie Luhmann treffender formuliert hat (1977) – einer *Transformation* unterliegen. Hinter dieser realistischen Vorstellung stehen zwei Annahmen über die gesellschaftliche Realität, deren Akzeptanz zum Teil erst mühsamer Lernprozesse bedurfte:

1. eine funktionale Spezifikation des Wissenschaftssystems auf »handlungsentlastete« Reflexion (Luhmann 1979, S. 253; Habermas 1973, S. 214), das heißt eine Weise der Reflexion, die von den für die anderen Systeme bestehenden Handlungs- und Entscheidungszwängen abstrahieren kann und eben daraus ihre Leistungsfähigkeit gewinnt (womit sie zunächst einmal notwendigerweise »unpraktisch« wird)[1];
2. eine Aufwertung der (differenzierten) gesellschaftlichen Praxis, die insbesondere mit deren systemtheoretischer Konzeptualisierung verbunden war[2], der gemäß das Wissenschaftssystem nur eines von mehreren »primären« Sozialsystemen bildet: den anderen im Range nicht vor-, sondern bestenfalls gleichgeordnet. Aus dieser Konzeption folgt, daß die Wissenschaft nicht etwa die Reflexion für sich gepachtet hat – und demgegenüber alle Praxis vergleichsweise dumm, borniert, unaufgeklärt, irrational wäre. Auch die anderen Sozialsysteme bauen vielmehr ihrerseits Reflexionswissen – Luhmann (1981) scheut sich nicht, in diesem Zusammenhang (auch) von »Theorien« zu sprechen – auf, mit dem sich das zur Anwendung drängende wissenschaftliche Wissen dann zu vermitteln hat.

Unter solchen »gesamtgesellschaftlichen« Annahmen geht die

Fragestellung der »Verwendungsforschung« dahin, »wie Bedeutungsgehalte, die unter den Bedingungen der Handlungsentlastetheit formuliert worden sind, handlungsbezogen reformuliert und verändert werden« (Beck/Bonß 1984, S. 394). Mit anderen Worten: Die Verwendungsforschung unterstellt die Notwendigkeit der Transformation der (sozial-)wissenschaftlichen Ergebnisse bei ihrem Eindringen in »praktische« Sozialkontexte und untersucht, wie diese Transformation oder Kontextuierung tatsächlich aussieht und welche Folgen sie hat – für die Praxis wie für die Wissenschaft. Beck/Bonß haben hierfür – nach Abstreifung eines von Tenbruck stammenden Bedeutungsinhalts – den Begriff der »Trivialisierung« vorgeschlagen (1984, S. 394).
Die – im Verhältnis zu alten Theorie-Praxis-Debatten – neue Ausgangskonzeption der »Verwendungsforschung« (vgl. Ronge 1988) bedeutet auch eine Umkehrung der Perspektive: Statt um die Diffusion oder den Transfer wissenschaftlichen Wissens in die nicht-wissenschaftliche Praxis, also ein *Push*-Modell, geht es um die selektive Aufnahme und Nachfrage solchen Wissens, im Sinne eines *Pull*-Modells, von seiten der (differenzierten) Praxis. Das impliziert eine neuartige Definitionsmacht über das, was eigentlich Wissen(-schaft) *ist*: die praktischen Nachfrager *bestimmen* zumindestens *mit*, was als Wissen(-schaft) *gilt*.
Nun stellt sich die derartig transformative Verwendung von sozialwissenschaftlichen Ergebnissen als ein breites Feld dar; und entsprechend breit gefächert agiert die Verwendungsforschung. Dieser Situation korrespondiert ein Bedürfnis nach typologischer Klassifizierung. Ohne diese Unterscheidung weiter auszuführen, differenzieren Beck/Bonß in dieser Hinsicht zwischen *institutionellen* und *alltagsweltlichen* sozialen Kontexten, in denen sich die Verwendung sozialwissenschaftlicher Ergebnisse abspielen kann (1984, S. 392 f.).
Wenn ich an diese Unterscheidung anknüpfe und mein Interesse auf die Verwendung von Sozialwissenschaft in *institutionellen* Kontexten konzentriere, so bedeutet dies zunächst natürlich keine kritische Gegenposition zum Ansatz von Beck und Bonß. Andererseits scheint mir der ganze argumentative Duktus der beiden eher vor dem Hintergrund alltagsweltlicher Verwendungsprozesse entwickelt worden und somit auch vornehmlich für diese zutreffend zu sein. Für eine solche Interpretation spricht ihre Begriffswahl, die sozusagen durchgehend handlungstheoreti-

scher Natur ist (Begriffe wie Denkweisen, Deutungs- und Argumentationsmuster; Anwendung als [Re-]Interpretation, Aufklärung) und somit die Besonderheiten von Systemen, von Organisationen nicht erreichen kann, sowie insbesondere die Qualifizierung von Trivialisierung als »Verschwinden«: »Daß die latente Versozialwissenschaftlichung kaum gesehen wird, liegt nicht zuletzt daran, daß sozialwissenschaftliches Wissen bei der Durchdringung gesellschaftlicher Handlungsfelder in der Regel *handlungsbezogen-selbstverständlich* und damit unkenntlich wird. In diesem Sinne bedeutet erfolgreiche ›Verwendung‹ letzten Endes gerade das *›Verschwinden‹* bzw. die *notwendige Auflösung* der Soziologie im Handlungszusammenhang ...« (Beck/Bonß 1984, S. 384). Diese These ist meines Erachtens zumindest einseitig, insofern sie auf »Adressaten« der Soziologie (1984, S. 384) in gesellschaftlichen Handlungsfeldern abhebt, ohne die weitgehende Organisiertheit und Institutionalisierung der Gesellschaft explizit zu berücksichtigen. Ich vermute, daß sich darin noch ein Rest an soziologischem Selbstverständnis verbirgt, nach dem diese Wissenschaft ihre vornehmliche, wenn nicht gar einzige Aufgabe in der – nicht weiter differenzierten! – gesamtgesellschaftlichen Aufklärung und Rationalisierung zu sehen habe.[3] Indem ich meinen Blick auf einzelne Institutionen richte und dort die Verwendung sozialwissenschaftlicher Ergebnisse empirisch untersuche, leiste ich mir deshalb wohl auch den Verzicht auf diese »große«, normative Praxisperspektive der Soziologie.

Man könnte vor jeder Untersuchung en detail fragen, welche Bedeutung die beiden Adressatenbereiche der Verwendung sozialwissenschaftlicher Ergebnisse im Vergleich haben, um von daher auf die eventuelle Relevanz der jeweiligen Ergebnisse der Verwendungsforschung in beiden Bereichen zu schließen. Ich halte diese Fragestellung jedoch für müßig und möchte mich darauf beschränken, die gesellschaftliche Relevanz der institutionellen Verwendung zu betonen: Sie ergibt sich in eben dem Maße, in dem man unsere Gesellschaft als eine nach Funktionen systemisch differenzierte und organisierte hält (vgl. dazu Habermas 1981, S. 171 ff.).

## 2. Was heißt: Verwendung »in institutionellen Kontexten«?

Mit dieser Formel ist zunächst einmal eine spezifische Konstellation von »Praxis« (außerhalb der Wissenschaft) gemeint, nämlich – im Unterschied zu individuellen oder gruppenförmigen »sozialen Akteuren« (vgl. Beck/Bonß 1984, S. 383) – institutionalisierte, regelmäßig organisierte Handlungssysteme, welche die Adressaten für sozialwissenschaftliche Ergebnisse abgeben, beispielsweise die Ministerialverwaltung, Behörden, Verbände, Vereine, Wirtschaftsunternehmen. Der Unterscheidung solcher Kontexte von alltagsweltlichen liegt die Annahme zugrunde, daß sich Reflexion in institutionellen Kontexten anders darstellt als beim Individuum (oder auch in Kollektiven wie Massen, Bewegungen, Gruppen). An die Stelle des individuellen Bewußtseins treten in institutionellen Kontexten organisierte und dabei wesentlich formellere, z. B. professionell ausgeübte, aktenförmige, in ihrem Ablauf mehr oder weniger bürokratisch geregelte Reflexionsstrukturen und -prozesse.

Daraus wiederum ergibt sich, daß in diese institutionellen Reflexionsbereiche eintauchende, sei's drängende, sei's nachgefragte sozialwissenschaftliche Ergebnisse (a) nicht einfach »verschwinden« können und deshalb (b) vergleichsweise gut rekonstruierbar sind. In diesem Bereich braucht eine empiriewillige Verwendungsforschung also nicht zu befürchten, daß sie mit bzw. aufgrund ihrer »Verschwindens-These« zugleich ihres Untersuchungsobjekts verlustig geht. Andererseits trifft die Forschung bei institutionellen Verwendungskontexten auf organisatorische »Formierungen«, die sich der wissenschaftlichen »Durchleuchtung« auch widersetzen, sie irreführen können.

Damit aber nicht genug: Zumindest von einer bestimmten Größen- und Komplexitätsordnung an werden »institutionelle Kontexte« gewissermaßen Sensoren zur Wissenschaft ausbilden, um ihre eigene Reflexion durch Hilfe von außen, also durch an anderer Stelle der Gesellschaft spezialisiert produziertes »Know-how«, zu verstärken. Auch diese Ausbildung von wissenschaftsgerichteter Reflexion in (nicht-wissenschaftlichen) Institutionen macht Analogisierungen zwischen alltagsweltlichen und institutionellen Kontexten fragwürdig.

Mein spezielles Interesse gilt nun institutionellen Kontexten, in denen sich sogar *ausdifferenzierte Subeinheiten* gebildet haben, deren ausdrückliche Funktion darin besteht, Verbindung zwischen dem Anwendersystem, dem sie in der Regel formell zugehören, und der Wissenschaft zu halten.

Diese in ihrer Funktion »hybriden«, nämlich von zwei Systemen her (über-)determinierten »Scharnierinstitutionen« versuchen, das mit der funktional differenzierten Systemstruktur gesetzte Problem der Aufrechterhaltung des Zusammenhangs des Ganzen (vgl. dazu Willke 1983) zu lösen. Meines Erachtens kann der Wissenstransfer zwischen Systemen in größerem Maßstab nicht auf personell-situative Weise, sondern nur institutionalisiert erfolgen. Was das heißt, wie das funktioniert, steht aber in Frage.

Genaugenommen beschäftige ich mich also mit *institutionalisierter* Verwendung sozialwissenschaftlichen Wissens in institutionellen Kontexten. Drei derartige »Verwendungsinstitutionen« – ohne besonderen sonstigen Zusammenhang ausgewählt – bilden mein Untersuchungsfeld; sie werden hier zunächst nur zwecks Exemplifizierung genannt:

(a) Einrichtungen der sogenannten *Ressortforschung*, exemplarisch das Bundesinstitut für Berufsbildung (BIBB) in Berlin, in denen sich Wissenschaft und ihre Anwendung sozusagen institutionell treffen und miteinander auskommen müssen;

(b) das (ehemalige) *Bundeszentrum Humanisierung des Arbeitslebens* bei der Bundesanstalt für Arbeitsschutz (und Unfallforschung) in Dortmund als eine Einrichtung, die in Folge eines großen Forschungsprogramms (HdA-Programm) – im organisatorischen Rahmen einer Ressortforschungseinrichtung – eigens gegründet und mit der Aufgabe der *Umsetzung* der erzielten Forschungsergebnisse betraut worden ist (wobei diese institutionelle Umsetzung strategisch als nur einer von mehreren Umsetzungsmodi eingeführt wurde);

(c) die *Medienforschungsreferate* der Rundfunkanstalten, die sich als institutionelle Schnittstellen zwischen empirischer Medien- bzw. Publikumsforschung und den Forschungsbedürfnissen der Medienpraxis begreifen und entsprechend fungieren.

An dieses »Feld« wird die konventionelle, empirische Fragestellung der Verwendungsforschung (vgl. Beck/Bonß 1984, S. 393) gerichtet, nämlich: wie und unter welchen Bedingungen in diesen Einrichtungen die Verwendung sozialwissenschaftlicher Ergebnisse erfolgt.

Die Konzentration auf institutionelle Verwendungskontexte hat noch einen weiteren, fundamentalen Effekt: Das, was verwendet werden soll, die »sozialwissenschaftlichen Ergebnisse« (Begriffe, Argumentationsweisen, Methoden – oder was immer), muß für diesen Bereich von vornherein anders konzeptualisiert werden als für die Alltagswelt: sozusagen auch stärker institutionalisiert. Denn in institutionellen Kontexten geht es nicht um das (zu beeinflussende) Bewußtsein von Individuen, somit um Deutungs- und Interpretationsmuster, um »Sozialwahrnehmung« und »Aufdeckung neuer Dimensionen sozialer Wirklichkeit« (vgl. Beck/Bonß 1984, S. 394) – alles dies jedenfalls nicht nur und nicht in erster Linie. Verwendung von Sozialwissenschaft in institutionellen Kontexten heißt viel eher zum Beispiel wiederum Forschen nach soziologischen Regeln, aber mit Anwendungsbezug; heißt die Verwendung von sozialwissenschaftlich ausgebildeten Mitarbeitern oder Beratern und die zielbewußte, adressatenspezifische, didaktisch und methodisch »aufgeklärte« Umsetzung von Ergebnissen, die mit einem entsprechenden Forschungsauftrag überhaupt erst initiiert worden sind.

## 3. Anmerkungen zur Untersuchungsanlage

Die wohl unbestreitbar komplexe Fragestellung nach der Verwendung sozialwissenschaftlichen Wissens empirisch in Institutionen zu untersuchen, die zudem insofern »sensibel« sind, als sie in mehr oder minder politischen Umwelten agieren, ist kein Unterfangen, das sich auf leichte Weise mit standardisierten, konventionellen Methoden der empirischen Sozialforschung angehen ließe. Hier bedarf es der Zustimmung des »Feldes« und der Akzeptanz im Feld – und das als Bestandteil der Untersuchung. Der Forscher muß sich – in fast ethnologischer Weise – ausreichend lange in der untersuchten Institution aufhalten, um von deren Außendarstellung geprägte oberflächliche Eindrücke zu überwinden. Er muß sich mit den Organisationsmitgliedern, seinen Objekten, »verständigen«, um etwas über sie von ihnen zu erfahren.

Das alles soll hier nicht detailliert geschildert werden. Nur soll erwähnt werden, daß alle nachstehend aufgeführten Erkenntnisse auf der Basis von mehrwöchigen, zum Teil mehrmonatigen Ho-

spitationen in den Institutionen, auf vielen teils förmlichen (Leitfaden, Tonbandaufnahmen), teils informellen Interviews und Gesprächen sowie auf umfangreichen Aktenanalysen zu ausgewählten »Vorgängen« (Projekten) in den Institutionen beruhen*.
Die folgenden Ausführungen haben nicht die Form eines Ablaufberichts der Untersuchungen; vielmehr handelt es sich um pointierte selektive Erkenntnisse aus den Untersuchungen.

## 4. Anwendungsorientierte Sozialwissenschaft(en) als Verwendungsmodus in der Ressortforschung

Man kann die Unterschiedlichkeit zwischen (Sozial-)Wissenschaft und (sozialer) Praxis, den »Hiatus zwischen wissenschaftlicher und praktischer Vernunft« (Lau 1984, S. 408), so weit überziehen, daß anwendungsorientierte, -bezogene, gar angewandte Sozialwissenschaft eine contradictio in adjecto darstellen muß. Beispielsweise für Scheuch (1985, S. 11) »sind politische Kriterien den wissenschaftlichen Kriterien diametral entgegengesetzt«; ebenso für Matz (1985, S. 8f.), dem zufolge Wissenschaft und Politik(-praxis) »qualitativ ganz verschiedenen Rationalitätsprinzipien folgen«. Mit solcher Dichotomisierung, der gemäß es keine andere als die akademische Wissenschaft gibt und geben kann, verfehlt man freilich ein gut Stück Realität – etwa diejenige der sogenannten *Ressortforschung*.
Ressortforschung hat nach einer offiziellen Formulierung (Bundesbericht Forschung 1984, S. 37f.) *wissenschaftliche* Grundlagen für *politische und administrative* Aufgaben der sie tragenden Regierung zu erarbeiten. »Die Forschung vollzieht sich immer im Rahmen eines bestimmten Ressortauftrags.« Und: »Die Ergebnisse dienen der politischen Entscheidungsfindung« (ebd.).
Das Bundesforschungsprogramm »Humanisierung des Arbeitslebens«, um einen anderen Fall zu nehmen, der irgendwo zwischen akademischer und Ressortforschung rangiert, hätte seine eigene – politische – Ratio desavouiert, wenn die Resultate der von ihm initiierten Forschungen, jedenfalls von der Intention

* Beteiligt waren in unterschiedlichen Projekten und Projektphasen als meine Mitarbeiter: Dagmar Heine, Gertrud Heinrichs, Thomas Hülsmann, Norbert Kanthak, Kristina Pratsch.

her, *nicht* anwendungsorientiert und anwendungsbezogen wären und schließlich auch zur Anwendung gelangen würden.
Schließlich dürften die Rundfunkanstalten nicht viele Millionen Mark pro Jahr für Rezipientenforschungsprojekte ausgeben, wenn sie nicht unterstellen und darauf dringen würden, daß die Forschungsergebnisse anwendungsorientiert und die Forschungsempfehlungen praktisch umsetzbar sind. (Entsprechend harsch kritisieren die Praktiker die in dieser Hinsicht unfähige oder unwillige akademische Medien- bzw. Kommunikationsforschung.)
Alle genannten Beispiele demonstrieren statt eines Hiatus den engen, institutionell vermittelten Kontakt zwischen Wissenschaft und »Praxis«. Dieser ist also keineswegs bloß postuliert oder punktuell. In der Wirklichkeit entwickeln sich vielmehr, um eine Version der Vermittlung beider hier herauszustellen, *anwendungsbezogene (sozialwissenschaftliche) Disziplinen* – erwartungsgemäß scheel angesehen von den sich in dieser Hinsicht rein haltenden akademischen Brüdern und Schwestern.
Ein Beispiel dafür stellt die *»Ausbildungsordnungsforschung«* (AoF) dar, die sich im BIBB herausgebildet hat (vgl. ausführlicher Ronge/Heine 1986). Mit der Schaffung einer solchen, in diesem Fall sogar auf das Institut beschränkten Wissenschaftsdisziplin verbinden sich diverse Zwecke und Interessen – unter anderem die Absicht, auf diese Weise organisatorisch und normativ die eigentlich erwartbaren Kompatibilitätsprobleme zu lösen, die der Zusammenprall von Wissenschaft und Wissensanwendung im Institut bei den Mitarbeitern hervorruft. Für unseren Zusammenhang von Belang sind dabei die folgenden Aspekte:
1. Das Selbstverständnis der AoF ist das einer Wissenschaftsdisziplin. Als vergleichsweise autonome Ressortforschungseinrichtung fühlt sich das BIBB insgesamt dem Wissenschaftssystem und nicht etwa der Politik zugehörig. Die Einschätzung von seiten akademischer Disziplinen muß damit nicht übereinstimmen. Die AoF impliziert – von ihren anderen Besonderheiten (siehe unten) abgesehen – eine fachliche Spezialisierung, die weitgehend dem Muster akademischer Disziplinendifferenzierung folgt; im akademischen Bereich könnte man, was die Sozialwissenschaften angeht, auf Pendants wie die Bildungs-, Arbeits- und Berufssoziologie verweisen.
2. Die Schaffung dieser Disziplin durch das BIBB drückt die

Empfindung eines Defizits der korrespondierenden akademischen Disziplinen an Anwendungsorientierung und -relevanz aus. Die AoF holt dementsprechend »praktische« Anwendungs- und Umsetzungsfunktionen ausdrücklich in ihr Paradigma ein: in diesem Fall ist es insbesondere die Aufgabe, Forschungsergebnisse oder -erkenntnisse mit den späteren – übrigens vom politischen und ökonomischen Interesse her antagonistischen – Anwendern *»auszuhandeln«*. Auf diese Weise soll ein spätere soziale Handlungen normativ ordnendes Resultat gefunden werden, das sowohl wissenschaftliche Rationalität als auch einen Interessenkompromiß der Anwender in irgendeiner Vermittlung einschließt.

3. Es ist für angewandte Disziplinen wie die AoF charakteristisch, daß sie nicht den sozusagen anwendungsorientierten Ast *einer bestimmten* akademischen Wissenschaftsdisziplin bilden, sondern eine Mehrzahl an korrespondierenden akademischen Disziplinen aufweisen, von denen »Aspekte« (Begriffe, Theoreme, Methoden) entliehen werden und auf die hin man sich bezieht: außer der Soziologie (bzw. einer bestimmten speziellen Soziologie wie etwa der Berufs- oder der Bildungssoziologie) z. B. die Pädagogik, die Arbeitswissenschaft, die Psychologie, die Betriebswirtschaftslehre, eventuell sogar ingenieurwissenschaftliche Disziplinen. Dieser Mehrfachbezug der anwendungsorientierten Disziplin zur akademischen Welt kann als Ausdruck oder auch Preis der verstärkten Annäherung an eine Praxis interpretiert werden, der die auf Realitätsabstraktionen beruhende disziplinäre Differenzierung der Wissenschaft natürlich völlig fremd ist. Verglichen mit den kaum je eingelösten, aber um so häufiger beschworenen Interdisziplinaritätsideen der akademischen Welt ist die AoF gezwungenermaßen wirklich interdisziplinär gestaltet.

4. Sozialpsychologisch gesehen bildet das Paradigma einer anwendungsorientierten Wissenschaftsdisziplin die notwendige Basis für eine einigermaßen dissonanzfreie Berufsrollenidentifikation derjenigen, die in solchen Ressortforschungseinrichtungen arbeiten.

5. Die Bezugspraxis – bei der AoF die politische Administration – honoriert die Anwendungsorientierung dadurch, daß sie den Ressortforschern eine vergleichsweise unmittelbare Mitwirkung bei politischen Entscheidungen einräumt.[4] In diesem Fall werden die

Resultate der Ausbildungsordnungsforschung von den politischen Instanzen sozusagen nur notariell in Kraft gesetzt in Form des Erlasses einer im BIBB erarbeiteten Ausbildungsordnung.
6. Im Maße des unmittelbaren Eingangs ihrer Ergebnisse in die politische Entscheidung und Normierung sowie der damit zusammenhängenden Ergänzung der wissenschaftlich-forscherischen Aktivität durch Aushandlungsprozesse mit Akteuren der Praxis verliert die AoF natürlich an Handlungsentlastung. Diese Verminderung der »Handlungsentlastetheit« bleibt aber partiell: sie erfolgt nicht zuletzt *zeitlich* ausdifferenziert.
Um zu resümieren: Die »Verwendung sozialwissenschaftlicher Ergebnisse« stellt sich also in unserem institutionellen Verwendungskontext als *Ausbildung anwendungsbezogener Wissenschaftsdisziplinen* dar, die

- sich von akademischen Disziplinen durch die Internalisierung von »praktischen« Aufgaben, das heißt die teilweise Aufgabe der »Handlungsentlastetheit«, unterscheiden[5];
- thematisch quer zu ihren akademischen Pendants zugeschnitten sind, somit im Rahmen einer Mehrzahl von Bezugsdisziplinen *unter anderem auch* Sozialwissenschaft(en) einschließen;
- nicht vor der Tür der politischen Dezision verharren müssen, sondern in erheblichem Maße an der Dezision beteiligt werden.

Die in diesen Kontext einbezogene Sozialwissenschaft kann positiv verbuchen, daß sie *praktisch einflußreich* wird – um den Preis allerdings, daß sie in einem Amalgam diverser wissenschaftlicher Inputs »verschwindet« oder besser: aufgeht.
In ähnlicher Weise wie die AoF ließen sich die *Arbeitswissenschaft*, die aus der Sicherheitstechnik hervorgegangene *Sicherheitswissenschaft* und die *Rezipientenforschung* (im Bereich der Kommunikationswissenschaft) interpretieren.
Was den praktischen Einfluß angeht, so läßt er sich bei diesen Disziplinen durchaus ebenso deutlich erkennen wie bei der AoF: Bei der praxisorientierten Arbeitswissenschaft etwa zeigt sich dieser Einfluß in den sogenannten »gesicherten arbeitswissenschaftlichen Erkenntnissen«, die im Feld zu normierender Bedeutung gelangen; im Fall der empirischen Publikumsforschung realisiert sich praktischer Einfluß in der Beratung der Auftraggeber durch Ableitung von Konsequenzen aus der Forschung, z. B. in Form von Empfehlungen für bestimmte Hörfunk- und Fernsehprogramme oder Programmstrukturveränderungen.

Einen Preis zahlt »die« Sozialwissenschaft bei ihrer »Beteiligung« an anwendungsorientierter Wissenschaft etwa damit, daß sie eine gemäß den Bedürfnissen, Interessen und Einflüssen der Praxis *selektive*, ja vielleicht eklektische Verwendung erfährt. Dies gilt für einzelne Theorien oder für ganze konkurrierende Ansätze. So hat sich z. B. in der Massenkommunikationsforschung folgende eigenartige, wenngleich verständliche Konstellation herausgebildet: Zwei nur als unterschiedlich selektive und partiell konkurrierende Hypothesen sinnvolle Forschungsansätze – der »Wirkungsansatz«, die Wirkungen der Medienprogramme auf die Rezipienten betreffend, und der »Uses-and-Gratifications«-Ansatz, die Motive, Kalküle und Verhaltensweisen der Rezipienten gegenüber den Medien betreffend – haben sich in hohem Maße gegeneinander verselbständigt und werden jeweils einseitig von Teilen der Kommunikationswissenschaft verwendet. Der akademische Zweig setzt eher auf den Wirkungsansatz, während die anwendernahe und anwendungsorientierte – im übrigen in der Hauptsache kommerzielle – empirische Rezipientenforschung sich dem »uses and gratifications approach« verschrieben hat (vgl. dazu Ronge 1984). Nicht selten bleiben in der anwendungsorientierten Disziplin überhaupt nur die *Methoden* der Sozialwissenschaft übrig. Andere Input-Disziplinen setzen sich dort markanter durch – etwa solche, die, wie die Pädagogik, von vornherein einen stärkeren Anwendungsbezug aufweisen.

Daß von der Soziologie in den anwendungsorientierten Disziplinen manchmal nur mehr ihr methodisches Instrumentarium übrigbleibt, verweist natürlich auf die prekäre Identität dieser Wissenschaft. Partielle und eben dadurch anwendungsnahe Theorien finden sich vorwiegend in ihren längst ausdifferenzierten Spezialdisziplinen bis hin etwa zur Pädagogik. Die Soziologie selbst, als das Zentrum der Sozialwissenschaften, reduziert sich dadurch entweder auf eine bloße generelle »Perspektive« auf soziale Realität oder spezialisiert sich zur Disziplin für makrosoziale Themenbereiche – beides ist wenig »anwendungsfähig« – oder eben für Methoden.

»Die« Sozialwissenschaft mag es vielleicht auch schmerzen, daß Anwendungswissenschaftler selten ein sozialwissenschaftliches Selbstverständnis äußern, selbst wenn sie primär als solche ausgebildet worden sind. Hierin zeigt sich die erfolgreiche Sozialisation in einer tatsächlich interdisziplinären Wissenschaftspraxis.

## 5. Wie vermitteln sich angewandte Sozialwissenschaft und Praxis?

Es ist ohne weiteres einleuchtend, daß eine »Trivialisierung« des sozialwissenschaftlichen Wissens in seiner Verwendung (vgl. Beck/Bonß 1984, S. 395, 400), mag sie für den Bereich der Alltagswelt zutreffen oder nicht, jedenfalls im Bereich institutioneller Kontexte unwahrscheinlich ist. Für *institutionelle Kontexte* muß man sozusagen eine größere Komplexität, Formalität und Seriosität im Umgang mit sozialwissenschaftlichen Inputs unterstellen.

Ein Stück der Rekonstruktion von Sozialwissenschaftsverwendung im institutionellen Kontext wurde in dem Abschnitt über anwendungsorientierte Wissenschaftsdisziplinen bereits geleistet. Dabei wurde vor allem auf die Ausbildungsordnungsforschung im BIBB verwiesen. Was unter diesem Namen dort als Verwendung von Sozialwissenschaft abläuft, verdient allerdings eine noch nähere Betrachtung. (Ich beanspruche in diesem Fall keine Aussagekraft für institutionelle Kontexte überhaupt; dafür gibt es noch zu wenige Fallstudien.) Unsere empirische Untersuchung im BIBB beschränkte sich auf eine Hauptabteilung, deren Hauptaufgabe qua Gesetz darin besteht, die als Rechtsverordnungen von der Bundesregierung zu erlassenden Ausbildungsordnungen, unter deren Normierung ein erheblicher Teil des beruflichen Ausbildungswesens bei uns abläuft, »vorzubereiten«. Ohne hier auf Einzelheiten eingehen zu können, lassen sich doch eine Reihe von Untersuchungsergebnissen hervorheben, die für die Fragestellung der Verwendungsforschung einschlägig sind:

1. Nach dem oben über die anwendungsorientierte Disziplin der Ausbildungsordnungsforschung Gesagten konnte es in dieser Untersuchung nicht mehr um die Rekonstruktion der Verwendung von *Sozial*wissenschaft im speziellen gehen, da diese ja in die angewandte Disziplin der AoF ein- und dabei darin aufgegangen ist.
2. Einen für den Zweck der Verwendungsforschung angenehmen Umstand bildet die Tatsache, daß die Erstellung von Ausbildungsordnungen überhaupt erst in jüngerer Zeit auf wissenschaftliche Inputs rekurriert. Es gibt also – berufliche und berufsfeldordnende – Praxis »vor und nach« der Verwendung von (unter anderem Sozial-) Wissenschaft. Lange Zeit wurden die Aus-

bildungsordnungen zwischen den Sozialparteien (Arbeitgeber und Gewerkschaften) ausgehandelt und dann vom Staat kodifiziert. Mit der Einrichtung des BIBB bzw. der Entwicklung von AoF ist zu dieser (ungleichen) Dreierkonstellation die Wissenschaft einer Ressortforschungseinrichtung hinzugekommen. Hier läßt sich also die *Verwissenschaftlichung* nicht nur empirisch belegen und rekonstruieren, sondern sogar datieren. Die staatliche Funktion hat sich dadurch nicht wesentlich verändert. Zwischen der Wissenschaft und dem anderen tangierten Teil der »Praxis«, sprich: den Sozialparteien, mußte sich allerdings eine Beziehung erst entwickeln. Wie sieht diese aus?

3. Für den gesamten Prozeß der Vorbereitung bzw. – richtigerweise – Erstellung von Ausbildungsordnungen ist im BIBB ein förmliches *Verfahrensmodell* installiert worden. Dieses reflektiert noch die verbreitete Vorstellung einer Divergenz zwischen Forschung und »Politik« – hier im doppelten Sinne: staatlich-hoheitlicher Politik und Interessenpolitik der Sozialparteien. Die »konventionelle Erblast« des Verfahrensmodells zeigt sich darin, daß es eine Phasendifferenzierung zwischen dem eigentlichen »Ordnungsverfahren« und einer diesem zeitlich vorgeschalteten »Forschungs- und Entwicklungsphase« vornimmt. Die wichtige empirische Erfahrung dazu lautet allerdings, daß diese Phasierung nur formelle Qualität besitzt, während informell davon keine Rede sein kann. Zwar gibt es durchaus Phasen, in denen einmal Forschung, ein andermal Politik (Konsenserzeugung, Aushandeln) im Vordergrund steht, aber diese kommen durch den gesamten Prozeß der Erstellung der Ausbildungsordnung immer wieder vor, sind also tatsächlich nicht in der Weise voneinander abgetrennt, wie im Verfahrensmodell vorgesehen.

4. Ebenso wie sich also Forschungs- und Politikphase nicht zeitlich trennen lassen, erfolgt in der sozialen Dimension der Erstellung von Ausbildungsordnungen keine *organisatorische oder personelle* Differenzierung zwischen Forschung und Forschungsanwendung im Sinne des politischen Aushandelns mit den »Praktikern«. Die Projektleiter des BIBB sind jeweils für das *ganze* Verfahren – in seinen wissenschaftlichen und seinen »politischen« Teilen – zuständig. Es ist also der einzelne Mitarbeiter, der in seiner Funktion und Person sozusagen den »Verwendungszusammenhang« herstellt und die Transformation leistet. Dementsprechend muß sich das Interesse der Verwendungsforschung

hier auf die *Berufsrolle des Ressortforschers* und deren (nicht einheitliche, sondern individuell variierende) Übernahme und Ausgestaltung durch die Individuen richten. Die »Erfindung« einer eigenständigen »Ausbildungsordnungsforschung« hat hier die Funktion der Schaffung eines Berufsbildes.[6]

5. Daß im Verwendungskontext die (Sozial-)Wissenschaft nicht auf eine tabula rasa tritt, sondern auf ein durch vorwissenschaftliche Wissensbestände – die aber nicht alltagsweltlicher, sondern »systemreflexiver« Natur sind – besetztes Feld trifft, wurde oben bereits angedeutet. Im Fall der Erstellung von Ausbildungsordnungen zeigt sich diese Konstellation in Gestalt von *Sachverständigen* aus der (betrieblichen und schulischen Ausbildungs-)Praxis, die in das Verfahren einbezogen werden und darin ein erhebliches Gewicht entfalten. Bei diesen Sachverständigen ist der Übergang zwischen Sachverstand und Interessenvertretung natürlich fließend.

Das Verhältnis zwischen den Sachverständigen und den wissenschaftlichen Projektleitern des BIBB ist übrigens nicht selten von Konkurrenz geprägt und gespannt – verständlicherweise, weil hier aus unterschiedlichen systemischen Quellen stammende *Reflexion auf Reflexion trifft*, jeweils charakterisiert durch die dafür typische Ansprüchlichkeit. An diesem Punkt zeigt sich die Unangemessenheit der oben erwähnten Trivialisierungskonzeption für den institutionellen Kontext: Die hier herrschende »Verwendung« in Form der Vermittlung von professionellem Reflexionswissen stellt einen hochkomplexen sozialen Vorgang dar – weder bloße Sprachspielmoden noch Verschwinden

Der BIBB-Mitarbeiter vermittelt die handlungsentlastete Reflexion der Wissenschaft mit der in der Praxis gewonnenen und praxisbezogenen Reflexion der Sachverständigen in einer Weise, die ihrerseits stark reflexiver Natur ist.

6. Was die Rolle und den Einfluß einzelner genuin *wissenschaftlicher Inputs* – wie z. B. bestimmter theoretischer Ansätze – in das gesamte Verfahren der Erstellung von Ausbildungsordnungen anbetrifft, so gelten hier die aus vielen Untersuchungen bekannten unterschiedlichen Möglichkeiten der »funktionalen Nutzung« von Wissenschaft: Wissenschaftliche Argumente und Theorien können zu aufklärenden, fachlichen, legitimatorischen, dilatorischen, interessenvermittelnden und mancherlei anderen Zwecken eingesetzt werden. Wie erwähnt, reduziert sich die

Nutzung von Sozialwissenschaft gelegentlich durchaus auf ihre Methoden, deren Nutzung übrigens im Verfahrensmodell sogar vorgeschrieben ist. (Für die Verwendungsforschung mag dieser Teil der ganzen Sache besondere Attraktivität genießen. Vor solcher Beschränkung sei aber gewarnt: Der Verwendungskontext ist wesentlich breiter angelegt und nur in seiner ganzen Breite angemessen zu behandeln.)
Mit dieser Skizzierung von Wissenschaftsverwendung in einem ausgewählten institutionellen Kontext soll hier nicht mehr vermittelt werden als ein Eindruck von Komplexität, die es meines Erachtens nicht angezeigt sein läßt, den Begriff der »Trivalisierung« dafür zu verwenden. (Dies wäre nur möglich um den Preis seiner inhaltlichen Unschärfe.) Mein »Beweisziel« bestand genau darin, die Unterschiedlichkeit zwischen alltagsweltlichen und institutionellen Verwendungskontexten aufzuzeigen.
Die Thematisierung institutioneller Verwendungskontexte impliziert übrigens auch andere methodische Möglichkeiten und Grenzen, als dies für alltagsweltliche Kontexte der Fall ist. Wenn die Vermittlung zwischen Wissenschaft und Praxis selbst institutionalisiert, organisiert ist, dann »endet« auch ihre Erforschung bei institutionellen, organisatorischen Elementen – wie beispielsweise Organisationsstrukturen, Berufsrollen, Arbeitsschemata usw. Mikroanalysen jenseits dieser Strukturierungsmuster ergäben keinen soziologischen Sinn.

## 6. Weiterführende Überlegungen

Mit den vorstehenden Ausführungen sollte unter Zuhilfenahme einer empirischen Fallstudie die institutionalisierte Wissenschaftsverwendung in institutionellen Kontexten – das heißt für organisationsförmige Adressaten – dargestellt werden: nicht zuletzt in der Absicht, einer Vereinseitigung von Verwendungsforschung und -theorie entgegenzuwirken, die zu befürchten ist, wenn allein lebensweltliche Wissenschaftsadressaten und handlungstheoretische Transformationen von wissenschaftlichem in alltägliches Wissen ins Visier genommen werden.
Für alltagsweltliche Wissenschaftsverwendungen mögen die bisherigen Erkenntnisse der Verwendungsforschung ja hinreichen, die Beck/Bonß (1984, S. 400) folgendermaßen resümiert haben:

»Trivialisierung, Autonomisierung und versetzte Verwendung – dies sind die Hauptthemen einer Verwendungsforschung jenseits des Wissenschaftszentrismus.« Für die institutionelle Verwendung trifft diese Charakterisierung nicht zu, insbesondere nicht die These der Trivialisierung im Sinne einer Reduktion auf die begriffliche »›Überschwemmung‹ des Alltags mit sozialwissenschaftlichen Deutungsmustern« (Beck/Bonß 1984, S. 395). Dagegen sprechen allein schon die Hauptberuflichkeit und Aktenförmigkeit der Verwendung in Verwendungsinstitutionen. Selbstverständlich bleiben Fragen, zum Beispiel:
(a) Zunächst liegt es nahe, nach der Verallgemeinerungsfähigkeit eines – wenngleich gut erforschten – singulären Falls zu fragen. Die Verallgemeinerungsfähigkeit der Erkenntnisse aus dem BIBB bildet selbst einen komplexen Sachverhalt. In einer Recherche haben wir in der Bundesrepublik Deutschland eine Zahl von mindestens dreißig Ressortforschungseinrichtungen auf allen gebietskörperschaftlichen Ebenen ausmachen können, in denen sozialwissenschaftliches Wissen oder Forschen eine erhebliche Rolle spielt. Ohne daß behauptet werden soll, überall gehe es in allen Details so zu wie im BIBB, so läßt sich doch sagen, daß der Modus der Ressortforschung im Rahmen fester Einrichtungen verbreitet vorkommt und deshalb für sozialwissenschaftliche Verwendungsforschung von Relevanz ist.
Daß es Anlaß zur Verallgemeinerung der These von der Ausbildung anwendungsbezogener (sozial-)wissenschaftlicher Disziplinen (mit allen daran geknüpften Konsequenzen) nach dem Muster der Ausbildungsordnungsforschung im BIBB gibt, wurde bereits erwähnt. An *dieser* Verallgemeinerung bin ich deshalb so stark interessiert, weil mir an der These gelegen ist, daß es bei der Verwendung von Wissen nicht notwendig um ein *Produkt* – »Ergebnisse« der Wissenschaft – geht, sondern als Verwendung auch die *Produktion* von Wissen vorkommen kann. In anwendungsorientierter (Sozial-)Wissenschaft wird ebenso, beispielsweise unter der Disziplinierung durch wissenschaftliche Methoden, geforscht wie in der akademischen Welt – nur unter gewissen Modifikationen: zum Beispiel unter größerem Zeitdruck, im Rahmen anderer als akademischer disziplinärer »Schnitte«, unter Berücksichtigung zusätzlicher Erfolgskriterien, die den Praxisbezug reflektieren (»Forschen plus Makeln« zwecks Kompromißbildung zwischen Praxis-»Parteien« im BIBB) usw.

Selbstverständlich bildet sich nicht in jeder Ressortforschungseinrichtung eine eigene anwendungsorientierte Disziplin heraus. Dieser Effekt beruht auf bestimmten Vorbedingungen, wozu der Grad ihrer Unabhängigkeit vom Bezugsressort sowie insbesondere die Größe der jeweiligen Einrichtung zählen dürfte. Es gibt hier so etwas wie eine erforderliche »kritische Masse«.
Erwähnenswert ist an dieser Stelle, gegen eventuelle Mißverständnisse, der Unterschied zur *auftragsförmigen* Ressortforschung, also derjenigen Ressortforschung, die nicht in auf Dauer gestellten Einrichtungen ausgeübt wird, sondern ad hoc von – akademischen oder kommerziellen – wissenschaftlichen Institutionen im Auftragswege bearbeitet wird. Die Ausbildung anwendungsorientierter Wissenschaftsdisziplinen setzt die *Institutionalisierung* der Ressortforschung voraus.
(b) Akademisch ausgerichtete Interpreten befürchten für den Fall der Endogenisierung praktischer Interessen in die Forschung fast automatisch einen Niveauverlust der Wissenschaft »ums Ganze«. Noch freundlich erscheint dabei die Erwartung der Degenerierung von (Sozial-)Wissenschaft zur »Kunstlehre« nach dem Muster von Medizin, Ingenieurwissenschaften, Betriebswirtschaftslehre oder ähnlichem. Für die Ausbildungsordnungsforschung jedenfalls geht diese Unterstellung fehl. Der Ausbildungsordnungsforscher im BIBB betreibt durchaus »richtige« Forschung, handelt, arbeitet durchaus wissenschaftlich. Er forscht auch durchaus unter dem Ziel und Ethos der Wahrheitsfindung: allerdings ist für ihn »Wahrheit« (z. B. im Sinne zutreffender empirischer Erkenntnisse) nicht das einzige Erfolgskriterium; daneben gibt es ein »praktisches« Erfolgskriterium. Wichtig ist: »daneben«. Denn bei der Austarierung beider Kriterien erfolgt keine manipulative Selektivität oder Umdeutung der Wahrheit, sondern so etwas wie ein Abbruch der prinzipiell (auch zeitlich!) grenzenlosen Wahrheitssuche dann, wenn dies für den praktischen Zweck tunlich ist. Abstrakter formuliert: Im Handlungszusammenhang des »Anwendungsforschers« findet nicht etwa eine Entdifferenzierung von Wissenschaft und »Praxis« nach den Bedürfnissen der Praxis statt; der Forscher bzw. die Institution hält vielmehr beide Systembezüge aufrecht und *balanciert* sie aus – wenngleich letztlich nach dem »Bedürfnis« der Praxis.
(c) Schließlich könnte man prognostisch verallgemeinern: Gesetzt den Fall, der anwendungsorientierten Wissenschaft vom Ty-

pus der Ressortforschung gehörte die Zukunft – zu Lasten der akademischen, handlungsentlasteten Wissenschaft ... Immerhin bilden, wie erwähnt, Ressortforschungseinrichtungen, auch sozialwissenschaftliche, keinen Einzelfall, so daß sich ein prognostisches Hochrechnen nicht schon mangels Masse verbietet. Zudem beklagen inzwischen akademische Gremien die zunehmende Auszehrung universitären Forschungspotentials zugunsten von außeruniversitären Einrichtungen mit »praktischer« Anbindung und Beeinflussung (im sozialwissenschaftlichen Bereich etwa in der Kriminologie oder der Technologieakzeptanzforschung).

In dem Maße, in dem eine solche Entwicklung Platz griffe, wären in der institutionellen Verwendungsforschung neue Kategorien erforderlich. Ressortforschungseinrichtungen wären dann nicht mehr vergleichsweise kleine, satellitenartige »Hybridinstitutionen« an der Systemgrenze zwischen wissenschaftlichem und politisch-administrativem System. Vielmehr würde das (akademische) Wissenschaftssystem mehr und mehr zu einem bloßen Anhängsel eines ausgeweiteten politisch-administrativen (oder ökonomischen) Systems degenerieren, dem auf gleicher gesellschaftlicher Differenzierungsebene kein Pendant-System »Wissenschaft« mehr gegenüberstünde, zu dem hin eine Grenze »auszuhalten« wäre. Ein solches Politiksystem wäre dadurch charakterisiert, daß es seine eigene Reflexion stärker als bisher intern entwickeln und nur im Binnenbereich ausdifferenzieren würde.

Noch steht unsere Verfassung gegen eine solche Entwicklung. Aber Verfassungen können ja faktisch ausgehöhlt werden.

## 7. Autonome Wissenschaft als eine von mehreren Möglichkeiten

Der damit angesprochene Gedanke einer Rücknahme der systemischen Ausdifferenzierung von wissenschaftlicher Reflexion ist alles andere als utopisch. In der angewandten Medienforschung der bzw. für die (öffentlich-rechtlichen) Rundfunkanstalten, einem anderen meiner Untersuchungsfelder, zeigen sich Ansätze dazu.

Diese Rundfunk-Medienforschung besitzt strukturelle Analogien zur Ressortforschung: Es handelt sich auch hier um die Produktion und Nutzung wissenschaftlicher Erkenntnisse für prak-

tische Zwecke – hier der (Rundfunk-)Programmgestaltung, Programmplanung und Anstaltpolitik. Neben einer – zur Politik analogen – Ressortforschungseinrichtung in diesem Bereich (Hans-Bredow-Institut in Hamburg), die von allen Rundfunkanstalten gemeinsam getragen wird, werden in großem Umfang Forschungsaufträge an akademische, quantitativ weit überwiegend aber an kommerzielle Forschungsinstitute vergeben, wobei in den Anstalten selbst sozusagen korrespondierende Einheiten, die *Medienforschungsreferate* (oder -abteilungen), eingerichtet sind.
In dieser Rundfunk-Medienforschung zeigen sich nun für unseren Zusammenhang interessante Aspekte und Entwicklungen. Zunächst einmal hat sich diese *praxisbezogene Medienforschung* mehr und mehr gegenüber der *universitär-akademischen Kommunikationswissenschaft* ausdifferenziert und von dieser entfernt. In dem Maße, in dem dies vonstatten gegangen ist, hat sich eine Medienforschung in kommerziellen Instituten ausgebildet, die von Forschungsaufträgen der Rundfunkanstalten lebt. Die Ausdifferenzierung zwischen Grundlagen- und Anwendungsforschung ist hier also noch durch die Dimension staatlich/ökonomisch verschärft.
Der akademischen Kommunikationswissenschaft ist es ganz offensichtlich nicht gelungen, sich selbst in Richtung auf Praxis und Anwendung so zu erweitern, daß sie bzw. ihr Wissen von seiten der (Rundfunk-)Praxis nachgefragt würde. Statt dessen hat sich eine ziemlich stabile Kooperation zwischen Rundfunkanstalten und (wenigen) nicht-akademischen Forschungsinstituten herausgebildet, die gewillt und in der Lage sind, im Auftrag des Rundfunks anwendungsorientiert und praxistauglich zu forschen, freilich mit kommerziellem Interesse.
Diese – von manchen auch als »arbeitsteilig« charakterisierte – Differenz zwischen akademischer und angewandter Medienforschung beläßt ersterer mehr oder weniger völlig das Feld der Medien*wirkungen* und privilegiert letztere für Themen der Medien*nachfrage* des Publikums. Diese »Feldaufteilung« hat in der Wissenschaft zu fälschlicherweise miteinander konkurrierenden »Ansätzen« geführt (vgl. Ronge 1984).
Ein wichtiger Unterschied zum oben geschilderten Fall der ressortforschungsspezifischen Wissenschaftsdisziplin, die als vermittelnde Klammer zwischen Wissenschaft und Praxis fungiert, ist im Fall der Medienforschung allerdings hervorzuheben. Da die

Wissenschaft-Praxis-Vermittlung hier nicht – wie z. B. beim BIBB – *in einer Institution* erfolgt, sondern in der (freilich recht stabilen) *Kooperation* zwischen dem die jeweilige Rundfunkanstalt vertretenden Medienforschungsreferenten und dem beauftragten (privat-kommerziellen) Institut, kann sie auch nicht nach einem organisatorischen oder professionsrollenmäßigen Modus geschehen. Statt dessen erfolgen Vermittlung und Wissenstransformation hier (a) unter der Regelung durch *Verträge* und (b) durch die Ausbildung von konsentierten Forschungs*»weltbildern«* in einer sozial »dichten« Akteurszene (vgl. im einzelnen Ronge 1987).

Darauf soll hier nicht näher eingegangen werden; wichtiger ist mir an dieser Stelle ein Entwicklungsaspekt. Sowohl die Natur der wissenschaftlichen Erkenntnisse, um die es in der Rundfunk-Medienforschung geht, als auch das dazu erforderliche und angewandte methodische Instrumentarium sowie schließlich die technische Entwicklung hinsichtlich dieses Instrumentariums führen derzeit zu neuen Konstellationen bzw. Konstellationsmöglichkeiten in der Rundfunkmedienforschung. Konkret: Je mehr die Rundfunkanstalten ihr Interesse auf quantitative Mediennutzungsdaten (z. B. Einschaltquoten) konzentrieren, für deren Erhebung man repräsentative Massenbefragungen einsetzt und die am Ende auf EDV-Speichermedien zur Verfügung stehen, um so attraktiver wird für die Rundfunkanstalten ein Modell, in dem aus dem Gesamtkomplex der Forschung nur mehr die technisch und organisatorisch aufwendige Erhebung extern an kommerzielle Institute vergeben wird, während alles andere, sowohl der Forschungsvorlauf (bis zur Fragebogenentwicklung) als auch die Datenanalyse und -interpretation, im eigenen Medienforschungsreferat erfolgt. Dadurch könnten nicht nur die eigenen praktischen Bedürfnisse der Anstalten optimal – nämlich organisationsintern, ohne »systemischen Reibungsverlust« – zur Geltung gebracht werden, sondern man würde sich auch den negativen Auswirkungen der Kooperation mit einem Vertragspartner entziehen, der, nachdem die Erhebung durchgeführt ist, das Monopol auf die Daten hat und diesen Status zu seinem Vorteil auszunutzen neigt, indem er für nach-vertragliche Analysen monopolistische Preise verlangt.

Es gibt deutliche Ansätze zu einer solchen Verschiebung der »Demarkationslinie« zwischen (Rundfunk-/Rezipienten-)Wissenschaft und Praxis dergestalt, daß eine organisatorische Entdifferenzierung beider erfolgt. Die Wissenschaft wird dabei in die Praxis »eingeholt«.

## 8. Resümee

Im Hinblick auf das Interesse einer empirischen »Verwendungsforschung«, die sich nicht damit begnügen möchte, die herkömmlichen Vorstellungen darüber, wie Wissen der Wissenschaft in die gesellschaftliche Praxis gelangt, durch Verweis auf die Fakten zu destruieren; die vielmehr auch, zumindest andeutungsweise, die Faktizität der »Verwendung« in adäquate, neue Begriffe und Modelle fassen will, sei aus meinen Untersuchungen zusammenfassend – und, natürlich, unvorsichtig verallgemeinernd – gefolgert:
In *institutionalisierten* Prozessen der »Interaktion« im Schnittfeld von Wissenschaft und »Praxis« – im Sinne von einzelnen »Anwendersystemen« – ist die Verwendung von Sozialwissenschaft ebenso als Transformation, Umkontextuierung, Kontextualisierung – oder wie immer – zu charakterisieren, wie dies in alltags-/lebensweltlichen Zusammenhängen der Fall ist. Die Verwendungs- oder Umsetzungsmodelle müssen in diesem Bereich allerdings dem institutionellen Kontext adäquat sein. Drei unterscheidbare und sicherlich nicht singuläre Typen von Verwendung konnten hier aufgewiesen werden, ohne daß damit Vollständigkeit behauptet werden soll: (a) organisatorische, (b) professionsrollenmäßige und (c) vertraglich-kooperative Verwendungsweisen. Für alle drei Typen der Verwendungsinstitutionalisierung gilt, daß der gesamte Verwendungsvorgang selbst – und damit die dafür primär errichteten, separaten Institutionen – eine deutlich wissenschaftliche »Färbung« aufweist, allerdings mit einem Wissenschaftsverständnis, das akademischen Purismus zugunsten einer Ergänzung des Bezugscodes »Wahrheit« um »praktische« Aspekte (wie Zeitdruck und Ökonomie) aufgibt, das heißt für die Sozialwissenschaft nachholt, was in den Naturwissenschaften längst vorhanden ist: die Ausbildung eines *angewandten* oder *anwendungsorientierten* Zweiges.

## *Anmerkungen*

1 Die für die »Verwendungstheorie« wichtige Interpretation der Wissenschaft als »handlungsentlastet« ist nur in gesamtgesellschaftlich-systemtheoretischer Perspektive verständlich. Hier unterscheidet sich die reflexive Wissenschaft von den übrigen, produktiven Systemen. Luhmann (1986, S. 154) bezieht deshalb den »Code« der Wissenschaft auf *Erleben*, nicht auf *Handeln*: »er dient nicht der Kommunikation, die ein Handeln durchsetzen, bewirken oder auch nur empfehlen will; er dient nicht der Selektion von Handeln.« Sehr treffend ist auch seine Charakterisierung des wissenschaftlichen Tuns als *Beobachtung* (Luhmann 1986, S. 158f.). Handlungstheoretisch gesehen dagegen wird natürlich auch in der Wissenschaft »gehandelt«; *insoweit* besteht keine »Handlungsentlastung« der Wissenschaft.

2 *Diese* Art der Aufwertung unterscheidet sich deutlich von der ethnomethodologischen Aufwertung, die Kroner/Wolff (1984, S. 435 ff.) ansprechen. Vgl. auch die parallele Problematik im Falle des Staates: Willke 1983.

3 Vgl. in dieser Hinsicht Lau (1984, S. 408): »... ist ja die Soziologie nach wie vor, insbesondere was ihre universitären ›Dependancen‹ angeht, die Wissenschaft, von der allenfalls eine potentielle Aufklärungswirkung auf die Gesellschaft ausgehen kann. Zu den Grundselbstverständlichkeiten des Fachs seit Marx und Weber gehört zumindest die Hoffnung, daß Soziologie sich nicht in instrumentellem Wissen über kausale Zusammenhänge erschöpfe, sondern gleichzeitig die gesellschaftlichen Grundlagen und Grenzen der instrumentellen Vernunft ausloten solle. Dieser historische Anspruch der Soziologie ist zweifellos in letzter Zeit etwas in Vergessenheit geraten, er bestimmt aber nach wie vor das Selbstverständnis eines Teils der Soziologen und ist zweifellos der Hintergrund, vor dem die Klage über den Relevanzverlust soziologischer Ergebnisse verständlich wird.«

4 In dieser Hinsicht stellt die Ausbildungsordnungsforschung im BIBB im Vergleich zu den Konstellationen bei anderen Ressortforschungseinrichtungen ohne Zweifel einen Grenzfall dar. Immerhin gibt es in einzelnen Ressortforschungseinrichtungen einen mehr oder weniger nahtlosen Übergang von wissenschaftlichem in hoheitliches Handeln.

5 Sofern man den Begriff der »Disziplin« prinzipiell an das akademische Wissenschaftssystem bindet, kann er für den hier angesprochenen Zusammenhang nur mehr metaphorisch verwendet werden.

6 In diesem Zusammenhang ist ein Detail als symptomatisch erwähnenswert: In den Spitzenpositionen der Ressortforschungseinrichtungen drückt die Amtsbezeichnung »Direktor und Professor« deutlich die Überschneidung von zwei Systemsphären – politisch-administrativem System und Wissenschaftssystem – aus. Bei diesem »Professor« handelt

es sich nicht um einen akademischen Titel, sondern um die Funktionsbezeichnung.

## *Literatur*


Beck, U./Bonß, W. (1984), »Soziologie und Modernisierung«, in: *Soziale Welt*, S. 381 ff.

Bundesbericht Forschung 1984, Bonn.

Habermas, J. (1973), »Wahrheitstheorien«, in: H. Fahrenbach (Hg.), *Wirklichkeit und Reflexion. Walter Schulz zum 60. Geburtstag*, Pfullingen, S. 121 ff.

Habermas, J. (1981), *Theorie des kommunikativen Handelns*, Bd. 2, Frankfurt/M.

Kroner, W./Wolff, S. (1984), »Auf der Suche nach der verlorenen Soziologie«, in: *Soziale Welt*, S. 429 ff.

Lau, C. (1984), »Soziologie im öffentlichen Diskurs«, in: *Soziale Welt*, S. 407 ff.

Luhmann, N. (1970), *Soziologische Aufklärung*, Bd. 1, Köln/Opladen.

Luhmann, N. (1977), »Theoretische und praktische Probleme der anwendungsbezogenen Sozialwissenschaften«, in: Wissenschaftszentrum Berlin (Hg.), *Interaktion von Wissenschaft und Politik*, Frankfurt/New York, S. 16 ff.

Luhmann, N. (1981), *Politische Theorie im Wohlfahrtsstaat*, München/Wien.

Luhmann, N. (1986), *Ökologische Kommunikation*, Opladen.

Matz, U. (1985), »Wissenschaftliche Politikberatung zwischen den Mühlsteinen der Politik«, in: Bund Freiheit der Wissenschaft (Hg.), *Freiheit der Wissenschaft*, Nr. 1 (Januar/Februar), S. 8 ff.

Ronge, V. (1984), »Massenmedienkonsum und seine Erforschung – eine Polemik gegen ›Uses and Gratifications‹«, in: *Rundfunk und Fernsehen*, S. 73 ff.

Ronge, V. (1988), »Von soziologischem Wissen zu gesellschaftlicher Praxis – ein weiter Weg?«, in: Bd. III des Hochschulkolloquiums der Bergischen Universität-Gesamthochschule Wuppertal, S. 54 ff.

Ronge, V./Heine, D. (1986), »›Ausbildungsordnungsforschung‹ im BIBB«, in: *Berufsbildung in Wissenschaft und Praxis*, Heft 3.

Scheuch, E. K. (1985), »Deprofessionalisierung der Wissenschaft«, in: Bund Freiheit der Wissenschaft (Hg.), *Freiheit der Wissenschaft*, Nr. 3 (April), S. 7 ff.

Willke, H. (1983), *Entzauberung des Staates*, Königstein/Ts.

Adalbert Evers/Helga Nowotny

# Über den Umgang mit Unsicherheit

## *Anmerkungen zur Verwendung sozialwissenschaftlichen Wissens*

### 1. Sozialwissenschaften und gesellschaftliche Entwicklung: eine makrosoziologische Perspektive

Der »mühsame Dialog zwischen Sozialforschung und Politik«, der von der Verwendung des sozialwissenschaftlichen Wissens im politischen Geschäft handelt und der die Verwandlung der Verhältnisse zwischen Sozialforschung und Entscheidungsträgern widerspiegelt, bleibt ein aktueller Topos sozialforscherischer Tätigkeit.[1] Viele der früheren, sowohl euphorischen wie naiven Annahmen sind heute ernüchterter Betrachtung gewichen, ihres Zweckoptimismus entkleidet oder in ihrer Fehleinschätzung offenbar geworden. Die vielen empirischen Einzelstudien haben zwar bereichspezifische Besonderheiten im Verhältnis von politikberatender Sozialforschung und Politik als Verwender wissenschaftlicher Ergebnisse erbracht, doch eine verallgemeinernde Theorie der Verwendung steht aus. Die zahlreichen Modelle, denen unterschiedliche Annahmen über das Interaktionsverhältnis zugrunde liegen, können ihren Anspruch auf Verallgemeinerung nicht einlösen – sie sind abhängig von bestimmten zeitlich und örtlich lokalisierbaren Konfigurationen der Schnittstellen zwischen Politik und Sozialforschung.[2] Wenn auch das bisherige Fazit der Verwendungsforschung in der tröstenden Feststellung mündet, daß es um die Erfolgsbilanz der Sozialwissenschaften nicht so schlecht steht, weil ihre Nutzungs- und Wirkungsgeschichte indirekt verläuft, so bleibt doch der leichte Geschmack saurer Trauben zurück.

In unserem eigenen Beitrag zur Verwendungsforschung sind wir daher abweichende Wege gegangen.[3] Zunächst haben wir eine makro- und keine mikrosoziologische Perspektive gewählt. Dies bringt der Natur der Sache nach zwangsläufig Unschärfen mit sich, vermeidet aber eine kurzsichtig-instrumentelle Sichtweise. Eine längerfristige Perspektive rückt jedoch auch den gesellschaftlichen Fortschritt zurecht. Sie ermöglicht es, den Aufstieg und Fall von politischen Ideensystemen, die wechselhafte Karriere von Begriffen und vor allem die vielfältigen gesellschaftlichen Brüche und Diskontinuitäten in den Beziehungen von Sozialwissenschaften und Politik nachzuzeichnen. Indem wir die Befassung mit einer zentralen Themenstellung, die im Mittelpunkt der gesellschaftlichen und politischen Auseinandersetzungen stand und darüber hinaus einen der Leitstränge in der frühen Entwicklung der Sozialwissenschaften darstellte, fast über ein Jahrhundert verfolgten, wollten wir untersuchen, wie sich staatliche Politik, soziale Bewegungen *und* sozialwissenschaftliches Wissen zueinander verhalten. Unsere Interpretation dessen, was jeweils im gesellschaftlichen Bewußtsein als zutiefst problematisch empfunden wurde, wodurch die öffentliche Diskussion und die sozialen Konflikte gekennzeichnet wurden und was zugleich für die Weiterentwicklung des sozialwissenschaftlichen Wissens bedeutend war, führte uns zum Thema Unsicherheit.

Unsicherheit ist als Leitbegriff unserer Untersuchung durch zwei verschiedene, freilich aufeinander bezogene Sachverhalte konstituiert: zum einen durch Unsicherheit als Frage des *(Un-)Wissens*, des Grades an sozialer Kompetenz, konstituiert durch Erfahrung und Lernen im weitesten Sinn. Dieser »subjektive« Sachverhalt prägt die Umgangsmöglichkeiten mit »objektiven« Unsicherheiten: jener Vielfalt von *Gefahren* im gesellschaftlichen Entwicklungsprozeß, die nur zum Teil verringert und gebannt werden können – vor allem dadurch, daß man sie in *Risiken* verwandelt, als sozial definierte, regulierte berechenbare und somit ein Stück weit normalisierte Gefahren.[4]

Die sozialen Auswirkungen der technisch-industriellen Entwicklung – Armut, Arbeitslosigkeit, Landflucht und Urbanisierung, soziale Entwurzelung, Gefährdung und der Verlust sozialer Identitäten – prägten die Problemstellungen, durch die überhaupt erst die Sozialwissenschaften entstanden, ebenso wie jene, für die das Jahrhundertprojekt der Errichtung des Wohlfahrtstaates, wie wir es nannten, eine mehr oder minder gelungene Lösung darstellte. Was wir in unseren Fallstudien dadurch exemplifiziert sehen, ist der langwierige, immer wieder durch Rückfälle unterbrochene oder abgebrochene gesellschaftliche Lernprozeß im Umgang mit Unsicherheit; ein ständiges Oszillieren zwischen den Versuchungen der Rückversicherung bei meta-sozialen und meta-historischen Ordnungsgaranten und Vorstellungen und dem allmählichen Gewinn an kollektiver wie individueller Selbstsicherheit für die Mehrheit der Bürger. Der Umgang mit Unsicherheit, zunächst jener, die durch den Durchbruch des Marktsystems und die Folgewirkungen der Industrialisierung in der Armutsproblematik zum Ausdruck kam, ist für uns die strategische Schnittstelle, die dynamische Drehscheibe in der Interaktion zwischen den Sozialwissenschaften der damaligen Zeit und der sich formierenden erstarkenden Arbeiterbewegung.

Eine makrosoziologische Perspektive legt daher das Eingehen auf die Problematisierungsvorgänge nahe, die beide, Sozialwissenschaften und gesellschaftliche Entwicklung, berühren, und fordert zur Rekonstruktion ihrer wechselseitigen Entstehungsgeschichte auf. Denn *was* und *wie* etwas in einer Gesellschaft zum *Problem* wird, *wie* die Sozialwissenschaften darauf reagieren, aber auch von sich aus benennen, kritisch oder legitimatorisch aufgreifen und weiterentwickeln, konstituiert den Verwendungszusammenhang, in dem sozialwissenschaftlich vermittelte »Lösungen« überhaupt erst Inhalt und Form annehmen können. Erst durch den Prozeß der Problemfindung, der Identifikation und Interpretation von Vorgängen und Prozessen, die als problematisch empfunden werden und durch die alte Sicherheiten zum Einsturz gelangen, entsteht Raum für neue, gesellschaftliche und wissenschaftliche Problemlösungsmuster. Erst wenn die Problematisierung – in unserem Fall zunächst von Armut – gelungen ist, und zwar im doppelten und dreifachen Sinn als ein politisch-staatliches Handeln erforderndes Problem, als kollektiv erfahrenes, meist als Konflikt ausgetragenes Problem und als wissenschaftliche Fragestellungen und Deutungen herausforderndes Problem, erst dann ist etwas entstanden, was ein gemeinsames Bezugsfeld von Handlungsmöglichkeiten und einzubringendem Wissen eröffnet, in dem dieses Wissen auch genutzt werden kann. Nutzung setzt voraus, daß bereits ein Konsens darüber besteht, wofür Wissen, in welcher Richtung und für welche Zielvorstellungen es einzusetzen ist. Sozialwissenschaftliches Wissen ist daher Teilbestand im Konstruktionsvorgang der gesellschaftlichen Wirklichkeit und verdeutlicht im gelungenen Fall den Orientierungsrahmen, in dem sich Lösungen und Praxismodalitäten der Umsetzung abzuzeichnen beginnen. Doch der noch so genialen Wirklichkeitskonstruktion sind, historisch deutlich erkennbar,

Grenzen gesetzt, die aus den real herrschenden Machtverhältnissen resultieren, aber auch aus der Natur der Konstrukte selbst folgen. Der zentrale Begriff der Armut und die Wandlung seiner Bedeutung, auch als politisches Konstrukt, indem er ins Verhältnis zum anderen heraufkommenden zentralen Begriff der Arbeit gesetzt wurde, stellt für uns so etwas wie Wissen in Aktion dar, das von den verschiedenen Akteuren strategisch in der Bewältigung ihrer Unsicherheit zu nutzen versucht wurde.

Wir haben des weiteren einen vergleichenden Ansatz gewählt, allerdings nicht im Sinne des Vergleichs von zwei oder mehreren Gesellschaften oder des historischen Vergleichs über die Zeit hinweg.[5] Vielmehr geht es uns darum, Parallelen und Unterschiede in zwei unterschiedlichen historischen Situationen herauszuarbeiten, in denen gesellschaftlich auf plötzlich hereingebrochene Verunsicherungen zu reagieren ist. Waren es im 19. Jahrhundert die in der Armutsdebatte sichtbar gewordenen Strategien und Lernprozesse in der Bewältigung der Folgewirkungen einer sich verselbständigenden Marktgesetzlichkeit und der Industrialisierung, die im Aufbau der Systeme der sozialen Sicherheit und schließlich im System der Wohlfahrtstaaten mündeten, so stehen wir heute vor einer anderen großen Verunsicherung: den Gefährdungen und Risiken, die mit der technisch-wissenschaftlichen Entwicklung selbst zusammenhängen und insbesondere durch die atomare Großtechnologie exemplifiziert werden. Wiederum ist es ein Prozeß gesellschaftlicher, politischer und wissenschaftlicher Problematisierung, der Problembewußtsein, aber auch Lösungsstrategien im Umgang mit der dabei ausgelösten Verunsicherung hervorbringt. Uns interessierte dabei, was der ›historische Blick zurück‹ auf die langwierige und konfliktreiche, letztlich aber doch im großen und ganzen erfolgreiche Bewältigung der Unsicherheit im Umgang mit den sozialen Gefährdungen der Armut für die Gegenwartsanalyse und heutige Strategien im Umgang mit den Gefährdungen der (Nuklear-)Technologie an möglichen Parallelen und unerwarteten Einsichten eröffnen würde – trotz offenkundiger Unterschiede.

Die vergleichende Perspektive, um ein Ergebnis vorwegzunehmen, hat uns vor allem gezeigt, daß die Entdeckung der Gestaltbarkeit von Gesellschaft und die damit verbundene Aufgabe, Sicherheit als Selbstsicherheit zu erringen, kein einmaliges, irreversibles Ereignis ist, sondern bei erneut auftretenden massiven

Verunsicherungen wiederum umstritten ist und sich erneut gegen Versuchungen behaupten muß, in der Rückversicherung bei brüchig gewordenen Ordnungsgaranten oder in rückwärtsgewandten Utopien Sicherheit zu suchen.

In beiden Fällen stand anfangs so etwas wie der Glaube an Gesetzmäßigkeiten, ähnlich dem Wirken der Naturgesetze, denen sich zu entziehen nicht für möglich gehalten wurde. Was Armut und die Möglichkeiten angeht, ihr zu begegnen, so wurde Gesellschaft als gestaltbares Feld entdeckt, in dem sich die Erkenntnis durchsetzte, daß Armut nicht ›Schicksal‹, sondern ›künstlich‹ gemachtes Übel war. Ähnliches ergibt auch unsere Analyse des Diskurses um technologische Risiken, wo wir zeigen, daß erst allmählich eine objektivistisch verengte Sicht von Technik und ihren Risiken überwunden wird, um einer Sichtweise Platz zu machen, in der Technologien und ihre Risiken ›subjektiviert‹, das heißt in Abhängigkeit von einer bestimmten industriellen Kultur, ihren Machtverhältnissen, aber auch ihren Risikoperzeptionen gesehen werden. Allerdings: von solchen Zugeständnissen im methodischen Ansatz der Risikoforschung als Beratungsforschung ist es noch ein langer Weg bis zu einem (sozial-)wissenschaftlichen Verständnis von Technologie, das zur Frage legitimiert ist, wie die gesellschaftlichen Entscheidungen über technische Alternativen und mithin der Umgang mit spezifischen Risiken dieser Entwicklung zum Gegenstand öffentlicher Auseinandersetzungen, demokratischer Entscheidungen und ehrlicher Kompromisse gemacht werden können.

Eine weitere Besonderheit des von uns gewählten Ansatzes liegt darin, daß wir den Sozialwissenschaften keinen privilegierten Status oder ein Verwendungsmonopol für das von ihnen bereitgestellte Wissen einräumen können. Sozialwissenschaftler konkurrieren mit anderen Produzenten von Kultur und Wissen. Das gilt nicht nur für ihre historischen Vorformen und das vorige Jahrhundert, als es noch keine professionalisierten wissenschaftlichen Disziplinengemeinschaften gab und das damalige sozialwissenschaftliche Wissen oft in semi-literarischer Form, in Pamphleten und polemischen Reformschriften eingebracht wurde; es gilt auch heute, wo es eine breit gefächerte, professionalisierte und internationale Wissenschaftlergemeinschaft gibt. In unserer Sichtweise stellen sie Diskursgemeinschaften dar, die – um Wirksamkeit zu erzielen – stark auf Rhetorik und Begriffsdefinitionen wie Interpretationen angewiesen sind.[6] Das wissenschaftliche System ist ein organisiertes Diskurssystem, das im Falle der Sozialwissenschaften insbesondere bei Problematisierungen, die aus dem gesellschaftspolitisch realen Hintergrund von Umwälzungen und Verunsicherungen erwachsen, in offener Austauschbeziehung mit anderen Diskurssystemen steht. In unserer Analyse sind dies vor allem Diskurse des ›sozialen Wissens‹, wie es durch soziale Bewegungen initiiert und weitergeführt wird. Das sozialwissenschaftliche Wirkungsfeld konkurriert und konvergiert mit der Produktion und Dissemination anderen, sozialen Wissens. Was gefragt ist, ist die Übernahme von sichernden Funktionen beim Aufbau neuer Zukunftsentwürfe und entsprechendes Orientierungswissen. Daher ist es nicht weiter verwunderlich, daß Alltagswissen, das anders strukturiert und artikuliert ist als das bereits kanonisierte Wissen der Sozialwissenschaften, gerade in Situationen eines gesellschaftlichen Umbruchs und beschleunigten Wandels durchaus den Begriffen und Bildern der Sozialwissenschaften voraus sein kann. Umgekehrt ist es jedoch die Legitimationsfähigkeit der (Sozial-)Wissenschaft, die den Diskursen, die bereits ein gewisses Maß an Konsens erreicht haben und die sich zu ›setzen‹ beginnen, eine sichernde Funktion verleiht. Die Verwendungsfähigkeit der (Sozial-)Wissenschaften fällt daher unterschiedlich aus: in Phasen einer bereits einsetzenden (Wieder-)Versicherung kommt ihnen erhöhte Bedeutung zu, während sie in Phasen der Verunsicherung ebenso wie andere Ordnungsgaranten zunächst an Glaubwürdigkeit verlieren und oft hinter dem sozialen Wissen zurückstehen müssen.

Die Verwendungszusammenhänge in Phasen relativer gesellschaftlicher Verunsicherung repräsentieren sich in gesellschaftlichen Diskursen, die schließlich in institutionellen Lösungen – als Ergebnis von durchgemachten Konflikten und mühsam erarbeiteten Kompromissen – münden. Verwendung hat daher mehr mit der Wendung zu tun, die Entwicklungen und Ereignisse nehmen, als mit instrumentell-utilitaristischer Nutzung eines klar angebbaren Gebrauchswertes von Wissens. Sozialwissenschaftliches Wissen ist meist erst in einer bestimmten Phase in der gesellschaftlichen Auseinandersetzung um aktuell gewordene Problematiken »verwendbar«. Verwendbarkeit im weiteren Sinne steht solange im Vordergrund, wie es um grundsätzliche Alternativen der Orientierung geht, mithin auch darum, ein Problem gesellschaftlich und politisch benennbar und integrierbar, somit auseinandersetzungsfähig, zu machen. Die engere Bedeutung von Verwendbarkeit gewinnt in der sichernden Aufbauphase Gewicht, in der Institutionen Gestalt anzunehmen beginnen, die auf bereits konsensfähige Orientierungen und Gesellschaftsentwürfe rekurrieren können. Aufbauend auf einem gewissen Fundus an geteilten Interpretationen und Überzeugungen kann der »fachliche Ratschlag« politisch verwendungsfähig werden. Es handelt sich daher bei Verwendung zunächst um Wendungen in der Benennung und im Begreifen einer Problematik; erst wenn feststeht, worüber und in welcher Perspektive die Auseinandersetzung geführt wird, können Kompromisse und Lösungen diskutiert werden, die zum Aufbau von Sicherheit verschaffenden Institutionen und Regulierungen führen.

An Diskursen dieser Art sind jedoch mehr als die zwei sonst üblichen Partner, Sozialforscher und Politiker (oder administrative Auftraggeber), beteiligt. Diskurse sind offene Systeme der Verständigung, die ›hin- und herlaufen‹, abbrechen und anderswo wieder aufflammen können. An ihnen gibt es keine exklusiven Mitgliederrechte. Am Zustandekommen der von uns gewählten Problematisierungen in Phasen tiefgehender gesellschaftlicher Verunsicherung waren vor allem soziale Bewegungen beteiligt, während sozialwissenschaftliches Wissen in seiner Umsetzung in gesellschaftspolitisches Handeln eher zur administrativ-politischen Seite hin tendierte. Diese Mehrseitigkeit von Kommunikations- und Austauschbeziehungen erinnert zugleich daran, daß auch Sozialwissenschaften Verwender von Wissen sind.

## 2. Zur tatsächlichen Verwendung oder Nicht-Verwendung von sozialwissenschaftlichem Wissen

Wenn der Verwendungserfolg sozialwissenschaftlichen Wissens vom Verwendungskontext abhängig ist, wie das die Verwendungsforschung unterstellt, so muß zunächst geklärt werden, welche kontextuellen Bedingungen es sind, die eine Verwendung wissenschaftlicher Ergebnisse begünstigen oder verhindern. Trotz der Gemeinsamkeiten der von uns behandelten Fallstudien, wegen derer wir sie bewußt auswählten – des Umgangs mit Unsicherheit in historischen Umbruchsituationen –, gibt es gleich-

wohl zwischen der damaligen Geschichte der allmählichen Überwindung eines naturgesetzlich-ökonomischen Ordnungsbegriffes und der heutigen planmäßigen Einbeziehung vormals als sachlich und neutral gedachter Technologien in politische Zukunftsentscheidungen einige wesentliche Differenzen.
Die erste besteht darin, daß in Politik, Wissenschaft und Gesellschaft Unsicherheiten als Gefahren heute in einem anderen sozialen und historischen Kontext perzipiert werden. Diese Perzeption ist davon geprägt, daß Sicherheit eine anerkannte ›Wertidee‹ (Kaufmann) geworden ist und folglich der umstandslose Verweis auf individuelle Vorsorge und Verantwortung bei gleichzeitiger Dementierung staatlich-öffentlicher Verantwortungen und Interventionspflichten nicht mehr greift.
Die zweite Differenz lautet – vereinfacht ausgedrückt – so: Während sich die damalige Entdeckung der Gestaltungsnotwendigkeit und -möglichkeit der Regeln gesellschaftlichen Zusammenlebens als Weg von der Gefahr zu kalkulierten und regulierten Risiken schreiben ließ, verhält es sich beim Diskurs um die neuen Technologien, soweit er sich an der atomaren Technologie entzündet, eher umgekehrt. Am Anfang steht die Debatte über die Kalkulation und Quantifizierung von Risiken, und erst allmählich setzt sich eine Notion durch, nach der es hier um viel mehr geht: um Gefahren und Herausforderungen, die jenseits technischer Meßverfahren und Regeln nach neuen sozialen Vereinbarungen, Zielsetzungen und Verhandlungen rufen, die auch einer gewandelten Individualität der Handelnden und einer anderen Einbindung sozialwissenschaftlichen Wissens in gesellschaftliche Lernprozesse Rechnung tragen. Die Technologiedebatte beginnt also nicht von ungefähr als Risikodebatte politik- und öffentlichkeitswirksam zu werden. Eine auf das Messen von Risiken und die Festlegung noch akzeptabler Risikoschwellen verengte Technologiedebatte konnte solange mit einiger Selbstverständlichkeit behaupten, ihrem Gegenstand angemessen zu sein, wie nicht die atomare Technologie als solche, sondern allein die Kontrolle negativer Nebeneffekte die Frage zu sein schien. Das hier produzierte technische Kontrollwissen weist jedoch einen tiefen Bruch auf zu den öffentlichen Diskursen, in denen mit der Artikulation diffuser Ängste und Abwehrhaltungen eine viel weitergehende Unsicherheit aufscheint: die Unsicherheit über die Frage »Brauchen wir das?« bis hin zur Unsicherheit, ob die gängigen Entscheidungsmuster und

Delegationen von Verantwortlichkeit an Experten, private und staatliche Technokratien, die sich mit sozialstaatlichen Lösungsformen entwickelten, noch Vertrauen verdienen, wenn die *Richtung* des Fortschritts und nicht mehr allein die Beherrschbarkeit schädlicher *Nebenfolgen* zum Problem wird.

In diesem Kontext erklärt sich auch eine weitere, dritte Differenz, die die Rolle der Sozialwissenschaften bei der Verknüpfung wissenschaftlicher und öffentlicher Diskurse betrifft. Grundsätzlich spielen in beiden Fällen, in der historischen Armuts- und Pauperismusdebatte und in der gegenwärtigen Technologiedebatte, eine ganze Reihe verschiedener Disziplinen eine Rolle. Sie reichen von der Ökonomie über angewandte Wissenschaften wie die Statistik bis hin zu Wissenschaftsdisziplinen an der immer oszillierenden Grenze zwischen Sozial- und Naturwissenschaften, wie z. B. der Medizin. Während sich jedoch mit der historischen Armutsdebatte im Kontext der Entbindung des Marktsystems so etwas wie eine neue Leitwissenschaft, die politische Ökonomie, entfaltete und späterhin angewandte Sozialwissenschaften wie die Statistik und Verwaltungslehren erst begannen, sich als Disziplinen zu formieren, verhält es sich in der Technologiedebatte anders. Sie wurde von vornherein durch technische und sozialwissenschaftliche Experten in Beratungsstäben und -firmen dominiert, zu denen die akademische Soziologie oder Politikwissenschaft gerne Distanz hält. Die Artikulation der Technik- und Zukunftsängste, aber auch der alternativen Zukunftsentwürfe, die mit sozialen Gegenbewegungen Gestalt annahmen, war lange Zeit eher Sache von Dissidenten, sei es aus den technischen oder den Sozialwissenschaften. Es dauerte geraumte Zeit, bis die Frage nach der Bedeutung der hochgradigen technologischen Vermittlung sozialen Wandels auch zu einer akademisch anerkannten und zentralen Frage wurde und – etwa als Techniksoziologie oder Technologiepolitik – eine eigene Disziplin zu werden begann.

Kurz: Bei der historischen Debatte um Armutsgefahren wie bei der heutigen Debatte um technologische Risiken geht es um Diskurse, um ein »Hin und Her« zwischen Veränderungen des Alltagswissen, sozialen Lernprozessen und sozialwissenschaftlichem Wissen. Aber im Fall der Technologiedebatte ist ein instrumentell verengtes Zusammenspiel der Macht und des Wissens erst an seinen Rändern in Bewegung geraten: dort, wo sich die Protagonisten sozialer Gegenbewegungen und sozialwissenschaftliche

Kritik auf der Suche nach Verständigung und Entwicklung gemeinsamer Orientierungen nahegekommen sind.

## 3. Die Armutsdebatte in der Zeit der Formierung der Industriegesellschaft – Verunsicherung und die Suche nach Sicherheit

Der Verwendung sozialwissenschaftlichen Wissens in Form öffentlicher Diskurse und Auseinandersetzungen, wie sie vor allem in Deutschland und England in der Zeit der Formierung der Industriegesellschaft geführt wurden und die mit der Schaffung der Fundamente für das enden, was wir heute als modernen Wohlfahrtsstaat bezeichnen, sind wir unter dem besonderen Blickwinkel unserer Ausgangsfrage nachgegangen: dem gesellschaftlichen Umgang mit der in der Armutsdiskussion hervortretenden Unsicherheit und dem Beitrag der Sozialwissenschaften im Finden neuer Sicherheiten. Der lange Zeitraum und die Verflechtung der Ebenen, auf denen Diskurse geführt wurden, mit den gesellschaftlichen und ökonomischen Umwälzungen selbst rücken die Frage nach Ausmaß und Art der Verwendung von sozialwissenschaftlichem Wissen notwendigerweise in einen größeren Kontext. In dem Maße, wie es den sich selbst in diesem Zeitraum konstituierenden Sozialwissenschaften gelang, den Verwendungskontext, in dem sich so etwas wie staatliches Interventionshandeln etablierte, mitzubestimmen, schufen sie zugleich die Voraussetzungen für die Verwendung auch ihrer Wissensprodukte. Indem wir an einem historischen Beispiel anschaulich machen, in welch verschiedenen Formen der Umgang mit Unsicherheit mit den Aufgaben der Gestaltung gesellschaftlicher Entwicklung verknüpfbar wurde, haben wir zugleich die Geschichte der Entdeckung der Gestaltbarkeit der sozialen Lebensumstände – und zwar sowohl als sozialstaatliches Aufgaben- und Politikfeld wie auch als allmähliche Überführung der einzelnen Mitglieder einer Gesellschaft von der Rückversicherung zur Selbstsicherheit – nachzuvollziehen versucht.

Es ist eine Geschichte, in der sozialwissenschaftliches Wissen wesentlichen Anteil hatte, eingebettet in die aktuellen gesellschaftspolitischen Auseinandersetzungen und Konflikte. Nur dort, wo institutionelle Sicherungen bereits bestehen, wo ein Grundkonsens über die Zielrichtung und weitere Vorgehensweise in der Zukunftsgestaltung von Gesellschaft bereits erreicht wurde, kommt dem sozialwissenschaftlichen Wissen jene ›Nützlichkeit‹ in den tatsächlichen, meist durch Routineverfahren vorgezeichneten Verwendungspraktiken zu, wie sie uns in den goldenen Nachkriegsdezennien dieses Jahrhunderts – fälschlicherweise – als Normalfall erscheinen. Der historische Blick zurück lehrt vielmehr, daß es angesichts der Verunsicherung, die über die sich formierenden Industriegesellschaften im 19. Jahrhundert hereinbrach und die in der Armutsdebatte ihren Ausdruck fand, zunächst einmal darum ging, die bange Frage nach der Zukunft zu beantworten. Wenn sich auch in der Flut der Literatur zu diesem Thema eine eigenständig sozialwissenschaftlich-akademische Debatte noch nicht sinnvoll abgrenzen läßt – das Spektrum der Meinungsäußerungen und Erklärungsansätze reicht von Autodidakten bis zur politischen Ökonomie; vom Handwerkertum des Sammelns und Gliederns statistischer Informationen sowie sozialtechnischer Abhandlungen von Inspektoren, Ärzten, Gemeindebeamten bis zur analytischen amtlichen Berichterstattung; von Reiseeindrücken bis zur Grundlegung der systematischen empirischen Sozialforschung –, so lassen sich doch Gemeinsamkeiten in den Debatten zur Armut aufzeigen.

Kennzeichnend für die wissenschaftlichen Thematisierungen der Armut bis ins letzte Viertel des vorigen Jahrhunderts ist es, daß sie einerseits eine tiefe gesellschaftliche Verunsicherung widerspiegeln, die von einer dramatischen Umbruchsituation ausgeht. Welche Ordnung zieht da neu herauf, ist sie Mittel der Beseitigung oder nicht gerade Ursache massenhafter Armut? Angesichts dessen versichern sich die Wissenschaften der heraufziehenden neuen Ordnung als einer in sich kaum veränderbaren Wirklichkeit, die durch Gesetze strukturiert ist, die mit beinahe naturgesetzlicher Bestimmtheit wirken. Das gegebene wirtschaftliche System erzwingt die Existenz von Armut als Kehrseite des Reichtums, macht scheinbar Armut zum Schicksal. Das ist die bis etwa zum Ende der sechziger Jahre des vorigen Jahrhunderts vorherrschende, politisch folgenreiche Notion der Armut. Und die institutionellen Systeme und Regulative der gesellschaftlichen Versicherung gegenüber den Gefahren der Armut haben dementsprechend vor allem die Funktion der Ausgrenzung von Armut statt der Eröffnung von Auswegen für die Armen. Quer durch die wissenschaftlichen Diskurse, seien es nun solche auf der Ebene der aufgeklärten Berichterstattung, der politischen Ökonomie oder des sozialkritischen Raisonnements, stellte sich angesichts der Herausforderung des Pauperismus dieselbe Frage: Was war sein Zusammenhang mit den Prozessen des Vordringens von Markt und großer Industrie? Bildete die »entsittlichte Armut« des Pauperismus lediglich ein transitorisches Ereignis, war sie notwendiges Kennzeichen einer neuen Gesellschafts- und Wirtschaftsordnung oder nur das Überbleibsel der alten?

Im historischen Zwischenbereich des Zerfalls einer alten Gesellschaft und der Bildung einer neuen »Industrie-Gesellschaft«, auch im weiteren Sinne dessen, was man die »Kultur des industriellen Zeitalters« nennt, mußten sich neue Orientierungen erst in der Auseinandersetzung mit zerfallenden alten kulturellen Patterns herausbilden. Der sozialwissenschaftlichen Diskussion zwischen den Ordnungen der agrarischen Produktionsweise und der großen Industrie, der Eingefaßtheit von Märkten in die dörfliche Gemeinschaft und industrieller Massenproduktion, zwischen der Fixierung in der Gemeinschaft und der Mobilisierung von »Individuen« fehlte zunächst die grundlegende Sicherheit eines kulturellen Orientierungsrahmen. Die spezifische Verunsicherung der Umbruchsphase bestand also in der Erosion alter und der noch ungewissen Gestalt neuer Voraussetzungen sozialwissenschaftlichen Denkens. Es galt, entweder die fortwährende Geltung traditioneller Werte, Normen und Anschauungen zu begründen, der Erosion des herkömmlichen gesellschaftlichen Orientierungswissens entgegenzuarbeiten oder aber die Notwendigkeit respektive bereits durchgesetzte Gültigkeit neuer Normen nachzuweisen. In diesem Sinne wurde die Auseinandersetzung um einen Orientierungs- und »Wertewandel« zum integralen Bestandteil auch der damaligen wissenschaftlichen Armutsdebatten.

Was sich schließlich, nach langer Suche nach gemeinsamen Nennern und Orientierungen, an Anschauungen über die Zusammenhänge von wirtschaftlicher und gesellschaftlicher Entwicklung, Ökonomie und Armut herausbildete, was Führung und Vorherrschaft beanspruchte und über lange Perioden auch erreichte, war das Erklärungsangebot der politischen Ökonomie, in dem Armut und Marktgesetzlichkeiten in einem engen, ja »ehernen« Zusammenhang interpretiert wurden. Indem die politische Ökonomie und deren marxistische Kritik Armut und Pauperismus im Kon-

text wirtschaftlicher Gesetze sahen, die – so dachte man – mit der Präzision und Unverrückbarkeit von Naturgesetzen auf die Gesellschaft einwirkten, ergeben sich zwei konträre und zugleich komplementäre ›Verwendungsangebote‹, die sich unter entgegengesetzten Perspektiven in ihrer Minimalisierung gesellschaftspolitischer Reformnotwendigkeiten und -möglichkeiten *im* kapitalistischen Marktsystem trafen. Armut, so die optimistischen Annahmen in der liberalen Schule, sollte ein allmählich verschwindendes Phänomen sein, das auf Grund der zunehmenden Anerkennung von und Anpassung an die Marktgesetze zu überwinden sei. Oder man begriff Armut als eine unabänderliche Konsequenz dieser Gesetze, so daß sie als natürliche Kehrseite des neuen Reichtums hingenommen werden mußte bzw. nur jenseits der kapitalistischen Gesetzlichkeit in ihrem Zerbrechen Auswege möglich erschienen – so die revolutionäre marxistische Option.
Sowenig solche Theorien zur Behebung der Armutsgefahr der Betroffenen taugten, so sehr halfen sie, auf je ihre Weise der Gesellschaft und den Politikern gegenüber dem verunsichernden Massenphänomen von Pauperismus und Armut Sicherheit zurückzugeben. Der Manchesterliberalismus bot Rückversicherung bei Erklärungen, die den natürlichen und/oder peripheren Charakter des Phänomens behaupteten und versprachen, daß es ohne den kollektiven, insbesondere staatlichen Eingriff »reguliert« werden könne. Sieferle schreibt: »Hatte das Schreckgespenst der modernisierten Armut im Pauperismus ursprünglich als Argument gegen den Kapitalismus und das Fabriksystem gegolten, so drehen die Ökonomen jetzt den Spieß um. Gerade der Pauperismus macht eine weitere technisch-industrielle Expansion erforderlich, vom Skandal des Industriesystems wird er zu seiner Legitimationsinstanz.«[7] Im Umgang mit den umfassenden Unsicherheiten dieser Zeit bot deren Naturalisierung Sicherheit in der Möglichkeit, darauf zu vertrauen, daß hinter der Zerstörung traditioneller gesellschaftlicher Regulative sich die Herausbildung einer neuen Ordnung verbarg, die nicht von Staat und Politik ›künstlich‹ produziert werden mußte, sondern für die es lediglich so etwas wie einer begleitenden Geburtshilfe und »gesunden Förderung« bedurfte.
Ganz anders die Rückversicherung, die die politische Ökonomie des revolutionären Marxismus den noch schwachen, sich gerade bildenden Arbeiterbewegungen anbot: der Industrialisierungs-

fortschritt selbst wird die Grenzen des ausbeuterischen kapitalistischen Marktsystems fühlbar machen; und die Arbeiterklasse befindet sich im Einklang mit den Gesetzen der Geschichte, wenn sie im Namen einer gerechteren Verteilung der Früchte des Fortschritts Marktgesetze in Frage stellt, die die Perpetuierung ihrer Unsicherheit und ihres Elends inmitten des Reichtums bedeuten.

Doch nicht alle sozialwissenschaftlichen ›Verwendungsangebote‹ und Erklärungsschemata fallen in die hier vorwiegend von der politischen Ökonomie vertretene Richtung. Engels' Schrift zur Lage der arbeitenden Klassen bildet den Übergang zu einer zweiten, anderen wissenschaftlichen Kultur der Befassung mit der Armut: der in den Bereichen der Statistik und der Hygiene/Medizin entstehenden Versuche, Umfang und Merkmale der Armut besser beschreibbar und erfaßbar zu machen. Die Armen zählen – das bedeutete das Augenmerk auf eine Fülle von Daten zu den spezifischen äußeren Lebensumständen, die zu verschiedensten mit der sozialen Lage verbundenen Krankheiten, Seuchen, besonders hohen Todesraten führten, zu lenken. Die sich seit Ende der 1830er Jahre in England herauskristallisierenden privaten lokalen »statistical societies«, aus denen 1857 die »National Association for the Promotion of Social Science« hervorgeht, spielten dabei ebenso eine Rolle wie staatlich-institutionelle Initiativen: Fabrikinspektoren, Parlamentsbeauftragte und Parlamentsausschüsse mit ihren Techniken empirischer »Beweisaufnahme«. Zu einem großen Teil sind die unmittelbaren Handlungsbedürfnisse staatlicher Instanzen in Sachen Armen- und Arbeiterpolitik sogar direkte Urheber empirischer Sozialwissenschaft. Bei vielen Problemen und in Aussicht genommenen gesetzlichen Regelungen wurden in England »Kommissionen« eingesetzt, deren Aufgabe es war, vorhandenes Wissen zusammenzutragen, zusätzliche »facts« zu erheben und der Politik Vorschläge für ihr Handeln zu unterbreiten.

Die Entwicklungsetappen in der Definition und Auseinandersetzung mit Armut hängen aber auf der anderen Seite auch eng mit dem Entwicklungsprozeß sozialer Bewegung zusammen. Dies ist Teil der Entfaltung und Umformung des weiteren ›sozialen Wissens‹ von der Armut und ihren gesellschaftlichen Umständen, wie sie nunmehr von den ›Betroffenen‹ selbst eingebracht werden. Der Prozeß der Formierung der Arbeiterbewegung, in dem ein

Teil der als »Arme« Bezeichneten nun als soziale Klasse Identität gewann und Ansprüche formulierte, ist zugleich auch ein großer Prozeß der Aneignung von und des Kampfes um Wissen. Neben das Wissen über »die Armen« trat nun das eigene Wissen der Betroffenen über sich selbst. Es artikulierte sich in Versuchen der Selbstdeutung und alternativer Interpretationen des gesellschaftlichen Umfeldes – in einem Prozeß des »making of the working class« (Thompson), der auch einen gewaltigen Prozeß des sozialen Lernens, der Kritik und Befruchtung sozialwissenschaftlichen durch soziales Wissen darstellt.

Ein folgenreicher Umschwung bereitete sich vor. Er betraf nicht nur die Art und Weise, wie Armut in der Gesellschaft und in der Sozialwissenschaft thematisiert wird, wie Selbstsicherheit bei den verschiedenen sozialen Akteuren in einem industriellen Marktsystem, das sich etabliert und durchgesetzt hatte, gewonnen wurde. Er führte auch dazu, daß die Suche nach neuen sozialen Regeln und Reformen mehr und mehr zum gemeinsamen Credo bürgerlicher und sozialistischer Theoretiker und Praktiker wurde. Das Ergebnis, das hinfort den ›Verwendungskontext‹ auch des sozialwissenschaftlichen Wissens entscheidend beeinflußte, lautete schlicht: Armut wird nicht mehr als schicksalhafter Ausfluß ökonomischer Gesetzlichkeiten und/oder individuelle Schuld begriffen, sondern als ›soziales Übel‹, das kollektiven gesellschaftlichen Interventionen zugänglich ist.

Im Kontext der (a) Erweiterung positiven Wissens, des Zählens und Vermessens, (b) der Versuche der Armutsbetroffenen, sich selbst als »arme *Arbeiter*« zu artikulieren, und (c) jener inkrementalen Ausweitung staatlicher Sicherungs- und Reformpraktiken, die bei Festhalten an der marktliberalen Doktrin mehr und mehr die politische Praxis prägten, veränderten sich auch die Ideologien und Interpretationssysteme der konkurrierenden großen Lehrmeinungen. Das ökonomische Prinzip ist kein Diktat: diese Überzeugung gewann in der politischen Ökonomie des Bürgertums im letzten Drittel des vorigen Jahrhunderts immer mehr an Boden, sei es nun in der englischen Reformökonomie oder, wie in Deutschland, im Kontext der Sozialwissenschaftler, die im »Verein für Socialpolitik« einen anderen theoretischen Zugriff auf den Zusammenhang von gesellschaftlicher Entwicklung und Armut mit der Entwicklung einer reformorientierten Verwendungspraxis zu verbinden trachteten. Indem postuliert wurde, daß ökonomische Gesetze Spielraum für Reformen und Abhilfe in der Armutsproblematik lassen, kollektive Anstrengungen in der Sozialpolitik nicht mehr mit ökonomischen Gesetzen kollidieren müssen, festigte sich ein Verwendungskontext von Wissenschaft, der darauf abhob, soziale Reformpolitik zu begründen und zu begleiten.

Der Zusammenhang von ›stetiger Reformarbeit‹ der eigenen Organisationen und einer Konsolidierung des Markt- und Industriesystems stellte in weiten Teilen dieser Arbeiterbewegungen auch die revolutionäre Option mitsamt der Lehre von der Unmöglichkeit einer dauerhaften Verbesserung der Lage der Arbeiter *im* kapitalistischen System in Frage. In Deutschland z. B. vollzog der ›Revisionist‹ Bernstein theoretisch nach, was Arbeiterparteien und Gewerkschaften praktisch schon betrieben. Die Gesetze des Kapitalismus lassen sich »biegen«, so behauptete er – sie schließen weder den politischen Fortschritt zur Demokratie noch den Fortschritt zu mehr Wohlfahrt aus. Daß bei einer solchen theoretischen Aufwertung sozialer Reformpraxis die Frage des Ob und Wie eines fernen »Brechens« mit kapitalistischer Marktgesetzlichkeit immer weniger belangreich wurde, ist dabei nur logisch und konsequent. Die gemeinsame, nunmehr auch von sozialwissenschaftlicher Theorie gestützte Überzeugung von Reformnotwendigkeiten und -möglichkeiten *im* neuen Markt- und Industriesystem schuf einen neuen Kontext für die Produktion und Verwendung einzelner Studien, Analysen und Gutachten. Strittig war nun vor allem das ›Was‹, ›Wie‹ und ›Wohin‹, nicht mehr so sehr das ›Ob‹ sozialer Reformen.

Die zahlreichen, von reformorientierten sozialwissenschaftlichen Vereinigungen unternommenen oder in Auftrag gegebenen Enqueten zur ›sozialen Frage‹ trugen das ihre dazu bei, überkommene Erklärungen und Perzeptionsweisen zu unterminieren. Weitere staatliche Interventionsbereiche entstanden, die mit Armut zu tun hatten, aber nicht an sie gebunden waren: ›Arbeiterschutzpolitik‹ und Sozialtechniken der öffentlichen Gesundheitspflege und Erziehung. Doch das entscheidende Regulativ für die Überwindung der Armut wurden die Normalisierung der Arbeitsbeziehungen und der damit verbundene Aufbau des Systems sozialer Sicherheiten, das die früheren individuellen sozialen Armutsgefährdungen in staatlich abdeckbare, kalkulierbare und rechtlich vereinbarte soziale Risiken verwandelte.

Der zunehmende Bewegungsraum für sozialreformerische Konzepte, die auf ›Verhütung‹ von Armut und auf Wohlfahrtssteigerung zielten, bedeutete freilich nicht, daß damit naturalisierende Sichtweisen der Armutsproblematik gänzlich verschwunden wären. Zum Teil wandelten sie lediglich Sprache und Legitimationsmuster. Widerstand gegenüber staatlichen Wohlfahrtspolitiken etwa legitimierte sich nach einem halben Jahrhundert an Erfahrungen mit einem freien Marktsystem, das Armut nicht zum Verschwinden gebracht hatte, weniger im Rekurs auf ökonomisch-liberalistische Doktrinen als z. B. auf Argumente der Eugenik und des Sozialdarwinismus. Trotz allem gewann eine öffentliche und staatliche Praxis der Sozialreform Schritt für Schritt an Terrain. Dieser Prozeß der Verteidigung bedrohter gesellschaftlicher Substanz wurde, wie Polanyi[8] gezeigt hat, letztlich durch die Interessen der ganzen Gesellschaft in Gang gesetzt, auch wenn diese Verteidigung ursprünglich mehr dem einen als dem anderen Bevölkerungsteil zufiel. Der Übergang von einer Gesellschaft, die zunächst neue Formen des Chaos und der Verelendung durch Rückversicherung bei der »invisible hand« der Marktgesetzlichkeiten zu bannen suchte, zu einer Gesellschaft, in der jenseits eines wissenschaftlich begründeten Attentismus oder Revolutionsvertrauens die »visible hand« staatlicher und sozialer Träger und Politiken sukzessive mehr Aufgaben, Verantwortlichkeiten, Rechte und Bedeutungen erhielt, warf eine Reihe neuer Fragen auf. Ein großer Teil von ihnen betraf die Definition des Charakters dieser Aufgaben, ihre Verteilung und wechselseitige Abgrenzung zwischen Staat und Gesellschaft, Kollektiven und Individuen, Organisationen von Arbeit und Kapital. Mit dem Eintritt in diese Art von Auseinandersetzung um das Gesicht des Sozialstaats war jedoch der Endpunkt eines Spannungsbogens bereits erreicht, den wir nachzuzeichnen versucht haben. Er führt von spezifischen Maßnahmen der Ausgrenzung und isolierten Sonderbehandlung der Armen über eine Arbeiter- und arbeitszentrierte Politik des Schutzes und der Absicherung bis hin zu einem universell orientierten Konzept sozialpolitischer Gestaltung; vom Schutz der Gesellschaft vor etwas, was scheinbar nicht zu ändern ist, bis zur Umgestaltung der Gesellschaft, um eine Bedrohung zu meistern, der sie sich zunehmend gewachsen fühlt; er führt von der Sicherheit der Rückversicherung zur Sicherheit als Selbstsicherheit, vermittelt über den allmählichen Gewinn sozialer Kompetenz.

Mit der Gesellschaft teilte Wissenschaft aber nun auch die Auffassung, nach der der verdinglichte ökonomisch-technische Komplex nicht nur gezügelt werden kann, sondern als solcher einen Fortschrittsgaranten darstellt, so etwas wie einen neben der Geschichte fixierten objektiven Kompaß, an dem Fortschrittlichkeit zu messen ist. Ein Stück Rückversicherung blieb also in der gewonnenen neuen Selbstsicherheit der sozialen Akteure präsent. Hinter der Debatte um technische Risiken wird heute schrittweise sichtbar, wie auch diese – wenn man so will – letzte metahistorische Rückversicherung prekär zu werden beginnt. Das legt zumindestens unsere Nachzeichnung der Technologiedebatte nahe, in der sich auf einer weiteren Ebene wiederholt, was in der Armutsdebatte dargestellt werden sollte: die – zunächst immer verunsichernde – Entdeckung der Gestaltbarkeit von Gesellschaft.

## 4. Risiken neuer Technologien – von den Debatten über technische Risiken zu neuen Formen des Umgangs mit Unsicherheit

Der Auftrieb, den die wissenschaftliche Befassung mit der Erhebung, Messung und Abschätzung von vorwiegend technologischen Risiken in den letzten fünfzehn Jahren erhielt, verdankt sich einer zunächst in den USA einsetzenden öffentlichen Diskussion um den Umgang mit potentiell gefährdenden Technologien, allen voran die Nukleartechnologie. Vor dieser verstärkt auftretenden Nachfrage nach wissenschaftlicher Expertise zum Nutzen der öffentlichen Verwaltung und der politischen Entscheidungsträger bildete die Risikoforschung weder ein klar erkennbares Forschungsfeld, noch gab es eine einheitliche Konzeptualisierung des Risikobegriffs. Vielmehr fiel diese in unterschiedliche wissenschaftsdisziplinäre Herkunftsbereiche, die von der Sicherungstechnik über systemanalytische Methoden und Verfahrungsweisen, zur formalen Entscheidungstheorie und anderen Planungs- und Optimierungsstrategien reichte. In den herkömmlichen Sozialwissenschaften, wie Politologie und Soziologie, gab es, im Unterschied zur Nationalökonomie und Psychologie, zwar kaum eine explizite Befassung mit Risiko, wohl aber eine vorwiegend kritische Tradition der Befassung mit Technik und Technokratien. Die Nachfrage nach Risikostudien wurde auch dadurch begünstigt, daß sich seit Ende der sechziger Jahre auch in der öffentlichen Administration Planungs- und Entscheidungshilfen immer größerer Beliebtheit erfreuten, die beanspruchten, Politik rationalisieren oder sie gar – verstanden als öffentliche Konfliktaustragung und -abstimmung – ersetzen zu können. Inhaltlich dominierten zunächst, dem Bedarf der Auftraggeber entsprechend, sogenannte ›objektive‹ Ansätze zur Messung von Risiken und zur Entscheidungsoptimierung. Ihre Legitimität blieb so lange erhalten, wie technischer Fortschritt und herkömmliche Formen des Umgangs mit ihm unproblematisch waren. Sie wurden in dem Maße fragwürdig, wie der Wert, Nutzen oder Sinn einer Technologie insgesamt in Frage gestellt wurde und die Öffentlichkeit als ›Störungsfall‹ begann, das bisherige ›Zwei-Akteure-Modell‹ (Industrie und staatliche Verwaltung als einzig zuständige) in ein ›Drei-Akteure-Modell‹ zu verwandeln, in dem die Öffentlichkeit in Form sozialer Bewegungen und ›pressure groups‹ ihr Bewußtsein und ihre Interessen am Entscheidungsprozeß über Technologien zu entwickeln und artikulieren begann. Damit lösten sich die sozialen und historischen Bedingungen für den umfassenden Alleinvertretungsanspruch eines bestimmten Bewertungs- und Entscheidungskalküls auf. Die Risikoexperten reagierten mit einem pragmatischen Annäherungsversuch an die öffentliche Debatte, indem sie Risiko-Vergleiche anboten, die auf folgendem Postulat beruhten: In dem Maße, in dem die Gesellschaft bisher Risiken hingenommen hat, sollte sie es auch in Zukunft bereit sein zu tun. Doch die weiterhin vehement geführte öffentliche Kritik der Kernenergienutzung ließ Ängste und Gefahren sichtbar werden, die auch in modifizierten Formen des Risikokalküls, das die Experten anzubieten hatten, in der Form des Einschlusses von Subjektivität als Kalkulationsfaktor und anderer Versuche, die Reaktionen der Betroffenen berechenbar zu machen, nicht aufgingen. Vor dem Hintergrund des zunehmenden Wissens um die Kontextabhängigkeit der Akzeptanz von Risiken beginnen sich umfassendere Ansätze der Risikoforschung durchzusetzen, die auf die Entwicklung effektiver Risikostrategien der Politik (›risk management‹) zielen. Damit deutet sich eine Einbettung der Risikoabschätzung im Bereich der Versuche des ›social engineering‹ gerade in dem Augenblick an, wo in der öffentlichen Debatte das an Gewicht gewann und in Frage gestellt wurde, was das ›social engineering‹ voraussetzen mußte: die Legitimität und Funktionalität der sozialen und politischen Arrangements, innerhalb deren mit Technologie umgegangen wird.

Die Beiträge der Sozialwissenschaften, insbesondere der akademisch orientierten Soziologie und Politikwissenschaften, die ihrem Selbstverständnis nach nicht von vornherein durch ihre Experten in den Beratungsstäben und -firmen präsent waren, gewannen erst in dem Augenblick an Bedeutung, als Technologie als Bestandteil fortschritts- und umweltkritischer Fragestellungen zum Thema wurde. Das erlaubte es den Sozialwissenschaften, an ihre ureigene Tradition der Technikkritik (und Technokratiekritik) sowie Technikdeutung anzuknüpfen und diese bis zu den heute aktuellen Überlegungen in der Techniksoziologie zu konkretisieren und weiterzuentwickeln. Von diesem Ansatz her geht es nicht mehr allein um risikoreiche Nebenwirkungen von Technologien, sondern die Geschichte des technologisch-ökonomischen Komplexes als Bestandteil kultureller Orientierungen und sozialer Entscheidungen rückt in den Vordergrund. Da nun aber das aktuelle Beispiel der Atomtechnologie sowie ein daran geschärfter Blick zurück zeigen, wie eng die ›Natur‹ einer Technologie mit kulturellen Orientierungen, gesellschaftlicher Entwicklung, Machtstrukturen und sozialen Beziehungen verwoben ist, verliert Technikentwicklung ihre Selbstverständlichkeit. Sie wird fragwürdig und Teil der allgemein wachsenden Unsicherheit über Richtung und Bewältigungsformen des Fortschritts. Die bewußte Einbeziehung der technologischen Alternativen in gesellschaftliche Steuerungs- und Planungskonzepte wird mehr und mehr zum Allgemeingut politischer Zukunftsentwürfe und wie diese selbst legitimationspflichtig.

Doch auch auf der Ebene der sozialen Bewegungen sind Umorientierungsprozesse eingetreten. Sie spiegeln sich in den thematischen Orientierungen publizistischer, theoretischer und sozialwissenschaftlicher Beiträge wider, die durch die Erfahrungen der ökologischen und Anti-AKW-Bewegung mitgeprägt wurden. Sie reichen von einer bloß defensiven Haltung bis zu Auffassungen, die den ›Wandel des Wandels‹ und die Eröffnung von Einflußchancen zur Mitgestaltung zukünftiger Entwicklungen in den Vordergrund stellen. Wenn beide Reaktionsformen, verteidigender Rückzug und Offensive, Legitimität beanspruchen können, so deshalb, weil sie eindringlich die Spannweite zwischen der gewachsenen Möglichkeit der Gesellschaft im Umgang mit zentralen Technologien und den gleichwohl geringen Möglichkeiten ihrer realen Einlösung angesichts ökonomischer und politischer Macht- und Interessenstrukturen dokumentieren. Sie verweisen darauf, wie groß und zugleich verschwindend gering die Möglichkeiten einer sozialen Kontrolle der Technologie sind.

Die Einbeziehung technischer Entwicklungen in den Handlungsbereich des Staates und der Gesellschaft verändert und erweitert auch die institutionellen Formen, mit denen Technologiepolitik als Teil von Gesellschaftspolitik realisiert wird. Jenseits der traditionellen Wege einer sozialen Kontrolle des Fortschritts in den Repräsentationsformen parlamentarischer und sozialpartnerschaftlicher Politik geht es nun bei der »sozialen Kontrolle der Technologie« um neue Formen der »Verhandlung« technologischer Entwicklungen, direkte Einflußnahmen an anderen Schauplätzen, im sozialen Feld selbst und in neuen Formen der öffentlichen Konfrontation von ›Experten und Laien‹. Diese »Resozialisierung«[9] einer Politik der sozialen Verhandlung und Kontrolle neuer Technologien unterscheidet sie von der sozialstaatlichen Form des Umgangs mit Armutsrisiken. Hier stehen wir freilich inmitten einer Debatte, in der man sich über viele Widerstände erst an Kompromisse und Lösungen zu der Frage herantastet, wie Institutionen gefunden und erfunden werden könnten, die der erweiterten Einbeziehung technischer Entwicklung in den Raum der Politik Rechnung tragen, und nicht schon am Abschluß einer erfolgreichen Institutionalisierung, an der auch die sozialwissenschaftlichen Beiträge abgelesen werden können, wie wir dies bei der historischen Armutsdebatte und ihren institutionellen Bewältigungsversuchen von Unsicherheit tun konnten.

Was läßt sich also aus der Debatte um technische Risiken für die Verwendungsforschung lernen? Zunächst einmal, um mit Arie Rip zu sprechen[10], wird die gegenseitige Abhängigkeit der Risikoforschung und des politischen (wie gesellschaftlichen) Umfeldes deutlich. Ohne das akute Interesse der politisch-administrativen Stellen an der Risikoforschung als einem Forschungsprojekt, das die Erhebung, Messung und Bewertung von Risiken als potentiell negativer Folgen zum Gegenstand hat, die es zu vermeiden oder zu beschränken gilt, wäre dieser Forschungsansatz als ein für strategische politische Entscheidungen irrelevanter Forschungszweig in Disziplinen wie der technischen Sicherheitstechnik, der medizinischen Risikoforschung oder innerhalb der formalen Entscheidungstheorie steckengeblieben. Erst die Nachfrage nach Risikostudien zum Zwecke der Rationalisierung und Verbesserung politischer Entscheidungen im technisch-politischen Bereich erhob die Risikoforschung zu einem strategischen Forschungsfeld. Daraus folgt auch, daß die Problemdefinitionen, die von den relevanten Akteuren in unterschiedlichen Handlungs- und Entscheidungskontexten benützt wurden, in mehr oder weniger direkter Weise die Richtung und den Inhalt der Risikoforschung beeinflußt haben. Die Expertise, die durch solche Problemdefinitionen entstand, konnte nichts anderes als bestimmte Formen der Beratung erzeugen. »Wenn man einen Hammer in der Hand hält, sieht alles wie ein Nagel aus«, lautet die treffende Formulierung von H. Otway.[11] Die Rolle des Forschers und jene des Praktikers als Berater waren in einem jungen Forschungszweig, der sein Entstehen aktueller politischer Nachfrage verdankte, nicht getrennt.

Die Rekonstruktion der Risikodebatte von ihren ›objektivistischen‹ Ansätzen bis zu ihrer pragmatischen Erweiterung und Anreicherung um ›subjektivistische‹ Elemente und die Versuche eines ›social engineering‹ lassen sich daher lesen als eine Geschichte von politischer Nachfrage und darauf reagierenden Angeboten wissenschaftlicher Expertise. In dem Maße, in dem sich der Kontext jedoch veränderte, durch zusätzlich auf den Plan tretende soziale Akteure diversifiziert und erweitert wurde, änderten sich Inhalt und Verlauf der Debatte ebenso wie Inhalt und wissenschaftliche Qualität des wissenschaftlichen Wissens. Durch die öffentliche Diskussion und die heftigen Kontroversen waren alle Beteiligten, besonders jedoch die wissenschaftlichen Experten, gezwungen, in ihrer Argumentation früher oder später auf die von den Kritikern vorgebrachten Argumente einzugehen, ihre methodischen Ansätze zu präzisieren und vor allem über den ursprünglich engen, ganz auf die technische Risikodefinition abgestellten Begriff des Risikos hinauszuwachsen. Im engeren Sinn der Auswirkungen auf die Wissenschaft spricht daher Arie Rip zu Recht von einem ›repertoire learning‹, das zu einer allgemeinen Anhebung der wissenschaftlichen Qualität in methodischer und argumentativer Hinsicht führte. Einwände der Kritiker und die vorgebrachten Argumente fanden allmählich Eingang in das Repertoire der Experten und trugen dazu bei, dieses nicht nur zu erweitern, sondern gemeinsam akzeptierte (Qualitäts-)Standards und Annahmen zu schaffen.

Aus unserer Sicht kommen noch andere Wirkungen dazu. Kontroversen, besonders wenn sie, wie in dem von uns analysierten Fall, sowohl auf der gesellschaftlich-politischen Ebene wie auf der wissenschaftlichen stattfinden, heben die Verwendungschancen von Wissen beträchtlich, doch verändern sich meist auch die Problemdefinitionen. Den wichtigsten Beitrag der Sozialwissenschaften bei der Risikodiskussion sehen wir darin, daß sie, in Anlehnung an die ›lokalen Diskurse‹, die von den sozialen Bewegungen initiiert und geführt wurden, aber gleichzeitig anknüpfend und in kritischer Auseinandersetzung mit der eigenen Tradition einer Technologie- und Technokratiekritik, *die Definition der Problematiken verändert haben.* Andere Risiken und vor allem andere Wahrnehmungen (der Laien) wurden zum legitimen Untersuchungsgegenstand; doch damit nicht genug: die Risikoforschung selbst, ihre Annahmen über das Funktionieren des ›techno-sozialen Systems‹ und seine Entscheidungsmechanismen, die zur Entscheidungsfindung herangezogenen Definitionen und Methoden, wurden Gegenstand einer heftigen Kritik, die in der ›Akzeptanz‹frage und der Beteiligung der Forschung daran ihren vorläufigen Höhepunkt fand. Die Erweiterung dieses Zweiges der Risikoforschung führte konsequenterweise auch zu einer kulturell-pluralistischen (bzw. relativistischen) Orientierung, für die etwa die Arbeiten von M. Douglas und A. Wildavsky stehen.[12] Der eher politikwissenschaftlich-soziologische Zweig, der sich des ›technology assessment‹ als sozialwissenschaftliche Begleitforschung – etwa in der Bundesrepublik Deutschland – annahm, versuchte seine Nützlichkeit unter Beweis zu stellen, indem der diagnostische Wert der Sozialforschung und seine politische Umsetzung in ›Frühwarnsysteme‹ betont wurden.

Der weitreichendste, wenn auch am schwersten zu präzisierende Beitrag der Sozialwissenschaften insgesamt lag jedoch in der systematischen Öffnung technologischer Felder für Fragen sozialer Ziele, Nutzen und Alternativen. Alternativen gesellschaftlicher Entwicklung konnten mehr und mehr als Alternativen zwischen ›sanften‹ oder ›harten‹ Wegen der Technikgestaltung formuliert werden. Wenn aber damit Demokratie auch für technologische

Alternativen gelten soll, dann bedeutet das die Sprengung des Zwei-Akteure-Modells der wissenschaftlichen Politikberatung. Indem verschiedentlich Verbindungen zwischen den sozialen Bewegungen und den Sozialwissenschaften geknüpft wurden und sich ihre Diskurse vermischten, wurde der Alleinvertretungsanspruch staatlich-administrativer Stellen und der mit ihnen kooperierenden Forscher auf eine herrschende Problemdefinition durchbrochen. Neue Akteure und Interessengruppen wurden mit Hilfe der Wissenschaft befähigt, ihre Sichtweise und Zukunftsbilder in die öffentliche Diskussion einzubringen und ihre Interessen im Spiel der ›Großen Entscheidungen‹ zumindest zu artikulieren.

Das bedeutet auch, daß die Institutionalisierung ihrer Mitsprache zu anderen organisatorischen Arrangements einer Welfare-Orientierung gesellschaftlicher *und* technologischer Entwicklung führt, als das im herkömmlichen Wohlfahrtsstaat der Fall war. Da jedoch Untersuchungen in diesem Kontext und das in solchen begleitenden Studien enthaltene Wissen vorwiegend partizipatorischen Ansprüchen und weniger obrigkeitlich orientierten Vorgaben folgen, entsprechen sie keiner deutlich gemachten Nachfrage. Im Unterschied zu anderen Zweigen der Risikoforschung ist daher keine schnelle Professionalisierung – und somit keine staatlich oder gesellschaftlich anerkannte ›Nützlichkeit‹ des damit verbundenen Wissens – zu erwarten. Der eher traditionell sozialwissenschaftlich orientierte Zweig der Risikoforschung bleibt daher, trotz der unbestrittenen Beiträge in der Erweiterung des Diskursraumes und der Pluralisierung der Debatte, seinen gesellschaftskritischen Ansprüchen treu und ist somit nicht ›professionalisiert‹ umsetzbar.

Die hier vertretene Sichtweise, die die tatsächliche Verwendung von Wissen nicht mit eher zufälligen Verwendungskonstellationen gleichzusetzen gewillt ist, sondern erfolgreiche Verwendung abhängig macht von der Institutionalisierung eines (Unsicherheit bewältigenden) Kontexts, in dem Verwendung auf mehr oder weniger kontinuierlicher (und daher meist auch routinisierter) Basis nachgefragt wird, gelangt notwendigerweise zur Schlußfolgerung, daß Professionalisierung wenn nicht Voraussetzung, so doch Begleiterscheinung von erfolgreicher Nutzung sozialwissenschaftlichen Wissens – im Sinne der üblichen Verwendung dieses Terminus – ist. Damit werden wir jedoch auf die Stellung von Expertenwissen überhaupt im Prozeß der gesellschaftlichen Wissensverwertung verwiesen.

Unsere Untersuchung zeigt, daß dieses Expertenwissen von den Phasen jeweiliger gesellschaftlicher Sicherheit oder Verunsicherung abhängig ist. Solange ausreichende Sicherheiten vorhanden sind, abgestützt durch institutionelle Lösungen, gemeinsam getragene Zukunftszuversicht und die Berufung auf sicherheitsspendende ›Garanten‹, hat auch Expertenwissen seinen festen, zum Aufbau und Erhaltung bestehender Sicherheiten nutzbaren und genützten Platz. In solchen Phasen dominiert der Verwertungswert von *›technischem‹* Wissen, das zum Erreichen gesetzter Ziele, zur Verbesserung der Funktionsfähigkeit oder Implementation einsetzbar ist. In Phasen allgemeiner gesellschaftlicher Verunsicherung jedoch zerfallen zumeist die bestehenden Sicherheitsgarantien. Die Grundlagen selbst, auf denen Ziele und Mittel aufbauen, werden in Frage gestellt. Expertenwissen wird hier entweder auf einen relativ engen technischen Bereich von Knowhow zurückverwiesen, oder es wird kontroversiell. Zur Schaffung des jetzt gefragten *Orientierungswissens* hat es wenig beizutragen. Wenn jedoch nicht mehr primär Wissen gefragt ist, das für die politische und administrative Entscheidungsfindung genützt werden kann, weil der Rahmen und die Annahmen, auf denen solche Entscheidungsprozesse beruhen, umstritten werden, dann öffnet sich nicht nur eine neue Chance für den Intellektuellen statt des Experten, sondern damit auch allgemeiner die Aufgabe, in anderen, womöglich intensiveren Formen der Interaktion von sozialen, wissenschaftlichen und politischen Öffentlichkeiten jenes noch nicht professionalisierte Lernen und Wissen zu erweitern, das wir als ›Orientierungswissen‹ beschrieben haben: Wissen, dessen Erkenntnisobjekt die aktuellen Problematisierungsvorgänge sind, das aus gesellschaftlichen Konflikten entsteht und dennoch zur Verständigung über sie beiträgt; Wissen, das benennbar macht, was als gesellschaftliches Phänomen noch keinen Namen hat. Gefragt ist jetzt jenes Wissen, das, wie diffus auch immer, Beiträge zur Suche nach neuen gemeinsamen Orientierungen und Fragen liefert, in bezug auf die institutionelle und technische Lösungen durchaus unterschiedlich und umstritten sein können.

## 5. Epilog: Anmerkungen zur soziologischen Theoriebildung

Auch unsere Untersuchung führt zum Ergebnis, daß die Entwicklung der Sozialwissenschaften, ihr Verwendungsangebot an Wissen und dessen tatsächliche Umsetzung eng verflochten sind mit den großen gesellschaftlichen Transformationen. Auch für uns bleibt die entscheidende Frage, deren Beantwortung zu einer ›Theorie der Verwendung‹ überleitet, die nach dem *Wie*, nach den Mechanismen dieser Zusammenhänge zwischen institutionellen Strukturen, Organisation der Wissensproduktion und dem Inhalt des Wissens selbst. Im Unterschied zu vielen anderen Analysen, die eher ›wissenschaftszentriert‹ sind, haben wir uns auf eine makrosoziologisch-vergleichende Perspektive eingelassen, die daher eher ›gesellschaftszentriert‹ ist. Die Verbindung zwischen beiden lag für uns in der Rekonstruktion zentraler gesellschaftlicher Diskurse, der eine um die Gefährdungen und Risiken, die durch Armut im 19. Jahrhundert entstanden und problematisiert wurden, und der andere um die technologischen Risiken, die heute diskutiert werden. Da wir auf die Umwandlung von Gefahren in Risiken (aber auch die Entdeckung neuer Gefahren hinter dem Schleier routinisierter Risikoabschätzungen) abzielten, stand der gesellschaftliche Umgang mit Unsicherheit – die Art und Weise, in der die Gesellschaft ihre eigenen Gestaltungsmöglichkeiten entdeckte und allmählich in gesellschaftliche oder staatliche Interventionsstrategien umwandelte und nützte – im analytischen Fokus unserer Betrachtung. Sozialwissenschaftliches Wissen war an diesen Prozessen der Problematisierung und Herausarbeitung der zentralen gesellschaftlichen Konflikte in mehrfacher Weise beteiligt: zunächst historisch sowohl in der Phase der Rückversicherung und Suche nach Sicherheit bei metasozialen Gewißheiten, die als Erklärungsschemata für die hereingebrochene Verunsicherung im Zuge der Formierung der kapitalistischen Industriegesellschaften so etwas wie die ›Gesetzlichkeit‹ des Ablaufs des beobachteten Geschehens anboten; dann jedoch bei der allmählichen Ver-Sicherung und beim langsamen Gewinn an Selbstsicherheit in der Entdeckung der Gestaltbarkeit von Gesellschaft und dem entsprechenden Ausbau sozialer und staatlicher Politikfelder und Eingriffsstrategien – bis hin zum Entscheidungsfeld der Technik. Sozialwissenschaftliches Wissen war aber auch beteiligt

in der Konstituierung von dem, was wir Orientierungswissen nannten: am Benennbarmachen von Konflikten und in der Herstellung von Konsens über den Dissens. Erst eine solche Einigung über die geführten Auseinandersetzungen ermöglicht den Aufbau jener institutionellen Kompromißlösungen und Versicherungen, die Voraussetzungen für eine einigermaßen erfolgreiche Bewältigung gesellschaftlicher Unsicherheit darstellen. Schließlich kommt dem sozialwissenschaftlichen Wissen Bedeutung zu in der Vermittlung zwischen der sogenannten ›objektiven‹ und der ›subjektiven‹ Seite von gesellschaftlich erlebter Unsicherheit, zwischen den Gefahren sich wandelnder ›Ordnungen‹ und der im Umgang mit ihnen immer wieder neu zu erwerbenden sozialen Kompetenz und Selbstsicherheit. Indem hier, zumindest teilweise, auch die Sicht der ›Akteure‹ vermittelt wird, indem soziales Wissen – vorwiegend der in soziale Bewegung geratene Fundus sozial gelebter Erfahrung und Betroffenheit – von den Sozialwissenschaften (mit entsprechend zeitlicher Verzögerung) aufgegriffen und transponiert wird, wird zugleich die Beziehung zwischen den gesellschaftlichen Akteuren und den institutionellen Ordnungen problematisiert und ins Blickfeld gerade auch der politischen Auseinandersetzung gerückt.
Eine makrosoziologische Perspektive, in der die Verwendungsmöglichkeiten und -modalitäten sozialwissenschaftlichen Wissens eingebettet und als Taré gesamtgesellschaftlicher Entwicklungsprozesse erscheinen, entkommt nicht dem sich hier offenbarenden Dilemma soziologischer Theoriebildung. Gerade weil hier das Wissen und die Sichtweise, die von den verschiedenen sozialen Akteuren mit hereingebracht wird, aber auch das Wissen um die Genese und Verfestigung von Institutionen als Ergebnis von vorausgegangenen Konflikten, aufeinandertreffen, werden an dieser Stelle Schlüsselprobleme der Theoriebildung aufgeworfen. Die Rolle des Wissens und seine Bedeutung für (politisches und kollektives) Handeln ist ein solches Kernproblem, an dem keine sozialwissenschaftliche Theorie vorbeikommt. Die versteckte oder offene Dichotomie zwischen akteurbezogenen und system-(oder struktur-)bezogenen Ansätzen bricht hier erneut auf.[13] Unsere Untersuchung dieses Problems in unterschiedlichen historischen Kontexten ergibt, daß dort, wo sich das Soziale deutlicher artikuliert und formiert, in politischen Kämpfen und mit dem Entstehen sozialer Bewegungen also, Deutungen des sozialen

Wandels an Gestaltungskraft gewinnen, mit deren Hilfe die strategische Formbarkeit und soziale Bewegbarkeit gesellschaftlicher Ordnungen unterstrichen wird, sei es nun eher aus einer auf herrschaftliche Integration oder auf Konflikt hin orientierten Perspektive. In Situationen jedoch, in denen soziale Akteure und Bewegungen durch kaum einhol- und wandelbare Modernisierungsprozesse beinahe ›überwältigt‹ werden, wird sich die Kritik gesellschaftlicher Verhältnisse zunächst weit mehr in der generellen Distanz und als abstrakte Negation behaupten müssen, während herrschaftliche Konzepte sich um so eher als Apologien der Funktionalität von Zwängen und sozialen Ordnungen darstellen werden.

Unseren Beitrag zur Überbrückung der sich hier auftuenden Spannungen zwischen akteur- und systembezogenen Ansätzen sehen wir vor allem darin, daß wir auf Phasen und Verlaufsformen gesellschaftlicher Verunsicherung abgestellt haben und die Beiträge sozialwissenschaftlichen Wissens, seine sichernde Funktion, in Beziehung zu diesen gesellschaftlichen Umbrüchen und Bewältigungsmodalitäten herausgestellt haben. (Ver-)Sichernde Institutionen, wie das historische Beispiel der großen Sozialversicherungssysteme und die aktuelle Suche nach institutionellen Sicherungsvorkehrungen gegen technische und umweltgefährdende Risiken zeigen, entstehen selbst erst als Antwort auf die erlittenen tiefen Verunsicherungen. Sozialwissenschaftliches Wissen hat Anteil an ihrem Aufbau und ihrer Strukturierung und gestaltet dabei das eigene Anwendungsfeld mit. Doch dieser Zustand währt nur solange, als die Phase der relativen gesellschaftlichen Versicherung und Zuversicht anhält – dann sind Wissensorientierungen und andere kognitive Strukturierungen des Wissens gefragt, die erneut zum Aufbau gesellschaftlicher Sicherheit und neuer, auch institutioneller Bewältigungsstrategien beitragen können.

## *Anmerkungen*

1 Dazu zählen die Arbeiten, die im Forschungsschwerpunkt ›Verwendungsforschung‹ unternommen wurden, aber auch J. Lambiri-Dimaki und H. Nowotny (Hg.), *The Difficult Dialogue between Producers and Users of Social Science Research*, Wien: Eurosocial 1985; Peter

Wagner und Björn Wittrock, *Social Science in Societal Context*, Cambridge: Cambridge University Press 1988.

2 Siehe dazu den Beitrag von Björn Wittrock in: J. Lambiri-Dimaki und H. Nowotny (Hg.), a.a.O.

3 Alle folgenden Ausführungen sind der in Buchform erschienenen Untersuchung entnommen: Adalbert Evers und Helga Nowotny, *Über den Umgang mit Unsicherheit. Die Entdeckung der Gestaltbarkeit von Gesellschaft*, Frankfurt a. M.: Suhrkamp 1987.

4 Zur Risikodebatte vgl. auch Ulrich Beck, *Die Risikogesellschaft*, Frankfurt a. M.: Suhrkamp 1986.

5 Beispielhaft dazu: Margaret Weir und Theda Skocpol, »State Structures and the Possibilities for ›Keynesian Responses‹ to the Great Depression in Sweden, Britain and the United States«, in: Peter Evans/Dietrich Rüschemeyer/Theda Skocpol (Hg.), *Bringing the State Back In*, Cambridge: Cambridge University Press 1985.

6 Hier treffen sich neuere Ansätze der Wissenschaftsforschung mit solchen aus der Politikwissenschaft; siehe etwa Giandomenico Majone, »Public Deliberation and the Policy Sciences«, Workshop on Social Sciences and Societal Development, Berlin, 29. Januar bis 1. Februar 1987 (Manuskript).

7 Hartmut Sieferle, *Fortschrittsfeinde? Opposition gegen Technik und Industrie von der Romantik bis zur Gegenwart*, München 1984.

8 Karl Polanyi, *The Great Transformation*, [1944], Frankfurt a. M.: Suhrkamp 1978.

9 Vgl. dazu: Adalbert Evers, »Entstaatlichung als Resozialisierung von Politik«, in: *Kommune*, Heft 2/1987.

10 Arie Rip, »The Mutual Dependence of Risk Research and Political Context«, in: *Science & Technology Studies* Nr. 3/4, Winter 1986, S. 3-15.

11 Harry Otway und Detlof von Winterfeldt, »Risk Management and Acceptable Risk Criteria«, 1982, zitiert nach Rip, »The Mutual Dependence of Risk Research and Political Context«, a.a.O.

12 Mary Douglas und Aaron Wildavsky, *Risk and Culture*, London 1982.

13 Alain Touraine, »An Introduction to the Study of Social Movements«, in: *Social Research*, Nr. 4/1985.

# Christoph Lau
# Die Definition gesellschaftlicher Probleme durch die Sozialwissenschaften

## Vorbemerkung

Die folgenden Ausführungen entstanden vor dem Hintergrund der Ergebnisse eines empirischen Forschungsprojekts über die Verwendungszusammenhänge sozialwissenschaftlicher Ergebnisse im Bereich der Bildungs- und Arbeitsmarktpolitik, das in den Jahren 1981-83 an der Universität Bamberg durchgeführt wurde. Grundlage der Untersuchung, die sich auf den Zeitraum 1970-80 bezog, waren Expertengespräche mit Mitgliedern der Bildungsadministration auf Bundes- und Länderebene[1] und die Auswertung öffentlich zugänglicher Dokumente und interner Materialien. Die folgenden Ausführungen beziehen sich einerseits nur auf einen Teil der Ergebnisse des Forschungsprojekts[2] und gehen andererseits über den durch die Projektergebnisse unmittelbar belegbaren Bereich der Bildungspolitik hinaus. Im Rahmen der allgemeinen Diskussion über die Verwendung sozialwissenschaftlicher Ergebnisse scheint es dennoch sinnvoll, zumindest einige Aussagen als hypothetische Verallgemeinerungen und analytische Grundüberlegungen zu formulieren, die sich auf die Nutzung sozialwissenschaftlicher Expertise in politisch-administrativen Handlungszusammenhängen generell beziehen – auf die Gefahr hin, spezifische Unterschiede zwischen institutionellen Verwendungssituationen zu vernachlässigen. Die Berechtigung zu einem derartigen Vorgehen ergibt sich aus dem Stand der Verwendungsforschung, die trotz vieler bereichsspezifischer empirischer Untersuchungen noch relativ weit von einer allgemeinen Theorie der Verwendung wissenschaftlicher Ergebnisse entfernt ist.

Eine weitere Einschränkung hinsichtlich des Geltungsbereichs der Aussagen ist angebracht: Diese beziehen sich vornehmlich auf die *argumentative* Nutzung sozialwissenschaftlicher Ergebnisse, insbesondere von Prognosen und Kausalerklärungen, *zur Begründung von Entscheidungen.* Die reine Datenlieferungsfunktion der Sozialwissenschaften zu Zwecken der Information in Situationen, in denen keine Entscheidungs- und Begründungsnotwendigkeit besteht, soll hier weitgehend außer Betracht bleiben, zumal fraglich ist, ob es sich dabei noch um Wissens*verwendung* im engeren Sinne handelt.

## 1. Perspektivenwechsel der Verwendungsforschung

Läßt man neuere Veröffentlichungen zur Anwendungsproblematik sozialwissenschaftlichen Wissens Revue passieren (z. B. Klages 1985), so überrascht es, wie sehr das Modell der technischen Beratung nach wie vor die dominierende Leitidee ist. Die empirischen und analytischen Einwände gegen dieses Modell instrumentell-technischer Wissensnutzung können hier nicht im einzelnen ausgeführt werden. Ich möchte sie nur kurz zusammenfassen, um anschließend die Rolle der Sozialwissenschaften bei der Definition gesellschaftlicher Probleme eingehender zu behandeln.

Diese Einwände beziehen sich zunächst auf das immer wieder unterstellte Rationalitäts- und Informationsgefälle zwischen sozialwissenschaftlicher Forschung und Praxis und damit auf die zunehmenden Schwierigkeiten, ein Abgrenzungskriterium zwischen wissenschaftlichem Wissen und Alltagswissen anzugeben (Overington 1985). Sie beziehen sich aber auch auf die implizit unterstellte Annahme, die Sozialwissenschaften verfügten über einen ausreichenden Vorrat an solidem Kausalwissen, sei es in Form von Ursachenerklärungen, sei es in Form von Prognosen, den es lediglich umzusetzen gelte. Und schließlich wird es angesichts der institutionalisierten und organisierten Diffusion sozialwissenschaftlichen Wissens in praktische Entscheidungs- und Rechtfertigungszusammenhänge zunehmend unplausibel, von der Ad-hoc-Beratung als Haupttypus des Wissenstransfers auszugehen.

Die immer wieder vernehmbare Rede von Akzeptanzblockaden und Anwendungsdefiziten ist zumindest teilweise eine direkte Folge dieses verkürzten Bildes der Beziehung von Forschung und Praxis, in dem bestimmte andere Formen der Wissensverwendung nicht auftauchen können. Darüber hinaus ist die Konzeption einer technischen Planungs- und Entscheidungspraxis, die, sozusagen analytisch gereinigt von strategischen Interessen, durch die Nutzung sozialwissenschaftlichen Wissens gesellschaftliche Probleme einer rationalen Lösung zuführt, auch auf bemerkenswerte Weise unsoziologisch. Daß Soziologen nicht im Besitz eines gesellschaftlichen Objektivitäts- und Rationalitätsmonopols sind, daß sie gegenüber der Praxis und in Konkurrenz zu anderen Wissensproduzenten immer schon Partei sind, und sei es nur dadurch, daß sie *soziologischen* Deutungen und Problemdefinitionen öffentliche Geltung verschaffen wollen, sollte gerade Soziologen einleuchten. Von einem »Denken, das sich der Erkenntnis von Schranken verschrieben hat« (Bourdieu 1985), schrankenloses Denken zu erwarten, hieße das Mannheimsche Mißverständnis der freischwebenden Intelligenz zu wiederholen.

Die technische Berater-Klienten-Interaktion stellt sich somit nur als ein Teilelement eines umfassenderen Prozesses der »Versozialwissenschaftlichung« dar. Wenn man geschlossene Verwendungsprozesse von offenen unterscheidet (Lau 1984), so entspricht das sozialtechnologische Modell der Politikberatung dem geschlossenen Typus, sei es nun in seiner technokratischen oder in seiner dezisionistischen Variante. Beide Spielarten der Verwendung sozialwissenschaftlicher Expertise geraten aufgrund der bisherigen Erfahrungen zunehmend unter Legitimationsdruck. Nicht nur faktische Planungsmißerfolge, sondern auch die neuen sozialen Bewegungen und das Wiedererstarken einer kritischen Medienöffentlichkeit haben die Möglichkeit eines wissenschaftlich begründeten Entscheidungsdeterminismus nachhaltig erschüttert. Wie Carol Weiss (1985) für die USA ermittelte, erhalten politische Akteure sozialwissenschaftliche Informationen auch zunächst und vor allem über die Medien. Hinzu kommen die durch vielfältige Abstimmungszwänge und durch Politikverflechtung begünstigten internen Öffentlichkeiten innerhalb staatlicher Institutionen, die die geschlossene Berater-Klienten-Interaktion als *typische* Verwendungskonstellation fragwürdig werden lassen. Mit dieser Perspektivenverschiebung rückt nicht nur die Öffentlichkeit mit ihren vielfältigen Arenen und bereichsspezifischen Tagesordnungen in den Vordergrund, sondern es wird auch deutlich, daß der mikroskopische Blick auf die individuellen Nachfrager und Anbieter sozialwissenschaftlicher Expertisen möglicherweise die falsche Perspektive darstellt. Man sieht den Wald vor lauter Bäumen nicht.

Damit ist folgendes gemeint: Zunächst werden öffentliche Diskurse über gesellschaftliche Probleme, sei es nun die Krise der Arbeitsgesellschaft, die mangelhafte Abstimmung zwischen Bildungs- und Beschäftigungssystem oder die Gleichberechtigung der Geschlechter, zum Einfallstor sozialwissenschaftlicher Wirklichkeitsdefinitionen und Argumente, die im Verlauf der öffentlichen Debatte häufig die Merkmale ihrer Herkunft aus dem Wissenschaftssystem verlieren, nichtsdestoweniger aber die Handlungsräume von Institutionen und Gruppen strukturieren. Darüber hinaus ist das Alltagswissen politischer und administrativer Akteure aber bereits durch sozialwissenschaftliche Kategorien und Hypothesen in trivialisierter Form geprägt, die wiederum die Rezeption und Selektion neuer Forschungsergebnisse steuern (Beck/Bonß 1984). Die Schwierigkeit des Nachweises einer derartig latenten Versozialwissenschaftlichung des gesellschaftlichen Hintergrundkonsenses ist der einer Überprüfung von »non-decisions« ähnlich: Gerade weil strukturelle Nicht-Entscheidungen selbstverständlich sind, werden sie nicht mehr zur Disposition gestellt (Bachrach/Baratz 1977). Und gerade weil sozialwissenschaftliches Wissen in den Hintergrundkonsens des Alltagswissens, in Gesetze, in institutionsspezifische Aufgabenbeschreibungen und Verfahren »versickert« ist, ist es weder als soziologisches noch als wissenschaftliches Wissen erkennbar und wird dennoch in einem weiteren Sinne permanent angewendet. Auch wenn Tenbrucks Polemik *Die unbewältigten Sozialwissenschaften* (1984) überzeichnet ist, so zeigt sie doch zugleich, daß man die Wirkung und den Einfluß soziologischer Wirklichkeitsdefinitionen auf die Legitimitätsgrundlagen moderner Gesellschaften *auch* als säkulare Erfolgsstory begreifen kann.

## 2. Definitionsmacht der Sozialwissenschaften?

Damit ist die Frage nach der *Definitionsmacht* der Sozialwissenschaften gestellt. Die Soziologie befindet sich dabei – geht man vom Modell der sozialtechnischen Beratung aus – in einer vergleichsweise schlechten Position. Anders als andere Disziplinen verfügt sie über keinen privilegierten Zugang zu einem spezifischen Praxisfeld, und sie hat damit nahezu keine Kontrolle über die Anwendung ihrer Ergebnisse. Bezeichnenderweise erfolgte der Marsch durch die Institutionen für die Soziologie am ehesten noch durch die Infiltrierung anderer Disziplinen mit soziologischem Wissen, deren Zugang zu einem praktischen Handlungsfeld gesichert ist, wie etwa die Kriminalistik, die Pädagogik, die Medizin. Diese institutionelle Heimatlosigkeit der Soziologie, das Auseinanderfallen von Praxiskontext und Wissensproduktion, hat zur Folge, daß soziologisches Wissen im Anwendungsfeld nicht knapp gehalten werden und deshalb nicht als Ressource im Kampf um Professionalisierung dienen kann. Oder um es anders auszudrücken: Methodische Standards und Verfahren, mit Hilfe deren anerkanntes Wissen *wissenschaftsintern* knapp gehalten wird, haben häufig nur einen geringen Einfluß auf Art und Umfang seiner Verwendung in der Praxis.

Wie eine ganze Reihe von Untersuchungen zeigt, korreliert die Orientierung an methodischen Standards sogar negativ mit der praktischen Verwendungstauglichkeit der Ergebnisse (Van de Vall 1985). So kann es durchaus der Fall sein, daß ein längst zu Tode kritisierter wissenschaftlicher Ansatz sich in der Praxis höchster Beliebtheit erfreut (Beck/Lau 1982; Lau/Beck 1989) oder daß ein methodisch höchst fragwürdiger empirischer Befund Karriere in der öffentlichen Diskussion macht. Darüber erschrocken oder betrübt zu sein, setzt allerdings eine technokratische Position voraus, die die Normen wissenschaftlicher Expertengemeinschaften für allgemeinverbindlich erklären will.

Demgegenüber konnten wir für den Bereich der Bildungspolitik feststellen, daß sozialwissenschaftliche Ergebnisse eher durch die kontextspezifische Eigenrationalität der Praxis selektiert werden und daß die Verwendungsforschung es damit vor allem mit der Erfassung dieser kontextabhängigen Begründungslogiken und -zwänge zu tun hat. Dabei zeigt sich, daß die strategischen, interessenbezogenen Absichten der Praktiker nur zu einem Teil die faktische Wissensselektion im Praxisfeld erklären. Vielmehr sind es gerade dann, wenn es um die diskursive Begründung von Entscheidungen geht, die vorhandenen Bestände argumentativen Wissens, der Konsens über bestimmte Problemdefinitionen, an die es anzuknüpfen gilt, die damit selektiv wirksam werden und die strategischen Absichten der politischen Akteure restringieren.

Bei einer derartigen öffentlich-diskursiven Verwendung sozialwissenschaftlicher Ergebnisse entfaltet sich das, was man als die

*Eigendynamik von Argumentationsprozessen* bezeichnen könnte: Jemand, der sich auf einen Argumentationsprozeß einläßt, erkennt damit implizit an, daß er bereit ist, gewisse Mindestregeln rationaler Argumentation zu befolgen, also etwa Widersprüche zu vermeiden, Tatsachenaussagen zu belegen oder zumindest ihre empirische Widerlegung zu akzeptieren, normative Aussagen an Werte zu knüpfen, über die allgemein Konsens besteht, usw. Er verpflichtet sich also implizit darauf, seinen Einfluß in der jeweiligen Diskurssituation auf die Geltung der eigenen Argumente zu beschränken. Dies gilt natürlich nur im Idealfall. In der politischen Realität ist es immer möglich, Diskussionen abzubrechen oder nur zum Schein weiterzuführen und sich auf die anderen, noch verbliebenen Einflußressourcen – seien dies nun positionale Weisungsbefugnisse, die Möglichkeit der Beeinflussung von Wählerstimmen, der Einsatz von Gewalt oder ähnliches – zurückzuziehen. Dies ist aber häufig kaum ohne Legitimationsverluste zu bewerkstelligen, die wiederum langfristig als Kosten zu interpretieren sind. Die Beteiligung an Argumentationsprozessen birgt also für politische Akteure immer das Risiko der Verschlechterung des Ressourcensaldos. Da der Ausgang von Diskursen nur schwer zu berechnen und vorauszusehen ist, kann man mit Fug und Recht von einer mehr oder weniger freiwilligen Unterwerfung unter den zwanglosen Zwang des Diskursresultats sprechen, einer unter Umständen für den Betreffenden notwendigen potentiellen Selbstentmachtung, die das Risiko in sich birgt, daß das Argumentationsprodukt nicht die eigenen Intentionen widerspiegelt.

Für die »relative Autonomie«, die tendenzielle Eigendynamik von Diskursen und die Selbstselektion von Argumenten durch spezifische Argumentationskontexte und -strukturen sprechen eine Reihe von Gründen: So ist es beispielsweise häufig nicht möglich, bei einer Problem- und Maßnahmenthematisierung die Konsequenzen des betreffenden Problembündels, der vorgeschlagenen Problemlösung für die eigenen Interessen einigermaßen genau abzuschätzen. Die Komplexität möglicher Folgen und Nebenfolgen ist bei den meisten wichtigen gesellschaftspolitischen Problemen derart groß, daß immer dann, wenn eine solche Problemlage neuartig ist, das heißt, wenn nicht bereits gespeicherter Sachverstand abgerufen werden kann, der politische Akteur kaum dazu in der Lage ist, abzuschätzen, was die unüberschauba-

ren Folgen und Nebenfolgen für seine zukünftigen Handlungsmöglichkeiten bedeuten.
Zielkonflikte und Konflikte zwischen expliziten und öffentlich vertretbaren Zielen und Zielen, die nur der eigenen »Ressourcenbestandserhaltung« dienen, erschweren zusätzlich die Möglichkeiten »rationaler Argumentationsplanung«. Was die eigenen Interessen und die der Organisation oder Organisationsabteilung befriedigt, welche Vorteile mit einer Option verbunden sind und welche Gefahren in einer bestimmten Problemdefinition verborgen liegen, wird häufig erst im Verlauf eines längeren diskursiven Prozesses »entdeckt«, in dem durch die Identifizierung gegnerischer Standpunkte klar wird, welche politischen Nutzenbezüge vorliegen. Gleichzeitig besteht aber für alle unmittelbar Betroffenen – und meist nicht nur für diese – die Notwendigkeit, schon so früh wie möglich in die Diskussion einzugreifen, um bestimmte Entwicklungen zu verhindern oder schon die Definition des Problems zu den eigenen Gunsten mitzubestimmen. Öffentliche Diskussionsprozesse erfordern es also, gerade um die eigenen Interessen von vornherein zu wahren, so frühzeitig an ihnen teilzunehmen, daß das, was das eigene Interesse ist, häufig noch gar nicht deutlich sichtbar ist. Riskant ist dies insofern, als die einmal mit Nachdruck vertretenen Argumente nur mit Glaubwürdigkeitsverlusten zurückgenommen werden können, auch wenn sie den eigenen Intentionen zuwiderlaufen. Dies gilt insbesondere für all die Fälle, in denen entweder das Problem an und für sich oder die staatlichen Interventionsalternativen neuartig sind, das heißt noch nicht in allen ihren Konsequenzen und Aspekten diskutiert und erwogen wurden.
Ein Beispiel dafür, wie in der Phase der Problemthematisierung die »Interessenträchtigkeit« von Rezepten und Problemdefinitionen noch unbestimmt sein kann, bot die Diskussion um die Notwendigkeit und die möglichen Formen von Arbeitszeitverkürzung (Offe u. a. 1982). Während das Thema immer mehr an Dringlichkeit gewann, war für alle beteiligten Interessengruppen von den Gewerkschaften über die Parteien bis zu den Arbeitgeberverbänden, ganz zu schweigen von den einzelnen Akteuren, noch relativ offen, welche der vorgeschlagenen Formen von Arbeitszeitverkürzung mit welchen Konsequenzen für die eigene Organisation und deren Klientel sowie für ein mögliches Gesamtinteresse verbunden sein würde.

Ein weiterer Grund dafür, von den beteiligten Interessen nicht *unmittelbar* auf die maßgeblichen Kriterien der Selektion von Informationen, Argumenten und Gründen zu schließen, ist darin zu sehen, daß eine zu interessenbezogene Argumentation offensichtlich dann ihren Zweck verfehlt, wenn die Glaubwürdigkeit des Diskussionsteilnehmers dadurch in Zweifel gezogen wird. Da ja die Sachlichkeit der Argumentation, die Bereitschaft, nur sachliche Gesichtspunkte für die Beurteilung von Sachverhalten gelten zu lassen, zu den impliziten Grundregeln jedes diskursiven Prozesses gehört, die zwar in Maßen manipuliert, aber doch nicht grundsätzlich mißachtet werden kann, ist eine zu kurzschlüssige Selektion der verwendeten Fakten, Informationen und Gründe strategisch unklug.

Der latente Zwang zur sachlichen Orientierung an den Möglichkeiten und Notwendigkeiten einer Problemlösung macht es vielmehr aus taktischen Gründen unabdingbar, auch Argumente zu benutzen oder zumindest auf diese einzugehen, die den eigenen Interessen auf den ersten Blick abträglich sind oder sein können. Vielfach ist es auch ratsam, gleichsam als »side-payment«, gegnerische Argumente oder solche, die nicht dem eigenen Kalkül nutzen, mit in die Argumentation einzubauen, um Koalitionspartner zu gewinnen, die eigene Objektivität herauszustellen, die eigene Position konsensfähiger zu machen und den eigenen Gruppenegoismus zu verschleiern. Dies alles bedeutet nichts anderes, als daß beispielsweise bestimmte wissenschaftliche Ergebnisse auch und gerade von denjenigen benutzt werden, deren Gruppeninteresse sie eigentlich widersprechen mußten.

Ein Beispiel für eine derartige Alibi-Verwendung von Argumenten im Bereich der Bildungspolitik ist die zögernde und skeptische, aber nichtsdestoweniger unentbehrliche Verwendung von Bedarfsprognosen und Bedarfsargumenten durch die sozialliberale Bundesregierung noch zu Beginn der achtziger Jahre (Bundesministerium für Bildung und Wissenschaft 1980). Obwohl man davon ausgehen muß, daß spätestens seit Mitte der siebziger Jahre sowohl Bedarfsprognosen als auch Bedarfsargumente den Grundprämissen sozialliberaler Bildungspolitik widersprachen oder zumindest aus methodischen Gründen fragwürdig geworden waren, konnte man auf diese dennoch nicht verzichten, weil das Grundmodell einer Ausrichtung des Bildungssystems am gesellschaftlich-ökonomischen Bedarf so verbreitet und akzeptiert war, daß eine bildungspolitische Argumentation, die darauf verzichtete, mit diesem Modell zu arbeiten, sich dem Verdacht aussetzte, wesentliche gesellschaftliche Interessen zu vernachlässigen, und somit nicht konsensfähig war, ungeachtet der methodischen Grundlagen dieses Ansatzes.

Selbst wenn natürlich Tatsachenaussagen, die in einer Diskussion geäußert werden, den eigenen Standpunkt untermauern sollen, so ist doch den Beteiligten klar, daß sie unterschiedlich interpretiert und gewertet werden können. Gerade ein geschickter Argumentationsteilnehmer weiß, daß häufig ein und dasselbe wissenschaftliche Ergebnis Wasser auf die Mühlen der unterschiedlichsten Interessengruppen sein kann. Stellt man beispielsweise fest, daß die Beschäftigungsschwierigkeiten von Hochschulabsolventen sich in den kommenden Jahren vergrößern werden, so lassen sich aus dieser prospektiven Sachaussage die unterschiedlichsten Schlußfolgerungen ableiten: Die möglichen Konsequenzen, die aus einer derartigen Tatsachenaussage gezogen werden können, reichen vom Numerus clausus über bildungsabschreckende Maßnahmen bis zur Verlängerung der Studiendauer und einer Ausweitung des öffentlichen Dienstes. Es hängt letztlich vom argumentativen Kontext ab, welche Wirkung ein wissenschaftliches Ergebnis hat. Da der argumentative Kontext – so unsere Annahme – von den einzelnen Diskursteilnehmern nicht völlig in allen seinen Verästelungen durchschaut wird und zudem dauernd Veränderungen, Erweiterungen und Neubewertungen unterliegt, kann ein und dasselbe Ergebnis zu unterschiedlichen Zeitpunkten der Diskussion unterschiedlich bewertet werden und zu unterschiedlichen Diskussionsresultaten führen (vgl. Lau/Beck 1989).

Die politische Öffentlichkeit mit ihren diversen Teil- bzw. Fachöffentlichkeiten, einschließlich der organisationsinternen Öffentlichkeiten, stellt also den weiteren Kontext von Verwendungsprozessen im politisch-administrativen Bereich dar. Wenn man die Verwendung sozialwissenschaftlichen Wissens als deren Nutzung zur Begründung von Entscheidungen begreift, so erfordert diese Perspektive immer auch die Berücksichtigung der jeweiligen Begründungsadressaten und des argumentativen Kontexts, in den das sozialwissenschaftlich fundierte Einzelargument »eingepaßt« werden muß.

Der Akt der Akzeptierung und argumentativen Verwendung einer sozialwissenschaftlichen Entscheidungsbegründung wird aus dieser Sicht zu einem *konstruktiven Vorgang*. Man leitet die Gründe für eine Entscheidung nicht aus theoretisch abgesicherten sozialwissenschaftlichen Aussagen ab, sondern fügt nach einer Logik der Diskurssituation wissenschaftliche Ergebnisse, die gerade verfügbar sind, einander nicht widersprechen und die Aussicht auf argumentative Evidenz und Plausibilität eröffnen, zu einem Begründungsmuster zusammen. Nicht auf die Objektivität und Gültigkeit der angeführten Forschungsergebnisse kommt es dabei vorrangig an, sondern auf die kognitive Verträglichkeit mit dem Alltagswissen, das häufig genug selbst wieder durch sedimentierte und trivialisierte sozialwissenschaftliche Begriffe und Schematisierungen präformiert ist.

Der konstruktive Charakter der Wissensverwendung ist den Praktikern dabei meist durchaus bewußt. Die Auswahl der Partner im Wissenschaftssystem (vgl. Wingens/Weymann in diesem Band), die Rezeption von publizierten Ergebnissen, bestimmt sich häufig nach einer Logik der Verknüpfung von Einzelargumenten, für die letztlich der argumentative Erfolg ausschlaggebend ist. Daß die Reputation der betreffenden Forscher dabei eine wichtige Rolle spielt, bedeutet lediglich, daß Reputation unabhängig von der Qualität der Ergebnisse deren argumentatives Gewicht vergrößern kann. Dies gilt übrigens in ganz ähnlicher Weise für das Rezeptionsverhalten von Journalisten in den öffentlichen Medien.

Hatten wir oben die Definitionsmacht der Sozialwissenschaften im Rahmen der technischen Berater-Klienten-Interaktion als relativ gering eingeschätzt, so zeigt sich auf der Ebene öffentlicher Diskurse ein anderes Bild. Hier erweist sich, daß die kollektive Argumentation in vielen Bereichen (so etwa in dem von uns untersuchten Bereich der Bildungspolitik) durch sozialwissenschaftliche Problemdefinitionen und Erklärungen bestimmt wird. Das Ausmaß dieses argumentativen Einflusses sozialwissenschaftlicher Ergebnisse auf die kognitive Schneidung politisch-gesellschaftlicher Problemlösungen variiert zweifellos mit dem Grad und dem Typus von Öffentlichkeit, den die jeweilige Auseinandersetzung erreicht, mit der disziplinären Zuständigkeit für bestimmte Problembereiche, mit der unterschiedlichen Verfügbarkeit sozialwissenschaftlicher Ergebnisse. Es ist aufgrund der Eigendynamik von Argumentations-Prozessen als strukturell höher anzusetzen als die Definitionsmacht der Sozialwissenschaften im geschlossenen Modell der Wissensverwendung. Hat es aus der traditionellen Untersuchungsperspektive der Verwendungsforschung (Lazarsfeld/Reitz 1975) den Anschein, als bestünde die Hauptfunktion sozialwissenschaftlicher Perspektive darin, Versatzstücke für Eigenrationalisierungsprozesse des jeweiligen Praxisfeldes zu liefern, so zeigt sich aus der Perspektive kollektiver Argumentation, daß diese Eigenrationalisierungsprozesse von Institutionen unter bestimmten Umständen innerhalb des Rahmens sozialwissenschaftlicher Problemdefinitionen ablaufen. Diesem problemdefinitorischen Potential der Sozialwissenschaften soll im folgenden nachgegangen werden.

## 3. Gesellschaftliche Problemdefinitionen und sozialwissenschaftliches Wissen

Prinzipiell lassen sich drei Haupttypen von Argumenten in problemorientierten Diskursen unterscheiden: Problemdefinitionen, Kausalargumente, Metaargumente. Nicht jede in einem Diskurs gemachte Aussage ist auch ein Argument. Sie wird es erst, wenn sich aus ihr implizit oder explizit eine Schlußfolgerung ergibt, die entweder eine bereits bestehende kausale Begründungsstruktur stützt bzw. entwertet, oder aber durch den Nachweis und die Definition eines als problematisch ausgewiesenen Sachverhalts den kognitiven Rahmen für eine zweckrationale Maßnahmendiskussion schafft. Aussagen werden also erst dann zu Argumenten, wenn sie in einen sinnvollen Zusammenhang mit Handlungsoptionen gesetzt werden können.[3] Der tatsächliche Einfluß von Argumenten auf Entscheidungen muß dabei offengelassen werden. Zweifellos ist Wildavsky zuzustimmen, wenn er behauptet, daß die Rationalität von staatlichen Entscheidungen häufig, wenn nicht gar in der Regel, erst ex post hergestellt wird.[4]
Wichtig für die Unterscheidung von Typen von Argumenten ist die Differenzierung zwischen logischen Ebenen der Argumentation.[5] Während Kausalargumente sich auf die Wirkungen oder Ursachen sozialer Sachverhalte beziehen und unter Bezug auf diese innerhalb eines vorstrukturierten und abgegrenzten Wirklichkeitsfeldes die Beurteilung der Zweckadäquanz unterschiedlicher Mitteleinsätze erlauben, sind Argumente, die sich auf die

Problemdefinition beziehen, auf einer höheren logischen Ebene anzusiedeln. Problemdefinitionen konstituieren ein Wirklichkeitsfeld und ordnen es begrifflich dergestalt, daß eine Unterscheidung von Mitteln und Zwecken, problematischen und unproblematischen Sachverhalten, von problemrelevanten und problemirrelevanten Folgen möglich wird. Sie konstituieren also den Rahmen, innerhalb dessen kausale Argumente erst gültig und relevant sein können, und liefern damit quasi den begrifflichen Baukastensatz von Variablen, dessen sich die Kausalargumentation bedienen muß, wenn der problemdefinitorische Prozeß einmal abgeschlossen ist. Eine einmal gültige akzeptierte Problemdefinition läßt sich kaum durch kausale Argumente – beispielsweise über die Wirkungswahrscheinlichkeit bestimmter Mitteleinsätze – zu Fall bringen.
Metaargumente (Bateson ³1984, S. 145 ff.) sind wiederum auf einer höheren Ebene angesiedelt als problemkonstituierende Argumente. Nur von der Metaargumentationsbasis aus sind Problemdefinitionen kritisierbar und relativierbar. Durch Metaargumente wird quasi der Rahmen für mögliche Problemdefinitionen geschaffen; sie strukturieren den Möglichkeitsspielraum anzustrebender Zwecke und problematischer Handlungsanlässe, und sie ermöglichen die methodische Kritik an den Prämissen und impliziten Annahmen kausaler Problemlösungsmodelle. Metaargumente sind also Versuche, über Problemdefinitionen und Kausalaussagen zu kommunizieren.
In realen Argumentationsprozessen sind die unterschiedlichen Argumentationstypen und -ebenen häufig nicht säuberlich und leicht erkennbar voneinander zu trennen. Typisch für empirische Diskurse ist die Vermischung der logischen Ebenen im Sprachgebrauch. Dadurch werden nicht nur bedauerliche Mißverständnisse herbeigeführt, sondern auch Mißverständnisse, die dazu benutzt werden können, widersprüchliche Positionen abzusichern und miteinander kompatibel zu machen und gegnerische Standpunkte zu unterminieren. Dies steht nur in scheinbarem Widerspruch zu der relativ großen Widerspruchsfreiheit und logischen Konsistenz öffentlicher Begründungsmuster (Lau/Beck 1987), die nur für die Ebene kausaler Begründungen gilt, wenn Konsens über die Problemdefinition bereits gegeben ist und Metaargumente den Beteiligten nicht notwendig erscheinen, um sich argumentativ durchzusetzen.

Daß argumentative »double binds«[6] gerade in der öffentlichen Rhetorik einen relativ großen Stellenwert haben, liegt auf der Hand, wenn man bedenkt, daß ein großer Teil öffentlicher Diskurse bereits in der Phase der Problemdefinition »steckenbleibt«, also gar nicht erst die Phase eines, wenn auch noch so ungefähren, Zielkonsenses erreicht. Bezeichnend für den »Kampf um Themen« ist es ja gerade, daß diese nicht immer als solche zur Disposition gestellt werden, sondern daß eine geschickte Art, ein Thema als wichtig und problematisch im öffentlichen Bewußtsein zu verankern, darin besteht, eine möglichst »dramatische« kausale Aussage zu machen. Derjenige, der diese Aussage nun angreift, sei es mit sozialwissenschaftlichen Ergebnissen, sei es mit dem gesunden Menschenverstand, hat bereits die Themenstellung und meist auch die Problemdefinition, die der Kausalaussage zugrunde liegt, akzeptiert. Umgekehrt scheint es kaum möglich, die Themenstellung als solche quasi abstrakt anzugreifen, ohne den vorgebrachten kausalen Zusammenhang mit zu berücksichtigen. Das sich daraus ergebende Dilemma gibt demjenigen einen argumentativen »Platzvorteil«, dem es gelingt, einen ersten Schritt im Prozeß des »Agenda-setting« zu tun.

Die Bestimmung eines ursächlichen Wirklichkeitsbereichs ist bei gesellschaftlichen Problemdefinitionen deshalb so entscheidend, weil damit gleichzeitig andere, möglicherweise ebenso ursächliche Faktorenkomplexe und damit auch andere Handlungsmöglichkeiten ausgeklammert werden. Problemdefinitionen sind also selektive Wirklichkeitsdefinitionen, die durch Ansatz- und Abbruchpunkte von Erklärungen und Prognosen bestimmt sind. Sie enthalten gerade wegen ihrer Selektivität, die sich im übrigen auch auf die Schneidung des problematischen Sachverhalts, seine kognitive Trennung von anderen möglichen Problembereichen bezieht, immer auch eine wertende Komponente, insoweit sie gesellschaftliche Prioritäten festlegen, Schuldzuschreibungen und Entlastungen ermöglichen und immer latent die Anerkennung und Apologie der Nicht-Manipulierbarkeit des Nicht-Manipulierbaren nahelegen. Die Auszeichnung z. B. des Beschäftigungssystems als weitgehend nicht durch staatliche Steuerung beeinflußbares Wirklichkeitssegment, als Struktur, an die sich der Output des Bildungssystems anpassen müsse, bedeutet gleichzeitig eine Entpolitisierung der betrieblichen Beschäftigungspolitik.

Es ist vorgebracht worden, daß der Begriff der Problemhandhabung (Kirsch 1976) bzw. des Problemmanagements dem der Problemlösung vorzuziehen sei, weil er das tatsächliche Entscheidungsverhalten und die vorherrschenden Rationalitätsansprüche realistischer wiedergebe. Dem ist insofern zuzustimmen, als Problemdefinitionen zumeist keine Angaben über Bewertungskriterien der endgültigen Problemlösung enthalten. Gerade das zeichnet die vorherrschende reaktive Politik (Mayntz/Scharpf 1975, S. 6 ff.) gegenüber der Politik aus, die sich an konkreten, verbindlichen Zielvorgaben orientiert und messen läßt.

Problemdefinitionen werden häufig nicht expliziert, sondern als selbstverständlich in anderen Aussagen unterstellt. In solchen Fällen wird deutlich, daß Problemvorgaben an sedimentierten Deutungsmustern und Bewertungen des Alltagsbewußtseins anknüpfen, die als solche nicht mehr begründet oder in Frage gestellt werden müssen. Die »Kunst« der Problemdefinition besteht darin, diese Affinität zum Alltagsbewußtsein strategisch zu benutzen, um Diskurse so zu strukturieren, daß ihr mögliches Ergebnis im Bereich der eigenen Interessen liegt. Problemdefinitionen können nur schwer durch rationale Diskurse außer Kraft gesetzt werden, wenn sie sich – häufig in der Form von schematischen Kürzeln und Schlüsselbegriffen, wie z. B. »Bildungskatastrophe«, »Geburtenberg«, »Wettbewerbsschwäche der deutschen Wirtschaft«, »Akademikerschwemme«, »Technikfeindschaft der Jugend« – durchgesetzt haben, da sie die gesellschaftliche Tagesordnung bestimmen, innerhalb deren sich die argumentative Auseinandersetzung bewegen muß, will sie nicht der Irrelevanz geziehen werden. Metaargumentationen verfangen so lange nicht, wie nicht die Grenzen des Problembewußtseins durch objektive Tatsachen, sei es nun das offenbare Scheitern der jeweiligen Politik, seien es neue Probleme gewichtiger Art, in der Praxis deutlich sichtbar werden.

Dabei geht es nicht oder nicht in erster Linie um die Berechtigung oder Triftigkeit der empirischen Beschreibung des als problematisch ausgezeichneten Zustands. Natürlich gibt es auch Fälle, in denen mit unzuverlässigen Zahlen, fragwürdigen Prognosen und unzutreffenden empirischen Unterstellungen gearbeitet wird. Derartige sachliche Beschreibungen lassen sich aber durchaus durch empirische Untersuchungen korrigieren, auch wenn dies unter Umständen mit viel argumentativem Aufwand verbunden ist. Uns geht es hier eher um den kognitiven Ausschluß von

Handlungsalternativen, der mit einer konkreten Problemdefinition immer schon gegeben ist. Die Individualisierung des Arbeitsmarktes in der Flexibilitätsforschung, die moralisch-militärische Konstruktion der Nachrüstungsproblematik, die Interpretation hoher Arbeitslosenzahlen als »Krise der Arbeitsgesellschaft« sind Beispiele dafür, wie objektive Tatbestände so definiert werden, daß sie bestimmte Ursachen und Folgen ausklammern oder relativieren.

Die Chancen der Soziologie selbst, in den Prozeß der öffentlichen Problemdefinition einzugreifen, hängen davon ab, wieweit es ihr gelingt, gesellschaftlich legitimierte Definitionsmacht zu erreichen. Prinzipiell befindet sie sich auf diesem Gebiet in Konkurrenz mit anderen Professionen und anderen politischen Akteuren, ohne daß sie einen – auf welche Art auch immer – abgesicherten Zugang zur öffentlichen Meinung besäße. Bekanntlich war in den sechziger und frühen siebziger Jahren ihr problemdefinitorischer Einfluß relativ stark und ist seitdem zunehmend im Sinken begriffen.[7] Die augenblickliche Gefahr für die Soziologie, zu einer reinen Datenlieferungs- und Dienstleistungswissenschaft zu werden, birgt aber auch gleichzeitig eine Chance. Gerade durch die Ermittlung rein deskriptiver Daten ist die Möglichkeit gegeben, impliziten, problemgestaltenden Einfluß zu entwickeln, allerdings nur dann, wenn die verbleibenden Autonomiespielräume bei der Datenerzeugung und -interpretation genutzt werden.

Daß die Sozialwissenschaften häufig in ihrem selbstkonstruierten Gehäuse objektiver Erhebungs- und Prognoseverfahren gefangen sind und den ihnen verbleibenden Handlungsspielraum nicht auszugestalten verstehen, wird von den beteiligten Forschern nicht selten, möglicherweise aus falsch verstandenem professionellem Rehabilitationsinteresse, übersehen, während den Auftraggebern unter Umständen dieser Sachverhalt klarer ist als den Auftragnehmern. Der Statistiker Menges beschreibt diesen Handlungsspielraum unverblümt:

»Man muß exogen – d.h. aus Erfahrung, Sachverstand und vielleicht sogar aus Intuition heraus – zu beurteilen versuchen, wie gravierend die Verletzung der einzelnen Voraussetzungen für das Prognoseresultat ist ... Durch die Notwendigkeit dieser Bewertung kann es dazu kommen, daß man eine Prognosemethode vorzieht, die zwar einen höheren rechnerischen Prognosefehler aufweist, deren Voraussetzungen aber (im Licht der Bewertung ihrer Verletztheit) weniger dubios erscheinen.

Von dieser Überlegung ist nur noch ein kleiner Schritt zu der Forderung, die Konsequenzen der Prognose zu bedenken und die Prognosemethode oder den Prognosewert zu wählen, deren Konsequenzen bei einer Fehlbeurteilung möglichst wenig schädlich sind. Könnte es doch sein, daß eine Methode zwar einen größeren rechnerischen Prognosefehler zur Folge hat und deren Voraussetzungen sogar dubios erscheinen, dies aber keinesfalls (oder mit niedriger ›Wahrscheinlichkeit‹) zu Prognosen führt, die schädlich für den Wirtschaftspolitiker sind, der die Prognose zur Grundlage seiner Entscheidung macht. Aus diesem Grundsatz heraus kann es z. B. vernünftig sein, eine Prognosemethode deshalb zu wählen, weil sie zu relativ pessimistischen Prognosen führt. Oder es kann vernünftig sein, eine Prognosemethode deshalb zu wählen, weil sie relativ unempfindlich gegenüber Fehlbewertungen der Gravität der Konsequenzen von verletzten Voraussetzungen ist« (Menges 1974, S. 245).

Das problemdefinitorische Potential, das in sozialwissenschaftlichen Methoden steckt, kann gar nicht hoch genug eingeschätzt werden. Wohlgemerkt handelt es sich dabei nicht nur um die ohnehin schon bestehenden Spielräume der Dateninterpretation, sondern vor allem auch um die Handhabung der Voraussetzungen und Prämissen, die in die betreffende Modellrechnung, in die zu bestimmten Zwecken initiierte Meinungsbefragung oder Erhebung eingehen. Da diese methodischen Vorgaben aus dem Untersuchungsergebnis nicht mehr unbedingt ersichtlich sind, also im Laufe des Forschungsprozesses quasi zum Verschwinden gebracht werden können, ergibt sich durch sie ein wesentlicher Teil des »Anpassungspotentials« der empirischen Sozialforschung.
Wie diese Spielräume genutzt werden, wer die entscheidenden definitorischen Weichenstellungen vornimmt, bestimmt sich nach den situativen Umständen, denen die angewandte Sozialforschung unterliegt. Daß sie auch von den Sozialwissenschaftlern selbst bewußt und rational ausgefüllt werden können, liegt im Bereich des Denkbaren.

## 4. Der strategische Umgang mit sozialwissenschaftlichem Wissen

Waren wir oben davon ausgegangen, daß auf der Ebene öffentlicher Diskurse aufgrund deren Eigendynamik sozialwissenschaftliche Expertise im Prinzip größere Chancen hat, problemgestaltenden Einfluß zu entwickeln, so schloß dies die interessengeleitete

Nutzung sozialwissenschaftlichen Wissens als strategische Argumentationsressource keineswegs aus. Daß diese strategische Nutzung hinsichtlich ihrer Intentionen häufig erfolgreich ist, hängt sicher damit zusammen, daß die strukturellen Bedingungen der politischen Öffentlichkeit die Entfaltung von punktuellen Debatten zu rationalen Diskursen erschweren und häufig unmöglich machen (Lau 1984). Im folgenden soll der Frage nachgegangen werden, welche strategischen Möglichkeiten der Umgang mit sozialwissenschaftlichem Wissen gerade unter den Bedingungen argumentativer Auseinandersetzung bietet.
Bartholomäi hat vor einiger Zeit eine kurze, aber aufschlußreiche Liste der Motive für die Auftragsvergabe und Forschungsbegleitung im Rahmen der Ressortforschung zusammengestellt, die nicht auf tatsächliche Wissenserweiterung zielen (Bartholomäi 1977). Er nennt als derartige Gründe das Bemühen, Zeit zu gewinnen, die Legitimation bereits vorhandenen Wissens, die Systematisierung von Herrschaftswissen und die Vergabe von Forschungsaufträgen aus organisationsinternen Gesichtspunkten der Statusaufbesserung. Dabei bezieht er sich auf die Handlungsperspektive der jeweils verantwortlichen Verwaltungseinheit. Über diesen organisationssoziologischen Rahmen soll im folgenden zugunsten einer breiteren, systematischen Perspektive hinausgegangen werden. Forschungsprojekte, deren Ergebnisse nicht argumentativ umgesetzt werden können, weil sie »in der Schublade verschwinden« oder weil sie lediglich auf keinen argumentativen Bedarf treffen, sind in diesem Zusammenhang weniger von Belang als der tatsächliche, bewußt oder unbewußt manipulative Umgang mit sozialwissenschaftlichen Argumenten und die strategische Einflußnahme auf die Randbedingungen von Diskursen.

### 4.1 Die zeitliche Komponente: Initiierung, Aufschub und Abbruch von Diskursen

Einer der wichtigsten Gründe für die Fehladaption von angewandter Sozialforschung und politisch-gesellschaftlicher Praxis ist in der Unterschiedlichkeit der jeweiligen Zeitperspektiven zu sehen. Forschungsprojekte, die für konkrete politische Entscheidungen in Auftrag gegeben werden, erbringen häufig erst dann Resultate, wenn sie nicht mehr benötigt werden. Die Ursache für diesen häufig beklagten Umstand ist nicht (allein) in mangelnder Abstimmung und dem Fehlen einer langfristig-vorausschauenden Auftragsvergabe zu sehen, sondern beruht auch auf den spezifischen Charakteristika des politischen Prozesses. Die politische Tagesordnung, der administrativ-parlamentarische Entscheidungsbedarf, die öffentlichen Themenstellungen und problembezogenen Widerstandspotentiale ändern sich in einem Ausmaß, das die kontinuierliche und zeitgerechte Begleitung der öffentlichen Themenentwicklung durch Forschung nahezu unmöglich macht. Die daraus resultierende Zeitverzögerung, insbesondere umfangreicher anwendungsbezogener Forschungsvorhaben, ist daher aus prinzipiellen Gründen kaum zu vermeiden.

Aber auch öffentliche politische Diskurse und problembezogene Auseinandersetzungen brauchen natürlich Zeit, um die argumentativ-kognitive Komplexität, das Ausmaß an »Interessengeladenheit« zu entwickeln, das sie näherungsweise zu rationalen Diskursen machen würde. Die Zeitverschobenheit von politischen Entscheidungsprozessen, problembezogener Sozialforschung und öffentlichen Sachdebatten eröffnet strategische Spielräume des Umgangs mit sozialwissenschaftlicher Legitimation, deren Beherrschung zur professionellen Kompetenz politischer Akteure gehört. Sozialwissenschaftliche Expertise kann dabei sowohl zur Initiierung von öffentlichen Auseinandersetzungen als auch zu deren Aufschub und Abbruch genutzt werden.

Hinsichtlich der Initiierung von Diskursen sind sozialwissenschaftliche Forschungsresultate besonders dann geeignet, wenn sie überraschendes, kontraintuitives Wissen liefern, das dem vorhandenen Alltagswissen widerspricht. Gerade wenn es um die öffentlichkeitswirksame Beschreibung bisher unbeachteter Zustände und die Vorhersage bedrohlicher Entwicklungen geht, ist wissenschaftliche (oder pseudowissenschaftliche) Dokumentation nahezu unentbehrlich, um Glaubwürdigkeit zu erzielen.[8]

Bei derartigen sozialwissenschaftlichen Alarmnachrichten ist die Gefahr der »Vernutzung« allerdings besonders groß. Gerade zu Beginn von Thematisierungsprozessen liegt in der Regel noch kein ausreichendes Wissen vor, das eine endgültige Problemdefinition und -deskription ermöglichen würde. Dementsprechend erweisen sich viele beschworene Katastrophen als strategisch induzierter Fehlalarm, der im Ergebnis auf die Reputation sozialwissenschaftlicher Forschungsmethoden zurückschlagen kann.

Um solche Risiken zu vermeiden und sozialwissenschaftliche Ergebnisse methodisch abzusichern, ist die anwendungsbezogene Sozialforschung bei komplexen Fragestellungen zu langfristigeren Erhebungen genötigt. Diese ermöglichen aber andererseits wieder ihre Funktionalisierbarkeit als Mittel, um Aufschub zu gewinnen. Bartholomäi beschreibt die Ausgangssituation des politisch-administrativen Auftraggebers in diesen Fällen folgendermaßen:

»Die politische Landschaft erlaubt eine Lösung des Problems nicht oder eine Lösung ist grundsätzlich nicht erwünscht, die Forderungen der interessierten Seite sollen aber nicht durch ein hartes Nein abgebürstet werden. Hier hilft ein Forschungsauftrag. Beispiel: Adenauer, der immer wieder gedrängt wurde, den Reichstag wiederaufzubauen, soll gesagt haben: ›Macht einen Bauzaun drum‹. Solche Forschungsaufträge als Bauzäune und Probebohrungen auf geologisch wohlbekanntem Baugrund gibt es häufig« (Bartholomäi 1977, S. 285 f.).

In unserer Terminologie gesprochen, handelt es sich bei diesen Bemühungen um Versuche, mit Hilfe sozialwissenschaftlicher Forschung ein Problem zu enttrivialisieren, es der Zuständigkeit des Alltagswissens zu entziehen, um eine bestimmte Entscheidung nicht treffen zu müssen bzw. um einen alltagstheoretisch fundierten Diskurs »abzubremsen«. Als manipulativ kann diese Vorgehensweise dann gelten, wenn bereits Wissen über das betreffende Problem, seine Ursachen und möglichen Lösungsalternativen vorliegt und die vorgegebenen Notwendigkeiten einer näheren sozialwissenschaftlichen Erkundung lediglich dazu dienen, sich dem Zwang zur eigenen Stellungnahme, die möglicherweise bestimmten Interessengruppen mißfallen könnte, zu entziehen.

Dieser Strategie, sich von unmittelbarem Legitimationszwang durch die Zwischenschaltung langwieriger Forschungsarbeiten zu befreien, entspricht auf der Ebene des individuellen Akteurs der psychische Abwehrmechanismus der »Rationalisierung«. Dabei versucht das Ego, die Abwehr bedrohlicher Impulse durch sekundäre Scheinrechtfertigungen zu begründen. Die grübelnd-intellektuelle Suche nach rationalen Gründen für irrationale Motive gehört in diesen Zusammenhang (Smelser 1984). Auf der Ebene politischer Entscheidungsbegründung entsprechen die das Ego bedrohenden Impulse den praktischen Entscheidungsnotwendigkeiten und Legitimationszwängen, die mit Hilfe der »Rationalisierungsverschiebung« ins Wissenschaftssystem verlagert werden. Die Nicht-Rationalität der Gründe dieser Verschiebung bedeutet nun allerdings keineswegs, daß die Einschaltung sozialwissenschaftlicher Expertise nicht zu einem späteren Zeitpunkt zur tatsächlichen Korrektur der entsprechenden Alltagstheorie führt, sei es, daß sich die strategische Problemverschiebung tatsächlich auch als zweckrational geboten erweist, sei es, daß bisher unbekannte Sachverhalte entdeckt werden.

Eine Gegenstrategie der Sozialforschung, die sich nicht als bloßes Alibi für Entscheidungsaufschub »vernutzen« lassen will, besteht in der frühzeitigen und vom Auftraggeber unabhängigen Veröffentlichung von Forschungsergebnissen, auch wenn diese noch nicht unbedingt nach allen Regeln der Kunst getestet worden sind. Das Risiko dieser Gegenmaßnahme gegen zweckfremde Instrumentalisierung kann gemindert werden, wenn es gelingt, einen vorläufigen Konsens über den »Stand der Forschung« unter den in Frage kommenden Experten zu erzielen. Derartige Stellungnahmen von ›scientific communities‹ müssen sich nicht auf umfangreiche Erhebungen und Datendokumentationen stützen, sondern setzen bewußt auf die autoritative Wirkung von Reputation und persönlicher Kompetenz in der Öffentlichkeit. Anders als in den Naturwissenschaften sind allerdings in den Sozialwissenschaften, die nur über einen vergleichsweise geringen Konsensgrad innerhalb ihrer ›scientific communities‹ verfügen (Hargens 1975), die Chancen relativ gering, zu übereinstimmenden Stellungnahmen zu kommen. Die paradigmatische Zersplitterung und der Spezialisierungsgrad innerhalb der Soziologie machen aktive Öffentlichkeitsstrategien der Fachgemeinschaft unwahrscheinlich, obwohl sich an Beispielen zeigen läßt, daß sie durchaus möglich sind.

Aus dem gleichen Grunde ist es aber schwierig, sozialwissenschaftliche Expertise zum Abbruch von Diskursen zu benutzen. Dies wäre möglich, wenn beispielsweise die Sozialwissenschaften zu einem bestimmten Problem eine völlig autoritative Aussage machen könnten, die dann zur Legitimation eines Diskursabbruchs dienen könnte. Gerade weil die Sozialwissenschaften eben kaum geeignet sind, autoritatives Wissen zu produzieren, lassen sich einmal entwickelte Diskurse kaum wieder mit Hilfe der Wissenschaft ins geschlossene Modell der Verwendung überführen, es sei denn, eine tatsächlich getroffene Entscheidung, auf welcher dezisionistischen Prozedur sie auch beruht, vermindert den faktischen Argumentationsbedarf.

### 4.2 Die quantitative Komponente: Informationsverweigerung, Informationsmonopolisierung und Informationsüberflutung

Ähnlich wie die zeitlichen Disparitäten zwischen Wissensproduktion und Wissensnutzung bieten auch quantitative Unterschiede von Wissensbeständen Spielraum für strategisches argumentatives Handeln. Entscheidend in diesem Zusammenhang ist die unterschiedliche Verteilung von argumentativem Wissen auf verschiedene Gruppen gesellschaftlicher Akteure und die jeweiligen Informationsverarbeitungskapazitäten. Diskursive Verwendung setzt voraus, daß die entscheidungsrelevanten sozialwissenschaftlichen Informationen einigermaßen symmetrisch verteilt sind oder daß zumindest der Zugang zu ihnen jedem Diskursteilnehmer offensteht und mit geringen Kosten verbunden ist. Der Zugang zu sozialwissenschaftlicher Expertise kann nun mittels verschiedener Maßnahmen erschwert oder gar völlig unterbunden werden. Strategien der Informationsverweigerung und Informationsmonopolisierung zielen darauf ab, den Kreis der Diskursteilnehmer zu beschränken.

Die Erforschung der quantitativen Verteilung von Wissensbeständen steht vor großen, nahezu unüberwindlichen Schwierigkeiten (Machlup 1980, S. 161 ff.), nicht nur weil die Festlegung der meßbaren Wisseneinheiten fragwürdig ist, sondern auch vor allem weil die quantitative Dimension von Wissen nicht zu trennen ist von der Frage nach der Relevanz des jeweiligen Wissens. Jegliches Wissen ist kontextabhängig, indexikalisch. Praktische Wissensbestände können immer nur auf jeweils konkrete Problemlösungskontexte bezogen sein und innerhalb dieser beurteilt und gemessen werden. Ebenso ist ja die Beurteilung des Anteils von sozialwissenschaftlichen Informationen an individuellen Wissensbeständen kaum möglich, da die strenge Unterscheidung zwischen wissenschaftlichem Wissen und Alltagswissen durch das Phänomen der Trivialisierung fragwürdig wird.

Dennoch dürfte das strategische Potential, das in der Beeinflussung der quantitativen Verteilung von wissenschaftlichem Know-

how steckt, nicht zu vernachlässigen sein. Im folgenden sollen zur Illustration dieser strategischen Dimension einige Aspekte angeführt werden, die allerdings – angesichts der unbefriedigenden Forschungslage – weitgehend spekulativ bleiben müssen.
Prinzipiell gilt immer dann, wenn diskursive Rechtfertigungsansprüche geltend gemacht werden können, die Verweigerung oder Monopolisierung von Wissen als illegitim oder bedarf doch zumindest zusätzlicher Begründung. Diese Begründungen können sich auf den rechtlichen Schutz des Individuums (Kaase u. a. 1980), aber auch auf die spezifischen Sicherheitsbestimmungen bestimmter Praxisbereiche (Außenpolitik, Verfassungsschutz, Terroristenbekämpfung) beziehen. In diesen Fällen wird damit argumentiert, daß die betreffenden Informationen geheimgehalten werden müssen, wenn sie nicht entweder ihren instrumentellen Wert verlieren oder von anderen zu illegitimen Zwecken benutzt werden sollen. Die Funktion, der Umfang und der Grad der Verwissenschaftlichung geheimen Wissens[9] in modernen Gesellschaften sind – der Natur der Sache gemäß – von den Sozialwissenschaften bisher nur kaum untersucht worden. Da diese Art der Informationsverweigerung aber relativ streng rechtlich reglementiert ist, müssen in anderen Bereichen »weichere« Methoden der Informationsmonopolisierung angewandt werden. Dazu gehört beispielsweise die »Überflutung« der Öffentlichkeit mit ungeordneten und unsystematisierten Detailinformationen, deren kognitive Verarbeitung aufgrund übergroßer Komplexität des angebotenen Wissens, fehlender Deutungsschemata und geringen Sachverstands zumindest zeitweilig erschwert ist.
Wenn auch bei hochtechnisierten Problemkomplexen, wie z. B. der Rüstungskontrolle oder der Debatte um die Nutzung der Kernenergie in der Bundesrepublik, diese Strategie der Desinformation bzw. Informationsverweigerung durch Informationsüberflutung zeitweilig wirkungsvoll war – wobei hier dahingestellt sein soll, ob es sich dabei in jedem Fall um bewußt intendierte strategische Maßnahmen handelte –, so ist die Überlastung der Öffentlichkeit mit technisch-wissenschaftlichen Informationen langfristig aus der Sicht des Wissensanbieters wohl eher kontraproduktiv, da sich rasch argumentativ umsetzbare Deutungs- und Ordnungsschemata und entsprechender Sachverstand entwickeln. Auch die Verhinderung der Wissensdiffusion durch sozialwissenschaftlichen Jargon und die Formulierung der Ergeb-

nisse führt eher zur Abwertung der sozialwissenschaftlichen Ergebnisse als zu deren Monopolisierung, obwohl sie unter Umständen durchaus erfolgreich sein kann. Dies gilt auch für die Fälle, in denen Forschungsergebnisse auf Wunsch der Verwaltung nicht publiziert oder erst zu einem Zeitpunkt veröffentlicht werden, zu dem sie nicht mehr relevant für die öffentliche Diskussion sind (Kiock/Weihe 1982).

Ganz generell können solche individuellen Strategien der Wissensverweigerung immer nur im begrenzten Situationskontext erfolgversprechend sein. Auf der Makroebene der Verwissenschaftlichung ist eher die Beeinflussung der »horizontalen Verteilung« sozialwissenschaftlicher Expertise bedeutsam, nämlich die unterschiedliche »Belegung« von gesellschaftlichen Problemfeldern mit sozialwissenschaftlicher Forschung. Ohne daß auch hier im Einzelfall immer strategische, interessenbezogene Absichten unterstellt werden müssen, hat doch die unterschiedliche Verteilung von Forschungsmitteln sicherlich eine interessenpolitische Dimension.

Bei der »Unterversorgung« bestimmter staatlicher Handlungsbereiche mit sozialwissenschaftlichen Informationen spielt allerdings nicht nur das mögliche Interesse der Verwaltung, ihr auf selbsterzeugten Strukturdaten beruhendes Wissensmonopol gegenüber externer sozialwissenschaftlicher Expertise zu bewahren, sondern auch die Selektivität akademischer Forschungsinteressen eine Rolle. Während einige Politikfelder als hochverwissenschaftlicht gelten können, wie beispielsweise die Bildungspolitik, sind andere dagegen nahezu gänzlich auf das alltäglich-professionelle Erfahrungswissen der Praktiker angewiesen. Die geringe politische Priorität, die staatlichen Handlungsbereichen, wie Gesundheitspolitik und Wohnungsbaupolitik, zugemessen wird, korreliert mit einem geringen Bestand an systematisiertem, wissenschaftlich kontrolliertem Problemlösungswissen. Damit entfällt eine notwendige Voraussetzung für komplexe öffentlich-argumentative Auseinandersetzung. Diese Ausgangslage wird unter Bedingungen fiskalischer Einsparung, die insbesondere Auftragsforschungsinstitute treffen, noch verschärft. Insgesamt erweist sich die heterogene Struktur der Verwissenschaftlichung, die unterschiedliche quantitative Versorgung praktischer Handlungsbereiche mit sozialwissenschaftlichem Know-how, als Resultat einer Vielzahl von Aushandlungsprozessen, sowohl zwischen Wis-

senschaftlern und Praktikern als auch zwischen den unterschiedlichen Praxisbereichen und Ressorts.
Die Interessen der Praktiker sind dabei durchaus als ambivalent einzuschätzen. Auf der einen Seite müssen sie daran interessiert sein, die Dominanz ihres Erfahrungs- und Berufswissens zu verteidigen, um ihre Autonomie zu bewahren (Mayntz 1978, S. 207f.). Auf der anderen Seite läßt sich mit Hilfe sozialwissenschaftlicher Expertisen und Problemdiagnosen der eigene Handlungsspielraum gegenüber anderen Kompetenzbereichen erweitern und der Nachweis von Planungsrationalität erbringen oder zumindest deren Anschein erzeugen. Die Verwendung wissenschaftlicher Ergebnisse ist für den Praktiker immer in gewisser Weise riskant, da sie sich im Prinzip nur schwer monopolisieren lassen.
Diese Ambivalenz gegenüber der Ressource Wissenschaft drückt sich in den meisten Erfahrungsberichten administrativer Praktiker aus und äußert sich in zum Teil widersprüchlichen Stellungnahmen, die quasi als strategische Argumentationsbeiträge in der Auseinandersetzung mit Wissenschaft und Öffentlichkeit zu lesen sind.[10] Dabei ist die quantitative Dimension des strategischen Umgangs mit sozialwissenschaftlichen Argumentationsressourcen meist nicht zu trennen von deren inhaltlich-qualitativen Aspekten, auf die im folgenden eingegangen werden soll.

### 4.3 Die inhaltliche Komponente: Die interessengesteuerte Beeinflussung der Forschungsresultate

Die inhaltliche Beeinflussung von Forschungsergebnissen ist unter der Bedingung des geschlossenen Verwendungsmodells zweifellos die erfolgversprechendste Strategie, die Ressource Wissenschaft für eigene Zwecke nutzbar zu machen. Durch die Auswahl geeigneter Forscher bzw. Institute, deren Ausrichtung man bereits zu kennen glaubt, durch die Einflußnahme auf Fragestellung, Forschungsdesign und Forschungsablauf wird häufig von den Auftraggebern sozialwissenschaftlicher Untersuchungen versucht, dafür zu sorgen, daß die Ergebnisse des Forschungsprozesses den eigenen Interessen – soweit sie von den Praktikern zu antizipieren sind – zumindest nicht widersprechen. Im Rahmen der ministeriellen Auftragsforschung dürften Strategien der indirekten Forschungsbeeinflussung nicht eben selten anzutreffen sein (Brusten u. a. 1981, S. 292), ohne daß damit über die Legitimität eines derartigen Vorgehens Aussagen getroffen werden sollen. Diese Legitimität gründet sich auf die demokratisch-rechtliche Verantwortlichkeit von administrativ-politischen Akteuren. Insofern damit nichts anderes gemeint ist als der Umstand, daß letztlich nur demokratisch legitimierte Entscheidungsträger verbindliche Beschlüsse fassen dürfen und nicht etwa die Entscheidungskompetenz im Rahmen wissenschaftlicher Beratung an sozialwissenschaftliche Experten übergehen darf, so läßt sich damit nur die *Selektion* wissenschaftlicher Ergebnisse im Verwendungsprozeß begründen, nicht aber die inhaltliche Manipulation von Forschungsergebnissen.

Selektivität ist ein Wesensmerkmal wissenschaftlicher Erkenntnisproduktion. Sie bezieht sich nicht nur auf die Fragestellung und die Auswahl der Untersuchungsobjekte und der als relevant betrachteten Variablen, sondern ebenso auf die Techniken der Datenerhebung und die Interpretation der Daten. Grundsätzlich ist die Selektivität wissenschaftlicher Ergebnisse größer als die alltagstheoretischen Wissens, besteht also ein Komplexitätsgefälle zwischen beiden Wissenstypen. Aus diesem Zwang zur Selektion, die zweifellos nach den Maßstäben des Common sense erfolgen muß, ergibt sich eine ganze Palette von Möglichkeiten der inhaltlichen Einflußnahme auf Forschungsergebnisse, ohne daß dies als Manipulation bezeichnet werden könnte.[11] Die Grenzen zu einer nach wissenschaftsinternen Maßstäben illegitimen Instrumentalisierung des sozialwissenschaftlichen Selektionsspielraums beginnen aber dort fließend zu werden, wo die einzelnen Auswahl- und Interpretationsentscheidungen nicht mehr als solche kenntlich gemacht werden bzw. nachvollziehbar sind, sei es, weil sie hinter einem Apparat spezialistisch-technischer Methodik verborgen sind, sei es, weil sie einfach in der Darstellung ausgeklammert oder als zwangsläufig ausgegeben werden. Offensichtlich sind die Versuche, aus strategischen Gründen auf die inhaltliche Komponente von Forschungsresultaten einzuwirken, nur im geschlossenen Verwendungsmodell erfolgversprechend. In diskursiven Verwendungskontexten ist dagegen eine Korrektur oder zumindest Relativierung durch alternative Resultate und Dateninterpretationen wahrscheinlich, wodurch zwar die prinzipielle

Selektivität des argumentativ umgesetzten Wissens nicht außer Kraft gesetzt wird, aber zumindest unterschiedliche sozialwissenschaftliche Aussagen dem Test argumentativer Plausibilität ausgesetzt werden.

Auf der Ebene kollektiver verwissenschaftlichter Argumentationsstrukturen ist deshalb das strategische Selektionsverhalten des einzelnen Verwenders nicht mehr von entscheidender Bedeutung, und es gerät die »Makroselektivität« von Begründungsstrukturen ins Blickfeld. Damit sind Tabus, Leerstellen und blinde Flecken der Forschungslandschaft gemeint, die die angewandte Sozialforschung *insgesamt* kennzeichnen. Die ideologischen Verzerrungen des sozialwissenschaftlichen Expertiseangebots entgehen der Aufmerksamkeit deshalb besonders leicht, weil angesichts der Scheinpluralität höchst unterschiedlicher Forschungsansätze in der Soziologie die selektiven Gemeinsamkeiten des soziologischen Forschungsprogramms selbst nicht mehr ins Auge fallen. Dies gilt um so mehr, wenn sie durch Trivialisierungs- und Interpretationsprozesse mit den Aprioris und Grundselbstverständlichkeiten des alltäglichen Wissens übereinstimmen. Hier zeigt sich, daß die diskursive Anbindung der Sozialwissenschaften an den alltäglichen Wissensvorrat und »Rätsellösungsbedarf« der Öffentlichkeit ambivalent einzuschätzen ist. Diskursive Verwendung ermöglicht zwar perspektivische Pluralität, erzwingt aber andererseits auch die Übernahme modischer thematischer Prioritäten, Denkverbote und Problemkonjunkturen des öffentlichen Bewußtseins, die nur zu einem geringen Teil durch das Wissenschaftssystem selbst induziert wurden.

Die Selektivität sozialwissenschaftlicher Forschungsprogramme rührt darüber hinaus von wissenschaftsinternen Vorurteilsstrukturen, Traditionen und kognitiven Territorialgrenzen her, die eine rationale Begründung von Forschungsfragestellungen unwahrscheinlich machen. »It looks as though a variety of influences, such as underlying metaphysical positions, intellectual tradition, changing intellectual fashions, and moral or aesthetic prohibitions (much like the taboos that anthropologists find in all societies) are at work« (Lindblom/Cohen 1979, S. 94). Diese Bemerkung Lindbloms ist seit Kuhn und Feyerabend so selbstverständlich geworden, daß sie kaum näherer Begründung bedarf. Bei allen technischen Verfeinerungen des Hypothesentests und der Aussagenkontrolle bleibt doch zumindest die Wahl der For-

schungsfragestellung allein ins persönliche Belieben des jeweiligen Forschers gestellt oder ist Resultat eines Aushandlungsprozesses zwischen Forscher und Anwender.
Um keine Mißverständnisse aufkommen zu lassen: Alle Vorschläge, die darauf abzielen, die sozialwissenschaftliche Problemselektion zentraler Steuerung, sei es durch wissenschaftliche Ausschüsse, sei es durch staatliche Instanzen zu unterwerfen, scheinen bereits im Ansatz verfehlt, da sie erst recht den Erkenntnisfortschritt an politische Kriterien binden und die Freiheitsspielräume wissenschaftlicher Sonderinteressen einschränken würden. Die Tatsache bleibt bestehen, daß die Auswahl von Forschungsproblemen bisher in den Sozialwissenschaften noch nicht als Rationalisierungsproblem diskutiert wurde bzw. daß alle etwaigen Versuche in dieser Richtung das Odium der Tabuverletzung tragen. Dies läßt sich zumindest als Indiz für den strategisch-interessenbezogenen Charakter der inhaltlichen Forschungssteuerung deuten. Daß der Kampf um »Forschungsterritorien«, thematische Nischen und Erklärungstraditionen zumindest auch als interessengesteuertes Handeln zu interpretieren ist, war schon Max Weber bewußt. Das Hinzukommen des strategischen Partners »Praxis« macht diese Auseinandersetzung um gesellschaftliche Definitionsmacht nur um so komplexer.
Die Konsequenzen aus den angedeuteten Sachverhalten scheinen relativ klar zu sein: Eine Verwissenschaftlichung unter technokratischen Vorzeichen bedeutet die Übernahme wissenschaftlicher Selektionsstrukturen und Tabus, ohne daß diese selbst zur Disposition gestellt würden. Die Unlösbarkeit des Problems ist darin begründet, daß keine interessenfreie »Trägergruppe der Aufklärung« auszumachen oder gar denkbar ist, die die kritische Diskussion der Selektivität von Forschung zu ihrem Anliegen machen könnte. Mannheims Hoffnungen, die auf die freischwebende Intelligenz gerichtet waren, waren zweifellos soziologisch unbegründet. Angesichts dieser Situation ist es plausibler, auf die marktähnlichen Selbstkorrekturmechanismen des Wissenschaftssystems zu setzen, die den ideologisch-strategischen Bias sozialwissenschaftlicher Forschung zwar nicht gänzlich aufheben, aber doch begrenzen können (Polanyi 1962, S. 54ff.).
Bezogen sich die bisherigen Hinweise auf die inhaltlichen Verzerrungen »versozialwissenschaftlichter« Diskurse lediglich auf zeit- und schulenspezifische Tabus, Moden (Hartmann 1982), paradig-

matische Verkrustungen und theoretische »Besitzstandswahrung«, so muß noch auf einen weiteren, grundlegenden Aspekt der Problematik hingewiesen werden. Dabei geht es um den ideologischen Bias, den sozialwissenschaftliches Problemlösungswissen *insgesamt* aufweist. Dieses Problem wurde bislang meist von »Antisoziologen« wie Tenbruck (1984) und Schelsky (1975) aufgegriffen, stellt sich aber prinzipiell unabhängig vom jeweiligen politischen Standort. Zwei Aspekte sind dabei von Bedeutung. Zunächst einmal ist es nicht unerheblich, welche Disziplin das für bestimmte gesellschaftliche Problembereiche dominante Problemlösungswissen zur Verfügung stellt. Ob etwa die Drogenproblematik medizinisch, psychologisch, kriminologisch oder soziologisch »gelöst« wird (Giesen 1982), hat entscheidende Auswirkungen auf die Gruppe der Betroffenen wie auf die Interessen derjenigen, in deren Bereich die jeweiligen Problemursachen verortet werden. Soziologische Problemdefinitionen führen zweifellos zu einer »kausalen Entlastung« des Individuums, zu einer besonderen Betonung staatlicher Verantwortung und Steuerung, möglicherweise auch zu einer Überschätzung der determinierenden Kraft sozialer Faktoren. Nicht nur von der Seite der Wissensanbieter aus unterschiedlichen Disziplinen ist der Kampf um die jeweils dominierende fachspezifische Problemdefinition mitsamt ihren inhaltlichen Konsequenzen als interessengesteuerte Auseinandersetzung zu interpretieren, sondern auch von der Seite der Verwendung bedeutet die Bevorzugung einer bestimmten Disziplin gleichzeitig die Begünstigung oder Benachteiligung bestimmter gesellschaftlicher Gruppen, ohne daß dies im Einzelfall immer reflektiert werden müßte.

Der andere Aspekt dieses Problems führt uns bereits teilweise über das Thema der interessengesteuerten Beeinflussung von Forschungsresultaten hinaus. Er bezieht sich auf die Selektivität wissenschaftlicher Entscheidungsbegründung überhaupt und umgreift damit auch die angewandte Sozialforschung. Unabhängig von fachspezifischen Verzerrungen bedeutet die Verwissenschaftlichung von Begründungsstrukturen die Durchsetzung eines Begründungsprinzips, das Argumente, die nicht zumindest prinzipiell wissenschaftlich belegbar sind, illegitim werden läßt. Dies betrifft beispielsweise den Ausschluß holistischer, ganzheitlicher Problemsichten und Handlungskonzepte (Bateson ³1984, S. 603 ff.) zugunsten der analytisch-argumentativen Zerlegung

von Problemen in Einzelaspekte und -zusammenhänge oder die Abwertung praktisch-moralischer Entscheidungsgründe.
Die Verwissenschaftlichung von Diskursen entspricht allerdings nicht nur dem säkularen Makrotrend »kognitiver Modernisierung«, sondern kann auch auf der Mikroebene sozialen Handelns strategisch genutzt werden. Dies ist dann etwa der Fall, wenn ein bestimmtes Problem seiner moralisch-wertbezogenen Aspekte bewußt dadurch beraubt wird, daß es auf einen Zusammenhang wissenschaftlich belegter Ursachen, Maßnahmen und Folgen zurechtgestutzt wird. So macht es z. B. einen Unterschied, ob man das Immigrationsrecht von Gastarbeiterkindern als grundsätzliches ethisches Problem behandelt oder unter soziologischen, pädagogischen, demographischen und ökonomischen Gesichtspunkten auf mögliche Folgewirkungen hin analysiert, die eine instrumentelle Behandlung des Problems nahelegen. Die wissenschaftliche Konstruktion eines Problems unter implizitem Ausschluß moralischer, ästhetischer oder auch religiöser Fragen kann durchaus konkrete strategische Vorteile mit sich bringen, die sich hinter wissenschaftlich-rationaler Argumentation *als solcher* verbergen. Hier werden mögliche Kosten einer sozialwissenschaftlichen Rationalisierung gesellschaftlicher Probleme deutlich, die nun allerdings als Ambivalenzen jeglicher wissenschaftlicher Aufklärung zu werten sind.

## 5. Konsequenzen

Faßt man das bisher Dargelegte zusammen, so ergibt sich ein widersprüchliches oder zumindest ambivalentes Bild: Auf der einen Seite lassen sich bei der Verwendung sozialwissenschaftlicher Ergebnisse in öffentlichen Diskursen gegenüber geschlossenen Verwendungsbeziehungen deutliche Rationalisierungsgewinne verzeichnen. Dies gilt insofern, als im offenen Modell der Wissensverwendung eine *direkte*, unter Umständen manipulative Nutzung von Forschungsergebnissen für partikulare Verwendungsinteressen und Legitimationszwecke durch die Eigendynamik kollektiver Argumentationsprozesse, durch den Pluralismus der Wissensangebote und durch die Einbeziehung der Problemdefinition und Zielbestimmung in den Diskurs zumindest erschwert wird.

Auf der anderen Seite ergeben sich gerade durch die Verwissenschaftlichung öffentlicher Diskurse neuartige strategische Möglichkeiten der Herbeiführung von Konsens. Dies betrifft insbesondere das problemdefinitorische Potential der Sozialwissenschaften, das als Ressource zur »kognitiven Kanalisierung« kollektiver Argumentation genutzt werden kann. Es betrifft aber auch die geschilderten zeitlichen, quantitativen und inhaltlichen Möglichkeiten der Diskurslenkung mit Hilfe sozialwissenschaftlicher Forschung. Hier zeigt sich, daß die Verwissenschaftlichung der politischen Öffentlichkeit keineswegs mit einem einfachen Aufklärungsmodell zu beschreiben ist, sondern daß gerade eine pluralistisch-diskursive Wissensverwendung den politischen Akteuren neue Handlungsmöglichkeiten verschafft, die sich allerdings gänzlich von den strategischen Spielräumen sozialtechnologischer Wissensnutzung unterscheiden. Auf einem anderen, zweifellos höheren Rationalitätsniveau und nach Maßgabe restriktiverer Spielregeln stellt die Verwendung wissenschaftlicher Ergebnisse in der Öffentlichkeit ein überaus komplexes Feld der Interessenauseinandersetzung dar, auf dem hinter dem Schutzschild des Objektivitätsnimbus und des rationalistischen Mißverständnisses angewandter Sozialwissenschaft ein verdeckter Kampf um die Legitimation von Entscheidungen geführt wird. Ermöglicht wird diese indirekte, vermittelte Auseinandersetzung durch die normative Blindheit von Wissenschaft, durch ihre wahrscheinlich unschließbaren Rationalitätslücken und die Binnenzentriertheit des Wissenschaftssystems.

Verwissenschaftlichte öffentliche Diskurse folgen weder unmittelbar der Rationalität von Wissenschaft, noch der Eigenrationalität der beteiligten Institutionen und Akteure, sondern sie sind als eigenständiger Verwendungsbereich, als mehr oder weniger rationales Spiel sui generis zu betrachten, in dem sozialwissenschaftliche Ergebnisse als Spielressourcen unter Umständen von großem Einfluß sein können. Damit ergibt sich eine dritte Position gegenüber den beiden bekannten (und zu einfachen) Gleichungen »verwissenschaftlichte Öffentlichkeit = aufgeklärt-rationale Politik« und »verwissenschaftlichte Politik = sozialtechnologisch verbrämte Interessendurchsetzung«. Oder anders formuliert: Weder kann Politik mit Hilfe von Wissenschaft umstandslos ihre Interessen in der Öffentlichkeit durchsetzen, noch kann Wissenschaft durch das Medium Öffentlichkeit unvermittelt aufklären, sondern beide begeben sich auf ein Feld, auf dem man zwar gewinnen kann, aber nach Regeln, über die man im Prinzip nicht verfügt. Für eine empirische Erforschung von Verwissenschaftlichungsprozessen ergibt sich daraus die Aufgabe, die Regeln und Strukturen öffentlicher Diskurse transparenter zu machen – ein Unterfangen, für das die Soziologie bisher nur unzureichend methodisch gerüstet ist.

Daß auch die Sozialwissenschaften selbst trotz – oder vielleicht gerade wegen – verbreiteter Deprofessionalisierungsängste die ihnen zur Verfügung stehenden strategischen Optionen im Sinne eines Eintretens »für die Verbreitung bestimmter Fakten und Überlegungen« (Hartmann 1982, S. 223) nutzen könnten, mag zwar vielen Sozialwissenschaftlern wie eine Aufforderung zur sakrilegischen Entweihung des Tempels der Werturteilsfreiheit vorkommen, wäre aber nichts anderes als ein Nachvollzug faktischer Entwicklungen.

Die Voraussetzung dafür wäre aber zunächst, daß die Soziologie sich einen autonomen Zugang zur Öffentlichkeit in ihren unterschiedlichen Formen verschaffen würde, um so eine zu enge Verklammerung mit dem Praxissystem zumindest zu kompensieren. Damit wäre sie zwar den restriktiven Bedingungen öffentlicher Diskurse, wie etwa der begrenzten Verarbeitungsfähigkeit der Öffentlichkeit, Zugangsbarrieren zu den Medien und zyklischen Problemkonjunkturen unterworfen, würde sich aber den Zumutungen und Zwängen einer externen Forschungssteuerung ein Stück weit entziehen können.

Nun sind Problemdefinitionen und soziologische Wirklichkeitskonstrukte keine wahrheitsfähigen Aussagen. Sie gehören nicht zu dem Bereich von Wissen, über den die Sozialwissenschaften autoritativ urteilen könnten. Mit welcher Berechtigung, so könnte man fragen, sollten Sozialwissenschaftler in die diskursive Herausbildung gesellschaftlichen Problembewußtseins eingreifen?

In der Tat kann man mit Bourdieu der Ansicht sein, die Sozialwissenschaft habe sich »jeder gesellschaftlichen Nachfrage nach Legitimations- oder Manipulationsmitteln zu verweigern«. »Der Soziologe«, so Bourdieu, »verfügt über kein Mandat und keinen Auftrag, es sei denn jenen, den er sich kraft der Logik seines Forschens selbst erteilt.« Diese Perspektive der Rückkehr in die Integrität und Wirkungslosigkeit der reinen Forschung ist nun nicht nur unrealistisch, sie verkennt auch die soziale Infrastruktur des Forschungsprozesses. In einer Zeit, in der die Normativität der wissenschaftlichen Vernunft zur allgemeinen Erkenntnis wird und die Kritik der Wissenschaft zu einer politischen Option, wird anwendungsorientierte wissenschaftliche Tätigkeit als solche einbezogen in den Zusammenhang politischen Handelns.

Die komplementären Prozesse der Verwissenschaftlichung der Praxis und Politisierung bzw. Moralisierung der Wissenschaft, wie sie sich tendenzweise abzeichnen, lassen traditionelle Formulierungen des Theorie-Praxis-Problems inzwischen obsolet erscheinen. Während das Alltagswissen des Praktikers zunehmend an den Modus wissenschaftlicher Kritik und Gegenexpertise angekoppelt wird, verblaßt der dogmatische Wahrheitsanspruch der Wissenschaft und macht der Erkenntnis Platz, daß auch in wissenschaftlichen Wirklichkeitskonstruktionen dezisionistische Elemente enthalten sind, die sich nicht objektiv begründen lassen.

Wenn es zutrifft, daß dieser Abbau des Rationalitätsgefälles zwischen wissenschaftlichem und nicht-wissenschaftlichem Wissen tendenziell nicht zu vermeiden ist, dann entfällt langfristig auch die Begründungsnotwendigkeit für die bewußt wahrgenommene, autonome Ausschöpfung des problemdefinitorischen Potentials der Sozialwissenschaften durch diese selbst. Sozialwissenschaftliche Forschung mag sich dann vielleicht nurmehr als eine rationale Unternehmung (Toulmin 1978) der Wissensproduktion und -selektion unter anderen erweisen. Gerade unter solchen Bedingungen wäre sie aber befugt und möglicherweise sogar dazu verpflichtet, die nicht völlig objektivierbare, aber auch kaum bestreitbare spezifisch soziologische Kompetenz der Wahrnehmung und Interpretation gesellschaftlicher Probleme und das kumulierte »Wissenskapital« der Soziologie öffentlich zu vertreten.

## *Anmerkungen*

1 Insgesamt wurden ca. 25 Gespräche mit Angehörigen des Bundesministeriums für Bildung und Wissenschaft, mit Mitgliedern der Kultusministerien von Baden-Württemberg und Hessen, mit Bildungsforschern und Bildungspolitikern geführt.

2 Darstellungen der Projektergebnisse finden sich in: Beck/Lau 1982; Lau 1984; Lau/Beck 1989.

3 Diese Aussage kann sich natürlich nur auf problemorientierte, zweckrationale Diskurse beziehen und nicht etwa auf den Gebrauch wissenschaftlicher Argumente, die unter Wahrheitsgesichtspunkten die Geltung einer Aussage zu stützen versuchen. Unsere Typologie weicht ab von der häufig gebrauchten Unterscheidung zwischen analytischen, empirischen und dialektischen Argumenten; siehe dazu: K. D. Knorr, »Konsensus, methodologische Verfahrensweise und die Trivialisierbarkeit von Entscheidungen im Forschungsprozeß«, in: Stehr/König 1975. Auch Toulmins realitätsnahe Skizze der logischen Struktur der Begründung von Geltungsansprüchen läßt sich im strengen Sinne nur auf die von uns so bezeichneten Kausalargumente anwenden (vgl. Toulmin 1958). Zur Anwendung dieses Modells in der Verwendungsforschung siehe Dunn (1982). Unsere Unterscheidung zielt vielmehr auf die Differenzierung von logischen Ebenen der Argumentation.

4 Wildavsky (1979, S. 137f.) spricht in diesem Zusammenhang von »retrospective rationalization«.

5 Siehe dazu Whitehead/Russell (1910) und die Popularisierung von Watzlawick u. a. (1982).

6 Unter *double bind* läßt sich nach Bateson (1984) eine widersprüchliche Aussage verstehen, wobei die einander widersprechenden Teilaussagen auf unterschiedlichen logischen Ebenen angesiedelt sind. So sagt etwa der Wahrheitsgehalt einer Kausalaussage nichts über die Angemessenheit einer Problemdefinition aus und umgekehrt. »Die Auswirkungen solcher Sprünge zwischen den Ebenen, sei es nach unten oder oben, besteht darin, daß die Informationen, die auf einer Ebene als Entscheidungsgrundlage geeignet sind, auch als solche auf einer anderen Ebene verwendet werden, woraus sich eine breite Vielfalt von Irrtümern in der logischen Typisierung ergibt. In Justiz- und Verwaltungssystemen werden solche Sprünge zwischen logischen Ebenen Ex-post-facto-Gesetzgebung genannt. In Familien nennt man die entsprechenden Irrtümer double binds« (1984, S. 247).

7 Zweifellos darf man die damalige Definitionsmacht der Soziologie auch nicht überschätzen, wie es von allen Anti-Soziologen vielleicht am prononciertesten Schelsky (1975) tat. Definitionsmacht, die sich lediglich auf Konjunkturen der öffentlichen Meinung stützt, bleibt immer gefährdet und unterliegt im Prozeß der Trivialisierung der »Aufmerksamkeitsabnützung«.

8 Darüber hinaus hat natürlich jede Verwaltungsbehörde die Möglichkeit, den Forschungszugang zu administrativen Informationen, über die sie selbst verfügt, zu be- oder verhindern; vgl. dazu Brusten u. a. (1981).

9 In einigen dieser Bereiche ist anzunehmen, daß die Verwissenschaftlichung der Informationsgewinnung relativ weit fortgeschritten ist – so etwa bei der zentralisierten Kriminalitätsbekämpfung. In diesen Fällen

entspricht die Verwendung sozialwissenschaftlicher Ergebnisse in fast idealtypischer Weise dem geschlossenen Modell der Verwendung.

10 Vgl. als Beispiel für einen solchen Metadiskurs über die Probleme der Verwissenschaftlichung der Bürokratie: Kiock/Weihe 1976.

11 Der große Selektions- und Interpretationsspielraum sozialwissenschaftlicher Forschung macht – so ist anzunehmen – die direkte Fälschung von Forschungsergebnissen unwahrscheinlich. Anders als in den Naturwissenschaften sind derartige Fälle in den Sozialwissenschaften auch nicht bekannt geworden. Dafür spricht auch das große Ausmaß der Bestätigung von Hypothesen durch empirische Untersuchungen (Sahner 1982).

## *Literatur*


Bachrach, P./Baratz, M. S. (1977), *Macht und Armut*, Frankfurt.

Bartholomäi, R. (1977), »Ressortforschung: Aspekte der Vergabe und Forschungsbegleitung«, in: Wissenschaftszentrum Berlin (Hg.), *Interaktion von Wissenschaft und Politik*, Frankfurt/New York, S. 285-298.

Bateson, G. ([3]1984), *Geist und Natur. Eine notwendige Einheit*, Frankfurt.

Beck, U./Bonß, W. (1984), »Soziologie und Modernisierung«, in: *Soziale Welt*, Heft 4, S. 381-428.

Beck, U./Lau, Ch. (1982), »Die ›Verwendungstauglichkeit‹ sozialwissenschaftlicher Theorien. Das Beispiel der Bildungs- und Arbeitsmarktforschung«, in: U. Beck (Hg.), *Soziologie und Praxis*. Sonderband 1 der *Sozialen Welt*, Göttingen.

Bourdieu, P. (1985), *Sozialer Raum und Klassen*, Frankfurt.

Brusten, M., u. a. (1981), *Freiheit der Wissenschaft – Mythos oder Realität? Eine empirische Analyse von Forschungskonflikten und der rechtlichen Regulierung der Forschungsabwehr aus der Sicht der Sozialwissenschaften*, Frankfurt/New York.

Bundesministerium für Bildung und Wissenschaft, (Hg.) (1980), *Stand, Entwicklung und Ergebnisse der Prognoseforschung zum zukünftigen Arbeitskräfte- und Qualifikationsbedarf*, Bonn.

Dunn, W. M. (1982), »Reforms as Arguments«, in: *Knowledge*, Heft 3, S. 293-326.

Giesen, B. (1982), »Drogenprobleme und Sozialpolitik. Zur praktischen Heuristik soziologischer Theorien«, in: U. Beck (Hg.), *Soziologie und Praxis*. Sonderband 1 der *Sozialen Welt*, Göttingen.

Hargens, L. L. (1975), »Anomie und Dissens in wissenschaftlichen Gemeinschaften«, in: N. Stehr/R. König (Hg.), *Wissenschaftssoziologie*, Opladen, S. 375-392.

Hartmann, H. (1982), »Gesellschaftliche Bedingungen der angewandten Sozialforschung«, in: U. Beck (Hg.), *Soziologie und Praxis*. Sonderband 1 der *Sozialen Welt*, Göttingen.

Hartmann, H./Hartmann, M.(1982), »Vom Elend der Experten: Zwischen Akademisierung und Deprofessionalisierung«, in: *Kölner Zeitschrift für Soziologie und Sozialpsychologie*, Heft 2, S. 193-223.

Kaase, M., u. a. (Hg.) (1980), *Datenzugang und Datenschutz. Konsequenzen für die Forschung*, Königstein/Ts.

Kiock, H./Weihe, U. (Hg.) (1976), *Forschung in den Krisenfeldern der Politik. Gesundheit und Wohnungsmarkt*, München.

Kirsch, W. (1976), *Entscheidungsverhalten und Handhabung von Problemen*, München.

Klages, H. (Hg.) (1985), *Arbeitsperspektiven angewandter Sozialforschung*, Opladen.

Knorr, K. D. (1975), »Konsensus, methodologische Verfahrensweise und die Trivialisierbarkeit von Entscheidungen«, in: N. Stehr/R. König (Hg.), *Wissenschaftssoziologie*, Opladen, S. 375-392.

Lau, Ch. (1984), »Soziologie im öffentlichen Diskurs«, in: *Soziale Welt*, Heft 4, S. 407-428.

Lau, Ch./Beck, U. (1989), *Definitionsmacht und Grenzen angewandter Sozialwissenschaft. Das Beispiel der Bildungs- und Arbeitsmarktforschung*, Opladen.

Lazarsfeld, P. F./Reitz, J. (1975), *An Introduction to Applied Sociology*, New York.

Lindblom, Ch. E./Cohen, D. K. (1979), *Usable Knowledge*, New Haven und London.

Machlup, F. (1980), *Knowledge. Its Creation, Distribution and Economic Significance*, Bd. 1, Princeton.

Mayntz, R. (1978), *Soziologie der öffentlichen Verwaltung*, Heidelberg/Karlsruhe.

Mayntz, R./Scharpf, F. (1975), *Policy-Making in the German Federal Bureaucracy*, Amsterdam/New York.

Menges, G. (1974), »Wie gut sind Prognosen?«, in: *MittAB* 7, S. 245 ff.

Offe, C./Hinrichs, H./Wiesenthal, H. (Hg.) (1982), *Arbeitszeitpolitik*, Frankfurt/New York.

Overington, M. A. (1985), »Einfach der Vernunft folgen. Neuere Entwicklungen der Metatheorie«, in: W. Bonß/H. Hartmann (Hg.), *Entzauberte Wissenschaft*, Göttingen.

Polanyi, M. (1962), »The Republic of Science. Its Political and Economic Theory«, in: *Minerva*, Heft 3, S. 54-73.

Sahner, H. (1982), *Theorie und Forschung. Zur paradigmatischen Struktur der westdeutschen Soziologie und zu ihrem Einfluß auf die Forschung*, Opladen.

Schelsky, H. (1975), *Die Arbeit tun die anderen*, Opladen.

Smelser, N. J. (1984), »Depth Psychology and the Social Order«, unveröffentlichtes Manuskript, Gießen.
Tenbruck, F. (1984), *Die unbewältigten Sozialwissenschaften oder die Abschaffung des Menschen*, Graz.
Toulmin, S. (1958), *The Use of Arguments*, Cambridge.
Toulmin, S. (1978), *Kritik der kollektiven Vernunft*, Frankfurt.
Van de Vall, M. (1985), »Der Wertkontext praxisorientierter Sozialforschung. Ein zusammenfassendes Modell«, in: H. Klages (Hg.), *Arbeitsperspektiven angewandter Sozialforschung*, Opladen, S. 35-63.
Watzlawik, P./Beavin, J. H./Jackson, D. D. (1982), *Menschliche Kommunikation*, Bern.
Wildavsky, A. (1979), *Speaking Truth to Power. The Art and Craft of Policy Analysis*, Boston/Toronto.
Weymann, A./Wingens, M. (1989), »Die Versozialwissenschaftlichung der Bildungs- und Arbeitsmarktpolitik. Eine kritische Zwischenbilanz zur öffentlichen Argumentation«, in diesem Band, S. 276-301.
Whitehead, A. N./Russell, B. (1910), *Principia Mathematica*, Cambridge.

Reinhard Kreißl

# Soziologie und soziale Kontrolle

## *Mögliche Folgen einer Verwissenschaftlichung des Kriminaljustizsystems**

Katastrophenartige Ereignisse können Reaktionen auslösen, die in komprimierter Form die Struktur gesellschaftlicher Rationalität und Prozesse der Rationalisierung sichtbar werden lassen, deren Analyse unter Normalbedingungen die Berücksichtigung längerer Zeiträume und komplexer kultureller Muster erfordert. Betrachten wir ›Tschernobyl‹ als Garfinkelsches Krisenexperiment, das tiefliegende kulturelle Selbstverständlichkeiten erschüttert und die »Welt in meiner aktuellen und potentiellen Reichweite« (Schütz 1974) des Komforts ihrer unhinterfragten Gegebenheit beraubt hat. In der alltäglichen Wahrnehmung spielt plötzlich neben den sinnlich wahrnehmbaren Eigenschaften, dem sozialen Gebrauchs- und dem ökonomischen Tauschwert lebensweltlicher Objekte, ein für die tagtägliche Handhabung hinreichend trivialisiertes Expertenwissen über die Eigenschaften radioaktiver Elemente als interpretative Ressource eine wichtige Rolle. Physiker haben den Sozialwissenschaftlern den Rang als kulturelle Experten abgelaufen. Die Prinzipien der methodisch rationalen Lebensführung werden aus Hypothesen über die radioaktive Intensität, Schädlichkeit und Lebensdauer von Caesium und Jod abgeleitet. – Ein klassischer Fall von Verwissenschaftlichung.

Dieses etwas ungewöhnliche Beispiel zeigt in extrem komprimierter Form die ›Logik‹ von Verwissenschaftlichungsprozessen: Eine Erschütterung der objektiven Realität, die zu Verwerfungen der je subjektiven und sozialen Realität führte, wird durch Rückgriff auf ›Wissenschaft‹ gesellschaftlich normalisiert. Wissenschaftliches Wissen dient dazu, unbekannte Phänomene zu benennen. Innere Zustände werden definiert in Begriffen gefährlicher Partikel, die im Organismus zirkulieren und dessen physiologische Struktur verändern, und in der Sozialwelt sind die Kriterien für Normalität in einer für unser Thema instruktiven Weise

* Für kritische Anmerkungen zu diesem Beitrag und ›close reading‹ danke ich Claudia Mühlhäuser.

durcheinandergeraten.[1] Einerseits ist die Bedeutung wissenschaftlichen Expertenwissens gestiegen, andererseits wird seine Gültigkeit problematisiert. Physik ist auf einen Schlag populär und reflexiv geworden. »Meßwerte« werden gierig rezipiert und gleichzeitig bezweifelt. Die Ergebnisse wissenschaftlicher Messungen zur Radioaktivität werden als paradigmenabhängig relativiert, als Messungen im Paradigma der Regierung, der Grünen, der Atom- oder Antinuklear-Lobby. Die Lektion der post-empirischen Wissenschaftstheorie[2] von der Kontextabhängigkeit (das heißt Instrumenten-, Beobachter- und Paradigmenabhängigkeit) harter wissenschaftlicher Daten ist zum Bestandteil des Allgemeinwissens geworden. Dadurch sind sozioepistemisch wichtige Dichotomien und kategoriale Grenzen erschüttert worden. Propositionale Wahrheit hat ihren unproblematischen Status verloren; Meßwerte werden als interpretative Daten gelesen; das materielle Substrat der Lebenswelt ist als ganzes potentiell gefährlich geworden. Die natürliche Ordnung der Dinge ist durcheinandergeraten; damit sind schließlich eingelebte Formen von richtigem und falschem Verhalten entwertet, und es herrscht Unsicherheit im Alltag. Neben dieser intrakategorialen Verwirrung ist das Verhältnis zwischen den kategorialen Bereichen selbst problematisch geworden: Wissenschaftliche Fragen werden mit normativen, diese wiederum mit subjektiven in einen Topf geworfen. Auf eine bizarre Weise scheint das hartnäckig verhakte Mobile der drei Rationalitätskomplexe für kurze Zeit wieder in Bewegung gekommen zu sein.

Was hat das alles mit der Verwissenschaftlichung sozialer Kontrolle zu tun? Zunächst bringt es Offensichtliches in Erinnerung: Verwissenschaftlichungsschübe haben eine objektive Basis. Sie entstehen aus Systemkrisen, für deren Lösung die verfügbaren soziokulturellen Deckungsreserven nicht ausreichen. Die Prozesse, um die es dabei geht, sind eher in Begriffen eines Gestalt-Switch als in Begriffen kontextfrei zweckrationaler Problemlösung zu analysieren.[3] Weniger offensichtlich ist der dritte Aspekt, daß nämlich im Gegensatz zu den Annahmen der linearen Transfermodelle mit Verwissenschaftlichung im hier diskutierten Sinne Rückwirkungen auf die professionelle und disziplinäre Identität[4] einhergehen; das heißt, daß sich der relative soziale und kognitive Ort der Wissenschaft ändert.[5] Schließlich – auf diesen Aspekt verweist das Beispiel eher, als daß es ihn belegt – können Prozesse

der reflexiven Verwissenschaftlichung als Indikator für einen Wandel im Modus der gesellschaftlichen Integration dienen. Hier bietet der Bereich ›soziale Kontrolle‹ aufgrund seiner funktionalen Bedeutung für die Definition gesellschaftlich akzeptierter Standards von ›Normalität‹ geeignetes Anschauungsmaterial.
Der analytische Reiz des Themas Verwissenschaftlichung sozialer Kontrolle liegt in dem Verhältnis, in dem Sozialwissenschaft und soziale Kontrolle zu sozialer oder gesellschaftlicher Normalität stehen. Nach klassicher Auffassung[6] ist es die Aufgabe von Polizei, Justiz und Strafvollzug, also den sozialen Kontrollinstanzen im engeren Sinne, abweichendes Verhalten zu bekämpfen. Was als Abweichung zählt, läßt sich jedoch nur vor dem Hintergrund eines Verständnisses von Normalität bestimmen. Die binäre Schematisierung »Normalität/Abweichung« ist für das Selbstverständnis und die gesellschaftliche Funktion der Kontrollinstanzen von zentraler Bedeutung.[7] Sie basiert auf klaren normativen Optionen, deren kontrafaktische Geltung durch Kodifikation im Rechtssystem geschützt ist.
Sozialwissenschaft auf der anderen Seite betreibt Strukturanalyse gesellschaftlicher Normalität und versucht ein propositionales, nicht-normatives Verständnis jenes Hintergrundes, vor dem Abweichung erst plastisch entsteht, zu entwickeln.[8] Was passiert nun, wenn – wie Luhmann es nennt – das »analytische Gift der Soziologie« die normativen Strukturen, auf denen soziale Kontrolle basiert, angreift?
Denkbar sind verschiedene Möglichkeiten. Sozialwissenschaftliche Aufklärung über Funktions- und Bestandsbedingungen sozialer Ordnung kann einen rationalisierenden Effekt auf die Praxis sozialer Kontrolle haben, indem sie etwa Vorschläge zur Entkriminalisierung, zur rationalen Gestaltung des Strafprozesses oder zur Humanisierung und Effektivierung des Sanktionssystems unterbreitet.[9] Sie kann, abstrakt formuliert, einen Beitrag leisten zur Differenzierung zwischen vernünftigen, rationalen und erhaltenswerten normativen Strukturen auf der einen Seite und unvernünftigen, irrationalen und überflüssigen Regelungen, deren Einhaltung soziale Kontrolle überwacht und deren Übertretung sie sanktioniert, auf der anderen Seite. Sie kann aber auch – dies wäre die idealtypische Alternative – durch die Problematisierung normativ verbindlicher Differenzen einen Prozeß auslösen, der nicht im Sinne der Ideale der Aufklärung als Rationalisierung verbucht

werden kann. Durch die »genetische Normalisierung«[10] der Differenz zwischen Konformität und Abweichung – beide erscheinen als Produkt derselben gesellschaftlichen Bedingungen – eröffnet sie eine Perspektive, aus der heraus sich eine Universalisierung sozialer Kontrolle genauso begründen läßt wie eine Begrenzung. Welche Folgen »Verwissenschaftlichung« in diesem Bereich hat, ist eine weitgehend offene Frage, die anhand des empirisch zu beobachtenden Prozesses der Rezeption und Produktion von sozialwissenschaftlichem Wissen im Kriminaljustizsystem nicht eindeutig zu beantworten ist. Es lassen sich jedoch theoretisch motivierte Interpretationen dieses Prozesses entwickeln, wenn man Verwissenschaftlichung in einen breiteren historischen Kontext stellt. Wir wollen im folgenden das Beispiel sozialer Kontrolle diskutieren und dabei zwei Phasen der Verwissenschaftlichung unterscheiden. Die erste, beginnend im späten 18. Jahrhundert, führt zur Institutionalisierung moderner Kontrollformen; die zweite, reflexive, begleitet den Übergang von der modernen zur postmodernen Kontrolle. Die erste etabliert einen Begriff abweichenden Verhaltens; die zweite, indem sie versucht, diesen auf abweichende Verhältnisse zu generalisieren, löst den Unterschied zwischen ›normal‹ und ›abweichend‹ auf.[11]

## I. Soziale Kontrolle und Gesellschaft: Von der Normalisierung der Überwachung zur Überwachung der Normalität

In den Versuchen, die Geschichte sozialer Kontrolle unabhängig von den disziplinhistorischen Mythen der ihr praktisch verbundenen Wissenschaften zu schreiben, hat sich die Einteilung in drei Entwicklungsphasen eingebürgert, die in etwa mit dem klassischen historischen Schema des ›prä-X, X und post-X‹ übereinstimmen, wobei für X, je nach theoriepolitischer Präferenz, ›modern‹, ›industriell‹ oder ›kapitalistisch‹ einzusetzen ist. Cohen (1985, S. 16) faßt diese drei Phasen in einem schematischen Überblick zusammen.[12] Die Dynamik der Entwicklung innerhalb und zwischen den drei Phasen wird unterschiedlich erklärt.[13] Ich will diese Entwicklung hier für eine Analyse von Verwissenschaftlichungsprozessen unter theoretischem Gesichtspunkt typisieren und den Übergang von Phase I zu Phase II als Prozeß der Durch-

## Wichtige Veränderungen in der Kontrolle von Abweichung

| | Phase I<br>vor dem 18. Jahrhundert | Phase II<br>seit dem 18. Jahrhundert | Phase III<br>seit der Mitte des 20. Jahrhunderts |
|---|---|---|---|
| 1. Rolle des Staates | schwach, dezentralisiert, zufällig | stark, zentralisiert, rationalisiert | Ideologischer Angriffspunkt: ›Sowenig Staat wie möglich‹; aber Intervention wird verstärkt, Kontrolle wird ausgeweitet |
| 2. Ort der Kontrolle | ›offen‹: Gemeinde, primäre Institutionen | geschlossene, abgesonderte Institutionen: Sieg des Asyls, ›Große Einschließung‹ | Ideologischer Angriffspunkt: ›Anstalten öffnen‹, ›gemeindenahe Alternativen‹; aber alte Institutionen bleiben bestehen, und neue Formen sozialer Kontrolle dehnen sich aus |
| 3. Brennpunkt der Kontrolle | undifferenziert | konzentriert | verstreut und diffus |
| 4. Sichtbarkeit der Kontrolle | öffentlich, ›spektakulär‹ | Grenzen klar, aber das ›Innere‹ bleibt unsichtbar – ›diskret‹ | Grenzen unscharf; das ›Innere‹ bleibt unsichtbar und verborgen |
| 5. Kategorisierung und Differenzierung von Abweichung | fast überhaupt nicht entwickelt | etabliert und verstärkt | weiter verstärkt und verfeinert |

| | | | |
|---|---|---|---|
| 6. Hegemonie von Gesetz und Strafrechtssystem | besteht noch nicht; Kriminaljustiz die einzige Form der Kontrolle | Monopol des Strafrechtssystems durchgesetzt; dann aber ergänzt durch neue Systeme | Ideologischer Angriffspunkt: ›Entkriminalisierung‹, ›Entrechtlichung‹, ›Diversion‹ usw. – aber Strafrechtssystem nicht geschwächt, und andere Systeme dehnen sich aus |
| 7. Professionelle Dominanz | überhaupt nicht vorhanden | besteht und wird verstärkt | Ideologischer Angriffspunkt: ›Deprofessionalisierung‹, ›Antipsychiatrie‹, usw. – aber professionelle Dominanz verstärkt sich und dehnt sich aus |
| 8. Gegenstand der Intervention | äußeres Verhalten: ›Körper‹ | innere Zustände: ›Seele‹, ›Psyche‹ | Ideologischer Angriffspunkt: Zurück zum Verhalten, zu äußerer Befolgung; beide Formen bleiben nebeneinander bestehen |
| 9. Theorien der Bestrafung | moralisch, traditionell, dann klassisch: ›gerechter Lohn‹ | vom Positivismus beeinflußt; Behandlungsideal: ›neopositivistisch‹ | Ideologischer Angriffspunkt: zurück zur Gerechtigkeit; Neoklassik, zum Teil erfolgreich; positivistisches Ideal aber noch präsent |
| 10. Art der Kontrolle | inklusiv | ausgrenzend und stigmatisierend | Ideologische Betonung von Inklusion und Integration: beide Arten bleiben nebeneinander bestehen |

setzung eines uniformen Konzepts sozialer Ordnung, den von Phase II zu Phase III als Prozeß der Rekonstruktion von sozialen Differenzen beschreiben. Daraus ergibt sich für jede der drei Phasen ein spezifisches Thema oder Problem, zu dessen Bearbeitung wissenschaftliches Wissen herangezogen wird. Diese Probleme spiegeln sich in der Thematik kriminologischer Theorien. Die von Durkheim inspirierten Erklärungen[14] passen als theoretisches Modell auf vor- und frühmoderne Verhältnisse; sie analysieren damit das zentrale Problem der Phase I. Die eher marxistisch argumentierenden Ansätze entfalten ihre volle analytische Brauchbarkeit bei der Erklärung sozialer Kontrolle in traditionell (liberal- und spät-)kapitalistischen Gesellschaften. Und die als Labeling-Theorien bezeichneten Versuche stellen eine zeitgemäße Interpretation sozialer Kontrolle in postindustriellen Gesellschaften dar. Ordnen wir die theoretischen Paradigmen in dieser Weise grob den drei Phasen zu, so ergeben sich folgende zentrale Themen sozialer Kontrolle: die Aufrechterhaltung symbolischer Grenzen sozialer Einheiten[15], die Durchsetzung und Aufrechterhaltung von Fabrikdisziplin[16] und die unspezifische Kontrolle sozialer Normalität.[17]

Das Strukturproblem, mit dem soziale Kontrolle beim Übergang von Phase I zu Phase II zu kämpfen hat, ist die Bearbeitung der sozialstrukturellen Folgen des ökonomischen ›take-off‹ im 18. und 19. Jahrhundert. Dieses Problem wird ›wissenschaftlich‹ verarbeitet und nimmt dadurch sozusagen sozial handhabbare (symbolische) Formen an, die es ermöglichen, eine (instrumentell) adäquate Reaktion zu institutionalisieren. Am besten analysiert ist diese Problematik für die Situation in den sich entwickelnden Metropolen. Die anomischen Verhältnisse, die Paris und London im späten 18. und frühen 19. Jahrhundert kennzeichnen (siehe Rude 1959; Stedman Jones 1984; Tilly 1981), überfordern die traditionellen Formen sozialer Kontrolle. Es bilden sich zwei Reaktionen heraus, die unter den Perspektiven ›Law and Order‹ und ›soziale Reform‹ den Boden für einen ersten Rationalisierungsschub bereiten.[18] Während dieser Phase läßt sich die kognitive Restrukturierung des semantischen Komplexes ›Kriminalität‹ beobachten. Es entstehen neue Konzepte und Ideen zu den Ursachen, zur unmittelbaren Bekämpfung und zu den langfristigen Lösungen des Kriminalitätsproblems. Ein Schlüsselbegriff, von dem aus sich diese Periode dechiffrieren läßt, ist die Klasse der

Kriminellen, die ›dangerous‹ oder ›criminal classes‹. Um diesen Begriff herum hat sich eine komplette Theorie abweichenden Verhaltens angelagert, die, im wesentlichen unverändert, bis zur Mitte des 20. Jahrhunderts das Selbstverständnis sozialer Kontrolle bestimmt hat. Die zentrale Leistung, die in diesem Prozeß erbracht wird, ist die Generalisierung des Kriminellen als eines kategorialen Typus in der kriminellen Klasse. Dieser kognitiven Leistung entspricht zum Teil auch ein Wandel in der Phänomenologie der Kriminalität (siehe hierzu Foucault 1977, S. 95 f.).
Die für unsere Fragestellung zentrale Figur in diesem Szenario ist der von humanitären Motiven getriebene und durch rationalistische Mentalität gekennzeichnete Reformer, der sich um eine rationale Lösung des Kriminalitätsproblems bemüht und dabei auf die oft mit akribischer Genauigkeit gesammelten und in episch-wissenschaftlicher Breite dargestellten Tatsachen verweist. Mit dem Auftreten dieser Figur wird der wissenschaftlich-politische administrative Diskurs über Kriminalität eröffnet. Der Ort, an dem dieser folgenreich institutionalisiert wird, ist die von der Verwaltung eingesetzte Kommission, vor der die Experten ihr (wissenschaftlich begründetes) Urteil abgeben.[19] Die Pioniere dieses empirisch-theoretisch argumentierenden Reformdiskurses rekrutieren sich aus den Reihen der Strafvollzugspraktiker[20] und dem politisch informierten und engagierten Bürgertum. Ihre Publikationen fanden in der Öffentlichkeit Verbreitung.[21] Mit diesem Diskurs traten zugleich jene Erscheinungen wissenschaftlichen Argumentierens ins Leben, die wir noch heute an kriminalpolitischen Kontroversen schätzen. Die Vertreter der verschiedenen Positionen untermauerten ihre Argumente durch kriminalstatistische Analysen.[22] Von einer solchen Kontroverse wird berichtet, daß »[d]er Kaplan des Wandsworth Prison argumentierte, die Kriminalität habe zugenommen, der Vorsitzende der Prison Commissioners, sie habe abgenommen, und der Chief Constable von Staffordshire, sie sei im wesentlichen gleich geblieben« (Tobias 1967, S. 15).
Auf der Grundlage der sich allmählich entwickelnden uniformen Definition von Kriminalität konnten sich uniforme Reaktionen entwickeln. Ein typisches Beispiel ist die Einführung der Metropolitan Police in London 1829. Die öffentlichen Widerstände, auf die diese Innovation traf, sind instruktiv für ein Verständnis der stattfindenden Umstrukturierung der sozial-kognitiven Land-

karte der Klassenbeziehungen, auf der soziale Kontrolle eingezeichnet war. Der Typus des bürokratisch organisierten, zentral gesteuerten und gegenüber partikularen Interessen neutralen Überwachungsapparats war in den schematisierten Vorstellungen des frühen 19. Jahrhunderts nicht vorgesehen. Die moderne Polizei, als deren historisch erstes Exemplar Peels Metropolitan Police in London gilt, hatte Schwierigkeiten, als legitime Form sozialer Kontrolle akzeptiert zu werden.[23] Das dem Widerstand zugrundeliegende Problem läßt sich an der Diskussion über die Uniform der Metropolitan Police demonstrieren. Ob Uniformen eingeführt werden sollten, war eine anfangs umstrittene Frage. Die einen argumentierten, daß durch die Einführung von Uniformen der Eindruck entstehen könnte, es werde eine Art militärische Truppe aufgebaut. Die anderen hielten dagegen, daß Polizisten in Zivil als Spione und nicht als legitime Repräsentanten sozialer Ordnung wahrgenommen würden und damit eines der mit der Einführung der Metropolitan Police verfolgten Hauptziele verfehlt werden würde. Die bis heute im wesentlichen unveränderte Ausstattung der Londoner Polizei erklärt sich aus diesem Dilemma. Die ursprünglich vorgesehenen rot-goldenen (militärischen) Uniformen wurden durch ein »nüchternes Blau« (Radzinowicz 1968, S. 163) ersetzt, und es wurde als allgemeine Regel beschlossen, daß die Polizei keine Waffen tragen sollte. Mit dieser Ausrüstung gelang es allmählich, die Polizei als das zu etablieren, was sie nach den Worten ihres Begründers, Sir Robert Peel, darstellen sollte, die »dünne blaue Linie zwischen Ordnung und Chaos«.[24]

*Fassen wir zusammen*: Das zentrale Thema sozialer Kontrolle beim Übergang von Phase I zu Phase II ist die Bearbeitung der sozialstrukturellen Folgeprobleme der kapitalistischen Modernisierung. Der mit dem rapiden Bevölkerungswachstum einhergehende Zusammenbruch der traditionellen sozialen Ordnung in den Metropolen macht neue Mechanismen der Kriminalitätskontrolle erforderlich. Diese wiederum müssen institutionalisiert und in einer kollektiven kognitiven Infrastruktur verankert werden, die die Redefinition von Schlüsselkategorien wie Kriminalität, soziale Ordnung etc. in universalen statt partikularen Begriffen erlaubt. Die dazu notwendige Synthetisierungsleistung wird erbracht durch die Arbeit von (in der Regel noch nicht professionalisierten) sozialwissenschaftlichen Experten, die mit Begriffen wie

›kriminelle Klasse‹ ein neues Vokabular zur Beschreibung sozialer Realität zur Verfügung stellen. Mit der Einführung moderner, bürokratisch organisierter Kontrollorgane verändern sich die gesellschaftlichen (Selbst-)Deutungsmuster, und ein neues, den sich entwickelnden ökonomischen und sozialen Verhältnissen nachwachsendes Verständnis von sozialer Kontrolle, in das zunehmend Elemente sozialwissenschaftlichen Wissens integriert werden, findet Verbreitung. *Wir bezeichnen diesen Prozeß als die Normalisierung der Überwachung*.

Während der Übergang von Phase I zu Phase II relativ gut dokumentiert und dank der theoretisch informierten historischen Arbeiten von Foucault, Ignatieff, Rothman und anderen von verschiedenen Seiten durchanalysiert ist, fehlen für den Übergang von Phase II zu Phase III entsprechende Untersuchungen weitgehend, ja, es herrscht Uneinigkeit, ob soziale Kontrolle aktuell einen Transformationsprozeß durchläuft, der dem paradigmatischen Wandel im 18. und 19. Jahrhundert vergleichbar ist.[25] Es finden sich zaghafte Versuche, die stattfindenden Veränderungen zunächst deskriptiv zu erfassen (siehe Cohen 1979, 1985; Robinson 1985; Gross 1982). Vereinzelte Erklärungsversuche (etwa Scull 1977) haben sich als nicht haltbar erwiesen (siehe Matthews 1979). Das eigentliche Problem liegt in der theoretischen Erfassung eines allgemeinen gesellschaftlichen Strukturwandels, in dem die im Bereich sozialer Kontrolle beobachtbaren Veränderungen, nicht zuletzt die Nachfrage nach sozialwissenschaftlichem Wissen, ihren theoretischen Sinn erhalten.

Ich werde den Rest dieses Abschnitts darauf verwenden, selektiv und spekulativ in Umrissen das gesellschaftliche Szenario zu beschreiben, in dem sich die aktuell zu beobachtende Verwissenschaftlichung sozialer Kontrolle als sinnvoll erweist. Dabei will ich versuchen, die These plausibel zu machen, daß der Gegenstand sozialer Kontrolle sich im Sinne der Überschrift dieses Abschnitts verändert: Zum Hauptproblem sozialer Kontrolle wird zunehmend die unspezifische Aufrechterhaltung sozialer Normalität; abweichendes *Verhalten* verliert an Bedeutung, und die präventive Kontrolle normaler *Verhältnisse* (die in sozialwissenschaftlichen Begriffen definiert werden) tritt in den Vordergrund. Der für die Kriminologie bedeutsame Paradigmenwechsel von ätiologischen zu interpretativen Ansätzen, der durch die sogenannte Labeling-Theorie in den fünfziger und sechziger Jahren in den USA eingeleitet wurde, reflektiert auf der Ebene theoretischer Orientierungen die Veränderung, um die es im folgenden geht. Mit dem Auftreten dieser theoretischen Perspektive wechselte die Aufmerksamkeit von den Individuen, die als kriminell bezeichnet wurden, zu den Prozessen, in denen diese Bezeichnungen (*labels*) ausgehandelt werden. Damit wird Kriminalität als solche problematisch, sie verliert den Status einer handlungsleitenden sozialen Tatsache.

Traditionell dient abweichendes Verhalten als qualitativ besonderes zur Aufrechterhaltung symbolischer Grenzen und gefährdet als quantitativ bedeutsames Phänomen die systemische Stabilität der Gesellschaft. Wohlfahrtsstaatliche Gesellschaften schaffen soziale Bedingungen, unter denen Kriminalität im Sinne von »Bread and Butter Crime«[26] quantitativ an Bedeutung verliert. Allen anderslautenden (kriminalstatistisch begründeten) Behauptungen zum Trotz bedroht heute keine kriminelle Klasse das soziale Gefüge[27], und die unter dem Etikett der organisierten Kriminalität versammelten Praktiken sind in einem funktionalen Sinn eher bestandserhaltend als bestandsgefährdend. Das normative Konzept von Abweichung verblaßt mit der fortschreitenden kulturellen Rationalisierung zunehmend.[28] Das im 18. und 19. Jahrhundert gewachsene institutionelle Arrangement sozialer Kontrolle, das auf diesen Begriff aufbaut, erweist sich als veraltet und steht vor einer spiegelbildlichen Version der Probleme, die es bei seiner Etablierung zu lösen hatte: Galt es damals, eine bürokratisch organisierte Reaktion auf Kriminalität durch die Erzeugung einer einheitlichen Definition heterogener sozialer Phänomene durchzusetzen, so ist das Problem heute, die Existenz und Aktionen eines aufwendigen Kontrollapparates durch die Aufrechterhaltung sozialer Differenzen zu rechtfertigen.

Mit dem offensichtlichen Verschwinden sozial integrativ wirksamer Klassendifferenzen verschwindet das kollektive kriminelle Subjekt, die ›criminal classes‹, und damit auch das isolierbare und darstellbare Objekt sozialer Kontrolle.[29] Die Definition sozialer Normalität wird diffuser und unspezifischer. Identitätssichernde soziale Strukturen[30] zerfallen, das gesellschaftliche System wird komplexer und die soziale Ordnung damit auf eine paradoxe Weise gleichzeitig stabiler und störungsanfälliger.[31] Handlungsrelevante Kontexte, in Begriffen einer Rationalisierung der Lebenswelt konstruiert, multiplizieren sich, verlieren damit aber zugleich auch ihre normative Kraft. Lebensweltlich wird der soziokulturelle Komplex Kriminalität problematisch.[32] Ethnographische Studien zur sozialen Kontrolle in natürlichen sozialen Kontexten (vgl. Baumgartner 1984) argumentieren, daß sich durch die Anonymisierung der Sozialstruktur die klaren Unterscheidungen zwischen Devianz und Normalität verwischen und die Bedeutung formaler Instanzen sozialer Kontrolle zurückgeht. Offensive und konfrontative Stile sozialer Kontrolle werden durch defensive Vermeidungsstrategien ersetzt, die auf einer Umdefinition der Situation beruhen.[33] Aus der Sicht der formalen Institutionen sozialer Kontrolle stellt sich das als ein Anwachsen des ›Dunkelfelds‹ nicht angezeigter Straftaten dar. Diese Perspektivendifferenz verweist auf unterschiedliche Konzepte von Abweichung. Während die offizielle Definition mit der Vorstellung operiert, abweichendes Verhalten sei kontextfrei eindeutig über die Verletzung kodifizierter juristischer Regeln zu bestimmen, entwickelt sich in lebensweltlichen Kontexten eine Flexibilität, die diese Definition praktisch auflöst. Soziale Integration verlagert sich zunehmend von der fraglosen Gültigkeit traditioneller Institutionen auf die durch generalisierte Medien vermittelte Performativität des bürokratisch-monetären Komplexes, der damit schnell an die Grenzen seiner Leistungsfähigkeit stößt und in die fiskalische Krise schliddert (O'Connor 1973). An der Krise administrativer Rationalität, die sich hier abzeichnet, sind in unserem Zusammenhang vor allen Dingen Pathologien der Verrechtlichung aufschlußreich. Mit der zunehmenden rechtlichen Überformung des gesellschaftlichen Verkehrs gehen Prozesse der Kriminalisierung, Entkriminalisierung und Umkriminalisierung einher, die eine erhöhte Planungsrationalität bei der Abschätzung der zu erwartenden Folgen erfordern. Die im positiven Recht möglich gewordene Subsumption von Gerechtigkeits- unter Sach- und Systemrationalitätserwägungen (vgl. Teubner 1985) eröffnet normative und faktische Kontingenzspielräume, deren Entschärfung ein komplexes Verständnis sozialer Ordnung erfordert, das mit Unsicherheitspotentialen umgehen kann.[34]

Uns hat dieser Wandel hier vor allen Dingen aus der Perspektive seiner Auswirkungen auf die sozial-kognitiven Kategorien von Kriminalität und die Konsequenzen zu interessieren, die ein hier stattfindender Wandel für die Institutionen sozialer Kontrolle hat. Soziale Kontrolle steht hier wieder vor einem Generalisierungsproblem. Die zu erbringende Leistung besteht darin, von Kollektiven auf Strukturen zu generalisieren und die Unterscheidung von Kriminellen und Nichtkriminellen in die Unterscheidung von funktionalen und dysfunktionalen Arrangements[35] zu überführen. Diese (kognitive) Transformation wird begleitet von einem institutionellen Wandel, der sich rückblickend vermutlich ähnlich dramatisch darstellen wird wie die Einführung der modernen Polizei. Die postmoderne Polizei ist ›gesellschaftssanitär‹[36] und benützt das deskriptive Wissen der Sozialwissenschaft für normative Zwecke der Normalitätskontrolle unter Bedingungen, die eine Unterscheidung zwischen normkonformem und abweichendem Verhalten schwierig macht.

Der Übergang von Phase II zu Phase III, in dem sich soziale Kontrolle im Moment befindet, ist mangels historischer Distanz schwieriger zu erfassen. Wichtig erscheint an diesem Prozeß das Verschwinden des praktischen Korrelats der kognitiv-sozialen Grundlage der modernen Institutionen sozialer Kontrolle, das sich entlang sozialstruktureller Veränderungen beobachten läßt. Die ineinandergreifenden Prozesse sozialer Partikularisierung und Homogenisierung machen die Restrukturierung eines verbindlichen Modells sozialer Ordnung, das als Grundlage sozialer Kontrolle dient, notwendig. Dies geschieht durch die Generalisierung der dichotomen Begrifflichkeit von Abweichung und Normalität auf der Ebene sozialer Strukturen. Dieser Transformationsprozeß ist wie der vorangehende in einen tiefgreifenden gesellschaftlichen Wandel eingebettet, dessen Endprodukt wir mangels einer genaueren Begrifflichkeit als postindustrielle Gesellschaft bezeichnen.

## 2. Soziale Kontrolle und Wissenschaft: Von der Seelsorge zur Sozialfürsorge

Foucault hat in *Überwachen und Strafen* am Beispiel der Entstehung der modernen Freiheitsstrafe die Entwicklung der neuzeitlichen sozialen Kontrolle als Prozeß der Verwissenschaftlichung beschrieben. Die Strafe geht vom Körper auf die Seele des Delinquenten über. Seine Analyse hat den Blick auf die subtilen Verflechtungen gelenkt, die zwischen Macht und Wissenschaft das Netz sozialer Kontrolle spinnen, und damit die Phantasien und

Ängste seiner Leser angeregt, die seine Geschichte der wissenschaftlichen Strafe in die Gegenwart projizieren.[37] Aber diese verführerische Theorie ist überholt. In seinem Essay *Oublier Foucault* hat Baudrillard (1983a) auf die Schwächen des Foucaultschen Ansatzes hingewiesen: »Eine meisterhafte Theorie, aber überholt. Diese Theorie der Kontrolle durch Objektivierung des Blicks ist selbst dann, wenn diese von verstreuten Mikro-Dispositiven vollzogen wird, überholt. Mit dem Dispositiv der Simulation haben wir uns ohne Zweifel ebensoweit von der Strategie der Transparenz entfernt, wie letztere sich von den unmittelbaren und symbolischen Vorgängen entfernt hat, die Foucault selbst bei der Folter beschrieben hat« (Baudrillard 1983a, S. 19). Der Unterschied, auf den Baudrillard mit dem Ausdruck ›Dispositiv der Simulation‹ aufmerksam machen will, verweist auf eine Veränderung auf einer tiefen strukturellen Ebene: Rationalisierung hat sich so weit ins Gerüst der Gesellschaft eingefressen, daß deren konstitutive sozioepistemische Grundlagen angegriffen werden.[38] Simulative Diskurse unterscheiden sich von referentiellen. Dieser Unterschied entspricht dem zwischen naiver und reflexiver Verwissenschaftlichung. Die naive Verwissenschaftlichung sozialer Kontrolle ordnete heterogene Phänomene unter eine begriffliche Kategorie: die kriminelle Klasse. Diese Kategorie bildete den Kern einer Theorie abweichenden Verhaltens, deren quantitatives Wachstum uns die Foucault-Orwellsche Phantasie totaler Überwachung bescherte. Aber diese Phantasie ist dabei, sich auf eigentümliche Weise ad absurdum zu führen. Sie basiert auf einer Trennung zwischen Überwachern und Überwachten, Kontrolleuren und Kontrollierten. Es ist diese Differenz, die fragwürdig geworden ist. Foucaults Modell des Panoptikums, der rationalen Transparenz und Überwachung, fällt in dem Moment in sich zusammen, wo die Differenz zwischen Überwachern und Überwachten verschwindet, wo alles gleichzeitig verdächtig *und* für die Zwecke sozialer Kontrolle funktionalisierbar ist. Die sozialwissenschaftliche Entzauberung des Kriminellen, das zur Aufrechterhaltung des Normalen erforderlich war, läßt Kriminalität als eine Form der Normalität erscheinen. Damit wird gleichzeitig die Normalität zur Vorstufe der Kriminalität, und die Gesellschaft gerät als Ganze unter Verdacht.[39] Gegen die ›verdächtigte Gesellschaft‹ wird das sozialwissenschaftlich subventionierte Modell sozialer Normalität gesetzt. Aber diesem Modell entspricht keine Realität, es konstituiert, wenn man so will, einen neuen ontologischen Status: die Hyperrealität.

Die Krise sozialer Kontrolle ist im wesentlichen verursacht durch das Verschwinden der alten Probleme und ihres alten Gegenstands. Die Hoffnung, die diesmal auf die Sozialwissenschaft gesetzt wird, besteht darin, daß sie ein neues Objekt produziert. Sozial*wissenschaftliches* Wissen verspricht, die wirklichen Probleme zu beschreiben, damit soziale Kontrolle objektiv und rational vonstatten gehen kann. Aber was ist, wenn diese Beschreibung darin besteht, die Instanzen sozialer Kontrolle als Verursacher von Kriminalität zu benennen?[40] Wenn sie auf den produzierten Charakter von Kriminalität hinweist und die Gesellschaft als Produzenten identifiziert?[41] Wenn sie, statt den Bereich sozialer Kontrolle einzuschränken, ihn ausweitet?[42] Jeder ist verantwortlich, jeder ist gefährdet, alle werden angewiesen, das Richtige zu tun, und es beginnt der ›Terror des Sozialen‹, wie ihn Baudrillard so eindringlich beschrieben hat.[43] An der Verwissenschaftlichung sozialer Kontrolle läßt sich zeigen, daß der soziologische Blick die Sicht nicht schärft, sondern vernebelt. Er legt die eigentliche Wahrheit-Realität, die sozialen Strukturen von Devianz nicht frei, er zerstört und simuliert sie. Schließlich wird jeder gleichzeitig zum Klienten und Agenten sozialer Kontrolle.[44] Der simulative Kontrolldiskurs der Sozialfürsorge überzieht den Alltag: »Wie können Sie feststellen, ob Ihre Kinder Drogen nehmen? Darauf gibt es keine einfache Antwort. Das Problem ist, die Wirkungen sind unterschiedlich, von Droge zu Droge, von Person zu Person. Falls sie jedoch eine anhaltende Veränderung im Verhalten feststellen, stimmt möglicherweise etwas nicht. Andererseits, vielleicht ist auch alles in Ordnung. Verhaltensänderungen sind ein normaler Bestandteil der Adoleszenz; Erwachsenwerden, die erste Liebe, ein intensives Interesse an Hobbies oder Sport können sie auslösen. Es kommt letztlich darauf an, wie gut Sie Ihr Kind kennen und wieweit sie Dinge mit ihm bereden können. Vor allen Dingen, tun Sie nichts, was eine vertrauensvolle Beziehung zerstören könnte. Ein Vertrauensverhältnis mit Ihren Kindern ist der Trumpf in Ihrem Kampf gegen Drogen.« Keine einfachen Antworten, keine Signifikanz des Verhaltens – seid nett zueinander, und wenn es euch nicht gelingt, so ist es eure Schuld. Das ist die Message der postmodernen sozialen Kontrolle, entnommen einer Hochglanzbroschüre, einem Werbeprospekt für die gesunde Gesellschaft, der an alle Haushalte verteilt wurde, finanziert vom Gesundheitsministerium, gestaltet von einer PR-Agentur, beraten von Psychologen und Soziologen.[45] Je mehr soziale Realität brüchig wird und sich auflöst, desto stärker wird sie in simulativen Kontrolldiskursen beschworen, und es sind die Sozialwissenschaften, die dieser Zeremonie präsidieren.

Exemplarisch der Jugendpolizist. Er hat kein spezifisches Einsatzfeld: »Notwendig ist ein gesamtgesellschaftliches Tätigwerden, wobei Überschneidungen und Grenzen zu finden sind. Ebenso notwendig ist die Intensivierung der Prävention. Prävention durch alle, auch durch die Polizei... Die Wege von Sozialarbeit und Polizei können sicherlich verschieden sein. Aber das Ziel sollte ein gemeinsames sein, nämlich das Wohl der Jugend« (Philipp 1981, S. 89). Der Jugendpolizist ist das Produkt einer sozialwissenschaftlichen Aufklärung sozialer Kontrolle. Er operiert in einem Feld universeller Gefahr: »Kaum läßt der Gefährdungsgrad der Jugendgruppen nach, so treten nun verstärkt Zufallsgruppierungen mit brutalen Gewaltdelikten auf... Alkohol, Drogen, Sekten, Fußballfans, Ausländerjugend erfordern verstärkte und vor allem gemeinsame Anstrengungen und neue Wege. Notwendig ist eine Bewußtmachung als gesamtgesellschaftliche Aufgabe« (Philipp 1981, S. 96). Aber dieses Feld ist der banale Alltag. Der Jugendbeamte hat »Beratung und Information auf allen, die Jugendlichen interessierenden Gebieten vorzunehmen (für die Jugendlichen da sein!)« (Philipp 1981, S. 94). Das Kriminelle ist überall – das Normale ist das Kriminelle. Aus der dünnen blauen Linie zwischen Ordnung und Chaos wird allmählich ein bläulicher Film, der alles überzieht.

Exemplarisch der moderne Strafvollzug. Foucault hat das Kerkersystem beschrieben, das sich vom Gefängnis über die Gesellschaft ausdehnt. »Ein feines und abgestuftes Kerkernetz, das sowohl aus kompakten Institutionen wie aus allgegenwärtigen Prozeduren besteht, hat die willkürliche massive und schlecht integrierte Einsperrung des klassischen Zeitalters abgelöst« (Foucault 1977, S. 383). Der moderne Strafvollzug beschreibt eine gegenläufige Bewegung: das Eindringen der Gesellschaft in die Gefängnisse. Nicht mehr Disziplinierung nach dem Muster totaler Institutionen, sondern totalitäre Normalisierung ist das Programm. Cohen berichtet von Gefängnissen, die wie Vorstädte oder ein College Campus aussehen, mit angelegten Wegen zwi-

schen den einzelnen Neighbourhoods, in denen die Gefangenen Schlüssel für ihre eigenen Zimmer haben (Cohen 1985, S. 59). Der Alltag wird in den Strafvollzug durch das »Soziale Training« integriert: »Wichtiger Bestandteil jeder Trainingseinheit sollte das Rollenspiel sein, das Möglichkeiten bietet, Verhaltensweisen frei vom Leistungsdruck der Wirklichkeit einzuüben. Die Simulation im Rollenspiel schafft ein Schonklima, eine spielerische Atmosphäre, ohne daß die vollen Konsequenzen getragen werden müssen: ein Klima, welches das Risiko erlaubt, neue Verhaltensweisen einfach mal auszuprobieren. Ein weiterer Vorteil gegenüber der Realsituation besteht in der vielfältigen Rückmeldung und Korrektur, die der Gefangene während und nach dem Spiel bekommt, insbesondere dann, wenn eine Videoanlage eingesetzt werden kann, die die Wirkung von Rollenspielen erheblich steigert« (Justizministerium Baden-Württemberg 1982, S. 15). Angewandte Ethnomethodologie. Hyperrealer Alltag im Strafvollzug. Außerhalb des Vollzugs wird mit den Insassen trainiert durch »Wanderungen, gemeinsame Einkäufe, Aufsuchen von Behörden und Benutzung öffentlicher Verkehrsmittel bis hin zu Wochenendseminaren mit Angehörigen. Denkbar sind auch Erste-Hilfe-Kurse, Betriebsbesichtigungen u. ä. Der Besuch eines Supermarktes mit dem Ziel, Preis, Qualität und Werbung miteinander zu vergleichen« (Justizministerium Baden-Württemberg 1982, S. 17). Simulation des Lebens in Freiheit: der Gefangene, der einen Supermarkt besucht, muß zeigen, daß er in der Grammatik der Konsumgesellschaft deklinieren kann: Vergleiche Preis, Qualität und Werbung. Hier geht es nicht mehr um Disziplinierung oder die Schaffung gelehriger Körper, sondern um die Sicherung vormals hochgradig banaler Alltagsrealität.
Spiegelbildlich hierzu findet soziales Training in der Gesellschaft statt. Die Ansätze der sog. ›Neighbourhood Watch Programme‹, die von der Polizei auf Stadtteilebene zur Prävention von Kriminalität implementiert werden, sind Kopien desselben Normalitäts- und Realitätsmodells, das dem modernen Strafvollzug zugrunde liegt (vgl. Kreißl 1986). Die Idee dieser Programme ist, die zerfallene soziale Kohärenz lokaler Wohnquartiere wieder zu beleben und damit eine bessere (Selbst-)Überwachung zu ermöglichen. »Den Einsatz engagierter und bereitwilliger Bewohner vorausgesetzt, läßt sich ein reicher Schatz an Erfahrung, Hingabe und Phantasie in der Durchführung dieser Programme einsetzen.

Mit diesem Gemeinschaftsgeist sind solche Nebeneffekte wie gesteigerte Sorge um ältere Mitbürger, Hilfe für einsame Mitbürger, verbesserte Kommunikation mit ethnischen Gruppen und Sorge um die Behinderten denkbar. Diese Aufzählung wird sich nur durch mangelnde Phantasie begrenzen lassen« (Victoria Police 1983, S. 20).

Parallel zu diesen Entwicklungen werden durch den Einsatz sozialwissenschaftlich fabrizierter Normalitätsschablonen die Institutionen selbst zum Gegenstand sozialer Kontrolle. Nachdem etwa der Strafvollzug zum universalen Lernfeld für die Klientel erklärt wurde, sind alle Mitarbeiter in den therapeutischen Prozeß einbezogen. Sozialarbeiter, Psychologen und der allgemeine Vollzugsdienst (im Jargon als ›Schließer‹ bezeichnet) sind vereinigt unter dem Zwang, ihr Verhalten als rational im Sinne des Behandlungsvollzugs zu begründen. Im sozialtherapeutischen Strafvollzug hat sich hierfür ein Verfahren entwickelt, das die alltäglichen Routinen der verschiedenen Berufsgruppen koordinieren soll. Alle Mitarbeiter diskutieren in regelmäßig stattfindenden Konferenzen anstehende Probleme und rechtfertigen ihr Verhalten als therapeutisch sinnvoll. Aufschlußreich für unsere Fragestellung ist die Art, wie diese Form der Problemlösung von einem Anstaltsleiter beschrieben wird: »Was die Effektivität von Konferenzen betrifft, so wird man sich vor Augen halten müssen, daß eine Konferenz praktisch eine Kleingruppe darstellt. *Hinsichtlich ihres Funktionierens gelten für sie dieselben Gesetzmäßigkeiten, die wir etwa aus der therapeutischen Kleingruppenarbeit bei Gefangenen kennen«* (Schleusner 1980, S. 30, Hervorhebung nicht im Original). Weitere Beispiele ließen sich aus dem Bereich der Rationalisierung der Polizei durch die ›wissenschaftliche Kriminalistik‹ (Kube u. a. 1983; 1984) zitieren, deren Programmatik in folgendem Zitat zusammengefaßt ist: »Erst vor diesem Hintergrund gesellschaftspolitischer Entwicklungen Anfang der sechziger Jahre und der sich in diesem Zeitraum durchsetzenden kritischen Kriminologie, die Kriminalität, Kriminalisierung und kriminologische Wissenschaft in Abhängigkeit von sozialstrukturellen Bedingungen sieht und daher die Instanzen der formellen Sozialkontrolle in den Mittelpunkt ihrer Analysen und Kritiken stellte, wurde auch in der Polizei die Notwendigkeit sozialwissenschaftlich orientierter Forschung in dem Sinne akzeptiert, als polizeiliches Handeln zugleich gesellschaftliches

Handeln ist und von daher auch sozialwissenschaftlicher Orientierung bedarf« (Eyrich 1984, S. 255). Konkret bedeutet das, daß die Organisation und das Handeln der Polizei selbst zum Gegenstand sozialwissenschaftlicher Forschung wird. Ein Beispiel, welches das Zusammenfallen von Differenzen und die universelle sozialwissenschaftliche Kontrolle erhellt, bieten die Forschungen zur Verhörtechnik (Banscherus 1977; Schmitz 1978). Die polizeiliche Vernehmung von Tatverdächtigen wird hier als ›Kommunikationsprozeß‹ redefiniert und analysiert. Die Forschungsergebnisse werden umgesetzt in der Ausbildung von Polizeibeamten, die lernen, was ein angemessenes Verhör ausmacht. Hier hat eine subtile Verschiebung stattgefunden: aus dem antagonistischen Modell, ›Polizist vernimmt Tatverdächtigen‹, wird eine normativ normalisierte Kooperation, die den Polizeibeamten selbst dem Modell unterwirft. Die Wahrheit über den zu ermittelnden Sachverhalt ist nicht mehr länger ein Wissen, das der Polizeibeamte seinem Gegenüber auf mehr oder weniger geschickte Weise entlocken kann; sie ist das Ergebnis eines kooperativen Deutungsprozesses, in dem beide Beteiligten sich ›richtig‹ verhalten müssen.

Die hier zitierten Beispiele sollen als Beleg für die These einer Universalisierung sozialer Kontrolle dienen. Diese Universalisierung löst die Differenz zwischen Kontrolleuren und Kontrollierten tendenziell auf, und die Frage: Wer kontrolliert was oder wen? wird im klassischen (Foucaultschen) Verständnis theoretisch sinnlos. Die von Foucault beschriebene Ausdehnung des Kerkersystems auf die Gesellschaft wird ergänzt durch eine Unterströmung, die die Ausdehnung der Gesellschaft in den Kerker bewirkt. Die Instanzen sozialer Kontrolle geraten selbst in den (normalitäts-)kontrollierenden Blick. Der gemeinsame Bezugspunkt dieser Entwicklungen ist ein sozialwissenschaftlich subventioniertes Modell gesellschaftlicher Normalität, dem keine Realität mehr entspricht. Sozialwissenschaftliches Wissen liefert für diese Entwicklungen das konzeptuelle Gerüst, professionelle Sozialwissenschaftler sind am Prozeß der Implementierung beteiligt, und sozialwissenschaftliche Forschung dient zur Kontrolle und Überwachung des Transformationsprozesses.[46] Ich will im letzten Abschnitt dieses Beitrags versuchen, den theoretischen Wert dieser Überlegungen für ein Verständnis von Verwendungsprozessen zu bestimmen.

## 3. Wissenschaft und Gesellschaft: Simulierte Hyperrealität oder diskursive Rationalisierung?

Die Anklänge an Max Webers Hauptwerk in der Überschrift dieses Abschnitts sind beabsichtigt.[47] Prozesse der Rationalisierung sind nicht mehr über Marktvergesellschaftung, sondern über Normalitätsmanagement vermittelt. Soziale Kontrolle in der Marktgesellschaft – egal, ob wir sie im Weberschen oder Marxschen Sinne definieren – dient der Aufrechterhaltung der Bedingungen, unter denen sich die rationale Tausch- oder Marktethik entfalten kann. Dies geschieht durch die Ausgrenzung nicht marktkonformer Orientierungen, durch die Abschirmung einer Sphäre rationaler Marktöffentlichkeit von der Irrationalität privater, traditioneller oder subjektiver Willkür. Aber die Marktgesellschaft muß nicht nur nach außen hin abgeschirmt, ab einem bestimmten Entwicklungsstadium muß sie auch von innen heraus aufrechterhalten werden. Weber betont die Bedeutung des Gemeinschaftshandelns für die auf dem Markt stattfindenden Transaktionen. Moderne soziale Kontrolle sichert durch Ab- und Ausgrenzung die Bedingungen, unter denen sich der Markt entfaltet. Das hat sich geändert. Die Aufgabe der postmodernen Kontrolle ist es, dafür zu sorgen, daß der Markt nicht zusammenbricht, indem sie die ›infrastrukturellen‹ Bedingungen des Gemeinschaftshandelns kontrolliert. Unsere These war, daß sie sich damit in ihrer traditionellen Form auflöst. An diesem Umschlagspunkt läßt sich der ambivalente Charakter von reflexiven Verwissenschaftlichungsprozessen studieren. Einerseits lassen sich diese beschreiben als diskursive Verflüssigung normativer Strukturen. Wissenschaft stellt im handlungsentlasteten Freiraum der Forschung handlungsleitende Selbstverständlichkeiten in Frage und konfrontiert sie mit kontraintuitiven rationalen Rekonstruktionen. Aus diesem evolutionären Vorlauf speist sich Verwissenschaftlichung als Aufklärung. Diese jedoch macht nur dann Sinn, wenn sie durch ein übergreifendes oder unterlegtes Rationalitätskonzept ergänzt wird. Habermas hat hier den Begriff der ›kommunikativen Rationalität‹ eingeführt (Habermas 1981). Kommunikative Rationalität entfaltet sich, wenn die normativen oder institutionellen Beschränkungen, denen soziales Handeln unterliegt, an Bedeutung verlieren. Rationalisierung qua Verwissenschaftlichung trägt zur Dekonstruktion dieser Beschränkungen bei. Dies läßt sich entweder (in Anlehnung an Weber) als weitere Verhärtung des stählernen Gehäuses der Moderne oder aber (in Anlehnung an Habermas) als Verflüssigung normativer Strukturen interpretieren. Reflexive Verwissenschaftlichung legt eine eher Habermassche Sicht der Dinge nahe. Der gesellschaftliche Lerneffekt im Rahmen reflexiver Verwissenschaftlichung besteht in der Übernahme eines generalisierten Blicks auf die Welt. ›Laien‹ beginnen wie ›Sozialwissenschaftler‹ zu denken, indem sie die Welt als produziert-produzierbare wahrnehmen. Breitet sich diese Sichtweise aus, so geht die lebensweltliche Aufgabe der Handlungskoordinierung und die systemische Aufgabe der Legitimationssicherung allmählich von normativen Orientierungen auf argumentativ erzieltes Einverständnis über. Die wesentliche Kritik an diesem Ansatz ist, daß er Sprache als Medium überlastet und dem kommunikativen Handeln im Kontext sozialer Integration zuviel aufbürdet.

Unser spezielles Problem der Verwissenschaftlichung legt eine andere Kritik nahe, die auf ein allgemeines Konstruktionsproblem dieses Modells aufmerksam macht. Wichtig erscheint uns der Unterschied zwischen Wissenschaft als Institution aus gesellschaftlicher Perspektive (das heißt als Produzentin von generalisiert glaubwürdigen Deutungen) und Wissenschaft als relativ selbstgenügsamer Veranstaltung der Produktion von rational motiviertem Konsensus, in der die Regeln des herrschaftsfreien Argumentierens (wenn auch mehr schlecht als recht) anerkannt sind. Wissenschaftsintern läßt sich Komplexität nahezu beliebig steigern, dank der Entlastung von praktischen Handlungszwängen. Extern findet das zunächst seinen Ausdruck in den typischen Klagen der Praktiker, wissenschaftliches Wissen sei für ihre Zwecke nicht handhabbar. In Begriffen der sozialen Realität der ›Abnehmer‹ ist Wissenschaft jenseits der Deskription ein weitgehend fiktionales Unternehmen.[48] Diese Fiktionalität kann nun unterschiedlich bewertet werden: entweder, für sich genommen, als partielle Verwirklichung einer herrschaftsfreien Lebensform – dann bleibt die These der emanzipatorischen Wirkungen ›in letzter Instanz‹ (*pace* Althusser) sinnvoll – oder aber, im gesellschaftlichen Kontext, als reflexive Fortsetzung einer spezifisch selektiven Rationalisierung, nämlich der kapitalistischen, mit anderen, nämlich wissenschaftlichen Mitteln.[49] Diese Variante läßt sich nicht mehr in Weberschen Kategorien fassen, wenn die Infrastruktur des Gemeinschaftshandelns, die der Marktvergesellschaftung zugrunde liegt, angegriffen wird. Dieser Fall ist in Habermas' Argumentation nur als pathologische Ausnahme einer ›Kolonisierung der Lebenswelt‹ vorgesehen. Im Modell der ›simulativen Hyperrealität‹ erscheint reflexive Verwissenschaftlichung als eine systematische Zerstörung des gesellschaftlichen Realitätsprinzips. Baudrillard umschreibt die Hyperrealität wie folgt: »Die eigentliche Definition des Realen lautet nun: real ist das, von dem eine äquivalente Reproduktion erzeugt werden kann. Das Reale ist nicht nur das, was reproduziert werden kann, sondern das, was immer schon reproduziert ist. Das Hyperreale, ... das vollkommen Simulation ist« (Baudrillard 1983b). Diese Beschreibung läßt sich zwanglos auf Prozesse der Verwissenschaftlichung anwenden. All jene Phänomene, die sich nicht ›wissenschaftlich erklären‹ bzw. rationalisieren lassen, sind unter den Bedingungen einer verwissenschaftlichten Zivilisation suspekt. Anspruch auf ›Realität‹ hat nur das, was sich in Begriffen seiner sozialen (Re-)Produktion erklären läßt. In ähnlicher Weise hatte Weber den okzidentalen Rationalismus beschrieben, aber er hat ihn nicht zu Ende gedacht. Er nahm, wie Habermas (1981) zeigt, die kommunikative Infrastruktur (das ›Gemeinschaftshandeln‹) als gegeben an. Was passiert, wenn diese in die Maschinerie der Rationalisierung gerät, läßt sich in Webers Theorie nicht mehr erklären. Die beiden Modelle oder Perspektiven, diskursive Rationalisierung und simulative Hyperrealität, bieten hier komplementäre Ansatzpunkte für eine postwebersche Theorie der Rationalisierung. In beiden Fällen geht es um die Entzauberung traditioneller (das heißt normativer und institutioneller) handlungsleitender bzw. -beschränkender Strukturen. Jedoch werden die Folgen dieser Entzauberung unterschiedlich bewertet: einmal als Freisetzung des gebundenen Potentials kommunikativer Rationalität, ein andermal als Zerstörung des gesellschaftlichen Realitätsprinzips.

Wir hatten eingangs erwähnt, daß die Frage nach der Bewertung der Rationalisierungseffekte qua Verwissenschaftlichung letztlich empirisch zu entscheiden ist. Wir können sie nun folgendermaßen stellen: Welches der beiden Modelle, diskursive Rationalisierung oder simulative Hyperrealität, paßt besser auf die zu beobachtende Entwicklung? Diskursive Rationalisierung läge dann vor, wenn die qua Verwissenschaftlichung erzielten Nettoeffekte sich in einer rationaleren Handhabung sozialer Kontrolle niederschlagen, wobei der Maßstab für ›rational‹ nicht einem selektiven Verständnis von Zweckrationalität entnommen werden darf, etwa in dem Sinn, daß Kontrollressourcen optimal unter der Berücksichtigung von Nebeneffekten so eingesetzt werden, daß abweichendes Verhalten in einer Gesellschaft auf ein Minimum beschränkt wird. Diese Definition wäre schon deshalb schwierig anzuwenden, weil im Rahmen reflexiver Verwissenschaftlichung in der Frage, was als abweichendes Verhalten zählt, dieses selbst problematisiert wird. Die Folge dieser Problematisierung war, wie wir angenommen haben, eine Generalisierung von Abweichung auf soziale Strukturen. Von Rationalisierung könnten wir dann sprechen, wenn in zunehmendem Ausmaß die verschiedenen Größen in der gesellschaftlich definierten Gleichung sozialer Kontrolle disponibel und in ihrem Verhältnis zueinander einer ungezwungenen argumentativen Prüfung unterzogen werden könnten. Das scheint auf den ersten Blick der Fall zu sein. Die Frage ist jedoch: Was sind die Bewertungskriterien in diesem Prüfungsverfahren? In der modelltheoretischen Version ergäben sich diese aus der Sicherung spezifischer Diskurskontexte (der idealen Sprechsituation): Ein Argument gilt dann als triftig, wenn es einer Prüfung unter den Bedingungen des herrschaftsfreien Diskurses standhält bzw. von einer hypothetischen universellen Diskursgemeinschaft akzeptiert würde. Es wäre verlockend, an dieser Stelle die strukturelle Ähnlichkeit des diskursiven Modells mit einem universalisierten Verfahren sozialer Kontrolle (durch den ›zwanglosen Zwang des besseren Arguments‹) herauszukehren, diskursive Rationalisierung als das adäquate Erklärungsmodell zu akzeptieren und gleichzeitig als die letzte Stufe von Normalitätskontrolle zu disqualifizieren. Aber damit wäre die theoretische Substanz dieses Modells unter Wert verschleudert. Zwar lassen sich einige der hier diskutierten Beispiele, etwa aus dem Bereich des Strafvollzugs, beängstigend zutreffend in Begriffen eines Verfahrens zur Erzeugung rationaler Zustimmung beschreiben, doch bleiben immer noch genügend Vorbehalte gegen diese Interpretation. Zu offensichtlich scheint der Einfluß des harten strukturellen Gerüsts auf die diskursiven Prozesse. Letztlich liegt die Entscheidung bei der faktisch mächtigeren Position und nicht in den Prozessen rationaler Einigung.

Instruktiv ist an dem Beispiel ›Verwissenschaftlichung sozialer Kontrolle‹ ein anderer Aspekt, nämlich die Auflösung von Diffe-

renzen, in denen sich soziale Realität entfaltet. Dies ist die Folge der Universalisierung des soziologischen Blicks, der alle als gegeben hingenommenen Kontrastbegriffe (wie etwa normal vs. abweichend) als geronnenes, ursprünglich kontingentes soziales Handeln erscheinen läßt. Dahinter führt kein Weg zurück. Der Versuch, im Bereich sozialer Kontrolle qua wissenschaftlicher Gegenaufklärung die Notbremse zu ziehen und über geschicktes wissenschaftspolitisches Management biologistischen Ansätzen zur Erklärung von Kriminalität wieder zur Glaubwürdigkeit zu verhelfen (siehe Wilson/Herrnstein 1985), um damit die Differenz zwischen Normalen und Kriminellen zu re-etablieren, ist eher als hilflos inszenierter Versuch zur Rettung eines ausgedienten Konzepts sozialer Ordnung zu werten. Was aber heißt es, wenn durch universale Dekonstruktion gesellschaftlich wichge Kontrastkategorien allmählich zusammenfallen und letztlich die Grundkategorie der Subjektivität, die sich im Spannungsfeld dieser Kontraste aufbaut, auseinanderfällt? Was heißt es für die Prozesse diskursiver Rationalisierung? Verschwinden nicht irgendwann die Teilnehmer im Schwarzen Loch des von ihnen angezettelten Diskurses?[50]
Dieser Zerfall von Kontrastkategorien hat einen zentralen Einfluß auf die Struktur sozialer Realität, deren symbolische Unversehrtheit das Modell diskursiver Rationalisierung voraussetzt.[51] Die Produktion wissenschaftlichen Wissens kann nach dem Modell diskursiver Rationalisierung vorgestellt werden insofern, als Wissenschaft eine Art Simulations- oder Freiraum darstellt[52], in dem man hinein- und aus dem man heraustreten kann. Die Spezifik dieses Raums läßt sich bestimmen in Begriffen institutionalisierter Regelungen und Einstellungen, die so angelegt sind, daß sie eine universale Problematisierung sozialer Realität ermöglichen. Es ist daher nicht verwunderlich, daß das Modell diskursiver Rationalität, quasi im Verlauf einer Art Selbstexplikation, in diesem Raum entstanden ist. Aber dieser Raum konstituiert sich qua Differenz von seinem gesellschaftlichen Kontext. Wird diese Differenz problematisch, so stellen sich unangenehme Fragen über das ›Verschwinden‹ von Sozialwissenschaft (Beck/Bonß 1984). Reflexive Verwissenschaftlichung bezeichnet den Prozeß, in dem die Differenz zwischen Wissenschaft und Gesellschaft verschwimmt und Wissenschaft als Institution problematisch wird. Gleichzeitig geht damit eine Entwicklung einher, in der die

Problematisierung von Kontrastkategorien universalisiert wird.[53] Verlieren aber die kontrastiven Differenzen auf zunehmend tieferer sozio-epistemischer Ebene an Trennschärfe, so wird allmählich jene nicht regenerierbare Infrastruktur sozialer Realität angegriffen, die Differenzen im Alltag konstituiert, und die Hyperrealität dehnt sich aus. Diskursive Rationalisierung läuft Gefahr, in dem Moment in Simulation umzukippen, in dem die limitierenden Strukturen sozialer Normalität selbst von der diskursiven Verflüssigung erfaßt werden. Im Prozeß der Simulation erhärten sich diese auf eine eigenartige Weise wieder, und Aufklärung verkehrt sich in ihr Gegenteil.

## Postscriptum

Ich glaube nicht, daß sich der hier grob skizzierte Prozeß auf eine einheitliche theoretische Formel bringen läßt, die die Abschätzung der Folgen der Verwissenschaftlichung sozialer Kontrolle (und gegebenenfalls ›kritischer‹ Alternativen hierzu) ermöglicht. Auf die Gefahr hin, mich der Kritik ungerechtfertigter Verallgemeinerungen auszusetzen, scheint mir jedoch ein Aspekt wichtig. Am Beispiel der Ver(sozial)wissenschaftlichung sozialer Kontrolle läßt sich eine Vermutung plausibel machen: daß nämlich die Sozialwissenschaften – paradoxerweise je mehr sie ›verschwinden‹ – in einer von ihnen selbst so nicht gewollten Weise wirksam werden und sich möglicherweise demnächst einer (nicht mehr nur neokonservativ inszenierten) Kritik gegenübersehen, die – ähnlich wie die in der Folge ihres großtechnologischen Wirksamwerdens einsetzenden Kritik an den Naturwissenschaften – auf die verlorene Unschuld der Aufklärung hinweist. Aber das ist keine apokalyptische Vision. Wer weiß, vielleicht wird »durch eine unvorhergesehene Wendung der Ereignisse und eine Ironie, die nicht mehr dem historischen Prozeß angehört, durch den Tod des Sozialen der Sozialismus entstehen – genauso wie durch den Tod Gottes die Religion entstanden ist« (Baudrillard 1983b, S. 46).

1 Wir bedienen uns hier des heuristischen Rasters von objektiver, sozialer und subjektiver Realität in Anlehnung an Habermas (1981).

2 Gemeint sind hiermit die Arbeiten von Hesse (1974), Toulmin (1983), Feyerabend (1975) und Kuhn (1967).

3 Diesen Vergleich verwendet Kuhn (1967) zur Erläuterung des Paradigmenwechsels. In gewisser Weise lassen sich Prozesse der Verwissenschaftlichung sozialer Kontrolle ebenfalls als eine Art Paradigmenwechsel stilisieren, d. h. als radikaler Wechsel, in dem sich das ›Objekt‹ sozialer Kontrolle verändert.

4 Diese Unterscheidung trifft Toulmin (1983), um die sozialen und kognitiven Dimensionen rationaler Vernunftunternehmen analytisch in Beziehung zu setzen.

5 Biderman (1976) hat auf diese Zusammenhänge hingewiesen. Allerdings wird eine wissenschaftliche Disziplin nicht nur erklärungskräftiger, wenn sie an gesellschaftlicher Bedeutung gewinnt, wie Biderman ausführt, sondern sie wird gleichzeitig in die gesellschaftliche Disziplin genommen. Auf diesen Aspekt der Disziplinierung der Sozialwissenschaften werden wir in diesem Artikel nicht eingehen. Siehe hierzu für den Bereich sozialer Kontrolle Beste (1983), Brusten (1981), Kreißl (1983).

6 Dieses hier als »klassisch« bezeichnete Verständnis liegt der traditionellen Kriminologie, die sich selbst als Theorie- und Wissenslieferant für das Kriminaljustizsystem disziplinär definierte, zugrunde.

7 Luhmann (1981) hat diesen Gedanken in bezug auf das Rechtssystem und seine normative Struktur durchgespielt.

8 Zu der Differenz zwischen normativen und propositionalen Geltungsansprüchen siehe die Ausführungen von Habermas (1981).

9 Dieser Anspruch war und ist wesentlicher Bestandteil des kriminalpolitischen Programms der kritischen, sozialwissenschaftlich orientierten Kriminologie.

10 Siehe hierzu Luhmann (1981).

11 Ich möchte an dieser Stelle auf den provisorischen und skizzenhaften Charakter der folgenden Ausführungen hinweisen. Meine Absicht ist es, einen Erklärungsvorschlag zu unterbreiten, dessen Plausibilität ich am Beispiel sozialer Kontrolle demonstrieren möchte. Eine detaillierte argumentative Ausführung und empirische Analyse kann im Rahmen dieses Aufsatzes nicht geleistet werden.

12 Siehe die Tabelle auf S. 424-425.

13 Eine fruchtbare Debatte findet hier im Moment im sog. ›revisionistischen Lager‹ (vgl. Cohen und Scull 1983, S. 1 f.) der historischen Forschung zur Sozialgeschichte sozialer Kontrolle statt. Die von hier ausgehenden Impulse haben zu einer Reformulierung der traditionellen

fortschrittsoptimistischen Ansätze geführt (siehe Semmel 1985; Himmelfarb 1984).

14 Siehe hierzu die Einleitung in Lukes u. a. (1983, S. 1-32) sowie den Beitrag von Phillipson (1982).

15 Die klassische Studie hierzu ist Ericksons Untersuchung (1966) über den Umgang mit abweichendem Verhalten in den frühen englischen Kolonien in Amerika.

16 Hier sind zu nennen die frühe Arbeit von Rusche und Kirchheimer (1939) und die in dieser Tradition stehenden Forschungen von Melossi und Pavarini (1980).

17 Diese Perspektive findet sich in den Arbeiten von Cicourel (1968) und Cicourel und Kitsuse (1964).

18 Silver (1967) verweist hier auf die Zusammenhänge zwischen Polizeientwicklung und allgemeinen Modernisierungsbestrebungen in den Metropolen. E. Chadwick, ein zeitgenössischer Polizeireformer, spielte zugleich eine wichtige Rolle bei der Durchsetzung einer zentralen Kanalisation in London. In seinem 1843 veröffentlichten Report über die ›Sanitary Conditions of the Labouring Population in England‹ stellte er den Zusammenhang zwischen ›sanitärer‹ und sozialer Ordnung her. Auf eigenartige Weise begegnet uns dieser Zusammenhang heute wieder; siehe Anm. 36.

19 In London entstehen zu Beginn des 19. Jahrhunderts diverse ›Select Committees‹ ›on Police‹, ›on Drunkenness‹, ›on Crime‹, eine ›Royal Commission on an Constabulary Force‹ und andere ähnliche Gremien, die Reformvorschläge unterbreiten. Siehe Tobias (1967); Radzinowicz (1968, S. 158 f.)

20 Eine wichtige Rolle spielten hier die Anstaltsgeistlichen. Der Gefängniskaplan war neben dem Arzt, dessen Rolle Foucault (1977) betont, eine wichtige Figur im Prozeß der Rationalisierung des Strafvollzugs (siehe Ignatieff 1983). Es ist diese Kombination von Moral/Gerechtigkeit und Wissenschaft/Wahrheit, die dem Reformdiskurs sozialer Kontrolle seine Schubkraft verleiht.

21 Typisch für diese Arbeiten waren Titel wie Mary Carpenter, *Reformatory Schools for the Children of the Perishing and Dangerous Classes, and for Juvenile Offenders*, London 1851; H. Brandon, *Poverty, Mendicity, and Crime*, 1839; Mayhew and Binny, *The Criminal Prisons of London*, 1862. In diesen Arbeiten wurden qualitative und quantitative Daten verarbeitet. Durch akribische Klassifikation und ethnographische Detailliertheit taten sich Autoren wie Mayhew hevor, dessen vierbändiges Werk *London Labour and London Poor* einen starken Einfluß auf die politische Reformdebatte hatte. Er entwickelte ein Klassifikationsschema für die Einteilung von Kriminellen, das mit fünf Über-, zwanzig Unterbegriffen und über hundert Einzelkategorien arbeitete (siehe Tobias 1967, S. 62 f.). Als Überblick siehe ferner die

detaillierte Bibliographie zeitgenössischer Arbeiten bei Stedman Jones (1984).

22 In London begann eine ernsthafte Diskussion über diese Statistiken mit der Gründung der Statistical Society of London 1834. Ob und inwieweit die Gründung dieser Gesellschaft selbst durch den steigenden Bedarf an aggregierten Daten für administrative Zwecke bedingt war, wäre für sich genommen eine eigene Studie über die Anfänge der Verwissenschaftlichung wert.

23 Daß die moderne Polizei in der Form, in der sie etabliert wurde, die instrumentell angemessene Reaktion auf den Typ von Problemen darstellte, mit denen die Metropolen konfrontiert waren, steht außer Zweifel. Siehe hierzu den Beitrag von Silver (1967).

24 Ähnliche Rationalisierungstendenzen ließen sich für den Bereich des Strafvollzugs nachzeichnen, wobei die dort stattfindenden Veränderungen nicht, wie im Fall der Polizei, um ein spektakuläres Datum herum organisierbar sind. Die in den historischen Arbeiten von Foucault und anderen beschriebenen Reformgefängnisse wie Pentonville, La Rocquette oder La Mettray waren zwar vielzitierte Vorbilder und damit politisch bedeutsam, aber sie repräsentieren nicht den Standard zeitgenössischer Strafanstalten (siehe Ignatieff 1983, S. 82).

25 Insbesondere marxistisch orientierte Autoren neigen dazu, die aktuelle Situation als Variante ihres Hauptthemas in Begriffen von Klassenkonflikten und Akkumulationskrisen zu theoretisieren. Siehe etwa die Arbeiten von Platt (1981; 1984), Platt und Takagi (1981).

26 Diesen Begriff verwendet Cohen (1985, S. 3) zur Beschreibung jener als kriminell bezeichneten Verhaltensweisen, die den Hauptanteil der registrierten Kriminalität ausmachen, d.h. in erster Linie Diebstahl und Körperverletzung in den verschiedenen juristisch kodifizierten Variationen. Ausgeschlossen sind damit politische, organisierte und White-Collar-Kriminalität.

27 Als Beleg für die BRD siehe hierzu Albrecht und Lamnek (1979).

28 Vor diesem Hintergrund müssen auch die neokonservativen Feldzüge im Bereich ›Law and Order‹ gesehen werden, wie sie etwa von Platt und Takagi (1981) beschrieben und von Autoren wie Wilson und Herrnstein (1985) inszeniert werden. Hier wird versucht, die kollektive kognitive Basis des klassischen Verständnisses von Kriminalität zu retten, auf der allein ein normativ integrationswirksames Konzept sozialer Kontrolle wirksam sein kann.

29 Die wichtige Leistung dieses Begriffs war es, die Unterscheidung zwischen den ehrlichen und den kriminellen Armen zu ermöglichen. Diese Unterscheidung war von zentraler Bedeutung (siehe Stedman Jones 1984, S. 27f.). Die kriminelle Klasse diente als eine Art Rest- und Kontrastkategorie im sozialstrukturellen Selbstverständnis der sich entwickelnden Industriegesellschaft zur Beschreibung jener Teile

der Bevölkerung, die sich (noch) nicht in der sozialen Ordnung lokalisieren ließen, die durch die Dichotomie von Kapital und Arbeit charakterisiert war. Als partielles funktionales Äquivalent der kriminellen Klasse werden heute zunehmend andere askriptiv stabile Kategorien herangezogen. Man denke etwa an die anhaltende Diskussion über ›Jugend‹-Kriminalität.

30 Wir führen diesen Begriff hier ein, ohne ihn theoretisch begründen zu können (siehe Anm. 38). Gemeint sind kollektiv verbindliche Repräsentationen oder Prototypen, die individuelle Biographien mit gesellschaftlicher Wirklichkeit integrieren; etwa die beruflich organisierte Arbeit, die normative Ökologie von Wohnquartieren als schicht- und/oder klassenspezifisch differenzierte, insgesamt die räumliche, zeitliche und soziale Ordnung individueller Lebensgeschichten und kollektiver Schicksale.

31 Die Pazifizierung von Klassenkonflikten durch die wohlfahrtsstaatlich bürokratische Sicherung von Lebensrisiken und die korporatistische Politik des Interessen- und Konfliktmanagements trägt zur Stabilisierung des Systems bei. Andererseits führen in diesem System bereits relativ geringe, konjunkturell bedingte Verschiebungen des fiskalischen Gleichgewichts zu gravierenden Problemen im System sozialer Sicherung. Die Folgen konjunktureller Schwankungen schlagen ungebremst auf das Netz der sozialen Sicherung durch und machen eine permanente Anpassung der Leistungen und Leistungsvoraussetzungen an die relevanten fiskalischen Rahmendaten notwendig. Der Sozialstaat erfordert ein fortlaufendes komplexes Krisenmanagement. Das gleiche gilt für den Bereich staatlich organisierter sozialer Kontrolle. Deren bürokratische Maschinerie ist auf einen relativ konstanten Input an Klienten angewiesen. Sie garantiert die berechenbare Verarbeitung von Normübertretungen und wirkt damit stabilisierend. Steigt oder sinkt dieser Input jedoch über oder unter einen gewissen Toleranzspielraum, so führt das zu erheblichen Störungen.

32 Das heißt, die Fragen ›Was ist abweichend, woran läßt sich Abweichung feststellen, wie hat man darauf zu reagieren?‹ lassen sich nicht mehr sozial verbindlich beantworten. Ein Großteil der kriminologischen Literatur seit Beginn der siebziger Jahre in der BRD läßt sich als Problematisierung des Devianzbegriffs lesen.

33 Versuche, diese Zusammenhänge zu systematisieren, finden sich bei Black (1984), der mit Begriffen wie soziale Distanz und Nähe operiert, um spezifische Typen sozialer Kontrolle verschiedenen Typen von sozialer Struktur zuzuordnen.

34 In den Worten eines für die Justizverwaltung tätigen Sozialwissenschaftlers: »Um Reformen gezielt und wirkungsvoll durchzusetzen, bedarf es immer mehr einer ›Strategie des kontrollierten Wandels‹. Reformen können nur in kleinen Schritten vollzogen werden, d. h.

aufgrund sorgfältiger Analyse und abgesicherter Erkenntnisse. Wenn heute bereits von der notwendigen Umverteilung vorhandener Ressourcen gesprochen wird, ist dies gleichzeitig eine Aufforderung an die umsetzende Verwaltung, verstärkt Test-Projekte zu entwickeln, um damit neue Handlungsalternativen und ihre Wirkung zu erproben« (Best 1984, S. 14).

35 Diese etwas unscharfe Ausdrucksweise ist weniger auf fehlende begriffliche Genauigkeit als auf die Diffusion der Schlüsselkategorien sozialer Kontrolle zurückzuführen. Die Arrangements, auf die wir hier Bezug nehmen, können Charakter-, Familien-, Nachbarschafts- oder Gesellschaftsstrukturen sowie eine beliebige Mischung aller dieser Elemente bezeichnen. Ein Blick auf die Titel der BKA-Forschungsreihe oder das Inhaltsverzeichnis neuerer Publikationen zur Kriminalpolitik (etwa Schwind u. a. 1980) ist in diesem Zusammenhang lehrreich. Die behandelten Themen reichen von ›Sozialisation und Kriminalprävention durch Kindergarten und Schule‹ (Deimling 1980), über ›animative Freizeitpädagogik‹ (Berger u. a. 1980) bis zu ›Social Marketing als Methode der Kriminalitätsprävention‹ (Stoffers 1980) und ›Städtebau und Kriminalität‹ (Dörmann u. a. 1980).

36 Diesen in seiner bizarren Kombination treffenden Ausdruck verdanken wir Horst Herold, dem ehemaligen Präsidenten des Bundeskriminalamts (BKA), der darunter die programmatische Aufgabe einer modernen, wissenschaftlich rationalisierten Polizei faßte.

37 Dokumente dieser Angst finden sich in kritischen Diskussionen zur Rolle der Wissenschaft in der sozialen Kontrolle (siehe Chorover 1982; sowie die Beiträge in Basaglia u. a. 1980). Für die Situation in der BRD von Bedeutung sind die von Wambach (1983) publizierten Analysen.

38 Der Begriff der sozioepistemischen Grundlagen bezeichnet eine Schicht, die bisher wenig Beachtung gefunden hat. Die Tatsache, daß sie jetzt zum Thema theoretischer Analysen wird, läßt sich als Indikator für ihr Problematischwerden werten. Zu dieser Schicht wären zu rechnen die kategorialen Differenzierungen zwischen objektiver, sozialer und subjektiver Welt, das latente Hintergrundwissen der Lebenswelt, die Kontrastbegriffe, in denen sich soziale Realität entfaltet – ingesamt das, was als Infrastruktur sozialen Handelns bezeichnet werden könnte. Daß diese Infrastruktur in irgendeiner Weise gefährdet zu sein scheint, kommt in Formulierungen wie ›Kolonisierung der Lebenswelt‹ ebenso zum Ausdruck wie in den vernunftkritischen Arbeiten postmoderner Nietzscheaner und Dekonstruktivisten. Versuche einer theoretischen Konzeptualisierung einzelner Elemente dieser Schicht finden sich in der kognitiven Soziologie (Cicourel 1973), in den Ansätzen zu einer Durkheimschen Sozialpsychologie (Moscovici 1981) und der neueren Handlungstheorie (Harré 1981). In der Theorie

kommunikativen Handelns (Habermas 1981), Baudrillards Marxkritik (1975) und seinen Arbeiten zur Simulation (1983b) werden diese Grundlagen auf je unterschiedliche Weise mit einer historischen Perspektive verknüpft. Anhand dieser beiden Ansätze wollen wir das Problem hier diskutieren.

39 Belege für diese Universalisierung des Kontrollblicks habe ich an anderer Stelle zusammengestellt (Kreißl 1981). Die Rhetorik der universellen Kontrolle wird in den bereichsspezifischen Diskussionen der Kriminalpolitik kultiviert. Deren Statements lesen sich wie Auszüge aus Arbeiten zur Soziologie der Inneren Sicherheit. »Die polizeiliche Arbeit kann nicht mehr losgelöst gesehen werden von dem Gesamtleben und der Entwicklung von Staat und Gesellschaft« (Stümper 1980, S. 242). »Marx hat es ja mal so schön gesagt, die Polizei wäre der verändernde Faktor der Gesellschaft, wenn man sie nur richtig begriffe. Das würde allerdings einen emanzipatorischen Akt gegenüber dem bestehenden Zustand des nur Vollstreckenmüssens und -dürfens notwendig machen.« So räsonierte Horst Herold in seinem denkwürdigen Interview mit Sebastian Cobler, in: *Transatlantik* 11/1980.

40 Das war die zentrale Lektion, die das Kriminaljustizsystem von der Labeling-Theorie lernte (vgl. Pilgram und Steinert 1983). Entsprechende praktische Konsequenzen wurden im Rahmen von Diversionsprogrammen gezogen (vgl. Albrecht 1983). Die Umsetzung dieser Erkenntnisse in der Jugendgerichtspraxis in der BRD feiert und beschreibt Pfeiffer (1983).

41 Das paradigmatische Dokument für die Rezeption dieser Erkenntnis im Bereich der Kriminalpolitik ist nach wie vor der Aufsatz von Schwind, »Zur kriminalpolitischen Lage in der BRD« (1980). Zeitversetzt für die USA ist diese Entwicklung dokumentiert in Knapp und Polk (1971).

42 Diese Ausweitung findet unter dem Deckmantel der Prävention in dem prädelinquenten Bereich und in der Nachsorge und Betreuung von ehemaligen Klienten des Kriminaljustizsystems statt. Cohen beschreibt diesen Trend ausführlich und betont die Rolle der (sozialwissenschaftlich aufgeklärten) Professionals (Cohen 1985, S. 161-190).

43 »Das ist die Talfahrt hyperrealer Sozialität, wo die Realität und das Modell, wie in der Statistik, verwechselt werden ... Das sind die fortgeschrittenen Stadien der Entwicklung sozialer Beziehungen, unserer eigenen, die nicht mehr auf Sprache und Überredung beruhen (die klassische Ära der Propaganda, Ideologie, Publizität etc.), sondern auf Zerreden oder Abschreckung: ›Ihr seid die Schlagzeile, Ihr seid das Soziale, das Ereignis seid Ihr, Ihr seid dabei, könnt Eure Stimme gebrauchen, etc.‹ Eine Umkehr der Verhältnisse, durch die es unmöglich wird, ein Original des Modells, der Macht, des Schleiers, des Mediums selbst, dingfest zu machen« (Baudrillard 1983b, S. 53).

44 Die sozialwissenschaftliche Aufklärung hat uns die latente Pathologie des Normalen, das als das Soziale konstituiert wird, beschert. Wie Deleuze zu der Arbeit von Donzelot bemerkt: »Der Aufstieg des Sozialen und die Krise der Familie sind die zweifache politische Wirkung derselben Ursachen« (Deleuze 1980, S. 245). Das Private wird zum Hort des Kriminellen, zur Brutstätte, die von der ›police des familles‹ kontrolliert werden muß. Gleichzeitig sind wir alle aufgerufen, am Spektakel sozialer Kontrolle teilzunehmen. *XY... ungelöst* versorgt uns mit den Steckbriefen der Kriminellen.

45 Die hier zitierte Stelle stammt aus einer 1986 in Australien verteilten Broschüre, die Teil eines groß angelegten Feldzugs gegen Drogenmißbrauch ist. Ähnliche Zitate ließen sich ohne Schwierigkeit aus regierungsamtlichen Kampagnen des Bundesministeriums für Jugend, Familie und Gesundheit sammeln. Nationale Differenzen spielen hier keine Rolle mehr – auch das schon ein interessanter Aspekt.

46 Eine detaillierte Beschreibung hierzu findet sich bei Kreißl (1986). An dieser Stelle sei lediglich darauf hingewiesen, daß der Prozeß der Verwissenschaftlichung nicht linear und nicht von einem Zentrum ausgeht und daß das Wissen, das in das Kriminaljustizsystem eindringt, auf vielfache Weise gebrochen wird.

47 ... und problematisch. Die Thematik gesellschaftlicher Rationalisierung qua Verwissenschaftlichung ist in dieser Kürze nur unter kruden Simplifizierungen und Dramatisierungen abzuhandeln. Ich hoffe, daß diese sich dadurch rechtfertigen lassen, daß der Grundgedanke in Umrissen sichtbar wird.

48 Fiktional ist Wissenschaft in dem Sinne, daß sie bestimmte Postulate der Alltagsrealität außer Kraft setzt oder mit ihnen systematisch spielt (siehe Martin 1986, S. 173-190).

49 Wichtig ist, daß diese beiden Sichtweisen auf je unterschiedlichen epistemologischen und ontologischen Grundlagen basieren. Die Aufklärungsvariante beruht auf der evolutionären Option für kommunikative Rationalität. Kommunikative Rationalität hypostasiert die Vernunft in der evolutionär erworbenen Fähigkeit zu prinzipiengeleitetem Handeln. Die Gegenthese – kontrastiv oft als ›Vernunftkritik‹ apostrophiert und disqualifiziert – geht vom theoretischen Kern des symbolischen Austauschs aus. Verwissenschaftlichung stellt sich hier als Zerstörung der Bedingungen von dessen Möglichkeit dar; Aufklärung wird selbst zum totalitären Unternehmen.

50 Die Dezentrierung des Subjekts, wie sie im französischen Strukturalismus und Post-Strukturalismus stattgefunden hat, hat ihr Pendant im diskursiven Modell. Ob der hier als logische Notwendigkeit postulierte unveräußerliche Identitätskern, der selbst biographisch produziert ist, ausreicht, diese Konsequenzen zu vermeiden, ist zumindestens fragwürdig.

51 Habermas betont die lebensweltliche Basis kommunikativer Rationalität. Die Möglichkeit, zu Sprechaktangeboten mit Ja oder Nein Stellung zu nehmen, die Fähigkeit, zwischen verschiedenen Realitätsebenen zu unterscheiden, setzt die Unversehrtheit der sozioepistemischen Grundlagen voraus (vgl. Habermas 1981, Bd. 1, S. 444 f.). Allerdings ist es schwierig, mit dem begrifflichen Instrumentarium einer Theorie kommunikativen Handelns diese Grundlage zu bestimmen. Habermas nimmt an, daß dies aus systematischen Gründen nicht möglich ist (vgl. Habermas 1981, Bd. 1, S. 451).

52 Die Metapher des Raumes scheint zur Theoretisierung sozialer Ortsbestimmung angemessener als die zweidimensionalen oder dimensionslosen Begriffe Klasse, Schicht, Gruppe etc. (vgl. Bourdieu 1985).

53 Ein für den Bereich sozialer Kontrolle interessantes Beispiel ist die Problematisierung selbst biologischer Kategorien in der Diskussion um den § 218. Hier wird in klaren Umrissen ein Konflikt zwischen normativ-ethischen Fragen und ihrer wissenschaftlichen Problematisierung deutlich. Kann eine Frau ›ein bißchen schwanger‹ sein? Was konstituiert ein Lebewesen? Wie verhalten sich biologische zu sozialen Faktoren? Die Lösung der Probleme, die durch solche Fragen aufgeworfen werden, hat für eine Analyse der Verwissenschaftlichung sozialer Kontrolle interessante Entwicklungen ausgelöst. Der gesamte Komplex wurde verrechtlicht, es entwickelte sich ein Kranz von (natur- und sozial-)wissenschaftlichen Experten um die harten Kontrollinstanzen herum, die bestimmen, was im einzelnen Fall wirklich, d. h. rechtlich verbindlich, der Fall ist.

## *Literatur*


Albrecht, P. A. (1983), *Perspektiven und Grenzen polizeilicher Kriminalprävention*, Ebelsbach: Gremer.

Albrecht, P. A./Lamnek, S. (1979), *Jugendkriminalität im Zerrbild der Statistik*, München: Juventa.

Banscherus, J. (1977), *Polizeiliche Vernehmung. Formen, Verhalten, Protokollierung*, Wiesbaden: BKA.

Basaglia, F./Basaglia-Ongaro, F. (Hg.) (1980), *Befriedungsverbrechen. Über die Dienstbarkeit der Intellektuellen*, Frankfurt: EVA.

Baudrillard, J. (1975), *The Mirror of Production*, St Louis: Telos Press.

Baudrillard, J. (1983a), *Oublier Foucault*, München: Raben Verlag.

Baudrillard, J. (1983b), *Simulations*, New York: Semiotext(e).

Baumgartner, M. P. (1984), »Social Control in Suburbia«, in: D. Black, (Hg.), *Toward a General Theory of Social Control*, Bd. 2, London: Academic Press, S. 79-103.

Beck, U./Bonß, W. (1984), »Soziologie und Modernisierung«, in: *Soziale Welt* 4, S. 381-406.
Berger, H.-U./Opaschowski, H. W. (1980), »Animative Freizeitpädagogik als notwendige Ergänzung einer präventiven Kriminalpolitik«, in: H.-D. Schwind u. a. (Hg.), *Präventive Kriminalpolitik*, Heidelberg: Kriminalistik Verlag, S. 209-220.
Best, P. (1984), »Ambulante soziale Dienste der Justiz. Gestaltungsvorschläge für die Praxis«, in: G. Steinhilper (Hg.), *Soziale Dienste in der Strafrechtspflege*, Heidelberg: Kriminalistik Verlag, S. 7-44.
Beste, H. (1983), *Innere Sicherheit und Sozialforschung*, Bielefeld: Lit Verlag.
Biderman, A. D. (1976), »Über den Zusammenhang von Einfluß, Förderung und Erklärungskraft in den Sozialwissenschaften«, in: B. Badura (Hg.), *Seminar: Angewandte Sozialforschung*, Frankfurt: Suhrkamp, S. 317-325.
Black, D. (1984), »Social Control as a Dependant Variable«, in: D. Black (Hg.), *Toward a General Theory of Social Control*, Bd. 1, London: Academic Press, S. 1-36.
Bourdieu, P. (1985), *Sozialer Raum und Klassen*, Frankfurt: Suhrkamp.
Brusten, M. (1981), »Staatliche Institutionalisierung kriminologischer Forschung«, in: H. Kury (Hg.), *Perspektiven und Probleme kriminologischer Forschung*, Köln: Heymanns, S. 135-182.
Chorover, S. L. (1982), *Die Zurichtung des Menschen. Von der Verhaltenssteuerung durch die Wissenschaften*, Frankfurt: Campus.
Cicourel, A. V. (1968), *The Social Organzisation of Juvenile Justice*, New York: Wiley.
Cicourel, A. V. (1973), *Cognitive Sociology*, London: Penguin.
Cicourel, A. V./Kitsuse, J. (1964), *The Educational Decision Makers*, New York: Bobbs-Merrill.
Cohen, S. (1979), »The Punitive City. Notes on the Dispersal of Social Control«, in: *Contemporary Crisis* 4, S. 339-363.
Cohen, S. (1985), *Visions of Social Control*, Cambridge: Polity Press.
Cohen, S./Scull, A. (Hg.) (1983), *Social Control and the State*, London: Blackwell.
Deimling, G. (1980), »Sozialisation und Kriminalprävention durch Schule und Kindergarten«, in: H.-D. Schwind u. a. (Hg.), *Präventive Kriminalpolitik*, Heidelberg: Kriminalistik Verlag, S. 183-208.
Deleuze, G. (1980), »Der Aufstieg des Sozialen«, in: J. Donzelot, *Die Ordnung der Familie*, Frankfurt: Suhrkamp, S. 246-252.
Derrida, J. (1974), *Grammatologie*, Frankfurt: Suhrkamp.
Dörmann, U./Kube, E. (1980), »Städtebau und Prävention«, in: H.-D. Schwind u. a. (Hg.), *Präventive Kriminalpolitik*, Heidelberg: Kriminalistik Verlag, S. 443-455.
Erickson, K. T. (1966), *Wayward Puritans*, New York, London: Wiley.

Eyrich, H. J. (1984), »Umsetzung kriminalistisch-kriminologischer Forschungsergebnisse in die Polizeipraxis. Grundsätze zur Intensivierung der Kooperation zwischen Forschung und Polizeipraxis«, in: E. Kube u. a. (Hg.), *Wissenschaftliche Kriminalistik*, Teilband 2, Wiesbaden: BKA.

Feyerabend, P. (1975), *Wider den Methodenzwang*, Frankfurt: Suhrkamp.

Foucault, M. (1977), *Überwachen und Strafen*, Frankfurt: Suhrkamp.

Gross, B. (1982), »Some Anti-Crime Proposals for Progressives«, in: *Crime and Social Justice* 2, S. 51-60.

Habermas, J. (1974), »Vorbereitende Bemerkungen zu einer Theorie der kommunikativen Kompetenz«, in: J. Habermas/N. Luhmann, *Theorie der Gesellschaft oder Sozialtechnologie*, Frankfurt: Suhrkamp, S. 101-141.

Habermas, J. (1981), *Theorie des kommunikativen Handelns*. 2 Bde., Frankfurt: Suhrkamp.

Harré, R. (1981), »On social Representation«, in: J.-P. Forgas (Hg.), *Social Cognition*, London: Academic Press, S. 181-209.

Hesse, M. (1974), *The Structure of Scientific Inquiry*, Berkeley: UC-Press.

Himmelfarb, G. (1984), *The Idea of Poverty. England in the Early Industrial Age*, New York: Alfred Knopf.

Ignatieff, M. (1983), »State, Civil Society and Total Institutions. A Critique of Recent Social Histories of Punishment«, in: S. Cohen/A. Scull (Hg.), *Social Control and the State*, London: Blackwell, S. 75-101.

Justizministerium Baden-Württemberg (1982), *Das Soziale Training im Strafvollzug. Ein Leitfaden*, Stuttgart.

Knapp, D./Polk, K. (1971), *Scouting the War on Poverty*, Massachussetts: Heath Lexington.

Kreißl, R. (1981), »Die präventive Polizei. Auf dem Weg zur gläsernen Gesellschaft«, in: *Kritische Justiz* 3, S. 128-139.

Kreißl, R. (1983), »Staatsforschung und staatstaugliche Forschung«, in: *Kriminologisches Journal*, Heft 2, S. 110-121.

Kreißl, R. (1985), *Text und Kontext*, München: Profil Verlag.

Kreißl, R. (1986), *Soziologie und soziale Kontrolle*, München: Profil.

Kube, E/Störzer, H. U./Brugger, S. (Hg.) (1983), *Wissenschaftliche Kriminalistik*, Teilband 1: *Systematik und Bestandsaufnahme*, Wiesbaden: BKA.

Kube, E./Störzer, H. U./Brugger, S. (Hg.) (1984), *Wissenschaftliche Kriminalistik*, Teilband 2: *Theorie, Lehre und Weiterentwicklung*, Wiesbaden: BKA.

Kuhn, Th. (1967), *Die Struktur wissenschaftlicher Revolutionen*, Frankfurt: Suhrkamp.

Luhmann, N. (1981), »Die Funktion des Rechts: Erwartungssicherung

oder Verhaltenssteuerung?« in: ders., *Ausdifferenzierung des Rechts*, Frankfurt: Suhrkamp, S. 73-91.
Lukes, S./Scull, A. (1983), *Durkheim and the Law*, London: Macmillan.
Lyotard, J.-F. (1986), *Das postmoderne Wissen. Ein Bericht*, Wien/Graz/Köln: Böhlau.
Martin, W. (1986), *Recent Theories of Narrative*, Ithaca: Cornell University Press.
Matthews, R. (1979), »›Decarceration‹ and the Fiscal Crisis«, in: B. Fine u. a. (Hg.), *Capitalism and the Rule of Law*, London: Pluto, S. 100-117.
Melossi, D./Pavarini, M. (1980), *Prison and Factory*, London: Macmillan.
Moscovici, S. (1981), »On Social Representation«, in: J. P. Forgas (Hg.), *Social Cognition*, London: Academic Press, S. 181-203.
O'Connor, J. (1974), *Die Finanzkrise des Staates*, Frankfurt: Suhrkamp.
Pfeiffer, Ch. (1983), »Justiz und Kriminalprävention«, in: H. Schüler-Springorum (Hg.), *Jugend und Kriminalität*, Frankfurt: Suhrkamp, S. 128-155.
Philipp, P. (1981), »Das Modell der polizeilichen Jugendarbeit beim Polizeipräsidium München«, in: A. Kreuzer/M. Plate (Hg.), *Polizei und Sozialarbeit*, Wiesbaden: Akademische Verlagsgesellschaft, S. 87-96.
Phillipson, M. (1982), »Die Paradoxien der sozialen Kontrolle und die Normalität des Verbrechens«, in: K. Lüderssen/F. Sack (Hg.), *Seminar: Abweichendes Verhalten*, Bd. 1, Frankfurt: Suhrkamp, S. 126-152.
Pilgram, A./Steinert, H. (1975), »Die Labeling-Theorie aus der Perspektive kriminalpolitischer Pragmatik«, in: *Kriminologisches Journal*, S. 172-181.
Platt, T. (1981), »›Street‹ Crime. A View from the Left«, in: *Crime and Social Justice* 1, S. 14-29.
Platt, T. (1984), »Criminology in the 1980's: Progressive Alternatives to Law and Order«, in: *Crime and Social Justice* 3, S. 191-199.
Platt, T./Takagi, P. (1981), »Intellectuals for Law and Order. A Critique of the New Realists«, in: *Crime and Social Justice* 1, S. 31-57.
Radzinowicz, L. (1968), *A History of English Criminal Law and its Administration*, Bd. 4, London: Stevens.
Robinson, C. (1985), »Criminal Justice Research: Two Competing Futures«, in: *Crime and Social Justice* 2, S. 101-128.
Rothman, D. (1980), *Conscience and Convenience. The Asylum and its Alternatives in Progressive America*, Boston: Little, Brown.
Rorty, R. (1982), *Consequences of Pragmatism*, Minneapolis: University of Minnesota Press.
Rude, G. (1959), *The Crowd in the French Revolution*, Oxford: Clarendon Press.
Rusche, G./Kirchheimer, O. (1939), *Punishment and Social Structure*, New York: Columbia University Press.
Schleusner, J. (1980), »Zusammenarbeit und Koordination der verschie-

denen Berufsgruppen in der Sozialtherapeutischen Anstalt«, in: *Zeitschrift für Strafvollzug und Straffälligenhilfe*, Sonderheft Sozialtherapie und Behandlungsforschung, S. 29-32.

Schmitz, H. W. (1978), *Tatgeschehen, Zeugen und Polizei. Zur Rekonstruktion und Beschreibung des Tathergangs in polizeilichen Zeugenvernehmungen*, Wiesbaden: BKA.

Schütz, A. (1974), *Der sinnhafte Aufbau der sozialen Welt*, Frankfurt: Suhrkamp.

Schwind, H. D. (1980), »Zur kriminalpolitischen Lage in der BRD«, in: H.-D. Schwind u. a. (Hg.), *Präventive Kriminalpolitik*, Heidelberg: Kriminalistik Verlag, S. 3-26.

Schwind, H.-D./Berckhauer, F./Steinhilper, G. (Hg.) (1980), *Präventive Kriminalpolitik*, Heidelberg: Kriminalistik Verlag.

Scull, A. (1980), *Die Anstalten öffnen? Decarceration der Irren und Häftlinge*, Frankfurt/New York: Campus.

Searle, J. R. (1982), *Ausdruck und Bedeutung*, Frankfurt: Suhrkamp.

Semmel, B. (1985), »Two Views of Social History: E. P. Thompson and Gertrude Himmelfarb«, in: *Partisan Review*, Heft 2, S. 133-143.

Silver, A. (1967), »The Demand for Order in Civil Society. A Review of Some Themes in the History of Urban Crime, Police and Riot«, in: D. J. Bordua (Hg.), *The Police*, New York: John Wiley, S. 1-24.

Stedman Jones, G. (1984), *Outcast London. A Study in the Relationship between Classes in Victorian Society*, Harmondsworth: Penguin.

Stoffers, M. (1980), »Social Marketing als Methode der Kriminalitätsprävention«, in: H.-D. Schwind u. a. (Hg.), *Präventive Kriminalpolitik*, Heidelberg: Kriminalistik Verlag, S. 421-436.

Stümper, A. (1980), »Die Wandlung der Polizei in Begriff und Aufgaben«, in: *Kriminalistik* 6, S. 242-245.

Teubner, G. (1985), »Verrechtlichung – Begriffe, Merkmale, Grenzen, Auswege«, in: F. Kübler (Hg.), *Verrechtlichung von Wirtschaft, Arbeit und sozialer Solidarität*, Frankfurt: Suhrkamp, S. 289-344.

Tilly, Ch. (1981), »The Web of Contention in Eighteenth-Century Cities«, in: L. A. Tilly/Ch. Tilly (Hg.), *Class Conflict and Collective Action*, Beverly Hills: Sage, S. 27-51.

Tobias, J. J. (1967), *Crime and Industrial Society in the 19th Century*, London: Batsford.

Toulmin, S. (1983), *Kritik der kollektiven Vernunft*, Frankfurt: Suhrkamp.

Victoria Police (1983), »Neighbourhood Watch Manual«, Melbourne: vervielfältigtes Manuskript.

Wambach, M. M. (Hg.) (1983), *Der Mensch als Risiko*, Frankfurt: Suhrkamp.

Wilson, J. Q./Herrnstein, R. J. (1985), *Crime and Human Nature*, New York.

Rolf Henschel/Klaus Körber/Wilke Thomssen/
Roland Tutschner/Joachim Twisselmann

# Zum Aufklärungspotential sozialwissenschaftlichen Wissens in der Praxis von Volkshochschulen

In diesem Aufsatz stützen wir uns auf Ergebnisse aus einem Forschungsprojekt über das Wirksamwerden sozialwissenschaftlichen Wissens in der Praxis bundesdeutscher Volkshochschulen während der Zeit vom Beginn der siebziger bis Mitte der achtziger Jahre. Die empirische Untersuchung konzentriert sich auf zwei Fallstudien über politisch-kulturelle Bildung einer großstädtischen Volkshochschule in einem industriellen Ballungsgebiet und einer mittelstädtischen Volkshochschule im ländlichen Raum (Thomssen u. a. 1988). Der Interpretation von Ergebnissen des Projekts stellen wir einleitend einen Aufriß unseres Argumentationsrahmens voran.

Durch die sozialwissenschaftlich begründete Umorientierung werden in der kurzen Spanne, die wir untersucht haben, folgenreiche Veränderungsprozesse ausgelöst: Die bildungspolitischen, rechtlichen, personellen und finanziellen Rahmenbedingungen werden beträchtlich verbessert; die institutionellen Strukturen beider Einrichtungen werden von Grund auf neu gestaltet. Unter den vielen neuen haupt- und nebenberuflichen pädagogischen Mitarbeitern dominieren von nun an diejenigen mit sozialwissenschaftlicher Kompetenz und ausgeprägten politischen Ansprüchen. Die pädagogischen Konzeptionen und Programme werden in sozialwissenschaftlicher Sprache neu geschrieben und mit sozialwissenschaftlichen Argumenten begründet und legitimiert; es werden sozialisations- und qualifikationstheoretisch bestimmte Lehr- und Lernziele und neue politische und gesellschaftswissenschaftliche Themen eingeführt, neue Veranstaltungsformen und didaktische Methoden entwickelt und erprobt. Es ändert sich das Bild von Erwachsenenbildung in der Öffentlichkeit ebenso wie die Erwartungen, welche Bedeutung den Volkshochschulen für die politische Kultur im kommunalen Lebenszusammenhang zukommen solle. Es verändert sich die soziale und politische Zusammensetzung der Teilnehmerschaft in den Bildungsveranstaltungen.

In beiden von uns untersuchten Fällen setzt sich das sozialwissenschaftliche Denken anfangs erstaunlich rasch und erfolgreich durch. Aber der sozialwissenschaftliche Boom dauert nicht lange. Noch innerhalb unserer kurzen Untersuchungsperiode schlägt die Entwicklung um. Sozialwissenschaftliche Entwicklungsprognosen und darauf gründende gesellschaftspolitische Entwürfe büßen ihre soziale Überzeugungskraft ein; langfristige Planungen und optimistische Zukunftserwartungen, die daraus abgeleitet sind, müssen zurückgenommen, hoch gesteckte Zielvorstellungen und anspruchsvolle Bildungskonzeptionen aufgegeben werden. Der abrupte Wechsel von Erfolg und Expansion zu Rezession und Stagnation – freilich auf einem im Vergleich zu vorher beträchtlich höheren Niveau – wird Ende der siebziger, Anfang der achtziger Jahre von vielen Mitarbeitern in den von uns untersuchten Volkshochschulkollegien, zumal von den Programmatikern der ersten Stunde, als Krise erlebt. Indem sie die reale Entwicklung an den gesellschaftspolitischen Forderungen aus der Zeit der Studentenbewegung und an den bildungspolitischen Zielvorstellungen der sozialstaatlichen Reformpolitik messen, deuten sie die neuerliche Wende zunächst dramatisch als Ende und als Scheitern.

Aus einer anderen Perspektive betrachtet, verlieren die skizzierten Ereignisse freilich einiges von ihrer Dramatik, Einmaligkeit und Endgültigkeit. Wir interpretieren die Vorgänge, mit denen die sozialwissenschaftliche Expansionsphase in der Bildungspraxis in den sechziger Jahren anhebt und um 1980 schon wieder zu Ende geht, vor dem Hintergrund der fortschreitenden Rationalisierung und Verwissenschaftlichung von Sozialisation und Bildung in modernen Gesellschaften. Dieser historische Prozeß beginnt bereits mit der frühbürgerlichen Aufklärung. Seit der Wende zum 18. Jahrhundert setzen mit der eigenständigen wissenschaftlichen Theoriebildung im Bildungs- und Erziehungsdenken auch Verwissenschaftlichung, Pädagogisierung und Professionalisierung der Erziehungs- und Ausbildungspraxis in bürgerlich-kapitalistischen Gesellschaften ein. Der Prozeß verläuft keineswegs geradlinig auf- und vorwärts; aber aufs Ganze gese-

hen, setzt er sich bis heute beständig fort. Im 19. und 20. Jahrhundert folgen mehrere Modernisierungs- und Verwissenschaftlichungsschübe, die zu einer Ausbreitung verwissenschaftlichter Pädagogik, zur Ausdifferenzierung pädagogischer Professionen und Institutionen und zum stufenweisen Ausbau eines öffentlich regulierten Bildungssystems führen. Immer mehr Sozialisations- und Erziehungsvorgänge, die bis dahin gleichsam naturwüchsig nach traditionalen lebensweltlichen Normen abliefen, werden davon erfaßt. Begründet wird dieses Geschehen von Beginn an mit der Idee, *allen* Gesellschaftsmitgliedern wissenschaftliche Aufklärung und Erkenntnis über intentional geplante Bildungsprozesse zu vermitteln. Der von uns untersuchte Modernisierungs- und Verwissenschaftlichungsprozeß wird bereits in den sechziger Jahren eingeleitet und begründet mit der sozialhistorischen Analyse und gesellschaftskritischen Reflexion der vorausgegangenen Verwissenschaftlichungs-, Professionalisierungs- und Institutionalisierungsprozesse; nachdrücklich werden inhaltliche Revisionen und politische Reformen gefordert und geplant. Kritik und Reformvorschläge lenken die bildungspolitische Aufmerksamkeit besonders auf die Erwachsenenbildung. Grenzen und Behinderungen im überkommenen Bildungsgesamtsystem sollen künftig vor allem durch »lebenslanges Lernen« und kompensatorische Bildungsprozesse rascher überwunden werden.
Dies neue politische Selbstverständnis dringt anfangs relativ ungehindert in das pädagogische Praxisfeld ein. Die Rahmenbedingungen sind günstig; in der Periode der sozialliberalen Bildungsreformpolitik wird die sozialstaatliche Bildungsprogrammatik auf breiter gesellschaftlicher Basis durchgesetzt. Das fördert das Mißverständnis, als handele es sich um eine historisch einmalige, völlig neue, quasi-revolutionäre Umbruchsituation, in der die soziale Realität im Praxisfeld nach Kriterien sozialwissenschaftlicher Rationalität, orientiert an den Ansprüchen der sozialstaatlichen Bildungsprogrammatik, völlig neu gestaltet werden könnte.
Die jungen Sozialwissenschaftler, die nun verstärkt in der Weiterbildung tätig sind, verkennen die immanente Widersprüchlichkeit der Sozialstaatsprogrammatik und den historischen Stellenwert der laufenden bildungspolitischen Modernisierungs- und Reformdiskussion. Auch die lebensweltlichen Rationalitätspotentiale und Erfahrungsmöglichkeiten, die pädagogischen Praxissituationen mit Erwachsenen inhärent sind, und den in der Volksbil-

dung bereits angesammelten Fundus geistes- und kulturwissenschaftlicher Überlieferungen können sie nicht ausschöpfen. Ihre mit gesellschaftsverändernden Ansprüchen aufgeladene Konzeption des Verhältnisses von Wissenschaft und Praxis läßt sie der Praxis gegenüber monologisch handeln. Das ist keineswegs ihre Absicht; ein solches Verhalten widerspricht sogar ihren erklärten politisch-pädagogischen Emanzipations- und Aufklärungsansprüchen. Der Widerspruch erklärt sich aus einem rationalistischen Wissenschaftsverständnis und einem entsprechenden Handlungsmodell, welche besagen, daß Sozialwissenschaftler als soziale Akteure in der Weiterbildungspraxis im Horizont theoretisch begründeter Gesellschaftsentwürfe direkt aus wissenschaftlichen Ergebnissen mit wissenschaftlicher Methodik neue rationalere gesellschaftliche Strukturen erzeugen können.

Die bildungspolitische Planungseuphorie bis Mitte der siebziger Jahre kommt derartigen Annahmen entgegen; dies verdeckt zeitweilig das folgenschwere Selbstmißverständnis der politisierten sozialwissenschaftlichen Akteure. Die von daher rührenden Täuschungen und Selbsttäuschungen brechen jedoch in sich zusammen, als sich ab Ende der siebziger Jahre die ökonomischen und finanzpolitischen, politisch-kulturellen und institutionellen Rahmenbedingungen für politische Weiterbildung verschlechtern. Enttäuschte subjektive Erwartungen und die Wahrnehmung objektiver Krisenphänomene stoßen zusammen. Die Enttäuschungen werden verschärft durch Bildungspolitiker und ehemalige Teilnehmergruppen, die sich nunmehr von der politischen Weiterbildung und den sozialwissenschaftlichen Akteuren wieder abwenden und sie obendrein noch zu Schuldigen für die vergangenen politischen Illusionen erklären. Angesichts dieser Zangenbewegung von subjektiven und objektiven Belastungen und Bedrohungen ihres Selbstverständnisses geraten etliche von ihnen vorübergehend in manifeste Identitäts- und Orientierungskrisen.

Gerade die Krisenphase zu Beginn der achtziger Jahre und die Art und Weise, wie sie von den betroffenen pädagogischen Akteuren mit sozialwissenschaftlicher Kompetenz schließlich verarbeitet wird, verweist indes auf ein anderes Wissenschaftsverständnis und ein anderes Modell von Wissenschaft und Praxis. Es findet sich erst rudimentär in verschiedenen Facetten und Varianten, auch in widersprüchlicher Kombination mit Elementen des traditionellen Modells; aber es war latent immer schon vorhanden.

Wir können die Grundorientierung, die dahinter steht, als *reflexives Wissenschaftsverständnis* kennzeichnen und die Grundzüge eines entsprechenden Handlungsmodells für das Praktisch-Werden sozialwissenschaftlichen Denkens und Wissens darin erkennen. Danach vermögen Sozialwissenschaftler in einer konkreten pädagogischen Situation die verschiedenen subjektiven Wahrnehmungen, Deutungsmuster und Erklärungen sozialer Wirklichkeit bewußt zu machen und zu differenzieren; sie sind somit imstande, unterschiedliche Sprachspiele, Wissensbestände und Rationalitätspotentiale innerhalb des Praxisfeldes miteinander ins Spiel zu bringen. Aber sie können soziale Realität und Rationalität nicht *allein* definieren oder gar aus dem Schoß der Wissenschaft heraus neu schaffen. Vielmehr sind gerade Bildungsprozesse mit Erwachsenen für ihr Gelingen auf gemeinsame Verständigung und diskursiv ermitteltes Einverständnis angewiesen, aufgrund dessen alle Beteiligten neue Orientierungen und fremdes Wissen akzeptieren und schließlich sich zu eigen machen können. Dem reflexiven Modell zufolge können Sozialwissenschaftler politische Aufklärung nicht direkt mittels politischer Weiterbildung bewirken; sie können indessen sozialwissenschaftliches Denken als Medium der Selbstaufklärung bei den jeweils Beteiligten wirksam werden lassen. – Im folgenden möchten wir unsere Forschungsergebnisse in einigen Aspekten genauer darstellen.

## Politisch-kultureller Hintergrund und historische Ausgangsbedingungen: Die sozialstaatliche Bildungsprogrammatik

Die politische Kultur in der Bundesrepublik wird Anfang der siebziger Jahre maßgeblich bestimmt durch die normativen Ansprüche des Sozialstaatsprojekts; sie bilden die Kristallisationskerne für einen breiten gesellschaftlichen Hintergrundkonsens. In den Bundesländern Bremen und Niedersachsen, in denen die von uns untersuchten Volkshochschulen lokalisiert sind, wird das Sozialstaatsprogramm zu dem Zeitpunkt, mit dem unsere Fallstudien beginnen, in ein weiterbildungspolitisches Programm übersetzt, das von allen großen gesellschaftlichen und politischen Machtgruppen weitgehend akzeptiert worden ist. Bis 1974/75 wird an entsprechenden Entwürfen für neue Weiterbildungsgesetze, finanzpolitische Förderprogramme und administrative Regelungssysteme gearbeitet. Mittels dieser neuen bildungspolitischen Vorgaben und finanziellen Anreize sollen schließlich in der pädagogischen Praxis der Weiterbildung wiederum entsprechende Veränderungen ausgelöst werden. Da die in politischen Planungsstäben, Bildungsbehörden und Weiterbildungsinstitutionen vorhandenen Kompetenzen für derartige Aufgaben nicht mehr als ausreichend angesehen werden, werden zunehmend Sozialwissenschaftler herangezogen. Diese versuchen das traditionellerweise verwendete Wissen und die vorwiegend juristischen Verfahren zurückzudrängen.

Parallelität und Wechselwirkungen zwischen der Entwicklung der sozialstaatlichen Bildungsprogrammatik und dem Wirksamwerden sozialwissenschaftlichen Wissens in der Weiterbildungspraxis sind langfristig vorbereitet worden. Schon Ende der fünfziger, Anfang der sechziger Jahre wird damit begonnen, im Kontext des Sozialstaatsprojekts programmatisch ein neues Bildungsverständnis zu formulieren. Die sogenannte »realistische Wende« in der bundesdeutschen Pädagogik ist der erste Schritt dazu. Die Neuformulierung setzt ein unter der Parole vom »Bildungsnotstand« und »Bildungsrückstand der Bundesrepublik«. Im Zentrum der Kritik steht die wachsende Unvereinbarkeit zwischen den überkommenen institutionellen Strukturen und Curricula im bundesrepublikanischen Bildungssystem und den Sozialisations- und Qualifikationsprozessen, die vor allem von Wirtschafts- und Sozialwissenschaftlern für erforderlich gehalten werden, um künftig Wachstum und internationale Konkurrenzfähigkeit aufrecht zu erhalten sowie den gesellschaftlichen Interessenkompromiß und sozialen Frieden sicherzustellen. Damit beginnt sich die bildungspolitische Aufmerksamkeit auf den Weiterbildungsbereich zu richten; seine Funktionen im gesamtgesellschaftlichen Bildungssystem sollen neu bestimmt und neu geordnet werden. Aber erst mit dem politischen Modernisierungsschub ab Mitte der sechziger Jahre, der mit der Großen Koalition einsetzt, wird Weiterbildung unter vorwiegend wachstums- und arbeitsmarktpolitischen Gesichtspunkten systematisch in das öffentliche Bildungssystem und die staatliche Bildungspolitik einbezogen. Erstmals wird sozialwissenschaftliches Wissen systematisch verwendet.

Die Modernisierungspolitik erhält Ende der sechziger Jahre entscheidende neue Impulse. Bedrängt durch die nachdrückliche Politisierung der öffentlichen Bildungsdiskussion von seiten der Studenten-, Schüler- und Lehrlingsbewegung, wird die gesellschafts- und bildungstheoretisch fundierte Kritik an der Funktionalisierung des überkommenen Bildungssystems für die Reproduktion sozioökonomischer Ungleichheit, politischer Herrschaftsverhältnisse und kultureller Privilegien schließlich von Instanzen der staatlichen Bildungspolitik und Bildungsplanung rezipiert. Unter den Parolen »Emanzipation und Demokratisierung«, »Notwendigkeit lebenslangen Lernens« und »Gleiche Bildungschancen für alle« werden von nun an nicht mehr nur Ausbau und Differenzierung des Bildungssystems und speziell der Weiterbildung, sondern deren inhaltliche Reform gefordert und geplant. Die ideologiekritisch und gesellschaftstheoretisch begründete sowie gesellschaftsreformerisch engagierte politische Weiterbildung erhält in dieser Phase besonderen Auftrieb: Sie gilt als geeignetes Vehikel, um den geforderten und geplanten Aufklärungs- und Reformprozeß rasch voranzutreiben, weil erwartet wird, sie könne binnen kurzer Frist das subjektive Potential für Emanzipations- und Demokratisierungsprozesse innerhalb der gesamten Gesellschaft entscheidend vergrößern. Ferner gilt sie als das pädagogische Feld, auf dem es am ehesten gelingen kann, Behinderungen aus dem primären und sekundären Bildungssystem und den laufenden »bildungsfeindlichen« Sozialisations- und Disziplinierungsprozessen im Alltag auszuräumen oder zu kompensieren. Gleichzeitig soll sie die Anpassungsfähigkeit der Individuen an wechselnde soziale, politische und ökonomische, insbesondere an wechselnde qualifikatorische Anforderungen und Bedarfssituationen erhöhen helfen. Diese überzogenen und in sich widersprüchlichen Erwartungen werden sich später als eine Falle erweisen, in der sich die sozialwissenschaftlichen Akteure in der pädagogischen Praxis verfangen.

Durch die Forderungen nach Modernisierung und gesellschaftspolitischer Reform des Bildungssystems wie durch die Neubegründung einer am Sozialstaatskompromiß ausgerichteten Weiterbildungspolitik erfährt ein methodisch und inhaltlich bestimmter Typus sozialwissenschaftlichen Denkens besondere institutionelle Anerkennung und Unterstützung; er entspricht weitgehend den konstitutiven Momenten des Sozialstaatsprojekts. Der Kern dieses Projekts ist eine komplexe, in sich wider-

sprüchliche Kompromißformel, mit deren Hilfe es in einer Periode relativ stabilen Wirtschafts- und Wohlstandswachstums nach dem Zweiten Weltkrieg gelungen ist, auf längere Dauer einen Zustand sozialen Friedens vor allem zwischen organisiertem Kapital und organisierter Lohnarbeit zu sichern. Der zentralisierte gesellschaftliche Interessenkompromiß wird gesteuert und verwaltet durch systemische Aktionszentren weit entfernt von den einzelnen Individuen: zum einen durch das politisch-administrative System, das innerhalb bestimmter Grenzen in die marktwirtschaftlich regulierten Wirtschaftsprozesse eingreifen und überschüssige Wachstumszuwächse oder Einkommensanteile vermittels der sozialpolitischen Systeme umverteilen kann; zum andern durch kollektive Verhandlungssysteme institutionell anerkannter Großverbände, die nach verrechtlichten Spielregeln Arbeits- und Lebensbedingungen für die große Masse der Bevölkerung aushandeln und festsetzen können.
Diesen komplexen Steuerungsimperativen entsprechen objektivistische sozialwissenschaftliche Theorien und Methoden, die vorrangig auf die Analyse objektiver gesellschaftlicher Bedingungen und Strukturen ausgerichtet sind und für die als gesellschaftliche Handlungssubjekte lediglich soziale Institutionen, Organisationssysteme oder abstrakte gesellschaftliche Großgruppen in Frage kommen.
Zusammenfassend ist festzuhalten, daß parallel zur Ausarbeitung und Durchsetzung der sozialstaatlichen Bildungsprogrammatik und zu dem dadurch geförderten Vordringen bestimmter sozialwissenschaftlicher Deutungsmuster, Forschungsergebnisse, Arbeits- und Diskursformen in der öffentlichen Bildungsdiskussion, in Bildungspolitik und Bildungsplanung auch die Kritik, Delegitimierung und Zurückdrängung der geisteswissenschaftlich-pädagogischen Traditionen von Erwachsenenbildung und Volksbildung erfolgt. Anfang der siebziger Jahre ist die wissenschaftliche und professionspolitische Auseinandersetzung zwischen der älteren vorrangig subjektbezogenen Pädagogik samt ihren bildungsphilosophischen, geistes- und kulturwissenschaftlichen Begründungen einerseits und den neuen sozialwissenschaftlich orientierten Erziehungswissenschaften andererseits an den Hochschulen, in Forschungs-, Fortbildungs- und Planungsinstitutionen, aber auch bei professionellen Verbänden und Trägerorganisationen der Weiterbildung so weit fortgeschritten, daß die Umsetzung

der neuen sozialwissenschaftlich begründeten Weiterbildungskonzeptionen in die pädagogische Praxis innerhalb der einzelnen Volkshochschulen beginnen kann. – Im folgenden Abschnitt wird die Entwicklung einzelner Konzepte nachgezeichnet, die dem Sozialstaatsprogramm verpflichtet sind.

## Wissenschaftliche Deutungsmuster in der Programmgestaltung

Mehr exemplarisch als systematisch möchten wir veranschaulichen, auf welche Weise in der Programmgestaltung der Volkshochschulen sozialwissenschaftliches Denken wirksam wird. Die Volkshochschule ist eine offene, allgemein zugängliche Institution, die mit ihrem Programm in die politisch-kulturelle Öffentlichkeit hineinwirkt. Für das Handeln der Mitarbeiter ist konstitutiv, daß sie im Rahmen kultur- und finanzpolitischer Vorgaben seitens der Kommune das Programmprofil im ganzen und die einzelnen Angebote im besonderen *entwerfen*. Nach ihrem eigenen Selbstverständnis deuten sie aus interessierter Sicht die für sie relevante gesellschaftliche Wirklichkeit und tragen durch ihre daran orientierte Bildungsarbeit zu einer Wirklichkeit bei, die im kommunalen Lebenszusammenhang strukturbildend sein soll. Sie stiften diese Wirklichkeit jedoch nur, wenn ihre Weiterbildungsangebote immer wieder erneut die Zustimmung der Bürger durch deren faktische Teilnahme finden. In diesem Sinne betrachten wir die Programmgestalter der Volkshochschule als soziale Akteure in einer gesellschaftlichen Wirklichkeit, in der sie selbst Wirklichkeiten schaffen und auch verändern. Sie greifen dabei sowohl in wissenschaftlicher als auch bildungspolitischer Hinsicht Ideen und Motive des politisch-kulturellen Zeitgeistes auf und wirken durch ihr Handeln in die vorherrschende politische Kultur hinein. Der sozialwissenschaftlich ausgebildete soziale Akteur in der Weiterbildung ist Interpret von sozialen Problemlagen und Initiator von Lösungsangeboten in Gestalt von Weiterbildungsthemen und ihren entsprechenden Diskurs- und Lernformen. Wegen dieser Eigentümlichkeit der Tätigkeit von Volkshochschulmitarbeitern sehen wir in der Deutungsmusterkategorie (Thomssen 1980) einen geeigneten Ansatz, um ein spezifisches Einfallstor von sozialwissenschaftlicher Kompetenz für das Eingehen in Praxiszusammenhänge untersuchen zu können. Denn es sind die Mitarbeiter selbst, die über ihr Studium die Sozialwissenschaften in das Handlungsfeld der Volkshochschule hineintragen. Sie »bedienen« sich nicht der Sozialwissenschaften als generell verfügbarer Wissensbestände, sondern das sozialwissenschaftliche Denken ist integrales Moment ihres Handelns als soziale Akteure.

Wenn in diesem Abschnitt zwischen der großstädtischen Volkshochschule und der mittelstädtischen in einer ländlichen Region unterschieden wird, so verfolgen wir damit die Absicht, Varianten von Wirklichkeitsdeutungen und Handlungsentwürfen herauszuarbeiten, die aber gleichermaßen die Grundstruktur sozialwissenschaftlich orientierten Agierens repräsentieren.

Die Sozialwissenschaften treten in drei unterscheidbaren Formen in Erscheinung: (1) als Theorien größerer oder mittlerer Reichweite sowie als wissenschaftliches Spezialwissen; (2) als wissenschaftliche Arbeitsform oder Methode in Gestalt von Analysen gesellschaftlicher Zustände und professioneller Handlungsfelder sowie der Verarbeitung der Befunde im Kontext theoretischen Wissens; (3) als wissenschaftlicher verständigungsorientierter Diskurs über Voraussetzungen, Möglichkeiten und Barrieren konzeptioneller Gestaltungen.

Die neuen Mitarbeiter geraten in eine neue Handlungssituation, die von kritischer Sozialwissenschaft bisher unberührt ist und in der sie ihre Tätigkeit selbst bestimmen müssen. Sie beginnen charakteristischerweise mit einer *Deutung* der Handlungssituation, wobei sie zunächst nicht bei einer Aufgabenbestimmung ihrer je einzelnen Tätigkeitsbereiche ansetzen; sie deuten vielmehr die Funktion der Volkshochschule im Zusammenhang allgemeiner gesellschaftlicher Verhältnisse und versuchen darüber ein neues Verständnis von Volkshochschule zu gewinnen. Sie betrachten Bildung, insbesondere Erwachsenenbildung, nicht als isoliertes Phänomen in einer pluralistischen Gesellschaft, sondern beziehen sie, wie sie es im Studium methodisch gelernt haben, auf den gesellschaftlichen Reproduktionsprozeß. In dieser Deutung greifen sie auf Theorien allgemeiner Art über die Widersprüche und Entwicklungstendenzen der Gesellschaft sowie auf bildungssoziologische Befunde und Theorien zurück, so daß gleichsam über einen deduktiven Schritt die neue Aufgabe von Volkshochschule bestimmbar wird. Im Rückgriff auf das theoretische Wissen werden auch die darin enthaltenen gesellschaftspolitischen Intentionen manifest. Die Deutung ist *nicht interesselos*, sondern an Modellen gesellschaftlicher Veränderung orientiert.

Die Mitarbeiter sind sich der *Handlungsrelevanz* ihrer Deutungen bewußt, allein schon deswegen, weil sie Programme machen müssen, also Entscheidungen zu treffen haben. Wenngleich der Übergang von der Situationsdeutung zum Entwurf von Handlungsalternativen ein Sprung ist und die konkreten Problemlagen im induktiven Sinne zu wissenschaftlichen Überlegungen Anlaß geben, so soll doch die Deutung der Gesamtsituation relativ genau angeben, wie Volkshochschule sein soll. Diese muß so gestaltet werden, daß sie die ihr aus der theoretisch-empirischen Analyse zufallende Aufgabe erfüllen kann; wenigstens sollen im praktischen Handeln die konzeptionellen Vorüberlegungen wiedererkennbar sein.

Im Falle der großstädtischen Volkshochschule lautet das Ergebnis der ersten Deutung, daß der Zustand der Volkshochschule »vormodern« sei. Da wir, so wird weiter argumentiert, in einer Klassengesellschaft leben und Bildung ein wesentlicher Reproduktionsmechanismus bei der Zuteilung von sozialen und kulturellen Chancen ist, trägt das Bildungssystem zur sozialen Ungleichheit und Benachteiligung bei und perpetuiert auf diese Weise gesellschaftliche Herrschaft. Daraus wird abgeleitet, daß die Volkshochschule weder bildungsbürgerliche kulturelle Betätigung sein noch Anpassung an die Leistungsgesellschaft betreiben darf; sie habe sich vielmehr und vordringlich den sozial und kulturell benachteiligten Mitgliedern der Gesellschaft zu widmen. Diese Deutung und die daraus gezogene Schlußfolgerung haben konkrete *Handlungskonsequenzen*. Bestimmte Veranstaltungen verfallen der Kritik und werden nicht mehr angeboten, wodurch einige Dozenten und ganze Teilnehmergruppen aus der Volkshochschule herausgedrängt werden; andere, nicht der Kritik anheimfallende Veranstaltungen bleiben erhalten; da diese aber nicht oder noch nicht das neue Postulat erfüllen, müssen neue und veränderte Veranstaltungen angeboten werden, die sich ausschließlich den Benachteiligten widmen.

Erneut werden Analysen über Strukturen sozialer Ungleichheit und Formen der Benachteiligung angestellt, um in der Bevölkerung diejenigen Personengruppen zu identifizieren, die unter dem Aspekt von Volkshochschularbeit als Benachteiligte gelten können. – Aus dieser Abfolge wird sichtbar, daß die wissenschaftlich begründete Neuorientierung einzelne wissenschaftlich zu bearbeitende Konsequenzen nach sich zieht. Denn es kommt nicht nur darauf an, die gemäß der theoretisch-empirischen Analysen bestimmten neuen Teilnehmergruppen zu erreichen, sondern es müssen auch für die Bildungsveranstaltungen Themen und Fragestellungen entwickelt werden, die der in der Sprache der Sozialwissenschaften interpretierten sozialen Lage der einzelnen Teilnehmergruppen gerecht werden; schließlich sind diese Themen und Fragestellungen auf der Ebene der curricularen und didaktischen Kleinarbeit zu konkretisieren, damit in der Kürze der zur Verfügung stehenden Zeit möglichst optimal gelernt werden kann. Für diese Kleinarbeit können die Mitarbeiter auf die damals lebhaft diskutierten Curriculumforschungen und Lernzielbestimmungstheorien zurückgreifen: »Die Teilnehmer sollen befähigt werden, ihre soziale Lage, deren Ursachen und Folgen zu erkennen und nach Wegen suchen, diese Lage gemeinsam zu verändern.« Wiederum ist charakteristisch, daß die Mitarbeiter dabei ihre Aufgabe vor allem in der Hilfestellung bei der Analyse der sozialen Lage der Teilnehmer sehen.

Auch im Falle der mittelstädtischen Volkshochschule mit ländlichem Umfeld, die eine Neugründung ist, so daß gleichsam auf der grünen Wiese geplant werden kann, beginnt die Arbeit mit einer soziologischen Analyse der Region nach Gesichtspunkten der sozialen Zusammensetzung der Bevölkerung, der Siedlungsstruktur, des Wahlverhaltens sowie des Sozial- und Bildungsverhaltens. Diese Analyse steht unter der soziologischen Annahme vom Modernitätsrückstand von ländlichen gegenüber städtischen Lebenszusammenhängen mit entsprechenden Mutmaßungen über politische Folgewirkungen, also eines weitreichenden Theorieanspruchs mit historischen Begründungen. Eingearbeitet sind in diese Überlegungen sozialisationstheoretische und bildungssoziologische Kenntnisse, die einen Zusammenhang zwischen dem Modernitätsrückstand und dem ländlichen Bildungswesen und Erziehungsmilieu herstellen.
So ist es für eine im Aufbau befindliche Volkshochschule der damaligen Zeit naheliegend, daß sie den Schwerpunkt ihrer Veranstaltungen im Themenbereich »Elternhaus und Schule« setzt; nicht weil sie als Volkshochschule gleichsam »naturgemäß« dazu etwas beitragen kann, sondern weil die bildungssoziologische

und -politische Diskussion im Hinblick auf das Stadt-Land-Gefälle eine solche Schwerpunktsetzung mit überzeugenden Begründungen plausibel machen kann. Teilweise erfolgen aus derartigen Globalüberlegungen konkrete Ableitungen für einzelne Programmteile, etwa wenn es heißt: Will man die Schule ändern, dann muß man die Lehrerbildung ändern; also holen wir die Lehrerbildung in unsere Volkshochschule. Oder: Will man den schwachen Schülern in der Schule helfen, dann muß man die Eltern fördern, damit sie willens und fähig sind, ihren Kindern zu helfen.
Die mittelstädtische Volkshochschule geht einen anderen Weg, der auf einer anderen *Deutung* des Handlungsfeldes als der der großstädtischen Volkshochschule beruht. Letztere interpretiert ihre Aufgabe im Kontext eines klassentheoretischen Ansatzes mit entsprechenden Vorstellungen über soziale Ungleichheitsstrukturen und Benachteiligungsformen. Dies könnte die mittelstädtische Volkshochschule auch, wenn sie die spezifisch ländlichen Problemlagen und Disparitäten als eine besondere Gestalt von Klassenverhältnissen ableiten würde. Aber sie nimmt eine andere Deutung vor und kommt dadurch zu anderen Folgen für die Programmgestaltung: Das Zurückbleiben der Provinz gegenüber den Metropolen erzeugt verschiedenartige Erscheinungsformen, die sich in soziologischen Kategorien als Problemlagen identifizieren lassen. Diese Problemlagen äußern sich unter anderem auch in den Bedürfnissen und Vorstellungen der Bürger, die – weil sie teilweise partikular und verzerrt erscheinen – ihrerseits interpretiert werden müssen. In diesen Problemlagen und Bedürfnissen der Bürger manifestieren sich auch Ungleichheitsstrukturen und Benachteiligungen, aber sie determinieren die Problemlagen und Bedürfnisse nicht in allen Facetten ihrer individuellen und kommunalpolitischen Relevanz. Aus diesen Gründen sieht sich die Volkshochschule einem differenzierten Handlungsfeld, das zudem ständig in Bewegung ist, gegenüber. Dementsprechend fallen der Volkshochschule vielfältige und sich verändernde Aufgaben zu. Für diesen Ansatz hat die mittelstädtische Volkshochschule den Begriff »Gemeinwesenarbeit« gewählt. Dieser Begriff soll ausdrücken, daß die Volkshochschule auch über Bildungsveranstaltungen im engeren Sinne hinaus Aktivitäten entfaltet, die sich alle gleichermaßen auf den kommunalen Lebenszusammenhang beziehen lassen und dazu beitragen, kom-

munale Probleme zu lösen. – Während die großstädtische Volkshochschule ihren »Zielgruppen-Ansatz« aufgrund der theoretischen Begründungen und der daraus folgenden systematisierenden Klassifikation der Veranstaltungstypen als eine für das professionelle Handeln der Mitarbeiter relativ verbindliche *Konzeption* versteht, ist der Begriff der Gemeinwesenarbeit eher als *Reflexionskategorie* gefaßt, die zwar ein inhaltlich interpretierbares Aufgabenverständnis der Volkshochschule angibt, unter der als Oberbegriff sich jedoch Verschiedenartiges subsumieren läßt, unter der vor allem auch der Wechsel von Programmschwerpunkten möglich ist. Diese Reflexionskategorie ermöglicht es, die gesellschaftspolitische Intention der Modernisierung ohne allzu große Begründungslast zugunsten der Bestandssicherung des jeweils Erreichten modifizieren oder auch reduzieren zu können. Dementsprechend werden auch die Sozialwissenschaften auf andere Weise einbezogen. Zwar werden die kommunalen Verhältnisse und deren konkrete Problemlagen in Begriffen sozialwissenschaftlich aufgeklärter Deutungsmuster interpretiert, im einzelnen bestimmt jedoch das konkrete Problem, welche einzelnen Sozialwissenschaften oder welche wissenschaftlichen Erkenntnisse im besonderen für die Lösung des Problemfalls in Betracht kommen. Dadurch wird es auch möglich, wissenschaftlichen Sachverstand von außen problemadäquat hinzuzuziehen.
Wenn unter den Mitarbeitern beider Volkshochschulen in der Aufschwungphase die Vorstellung vorherrscht, man könne durch Bildungsarbeit einen Beitrag zur Veränderung der Gesellschaft leisten, so ist diese Vorstellung nicht einfach Ausdruck eines naiven politischen Voluntarismus. Vielmehr geht diese Vorstellung aus dem damaligen, auch an den Universitäten verbreiteten Theorie-Praxis-Verständnis hervor: Wenn in einer Gesellschaft »alles mit allem« zusammenhängt, dann muß ein verändertes Bildungssystem, das aus dem Zirkel von Herrschaft und sozialer Ungleichheit ausbricht, zu einer Veränderung von Gesellschaft beitragen können. Der Erwachsenenbildung fällt dabei die Aufgabe zu, diejenigen, die das Bildungssystem bereits verlassen haben, zu befähigen, ihre soziale Lage zu durchschauen und kollektiv zu verändern. Diese Vorstellung gilt auch für die konkretere Absicht, durch Bildungsarbeit die »Einstellungen der Teilnehmer« zu verändern. Einstellungen sind durch die gesellschaftlichen Strukturen geprägt und verdinglicht, aber sie wirken auch auf die

gesellschaftlichen Strukturen zurück. Es muß daher Aufgabe der Volkshochschule sein, das Bewußtsein der Teilnehmer von Ideologien und Illusionen zu befreien, damit es in aufgeklärter Gestalt auf die Lebensverhältnisse zurückwirken kann. So folgen aus theoretisch-empirischen Deutungen und deren Argumentationsketten Entscheidungen für die konkrete Programmgestaltung der Volkshochschulen.

Die Verwissenschaftlichung in den beiden Volkshochschulen ist nicht die Tat einzelner Mitarbeiter, sondern das Produkt kollegialer Diskurse, wenngleich in den Kollegien einzelne Mitarbeiter als Hauptakteure auftreten. Nach unserer Interpretation kommt dem sozialwissenschaftlich angeleiteten Diskurs in den Kollegien für den Prozeß der Verwissenschaftlichung ein hoher Stellenwert zu. Der sozialwissenschaftliche Diskurs, dessen Kraft von der Größe der Kollegien und dem Anteil der sozialwissenschaftlich ausgebildeten Mitglieder abhängig ist, erfüllt verschiedene Aufgaben. Er ist vor allem das Medium der Reflexion von Voraussetzungen, Bedingungen, Möglichkeiten und Barrieren konzeptioneller Programmgestaltungen. Durch das sozialwissenschaftliche Sprachspiel kommt es zu einer methodischen Homogenisierung der Wirklichkeitsdeutungen und Problemidentifizierungen; auch Kontroversen über die Angemessenheit bestimmter Wirklichkeitsdeutungen und die Richtigkeit von Lösungsvorschlägen folgen sozialwissenschaftlichen Argumentationsfiguren. Zwar sind die Diskurse handlungsbezogen, aber der Diskurs erlaubt doch von einzelnen Arbeitshandlungen abgehobene Reflexionen über die Angemessenheit von praktischen Entscheidungen. Für die Mitarbeiter beider Volkshochschulen bedeutet der kollegiale Diskurs einen gemeinsamen Lernprozeß. Im weiteren Verlauf übernimmt der Diskurs die Aufgabe, zwischenzeitlich gemachte Erfahrungen und problematische Umsetzungen von theoretischen Überlegungen in instrumentelles Handeln aufzuarbeiten und in Korrekturen einmünden zu lassen. Der kollegiale Diskurs schafft nicht nur die Grundlage für ein allgemeines Arbeitsklima, in dem auch die einzelnen Mitglieder eine wichtige Stütze für ihren jeweils eigenen Aufgabenbereich finden, sondern das Ergebnis besteht auch in einem sozialwissenschaftlich untermauerten Begründungszusammenhang für die neu entwickelten Programmvorstellungen, die im politisch-administrativen Außenfeld legitimiert werden müssen.

Freilich verläuft der sozialwissenschaftlich angeleitete Diskurs als praktischer in einer arbeitenden Institution nicht ohne Reibungen und Konflikte. Er ist ein fragiles Gebilde, das von der grundsätzlichen Zustimmung der Beteiligten lebt und auf verständigungsorientierte Kommunikation gerichtet ist. In unserer Untersuchung zeigt sich, daß die in der Sprache der Sozialwissenschaft geführten Diskussionen und deren Theoriehaltigkeit den nicht sozialwissenschaftlich ausgebildeten Mitarbeitern im Kollegium nicht oder nur mühevoll zu vermitteln sind. Diese Barriere provoziert insbesondere dann, wenn von den vorgeschlagenen Programmumstellungen die Arbeitsplätze einzelner Mitarbeiter und deren Alltagsroutinen tangiert werden, Konflikte und Verweigerungen. Nahrung erhält dieser Dissens, wenn Schwierigkeiten bei der konkreten Realisierung der theoretisch konzipierten Programmvorstellungen offenkundig werden, sich die Kritik an den neuen Konzeptionen aus dem politisch-administrativen Umfeld verstärkt, wenn das Kräfteverhältnis aufgrund der Überzeugung von der Richtigkeit des eigenen Tuns falsch eingeschätzt wird und die sozialwissenschaftlichen Begründungen der neuen Konzepte an Legitimationskraft verlieren. Angesichts derartiger Unsicherheiten ziehen sich die einzelnen Mitarbeiter auf ihre individuellen Arbeitsfelder zurück; der kollegiale Diskurs »trocknet aus« und bildet sich auf das Niveau von »Dienstbesprechungen« zurück.

Die dargestellten Prozesse, in denen sozialwissenschaftliche Kenntnisse und Fähigkeiten wirksam werden, repräsentieren Phasen des intensiven Nachdenkens für die Neugestaltung von Programmkonzeptionen und deren Durchsetzung. Die Mitarbeiter sind insofern erfolgreich, als es ihnen gelingt, (in der großstädtischen Volkshochschule) eine radikale Umgestaltung des Programms durchzusetzen und (für die mittelstädtische Volkshochschule) ein von Grund auf modernes, dem Zeitgeist entsprechendes Programm zu entwickeln. Als sozialwissenschaftlich orientierte soziale Akteure setzen die Mitarbeiter alles daran, um ihre Vorstellungen Wirklichkeit werden zu lassen.

Zur großstädtischen Volkshochschule ist anzumerken, daß ihre Zielgruppenkonzeption schon nach kurzer Zeit während der Erprobung aus externen und internen Gründen in die Krise gerät. Zu den internen Gründen gehört unter anderem, daß das den favorisierten sozialwissenschaftlichen Kategorien entlehnte identifizierende Denken die Weiterbildungswirklichkeit in einer Weise ›zurichtet‹, daß in der Praxis nicht unerhebliche Friktionen entstehen. Es gelingt den Mitarbeitern auch nicht, die sozialwissenschaftliche Begründung ihrer Programmpolitik gegenüber der kommunalpolitischen Szene auf die Dauer erfolgreich darzustellen. Nachdem der Volkshochschulleiter durch die zuständige Behörde abgelöst wird, bricht der sozialwissenschaftliche Diskurs über die Programmkonzeption unter den hauptamtlichen Mitarbeitern zusammen. Erst mit dem neuen Leiter beginnt wieder eine Phase, in der durch sozialwissenschaftliche Reflexion einerseits die Problematik der instrumentellen Anwendung von sozialwissenschaftlichen Kategorien auf die praktische Programmgestaltung selbstkritisch thematisiert wird und andererseits auf der Basis einer neuen Deutung der Weiterbildungswirklichkeit Entwürfe zu einem neuen Programmprofil entwickelt werden. Allerdings werden geschlossenen Konzeptionen mit Curriculum- und Lernzielfestlegungen keine erfolgversprechenden Chancen mehr eingeräumt. Statt dessen sei die sich verändernde Weiterbildungswirklichkeit immer wieder erneut zu interpretieren, und dafür seien neue sozialwissenschaftliche Einsichten erforderlich. Gegenwärtig zeichnet sich ab, daß gegenüber dem Begriff der Klassenlage dem Lebensweltbegriff die größere Deutungsperspektive zugemessen wird, weil die soziale Struktur des einzelnen komplexer und von mehr Faktoren als nur dem ökonomischen bestimmt sei. Damit wird den Bedürfnissen und Wünschen der Teilnehmer für die Konstitution der Weiterbildungswirklichkeit eine größere Relevanz zugebilligt. Zwar wird am Konzept des organisierten Lernens festgehalten, in diesem erhält aber die Subjektivität der Teilnehmer den Status einer prägenden Komponente. Festgehalten wird auch an der Idee von Aufklärung (»Alles andere würde Lernen ad absurdum führen«), aber nicht im Sinne eines Durchsetzens vorherbestimmter Wahrheiten. Das Programmprofil orientiert sich an einer neuen Pluralität, die in einer vielseitigen Öffnung der Volkshochschule ihren Beitrag zur politischen Kultur der Kommune zu bestimmen sucht.

Für die mittelstädtische Volkshochschule ist festzuhalten, daß nicht nur der Umfang des Veranstaltungsprogramms expandiert, sondern daß sie ein großes kommunales Weiterbildungszentrum errichtet. Um dieses Gebäude mit Bildungsveranstaltungen »auszufüllen« und den Bestand der Volkshochschule als ganzer zu sichern, wird die berufliche Bildung und technologische Qualifizierung zum neuen Schwerpunkt der Volkshochschule. Die politisch-kulturelle Bildung stagniert; das Interesse der Bürger an Veranstaltungen dieser Art durch die Volkshochschule nimmt ab; die Mitarbeiter reagieren nicht mit neuen Ideen. Die Nutzung des Weiterbildungszentrums durch jugendliche und politisch-kulturelle Gruppen, die jedoch selbständig arbeiten, nimmt indes zu. Diese Verlagerung des Programmschwerpunkts zur beruflichen Bildung und technologischen Qualifizierung ist aber nicht Ausdruck einer bloß bestandserhaltenden Strategie. Die Volkshochschulleitung kann sich zu Recht auf die schlechte regionale Arbeitsmarktsituation und die zunehmende Arbeitslosigkeit – vor allem unter Jugendlichen – berufen. Für die Volkshochschulleitung ergab sich nach ihrer eigenen Deutung die Konstellation, entweder weiterhin der politisch-kulturellen Bildung den Vorrang zu geben – verbunden mit zweifelhaftem Erfolg und einer mutmaßlichen Einschränkung des Handlungsspielraums – oder den Bereich der beruflichen Bildung und technologischen Qualifizierung auszubauen, um die kommunalpolitische Stellung des Weiterbildungszentrums zu festigen und politische Freiräume zu erhalten und zu eröffnen. Unter dieser Perspektive ergab sich die Wahl zwischen zwei gleichermaßen in aufklärerischer Absicht begründbaren Konzeptionen. Betrachtet man diese Handlungsebene unter dem Handlungsmodus eines sozialen Akteurs, dann erweisen sich die sozialwissenschaftlichen Fähigkeiten als konstitutives Moment seiner Handlungskompetenzen. Der soziale Akteur ist weder Verwalter noch institutioneller Repräsentant, sondern er »identifiziert« gesellschaftliche Problemlagen in einer bestimmten situativen Konstellation und gestaltet selbst die Lösungen, die die zuvor erwogenen Ideen nahelegen.

Betrachtet man die Entwicklung der beiden Volkshochschulen, so ließe sich die Hypothese aufstellen, daß die Mitarbeiter in den ersten Jahren mit einem wissenschaftlichen und gesellschaftspolitischen Rigorismus auftraten, der das Moment des Scheiterns notwendig in sich barg, während in der Folgezeit eher die sanfte interpretative und diskursive Seite sozialwissenschaftlich orientierten Handelns wirksam wurde, die auch einen erfolgreichen Umgang der sozialen Akteure mit den politischen und ökonomischen Bedingungen des Weiterbildungsfeldes zeitigte. Unsere Untersuchung vermag manches zu einer Bestätigung dieser These beitragen, aber daraus ließe sich kein Modell für einen optimalen Umgang mit sozialwissenschaftlichem Wissen in Praxiszusammenhängen gewinnen. Vielmehr scheint die Wirksamkeit sozialwissenschaftlichen Wissens von den politischen Konjunkturen und der durch diese vermittelten jeweiligen Aufnahmebereitschaft der Praxisfelder abhängig zu sein. Anfang und Mitte der siebziger Jahre hatte sozialwissenschaftliches Denken erstmals eine große Chance, in die Praxis von Volkshochschulen einzudringen, und wo es erfolgreich war, hat es Ansprüchen des wissenschaftlich und politisch aufgeklärten Diskurses Geltung verschafft, deren Preisgabe dem professionellen Handeln der Volkshochschulmitarbeiter Identitätskrisen aufzwang. Das Scheitern der prononcierten Ansprüche hatte zwar immanente Gründe, die sich auch im einzelnen bezeichnen lassen; als gleichwertig ist jedoch die Tatsache zu gewichten, daß der politische Wind seine Richtung geändert hatte, so daß das sozialwissenschaftlich aufgeklärte Handeln in die Defensive gedrängt wurde, aus der heraus die Chancen zu einer immanenten Selbstkorrektur begrenzt sind. Am ehesten ist diese Selbstkorrektur noch der mittelstädtischen Volkshochschule gelungen; die großstädtische konnte nach einer resignativen Interimsphase einen Neubeginn unternehmen und darin die Gründe des vorangegangenen Scheiterns selbstreflexiv verarbeiten. Sie kann nun die interpretative, selbstkritische und diskursive Kraft sozialwissenschaftlichen Denkens entfalten, muß aber andererseits erkennen, daß die Handlungskonstellation ihre inzwischen veränderten »Bedingungen stellt«. So schwankt das sozialwissenschaftliche Denken zwischen Legitimationsbeschaffung für Anpassungsprozesse und der erfinderischen Suche nach Gestaltungsspielräumen.

## Die Krise des pädagogischen und politischen Selbstverständnisses

Während im vorangegangenen Abschnitt sozialwissenschaftliches Denken im Kontext der Entwicklung und Umgestaltung von Programmkonzeptionen diskutiert wurde, soll im folgenden die Ebene der Bildungsprozesse, das heißt vor allem das pädagogische und politische Selbstverständnis derer, die in diesen Bildungsprozessen als Kursleiter involviert sind, thematisiert werden. Das Selbstverständnis der Mitarbeiter, oder anders ausgedrückt, ihre professionellen Deutungsmuster stehen im Kontext des gesellschaftlichen Diskurses über das Verhältnis von Politik, Kultur und Bildung; sie haben sich auseinanderzusetzen einerseits mit kulturpolitischen Erwartungen derer, die als legitimiert und kompetent gelten, öffentlich über Ziele, Inhalte und Prioritäten von Weiterbildung zu räsonieren, und andererseits mit den Wünschen und Bedürfnissen der Weiterbildungsteilnehmer, die durch ihre faktische Teilnahme Aussagen über die veränderliche Akzeptanz von Bildungsangeboten zulassen. Wir konzentrieren uns auf die Periode von Ende der siebziger bis Mitte der achtziger Jahre, in der die Mitarbeiter mit Veränderungen konfrontiert werden.

Ein großer Teil der Mitarbeiter der beiden Volkshochschulen war Mitte der siebziger Jahre, inspiriert durch Studium und politisches Engagement während der Studentenbewegung und beflügelt durch die von der Politik der sozialliberalen Koalition ausgelöste politische Aufbruchs- und Reformstimmung, mit großen Hoffnungen in die politisch-kulturelle Bildung gekommen. Viele der sozialwissenschaftlich ausgebildeten Pädagogen waren der Auffassung, die soziale Wirklichkeit in ihrem Praxisfeld nach den Kriterien sozialwissenschaftlicher Rationalität in ihrem Sinne neu gestalten und mit politischer Bildung einen Beitrag zu einer tiefgreifenden politischen Veränderung der Gesellschaft leisten zu können.

Den Kern ihrer Deutungsmuster von Gesellschaft, aus denen sie die theoretischen und politischen Imperative für ihre Bildungstätigkeit ableiteten, bildete zumeist eine sozialwissenschaftlich begründete Kritik der Gesellschaft, die die zentralen Topoi der Marxschen und anderer auf Emanzipation und Chancengleichheit gerichteter Theorien aufnahm. Bezugsgruppen ihres beruflichen und zugleich politischen Engagements sollten vor allem die Lohnarbeiter oder, wie es beispielsweise im sogenannten »Zielgruppenkonzept« formuliert wurde, die »sozial und bildungsmäßig Benachteiligten« sein, wozu vor allem Arbeiter und einfache Angestellte, aber auch Gruppen wie Hausfrauen, ältere Menschen oder Arbeitslose gezählt wurden.

In den Seminaren, die oftmals von universitären Vermittlungsformen geprägt waren, wurden häufig Grundzüge der Gesellschaftskritik als Bestände richtigen Wissens vermittelt, aus denen für die

Teilnehmer eindeutige politische Orientierungen abgeleitet wurden. Da davon ausgegangen wurde, daß theoretische Aufklärung bei den Adressaten zu richtigem politischen Handeln führen würde, spielten deren konkrete Alltagserfahrungen nur insoweit eine Rolle, als sie sich in die schulungsmäßig dargebotenen, abstrakten Bildungskonzepte einordnen ließen. Außerbetriebliche oder private Probleme der Teilnehmer wurden zumeist als weniger bedeutsame Phänomene der Reproduktionssphäre behandelt.
Die politischen Erwartungen, die die pädagogischen Mitarbeiter und die Kursleiter an ihre Bildungstätigkeit knüpfen, erfüllten sich jedoch nicht. Es waren vor allem die ernüchternden Erfahrungen mit den oftmals idealisierten Arbeitern in der Bildungspraxis selbst, aber auch Konflikte mit den gewerkschaftlichen und politischen Kooperationspartnern, die insbesondere bei den engagiertesten Pädagogen Krisen des politischen Selbstverständnisses auslösten.
Die Arbeiter erwiesen sich nicht als die aufklärungswilligen und problemlos politisierbaren »Klassenmitglieder«, von denen die Bildungskonzepte ausgegangen waren; ihre individuellen Bedürfnisse ließen sich nicht so problemlos wie angenommen mit den deduktiv hergeleiteten »objektiven« Interessen zur Deckung bringen. Resultat waren zumeist schmerzvolle Erfahrungen, die aber vor allem bei Kursleitern eine intensive, sozialwissenschaftlich angeleitete Reflexion und Korrektur der problematisch gewordenen Konzepte ausgelöst haben, die zu einer Erweiterung und Differenzierung der ursprünglichen Bildungsvorstellungen führten. In ihnen zeigen sich bedeutsame Veränderungen des alten, zumeist klassentheoretisch ausgerichteten Politikverständnisses.
Unübersehbar ist bei denen, die sich auf die Marxsche Klassentheorie bezogen, daß der Interessengegensatz zwischen Lohnarbeit und Kapital nicht mehr der zentrale Ansatzpunkt für die Wirklichkeitsdeutung bleibt; der analytische Bezug auf die ökonomischen Strukturen der Gesellschaft, die Herrschaft des Kapitals und die Rolle des Staates haben an Bedeutung verloren. Sie sind nicht mehr Ausgangspunkt eines antikapitalistischen Gesellschaftsmodells, aus dem eindeutige politische Handlungsorientierungen abgeleitet werden können. Die Konflikte der modernen Gesellschaft werden heute eher im Sinne Habermas' im Spannungsfeld von »System und Lebenswelt« gesehen. Für die Bear-

beitung der neuen Themen, die sich vor allem auf individuelle Selbstverwirklichung, Probleme der Lebensqualität und auf die sozialen und ökologischen Folgekosten der Modernisierung beziehen, fungieren Ableitungskonzepte nicht mehr als theoretische Folie; der Klassenkonflikt gilt nur mehr als eine von vielen Problemlinien. Die Bildungskonzepte sehen deshalb auch keine theoretisch konsistente, »schulungsmäßig« darbietbare Aufklärung über die kapitalistische Gesellschaft und deren Veränderung mehr vor. Sichtbar wird vielmehr ein experimentierender und eklektischer Umgang mit unterschiedlichen Theorien und theoretischen Ansätzen.

In den neuen Bildungskonzepten deutet sich ein Politikverständnis an, in dessen Brennpunkt vor allem die Reproduktionssphäre, die unmittelbare Alltagswirklichkeit und das Alltagshandeln der Teilnehmer stehen. Politische Aufklärung und Bildung sollen in der unmittelbaren Lebenswelt der Teilnehmer ansetzen. In der Bildungspraxis vieler Kursleiter geht es deshalb vor allem um die Sensibilisierung der sinnlichen Wahrnehmung gegenüber der Natur und der alltäglichen Lebenswelt sowie um die gemeinsame Reflexion subjektiver Verhaltens- und Handlungsstrukturen im unmittelbaren Lebensalltag. Dabei wird das Ziel verfolgt, die Subjekte durch die Erweiterung ihrer sinnlichen und kognitiven lebensweltlichen Kompetenzen zu einer bewußteren und kritischeren Wahrnehmung destruktiver systemischer Eingriffe in Natur und soziale Lebenswelt, aber auch der problematischen Folgen der eigenen Lebensweise und Lebensstile zu befähigen.

Zusammen mit den Teilnehmern soll nach Möglichkeiten des öffentlichen politischen Engagements gesucht werden. Dabei stehen im Vordergrund vor allem die Aufklärung über Möglichkeiten politischer Interessenartikulation im Rahmen bestehender Partizipations- und Mitwirkungsrechte, aber auch die basisdemokratische Intention, daß die Subjekte ihre unmittelbaren politischen Angelegenheiten in die eigene Hand nehmen, statt sich politisch verwalten zu lassen. Verglichen mit den großen politischen Zielen und Utopien, die viele der in der Studentenbewegung politisierten Kursleiter noch in den siebziger Jahren verfolgten, erscheinen ihre heutigen Intentionen eher bescheiden. Die Marxsche Gesellschaftstheorie wird heute vor allem noch als Strukturanalyse geschätzt; die Klassentheorie und deren politisch-revolutionäre und utopische Optionen sind heute jedoch

beinahe bedeutungslos geworden. Das politische Interesse scheint sich vielmehr darauf zu richten, vorhandene politische Partizipationsrechte zu nutzen und Widerstandsformen zu erfinden, die gegen Prozesse der systemischen Kolonialisierung der Lebenswelt genutzt werden können.
Unserer Meinung nach artikuliert sich in den skizzierten Tendenzen, die durch die Seminarbeobachtungen bestätigt werden, trotz mancher Reduktionen und Einseitigkeiten sowie der nicht übersehbaren Neigung, den Bezug auf das gesellschaftliche Ganze aus dem Blick zu verlieren, auch eine Differenzierung des Politikverständnisses in den Konzepten der politisch-kulturellen Bildung. Mit ihr ist eine veränderte Wahrnehmung des Seminarbesuchers sowie ein neues Verhältnis von Subjektivität und politisch-kulturellem Bildungsengagement auf der Seite der Pädagogen verknüpft: Viele Kursleiter sind der Meinung, daß heute von einem fragmentierten und in sich widersprüchlichen Bewußtsein *aller* ausgegangen werden muß, weshalb sowohl dem pädagogischen Handeln als auch der Aufklärbarkeit der Individuen enge Grenzen gesetzt sind. Da zudem die eindeutigen theoretischen und politischen Gewißheiten im Kontext der allgemeinen politischen und gesellschaftlichen Verunsicherung und Unübersichtlichkeit an Überzeugungskraft verloren haben, gestalten Kursleiter heute die Seminare eher als kommunikative Suchprozesse; in ihnen gewinnen die Alltagserfahrungen der Teilnehmer als Erfahrungs- und Erkenntnispotentiale im Rahmen der gemeinsamen Orientierungsbemühungen an Bedeutung. Daneben laßt sich bei den Pädagogen die Tendenz beobachten, ihre subjektiven Bedürfnisse, die eigene »Betroffenheit« und das persönliche, sachliche und politische Interesse an Fragen und Themen, die sie in ihrer privaten Existenz beschäftigen, zum Gegenstand ihrer Bildungstätigkeit zu machen. Sozialwissenschaftliches Wissen und Begriffe werden im Rahmen dieser Neuorientierungsprozesse nicht mehr genutzt, um eindeutige Antworten und Handlungsanleitungen zu erlangen, sondern als Deutungsangebote und Reflexionskategorien, mit denen man sich vorsichtig und hypothetisch tastend der Wirklichkeit nähert und vorläufige Aussagen formuliert, die im diskursiven Verständigungsprozeß erprobt werden.
Die sozialwissenschaftlich formulierten, gesellschaftskritischen Aufklärungsimpulse der frühen siebziger Jahre sind also nicht spurlos vergangen. Vielmehr sind sie heute eher indirekt, als ein

in lebensweltliche Hintergrundüberzeugungen zurückgetretenes, diffuses Bewußtsein von gesellschaftlichen Herrschafts- und Abhängigkeitsverhältnissen wirksam. Dies ist durchaus als ein bescheidener Erfolg von sozialwissenschaftlicher Aufklärung zu werten. Wenngleich dieses Bewußtsein im allgemeinen einen nur punktuell offensiv argumentierenden politischen Ausdruck findet, so ist doch die Bereitschaft zur Ontologisierung und Tabuisierung gesellschaftlicher Herrschaftsverhältnisse deutlich geringer geworden, ebenso wie die gerade in der deutschen Tradition mächtige Staatsbezogenheit im Denken, die den teils fatalistischen, teils aggressiven Untertanengeist bestimmte. Das Erbe der antiautoritären Aufklärung wird angetreten, indem diese bei vielen gleichsam als habituelle Basis, als generativer Modus von Wirklichkeitsdeutungen in die alltäglichen Auseinandersetzungen eingeht, ohne daß die damaligen mehr oder minder differenzierten theoretischen und politischen Positionen dabei noch eine nennenswerte Rolle spielen müssen – wenn sie nicht gar in manchen zentralen Aussagen heute abgelehnt werden. Von der großen Idee der Revolutionierung gesellschaftlicher Verhältnisse ist zwar vielfach noch das Bewußtsein übriggeblieben, als einzelner zumindest prinzipiell noch Ansprüche auf ein besseres Leben gegenüber »der Gesellschaft« zu besitzen, ohne jedoch von dieser im Ernst noch die Einlösung der großen humanen Ansprüche zu erwarten.

Diese Wahrnehmung resultiert nach unserer Auffassung zu einem großen Teil aus einer forcierten, an systemische Erfordernisse angepaßten Modernisierung der Gesellschaft im Zeichen einer losgelassenen Hyper-Industrialisierung, die für sozialutopische Überschüsse kaum noch Raum läßt. Dieser seit etwa Mitte der siebziger Jahre andauernde Prozeß ist in steigendem Maße durch das Dilemma gekennzeichnet, daß mit jedem partiellen technisch und bürokratisch exekutierten Problemlösungsversuch neue Probleme in der Gestalt erhöhter ökologischer, sozialer und kultureller Belastungen entstehen. An die Stelle von Politik im emphatischen Sinne ist ein pragmatisch verkürztes Krisenmanagement getreten, das sich reaktiv auf die Umschichtung der Folgelasten dieser Modernisierung beschränkt. Seit aber die Überlebensmittel der Gesellschaft immer wieder in Vernichtungsmittel umzuschlagen drohen, ist der politische Widerstand in die Defensive geraten: Gesellschaft erscheint nicht mehr als Quelle von neuen Mög-

lichkeiten, sondern von Gefährdungen und Risiken. Kollektive Anstrengungen gelten nicht mehr der Realisierung von Imaginationen des Glücks, sondern müssen sich darauf begrenzen lassen, an vielen Fronten drohendes Unheil abzuwehren.
Auf der Seite der Teilnehmer von Volkshochschul-Veranstaltungen drückt sich die allgemeine Orientierungskrise in der Tendenz aus, explizit politische Themenangebote abzuweisen. Statt dessen finden Kurse im Brennpunkt »post-materialistischer« Orientierungen und alltagsphilosophischer Ansätze großen Zuspruch, wie etwa Körper- und Selbsterfahrung, Yoga, autogenes Training, allgemeine Psychologie und Philosophie (zum Beispiel Erich Fromm, *Haben oder Sein*). Innerhalb dieses Bereiches gibt es zwar wechselnde Konjunkturen; insgesamt tritt aber deutlich die Tendenz zur Konzentration auf Probleme der subjektiven Welt hervor. In ihr wird der Doppelcharakter der gegenwärtigen Orientierungskrise sichtbar, die ja nicht nur Ausdruck eines Verfalls ist, sondern auch neue Ausblicke eröffnen kann. Zum einen ist die subjektive Welt von einer erhöhten Diskursivität gegenüber vormals unaufgeklärten lebensweltlichen Gewißheiten bestimmt, die neue Rationalisierungspotentiale freisetzt und prinzipiell den politischen Diskurs um die vernachlässigte subjektive Dimension zu erweitern vermag. Wesentliche Impulse in diese Richtung kommen aus der Frauenbewegung, deren Einfluß sich auch in den genannten Volkshochschulkursen auswirkt und die damit zur Veröffentlichung des Privaten als Element von Politik beiträgt. Zum anderen ist hier in vielen Fällen aber auch eine latent resignative Selbstbeschränkung wirksam, die verdeutlicht, daß die Erosion kultureller Überlieferungen eine hohe funktionelle und zugleich identitätsbedrohende Belastung der Individuen darstellt, die angesichts eines in außerordentlich vielen Aspekten begründungspflichtigen Alltagshandelns sich oftmals regressiv von diesem Druck zu entlasten suchen. Die Kurse finden daher im Spannungsfeld zwischen einer neuen Reflexivität von Lebensformen und einem objektiven Regressionsdruck statt.
Exemplarisch dafür sind jene Gruppen und Individuen, die mit Hilfe der neuen Psychotherapeuten und Entspannungstechniken, die heute in viele Kurse einfließen, unmittelbares Erleben, Emotionalität, Körperlichkeit und Intuition akzentuieren. Diese Ansätze sind nicht per se so antiaufklärerisch motiviert, wie es ihren Gegnern erscheint. Diese kritisieren mit einer gewissen Berechti-

gung die Verkitschung des Seelenlebens, wie sie im Jargon des »Psycho-Booms« zutage tritt; denn der durchaus nachvollziehbare Widerwillen gegen die Banalisierung der Welt durch ihre Entzauberung bringt hier in der Tat nur die Banalisierung des Verzauberten hervor. In unseren Interviews, in denen Kursleiter ihre Motive und Erfahrungen mit Teilnehmern darstellen, wird aber auch deutlich, daß sich in dem Kursgeschehen vielschichtige Intentionen verschränken, die sich nicht ohne weiteres in einem Nenner zusammenfassen lassen.

Die Regression von rationalen zu präreflexiven Formen der Konfliktbewältigung kann zunächst einmal als Reaktion auf die generelle Überlastung von Subjektivität gelten. Die Konzentration auf die eigenen Befindlichkeiten soll jenseits der Anspannungen und Verwirrungen, die die komplexe Welt den einzelnen zumutet, im Emotionalen jene Orientierungen, Synthesen und Sicherheiten zu gewinnen helfen, die herzustellen der Ratio nicht mehr zugetraut wird. Mit Hilfe von Entspannungsübungen wird zudem versucht, in verscharrten Subjektivitätskernen ein Kräftereservoir für die alltäglichen Anforderungen zu finden. Verbinden sich diese Suchbewegungen aber mit der Tendenz, schließlich »das Gefühl« als einzige handlungsleitende Instanz gelten zu lassen, so ist Verständigung nicht mehr möglich; das Feld sprachlicher Begründungen wird verlassen. Das der Regression als methodischem Schritt inhärente aufklärerische Potential wird dann aufgegeben, indem die Kommunikation genau an der Stelle abbricht, von der aus sie neue Anregungen empfangen könnte.

Die Kursleiter stehen diesen Phänomenen nicht distanziert gegenüber, sondern sind in ihren eigenen Deutungsmustern von diesen Prozessen erfaßt. Als Kursleiter sind sie im Interaktionsgeschehen soziale Akteure, die nicht nur bei den Teilnehmern veränderte Motive und Bedürfnisse wahrnehmen, sondern auch an sich selbst, so daß sie – was sie als ihre Aufgabe ansehen – diese artikulieren, das heißt im Diskurs kommunizierbar und bewußt machen können. Sie verstehen die neue Wertschätzung von Emotionalität und Sinnlichkeit als notwendiges Moment von Aufklärung, nicht als bloße Kompensation sozialer Lasten. Es geht ihnen darum, die Orientierungskrise produktiv zu wenden: Wo das bürgerliche Realitätsprinzip fragil geworden ist, mildert sich auch der Zwang, dessen äußere Rigidität weiterhin im Innern zu reproduzieren; somit können heute bislang schmerzlich unterdrückte oder geringgeachtete Dimensionen von Alltagspraxis zur Geltung gebracht und offensiv als Beitrag zur Veränderung von Verkehrs- und Lebensformen annonciert werden. In unseren Interviews gibt es an verschiedenen Stellen Hinweise darauf, daß sich bei vielen – Kursleitern wie Teilnehmern – eine stille zweite Phase der antiautoritären Revolte vollzieht. Nach dem Aufbegehren gegen überkommene äußere Autoritäten zur Zeit der Studentenbewegung folgt fünfzehn Jahre später das oft sehr viel schwierigere Aufbegehren gegen deren Fortwesen im Inneren. Entdeckt wird dabei, wie sehr der »Geist des Kapitalismus« und alte Autoritätsgebundenheiten im Verborgenen, auch unter den Vorzeichen der antikapitalistischen Kritik, noch überdauert hatten: als überflüssige »Askese«, als rigide Selbstinstrumentalisierung und Funktionalisierung anderer, als Dogmatisierung des Denkens und so weiter. Psychologische Aufklärung gilt heute darum als wichtige Voraussetzung dafür, »sich seines Verstandes ohne die Leitung eines anderen zu bedienen«. Es zeigt sich aber auch bei den weniger an psychologischen Einsichten Orientierten, daß die gegenwärtige Krise nach einer ersten Phase der Unsicherheit und Larmoyanz nun immerhin einen relativ autonomen, mehr probehandelnden Umgang mit Theorien und Deutungen der Gesellschaft zu ermöglichen scheint. In dieser Hinwendung zur subjektiven Welt ist deutlich ein widerständiges Moment gegen die Integrationsmodi der systemrationalen, das heißt der instrumentellen und funktionalistischen Vernunft enthalten. Ihr gegenüber wird das Recht auf Einzigartigkeit, auf Selbstbestimmung der einzelnen, auf Andersartigkeit und Abweichung eingeklagt.

## Kleine Betrachtung mit großem Ausblick

Aufklärung ist durch die Geschichte der Gewißheit ihrer Geschichtsmächtigkeit entkleidet worden. Die Ahnung, was Vernunft sein könnte, reicht nur so weit, wie es gelingt, das Bewußtsein von der realen Unvernunft wachzuhalten. Kant war noch von der prinzipiellen Transparenz der Welt ausgegangen, die als (damals noch weitgehend religiös bestimmter) Verblendungszusammenhang nur so lange sollte überdauern können, wie die Menschen es schuldhaft versäumen, sich ihres eigenen Verstandes zu bedienen. Der gleiche Optimismus beflügelte auch Marx mit

seiner Hoffnung, die Theorie könne zur materiellen Gewalt werden, wenn sie nur die Massen ergreife. Und diese Hoffnung war ebenfalls das Motiv von politischer Bildungsarbeit in den siebziger Jahren, als man noch vermeinte, mit dem begrifflichen Inventar der Kritik der politischen Ökonomie im wesentlichen über das für soziale Veränderungen nötige ideologiekritische Aufklärungspotential zu verfügen. Daß diese Hoffnungen auf eine Art marxistischer Primärverwissenschaftlichung nicht eingelöst werden konnten, hängt zusammen (1) mit dem von uns angedeuteten gesellschaftlichen Wandel, der ab Mitte der siebziger Jahre das »Ende der arbeitsgesellschaftlichen Utopie« (Habermas) einleitete; (2) mit den Aporien der Orientierungskrise und (3) mit der veränderten Verfassung gesellschaftlicher Subjektivität.
Vor diesem Hintergrund sind mit den Mitteln der traditionellen Ideologiekritik betriebene Aufklärungsbemühungen offensichtlich ungeeignet. Ideologie tritt heute nicht mehr als konsistentes, wenn auch »falsches« Bewußtsein auf, dem mit einer radikal aufgeklärten Kritik zu begegnen wäre, sondern ist fragmentiert und zum Teil in die oben angedeutete veränderte Identitätssemantik und deren habituelle Formierungen zurückgewichen. Ein Beitrag sozialwissenschaftlich angeleiteter Aufklärung wäre, abstrakt formuliert, dem gesellschaftlichen Gehalt dieser Veränderungen von Subjektivitätsstrukturen mit ihren Widersprüchen, aber auch mit ihren Überschüssen und Möglichkeiten zum Bewußtsein zu verhelfen.
Das kann indes aus subjektiven und objektiven Gründen nicht mehr naiv in den Formen strategischen Handelns geschehen, in dem modellhaft geronnenes sozialwissenschaftliches Wissen programmatisch vermittelt wird. Das Aufklärungspotential von politisch-kultureller Bildungsarbeit liegt heute in besonderem Maße in der Gestaltung von Lernprozessen nach den Regeln kommunikativen Handelns, im offenen Diskurs als notwendigem Gegengewicht zu der ungeheuren Menge an heteronomen, industriell produzierten Deutungsangeboten, die den einzelnen attackiert und in Sprachlosigkeit zu lähmen droht. Der Diskurs ist eine der wenigen Chancen, die scheinbare Beliebigkeit massenmedial verbreiteter Wissensbestände tendenziell wieder aufzulösen und dabei zugleich abstrakte Autonomieansprüche, die versucht sind, in (Gruppen-)Egozentrik zu enden, auf das Fundament argumentativer Praxis zu stellen. Nur auf diese Weise kann eine politische

Kultur entstehen, in der Widerstand gegen ökonomische und bürokratische Instrumentalisierung, Selbstaufklärung und Entfaltung von lebensweltlicher Kultur sich wechselseitig durchdringen.

Dazu bedarf es auf seiten der »Aufklärer« einer vielfach erst noch zu erlernenden Kompetenz, nämlich der Sensibilität für die je aktuelle Gradwanderung zwischen psychischen Regressionen, Übertragungsprozessen und thematischer Differenzierung im Verlauf von Bildungsveranstaltungen. Unter den Bedingungen erhöhter subjektiver Belastungen muß kritische Sozialwissenschaft sich neu darauf besinnen, daß zu den bedeutenden Ahnherren der Aufklärung nicht nur Kant und Marx, sondern auch Freud gehört. Die Besinnung auf die Prämissen der Aufklärung und auf das, was aus ihr geworden ist, hat das Paradox zu vergegenwärtigen, daß die Aufklärung von Wirklichkeit mit der Aufklärung der Sozialwissenschaften über sich selbst zu beginnen hat. Es mag scheinen, daß angesichts der kruden Zumutungen, denen die Menschen ausgeliefert sind, die Sozialwissenschaften in der politischen und kulturellen Bildung oftmals eher mit schlichteren Problemen zu tun haben. Gelingt es jedoch nicht, die in den sozialwissenschaftlichen Begriffen aufgehobenen Erfahrungen mit den alltäglichen Erfahrungen der Teilnehmer in den Bildungsveranstaltungen zu verschränken, bleibt Sozialwissenschaft ihrerseits sprachlos. In der Sprachlosigkeit der Teilnehmer spiegelt sich dann die Sprachlosigkeit der Sozialwissenschaft.

Der Notwendigkeit, kommunikatives Handeln als Prozedere zu gewährleisten, entspricht auf der Seite der diskutierten Gegenstände der Versuch, Pluralität als Zusammenhang von Verschiedenem zu realisieren. Dies gilt für Sozialwissenschaften sowohl auf der Ebene der politischen und kulturellen Bildung als auch im Bereich der Universitäten. Die Produktion eines solchen Zusammenhangs bedeutet nicht, zu versuchen, gleichsam aus der Vogelperspektive eine neue Übersichtlichkeit zu konstruieren, die dann bloß wieder das Besondere nivellierte oder ausgrenzte. Dieser fiktiven Einheit, in der sich die Gewalt der instrumentellen Vernunft reproduzierte, wäre ebenso zu widerstehen wie dem Aufgeben von sozialwissenschaftlich formulierten Ansprüchen zugunsten eines scheinneutralen, interesse- und kommunikationslosen Nebeneinanders, in welchem das zufällige, sich autonom wähnende einzelne bei sich verbliebe. Denn Autonomie, die Bedingung von Vernunft, bedarf der Vermittlung mit dem anderen; ohne diese schlägt sie in Autismus um. Die Aufgabe der Sozialwissenschaften wäre es, aus einer solchen falschen Alternative herauszutreten und, mit Alexander Kluge (1985) formuliert, »sozusagen nach dem dialogischen Verfahren des Sokrates, Berührung künstlich zu erzeugen«, mit dem Ziel einer «einigungsfähigen Differenzierung«. Den Sozialwissenschaften käme es bei diesem Versuch zu, zwischen den verschiedenen wissenschaftlichen und populären Sprachspielen einer ausdifferenzierten Gesellschaft horizontal und vertikal zu vermitteln und dabei Übersetzerfunktionen unter der ihr spezifischen Prämisse der »Rückführung menschlicher Verhältnisse auf die Menschen selbst« wahrzunehmen. Die Sozialwissenschaften sind aber kein »Subjekt«, dessen Sprachspiel sich einfach in der Wirklichkeit durchsetzt. Das lebensweltliche Denken und Handeln muß die Sozialwissenschaften in die Lebenswelt hereinholen.

Daß wir dem sozialwissenschaftlich »gebildeten« Diskurs eine so hohe Relevanz beimessen, ist keine normative Zuschreibung, sondern allenfalls eine begriffliche Überhöhung eines in empirischen Zusammenhängen beobachtbaren Phänomens. Aus unseren Untersuchungen ergibt sich, daß sozialwissenschaftliches Wissen vor allem dann wirksam wird, wenn es im Medium sozialwissenschaftlich orientierter Diskurse sein Rationalitätspotential zur Geltung bringen kann. Diese These findet ihre Bestätigung vor allem in der Untersuchung von Situationen, in denen der sozialwissenschaftliche Diskurs austrocknet oder vollends zerbricht. Die Subjekte dieses Diskurses sind die sozialen Akteure im Praxisfeld, die aufgrund ihrer sozialwissenschaftlichen (Aus-)Bildung und darauf gründender Erfahrungen den Diskurs vorantreiben. Der soziale Akteur vermag mit Hilfe seiner Fähigkeit zur soziologischen Analyse und seiner sozialen Phantasie gesellschaftliche Konstellationen zu erkennen und mögliche Problemlösungen zu entwerfen, wobei er die Grenzen seines Handlungsspielraums auszuweiten bestrebt ist. Vor allem ist er aber aufgrund seiner sozialwissenschaftlichen Kenntnisse in der Lage, neuere wissenschaftliche Erkenntnisse von außerhalb zu gewinnen und für jeweils gegebene Situationen nutzbar zu machen. Freilich ist ein derartiges Handeln aus immanenten und externen Gründen nicht gegen ein Scheitern gefeit. Solange externe Einwirkungen die Ansprüche und Erwartungen dieses Handelns nicht einfach faktisch reduzieren, vermag eine diskursive Selbstkorrektur noch aus dem zeitweiligen Scheitern Gewinn zu ziehen. Dreht aber der Wind einer den Sozialwissenschaften günstig gesonnenen Konjunktur, wird sozialwissenschaftlich orientiertes Handeln auf die interpretative und reflexive Ebene zurückgedrängt. Gleichwohl unterstreichen diese Befunde die ältere hochschulpolitische Intention, in denjenigen Studiengängen, deren Absolventen in der Praxis die Rolle von sozialen Akteuren übernehmen, eine fundierte sozialwissenschaftliche Kompetenz zu vermitteln.

Wir können indes nicht vom sozialwissenschaftlich kompetenten sozialen Akteur im Praxisfeld allein die Handlungsinitiative für sozialwissenschaftlich inspirierte Aufklärung erwarten. Vieles hängt von der Offenheit der Sozialwissenschaften selbst ab. Es ist daran zu erinnern, daß das sozialwissenschaftliche Aufklärungspotential wesentlich auch von der Fähigkeit der Sozialwissenschaftler bestimmt wird, das immanente Aufklärungspotential einer sich verändernden Wirklichkeit selbstkritisch aufzunehmen. Das ist banal und gehört zum expliziten Selbstverständnis der Sozialwissenschaften. Jedoch ist vieles, was an neuen Themen und thematischen Horizonten zum Beispiel in den neuen politischen und kulturellen Bewegungen zuerst hervortrat, von den Sozialwissenschaften bisher noch nicht eingeholt worden. Wo oft risikoreich, freilich auch unsicher oder mit Hilflosigkeit, versucht wird, neue Orientierungen zu finden und zu erfinden (wie wir es auch in manchen Interviews erfahren haben), begnügt sich eine erkleckliche Zahl von Sozialwissenschaftlern damit, ihre professionelle Distanz zur Panzerung umzurüsten. Anstatt neue Erfahrungen in die Kritik der Verhältnisse aufzunehmen, steht nur zu oft die Denunziation dieser Suchbewegungen im Vordergrund, besonders, wenn sie sich dem Zugriff gewohnter Rationalitätskriterien entziehen. In ihrer Blindheit gegen andere als die eigenen Maßstäbe bleibt die sozialwissenschaftliche Produktion dann einer Art von Kulturkonservativismus verhaftet, der sich in der Sicherung der eigenen Ansprüche gegen Fremdes und Neues abschirmt, weil es mitunter im Narrenkostüm daherkommt und auf die eigenen Selbstgewißheiten uneingestanden bedrohlich wirkt. Diese partielle Selbstisolation erklärt wohl auch ein Stück der gegenwärtigen relativen Wirkungslosigkeit von kritischer Sozialwissenschaft.

Kluge, A. (1985), »Die Macht der Bewußtseinsindustrie und das Schicksal unserer Öffentlichkeit. Zum Unterschied von machbar und gewalttätig«, in: K. v. Bismarck/G. Gaus/A. Kluge/F. Sieger, *Industrialisierung des Bewußtseins. Eine kritische Auseinandersetzung mit den »neuen« Medien*, München: Piper, S. 51-129.

Thomssen, W. (1980), »Deutungsmuster – eine Kategorie der Analyse von gesellschaftlichem Bewußtsein«, in: A. Weymann (Hg.), *Handbuch für die Soziologie der Weiterbildung*, Darmstadt/Neuwied: Luchterhand, S. 358-373.

Thomssen, W./Henschel, R./Körber, K./Tutschner, R./Twisselmann, J. (Hg.) (1988), *Politische Kultur und Sozialwissenschaften. Zum Aufklärungspotential sozialwissenschaftlichen Wissens in der Praxis von Volkshochschulen*, Bremen: Universität Bremen.

# Hinweise zu den Autoren

Ulrich Beck, geboren 1944, Professor für Soziologie, Universität Bamberg. Verantwortlicher Herausgeber der *Sozialen Welt.*
Arbeitsschwerpunkte: Theorie und Analyse moderner Gesellschaften; Arbeit, Beruf, Bildung sowie Soziologie und Praxis.
Wichtige Veröffentlichungen: *Objektivität und Normativität* (1974); *Soziologie der Arbeit und der Berufe* (1980); (Hg.), *Soziologie und Praxis* (1982); *Risikogesellschaft. Auf dem Weg in eine andere Moderne* (1986); *Gegengifte. Die organisierte Unverantwortlichkeit* (1988).

Wolfgang Böhm, geboren 1954, Diplomsoziologe. Studium der Soziologie in Bielefeld, Mitarbeiter im Forschungsprojekt »Die Rolle der Sozialwissenschaften in der Sozialarbeit. Zum Verwendungszusammenhang sozialwissenschaftlichen Wissens in administrativen Kontexten«; zur Zeit Mitarbeiter in einem Forschungsprojekt über die Nutzung von Computern im Alltag an der Fakultät für Soziologie der Universität Bielefeld.

Heinrich Bollinger, geboren 1949, Diplomsoziologe; Dr. rer. biol. hum.; Mitglied der Sozialwissenschaftlichen Projektgruppe München (SPG).
Interessengebiete: praxisorientierte und erfahrungsbezogene Industrie- und Medizinsoziologie. Arbeitsgebiete: HdA-Begleitforschungsprojekte; soziologische Beratung von Unternehmen und Arbeitnehmervertretungen; Theorie der Verwaltungs- und Bürorationalisierung; Arbeitsschutz; Theorie der Berufe des Gesundheitssektors.
Veröffentlichungen zu den genannten Themen.

Wolfgang Bonß, geboren 1952; Dr. sc. pol.; Diplomsoziologe; Wissenschaftlicher Angestellter am Hamburger Institut für Sozialforschung. Arbeitsschwerpunkte: Wissenschaftsforschung, Methodologie, politische Soziologie, Arbeits- und Sozialpolitik.
Wichtige Veröffentlichungen: *Die Einübung des Tatsachenblicks* (1982); (Hg., mit Axel Honneth), *Sozialforschung als Kritik* (1982); (Hg., mit R. Heinze), *Arbeitslosigkeit in der Arbeitsgesellschaft* (1984); (zusammen mit E. v. Kardorff und B. Riedmüller), *Modernisierung statt Reform. Gemeindepsychiatrie in der Krise des Sozialstaats* (1984); (Hg., zusammen mit H. Hartmann), *Entzauberte Wissenschaft* (1985).

Heinz Bude, geboren 1954; Studium der Soziologie in Tübingen und Berlin. Von 1978 bis 1983 Wissenschaftlicher Mitarbeiter am Psychologischen Institut der Freien Universität Berlin; von 1984 bis 1986 Wissenschaftlicher Mitarbeiter bei einem von der DFG geförderten Forschungs-

projekt über Formen der Verwendung sozialwissenschaftlichen Wissens; zur Zeit Habilitationsstipendiat der DFG.
Wichtige Veröffentlichungen: *Deutsche Karrieren* (1987); Aufsätze zu Methoden der interpretativen Sozialforschung und zur soziologischen Theorie.

Hansjürgen Daheim, geboren 1929; Studium der Betriebswirtschaftslehre, Soziologie und Sozialpolitik in Köln; daselbst 1957 Promotion, 1966 Habilitation. 1967-1979 o. Professor der Soziologie in Regensburg, seither in Bielefeld. Forschungsschwerpunkte: Arbeits-, Wirtschafts- und Historische Soziologie.
Wichtige Veröffentlichungen: (zusammen mit J.-H. Choe), *Rückkehr- und Bleibeperspektiven koreanischer Arbeitsmigranten in der Bundesrepublik* (1987); (Hg., zusammen mit G. Schönbauer), *Perspektiven der Soziologielehre* (1987); *Grundformen der Arbeit in der industriellen Gesellschaft* (2., erweiterte Auflage 1988).

Bernd Dewe, geboren 1950; Dr. rer. pol. habil., Studium der Soziologie, Philosophie und Pädagogik; Promotion 1982, Habilitation 1987; Privatdozent an der Universität Osnabrück, Hochschulassistent an der Erziehungswissenschaftlichen Hochschule Rheinland-Pfalz, Seminar für Soziologie.
Veröffentlichungen zur Wissenschaftssoziologie, Wissenssoziologie, Sozialpolitik, Kultursoziologie und zu Problemen der Professionalisierung akademischer Berufe.

Adalbert Evers, geboren 1948, Dr. rer. pol., Politikwissenschaftler, arbeitet seit 1983 am Europäischen Zentrum für Soziale Wohlfahrt in Wien, vorher als Assistent am Lehrstuhl für Planungstheorie an der RWTH Aachen; Schwerpunkt der Forschungstätigkeit und veröffentlichten Arbeiten in den letzten Jahren bildet die Analyse neuerer Entwicklungen von Wohlfahrtsstaatlichkeit, Sozialpolitiken und diesbezüglichen Strategien sozialer Akteure und Bewegungen im internationalen Vergleich.

Wolfgang Gmür, geboren 1954; Studium der Psychologie in München; Wissenschaftlicher Mitarbeiter am Institut für Psychosoziale Praxisforschung in München und am SFB 333 der Universität München. Arbeitsschwerpunkte: Gemeindepsychologie, Schulsozialarbeit, Professionalisierungsprozesse in der Psychosozialen Beratung, Identität und Arbeit.
Letzte Veröffentlichungen: (zusammen mit F. Straus, S. Stiemert und R. Höfer), *Arbeitslose Jugendliche in sozialpädagogischen Maßnahmen* (1988); (zusammen mit R. Höfer und F. Straus), *Familie und Beratung* (1987).

Rolf Henschel, Diplompädagoge; zur Zeit Fortbildung zum Fachmann für kommunale Gesundheitsförderung. Interessengebiete: Theorie und Praxis gesellschaftlicher Umbruchprozesse, Erwachsenenbildung, Bildungssoziologie.

Heiner Keupp, geboren 1943; Studium der Psychologie und Soziologie in Frankfurt, Erlangen und München; Hochschullehrer für Sozialpsychologie an der Universität München. Projektleiter eines Projektes »Diskontinuierliche Erwerbsverläufe, Identitätsentwicklung und soziale Netzwerke junger Erwachsener« in SFB 333 der Universität München. Arbeitsschwerpunkte: Sozialwissenschaftliche Analyse der psychosozialen Versorgung, Gemeindepsychologie, soziale Netzwerke, Psychokultur und Individualisierung.
Letzte Veröffentlichungen: *Psychosoziale Praxis im gesellschaftlichen Umbruch* (1987); (Hg., zusammen mit B. Röhrle), *Soziale Netzwerke* (1987); *Riskante Chancen* (1988); (Hg., zusammen mit Helga Bilden), *Verunsicherungen* (1988).

Klaus Körber, Diplomsoziologe, Wissenschaftlicher Mitarbeiter im Fachbereich Erziehungs- und Gesellschaftswissenschaften und im Forschungsschwerpunkt »Arbeit und Bildung« der Universität Bremen. Interessengebiete: Arbeits-, Bildungs- und politische Soziologie, Bildungstheorie und Erwachsenenbildung.

Jochem Kollmer, geboren 1953; Studium der Pädagogik und Soziologie in Bielefeld; 1983 Abschluß als Diplompädagoge; 1983/84 Mitarbeiter der Arbeitsgruppe »Kommunale Ausländerfragen« des Zentrums für Wissenschaft und Praxis, Universität Bielefeld. 1984-1987 Mitarbeiter im DFG-Forschungsprojekt »Verwendung sozialwissenschaftlichen Wissens zu Ausländerfragen in Fortbildungsseminaren der kommunalen Verwaltung« an der Universität Bielefeld. Derzeit Wissenschaftlicher Angestellter an der Fachhochschule Bielefeld, Fachbereich Sozialwesen im Projekt »Möglichkeiten antifaschistischer Jugendarbeit«.
Wichtige Veröffentlichung: (zusammen mit G. Ruhrmann), *Ausländerberichterstattung in der Kommune* (1987).

Reinhard Kreißl, geboren 1952; Dipl. Soz., Dr. phil.; Münchner Projektgruppe für Sozialforschung. Arbeitsschwerpunkte: Theorie sozialer Kontrolle, Kriminologie, Rechtssoziologie, theoretische Probleme qualitativer Methoden in der Soziologie.

Wolfgang Kroner, geboren 1951; Hochschule Hildesheim. Interessengebiete: Organisationssoziologie, Risikoforschung, Konversationsanalyse, Ethnomethodologie und Alpinismus.

Christoph Lau, Privatdozent, Dr. phil., Universität Bamberg, Lehrstuhl für Soziologie II. Arbeitsschwerpunkte: Soziologische Theorie, Wissenschafts- und Verwendungsforschung, Bildungs- und Organisationssoziologie.
Veröffentlichungen: *Theorien gesellschaftlicher Planung* (1975); *Gesellschaftliche Evolution als kollektiver Lernprozeß* (1981); (zusammen mit Ulrich Beck), *Definitionsmacht und Grenzen angewandter Sozialwissenschaft* (im Druck).

Heinz Messmer, geboren 1955; Studium der Soziologie in Gießen, Recife (Brasilien) und Bielefeld; seit 1986 Wissenschaftlicher Angestellter im Sonderforschungsbereich 227 »Prävention und Intervention im Kindes- und Jugendalter« an der Universität Bielefeld. Interessenschwerpunkte: Systemtheorie, Rechts- und Konfliktsoziologie, Methodologie.
Veröffentlichungen: Aufsätze in Fachzeitschriften und Sammelbänden.

Marcel Mühlbach, geboren 1954; Dr. phil., Diplompädagoge; Studium der Pädagogik in Bielefeld; Mitarbeiter im Forschungsprojekt »Die Rolle der Sozialwissenschaften in der Sozialarbeit. Zum Verwendungszusammenhang sozialwissenschaftlichen Wissens in administrativen Kontexten« an der Fakultät für Pädagogik der Universität Bielefeld von 1984-1987.

Helga Nowotny, geboren in Wien; Promotion zum Dr. iur. in Wien, Ph. D. in Soziologie an der Columbia University, New York; Gründerin und langjährige Direktorin des Europäischen Zentrums in Wien; Forschungsaufenthalte in Cambridge, Bielefeld, Berlin und Paris; Vorsitzende des sozialwissenschaftlichen Ausschusses der European Science Foundation. Derzeit Professorin am Institut für Wissenschaftstheorie und Wissenschaftsforschung der Universität Wien.
Zahlreiche Veröffentlichungen zu Themen der Sozialpolitik, Wissenschafts- und Technikforschung sowie zur Entwicklung der Sozialwissenschaften. Letzte Buchveröffentlichungen: (Hg., zusammen mit Karin Hausen), *Wie männlich ist die Wissenschaft* (1986); (Hg., zusammen mit Adalbert Evers), *Über den Umgang mit Unsicherheit* (1987); *Eigenzeit. Entstehung und Strukturierung eines Zeitgefühls* (1989).

Christian Olscha, geboren 1956; Diplomsoziologe; Studium der Soziologie in Bielefeld; seit 1984 Wissenschaftlicher Angestellter an der Universität Bielefeld, zunächst im Zentrum für Wissenschaft und Praxis, gegenwärtig an der Fakultät für Soziologie. Letzter Arbeitsschwerpunkt und Veröffentlichungen: kultur- und organisationssoziologische Aspekte der Neuen Technologien.

Claus Otto, geboren 1958; Studium der Erziehungswissenschaft, Soziologie, Psychologie und Politologie an der Freien Universität Berlin; 1984-1986 Wissenschaftlicher Mitarbeiter in einem von der DFG geförderten Forschungsprojekt über Formen der Verwendung sozialwissenschaftlichen Wissens; zur Zeit Wissenschaftlicher Mitarbeiter im Institut für Allgemeine und Vergleichende Erziehungswissenschaft an der FU Berlin.

Hans-Uwe Otto, geboren 1940; Dr. phil., Professor für Erziehungswissenschaft mit dem Schwerpunkt Sozialarbeit/Sozialpädagogik.
Zahlreiche Veröffentlichungen und Forschungsarbeiten zur Analyse von Institutionalisierungsformen sozialer Hilfe, besonders des Jugendamtes, zur Professionalisierungstheorie und zur gesellschaftlichen Restrukturierung einer Handlungskompetenz für personenbezogene soziale Dienstleistungen. Herausgeber der *Sozialwissenschaftlichen Literatur Rundschau* und der *Neuen Praxis. Zeitschrift für Sozialarbeit, Sozialpädagogik und Sozialpolitik.*

Frank-Olaf Radtke, geboren 1945; Dr. phil. habil.; Universität Bielefeld, Zentrum für Lehrerbildung; arbeitet im Bereich Bildungssoziologie und Migrationsforschung.
Buchveröffentlichungen: *Pädagogische Konventionen. Zur Topik eines Berufsstandes* (1983); *Strukturdeutung pädagogischer Situationen* (1988). Außerdem Publikationen in Zeitschriften und Sammelbänden.

Volker Ronge, geboren 1943; Dr. rer. pol.; seit 1982 Professor für Allgemeine Soziologie an der Bergischen Universität in Wuppertal.
Veröffentlichungen: (mit G. Schmieg), *Restriktionen politischer Planung* (1973); *Forschungspolitik als Strukturpolitik* (1977); *Die Gesellschaft an den Grenzen der Natur* (1978); *Bankpolitik im Spätkapitalismus* (1979); *Integration jugendlicher Flüchtlinge* (1983); *Zwischen Reis und Brot* (1984); *Das Interviewgeschäft* (1984); *Von drüben nach hüben, DDR-Bürger im Westen* (1985).

Enno Schmitz, geboren 1939, gestorben 1986; von 1966 bis 1978 Wissenschaftlicher Mitarbeiter am Max-Planck-Institut für Bildungsforschung in Berlin und von 1978 bis zu seinem Tode Professor für Soziologie der Erwachsenenbildung an der Freien Universität Berlin.
Wichtige Veröffentlichungen: *Zur Begründung der Weiterbildung als einer ›recurrent education‹* (1975); *Leistung und Loyalität* (1978); *Erwachsenenbildung als lebensweltbezogener Erkenntnisprozeß* (1984).

Wolfgang L. Schneider, geboren 1953; Dr. phil.; Studium der Soziologie und Germanistik in Frankfurt am Main; von 1982 bis 1988 Wissenschaftlicher Mitarbeiter am soziologischen Institut der Universität Gießen; seit Mai 1988 Wissenschaftlicher Assistent an der Universität Gießen.

Veröffentlichungen: *Hermeneutische Interpretation, situationslogische Rekonstruktion und funktionale Analyse. Versuch einer methodologischen Integration* (1987); Aufsätze zum Thema ›Soziologie und Praxis‹, zur forschungspraktischen Anwendung der Methodologie der ›objektiven Hermeneutik‹ sowie zur Evaluation von Forschungsergebnissen.

Florian Straus, geboren 1952; Studium der Soziologie, Psychologie und Philosophie in München; Wissenschaftlicher Mitarbeiter am Institut für Psychosoziale Praxisforschung in München und am SFB 333 der Universität München. Arbeitsschwerpunkte: Gemeindepsychologie, soziale Netzwerke, Beratungsforschung, berufsbezogene Jugendhilfe und Prozesse der Identitätsbildung.
Letzte Veröffentlichung: (zusammen mit R. Höfer und W. Gmür), *Familie und Beratung* (1987).

Wilke Thomssen, Diplomsoziologe, Dr. phil.; Hochschullehrer im Fachbereich Erziehungs- und Gesellschaftswissenschaften der Universität Bremen. Interessengebiete: Industrie-, Bildungs- und Kultursoziologie, Sozialphilosophie.

Roland Tutschner, Diplomsoziologe, zur Zeit Promotionsstudium an der Universität Bremen; nebenamtlicher pädagogischer Mitarbeiter in mehreren Einrichtungen der Erwachsenenbildung (Schwerpunkt: politische Bildung). Interessengebiete: Politische Soziologie, Bildungssoziologie und Erwachsenenbildung.

Joachim Twisselmann, Diplompädagoge, Wissenschaftlicher Mitarbeiter im Projekt »Rekonstruktion eines kritischen Bildungsbegriffs« des Forschungsschwerpunktes »Arbeit und Bildung« der Universität Bremen. Interessengebiete: Bildungstheorie, Kritische Gesellschaftstheorie, außerschulische Jugend- und Erwachsenenbildung.

Friedrich Weltz, geboren 1927; Prof. Dr.; Tätigkeit unter anderem im Institut für Sozialforschung, Frankfurt, Institut für sozialwissenschaftliche Forschung, München, als selbständiger Berater; seit 1974 Sozialwissenschaftliche Projektgruppe, München. Honorarprofessor der Universität Göttingen. Arbeitsschwerpunkte: Industrielle Beziehungen, technisch-organisatorischer Wandel im Büro.
Wichtige Veröffentlichungen: *Student und Politik* (1961); *Vorgesetzte zwischen Management und Arbeitern* (1964); *Facharbeiter im Industriebetrieb* (1974); *The Approach to Industrial Change*; *Innovation im Büro* (1983).

Ansgar Weymann, geboren 1945; Dr. phil., Professor für Soziologie an der Universität Bremen und Leiter des Universitäts-Forschungsschwerpunkts »Soziale Probleme«. 1984/85 und 1987 Fellow am Netherlands Institute for Advanced Studies.
Letzte Veröffentlichung: *Handlungsspielräume. Untersuchungen zur Individualisierung und Institutionalisierung von Lebensläufen in der Moderne* (1989).

Matthias Wingens, geboren 1956; Dr. phil., Wissenschaftlicher Mitarbeiter im Fach Soziologie an der Universität Bremen.
Wichtige Veröffentlichung zum Thema: *Soziologisches Wissen und politische Praxis. Neuere theoretische Entwicklungen der Verwendungsforschung* (1988).

Stephan Wolff, geboren 1947; Prof. Dr.; Institut für Sozialpädagogik an der Hochschule Hildesheim. Interessengebiete: Soziologie sozialer Probleme, Psychiatrie, Risikoforschung, Ethnographie, Konversationsanalyse und Ethnomethodologie.